BAEDEKER

Ä

ÄGYPTEN

»

Du Menschenkind,
sage zum Pharao,
dem König von Ägypten ... :
Wem bist du gleich
in deiner Herrlichkeit?

«

Altes Testament, Hesekiel 31.2

baedeker.com

DAS IST ÄGYPTEN

TOUREN

LEGENDE

Baedeker Wissen
- Special, Infografik, 3D

Baedeker-Sterneziele
- ★★ Top-Reiseziele
- ★ Herausragende Reiseziele

ZIELE VON A BIS Z

HINTERGRUND

ERLEBEN & GENIESSEN

PRAKTISCHE INFORMATIONEN

ANHANG

PREISKATEGORIEN

Restaurants
Preis für ein Menü mit Vorspeise, Hauptgericht und Softdrink

€€€€	über 2000 LE
€€€	1000 – 2000 LE
€€	500 – 1000 LE
€	bis 500 LE

Hotels
Preis für ein Doppelzimmer mit Dusche/Bad und Frühstück

€€€€	über 7500 LE
€€€	4500 – 7500 LE
€€	2500 – 4500 LE
€	bis 2500 LE

TICKETS ZU SEHENSWÜRDIGKEITEN

Kreditkarten statt Tickethäuschen. Die ägyptische Antikenbehörde akzeptiert an ihren Sehenswürdigkeiten nur noch Onlinetickets oder Tickets, die man vor Ort am Automaten mit Kreditkarte gezogen hat. **Barzahlung soll nicht mehr möglich sein**. Dies gilt bereits für die Pyramiden, das Grand Egyptian Museum und andere Kairoer Museen, die Kairoer Zitadelle, Edfu, Kom Ombo, in Assuan sowie in Abu Simbel und sukzessive für alle übrigen Monumente und staatlichen Museen.
Buchung unter **https://egymonuments.com/locations**

MAGISCHE MOMENTE

ÜBERRASCHENDES

D

DAS IST …

Ägypten

Fünf große Themen rund
um das uralte Land am Nil.
Lassen Sie sich inspirieren!

Nil-Kreuzfahrt der etwas anderen Art:
mit der Feluke bei Luxor ►

RAQS BALADI – DAS KANN JEDE!

Es sieht so einfach aus: Bauch und Nabel frei, Paillettentuch oder Kettchen um die kreisenden Hüften, rhythmisch schlängeln sich die Arme zur Musik um den Körper. Bald klatschen und tanzen alle mit. Keine echte Party, kein Fest in Ägypten verzichtet darauf. Ganz authentisch können Sie den Bauchtanz lernen.

Dina gehört zu den Superstars der ägyptischen Bauchtanz-Szene. ►

OB IM HOTEL nach dem Abendessen, bei einer Party oder im Club – früher oder später sind Sie mittendrin und machen mit, wenn es Zeit ist für den Bauchtanz. Und das ist es in Ägypten immer, wenn irgendwo gefeiert wird. Fast immer, denn nicht alle mögen den Bauchtanz. Als »haram« – religiös verboten, weil die Sitten verderbend – bewertete die Kairoer El-Ashar-Universität, so etwas wie ein islamischer Vatikan, schon vor langer Zeit den **»raqs sharqi«** (»Tanz des Orients«). Gekümmert hat das jedoch nicht wirklich jemanden.

Uralte Tradition

Schon unter den Pharaonen gehörte die Unterhaltung durch tanzende Sängerinnen und Musikerinnen zum Zeitvertreib der Noblen, wie man auf vielen Wandbildern in Gräbern dieser Zeit sehen kann. Der klassische Tanz im Alten Ägypten war allerdings ein anderer: »ika'i«, d. h. »mit dem Tempo«. Zu eher langsamer Musik vollführten die Tänzer Figuren, verharrten für Sekunden in bestimmten Positionen, etwa mit über der Brust verschränkten Armen, eine Art Voguing, wie der moderne Begriff es nennt, aber wohl mit viel Klatschen.

Den modernen Bauchtanz brachten erst die Osmanen nach Ägypten (wo er übrigens **»raqs baladi«**, »einheimischer Tanz«, heißt). Aufgrund der Rolle, die der Islam Frauen auferlegt, schlüpften ab dem 15. Jh. feminin wirkende junge Männer in die Kleider der Tänzerinnen. Mit der berüchtigten »Knabenlese« wählten Adlige gelegentlich die schönsten jungen Männer als »Lustknaben«, und statt sie für die Militärgarde des Sultans zu rekrutieren, behielt man sie als Tänzer und männliche Konkubinen. Im Kairo des 19. Jh.s scheint sich die Grenze zwischen Bauchtanz und Prostitution aufgelöst zu haben. Tänzerinnen

Beim Bellydance Festival in Kairo misst sich die internationale Szene.

könnten auf der Straße angeheuert werden, notierte damals der britische Chronist Edward William Lane: »Kurtisanen betreten den Raum, in dem nur Männer sitzen. Sie tragen durchsichtige, tief ausgeschnittene Blusen, trinken fast bis zur Bewusstlosigkeit Brandy und Likör, ehe ihnen die ebenso betrunkenen Männer mit Speichel benetzte Münzen, auf Kinn, Lippen und Bauch legen.« Was den schlechten Leumund professioneller Bauchtänzerinnen erklärt. Dennoch erlagen im 19. Jh. die Europäer, insbesondere **das französische Bürgertum**, dem Charme des Bauchtanzes. In dem auf Napoleons Feldzug folgenden Ägypten-Hype adaptierte man die orientalische Kultur, die verführerische Kleidung und die arabische Musik. In seinem Reisetagebuch beschreibt Gustave Flaubert, wie er sich auf seiner Ägypten-Reise in ein leidenschaftliches Abenteuer mit der Tänzerin Kuchuck Hanem aus Esna stürzt, die zu den Ghawazi gehört, den fahrenden Tänzerinnen.

BAEDEKER DAS IST ...

AUTHENTISCH

Bauchtanz-Kurse gibt es in Europa zuhauf. Aber es ist doch etwas anderes, in Ägypten zu lernen. »Bellydance classes« veranstalten u. a. die Samia Allouba Gym Dance & Fitness Centers in Kairo (www.facebook.com/SamiaAllouba). Einmal jährlich kommt die internationale Szene zum Bellydance Festival nach Ägypten (Facebook, Instagram Crazy Nights Festival). In Wettbewerben und Workshops geht es unter anderem um Kostüme, Anatomie, Gestik und Mimik.

Alte Traditionen, neue Zeit

Im modernen Ägypten sind aus dem Heer der Bauchtänzerinnen, die in Hotels und Clubs auftreten, viele Sternchen und **einige Stars** hervorgegangen, wie Samia Gamal, Taheya Karioka, Nagwa Fouad und Naeema Akef. Zappen Sie mal nachmittags durchs ägyptische TV-Programm: Bauchtanz- und Revuefilme aus den 1940er- bis 1970er-Jahren werden in Dauerschleife wiederholt. Die erfolgreichen Enkelinnen dieser Tanz-Diven, wie der Superstar Dina, kassieren heute Gagen von vielen Tausend Dollar je Auftritt, in den Golfstaaten ein Vielfaches. Die Masse der ägyptischen Tänzerinnen lebt eher am Existenzminimum, und ihr Ruf ist so schlecht, dass sie alles andere als begehrte Partnerinnen für eine Ehe sind. Trotzdem mangelt es nicht an Bauchtänzerinnen. Tänzerinnen aus Europa und den USA ersetzen häufig die Ägypterinnen.

Im Westen, ohne den moralisch-religiösen Kontext, hat der Bauchtanz die Qualität von Joga oder Zumba und wird in vielen Tanz- oder Sportstudios angeboten. Er dient der Entspannung und macht den Körper fit, stärkt Körpergefühl und Bewusstsein. Das ist ein Pfund, mit dem sich in Ägypten gut wuchern lässt. »Technisch«, urteilte die einstige Bauchtanzkönigin Fifi Abdou, »sind die Ausländerinnen perfekter als wir. Aber was ihnen fehlt, ist die Hingabe, mit der wir Araberinnen uns ausdrücken. Sie haben einfach nicht unser Blut.« Wenn sie sich da mal nicht irrt.

LOGIEREN WIE AGATHA CHRISTIE

Hier britisch-viktorianisches Ambiente, dort das Flair alter Pascha-Paläste. In Ägyptens historischen Hotels wohnt man ganz wunderbar – ein knarzender Parkettboden gehört dazu. Vier besondere Herbergen in Alexandria, Kairo, Luxor und Assuan ziehen Nostalgiker an, und Agatha Christie war auch schon da.

Das Old Cataract Hotel in Assuan: Etwas viktorianischer Pomp und orientalische Verspieltheit, dazu – von einigen Zimmern – ein herrlicher Blick über den Nil ►

Das luxuriöse Hotel Mena House liegt direkt neben den Pyramiden von Giseh.

Cecil Hotel Alexandria

Vor der Drehtür aus massivem Holz, wie das gesamte Hotel aus dem Jahr 1929, steht der Portier in seiner lila Livree. Drinnen im Foyer atmen Sie schon die Atmosphäre der alten Zeit. Eine breite Treppe führt in die erste Etage, an der Rezeption prangt eine Messingtafel mit Unterschriften aus dem Goldenen Buch: Lawrence Durrell, Somerset Maugham, Winston Churchill, Aga Khan, Omar Sharif. Sie alle, und selbst Al Capone, wohnten im Cecil in Alexandria.

Von der jüdischen Familie Metzger nahe dem Meer am palmenbestandenen Midan Zaghloul erbaut, beherbergte es im Zweiten Weltkrieg – die Truppen Rommels standen bei El-Alamein – den Rommel-Gegenspieler Montgomery und den britischen Secret Service. VIPs und gewöhnliche Gäste trafen sich in der bis heute erhaltenen **Monty's Bar**, im Weltkrieg die Nachrichtenbörse Nummer eins, die mit ihrer bis heute erhaltenen holzgetäfelten Bar und den schweren Sesseln jeden modernen Puristen wohl eher abschreckt.

Mena House Kairo

Den Geist einer anderen Epoche verströmt das Mena House, das als Jagdschlösschen des osmanischen Vizekönigs Ismail Pascha **bei den Pyramiden von Giseh** erbaut wurde. 1869 ließ Ismail es im maurischen Stil für die Eröffnungsfeier des Sueskanals erweitern, um die Hocharistokratie Europas standesgemäß zu beherbergen. Im 20. Jh. galt das Mena House, benannt nach dem ersten Pharao Menes, als eines der besten Hotels der Welt. Die US-Präsidenten Nixon, Carter, Bush und Clinton betteten hier ihre müden Häupter ins Kissen, auch Charlie Chaplin, Tschiang Kai-Schek und Winston Churchill. Vom Pool und den schönsten Zimmern sieht man auf die Pyramiden; in der Nähe wurde 1899 Ägyptens erster Golfplatz eröffnet. Mashrabyyas (dekorative Holzgitter), kupferbeschlagene Türen, bunte Marmormosaiken und blaue Fliesen prägen den Stil im Haupthaus.

BAEDEKER DAS IST…

ROYAL HOMES

Die genannten Häuser gehören heute zu großen Konzernen und sind über viele Hotelportale buchbar. Nähere Infos unter:
Cecil Hotel Alexandria:
www.hrewads.com
Mena House Kairo:
www.marriott.com
Winter Palace Luxor:
sofitel.accor.com
Old Cataract Hotel Assuan:
sofitel.accor.com

Winter Palace Luxor

Offiziell 1886, wohl aber erst 1907 von Thomas Cook & Son für den europäischen Adel als Herberge im viktorianischen Stil erbaut, strahlt es bis heute in herrlichem Kolonialdesign. In Baedeker's »Ägypten und der Sudan« von 1910 wurde es zum ersten Mal erwähnt. Howard Carter, der Entdecker des Tutanchamun-Grabs, spülte in der Bar den Staub des Tals der Könige mit Gin Tonic hinunter. Die rubinrot leuchtende **Royal Bar**, die Bibliothek und der riesige, prächtige Garten sind echte Kleinode. Die Terrasse zur Corniche, mit Blick auf Theben-West, ist »der« Platz für den Sundowner in Luxor. Stilecht in gediegener Atmosphäre lässt es sich im hauseigenen Restaurant »1886« speisen.

Old Cataract Assuan

Das 1900 eröffnete Hotel thront auf einem Granitfelsen über dem Nil. Die **Suite Nr. 1** im Haupthaus, dem Nile Wing, trägt den Namen Agatha Christies, die 1910, 1931 und 1933 Ägypten bereiste. In der 1978 erfolgten Verfilmung ihres 1937 geschriebenen Romans »Der Tod auf dem Nil« spielte auch der Speisesaal mit, der wie das ganze Haus viktorianischen Pomp und orientalische Verspieltheit verbindet. Von vielen Zimmern – mit Baldachin-Bett – haben Sie einen wunderbaren Blick über den Nil. 2008 bis 2011 wurde das Hotel renoviert, die Zimmer in arabisch inspiriertem Design ausgestattet. Großartig sind auch die Bar mit gelbem Kronleuchter und schweren Ledersesseln sowie die berühmte Terrasse, auf der man Bridge spielte und sich zum High Tea traf. Im schicken Spa-Bereich gibt es uralte Schönheitsbehandlungen.

CAIROKEE UND DIE NACHTIGALL

Rhythmisch, melodisch, mitreißend – doch nur eingefleischte Fans hören in Europa arabische Musik. Ägyptens Musiktradition reicht bis zu den Pharaonen zurück. Heute sind Oriental House Music und Hip-Hop angesagt. Eine der größten Sängerinnen mit zeitlos klassischen Hits ist bis heute Umm Kulthum.

Cairokee gehört zu den bekanntesten Bands in Ägypten. Auch sie leiden unter der Zensur: Politik oder sexuelle Themen dürfen in den Liedern nicht mehr vorkommen. ►

SIE MÜSSEN SICH mal altägyptische Wandbilder im Tal der Könige ansehen: Leier, Flöte, Trommel, Tamburin und Harfe waren klassische Instrumente zu pharaonischen Zeiten, über deren Tonsystem wenig bekannt ist. Für die ägyptische Musik des 20. Jahrhunderts stehen zwei Namen. **Sayed Darwish** schrieb und komponierte arabische Operetten, mehrere seiner Lieder wurden Folk-Klassiker und vielfach neu interpretiert. »Salma, ya salama« ist so ein Ohrwurm und Evergreen. Den Rang einer Nationalheiligen hat sich **Umm Kulthum** (vermutlich 1904–1975) ersungen. Man nannte sie die Nachtigall vom Nil. Am Trauerzug zu ihrer Beerdigung nahmen in Kairo Millionen Menschen teil. Die iranische Künstlerin, Filmemacherin und Fotografin Shirin Neshat setzte ihr 2018 mit einem Kinofilm ein berührendes Denkmal. Kulthums Karriere begann als Junge verkleidet – öffentliche Auftritte von Mädchen galten als nicht tugendhaft – auf Hochzeiten und anderen Festen, wo sie religiöse Hymnen und Koranverse vortrug. Wenn in den 1950er- und 1960er-Jahren Umm Kulthums Konzerte – immer mit großem Orchester – jeden ersten Donnerstag live übertragen wurden, waren die Straßen von Casablanca bis Bagdad leer gefegt. Dank ihrer klaren und eindringlichen Stimme konnte sie die Zuhörer zum Lachen und ebenso zum Weinen bringen, wenn sie melancholische Liebeslieder sang.

Der arabische Sound

Auch Jahrzehnte nach ihrem Tod ist die »Stimme Ägyptens« die populärste Sängerin der arabischen Welt, wohl weil sie bis heute das verloren gegangene panarabische Gefühl verkörpert. In ihren Arrangements vermied sie jeden westlichen Einfluss und verwwendete nur arabische Instrumente, die durch die typischen Vierteltonschritte – die westliche Tonleiter enthält ganze und halbe Töne – und komplizierte Rhythmen den arabischen Sound erzeugen, der auch den modernen **Arab-Pop** prägt.

Rhythmisch, ideal zum Mitklatschen, oft mit Synthesizerklängen überladen, das ist die Welt des ägyptischen Schlagers. Englische Texte sind verpönt. So klingt's meist bei Straßenhochzeiten, aus dem Taxiradio oder auf Nilbooten, wenn sich die Ausflugsgesellschaft mit einem Ghettoblaster beschallt. Die arabischen Wurzeln verleugnet auch die anspruchsvolle Club-Musik nicht, aber sie adaptiert alle westlichen Stilrichtungen: Rock, Funk, House, Techno, Hip-Hop und Rap. Das Ergebnis ist oft erfrischend neu und vor allem tanzbar. **Cairokee,** eine der ägyptischen Top-Bands, wird in den Texten auch politisch. »Ich bin rausgegangen, hab gesagt, ich komm nicht wieder, und hab' auf jede Straße mit meinem Blut ge-

BAEDEKER DAS IST ...

HÖRPROBE

Von Sayed Darwish, Umm Kulthum, Cairokee (www.facebook.com/Cairokee) und Wust al-Balad gibt es zuhauf Videos im Internet. Gute Gigs erleben Sie im Cairo Jazz Club und dessen Konzert-Location CJC 610 (www.cairojazzclub.com).

Beerdigung von Umm Kulthum 1975: Millionen Ägypter verabschiedeten sich von der Sängerin.

schrieben. Wir haben die, die nie zuhören, gezwungen zuzuhören und alle Verbote durchbrochen.« So beginnt »Sout el Horreya« (Die Stimme der Freiheit, www.short1.link/qXex9u). Der Song, eine Mischung aus Folk und Pop, gilt als die Hymne der Revolution 2011, wurde viele Millionen Male angeklickt, nachdem ihn Cairokee mit der Band Wust al-Balad am Abend des Sturzes von Hosni Mubarak auf dem Tahrir-Platz gespielt hatte.

Seit der Revolution profiliert sich **Amir Eid**, Leadsänger und Gitarrist von Cairokee, als Fürsprecher der Jugend. Wegen kritischer Texte über die aktuelle Politik wurde Eids fünftes Album mit Cairokee von der Zensur verboten, darf in Ägypten nicht verkauft und in Radio und Fernsehen nicht gespielt werden – stürmte aber im Internet auf Platz eins der ägyptischen Charts. »Es ist klar, dass es Leute gibt, die die Probleme der Jugend ignorieren«, sagte Eid in einem Interview. »Wir machen weiter, unsere Songs werden immer frei sein.« Eids Tattoo liest sich so: »Du stirbst aufrecht stehend oder du lebst auf den Knien.«

ZEIT-REISE AUF DEM NIL

Der Nil ist ein langer ruhiger Fluss. Wie in Zeitlupe gleiten die schwimmenden Hotels nilabwärts, während Landschaften, Dörfer, Zuckerrohrfelder und am Ufer spielende Kinder vorbeiziehen. Schemenhaft am Horizont, manchmal auch ganz nah am Ufer zeigt sich die Wüste. Sie entspannen an Deck, während Ihr Kapitän – auf Agatha Christies Spuren – das nächste Monument ansteuert.

Die schönste Art, die Tempel zwischen Luxor und Assuan kennenzulernen, ist eine Nilkreuzfahrt wie hier auf der »SS Sudan«. ▸

Esna, Edfu, Kom Ombo – die großen Tempel zwischen Luxor und Assuan sind die unvergesslichen Ziele der klassischen Kreuzfahrt. Nilschiffe sind die bequeme **4-A-Methode** – anlegen, aussteigen, ansehen, ablegen –, um diese beeindruckenden, aber ziemlich abgelegenen Tempel mühelos zu erreichen.
Thomas Cook, der Erfinder der Pauschalreise, veranstaltete 1869 seine erste Tour auf dem Nil, eine durchschlagende Geschäftsidee. Heute sind in guten Zeiten **über 300 Nilschiffe** unterwegs, ein Großteil hat »5 Stars«. Man muss aber wissen, dass es die »5 Stars« in vier Kategorien gibt. Die beste Kategorie sind »5 Stars Deluxe« und »5 Stars Superior«. Diese Top-Kategorien können Welten trennen von »5 Stars Plus« und »5 Stars Standard«. Bis heute sind Nilreisen keine schicken Kreuzfahrten wie auf den Weltmeeren, bei denen adrette Stewards den Gast hofieren. Den Kapitän nennt man hier »Rais«, zu deutsch Präsident, und der trägt als Uniform meist einen Wickelturban und die Galabaya, den traditionellen ägyptischen Kleidrock.

Königin des Nils

Urlaub am Tatort buchen Sie, wenn man so will, auf dem Raddampfer **»SS Sudan«** mit 23 Kabinen und 5 Suiten. Auf ihm wurde Agatha Christies »Tod auf dem Nil« verfilmt (1978, mit Peter Ustinov); »Karnak« hieß das Schiff im Film. Die Reise ist luxuriös: viel Teakholz, Mobiliar aus dem 19. Jh., himmlische Ruhe. Bei 12 km/h Höchstgeschwindigkeit wird die »Sudan« nur von Feluken nicht überholt. Die Tage an Bord sind von der zeitlosen Beschaulichkeit geprägt, mit der das 1896 in Glasgow gebaute Schiff über den Nil zieht.

UNTER SEGELN

Kreuzfahrten auf dem Nil und auf dem Nasser-See haben viele große und kleinere Veranstalter im Programm, z. B. orientaltours.de und sterntours.de. Die historische Dahabiya »Dongola« ist auf dahabiyaroyalcruise.com, die »SS Sudan« bei Sterntours und steam-ship-sudan.com zu finden.

◀ Kreuzfahrt mit Stil: Dahabiyas gleiten ruhig über das Wasser.

Dahabiyas

Kein Motorengeräusch, geblähte große weiße Segel: Ganz besondere Schiffe sind die Prunkfeluken, die Dahabiyas (**»Goldene Boote«**). Von den einst 300 blieben einige übrig. Auf der »Dongola« reisen Sie wie ein Pascha. Der 35 m lange und 5,5 m breite Zweimaster lief 1835 vom Stapel, wurde komplett überholt und beherbergt in 5 luxuriösen Kabinen bis zu 7 Personen. Das Flachbodenschiff mit 60 cm Tiefgang erlaubt, auch einsame Inseln fürs Dinner anzulaufen.

Small is beautiful

Es geht noch kleiner und langsamer als mit den Dahabiyas oder der »Sudan«, und noch ursprünglicher. Zwischen Assuan und Luxor segeln einige spartanisch ausgestattete **Feluken**, auf denen bis zu 15 Passagiere Platz finden. An Bord dieser traditionellen Segelboote wird landesübliche Kost zubereitet, man schläft oft im Schlafsack an Deck.

Kreuzfahrt auf dem Nasser-See

»MS Eugenie«, »MS Kasr Ibrim«, »MS Omar el Khayam« und »MS Prince Abbas« – **die luxuriösen Schiffe** pendeln (teils nur in den kühleren Monaten,) zwischen Assuan und Abu Simbel auf dem Nasser-See, dem 550 km langen und 5 bis 20 km breiten »Nubischen Meer«. Bei der 3- bis 7-tägigen Reise auf den nostalgischen oder modernen Schiffen erreichen Sie auch Monumente, die zeitweilig im Wasser versinken oder von Land nicht leicht oder gar nicht zugänglich sind: Zu den Tempeln von Kalabscha, Sebua und Kasr Ibrim setzen Sie mit kleinen Beibooten über.

FÜR EIN NEUES ÄGYPTEN

»Für mich ist die Idee einer Oase in einer feindlichen Umgebung wie ein Bild der Wiederbelebung im Morgengrauen, nach einer langen Reise durch die nächtliche Wüste. Ich sah es vor mir wie ein Modell, bevor die eigentliche Arbeit in der Wüste begann. Und doch wollte ich mehr: Ich wollte die ganze Welt entwickeln.« So beginnt die Geschichte von SEKEM.

In Bilbeis, am Hauptsitz von SEKEM, wird nachhaltige Landwirtschaft betrieben. ▶

Neben der Landwirtschaft ist auch die Textilproduktion eine wichtige Säule von SEKEM.

VIELE begabte Ägypter studieren nicht nur in Europa oder den USA, sie versuchen dann auch, im Ausland Karriere zu machen. Nicht so **Ibrahim Abouleish**, der 1977 nach dem Pharmaziestudium und anschließender Karriere mit seiner österreichischen Frau nach Ägypten zurückkehrte, um etwas für sein Land zu tun. Seine Vision bestand in der Begrünung der Wüste, verbunden mit einem umfassenden sozialen Ansatz.

Eine nachhaltige Gemeinschaft in der Wüste

Wider alle Zweifler erwarb er ein Stück Wüste am Rand des Nildeltas. Zunächst wurden Heilkräuter angebaut und als Tee vermarktet. Natürlich gab es auch Rückschläge, aber das Projekt wurde weitergetragen, nicht zuletzt dank der Vergrößerung des Teams durch Menschen, die in dieser Pionierarbeit eine sinnvolle Aufgabe sahen.

Zu den Kräutern kamen Obst und Gemüse. Allgäuer Kühe wurden importiert und eine Milch- und Kompostwirtschaft aufgebaut. Die **biologische Wirtschaftsweise** bewährte sich, die Betriebe wurden um Textilverarbeitung und die Herstellung pflanzlicher Medikamente erweitert. Für die wachsende Zahl der Mitarbeitenden wurde ein Medical Center eingerichtet, dann eine Schule, die gemäß der Waldorfpädagogik selbstständiges Denken und Kreativität fördert. In Lehrwerkstätten für Wasser- und Elektroinstallation, für Holz- und Metallberufe und Elektronik bekommen junge Ägypter Chancen für ihre berufliche Zukunft.
Rings um das erste Grundstück haben sich Menschen angesiedelt, die in den Betrieben Arbeit finden. Ein dreijähriges, von der EU unterstütztes Projekt förderte die dörfliche Entwicklung im Umkreis durch die Schulung von Sozialarbeitern und Kurse für minderjährige Mütter, durch Mikrokredite, Kanalisa-

tion und Abfallmanagement. Abouleish konnte nachweisen, dass die biologisch-dynamische Wirtschaftsweise viele Pestizide überflüssig macht, die Regierung stellte daraufhin das Besprühen der Baumwollfelder im Nildelta ein.

Kultur und Bildung

Bald zog die **SEKEM** – benannt nach dem altägyptischen Zepter, das die Kraft des Pharaos und der hohen Würdenträger symbolisierte, mit der sie das Land stark machten – internationale Aufmerksamkeit auf sich, aus der ganzen Welt kamen Experten zum Erfahrungsaustausch. So entstand ein Netz für soziales und nachhaltiges Wirtschaften. 2003 erhielt Abouleish den Right Livelihood Award, bekannt auch als **Alternativer Nobelpreis**.

Die Betriebe wurden im Jahr 2000 zu einer Holdinggesellschaft zusammengeschlossen. Auf dem Sinai und in der Westlichen Wüste wurde weiteres Land erworben, und in ganz Ägypten werden Vertragsbauern in biologischem Anbau geschult. Sie beliefern nun die SEKEM-Betriebe mit ihren Produkten. Heute arbeiten an die 2000 Menschen für SEKEM. Sie treffen sich zum Wochenabschluss, analysieren das Geleistete und planen Aufgaben. So bilden sich Wachheit und ein Gefühl für die gemeinsame Verantwortung aus.

Als Krönung der Bildungseinrichtungen eröffnete in Kairo 2012 die **»Heliopolis-Universität«** für nachhaltige Entwicklung, zunächst mit 120 Studierenden in den Abteilungen Nachhaltige Wasserwirtschaft, Phyto-Pharmazie und Nachhaltige Betriebswirtschaft. Inzwischen sind weitere Fakultäten hinzugekommen; die Zahl der Studierenden nähert sich der 2000er-Marke. Alle absolvieren fakultätsübergreifend ein Kernprogramm mit allgemeinbildenden Kursen in Fremdsprachen und Kulturgeschichte. Die ersten Absolventenjahrgänge haben sich als geschätzte Bewerber im Berufsleben erwiesen.

Ibrahim Abouleish ist 2017 gestorben. Doch sein Sohn Helmy und der Kreis der leitenden Mitarbeiter führt die Vision des Gründers fort. Ziel ist es, bis 2057 Ägypten auf 100 Prozent Bio-Anbau umgestellt zu haben.

BAEDEKER DAS IST...

NACHHALTIGE ENTWICKLUNG ERLEBEN

Die SEKEM-Hauptfarm liegt eine Autostunde nordöstlich von Kairo bei Bilbeis. Für Besucher gibt es ein komfortables ökologisches Gästehaus, auf einer deutschsprachigen Führung lernen Sie die Farm kennen. Unter www.sekem.com/de erfahren Sie mehr, dort können Sie sich auch für einen Aufenthalt anmelden. Informationen erhält man auch bei den SEKEM-Freunden Deutschland (www.sekem-freunde.de) und der Heliopolis-Universität (www.hu.edu.eg).

T

TOUREN

Durchdacht, inspirierend, entspannt

Mit unseren Tourenvorschlägen lernen Sie Ägyptens beste Seiten kennen.

Für eine Tour in die Weiße Wüste braucht es das richtige Fahrzeug. ▶

اذكر الله

UNTERWEGS IN ÄGYPTEN

Kultur-, Bade- und Abenteuerurlaub

Ägypten ist ein Rundreiseland. Je mehr man sehen und erleben will, desto mehr Mobilität ist gefordert: Koffer auspacken und wieder packen, vom Hotel in den Bus, vom Bus aufs Nilschiff, dann ans Rote Meer und wieder ins Hotel – egal ob man pauschal oder individuell reist, man ist beschäftigt. **»Egypt has it all«**, lautet ein Slogan der ägyptischen Tourismusmanager. Das ist schön formuliert und obendrein wahr. Der klassische Ägypten-Urlaub des Studientouristen, der bei den Pyramiden beginnt und in Abu Simbel endet, befriedigt die meisten nicht mehr. Das Rote Meer, der Sinai, die Küste und die Strände sind viel zu schön, um sie links liegen zu lassen, wenn man schon mal da ist. Wer das Tal der Könige, Karnak und den nicht minder faszinierenden Rest Oberägyptens mit Assuan und Abu Simbel besucht, hängt inzwischen fast ausnahmslos eine Woche Badeurlaub am Roten Meer an. Man braucht die Entspannung aber auch. Eine kleine, ebenfalls wachsende Gruppe zieht es zu Abenteuertrips in die Westliche (Libysche) Wüste, zu den bezaubernden Oasen wie Siwa und Baharija oder in die Weiße Wüste, ein Natur-Spektakel für sich.

Pauschal oder individuell?

Wer einen reinen **Strandurlaub** plant, bucht am besten pauschal – günstiger ist der Aufenthalt am Meer selten zu bekommen. Selbst die besten Hotelraten über Buchungsportale im Internet kommen gegen die Pauschalpreise großer Veranstalter mit Flug und »all inclusive« kaum an. Damit fährt auch besser, wer auf möglichst bequeme Weise die **Höhepunkte des alten Ägyptens** kennenlernen möchte und dafür in Kauf nimmt, sich weitestgehend in der Gruppe fortzubewegen, meist im klimatisierten Bus mit getönten Scheiben. Diverse Veranstalter bieten komplette Rundreisepakete (Nilkreuzfahrt, Kairo, Badeurlaub) mit 14–16 Übernachtungen an. Hier ist garantiert, dass man in der knappen Zeit keinen der Höhepunkte Ägyptens verpasst. Für **besonders Eilige** gibt es kompakte 10-Tage-Rundreisen. Auch die mehrtägige Nilkreuzfahrt zwischen Luxor und Assuan – nilaufwärts oder -abwärts – ist eine äußerst beliebte Option.

Auf eigene Faust

Ganz so komfortabel hat es der Individualreisende nicht. Er wird zwar von Land und Leuten mehr mitbekommen, kann Pyramiden- und Tempelbesichtigungen so ausgiebig gestalten, wie er will, bezahlt dafür aber mit einer **aufwendigen, zeitraubenden Reiseplanung**. Bus- und Zugfahrpläne sind ungenau; Tickets dafür – im Vergleich zu europäischen spottbillig – kann man glücklicherweise immer öfter im Internet buchen. Kein Reiseführer besorgt schon mal die Tickets oder dies oder das, während man selbst im Schatten bei einem Tee ausharrt ... Dennoch: Es lohnt sich!

Selbst fahren

Auch mit dem Auto gibt es **spezielle ägyptische Eigenheiten**. Einheimische Verkehrsteilnehmer verhalten sich im Allgemeinen irgendwo zwischen unberechenbar und chaotisch. Außerdem spielt die **politische Lage** eine Rolle: Informieren Sie sich vor der Reise bei Ihrem Außenministerium bzw. der Botschaft in Ägypten über die ak-

tuelle Lage und Risiken entlang der geplanten Route (▶S. 548 f.). Aus Sicherheitsgründen können manche Strecken nur in einem Polizeikonvoi befahren werden; die Zeiten muss man an Ort und Stelle erfragen. Von Überlandfahrten bei Nacht ist absolut abzuraten – ein Aufruf zur Geduld! Zum Dank lernt man ein bezauberndes Land mit überaus freundlichen Bewohnern kennen. Es ist sehr sinnvoll, eine gute Straßenkarte dabeizuhaben, im Wesentlichen kommen Sie aber fast überall im Land mit Google Maps und anderen GPS-Navigationssystemen gut ans Ziel, allerdings sind Straßenschilder hauptsächlich arabisch beschriftet.

Zeitbudget

Für Individualurlauber gilt: Für Kairo sollte man 3–6 Tage einplanen, für das westliche Nildelta 2 Tage, Alexandria und Umgebung 2–4 Tage, Mittelmeerküste und Oase Siwa 3–6 Tage, Luxor 3–6 Tage, Assuan und Abu Simbel 3–5 Tage, für eine Sinai-Rundreise 4–6 Tage, für die Oasen der Westlichen Wüste mindestens 5 Tage. Glücklich also, wer 3–4 Wochen für eine Ägyptenreise aufbringen kann. Oder Sie kommen – wie so viele – einfach öfter.

KLASSISCHE NILREISE: AUF DEM HIGHWAY DER PHARAONEN

Länge: ca. 1100 km | **Dauer:** ca. 2 Wochen

Tour 1

Einmal von Nord nach Süd durchs Land. Die Nilreise ist ein Traum, den man sich wenigstens einmal im Leben gönnen sollte. Kairo, Pyramiden, Luxor, Tal der Könige, Assuan, Abu Simbel sind nur die Top-Highlights dieser Tour, die immer mehr Urlauber sogar im Sommer unternehmen, wenn es wirklich heiß ist. Sie stehen dann früh auf, sind früh unterwegs und genießen nach der Siesta den Hotelpool. Der Lohn: An den Monumenten gibt es weniger Gedränge als in den klassischen Reisemonaten.

Bitte beachten

Die klassische Nilreise von Kairo über Luxor nach Assuan bzw. umgekehrt kann mit Auto, Bahn oder Schiff absolviert werden. Wenn man beabsichtigt, Assijut, Sohag, Achmim, Beni Hassan und Mallawi per Auto zu besuchen, ist zu beachten, dass Teile Mittelägyptens aufgrund immer wieder auftretender Unruhen lange als unsicheres Terrain für ausländische Besucher galten.

Bei Nacht entfalten die beleuchteten Tempel von Karnak ein besonderes Flair.

Das Tor zum Land am Nil

Die Hauptstadt ❶ ★★ **Kairo** ist für viele das Tor zum Land am Nil. Mit ihrem besonderen Flair, der islamischen Altstadt, dem koptischen Viertel und ihren Museen erfordert die 22-Millionen-Megalopolis mindestens einen dreitägigen Aufenthalt. Einen weiteren halben Tag sollten Sie für die Pyramiden von ❷ ★★ **Giseh** einplanen.

Vor allem Pyramiden

Von Kairo geht es dann nilaufwärts nach Badraschein. Von dort lohnen Abstecher in die Ruinenfelder der alten Hauptstadt ❸ **Memphis** sowie zu den Pyramiden und Gräberfeldern von ❹ ★ **Sakkara** mit der markanten Stufenpyramide. Weiter stromaufwärts ist Masghuna ein guter Ausgangspunkt für die Pyramiden von ❺ ★ **Dahshur**. Etwa 30 km nilaufwärts liegt El-Matanija, von wo es nicht weit zu den Pyramiden und Mastabas von **Lischt** ist. Ca. 20 km weiter, bei El-Rikka, bietet sich ein Abstecher zur Pyramide von ❻ ★ **Meidum** an.

Ländliches Ägypten

Nach 35 km erreichen Sie Bani Suef, von dort führt eine Straße nordwestwärts zur Pyramide von El-Lahun und weiter in die schöne Oase ❼ ★ **El-Faijum**. Das ländliche Ägypten zeigt sich hier besonders schön: üppige Plantagen, Kanäle, Fellachen auf dem Feld.
Von Bani Suef geht es nilaufwärts (Sicherheitslage und Weiterfahrmöglichkeit prüfen!) über Biba mit seiner weithin sichtbaren koptischen Kirche und El-Faschn, in dessen Nähe die Ruinen der griechi-

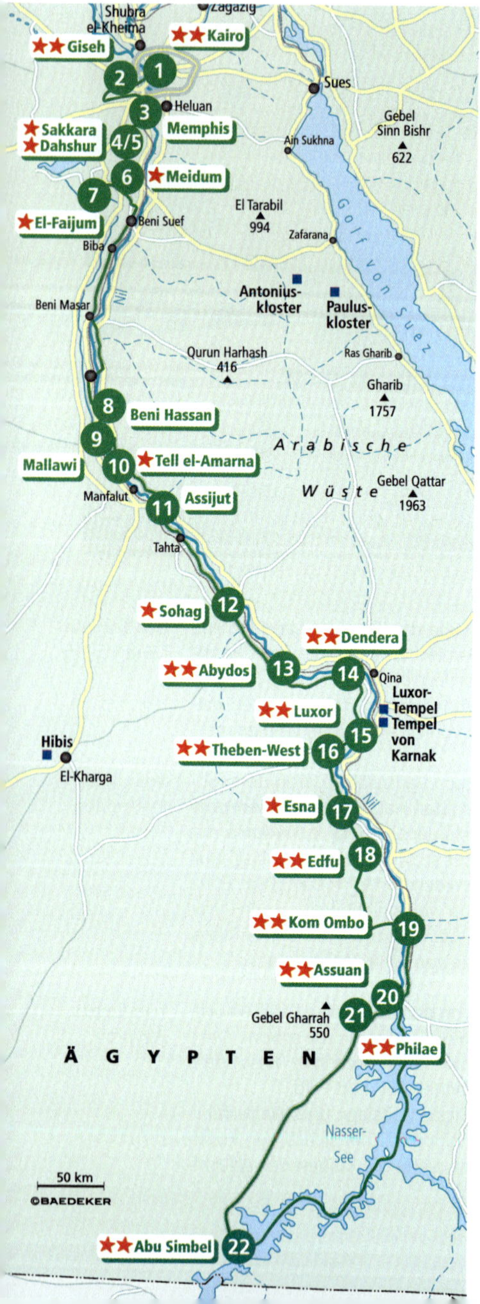

schen Stadt Ankyronpolis liegen, nach Maghagha, einem zentralen Ort mit Zuckerfabrik. Wenig später kommen Sie nach Beni Masar. Ca. 15 km westlich kann man bei großem archäologischem Interesse die Trümmer der antiken Stadt Oxyrhynchos besichtigen, die sich nach Einführung des Christentums zu einer bedeutenden Mönchsstadt entwickelte. Knapp 20 km weiter stromaufwärts liegt die große Nil-Insel **El-Sirija** mit einer Hathor-Kapelle. Hinter der Stadt Samalut ist der steile, aussichtsreiche Gebel el-Ter mit seinem koptischen Kloster eine wichtige Landmarke. In der Höhle unter der Kirche, einem beliebten Pilgerort, soll die Heilige Familie auf ihrer Flucht gerastet haben.

Von El-Minya zum Kloster Deir el-Maharrak 25 km nilaufwärts erreichen Sie die Gouvernorats-Hauptstadt El-Minya, bekannt für ihre Parfüm- und Seifenproduktion. Ca. 20 km weiter erkunden Sie die Felsengräber von 8 **Beni Hassan**. Wenig später folgen die Ruinen der Kultstätte Hermopolis Magna. In der näheren Umgebung von 9 **Mallawi** sollte man den Grabtempel des Petosiris sowie die Reste von Echnatons nie vollendeter Hauptstadt 10 ★ **Tell el-Amarna** anschauen. Über Deirut, wo der Ibrahimija-Kanal abzweigt, geht es nach Nasali Ganub, in dessen Nähe die Nekropole von Kussai zu finden ist. Außerdem liegt südwestlich von Nasali Ganub am Wüstenrand das koptische Kloster Deir el-Maharrak.

Von Assijut nach Abydos

Knapp 50 km weiter südlich erreichen Sie die oberägyptische Großstadt ⓫ **Assijut** mit ihren berühmten Felsengräbern und einem 1902 fertiggestellten Nil-Staudamm. Über Abutig, Sidfa und vorbei an der Ebene von Kau (Antaiopolis), wo dem griechischen Geschichtsschreiber Diodor (1. Jh. v. Chr.) zufolge der Entscheidungskampf zwischen Horus und Seth stattfand, kommt man in die an einer Flussschlinge gelegene Stadt ⓬ ★ **Sohag**, in deren Nähe zwei gut erhaltene koptische Klöster liegen. Auf einer Brücke überqueren Sie den Nil nach **Achmim**, wo ab den 1980er-Jahren einige Monumentalstatuen gefunden wurden. Und ca. 50 km südlich von Sohag erreichen Sie ein erstes Highlight: die wundervolle Nekropole von ⓭ ★★ **Abydos** am Rand des Wüstenplateaus. Höhepunkte sind das Heiligtum des Osiris, der Tempel von Ramses II. und im Tempel von Sethos I. die berühmte Königsliste, eine der wichtigsten Quellen für die Abfolge der pharaonischen Dynastien.

Von Dendera nach Luxor

Nächster Höhepunkt ist die alte ägyptische Stadt ⓮ ★★ **Dendera** ca. 70 km weiter nilaufwärts. Hier befindet sich der berühmte Tempel der Göttin Hathor, auf dessen Dach sich bei der Entdeckung im 19. Jh. ein verlassenes Dorf befand; der Tempel selbst war eine Geröllhalde. Heute vermittelt er einen Eindruck von der ursprünglichen Farbigkeit antiker Bauten. Unweit südlich kommen Sie über eine Nilbrücke in die alte Töpferstadt **Qena** (Qina). 23 km südlich liegt der alte Handelsplatz Kift, wo schon im frühen Altertum Waren aus Arabien und Indien umgeschlagen wurden.
Für die Weiterfahrt nach Luxor gibt es für Autofahrer zwei Optionen: Schnell erreichen Sie Luxor auf der Wüstenschnellstraße an der Westseite des Nils. Nachteil: Es ist eine monotone Strecke, auf der die Polizei Ausländer nach Gutdünken mal passieren lässt, mal nicht; Bakschisch hilft angeblich bei der Entscheidungsfindung.
Länger dauert es auf der Straße östlich des Nils, die durch das üppig grüne Tal führt, durch typische Fellachen-Dörfer und quirlige Städte. Es gibt selbst im Vorbeifahren viel zu sehen. So oder so erreichen Sie die alte Hauptstadt ⓯ ★★ **Luxor**, heute die wichtigste Stadt Oberägyptens. Hier besuchen Sie die berühmten Tempel von Luxor und von ★★ **Karnak** sowie eine der berühmtesten Nekropolen der Welt, die Grabstätten der Pharaonen und gewaltigen Totentempel im Tal der Könige in ⓰ ★★ **Theben-West**, um die wichtigsten Sehenswürdigkeiten zu nennen.

Von Esna nach Kom Ombo

Gut 50 km südlich von Luxor liegt die Provinzstadt ⓱ ★ **Esna** an einer Nilstaustufe. Sie ist berühmt für den Tempel des Chnum. 34 km weiter nilaufwärts lohnt, allerdings nur bei bei großem Interesse, ein kurzer Aufenthalt in **El-Kab**, wo die Ruinen des alten Nechab, der Amenophis-Tempel, einige Felsengräber sowie die Pyramide El-Kula bemerkenswert sind.

22 km südlich erreichen Sie 18 ★★ **Edfu** mit seinem eindrucksvollen Horus-Tempel. Über Silsila, wo vor allem zur Zeit des Neuen Reichs Steinbrüche ausgebeutet wurden, kommt man nach 19 ★★ **Kom Ombo**, wo sich nach dem Bau des Assuan-Hochdamms mehrere Tausend Nubier niedergelassen haben. Das Highlight ist hier das große Doppelheiligtum des Sobek und des Haroëris am Nil.

Nach Assuan und Abu Simbel

Nach weiteren 45 km endet die Reise in der wunderschön am Ostufer des Nils gelegenen und für Ägypten ungewöhnlich grünen Stadt 20 ★★ **Assuan**. Besonders lohnende Ausflugsziele sind hier die Nilinseln Elephantine und Botanical Island (Kitchener Island), die Felsengräber, das Simeonskloster, der Tempel von 21 ★★ **Philae** und natürlich der alte Assuan-Staudamm sowie der neue Hochdamm. Assuan ist auch »der« Ausgangspunkt, um – mit dem Schiff auf dem Nasser-See, mit Flugzeug oder Auto – zu den großartigen Felsentempeln von 22 ★★ **Abu Simbel** im alten Nubien zu gelangen, ein Ort zum reinen Staunen.

VON ALEXANDRIA NACH SIWA: OASE MIT ORAKEL

Länge: ca. 1300 km | **Dauer:** 3 – 5 Tage

Tour 2

Wieviel Blautöne hat das Meer? Welches Blau am Morgen, welches mittags, welches gegen Abend? Auf dieser Tour haben Sie alle Zeit der Welt, um dieser Frage nachzugehen. Unterwegs stoßen Sie nur auf wenige pharaonische Relikte. Je weiter Sie von El-Alamein nach Westen gelangen, umso weniger berührt ist die »Ägyptische Riviera«, wie die Mittelmeerküste genannt wird. Biegen Sie dann Richtung Siwa ab, erwartet Sie eine monotone Wüstenstraße und das einfache Leben in einer uralten Oase, zu der die Menschen im Altertum wegen eines Orakels pilgerten.

Von Alexandria nach El-Alamein

Nur das Auto ist als Transportmittel zu empfehlen, zumindest im Anschluss an den Besuch der Mittelmeer-Metropole 1 ★★ **Alexandria**, der in der Antike so bedeutenden Stadt. Anfangs geht es noch zäh durch den dichten Verkehr der Stadt und der Vororte, bis Sie das 55 km südwestlich gelegene **Burj el-Arab** erreichen. Nördlich davon findet man in 2 **Abusir** (nicht verwechseln mit Abusir in der Nähe von Sakkara) die Ruinen der antiken Stadt Taposiris Magna. 2024 entdeckten Archäologen u. a. eine weiße Marmorbüste, die Kleopatra darstellen soll. Südlich von Burj el-Arab liegt das – auch heute noch – bedeutende Wallfahrtszentrum des frühchristlichen Ägyptens, die Ruinen der Klosterstadt 3 **Abu Mena**. Nach ca. 90 km erreicht man schließlich das berühmte 4 **El-Alamein**, wo im Zweiten Weltkrieg die entscheidende Schlacht zwischen den deutsch-italienischen und den britischen Truppen geschlagen wurde. Große Soldatenfriedhöfe erinnern daran. Entlang der Küste erstrecken sich über viele Kilometer von Mauern abgeschirmte, teils luxuriöse Feriensiedlungen, in denen viele Ägypter den Sommer verbringen.

Weiter entlang der Küste

Von El-Alamein folgen Sie der Straße Alexandria – Marsa Matruh nach Westen. Nach 23 km erreichen Sie den Badeort Sidi Abd el-Rahman mit schönem Strand. Rund 130 km weiter westlich liegt die Hafenstadt 5 **Marsa Matruh**, ein populärer Badeort an der überaus reizvollen »Ägyptischen Riviera«. Wenige Kilometer abseits der Stadt findet man das sagenumwobene »Bad der Kleopatra«, einen beliebten Strand, über dem einst ein Palast der Pharaonin stand.

Auf der alten Karawanenroute

Südwestlich des Flughafens von Marsa Matruh zweigt eine gut ausgebaute Fernstraße nach Südwesten ab. Sie folgt einer alten Karawanenroute zur Oase 6 ★ **Siwa**, wo sich im Altertum das hochverehrte Orakel des Amun befand. Die 30 × 80 km große und 20 m unter dem Meeresspiegel gelegene Oase erscheint heute mit ihren Dattelpalmen- und Olivenhainen wie ein Paradies in der lebensfeindlichen Westlichen Wüste. Rückfahrt auf derselben Strecke.

SINAI: MOSES WAR AUCH SCHON DA

Länge: ca. 670 km | **Dauer:** 2 – 3 Tage

Tour 3

Eine Tour wie diese gibt es in Ägypten kein zweites Mal. Sie sind immer in Meeresnähe, können an vielen Stellen baden. Zahlreiche Hotels, Camps und Restaurants von einfach bis luxuriös säumen die Strecke. Erst wenn es in den Zentralsinai geht, wandeln Sie beim Katharinenkloster und auf dem Mosesberg auf geschichtsträchtigem Boden und genießen eine faszinierende Landschaft: Zwischen dem Golf von Aqaba und den farbig schillernden Bergen des Sinai können Sie mit Kamel, Geländewagen oder zu Fuß Wadis erkunden und kleine Oasen finden. Die gute Nachricht für Autofahrer: Der Verkehr ist hier überschaubar und wenig anstrengend. Eine Traumküste!

Zentrum des Sinai-Tourismus

Ausgangspunkt ist 1 **Sharm el-Sheikh**, das schicke Zentrum des Sinai-Tourismus. Mit dem Auto ist die Rundfahrt am bequemsten zu machen, mit dem Taxi teuer, mit dem Bus möglich, aber äußerst langwierig. Zwei Wege führen von Sharm el-Sheikh Richtung **Dahab**. Die gut ausgebaute Asphaltstraße führt am Flughafen Richtung Westen in die Wüste. Hält man sich – dazu ist Vierradantrieb nötig – an der Abzweigung geradeaus Richtung Norden, fährt man auf der Piste entlang der Küste mit ihren Sandstränden und Palmen zu den Mangrovenoasen von **Wadi Nabq**. Vor der Küste liegen hier in der »Straße von Tiran« etliche Schiffswracks – beliebte Tauchziele.

Abstecher in die Wüste

Auf der anfangs westlich verlaufenden Hauptroute Richtung Dahab sehen Sie 20 km nach dem Checkpoint der ägyptischen Polizei linkerhand ein großes weißes Gebäude, eine Beduinenschule. Hier erwarten oft Beduinen Touristen zu einem 2–3 Stunden langen Ausflug in das 2 **Wadi Mandar**, ob auf dem Kamel oder im Geländewagen. Das Wadi vermittelt einen guten Eindruck von der Schönheit und der Weite des Sinai, wegen seiner Nähe zu Sharm el-Sheikh ist es aber oft sehr frequentiert.

Nach weiteren 21 km auf der Hauptstraße, die im Gebirge immer wieder sanft ansteigt und abfällt – man muss mit Kamelherden auf der Straße rechnen –, liegt westlich das **Wadi Kid** mit der Oase **Ain Kid**. Man erreicht sie auf einer gut gespurten Piste, die durch einen immer schmaler werdenden Canyon zur Oase verläuft. Zurück auf der Hauptstraße führt die Route weiter nach 3 **Dahab**, einst berühmt als freakiger Badeort für Aussteiger, inzwischen eine beschauliche Hippie-Reminiszenz. Eine knappe Stunde fahren Sie auf der

Hauptstraße von Dahab zum ruhigen Badeort 4 **Nuweiba**. Wer viel Zeit und einen Vierradantrieb hat, kann die Strecke auch auf der Piste entlang der Küste bis kurz vor Nuweiba zurücklegen. Geröll und Sand, von Regengüssen und Fluten aus den Bergen durch Wadis ins Tal und an die Küste gespült, formten die Ebene, in der Nuweiba am Meer liegt.

Ausflug zu biblischen Orten

Nuweiba ist ebenso wie Dahab ein idealer Ausgangspunkt für Tagesausflüge in die Bergwelt des Sinai, insbesondere zum 5 ★★ **Katharinenkloster**, einem magischen, bis heute von griechisch-orthodoxen Mönchen bewohnten Ort. Die Straße schlängelt sich entlang der Bergzüge sanft auf und ab, und plötzlich wird am Ende einer langen Geraden der Blick frei auf den Talkessel, wo in 1570 m Höhe einst Moses, bevor er die Zehn Gebote empfing, mit den Israeliten sein Lager aufgeschlagen haben soll, nahe den beiden Bergen, die heute Moses- und Katharinenberg heißen.
Den 6 ★ **Mosesberg** (Gebel Musa, 2285 m) können Sie am frühen Morgen ab ca. 2 Uhr besteigen, um den Sonnenaufgang am Gipfel zu erleben. Sie werden womöglich überrascht sein, wie viele betagte Pilger den beschwerlichen Weg, den ein Kamelritt ein wenig erleichtert, auf sich nehmen, um diesem heiligen Ort ganz nah zu sein. Einsamer bleiben Sie als gut trainierter Berggeher dagegen auf dem ★ **Katharinenberg** (Gebel Katerin). Vom Gipfel (2642 m) haben Sie den bes-

ten Ausblick, den der Sinai zu bieten hat: bei gutem Wetter vom Golf von Sues bis über den Golf von Aqaba nach Jordanien und Saudi-Arabien. Fünf Stunden dauert der Aufstieg, etwa drei der Abstieg.

Bunter Canyon

Haben Sie **Nuweiba** als Standort gewählt, liegt ein Ausflug – Allradantrieb ist erforderlich – in den wunderschönen 7 ★ **Coloured Canyon** nahe. Sie fahren von Nuweiba aus auf der Straße zum Ahmed-Hamdi-Tunnel Richtung Nakhl. 15 km hinter der Gabelung liegt rechts der Fahrbahn ein Palmenhain mit Beduinenhütten. Von hier erstreckt sich die **Oase Ain Furtaga;** eine vielbefahrene Piste führt durch das Wadi Nekheil (wunderbarer Ausblick vom Bergkamm) hoch in den Coloured Canyon.
Sehenswert ist auch die Oase **Ain Umm Ahmed**. Die Quelle der Mutter Ahmeds, wie der Name besagt, erreichen Sie ebenfalls über die Straße nach Nakhl; nach 20 km führt der Weg links in das Wadi, weiter über einen Pass und dann steil hinab in die Oase. Wie vom Aussichtspunkt gut zu sehen ist, gleicht sie einer Mondlandschaft, die in Ocker, Blau und Rot schimmert und sich mit ihrem Palmengürtel eng an den Fels schmiegt. Einige Beduinen leben hier und heißen Besucher willkommen. Am Wasser entlang können Sie bis zum 3 km entfernten **Wadi el Ain** wandern, um dessen Quelle Akazien wachsen. Der nahe Berg Ras el Qelb (knapp 1000 m hoch) darf nur mit Führung durch einen Beduinen bestiegen werden.

Der Coloured Canyon trägt seinen Namen zu Recht – die Felsen leuchten intensiv in allen möglichen Gelb-, Rot- und Brauntönen.

Von Nuweiba nach 8 **Taba** sind es ca. 70 km. Die Strecke hat außer Dutzenden Hüttencamps, der Hotelsiedlung Taba Heights und der Pharaoneninsel (Farun Island, Geziret el-Fara'un) vor allem eines zu bieten: herrliche Buchten zum Baden, wie Marsa Murakh (»Fjord«) 15 km südlich von Taba. Vom verschlafenen Taba ist ein Ausflug ins israelische Eilat möglich. Zurück geht es nach Sharm el-Sheikh auf der rund 220 km langen, immer küstennahen Straße.

Herrliche Badebuchten

AM ROTEN MEER: MEHR ALS MEER UND SONNE

Länge: ca. 1100 km | **Dauer:** 4 – 7 Tage

Tour 4

Sind Sie, wie Gustave Flaubert einst in sein Tagebuch schrieb, gelangweilt von all den Tempeln, dann ist diese Tour für Sie goldrichtig. Zwischen Ain Sukhna, El-Gouna, Hurghada und Marsa Alam dreht sich alles ums Baden, Surfen und Tauchen. Für wen der Weg das Ziel ist, der besucht auf kleinen Abstechern das Antonius- und das Pauluskloster, nächtigt womöglich dort, ehe die Fahrt weitergeht. Und falls Sie doch Verlangen nach alten Steinen haben: Es gäbe da auch zwei römische Steinbrüche.

Die früher unfallträchtige Küstenstrecke ist mittlerweile mehrspurig ausgebaut und dank getrennter Richtungsstrassen erheblich sicherer geworden. Am bequemsten ist die Reise mit dem Auto; mit Bus oder Servicetaxi dauert es länger. Von Kairo auf der fünfspurigen Mautstraße kommend, treffen Sie bei 1 **Ain Sukhna** auf die mehrspurig ausgebaute Küstenstraße. Westlich erhebt sich das von Wadis zerfurchte, rötlich-gelbe Sandsteingebirge der Arabischen Wüste. »Ain Sukhna« bedeutet »warme Quelle«, es ist eines der neueren Badezentren, die (noch) in erster Linie auf heimische Urlauber abzielen.

Von Kairo zur warmen Quelle

Nach weiteren 75 km passieren Sie den kleinen Hafenort 2 **Zafarana**, von dem eine Straße westlich nach Beni Suef (Niltal) führt. Auf ihr fahren Sie im Wadi Araba 40 km, biegen dann links ab und erreichen nach 12 km eine der wenigen historischen Sehenswürdigkeiten nahe dem ★★ **Roten Meer**: das koptische 3 ★ **Antoniuskloster**. Möglich ist von hier – in obligatorischer Begleitung eines Führers – eine Wanderung zum 4 ★ **Pauluskloster**, ein Tagesmarsch für gute

Uralte Klöster

Berggeher mit Kondition. Bequemer ist es so: Mit dem Auto fahren Sie zur Küstenstraße zurück. Nach 27 km biegen Sie auf einen befestigten Weg ein, der in 15 km zum Pauluskloster führt, hoch auf einem Felsen mit wunderbarem Ausblick von der Kapelle im Zufluchtsturm über die Arabische Wüste bis zum Roten Meer.

Zwischen Badeparadiesen und römischen Steinbrüchen

Zurück zur Küstenstraße. Folgen Sie dieser weiter Richtung Hurghada. Kurz nach der Abzweigung nach ❺ **El-Gouna** und 15 km vor Hurghada zweigt eine nur mit Vierradantrieb befahrbare Piste nach Westen zum Mons Porphyrites ab, dem wichtigsten Steinbruch während der römischen Herrschaft (30 v. Chr. – 395 n. Chr.). Dann erreichen Sie ❻ **Hurghada**, den größten Badeort Ägyptens. Ca. 60 km weiter südlich liegt Safaga, ein eher unscheinbarer Ort. Hier führt ein Abstecher auf der Straße Safaga – Qena (Niltal) nach 67 km zum Steinbruch ❼ **Mons Claudianus**; die römischen Kaiser schätzten den Gneis mit grünlich-schwarzen Einsprengseln als »Marmor Claudianum« u. a. für die dekorative Ausstattung der Engelsburg und des Forums in Rom.

Paradies für Schnorchler und Taucher: die Unterwasserwelt des Roten Meeres

Sonne und Meer

85 km südlich von Safaga liegt das kleine 8 **Qosseir** (Quseir), ein weiterer stark beworbener Ort, der Wasserspaß-Touristen aus aller Welt anlockt. Ein neueres Touristenziel ist die südlich von Qosseir gelegene Retortensiedlung **Port Ghalib**. 140 km südlich von Qosseir erreichen Sie schließlich 9 **Marsa Alam**, einen kleinen Hafenort und ein Topziel für Taucher, gesegnet mit einem Flughafen für die Charter-Gäste der günstigen bis luxurösen Camps und Hotels. Unter dem Etikett »Marsa Alam« wird die ganze Region zusammengefasst und touristisch vermarktet. Sie reicht in Richtung sudanesische Grenze über Wadi el-Gamal mit der schönen Bucht Sharm el-Loly bis **Berenice** und zu seinem Kap Ras Banas.
Eine Weiterfahrt in den Sudan ist derzeit nicht möglich. Entweder geben Sie Ihren Mietwagen in Hurghada zurück oder Sie fahren über die Ost-West-Verbindung ins Niltal nach Luxor.

WESTLICHE WÜSTE: WO DIE GOLDENEN MUMIEN SCHLUMMERN

Länge: ca. 1300 km | **Dauer:** mind. 1 Woche

Tour 5

Unter dem Titel »Neues Tal/New Valley« werden seit einiger Zeit die abgelegenen und lange Zeit vergessenen Oasen der Westlichen Wüste aufgewertet. Weltbekannt wurde die Oase Baharija durch den sensationellen Fund eines Friedhofs mit über 200 teils golddekorierten Mumien. Diese Tour führt Sie durch ein extrem trockenes Land mit endlosen Sanddünen, bizarren Felsformationen und schluchtartigen Wadis. Einen echten Höhepunkt bietet die Natur in der wundervollen Weißen Wüste.

Das richtige Fahrzeug

Die Fahrt in die Oasen des Neuen Tals in der ★ **Westlichen Wüste** kann man per Bus oder Mietwagen mit Allradantrieb unternehmen. Wer eine Geländewagentour plant, sollte Wüstenerfahrung besitzen und keinesfalls allein aufbrechen, sondern einen Fahrer engagieren. Alternativ wird eine organisierte Tour von Kairo aus empfohlen.

Von Kairo in die Wüste

Noch fast mittelalterliche Verhältnisse herrschen in der 335 km südwestlich von 1 ★★ **Kairo** gelegenen Oase 2 **Baharija**. In dem 95 km langen und bis 40 km breiten Paradies werden Datteln, Aprikosen, Weizen und Mais angebaut. Sehenswert sind die Orte El-Qasr und

Bawiti. Seit die Oase als **Tal der Goldenen Mumien** Schlagzeilen gemacht hat, versucht man hier den Tourismus auszubauen.

In die Weiße Wüste

Die 180 km von der Oase Baharija südlich zur Oase ❸ **Farafra** haben es in sich. Sie stellen einige Anforderungen an das Können des Fahrers, doch mit der ★ **Weißen Wüste** bieten sie eines der Natur-Highlights Ägyptens. In der Oase selbst gibt es außer fruchtbaren Feldern und Obstgärten nicht viel zu sehen.

Wo der Wüste Land abgerungen wird

Nicht weniger interessant ist die 300 km südöstlich von Farafra gelegene, fruchtbare Oase ❹ **Dachla** mit ihrem geradezu malerischen Hauptort El-Qasr. Die mit 250 km² zweitgrößte Oase Ägyptens, Kernraum des Entwicklungs- und Landgewinnungsprojekts »New Valley«, wird seit mehreren Tausend Jahren bewirtschaftet. Rund 180 km östlich von El-Qasr liegt der geschichtsträchtige Hauptort ❺ **Kharga** mit einem sehenswerten Hibis-Tempel und einem koptischen Friedhof. Kharga war die »Südoase« der alten Ägypter und die »Oasis Magna« der griechisch-römischen Zeit. Nach ❻ ★★ **Luxor** im Niltal sind dann noch ca. 280 km zurückzulegen.

Z
ZIELE

Magisch, aufregend, einfach schön

Alle Reiseziele sind alphabetisch geordnet. Sie haben die Freiheit der Reiseplanung.

Die Pyramiden in Giseh stehen seit etwa 4500 Jahren – das einzige der antiken Weltwunder, das die Zeit überdauert hat. ►

TICKETS ZU SEHENSWÜRDIGKEITEN

Kreditkarten statt Tickethäuschen. Die ägyptische Antikenbehörde akzeptiert an ihren Sehenswürdigkeiten zukünftig nur noch Onlinetickets oder Tickets, die man vor Ort am Automaten mit Kreditkarte gekauft hat. Barzahlung soll nicht mehr möglich sein. Dies gilt bereits für die Pyramiden, das Grand Egyptian Museum und andere Kairoer Museen, die Kairoer Zitadelle, Edfu, Kom Ombo, Luxor, in Assuan sowie in Abu Simbel und sukzessive für alle übrigen Monumente und staatlichen Museen.
Buchung unter **https://egymonuments.com/locations**

ABU MENA (ABU MINA)

Landesteil: Unterägypten | **Gouvernorat:** Matruh

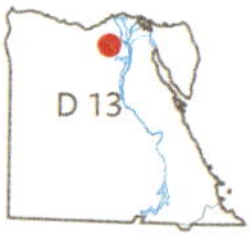

Bei den Beduinen hieß die größte koptische Stadt »Karm Abu Mina«, »Weinberg des hl. Menas«. Schon im frühen Mittelalter war Abu Mena eine der bedeutendsten christlichen Wallfahrtsstätten. Um den Märtyrer, der dem christlichen Glauben nicht abschwören wollte, ranken sich allerlei Mythen und Legenden. Die Quelle nahe seinem Grab soll heilende Wirkung haben. An den Heiligen und Schutzpatron der Kaufleute erinnert ein modernes Kloster, heute ein beliebtes Pilgerziel.

Ägyptens Lourdes

Die Ruinenstadt liegt etwa 50 km südwestlich von ▶ Alexandria, auf halbem Weg zum Wadi Natrun, in der Mareotis-Wüste. Wenn die Pilger am Wochenende oder an koptischen Feiertagen kommen, herrscht hier Hochbetrieb. Gottesdienste werden in dem 1959 erbauten imposanten Kloster zelebriert. Ruhiger geht es in der archäologischen Stätte zu, die zum UNESCO-Weltkulturerbe gehört. Sie ist durch die Kanalisierung des Nils bedroht; das Wasser, das Arbeitsplätze und Wohlstand bringen soll, überschwemmt Abu Mena, dessen Mauern durch das steigende Grundwasser versalzen. Die meisten Fundstücke verwahrt das Koptische Museum in Kairo.

Der hl. Menas und die Wunderquellen

Etwas Geschichte

Die Ruinen wurden 1905 durch den Frankfurter Archäologen Carl Maria Kaufmann entdeckt. Der heilige Menas war der **Schutzpatron der Kaufleute**. Das Schicksal des volkstümlichen Heiligen ist durch zahlreiche Legenden und Mythen verklärt. Als ägyptischer oder libyscher Legionär stand er unter Kaiser Diokletian in römischen Diensten und fand nach seiner Bekehrung zum Christentum im Jahr 296 n. Chr. in Phrygien den Märtyrertod. Um sein Grab sprudelten angeblich alsbald 90 Quellen, deren Wasser allerlei Wunder bewirkten.

Alles aus Marmor

Aufstieg und Niedergang

Als gesichert gilt, dass sich am Platz der heutigen Gruftkirche eine Grabstätte des 4. Jh.s befand, die damals in einem Friedhof am Rand einer Siedlung lag. Im Lauf der Jahre wurde die Grabstätte auf Kosten der umliegenden Gräber erweitert. Nachdem die heiligen Stätten vermutlich während der Islamisierung ab dem 7. Jh. niedergebrannt worden waren, ließ der **Patriarch Joseph** kurz vor 850 eine neue, fünfschiffige Basilika errichten, in die große Teile der alten Kirche einbezogen wurden. Um diese Stätten entwickelte sich eine glänzende Stadt, die »ganz aus Marmor erbaut« war. Ihre größte Blüte erlebte sie im 5./6. Jahrhundert; um 900 wurde sie von den Abbasiden geplündert und verwüstet, im 13. Jh. endgültig aufgegeben.

Ruinenstadt

tgl. 9 - 16 Uhr | Eintritt 150 LE

Infrastruktur für Pilger

Zentrum der antiken Stadt

Den Mittelpunkt der antiken Stadt bilden die Gruftkirche über dem Grab des hl. Menas mit der anschließenden Großen Basilika und das Baptisterium. Nördlich des Komplexes erkennt man Reste von Zisternen, Herbergen und Badeanlagen. In den Töpferwerkstätten mit ihren Brennöfen wurden die Fläschchen hergestellt, in denen die Pilger das wundertätige Quellwasser mit nach Hause nahmen.

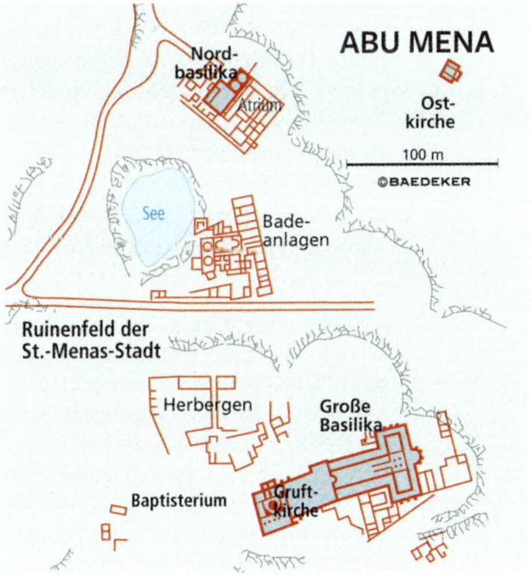

Hinab zum Grab

Die über einer älteren Basilika zu Beginn des 6. Jh.s erbaute erste Gruftkirche war ein geosteter Zentralbau mit vier Seitenkapellen. Nach der Zerstörung durch ein Feuer entstand kurz vor der Mitte des 9. Jh.s die heutige Gruftkirche, eine fünfschiffige Basilika. 30 Marmorstufen führen hinab in die Krypta mit dem Grab des Heiligen.

Die größte frühchristliche Kirche Ägyptens

Große Basilika

An die Gruftkirche schließt die 67 m lange Große Basilika an, ein dreischiffiger Hallenbau mit dreischiffigem Querhaus. Unter der Vierung bezeichnen vier Säulen den Platz des Altars. Der Haupteingang mit drei Portalen liegt im Süden des Langhauses. An das Langhaus grenzen unterirdische Grabkammern, Korridore und Keller.
Das achteckige **Baptisterium** (5./6. Jh.) mit großem Stufentaufbecken aus Marmor wurde ebenso wie die Gruftkirche und die Große Basilika mehrfach erneuert, jedoch in seiner ursprünglichen Form belassen.

Residenz des Patriarchen

Nordbasilika

In einem großen Friedhof des 7.–9. Jh.s am **Nordrand der Stadt** liegt die dreischiffige Nordbasilika mit einem Atrium im Westen. Sie ist umgeben von Wirtschafts- und Wohngebäuden und diente wohl als Residenz des Patriarchen bei seinem Aufenthalt in Abu Mena. Neben dem rechten Seitenschiff befindet sich eine Taufkapelle.

★★ ABU SIMBEL

Landesteil: Nubien | **Gouvernorat:** Assuan | **Einwohner:** 2800
tgl. 6 – 17 Uhr | Eintritt 750 LE

Wie beeindruckt man Angreifer? Ramses II., einer der größten Pharaonen, errichtete einen Tempel, der mit seiner Wucht und Größe furchteinflößend wirken sollte – was gelang. Die Felsentempel von Abu Simbel gehören zu den großartigsten Baudenkmälern Ägyptens. Am Nasser-See blicken die gewaltigen Figuren an den Tempelfronten auf die Fluten und die dahinterliegende Wüste. Übersehen Sie bei Ihrem Besuch eine der kleinen weiblichen Figuren nicht: Nefertari, die Lieblingsgattin des Pharaos. Im Lauf seines langen Lebens soll er 200 Ehefrauen gehabt haben.

Vor den Fluten gerettet

Abu Simbel liegt im äußersten Süden des Landes, rund 280 km südlich von ▶ Assuan. Ursprünglich standen die beiden Tempel mit ihren gewaltigen Fassaden zwischen dem ersten und zweiten Nilkatarakt in der Wüste. Dort wären sie nach dem Bau des Assuan-Staudamms im Wasser versunken. Um die bedeutenden Heiligtümer zu retten, wurden sie 1964 in einer spektakulären Aktion an ihren heutigen Standort versetzt. Besonders groß ist der Andrang, wenn die Busse und Flieger aus Assuan eintreffen. Man sollte hier übernachten: Frühmorgens und am Nachmittag kann man die Ruhe und Stimmung des Orts am besten genießen. **Im Licht der Morgensonne** kommen die Figuren besonders gut zur Geltung, und am Abend erstrahlt der Tempel bei einer Sound & Light Show; noch heute spürt man Ehrfurcht vor der in Stein gehauenen Machtdemonstration des Pharaos.

Ein König wird Gott

Baugeschichte

Beide Tempel wurden in der Regierungszeit Ramses' II. (1279 bis 1213 v. Chr.) errichtet und waren zu dessen 30. Regierungsjubiläum vollendet. Der große Tempel war dem Amun-Re von Theben und dem Re-Harachte von Heliopolis geweiht, den Hauptgöttern Ober- bzw. Unterägyptens. Daneben hatten hier auch Ptah von Memphis und der vergöttlichte Pharao selbst ihre Kultstätten. Der kleinere, nördliche Tempel galt der Göttin Hathor und der ebenfalls vergöttlichten Lieblingsgemahlin des großen Ramses, der Königin Nefertari. Was den König bewog, so aufwendige Tempelanlagen gerade an dieser Stelle zu errichten, ist bis heute unklar. Wahrscheinlich befanden sich hier schon seit frühester Zeit Höhlenheiligtümer, wie überhaupt der Höhlenkult im antiken Nubien verbreitet war. Mit der Schaffung eines Heiligtums für sich selbst vollzog Ramses II. den entscheidenden Schritt zur Gottgleichheit des Königs, zugleich demonstrierte er seinen Machtanspruch über Nubien und dessen Gold- und Kupfer-

ABU SIMBEL ERLEBEN

Schiff: Fähren auf dem Nasser- See zwischen Assuan und Abu Simbel

Flug: je nach Saison mehrmals tgl. Flüge von und nach Kairo bzw. Luxor (2.40 bzw. 0.45 Std.)
Egypt Air, Tel. 0900 70 000
www.egyptair.com

Bus/Taxi: Mehrmals tgl. verbinden Busse und Sammeltaxis Abu Simbel mit Assuan. Die Fahrt durch die Wüste dauert ca. 3 Stunden. Am flexibelsten sind Sie mit dem Privattaxi.

Die eindrucksvolle Sound & Light Show läuft jeden Abend. Info über Tickets, Uhrzeiten und Sprachen unter:
www.soundandlight.show

TUYA RESTAURANT €€

Das auch bei Einheimischen beliebte Restaurant im gleichnamigen Hotel serviert – auch im Garten – ägyptische Vorspeisen und Hauptgerichte. Abends oft nubische Musik.
Tel. 015 013 638 00, 097 340 00 02
www.facebook.com/Tuya-Hotel

ESKALEH NUBIAN LODGE €€-€€€

Die sehr schöne Ecolodge mit Blick auf den Nasser-See ist Kulturzentrum und Hotel für rund 15 Gäste. Besitzer Fikri, früher Gästeführer, organisiert nubische Musikabende.
Tel. 012 368 05 21, 097 340 12 88
www.facebook.com/Eskaleh

vorkommen. Die fast 50 m tief in den Berg getriebenen Kammern und Magazine waren ein hervorragender Aufbewahrungsort für die durch Tribut oder Krieg erworbenen Reichtümer des Herrschers.

Wer hat's gefunden?

Verfall und Entdeckung

Im Lauf der Jahrtausende zogen Heere, Händler und schließlich auch Reisende an den Tempeln vorüber und hinterließen mit ihren Einritzungen aufschlussreiche Dokumente. Rußspuren im Inneren beweisen, dass die Räume zeitweise bewohnt waren. Später versanken die Tempel im Wüstensand und blieben bis Anfang des 19. Jh.s vergessen. Am 22. März 1813 entdeckte der Schweizer Forschungsreisende **Johann Ludwig Burckhardt** (1784 – 1817) die aus Sandverwehungen herausragenden Köpfe der Ramses-Kolosse, doch gelang es ihm weder festzustellen, zu welcher Art von Figuren sie gehörten, noch in die Tempel vorzudringen. Erst 1817 begann der Italiener **Giambattista Belzoni** (1778 – 1823) mit der systematischen Freilegung der Heiligtümer, die schon bald zu den bekanntesten zählten.

Rettung eines Kulturdenkmals

Ein Prestigeobjekt Präsident Nassers

Mit dem Bau des Assuan-Hochdamms (▶ S. 108) drohten die Tempel im Nasser-See zu versinken, doch eine von der UNESCO eingeleitete Rettungsaktion verhinderte ihren Verlust. Die meisten der kühnen Pläne waren technisch und/oder aus Kostengründen nicht umsetzbar. Angesichts der knapp werdenden Zeit folgte man dem Vorschlag des ägyptischen Bildhauers Ahmad Osman, die in die Felsen gebau-

Der Große Tempel von Ramses II. – kolossaler wurde selten gebaut. Die vier Statuen mit den Zügen des Pharaos sind jeweils 20 m hoch.

ten Tempel zu zersägen und unweit oberhalb des alten Standorts wieder aufzubauen. 36 Mio. US$ sollte der »Umzug« kosten, die Ägypten, die USA und die UNESCO zu je einem Drittel aufbrachten. Den Auftrag für das Projekt erhielt ein Konsortium von sechs internationalen Firmen. Da am Bauplatz mitten in der Wüste jede Infrastruktur fehlte, mussten erst ein Versorgungs- und Verkehrssystem sowie Unterkünfte für 2000 Menschen mit Einkaufs- und Gemeinschaftseinrichtungen geschaffen werden. Als im Frühjahr 1964 mit den Bauarbeiten begonnen werden konnte, war der Nasser-See bereits so weit angestiegen, dass man die Tempel durch einen Damm sichern musste. Dann wurden sie in **807 bzw. 232 Blöcke von maximal 20 t** zersägt und am neuen Standort, 180 m landeinwärts und 65 m höher gelegen, wieder zusammengefügt. Mächtige Betonkuppeln mit 50 m bzw. 24 m Weite überspannen die Tempel, Innenwände und Decken sind an ein Stützgerüst gehängt. Im Sommer 1968 waren die Arbeiten abgeschlossen.

★★ Großer Tempel

Imposanter Anblick

Vorplatz und Terrasse

Vom Vorplatz, der im Süden und Norden von Ziegelmauern eingefasst war, führt eine flache Treppe mit Rampe zu der Terrasse, die die Tempelfront abschließt. Rechts und links vor der Rampe führen Stufen zu zwei Nischen mit Opferstelen für Ramses II.: Auf der rechten (nördlichen) bringt der König den Göttern Amun-Re, Re-Harachte und Thot Rauchopfer und Blumen dar, auf der linken (südlichen) opfert er dem Amun-Re, dem Ptah und der löwenköpfigen Sechmet. Die Terrasse ist mit einem Fries geschmückt, vor der Brüstung befinden sich Falkenfiguren und kleine Königsstatuen.

Der vierfache Pharao und Heldencomics

Tempelfassade

Die mächtige, 33 m hohe Tempelfassade dominieren vier aus dem Felsen gehauene, auf schlichtem Thron sitzende Kolossalstatuen Ramses' II. Die mit 20 m Höhe den Memnon-Kolossen in Theben-West (► S. 348) vergleichbaren Gestalten sind hervorragend gearbeitet und beherrschen das Gesamtbild der gewaltigen Felsfassade. Das Gesicht des Königs mit seinen weichen Zügen und der charakteristischen Nase ist beim ersten Koloss (ganz links) am besten erhalten. Die zweite Statue hat bereits im Altertum ihren Oberkörper verloren; er liegt heute zu ihren Füßen. Den Kopf der Gottkönigsstatuen schmücken Kopftuch, Doppelkrone, Uräusschlange und Kinnbart; die Hände ruhen auf den Oberschenkeln. Auf Brust, Oberarmen und zwischen den Beinen erkennt man die Kartuschen des Königs. Zwischen den Beinen des Herrschers und auch zwischen den Kolossalstatuen

ABU SIMBEL

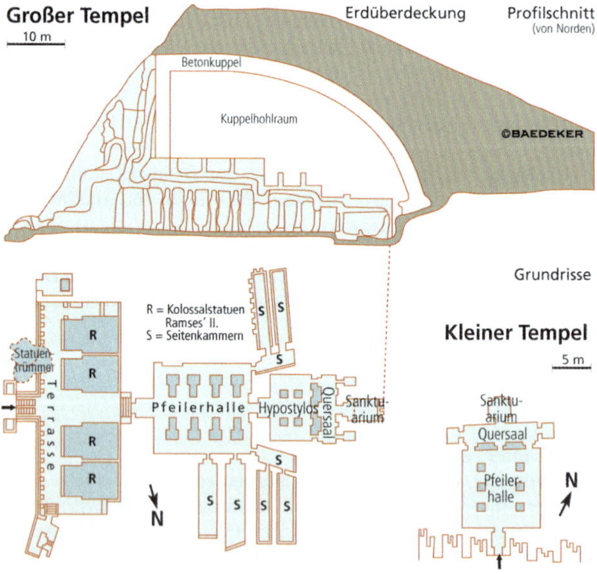

finden sich in kleinerem Maßstab, jedoch noch immer überlebensgroß, Mitglieder der königlichen Familie: um den ersten Koloss die Prinzessinnen Nebettaui (links) und Bentanat (rechts) sowie eine unbekannte Prinzessin zwischen den Beinen. Beim zweiten Koloss handelt es sich links um die Königinmutter Tui, rechts um **Königin Nefertari**, die Lieblingsgemahlin Ramses' II., und bei der Figur zwischen den Beinen um Prinz Amen-her-kopschef.
An den dem Eingang zugekehrten Thronseiten der mittleren Kolosse sind die zwei Nilgötter dargestellt, die den Papyrus und den Lotos, die Wappenpflanzen Ober- und Unterägyptens, um das Schriftzeichen »vereinigen« schlingen; darunter Gefangene: links Kuschiten (als Schwarzafrikaner dargestellt), rechts die Feinde aus dem Norden, die Libyer mit Spitzbärten und die Syrer mit Locken und Bart.

Inschriften

Antike Botschaften

Die beiden südlichen Statuen tragen zahlreiche griechische, karische und phönizische **Einritzungen von Söldnern**, die auf Kriegszügen hierhergelangten. Eine griechische Schrift auf dem linken Bein der zweiten Statue stammt von Söldnern, die Psammetich II. (26. Dyn., um 595 – 589 v. Chr.) von Elephantine nach Nubien gesandt hatte. Sie waren bis zum zweiten Katarakt gekommen und haben sich auf dem Rückweg hier verewigt: »Als der König Psammetich nach Elephantine gekommen war, schrieben dieses diejenigen, die mit Psammetich, dem Sohn des Theokles, gefahren und über Kerkis hinaus, so weit es der Fluss zulässt, gekommen sind. Die Ausländer führte dabei Potasimto, die Ägypter Amasis. Geschrieben haben wir es: Archon, der Sohn des Amoibichos, und Pelekos, der Sohn des Udamos.«

Eine strategische Eheschließung

Hochzeitsstele

An der geglätteten Südwand der Terrasse erinnert eine Inschrift aus dem 34. Regierungsjahr Ramses' II. an die politisch motivierte Hochzeit des Pharaos mit **Naptera**, der Tochter des Hethiterkönigs Hattusili III., die von diesem selbst im Spätsommer des Jahres 1269 v. Chr. nach Ägypten gebracht wurde und dort den Namen Maat-neferu-re trug. Auf der Darstellung ist oben Ramses II. zu sehen, der zwischen zwei Göttern unter einem Baldachin sitzt. Vor ihnen sind die Prinzessin und ihr Vater in Bethaltung wiedergegeben.

Betende Paviane und Königskartuschen

Weitere Fassadendetails

Der trapezförmige Rahmen der Tempelfassade ersetzt den Pylon frei stehender Tempelanlagen. Oben schließt ihn ein Fries aus 22 Pavianen ab, die ihre Hände der aufgehenden Sonne zum Gruß entgegenhalten. Darunter befinden sich eine Hohlkehle mit Königskartuschen, von Uräus-Schlangen umgeben, sowie Bilder des Amun-Re (links) und des Re-Harachte (rechts); unter der Hohlkehle sieht man die Weihinschrift des Königs für Amun-Re und Re-Harachte. Diese In-

GROSSER TEMPEL RAMSES' II.

Mit der Schaffung eines eigenen Heiligtums vollzog Ramses II. den entscheidenden Schritt, um sich den Göttern gleichzustellen. Zugleich inszenierte er damit seinen Machtanspruch über das blühende Nubien, dessen Gold- und Kupfervorkommen für das ägyptische Reich von höchster Bedeutung waren. Der große Felsentempel ist den Hauptgöttern Ober- und Unterägyptens, Amun-Re und Re-Harachte, sowie dem göttlichen Pharao geweiht.

1 Terrasse
Die Terrasse ist mit einem Fries geschmückt, der Vertreter verschiedener Völker bei der Verehrung des Königs zeigt. Vor der Brüstung, die auf ihrer ganzen Länge eine Weihinschrift trägt, stehen abwechselnd Falkenfiguren und Königsstatuen. Die Figuren an der Südseite der Brüstung wurden wahrscheinlich durch den herabfallenden Oberkörper des zweiten Kolosses zerstört.

2 Kolossalstatuen
Vor dem Tempel sitzen vier 20 m hohe Statuen mit dem Gesicht des Königs, die verschiedene Attribute seiner Macht symbolisieren. Über dem Eingang tritt der Sonnengott Re aus der Fassade heraus, als dessen Inkarnation sich Ramses II. sah.

3 Pfeilerhalle
Die große Halle wird durch zwei Reihen von Pfeilern mit eindrucksvollen, fast 10 m hohen Osiris-Gestalten unterteilt. Die Figuren der rechten Reihe tragen die Doppelkrone beider Ägypten, die der südlichen die oberägyptische Krone. Reliefs an den Wänden zeigen religiöse Motive und anschauliche Szenen aus dem Feldzug gegen die Hethiter.

4 Seitenkammern
Die von der Pfeilerhalle abgehenden Nebenräume dienten als Schatz- und Vorratskammern. Ihre Ausschmückung ist weitaus schlichter als die der eigentlichen Tempelräume. Manche Kammern besitzen steinerne Tischreihen an den Wänden.

5 Hypostylos und Quersaal
An die Pfeilerhalle schließt westlich eine dreischiffige Halle an. Drei Türen führen zu

einem Quersaal, dessen Wände den opfernden König vor den Göttern Min, Horus, Chnum, Atum, Thot und Ptah zeigen.

6 Sanktuarium
Vom Quersaal führen drei Türen zu kleinen Gemächern. Das mittlere, das Sanktuarium, durfte nur der König betreten. Überlebensgroße Gestalten des Ptah, des Amun-Re, des Königs selbst und des Re-Harachte an der Rückwand verdeutlichen die gänzliche Gleichstellung des Königs mit den Göttern.

7 Betonkuppel
Eine mächtige Kuppel aus Stahlbeton mit einer Spannweite von 50 m wölbt sich über den Tempel. Darüber wurden Geröll und Felsbrocken aufgeschüttet, sodass der Eindruck entsteht, das Heiligtum sei in den Fels hineingebaut worden.

schriften bezeugen ebenso wie zahlreiche andere Darstellungen, dass der südliche Teil des Tempels dem Gott Amun-Re und der nördliche Teil dem Gott Re-Harachte geweiht war.
Über dem Eingangsportal in der Mitte der Fassade ist der Name des Königs in großem Figurenrelief als »Rebus« dargestellt: in der Mitte die falkenköpfige Gestalt des Sonnengottes Re, gestützt auf das schakalköpfige Zepter (User), und Maat, die Göttin der Wahrheit und Gerechtigkeit. Sie alle zusammen ergeben den Namen »User-Maat-Re«, den Krönungsnamen des Pharaos. Zu beiden Seiten des Reliefs finden sich Darstellungen des Königs, der dem Sonnengott und damit zugleich seinem eigenen, vergöttlichten Namen die Göttin Maat darreicht. Auf dem Türsturz vollzieht Ramses vor Amun und Mut (links) sowie vor Re-Harachte und seiner löwenköpfigen Göttergemahlin Uert-hekau (rechts) die Grundsteinlegung.

Geier und Sterne

Pfeilerhalle

Durch das Portal betritt man die rund 16 × 17 m große Pfeilerhalle, die den Säulenhof frei stehender Tempel ersetzt. Zwei Pfeilerreihen teilen den Raum in drei Schiffe, deren mittleres doppelt so breit ist wie die beiden äußeren. An den zur Raumachse gewandten Seiten der Pfeiler stehen fast 10 m hohe **Osiris-Statuenpfeiler** des Gottkönigs mit Geißel und Krummstab. Die Figuren der rechten Reihe tragen die Doppelkrone beider Ägypten, die der südlichen die oberägyptische Krone. Auch hier beeindruckt das Gleichmaß der mächtigen Gestalten. An den übrigen Seiten der Pfeiler finden sich Darstellungen des opfernden Königs, seiner Lieblingsgemahlin Nefertari sowie seiner Tochter und späteren Gemahlin Bentanat. Die Decke des Mittelgangs ist mit Geiern, die der Seitengänge mit Sternen bemalt.
Besonders interessant sind die z. T. gut erhaltenen Wandreliefs in der Pfeilerhalle. Auf der dem Eingang zugewandten Seite rechts erschlägt der von seinem Ka begleitete König seine Feinde in Gegenwart des Re-Harachte, der ihm das Sichelschwert reicht. Darunter sieht man die Töchter des Königs mit ihren Klappern, auf der linken Eingangswand eine entsprechende Darstellung des Königs vor Amun-Re; darunter die Prinzen.

Der König kämpft

Seitenwände

Die **südliche Seitenwand** (links) besitzt in der oberen Reihe fünf hervorragende Reliefs vorwiegend religiösen Inhalts. Das vierte Bild zeigt den knienden König vor Re-Harachte unter dem heiligen Persea-Baum; seine Früchte tragen den Namen des Pharaos.
Die untere Reihe stellt drei große Kriegsszenen dar: Ganz links erstürmt der König auf seinem Streitwagen im Schutz des Waffengottes Month eine syrische Festung und erschießt die auf den Zinnen um Gnade flehenden Feinde, ihm folgen drei Prinzen. Unten flieht ein Hirte mit seiner Herde in die Stadt. Auf der mittleren Darstellung

SONNENWUNDER

Im Sanktuarium des Großen Tempels herrscht ewiges Dunkel – bis auf zwei Mal im Jahr. Um den 21. Februar und um den 21. Oktober erhellen die Strahlen der aufgehenden Sonne drei der vier Götterstatuen für wenige Minuten – ein atemberaubendes Erlebnis. Wie geht das? Die Tempelachse ist so nach Osten ausgerichtet, dass um diese Tage bei etwa fünf Sonnenaufgängen die Sonnenstrahlen die Tempelrückwand erreichen.

durchbohrt der König einen Libyer mit der Lanze. Rechts ist der Triumphzug des Königs mit den gefangenen Afrikanern dargestellt.
Die **nördliche Seitenwand** (rechts) zeigt die auch von den Tempeln in Abydos und Luxor und dem Ramesseum bekannten Szenen aus dem Feldzug gegen die Hethiter. In der unteren Reihe links ist der Aufmarsch des ägyptischen Heeres dargestellt; weiter rechts, zwischen den beiden Türen zu den nördlichen Seitenkammern, das Lager der Ägypter, geschützt durch die aneinandergestellten Schilde der Soldaten. Szenen wie die Fütterung der Pferde oder die sich ausruhenden Soldaten schildern anschaulich das Lagerleben. Auf dem dritten Bild hält der König mit seinen Fürsten Kriegsrat, unten werden zwei feindliche Spione verprügelt. Das letzte Bild zeigt den Kampf der ägyptischen und hethitischen Wagenkämpfer.

Die Bilder der oberen Reihe führen den Betrachter mitten in das **Kampfgewühl**. Links sprengt der König gegen die Feinde, die ihn mit ihren Wagen umzingelt haben; in der Mitte steht die feindliche, vom Orontes umflossene Festung Kadesch, von deren Zinnen die Verteidiger herabschauen; rechts lässt der König von seinen Offizieren die abgeschnittenen Hände und Glieder der Gefallenen zählen und die Gefangenen vorführen. Auf der rechten Hälfte der Rückwand bringt Ramses II. zwei Reihen gefangener Hethiter vor Re-Harachte, vor sein eigenes, als göttlich verehrtes Bild und vor die löwenköpfige Uert-hekau. Auf der linken Hälfte sieht man den König mit gefangenen Kuschiten vor Amun, dem vergöttlichten Ramses und Mut.

Nefertari in der Barke

Zweite Halle

An die Pfeilerhalle schließt sich westlich eine zweite Halle an. Die Darstellungen an den Pfeilern zeigen, wie der **König in den Kreis der Götter aufgenommen** wird. Die Südwand des Raums schmückt die Barke des Amun-Re, die Nordwand die des Gottkönigs in Gestalt der Göttereinheit »Ramses-meri-Imen-em-pa-per-Ramses«. Die Barken werden in Prozessionen getragen, voran der König und seine Gemahlin Nefertari beim Trank- und Weihrauchopfer.
Drei Türen führen weiter zu einem Quersaal, dessen Wände den opfernden König vor den Göttern Min, Horus und Chnum (südlich) sowie vor Atum, Thot und Ptah (nördlich) zeigen.

Beim Weihrauchopfer im Allerheiligsten

Sanktuarium

Vom Quersaal führen drei Türen zu drei kleinen Gemächern im hintersten Teil des Tempels. Der mittlere, rechteckige Raum, das Sanktuarium, durfte nur der König betreten. An der Rückwand sitzen vier aus dem Fels gearbeitete Götterfiguren: links Ptah von Memphis, dann Amun-Re von Theben, der vergöttlichte Ramses II. beim Weihrauchopfer und rechts Re-Harachte. Vor den Götterfiguren ist am Boden der aus dem Felsen gehauene, quadratische Sockel der heiligen Barke zu erkennen, die hier aufbewahrt wurde.

Kleiner Tempel

Hommage an die vergötterte Lieblingsfrau

Hathor-tempel

Vom Tempelvorplatz gelangt man nördlich durch ein von Ramses II. in der Ziegelumwallung angelegtes Seitentor zum Kleinen Tempel (Hathor-Tempel), den ebenfalls Ramses II. in Auftrag gegeben hatte. Das nach Südosten ausgerichtete Heiligtum war ursprünglich in einen Felsen am Nil hineingebaut und vom Großen Tempel durch ein Tal getrennt. Einen Vorhof besaß die Anlage nicht. Der Tempel war der Liebesgöttin Hathor geweiht und diente auch dem Kult der vergöttlichten Gemahlin des Pharaos, Königin Nefertari.

Den Kleinen Tempel baute Ramses II. für seine Lieblingsfrau Nefertari.

Familienaufstellung

Fassade

Die aus dem Felsen geschnittene, 28 m lange und 12 m breite Fassade ahmt ebenso wie die des Großen Tempels einen Pylonen nach. Tempel und Fassade liegen nicht in exakt rechtem Winkel zueinander, sodass an der Nordseite der Fassade zum Felsen hin eine Aussparung bleibt. Hier ließ sich der königliche Verwalter und Schreiber Iuni aus Herakleopolis, der wohl die Bauarbeiten in Abu Simbel leitete, bei Ergebenheitsbezeugungen vor seinem göttlichen Herrn darstellen.
Blickfang der Fassade sind die sechs über 10 m hohen Standbilder von König Ramses und seiner Gemahlin Nefertari, die durch die geböschte Felswand in nischenartigen Vertiefungen stehen. Zu Füßen der Statuen wurden die Kinder des Paares angeordnet. Wegen der Brüchigkeit des Gesteins war die ganze Fassadenfläche verputzt und bemalt. Das Portal ist in den breiteren mittleren Wandstreifen gehauen; über dem Eingang liegt ein breiter Uräus-Fries. In der Mitte der Fassade blieb hoch über dem Portal ein Felsblock unbehauen, der möglicherweise für das Antlitz Hathors vorgesehen war.

Ramses reicht Speisen

Wandreliefs

Durch das Portal betritt man die annähernd quadratische Pfeilerhalle, deren Decke auf sechs Pfeilern ruht. Die dem Mittelgang zugewandte Seite der Pfeiler trägt das Sistrum mit dem Kopf der kuhohrigen Hathor; auf den übrigen Seiten sind das Königspaar und

Gottheiten dargestellt. Die **Wandreliefs** der Pfeilerhalle sind schlichter und weniger farbig als die des Großen Tempels, doch ebenfalls von hohem kunsthistorischem Wert. An der Eingangswand ist der König in Begleitung der Königin dargestellt, wie er vor Re-Harachte einen Libyer und vor Amun-Re einen Schwarzen erschlägt. An der linken **Längswand** sieht man von links nach rechts folgende Szenen: Ramses vor Hathor, Ramses wird von Seth und Horus gekrönt, die Königin vor Anuket, Ramses überreicht dem Amun ein Bild der Maat. An der rechten Längswand: Ramses reicht dem Ptah Speisen, Ramses vor dem widderköpfigen Herischef von Herakleopolis, die Königin vor Hathor, Ramses opfert dem Re-Harachte Wein.

Hathor schützt Ramses

Quersaal, Sanktuarium

Drei Türen führen vom Pfeilersaal in einen Quersaal mit weniger bedeutenden Wandreliefs. Links und rechts liegen zwei unvollendete Kammern; über den Türen beachte man die Abbildungen der Hathor-Kuh im Papyrussumpf, die vom König oder der Königin angebetet wird. An der Rückwand des Sanktuariums befindet sich eine Nische, deren Decke von Sistren getragen wird. In ihr steht im Hochrelief die Göttin Hathor als Kuh; der König befindet sich unter ihrem Kopf, d. h. unter ihrem Schutz. An den Seitenwänden erkennt man links die Königin vor Mut und Hathor beim Räucheropfer, rechts der König, der vor dem Bild seiner selbst und seiner Gemahlin Rauchopfer darbringt.

ABUSIR

Landesteil: Mittelägypten | **Gouvernorat:** Giseh

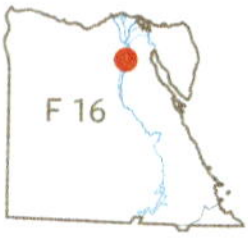

Einst ein imposanter Platz: Über dem westlichen Nilufer erhoben sich auf einem flachen Vorgebirge 14 Pyramiden. Ihre Reste lassen die Größe dieser Nekropole immer noch erahnen.

Untergegangene Metropole

Etwa auf halbem Weg zwischen den Pyramiden von ▸Giseh und der Stufenpyramide des Djoser nahe ▸Sakkara liegen das Dorf Abusir und in seiner Nähe drei Pyramiden, die **Grabmäler dreier Könige der 5. Dynastie**: Sahure (2490 – 2475 v. Chr.), Neferirkare (2475 bis 2465 v. Chr.) und Niuserre (2455 – 2420 v. Chr.). Der erste König dieser Dynastie wie auch die Könige der folgenden 6. Dynastie ließen ihre Pyramiden weiter südlich errichten, bei Sakkara. Die aus weichem Kalkstein stellenweise wenig sorgfältig geschichteten Pyramiden und die sie umgebenden Tempel haben im Lauf der Jahrtausende stark gelitten. Das Pyramidenfeld von Abusir wurde erstmals 1901 – 1908 durch die Deutsche Orientgesellschaft untersucht.

Pyramiden und Gräberfeld

Vom Zahn der Zeit halbiert

Grabmal des Sahure

Am weitesten nördlich liegt das am besten erhaltene Grabmal, bestehend aus Pyramide und Totentempel. Es entstand für Sahure, den ältesten der drei Könige, der für seinen Pyramidenbau den flachen und vom Niltal aus bequem zu erreichenden Platz wählen konnte. Die senkrechte Höhe der Pyramide betrug ursprünglich knapp 70 m, heute liegt sie bei ca. 35 m, die Basislänge beträgt heute 66 m, früher waren es 78 m. Sie war ursprünglich ganz mit glattem Kalkstein verkleidet und trug wahrscheinlich einem **Pyramidion** (Spitze) aus rotem Assuangranit mit der Kartusche des Königs.
Von der Nordseite führte ein Gang ins Innere zur (zerstörten) Grabkammer mit dem Sarkophag des Königs. Mit dem Taltempel verband ihn ein 225 m langer, leicht ansteigender Weg. Man betritt von Osten her den großen **Säulenhof**. Er ist von Kolonnadengängen umschlossen; von den 16 Granitsäulen mit Palmblattkapitellen sind nur Trümmer erhalten. Sie trugen Namen und Titel des Königs sowie Weihinschriften; die Wände des Säulenhofs schmückten Reliefs ruhmreicher Ereignisse aus der Regierungszeit des Pharaos. Im südlichen Teil ist eine große Darstellung der königlichen Jagd auf Schalenwild, im nördlichen Teil auf Vögel und Flusspferde im Papyrussumpf gut erhalten. Vom Säulenhof führte ein schmaler Durchgang westlich zum Querraum und weiter zu einem etwas höher gelegenen Saal, an dessen Rückwand einst die Statuen des Königs in seinen fünf göttlichen Wesenheiten standen. Von hier führte links eine Seitentür durch schmale Gänge zum **Allerheiligsten**, in dem am Fuße der Pyramide die große Scheintür den Eingang zum Totenreich symbolisierte. An der Südostecke des Tempels lag die kleine **Pyramide der Königin**. Der Totentempel des Sahure erfuhr im Neuen Reich eine Erneuerung durch den hier eingeführten Kult der Göttin Sechmet. In römischer Zeit verfiel der Tempel und wurde abgetragen. 2023 wurde hier das reich verzierte Grab eines königlichen Schreibers (5./6. Jh. v. Chr.) entdeckt.

Noch mehr Pyramiden

Pyramiden des Niuserre und des Neferirkare

Südwestlich folgen die Pyramiden des Niuserre sowie des Neferikare. Seine Pyramide ist die größte in Abusir. An der Basis war sie ursprünglich 109 m lang (heute 99 m), ihre Höhe betrug 69 m (50 m). Neferikare starb noch vor Fertigstellung des Komplexes.

Besorgte Grabräuber

Grab des Wahibre-meri-Neith

Zu den neuesten Funden zählt eine 2022 entdeckte Grabanlage (5. Jh. v. Chr.) mit dem Doppelsarkophag des Miltärs Wahibre-meri-Neith. Seine Mumie war offenbar im 4./5. Jh. Grabräubern zum Opfer gefallen, die aber zwei Kisten mit sog. Helferfiguren zurückließen, die den Toten im Jenseits dienen sollen.

★★ ABYDOS

Landesteil: Oberägypten | **Gouvernorat:** Sohag
tgl. 8 – 17 Uhr | Eintritt 260 LE

Wenn es einen Ort gab, an dem neben Königen die Noblen und Wichtigen beerdigt sein wollten, dann war es dieser. Die herrlichen Tempel von Abydos gehören zu den ältesten Nekropolen Ägyptens. Schon ab der 1. und 2. Dynastie, also zu Beginn des 3. Jahrtausends v. Chr., nahm Abydos als Grabstätte einen herausragenden Platz ein. Denn hier lag das Grab des Osiris, das lange Zeit einen wahren Beerdigungstourismus auslöste.

Die nullte Dynastie

Abydos liegt rund 190 km südöstlich von ▶ Assijut am westlichen Nilufer in der Wüste zwischen den Dörfern El-Chirba und El-Araba el-Madfuna. Die Tempelanlage war Begräbnisstätte für die nahe gelegene erste ägyptische Hauptstadt Thinis (This). Hier zelebrierte man das Bestattungsritual für den verstorbenen Herrscher sowie die anschließende Thronbesteigung des neuen Königs.
Seit 1977 wird die alte Nekropole von Archäologen systematisch untersucht. So weiß man inzwischen, dass es schon vor der 1. Dynastie Könige gegeben hat, und die ägyptische Chronologie musste um eine »nullte Dynastie« erweitert werden. 2023 fand man über 2000 mumifizierte Widderköpfe, Hunde, Kühe Schafe und Gazellen aus der Zeit der Ptolemäer. 2025 entdeckten Archäologen in etwa 7 m Tiefe das rund 3700 Jahre alte, leider geplünderte Grab eines bislang unbekannten Pharaos, vermutlich eines Vorgängers von Seneb-Kay. Dessen Grab war bereits 2014 entdeckt worden, ebenfalls weitgehend geplündert.

Tod und Wiedergeburt

Geschichte

In Stadt und Nekropole wurde der hundsgestaltige Totengott **Chont-amenti** (»der Erste der Bewohner des Westreichs«) verehrt. Bereits im Alten Reich drang der Kult des ursprünglich im Delta heimischen Unterweltherrn Osiris in Abydos ein. Dieser nahm von dem alten Tempel Besitz und wurde dem Chont-amenti gleichgesetzt. Man wollte das Grab des Osiris im nahen Hügel Umm el-Gaab sehen und ließ ab der 6. Dynastie die Toten aus ganz Ägypten in Abydos beisetzen. Mehrere Könige des Mittleren Reichs, aber auch reiche Privatleute ließen sich hier Scheingräber oder Stelen errichten. Es galt damals dem frommen Ägypter als das höchste Glück, beim Grab des Osiris die letzte Ruhestätte zu finden oder seine Leiche zur Weihung zeitweilig dorthin bringen zu lassen, wenigstens aber sich durch ein Kenotaph oder einen Denkstein der Gnade des Osiris zu empfehlen. In alljährlich stattfindenden Mysterienspielen zu Ehren des Osiris gedachte man des ewigen Weltenzyklus von Tod und Wiedergeburt.

Großartige Reliefs schmücken die Wände, Säulen und Pfeiler im Tempel Sethos' I.

★★ Nekropole

Vier Bereiche

Überblick

Die weitläufige Nekropole lässt sich in vier Bereiche gliedern. In der südlichen Totenstadt bei El-Araba liegen die Gräber des Neuen Reichs, die Tempel von Sethos I. und Ramses II. sowie das so genannte Osireion. In den Hügel nördlich davon wurden gegen Ende des Alten Reichs Gräber gebaut. Noch weiter nördlich, zwischen dem OsirisHeiligtum und den Mauerresten von Schunet el-Sebib, liegen die Grabstätten des Mittleren Reichs, zum Teil in Form kleiner Ziegelpyramiden. Zwischen ihnen befinden sich Gräber anderer Zeiten, v. a. aus der 18 –20. Dynastie (ca. 1500 – 1000 v. Chr.) und aus der Spätzeit. Im Westen, im Hügel Umm el-Gaab, liegen die Königsgräber der ältesten Dynastien und das sog. Grab des Osiris.

Ein Tempel mit sieben Kapellen

★★ Tempel Sethos' I.

Das interessanteste Bauwerk der Nekropole ist der Tempel Sethos' I., das Memnonium Strabos. Der wundervolle Bau, den erst Sethos' Sohn und Nachfolger Ramses II. vollenden ließ, wurde 1859 durch den französischen Ägyptologen Auguste Mariette freigelegt.
Die auf drei Ebenen aufgebaute Tempelanlage weicht in einigen Details vom Aufbau anderer Tempel ab. Statt einer enthält sie sieben Kapellen, die Osiris, Isis, Horus, Ptah, Re-Harachte, Amun und dem als göttlich verehrten König Sethos geweiht waren. Das vordere Tem-

pelhaus gliedert sich in sieben Einzeltempel mit eigenen Toren. Die Nebenräume sind nicht hinter-, sondern nebeneinander angeordnet. Rechtwinklig zum Hauptgebäude liegt ein Flügel mit Nebenräumen. Vermutlich wählte man diese ungewöhnliche Anordnung, um nicht das hochverehrte Osireion, das auf der Hauptachse des Tempels liegt, überbauen zu müssen. Besondere Beachtung verdienen die **wundervollen Reliefs** aus der Zeit Sethos' I., die zum Besten gehören, was die ägyptische Skulptur hervorgebracht hat.

Ramses als erfolgreicher Feldherr

Erster Hof

Vor dem Tempel liegt links ein kleines Gebäude, wohl ein Festtempel. Der erste Pylon ist verfallen; an seiner Rückseite standen in flache Nischen Statuen Sethos' I. und Ramses' II. in Gestalt des Osiris. Der erste Hof ist weitgehend zerstört. An seiner Südostwand (links) sind die asiatischen Kriege und die Siege Ramses' II. dargestellt.

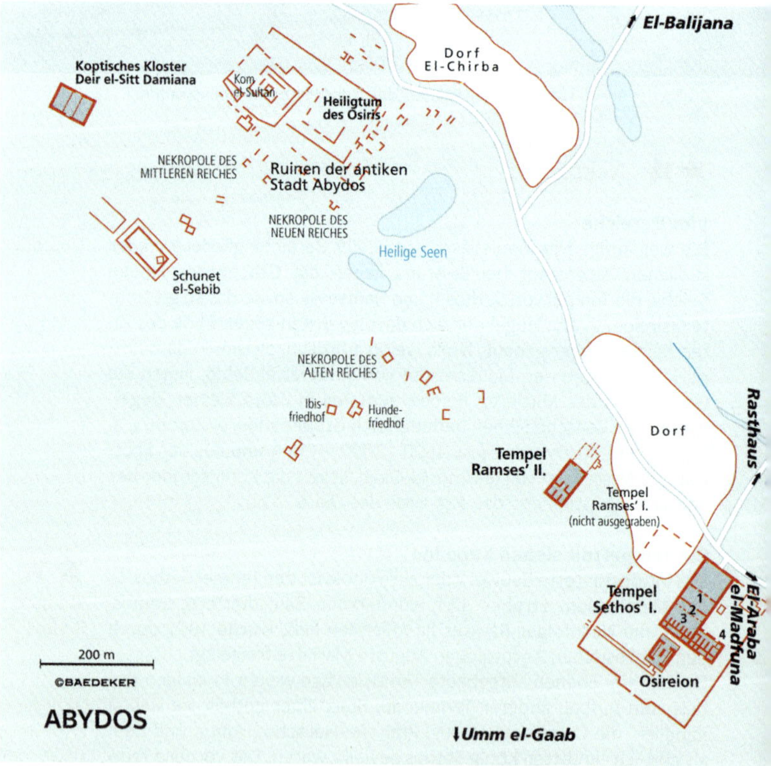

Ramses opfert und erschlägt Feinde

Zweiter Hof

Der zweite Hof ist besser erhalten. Eine Abbildung hier zeigt Ramses II., wie er verschiedenen Göttern opfert und vor Amun die Feinde erschlägt. Auf der hinteren Hofseite führt eine flache Rampe zu dem auf einer Plattform stehenden Tempelhaus, d. h. zunächst zu einer Vorhalle, die, wie die Halle im ersten Hof, von zwölf aus Sand- und Kalksteinblöcken gefügten Pfeilern getragen wurde und an der Rückwand ursprünglich sieben Türen hatte. Die sieben Türen sollten den sieben Kapellen des Tempels entsprechen. Bei feierlichen Aufzügen zogen durch diese Türen Prozessionen. Ramses hat sie zumauern lassen, mit Ausnahme der mittleren, die als Haupteingang fungierte.

Reinheit und Leben

Erster Säulensaal

Durch die ehemalige Mitteltür betritt man zunächst den ersten Säulensaal. Die teilweise zerstörte Saaldecke ruht auf 24 Papyrusbündelsäulen mit geschlossenen Knospenkapitellen. Die Darstellungen auf den Säulen zeigen den König vor dem Gott, zu dem der Prozessionsweg führt, häufig auch noch vor dessen Mitgottheiten. Von den übrigen Darstellungen beachte man besonders die untere Reihe an der rechten Schmalwand. Sie zeigt rechts Thot und Horus, die über Ramses II. das Weihwasser in Form der Hieroglyphen »Reinheit« und »Leben« ausgießen. Links führen der hundsköpfige Upuaut und der falkenköpfige Horus den König in den Tempel und halten ihm die Hieroglyphe »Leben« an die Nase. Noch weiter links überreicht Ramses dem Osiris und seinen Mitgöttern, Isis und Horus, ein Behältnis für Papyrushandschriften in Form einer Säule, die ein kniender König hält.

Durch sieben Türen

Zweiter Säulensaal

Sieben Türen führen in der Achse der vermauerten Eingangstüren in den zweiten Säulensaal mit 3×12 Stützen. Die 24 Säulen der beiden vorderen Reihen haben geschlossene Kapitelle, die Säulen der hinteren, erhöhten Reihe sind Baumstammsäulen. Die von Sethos I. in Auftrag gegebenen Inschriften und Darstellungen an den Wänden und an den Säulen sind **hervorragende Steinmetzarbeiten**. Besonders sei auf die wundervollen Reliefs an der rechten Schmalwand des Saals hingewiesen: Rechts entdeckt man König Sethos I., der räuchert und aus drei blumengeschmückten Gefäßen vor Osiris und Horus Wasser vergießt. Auf dem folgenden Bild steht der König mit der Räucherpfanne vor einer Kapelle, in deren Mitte Osiris thront; vor diesem Maat und Renpet (die Göttin des Jahres), hinter ihm Isis, Amentet (die Göttin des Westens) und Nephthys.

Wo die Barken standen

Sieben Kapellen

Hinter dem Zweiten Säulensaal liegen in der Achse der sieben Eingangstore sieben Kapellen, von denen die mittlere dem Amun, dem Hauptgott des Neuen Reichs, die drei rechts davon gelegenen Osiris,

Isis und Horus, die drei linken Re-Harachte, Ptah und dem König geweiht waren. In den Kapellen, die ursprünglich mit hölzernen Flügeltüren verschlossen waren, standen die Barken der jeweiligen Gottheiten. Die Decken der Kapellen schmücken Sterne und die Namen Sethos'. Die farbigen Reliefs an den Wänden veranschaulichen den Kult in der Kapelle. In den Pfeilern, die die Kapelleneingänge voneinander trennen, sind reliefverzierte Nischen eingelassen.
Die Kapellen und Nischen, jeweils von links nach rechts:
Linke Wand, untere Reihe: In der **Kapelle des Königs** tragen drei falkenköpfige und drei hundsköpfige Götter den König in die Kapelle, vor ihnen räuchert ein Priester (mit Kinderlocke und Pantherfell); der König sitzt auf seinem Thron vor dem Speisetisch, hinter ihm sein Schutzgeist, davor der ibisköpfige Gott Thot; die vom König dargereichten Opfergaben sind in einer Liste vor dem Gott aufgezeigt.
Linke Wand, obere Reihe: der Priester vor neun Göttern (in drei Reihen); der König zwischen Thot und Nechbet (rechts) sowie Horus und Uto (links), die ihm Segenswünsche entgegenbringen.

In der berühmten Königsgalerie von Abydos sind u. a. Sethos selbst und der schakalköpfige Anubis zu sehen.

Rechte Wand, untere Reihe: der König, sein Schutzgeist und der Priester wie auf der gegenüberliegenden Wand; der König sitzt zwischen Nechbet und Uto auf einem Thron, der auf den Schriftzeichen für »Vereinigung« steht; Thot und Horus umschlingen sie mit Papyrus und Lotos, den Wappenpflanzen von Unter- und Oberägypten, als Symbol für die Einigung der Landesteile unter einem König; rechts schreibt Seschet den Namen des Königs für die Ewigkeit auf; der Priester vor neun Göttern. Die Rückwand wurde hier wie in den anderen Kapellen (außer der des Osiris) von zwei Scheintüren mit reich ornamentiertem Giebel eingenommen. Dazwischen erhebt sich eine Pflanze, auf der eine Schlange sitzt.
Nische rechts folgend: Thot hält dem König das Zeichen »Leben« an die Nase (links); Thot und der König sitzen sich gegenüber (rechts); auf der Rückwand räuchert der Totenpriester vor dem König.
Die **Kapelle des Ptah** ist teilweise zerstört, die Darstellungen der Seitenwände zeigen den König in Verehrung des Ptah.
Nische rechts: Sethos vor Ptah (Rückwand), Re-Harachte (rechts) und Sechmet (links).
Auf den Reliefs der **Kapelle des Re-Harachte** erscheint der Herrscher vor diesem Gott. Die nächste Nische zeigt ihn vor Amun-Re (Rückwand), Mut (rechts) und Harachte (links).
In der **Amun-Kapelle**, deren Farben sehr gut erhalten sind, opfert Sethos den Gestalten des Amun und räuchert vor der heiligen Barke des Amun, des Chons und der Mut, die in einer Kapelle stehen.
Folgende Nische: Der König salbt Amun (Rückwand); rechts opfert er vor Chons, links vor Mut.
In der **Osiris-Kapelle** wird der König vor den verschiedenen Erscheinungen des Osiris gezeigt, der von Isis oder anderen Göttern begleitet wird. Auf der rechten Wand oben opfert er vor der heiligen Osirisbarke, auf der linken Wand oben räuchert er vor der Osirisreliquie von Abydos, die unter einem Baldachin steht und vor der fünf Götterbilder auf Tragstangen aufgestellt sind. Rechts und links vom Eingang sieht man den König vor dem hundsköpfigen Upuaut. In der nächsten Nische ist der König vor Osiris, Isis und Nut zu sehen.
In der Osiris-Kapelle führt eine Tür zu einer Reihe von Räumen für den Kult des Osiris. Sethos erscheint hier vor **Isis**, die mehrfach von ihrem Sohn, dem falkenköpfigen Horus, begleitet ist, und vor der Isisbarke.
Nische daneben: der König vor Osiris, Horus und Isis. In der **Kapelle des Horus** ist der König vor dem falkenköpfigen Horus, Isis und der Horusbarke abgebildet.

Magazine, Brunnenraum und ein Heiligtum

Heiligtum des Ptah-Soker

Der südliche Flügelbau umschließt neben einem Schlachthof, Magazinen und einem Brunnenraum ein Heiligtum des Ptah-Soker, des Totengottes von Memphis, das man vom zweiten Säulensaal aus, gleich links neben der Kapelle des Königs, betritt. Die Decke des Saals wird von drei Baumstammsäulen getragen. Die fein gearbeiteten Reliefs zeigen Sethos I. in Verehrung von Ptah-Soker, dessen Sohn Nefertem und anderen Göttern.

Die berühmte Königsliste

★★ Königsgalerie

Der bedeutendste Raum im südlichen Flügelbau ist ein langer Gang, den man ebenfalls vom zweiten Säulensaal aus zwischen der zweiten und dritten Säulenreihe betritt. An der rechten Wand dieser so genannten Königsgalerie befindet sich die Königsliste von Abydos, die wichtige Rückschlüsse auf die Reihenfolge der Könige zulässt. Sie zeigt König Sethos I. mit einem Räuchergefäß und den Kronprinzen Ramses II., der aus einem Buch Hymnen rezitiert. Beide ehren ihre königlichen Ahnen, deren 76 Namen in zwei Reihen aufgeführt sind. Die Liste beginnt mit dem sagenhaften König Menes und reicht bis Sethos, ist aber, wie man heute weiß, nicht vollständig.

»
O mein Herr, der die unendliche Zeit durchläuft,
der da sein wird für immer:
Osiris, Erster der Westlichen, Herr der Ewigkeit,
Herrscher der Unendlichkeit ...
Die Seienden, sie sind bei dir, Götter wie Menschen.
Du bereitest ihre Stätte im Totenreich.
Die da kommen zu Millionen über Millionen,
am Ende steht das Anlanden bei dir.
«

Aus einem Osiris-Hymnus

Im Schlachthof

Säulensaal

Eine Tür in der Mitte der rechten Wand der Königsgalerie führt zu einem Durchgangsraum, an den sich das gewölbte Treppenhaus der Steinstiege anschließt, die schon in alter Zeit vermauert wurde. Auf den Reliefs der rechten Wand sieht man den König und einen Prinzen vor dem schakalköpfigen Gott Upuaut einen Stier mit dem Lasso einfangen, den er (weiter links) dem Gott opfert.
Eine zweite Tür in der rechten Wand der Königsgalerie öffnet sich zu einem Säulensaal mit aufgemalten (noch nicht im Relief ausgeführten) Darstellungen Sethos' I. und versenkten Reliefs von Ramses II. Vom Südende der Königsgalerie aus betritt man den Schlachthof mit einem von sieben Säulen getragenen, unvollendeten Umgang. Die Darstellungen wurden unter Sethos I. in bunten Farben gezeichnet. Sie zeigen Sethos I., verschiedenen Göttern opfernd.

Ein Scheingrab für den König

Osireion

Südwestlich vom Sethos-Tempel, mit der Rückwand nur 8 m von ihm entfernt, liegt das große Osireion, das vielfach für das Grab des Osi-

ris gehalten wurde, in Wahrheit aber ein Scheingrab Sethos' I. ist. Er gab den unvollendet gebliebenen Bau, der in einem künstlichen Hügel lag, in Auftrag. Als Material diente weißer Kalk- und rötlicher Sandstein; nur bei den Pfeilern und dem Dach des Hauptsaals sowie bei einigen Türen wurde roter Granit verwendet.
Das eingewölbte Eingangstor liegt im Norden. Von ihm geht ein 110 m langer schräger Gang aus, dessen Wände mit Totentexten auf Sethos I. und auf Merenptah geschmückt sind. Er führt in einen ebenfalls mit religiösen Texten und Bildern ausgestatteten Vorraum, an dem rechts noch eine kleine Kammer liegt. Von ihm zweigt nach Osten ein zweiter Gang ab; er mündet in einen 6 × 20 m großen Querraum, der mit einem Satteldach überdeckt war und von Merenptah mit Totenbuchtexten beschrieben wurde. Der sich anschließende dreischiffige Pfeilersaal ist von 16 Kammern umgeben, die in einen schmalen, nur 60 cm breiten Gang münden. Mittelraum und Kammern sind durch einen Graben getrennt, der vielleicht **das Urwasser** darstellen soll, aus dem sich nach dem Weltschöpfungsmythos der Erdhügel mit dem Sonnengott erhoben hat. An den Schmalseiten des den Urhügel darstellenden Mittelraumes führen zwei Treppen zum Wasser hinab.

Alabaster für das Allerheiligste

Tempel Ramses' II.

Vor den heutigen Eingangstüren dieses Tempels lag ein großer Hof, von dem jetzt nur noch wenige Reste stehen. Innen erkennt man einen Hof, den Kolonnaden mit Pfeilern und Osirisfiguren schmücken (ähnlich wie im Ramesseum in ▶ Theben-West); dann zwei Säle, die dahinterliegenden Kapellen sowie zahlreiche Nebenräume. Das Mauerwerk ist hier nur noch bis zu einer Höhe von 2 m erhalten. Nach den Resten zu urteilen war das Heiligtum besonders prächtig und weit besser gearbeitet als die übrigen Bauten Ramses' II. Neben feinkörnigem Kalkstein wurde roter und schwarzer Granit für die Türrahmen, Sandstein für die Pfeiler und Alabaster für das Allerheiligste verwendet. Die gut erhaltenen Wanddarstellungen sind in den hinteren Räumen in Flachrelief ausgeführt; nur im Hof und im ersten Saal sowie in dessen Nebenräumen tritt das versenkte Relief an seine Stelle. Die Reliefs im ersten Hof zeigen einen Opferzug. An den Außenwänden sind Kriegsdarstellungen zu sehen, an der Südwand Geschenklisten.
Auf der rechten (nördlichen) Wand werden verschiedene Opfertiere (Ochsen, Antilopen, Gänse) zu Priestern gebracht und geschlachtet. Auf der linken Wand befinden sich ähnliche Bilder. Links vom Eintretenden werden **Menschen mit Opfergaben** gezeigt, denen ein Zug von Priestern, Soldaten, darunter auch der Streitwagen des Königs, schwarzen Afrikanern und anderen Gefangenen entgegenkommt. Die religiösen Darstellungen in den hinteren Räumen sind stark in Mitleidenschaft gezogen.

★★ ALEXANDRIA

Landesteil: Unterägypten | **Gouvernorat:** Alexandria |
Einwohner: 6,1 Mio.

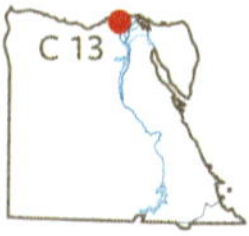

Hafenstädte haben einen besonderen Reiz: das Meer, kosmopolitisches Leben, Offenheit und Toleranz – Attribute, die Alexandria den Beinamen »Perle am Mittelmeer« eintrugen. Doch ganz so idyllisch ist das Bild im wirklichen Leben nicht. Die Renaissance des Islam mit seinen teils strengen Geboten und die wachsende Armut haben der Stadt viel von der levantinischen Leichtigkeit genommen. Dazu kommt, dass zu wenig für den Erhalt der prächtigen Innenstadt getan wird. Der Zahn der Zeit, hier das beißende Salz der Seebrise, nagt an den Fassaden.
Dennoch: Alexandria ist noch immer eine Schönheit. Und wenn der Rest Ägyptens unter der Hitze stöhnt, erfreut man sich hier des mediterranen Klimas, das im Sommer Besichtigungen erträglich macht. Außerdem ist nach 20-jähriger Renovierungszeit ein Highlight wieder zugänglich: das Griechisch-römische Museum.

Perle am Mittelmeer

Die »Perle am Mittelmeer«, wie sie von den älteren Alexandrinern inzwischen mit viel Wehmut genannt wird, besitzt einen ganz eigenen Charme, der sich aber nicht immer sofort erschließt. Vom einstigen kulturellen Zentrum der hellenistischen Welt zeugen nur noch wenige Denkmäler. Obgleich mittlerweile schmucklose Neubauten über 20 km weit das Gesicht der Küste prägen, beeindruckt eine Fahrt entlang der Bucht von Alexandria mit ihren vielen öffentlichen Badestränden, die allerdings meist hoffnungslos überfüllt sind.
Die **Corniche** im Zentrum ist mit Palmen bepflanzt; Touristen wie Einheimische genießen hier die zahlreichen Cafés und Restaurants. Beim Bummel durch die Straßen hinter dem Midan Saad Zaghloul vermitteln die Fassaden der Häuser von der vorletzten Jahrhundertwende einen Eindruck vom einstigen Glanz der Stadt und spiegeln die Stimmung einer Zeit wider, in der Alexandria ein kosmopolitisches Zentrum der Händler, Literaten, Künstler, Intellektuellen und Abenteurer war. Eine schöne Vorstellung vom alten Alexandria bekommen Sie bei einem **Spaziergang vom Midan Saad Zaghloul** durch die Geschäftsstraßen und Seitengassen Richtung Mansheya.

»Save Alexandria«

Alexandria heute

Alexandrias Flair, wie mag es früher gewirkt haben? Die Sharia Fouad, eine der ältesten Straßen der Stadt, unter den Ptolemäern Qanub-Weg genannt, heute u. a. Adresse des Alexandria Opera House, lässt einen am besten die herrliche Architektur des einst kosmopoliti-

schen Alexandria erleben. Griechische, jüdische, französische und britische Familien lebten hier in Belle-Époque-Villen; auch der Schriftsteller Lawrence Durrell (1912 – 1990) wohnte in dieser Straße. Mit seiner Romantetralogie **»Alexandria Quartet«** setzte er der Stadt ein literarisches Denkmal, an dem kein Alexandria-Fan vorbeikommt. Benannt nach König Fouad I. (1868 –1938), steht die Straße heute im Mittelpunkt der Bürgerinitiative »Save Alexandria«, die versucht, möglichst viel von diesem Straßenensemble zu erhalten, vor dem Verfall und vor modernen Immobilienentwicklern zu retten.
Heute ist Alexandria die **zweitgrößte Stadt Ägyptens** und der **bedeutendste Hafen**. Die Millionenstadt liegt im äußersten Westen des Nildeltas auf einer Nehrung, die den Mareotis-See (Mariut-See) vom Mittelmeer trennt. In Alexandria, früher sehr europäisch geprägt, ist heute die Hinwendung zu islamischer Kultur und Tradition überall sichtbar. Auf das Konto militanter Islamisten ging blutiger Bombenterror gegen die christlichen Kopten, deren Papst in Kairo und in Alexandria residiert.

Drehscheibe am östlichen Mittelmeer

Wirtschaftliche Bedeutung

In und um Alexandria, einem Zentrum des Baumwollhandels, haben sich v. a. Spinnereien, Webereien und andere textilverarbeitende Betriebe angesiedelt. Ferner besitzt die Stadt Nahrungsmittelindustrie und Zigarettenfabriken, Gerbereien und eine Erdölraffinerie. Auf-

An der Stelle des im 15. Jh. errichteten Fort Qait Bey stand wohl der berühmte antike Leuchtturm von Pharos.

grund der wirtschaftlichen Bedeutung als Drehscheibe des Handels im östlichen Mittelmeerraum besaß Alexandria von jeher eine große europäische Ausländerkolonie, besonders Griechen und Italiener, die heute nur mehr als marginal zu bezeichnen ist. Internationale Aufmerksamkeit gewann die Stadt mit der neuen Bibliothek, die zu einem Wissenschaftsz Zentrum der ausgebaut werden soll und im Kulturleben der Stadt verankert ist.
Eine ernsthafte Bedrohung für die Stadt stellt der durch den Klimawandel jährlich um mehrere Millimeter **steigende Meeresspiegel** dar. Schon jetzt frisst das Meer die Strände, bedroht Fundamente. Mit Tausenden Betonblöcken, sogenannten Tetrapoden, soll die zerstörerische Erosionskraft der Wellen gebrochen werden. An steigenden Meeresspiegeln ändert das indes nichts.

Geschichte der Stadt

Mathematiker und Philosophen

Gründung

Im Anschluss an seinen Ägyptenfeldzug, mit dem er das Land der Pharaonen seinem Weltreich einverleibte, gründete **Alexander der Große** 331 v. Chr. die Stadt Alexandria. Mit der Anlage und dem Bau der Stadt, die er selbst nie zu Gesicht bekam, beauftragte Alexander den Architekten Deinokrates. Alexanders Nachfolger Ptolemaios I. Soter machte Alexandria um 300 v. Chr. zum Zentrum von Kunst und

Wissenschaft: Er versammelte um sich den Redner Demetrios Phalereus, die Maler Apelles und Antiphilos, den Mathematiker Euklid, die Ärzte Erasistratos und Herophilos. Er war auch der Schöpfer des Museums (Museion), eines einzigartigen Forschungszentrums mit einer bedeutenden Bibliothek, die bald 400 000 Papyrusrollen umfasste.

Großartige Bauwerke

Antikes Alexandria

Nach dem griechischen Gelehrten **Strabo** (um 25 v. Chr.) besaß die Stadt ein rechtwinkliges Straßennetz. Die wichtigste Straße war die beim Kanopischen Tor beginnende Längsachse. Strabo nennt folgende Stadtteile: Nekropolis im äußersten Westen, »worin sich viele Gärten, Grabstätten und Herbergen zum Einbalsamieren der Toten finden«; Rhakotis, der »oberhalb der Schiffslager gelegene Teil«, der Hauptsitz der Ägypter; Regia, die später ummauerte Königsstadt zwischen dem Heptastadion und der Landspitze Lochias, sowie das Judenviertel östlich der Königsstadt. Außerhalb des Kanopischen Tors im Osten lagen das Hippodrom und die Vorstadt Nikopolis mit Amphitheater und Rennbahn. Auf der **Insel Pharos**, die mit dem Festland durch einen 1300 m langen Damm (Heptastadion) verbunden war, erhob sich der **berühmte Leuchtturm**, eines der sieben Weltwunder (Baedeker Wissen, ▸ S. 88). Er wurde unter Ptolemaios II. Philadelphos vom Griechen Sostratos aus hellem Kalkstein errichtet und 280 v. Chr. vollendet. Schon im Altertum drohte er mehrmals einzustürzen, doch standen auch nach den Erdbeben von 1303 und 1323 noch Reste. Im 15. Jh. errichtete man an seiner Stelle das Fort Qait Bey.

Von den antiken Bauwerken haben sich nur Trümmer erhalten. Das **Caesareum** war ein großes, von Kleopatra begonnenes und von Augustus vollendetes Heiligtum für die Verehrung der Kaiser; davor standen die »Nadeln der Kleopatra« (zwei Obelisken, heute in London und New York). Das Theater lag gegenüber der Insel Antirhodus. Das Sema, ein umschlossener Raum mit den Gräbern Alexanders und der Ptolemäer, befand sich in der Nähe der Königspaläste. Das Museion umfasste »eine Wandelhalle, eine andere zum Sitzen und einen großen Bau mit dem Speisesaal der am Museum angestellten Gelehrten«. Mit ihm war **die große Bibliothek** verbunden, die schon zur Zeit Ptolemaios' II. Philadelphos 400 000, zur Zeit Caesars, als sie niederbrannte, annähernd 900 000 Papyrusrollen umfasste. Das Serapeion schließlich, das der Verehrung des Serapis geweiht war, lag auf dem Hügel, der die Pompejus-Säule trägt.

Als Caesar Kleopatra traf

Zeit der Ptolemäer und der Römer

Die Thronstreitigkeiten der Ptolemäer konnten den glanzvollen Aufstieg der Stadt nicht aufhalten. Ihre höchste Blüte hatte sie erreicht, als sich die Römer 48 v. Chr. in die Streitigkeiten zwischen Kleopatra und ihrem Bruder und Gatten Ptolemaios XIV. einmischten. Nachdem dieser seine Mitregentin aus der Stadt vertrieben und seinen rö-

An der Corniche, der Uferpromenade zwischen dem mächtigen Fort und

mischen Vormund Pompejus ermordet hatte, zog Caesar in Alexandria ein und verbündete sich mit Kleopatra. Bei den folgenden Aufständen der Alexandriner ging die Stadt in Flammen auf, mit ihr die Bibliothek des Museums mit ihren fast 900 000 Schriftrollen. Nach Caesars Tod verbrachte Kleopatra mit seinem Nachfolger Marcus Antonius einige Jahre in Alexandria. Unter Octavian, dem einstigen Gegenspieler von Antonius, wurde es mit ca. 500 000 Einwohnern die zweitgrößte Stadt der Welt nach Rom. 69 n. Chr. wurde Vespasian von den Alexandrinern zum Kaiser proklamiert; Hadrian kam 130 nach Alexandria und veranstaltete im Museum öffentliche Disputationen; auch Marcus Aurelius hörte die Vorlesungen der Gelehrten. Verhängnisvoll war der Besuch Caracallas, der sich für die Schmähungen der Alexandriner durch ein Blutbad rächte und die Aufhebung der Akademie anordnete. Am schwersten hatte Alexandria unter den Kämpfen zwischen den Palmyrenern und den Kaiserlichen zu leiden, in denen ein großer Teil der Bevölkerung durch das Schwert, Hunger oder Seuchen umkam.

der modernen Bibliothek, spielt sich im Sommer das Leben der Hafenstadt ab.

Zentrum der Gelehrsamkeit und des rechten Glaubens

Christianisierung

In Alexandria entstand schon früh eine christliche Gemeinde, als erster Missionar wirkte der **Evangelist Markus**. Die Stadt wurde Bischofssitz und 1910 Sitz einer Katechetenschule. Trotz zweier Christenverfolgungen in der Mitte des 3. Jh.s unter Decius und Diokletian blieb Alexandria Zentrum der christlichen Gelehrsamkeit und des »rechten« Glaubens, bis es diesen Ruf an das neu gegründete Konstantinopel abtreten musste. Religiöse Auseinandersetzungen zwischen den Alexandrinern und ihren Gegnern, den Arianern, führten in der Folge zu Unruhen und Aufständen. Im 4. Jh. setzte sich das Christentum endgültig durch.

Konkurrentin Kairo

Islamisierung und Mittelalter

Als der Perserkönig Chosroës II. Alexandria im Jahr 619 eroberte, hatte die Stadt ihre kulturelle und wirtschaftliche Bedeutung längst eingebüßt. Schon nach wenigen Jahren (626) wurden die Perser wieder vertrieben, dann drangen die Muslime unter Kalif Omar in das

Land vor. Im Oktober 642 fiel Alexandria nach längerer Belagerung, doch schonte Omars Feldherr die Stadt. Ihre Bedeutung sank aber in gleichem Maße, wie sich der neue Herrschersitz Kairo entwickelte.

Erneute Blütezeit

19. und 20. Jahrhundert

Der osmanische Gouverneur **Mohamed Ali** verhalf der alten Hafenstadt, die um 1800 gerade noch 5000 Einwohner zählte, zu einer neuen Blüte. Er ließ die Häfen ausbauen und Kanäle anlegen. Sein Hauptwerk ist der 1819 begonnene Mahmudija-Kanal. Erst recht nach der Fertigstellung des Sueskanals 1869 konnte die Stadt sich als wichtiges Handelszentrum behaupten. Im 20. Jh. zog die Stadt mehr und mehr Europäer, Türken und wohlhabende Ägypter an, doch nach Nassers Machtantritt 1952 verließ ein Großteil der Ausländer Alexandria wieder. Diese Delle im kosmopolitischen Image sucht man nun zu heilen. Die Stadt vermarktet sich vor allem in Nahost als ideale Sommerfrische mit dem östlich gelegenen Maamoura Beach als Vorzeigestrand.

Wohin in Alexandria?

Ausgangspunkt für einen Stadtbummel

Midan Tahrir, Corniche und Osthafen

Verkehrsmittelpunkt der Stadt ist der Midan el-Tahrir (= Platz der Befreiung). Der Platz ist ein guter Ausgangspunkt für die Besichtigung der Sehenswürdigkeiten im Norden Alexandrias. Um den Platz sind der Justizpalast und die anglikanische St.-Markus-Kirche versammelt. Der nördlich anschließende Midan Ahmed Orabi mit dem Denkmal des Unbekannten Soldaten führt zur **prächtigen Uferpromenade Corniche**, die zwischen dem alten Fort Qait Bey auf der Insel Pharos und der modernen Bibliothek den Osthafen in weitem Bogen umzieht. Im Wasser des Osthafens entdeckte der seit 1992 hier forschende französische Unterwasserarchäologe Franck Goddio mit seinem Team in etwa 8 m Tiefe eine große Zahl an Steinquadern und antiken Gebäuderesten verschiedener Epochen. 2021 stieß Goddio in der Bucht von Abukir nordöstlich von Alexandria, nahe der versunkenen antiken Hafenmetropole Thonis-Herakleion, auf das Wrack einer rund 2000 Jahre alten Galeere.

Wo der Leuchtturm stannd

Insel Pharos mit ★ Fort Qait Bey

Die Insel Pharos war in der Antike über einen 1300 m langen Damm mit dem Festland verbunden. Heute trennt die Landzunge den Hafen in Ost- (heute Jacht- und Fischereihafen) und Westhafen (Handelshafen). Sehenswerte Bauten in dem heute Anfushi genannten Stadtteil sind die **Abu-el-Abbas-el-Mursi-Moschee** mit Zuckerbäckerfassade und schmucken weißen Kuppeln, 1938 – 1943 über dem Grab des in Murcia geborenen und in Alexandria verstorbenen Sufi-Gelehrten Abu el-Abbas e-Mursi errichtet, sowie die **Moschee des Ibrahim Terbana**, die 1648 unter Verwendung griechisch-römischer Säulen entstand. An der Nordspitze von Pharos, östlich des **Fischmarkts**, stand einst der **antike Leuchtturm**, der erste der Welt (▶ Baedeker Wissen, S. 88). Allerdings gibt es nur widersprüchliche und ungenaue Darstellungen, wie er tatsächlich ausgesehen haben soll. Pläne für einen Wiederaufbau wurden inzwischen aufgegeben. Im 15. Jh. bauten die die Mamelucken hier das Fort Qait Bey, nun ein beliebtes Ausflugsziel. Es beherbergt ein **meereskundliches Museum** mit Aquarium. Auf der Westseite von Pharos liegt der prunkvolle **Palast Ras el-Tin** (»Feigenkap«, nicht zugänglich), den sich Mohamed Ali Anfang des 19. Jh.s als Sommerresidenz errichten ließ. Am 16. Juli 1952 unterzeichnete hier der letzte ägyptische König Faruk seine Abdankungsurkunde. Wenige Meter östlich des Palastes erstreckt sich die griechische **Nekropole von Anfuschi**, vier in den Fels gehauene Gräber aus der Ptolemäerzeit (2. Jh. v. Chr.). Jedes Grab besteht aus Vorraum und Kapelle, die Wände der Vorräume sind eine interessante Mixtur aus griechischen und ägyptischen Stilelementen.

Fort Qait Bey: tgl. 9–16 Uhr | Eintritt 200 LE
Meereskundliches Museum: tgl. 8–15 Uhr | Eintritt 60 LE

Unzählige Zeugnisse der Blütezeit der Stadt

★★ Griechisch-römisches Museum

Beinahe 20 Jahre dauerten Restaurierung und Sanierung von Alexandrias großartigem Museum, das 1895 eingeweiht und nun 2023 wiedereröffnet wurde. Aus der griechisch-römischen Blütezeit Alexandrias, von 300 v. Chr. bis ins 4. Jh. n. Chr., stammen die meisten der rund 6000 Ausstellungsstücke in **mehr als 30 Säle**n; die 27 im Erdgeschoss sind chronologisch, die restlichen im Obergeschoss thematisch geordnet (u. a. Herrschaft, Wissenschaft, Handel, Bestattungen). Auf dem Stand modernster Technik sind das archäologische Labor und der Multimediasaal.

Zu den vielen Highlights zählen u. a. Marmorstatuen der Isis und des Harpokrates, lebensgroße Apisstiere, Darstellungen Alexanders des Großen und natürlich in Granit Ramses II. Außergewöhnlich sind auch die **Mumienporträts**, die im Fayoum gefunden wurden. Man legte sie Mumien gleichsam als Ersatzkopf mit ins Grab – für den Fall, dass der echte einbalsamierte doch verwesen sollte. Sehr schön sind auch die Terrakottafiguren aus den Anfängen der Ptolemäerzeit, Grabbeigaben aus Nekropolen der Stadt, Urnen, Vasen, Tonfiguren.

Al Mesallah Sharq, Attarin | So.–Do. 9–15, Fr., Sa. 9–19 Uhr
Eintritt 400 LE

Noch etwas Glanz vergangener Zeiten

Das Viertel um den Midan Saad Zaghloul

Herz des modernen Zentrums ist der Midan Saad Zaghloul, zwei ehrwürdige Hotels erinnern hier an große Zeiten: das legendäre Cecil aus den 1920er-Jahren im maurischen Stil und das Metropole mit dem Art-déco-Café Trianon. Östlich von hier, vom **Midan Ramla**,

1 Fish Market
2 Sidra by the Citadel
3 Teatro Eskandaria
4 Trianon 1905
5 Brazilian Coffee Stores
6 Mohamed Ahmed Foul

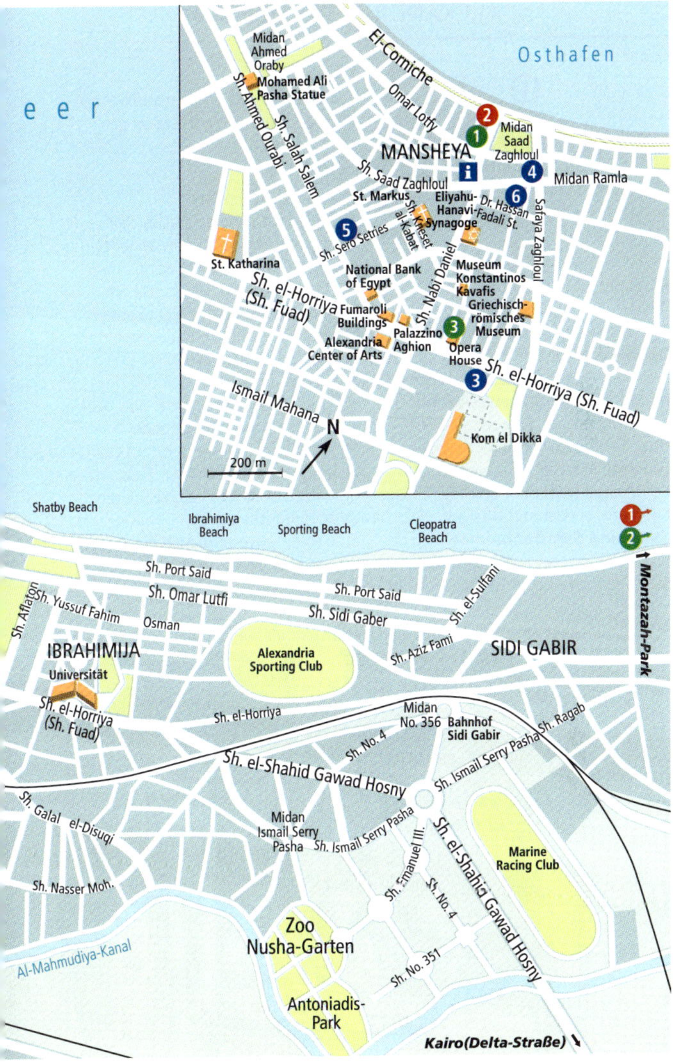

1 Helnan Royal
2 Steigenberger Cecil

1 Monty Bar
2 Neon Louge
3 Opera House

ALEXANDRIA ERLEBEN

ALEXANDRIA TOURIST OFFICE
Midan Zaghloul (Raml Station)
Tel. 03 48 51 556
Sa. – Do. 9 – 15 Uhr

Flug: Borg Al Arab International Airport, 50 km südwestlich
Tel. 034591484
Bahn: Regional- und Expresszüge zwischen Alexandria/Bahnhof Mahattat Misr und Kairo/Ramses-Bahnhof (im Stundentakt, Fahrzeit 2–3 Std.).
Bus: Fernbusse verbinden mit allen Landesteilen. Der Zentrale Busbahnhof Mauqaf Moharam Bey liegt einige Kilometer südlich der Altstadt.
Taxis und Straßenbahnen sind die optimalen Transportmittel in der Stadt. Letztere beginnen im Zentrum, Raml Station, neben dem Midan Saad Zaghloul. Ein **Metro-Netz** ist geplant.

Entlang der Corniche gibt es etliche öffentliche Strände. Für Männer bieten sie keine Probleme, wenn ihnen das Gedränge und Geschubse am Strand und im Wasser nichts ausmacht. Für Frauen in Badeanzug oder gar Bikini sind das jedoch No-go-areas, weil diese Badekleidung dem Kleidercodex widerspricht. Was tun? Wenn Ihr Hotel keinen eigenen Strand hat, gibt es beim Hilton Corniche Hotel und dem Four Seasons die Möglichkeit des »day use«, ein Strandaufenthalt gegen Gebühr.
Eine Alternative sind auch die weiten Strände von **Maamoura**, östlich von Montazah.

Schnellimbiss auf Ägyptisch für den kleinen Hunger zwischendurch

Das klassische Geschäftszentrum liegt zwischen Midan Zaghloul (Raml Station) und Midan el-Tahrir/Mansheya. Läden für Kleidung, Parfüm, Schuhe und Elektronikartikel findet man in der Zaghloul St. Nahe Mansheya liegt der preisgünstige Gold-Souk, in den Zanqet el-Sittet der Basar für Kleidung, Stoffe, Kämme, Hygieneartikel und jeden nur denkbaren Kitsch. Absolut besuchenswert ist auch der **tägliche Flohmarkt** nahe dem Hauptbahnhof. Vor allem die Sh. Attarin ist berühmt für Antiquitäten und lockt Besucher aus aller Welt an. Moderne Einkaufszentren sind City Centre, Mirage Mall, Deeb Mall und Zahran Mall.

1 MONTY BAR

Die Bar ist etwas für Nostalgiker, die gerne der guten alten Zeit nachhängen. Ruhig und gediegen ist es hier, und wenn es Musik gibt, dann dezent im Hintergrund.
Steigenberger Cecil Hotel
Midan Zaghloul, Raml Station
Tel. 03 48 77 173, tgl. 12 – 1 Uhr

2 NEO LOUNGE

Die Neo Lounge gehört zum Hilton Alexandria, engagiert wechselnde DJs. Drinks und Essen sind gut, der Service ist sehr freundlich.
544 El Geish Rd
Corniche, Sid Bishr
Tel. 012 70 02 77 77
tgl. 19 – 3 Uhr

3 OPERA HOUSE

Gegründet und berühmt geworden als Sayed Darwish-Theater, erfreut das Haus mit einem kleinen, aber breit gefächerten Repertoire (Opern ebenso wie arabische Musik), wozu Gastspiele der Kairoer Oper beitragen.
18 Sh. el Horreya
Tel. 03 480 01 38
www.cairoopera.org

Alexandrias Café- und Restaurantszene ist für die Größe der Metropole beinahe überschaubar. Eine geradezu überbordende Auswahl an Cafés und Restaurants (libanesische, ägyptische, italienische Küche, Fisch, Eis) finden Sie in der populären **Gleem Bay** im Stadtteil San Stefano auf einem langen Pier. Sie sitzen hier auf einer der vielen Terrassen, genießen die erfrischende Brise und den Blick auf Meer und Stadt.
www.facebook.com/gleembay

1 FISH MARKET €€€–€€€€

Das beliebte Lokal mit wunderbarem Meerblick erinnert, wenn man es das erste Mal betritt, an eine Kantine. Der an der Theke ausgewählte Fisch wird nach Wunsch gegrillt, gedünstet oder gebraten, und die Kellner sind wieselflink unterwegs.
Corniche, nahe der Abu-el-Abbas-Moschee, Tel. 03 48 15 512
tgl. 12 – 24 Uhr

2 SIDRA BY THE CITADEL €€

Auch wenn's nur für ein Getränk und einen Imbiss ist: Nach dem Besuch des Forts Qait Bey empfiehlt sich das gegenüberliegende libanesische Restaurant mit grandiosem Blick auf das Meer, die Bucht und die Stadt. Die Karte bietet neben Shawerma-Variationen Salate, Fisch und Fleisch.
Am Fort Qait Bey, Tel. 03 48 43 150
www.facebook.com/SidraEgypt
tgl. 9 – 24 Uhr

3 TEATRO ESKANDRIA €€

Kunstgalerie, Theater, Kleinkino, Café und Restaurant in einem. In dem Szenetreff kann man schmökern, wechselnde Ausstellungen anschauen und Künstlern aus Alex begegnen. Tee, Kaffee und Schokokuchen gibt's auch auf der Terrasse vor dem Teatro.

25 Sh. Fouad, neben dem Cinema Rio (Raml Station)
Tel. 03 39 01 339 tgl. 9-1 Uhr

4 TRIANON 1905 €€
Man kann im Freien unter Sonnenschirmen sitzen, wer es ruhiger mag, geht ins Restaurant. Probieren: Pralinen aus der hauseigenen Confiserie.
Midan Saad Zaghloul (Raml Station)
Tel. 012 85 83 97 31
tgl. 8 – 24 Uhr

5 BRAZILIAN COFFEE STORES €
Die Kaffeebohnen werden in Maschinen aus dem Jahr 1929 geröstet, der Duft verführt schon auf der Straße. Nicht minder hübsch und nostalgisch ist der wenige Minuten entfernte, 1908 gegründete Sofianopolou Coffee Store (21 Sh. Saad Zaghloul).
44 Sh. Saad Zaghloul
facebook.com/brazilian.coffee.stores
tgl. 8 – 23 Uhr

6 MOHAMED AHMED FOUL €
Das beste Foul Ägyptens, sagen viele. Gut schmecken auch Tamiya, Burger und einfache Fischgerichte, aber man kommt wegen des Foul.
17 Sh. Shakour

1 HELNAN ROYAL HOTEL €€€€
Die Lage macht den Unterschied: Das Hotel schmiegt sich nahe dem Montazah-Palast an die einst königliche Badebucht. Sie können im langen Sommer von der – nachmittags leider früh schattigen – Terrasse aus baden gehen. Ganztags Sonne gibt's am privaten Hotelstrand.
Montazah Park
Tel. 03 54 73 500
https://helnanroyalhotel.com

2 STEIGENBERGER CECIL €€€
Das Cecil eröffnete 1929 und hat sich damit den Ruf eines nostalgischen Traditionshotels verdient. Zum Staunen: Neben der Rezeption sind auf einer Messingtafel die Unterschriften der prominentesten Hotelgäste eingeprägt: Lawrence Durrell, Somerset Maugham, Winston Churchill, Aga Khan und Omar Sharif, ihnen sind auch einzelne Zimmer gewidmet. Die schönen, unterschiedlich großen Zimmer bieten z. T. Meerblick.
16 Midan Zaghloul (Raml Station), Tel. 03 48 77 173
www.hrewards.com

fährt die Straßenbahn in die östlichen Vororte. Südlich des Platzes verläuft die **Sharia Saad Zaghloul**. Östlich führt der Weg an einstigen ausländischen Banken vorbei, deren Kolonial-Architektur beeindruckt, u. a. die Union National Bank (1909), die Deutsche Orient Bank (nicht zugänglich) sowie die Bank of Alexandria. Folgt man der Sh. Salah Salem, erreicht man die Haupteinkaufsstraße **Sh. el-Horriya**. An der Einmündung auffällige Gebäude: die Fumaroli Buildings, zwei schlanke siebenstöckige Gebäude (1929); der palastartige Bau gegenüber, der einstige Mohamed-Ali-Club, beherbergt heute das **Alexandria Center of Arts**, ein Kulturzentrum.
Auf der Sharia Nabi Daniel gelangt man zurück zum Midan Saad Zaghloul; unterwegs passieren Sie die imposante **Eliyahu-Hanavi-Synagoge**, die auf das Jahr 1354 zurückgeht.

Heiligtum für einen Stier

Serapeion

Im Südwesten der Innenstadt, beim großen arabischen Friedhof, erhebt sich auf einer von antiken Resten und Schutt bedeckten Anhöhe über den Trümmern eines Serapis-Heiligtums die von zwei Sphingen flankierte, 27 m hohe **Pompejus-Säule**, das größte erhaltene antike Baudenkmal der Stadt. Im Serapis-Tempel vereinigten sich vermutlich religiöse Vorstellungen des ägyptischen Apis-Kults mit der Verehrung des griechischen Gottes Dionysos. Bei der mit ihrem korinthischen Kapitell annähernd 27 m hohen, auf stark beschädigtem Unterbau stehenden Säule aus rotem Assuangranit handelt es sich wahrscheinlich um eine Dankesgabe aus dem Jahr 292 für Kaiser Diokletian handelt, der nach der Belagerung der Stadt die hungernde Bevölkerung versorgte.

tgl. 9 – 17 Uhr | Eintritt 200 LE

Scherbenhügel

★ Katakomben von Kom el-Schukafa

Ganz in der Nähe, südwestlich der Pompejus-Säule, liegt bei der El-Miri-Moschee der Eingang zu den Katakomben von Kom el-Schukafa (»Scherbenhügel«), einer am Südhang eines Hügels in den Felsen gehauenen Grabanlage, die wohl aus dem 2. Jh. n. Chr. stammt und die typische alexandrinische Mischung von ägyptischem und griechisch-römischem Stil zeigt. Die Nekropole wurde um 1900 entdeckt und umfasst mehrere unterirdische Stockwerke. Auf einer Wendeltreppe steigt man hinunter und gelangt zunächst in eine Rotunde mit Kuppel; rechts liegen zwei kleinere Räume mit Nischen, Sarkophagen und Schiebegräbern (loculi), links das **Triclinium funebre**, ein Speisesaal für den Leichenschmaus. Weiter unten teilt sich die Treppe, man überblickt die Haupträume der Anlage. Hier, beim Eingang zum Untergeschoss, betritt man die eigentliche **Grabkapelle**, die drei Nischen mit Sarkophagen enthält. An der Rückwand der mittleren Nische zeigt ein Relief eine aufgebahrte Mumie, um die sich die Gottheiten Horus, Anubis und Thot gruppieren. An der linken Seitenwand der Verstorbene vor einem Altar, gegenüber bringt ein weiterer Priester der Göttin Isis ein Opfer dar. Neben der Tür stehen der Gott Anubis mit Schakalkopf und ein Wesen mit Schlangenleib und Hundekopf in der Uniform eines römischen Feldherrn. Die um die Grabkapelle laufende, aus der Vorhalle zugängliche Galerie hat 91 Schiebegräber, jedes für mindestens drei bis vier Tote.

tgl. 9 – 17 Uhr | Eintritt 200 LE

Ein Tempel des Wissens

★★ Bibliotheca Alexandrina

Der Blickfang an der Corniche im Osten der Altstadt ist die Bibliotheca Alexandrina. Der **einer Sonnenscheibe nachempfundene Neubau** mit seiner mit Buchstaben aus allen Alphabeten der Welt verzierten Fassade wurde vom norwegischen Architekturbüro Snøhetta entworfen und 2002 eingeweiht. Er besitzt einen über mehrere

Ebenen ansteigenden Lesesaal und kann 8 Mio. Bände und elektronische Speichermedien aufnehmen. Der moderne Wissenstempel mit Kultur- und Kongresszentrum, Museum, Galerie, Forschungsinstituten und Planetarium soll an die glorreiche Vergangenheit der um 300 v. Chr. von Ptolemaios I. gegründeten **berühmtesten Bibliothek des Altertums** anknüpfen, in der u. a. der Mathematiker Euklid seine geometrischen Studien anstellte und die bedeutendsten Gelehrten der Zeit dachten und forschten. Bis zu 900 000 Schriftrollen sollen in der umfangreichsten Bibliothek des Altertums aufbewahrt worden sein, darunter pharaonische Papyri und das gesamte griechische Schrifttum, inklusive der Werke des Aristoteles. Von der antiken Bibliothek, die im 3. Jh. zerstört wurde, sind keine Zeugnisse erhalten. Die Bibliothek berherbergt neben dem Sadat-Museum, das an den ermordeten Präsidenten erinnert, eine **Manuskriptsammlung** und ein **Archäologisches Museum**.

So. – Do. 9.30 – 17, Sa. 10 – 14 Uhr | Führungen Sa. – Do. auf Englisch und Französisch vom Foyer aus | Eintritt: 160 LE | www.bibalex.org

Strände, Buchten und ein königlicher Garten

Montazah Park

Von der Bibliothek verläuft die sechsspurige Corniche noch ca. 17 km am Mittelmeer Richtung Osten, vorbei an öffentlichen und privaten Stränden und Buchten, bis zur ehemaligen königlichen Sommerresidenz El-Montazah. Sie wurde in den 1940er-Jahren erbaut und dient heute der Regierung zur Repräsentation. Der Park ist ein großes Naherholungsgebiet mit Stränden, Cafés und Restaurants.

Al Mandarah Bahri, Qism El-Montazah | Eintritt 25 LE

Königliche Preziosen

Königliches Schmuckmuseum

In dem schon für sich sehenswerten Palast Fatma Al-Zahraa, der 1923 für König Faruks erste Ehefrau erbaut wurde, und in einem Erweiterungsbau sehen Sie zahlreiche wertvolle Objekte aus der königlichen Sammlung, darunter Schmuck der Königin, aber auch andere Kostbarkeiten des ägyptischen Königshauses.

Sh. Ahmed Pasha Yehia | tgl. 9 – 16 Uhr | Eintritt 220 LE

Die Geschichte der Stadt

Alexandria National Museum

Etwa 600 m östlich des griechisch-römischen Museums kommt man zum in einem in den 1920er-Jahren errichteten vornehmen Palast. Auf drei Etagen erzählen Funde die Geschichte der Stadt: Artefakte aus der Zeit der Pharaonen (u. a. der **Kopf einer Monumentalstatue Echnatons** und eine Nachbildung eines Grabes aus dem Tal der Könige), Vasen, Münzen, Statuen und Terrakotta aus griechisch-römischer Zeit sowie Beispiele koptischer Sakralkunst, darunter eine Ikonensammlung, und islamisches Kunsthandwerk.

110 Sh. el-Horreya | tgl. 9 – 18.30 Uhr | Eintritt 220 LE

Blickfang Bibliothek: Architekt Christoph Kapeller legt selbst Hand an.

Römisches im »Schutthaufen«

Kom al-Dikka

In der Nähe des Hauptbahnhofs (Mahatet Masr) mit dem 2022 neu gestalteten Vorplatz erstreckt sich das Grabungsgelände Kom al-Dikka (»Schutthaufen«). Hier wurden Reste von Bädern und ein römisches Amphitheater freigelegt, das einzige in Ägypten. Es entstand im 1./2. Jh. n. Chr. und fasste ca. 800 Zuschauer. Ausgegraben wurden auch Reste eines Tempels der ptolemäischen Königin Berenike II. (ca. 269 – 221 v. Chr.), mit rund 600 Figuren aus Kalkstein, Bronze und Keramik, darunter viele Katzendarstellungen, die wohl die Göttin Bastet symbolisieren.

tgl. 8 – 17 Uhr | Eintritt 200 LE

Moderne ägyptische Malerei und Skulptur

Museum der Schönen Künste

Erwarten Sie keine Werke von Weltstars – südöstlich des Hauptbahnhofs lernen Sie dafür moderne ägyptische Kunst kennen, dazu Arbeiten zeitgenössischer europäischer Maler, die sich mit Alexandria beschäftigten.

6 Sh. Mansha, Alexandria Stadium | Di. – Do., Sa. – So. 9 – 16 Uhr
Eintritt frei

PHAROS VON ALEXANDRIA

Das Zeichen der Macht Alexandrias, einem der wichtigsten Häfen der antiken Welt, zählte zu den sieben Weltwundern. Mit seiner strahlend weißen Kalksteinfassade war der Leuchtturm eine unübersehbare Landmarke und er war das erste Leuchtfeuer in der Schifffahrtsgeschichte und Vorbild für alle späteren Leuchttürme. Der Pharos sollte die Schiffe aus der gesamten antiken Welt sicher in die Bucht und in die schmale, mit Untiefen gespickte Hafeneinfahrt leiten.

❶ Terrasse
Der Turm war von einer rechteckigen Terrasse mit ca. 340 m Seitenlänge umgeben, an deren Ecken Wehrtürme standen. Eine Zisterne im Fundament des Turms diente der Wasserversorgung.

❷ Unterbau
Die erste Stufe des Turms hatte eine Seitenlänge von 30 × 30 m und war 60–70 m hoch. Dieser sich leicht verjüngende Teil endete in einer Plattform, die mit Zinnen besetzt und mit Tritonen geschmückt war.

❸ Turmaufbau
Auf dem Unterbau erhob sich ein 30 m hoher achteckiger Aufbau mit 6 m Seitenlänge. Auf diesen folgte ein Rundbau mit 8,5 m Durchmesser und etwa 15 m Höhe. Auf Säulen ruhte schließlich ein pyramiden- oder kegelförmiger Kiosk. Auf dessen Dach thronte eine Zeusstatue oder der Meeresgott Poseidon. Insgesamt war er 120 –160 m hoch, so hoch wie die Pyramiden.

❹ Leuchtfeuer
Eine Reihe von Legenden rankt sich um das Leuchtwerk. Die wahrscheinlichste Variante nimmt riesige Hohlspiegel aus polierter Bronze an, die das Licht verstärkten und auf einen Schlitz konzentrierten. Am Tag wurde das Sonnenlicht gebündelt, nachts hat wohl ein Feuer als Lichtquelle gedient. Die Reichweite soll 50–80 km betragen haben.

❺ Aussichtsplattformen
In jenen Zeiten war die Aussicht von einem derart hohe hohen Turm ein einmaliges Erlebnis. Auf der ersten Plattform wurden Erfrischungen verkauft. Man konnte bis zur zweiten Plattform hinaufsteigen.

Spurensuche

Darstellungen haben sich vor allem auf Münzen erhalten. Neben antiken Quellen gibt es zahlreiche detaillierte Aufzeichnungen aus der arabischen Welt. 1909 legte der deutsche Archäologe Hermann Thiersch sein Buch »Pharos, Antike, Islam und Occident, ein Beitrag zur Architekturgeschichte« vor, einen ausführlichen Rekonstruktionsversuch anhand zahlreicher Quellen.

Im Jahr 1995 begann eine aufwendige Unterwasser-Suchaktion in der Bucht von Alexandria. Französische Archäologen unter der Leitung von Jean-Yves Empereur fanden verstreute Blöcke, Säulen und Statuen. Seitdem tauchen immer wieder Teams hinab zu den Resten der antiken Stadt. Handelt es sich bei den Steinquadern tatsächlich um Teile des einstigen Weltwunders?

Rund um Alexandria

Abu Mena ▸ S. 48

El-Alamein ▸ S. 139

Ein weltberühmter Stein

Rosetta

Schöne Kaufmannshäuser prägen das Stadtbild von Al-Rashid, wie die Kleinstadt heute heißt, die etwa 65 km östlich von Alexandria an einem größeren Nilarm liegt. Vom Mittelalter bis ins 19. Jh. war es der wichtigste ägyptische Hafen und ein bedeutender Handelsplatz. Nach der Fertigstellung des Mahmudija-Kanals geriet die Stadt jedoch schnell in den Schatten von Alexandria. Nahe dem Fort Qait Bey wurde 1799 bei Restaurierungsarbeiten der **Stein von Rosetta** entdeckt, dessen dreisprachige Inschrift dem Jean-François Champollion die Entzifferung der Hieroglyphen ermöglichte (▶ S. 473, 509). Er wird im British Museum in London aufbewahrt, eine Kopie ist im Haus Arab Kily (Rosetta National Museum, s. u.) 150 m westlich der Corniche zu sehen. In die vier- und fünfstöckigen **Kaufmannshäuser** aus mosaikartig gefügtem, rot-schwarzem Ziegelmauerwerk wurden antike Steinblöcke eingebaut. Im Erdgeschoss lagen Geschäfts- und Lagerräume, im ersten Stock repräsentative Salons und darüber die Wohnräume der wohlhabenden Kaufleute. Die Fassaden sind mit reich verzierten Fenstergittern (Muschrabijen) geschmückt. Besonders schöne Beispiele sind die Gebäude El-Fatari von 1620, **Arab Kily** aus dem 18. Jh. und El-Amaciali vom Beginn des 19. Jahrhunderts. Die meisten der ca. **120 Moscheen** unterscheiden sich von anderen ägyptischen durch den klaren Aufbau und das schlichte Dekor.

★ ANTONIUSKLOSTER

Gouvernorat: Rotes Meer | **Einwohner:** ca. 100

tgl. 7 – 17 Uhr, an koptischen Feiertagen geschlossen. Die aktuellen Öffnungszeiten erfährt man unter Tel. 02 25 90 60 25.

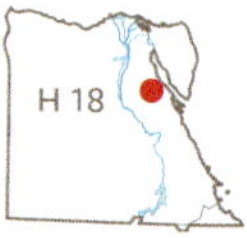

Dem frühen Christentum Ägyptens und den ersten Eremiten sind Sie hier ganz nah. Das älteste christliche Kloster der Welt besitzt nicht weniger als sieben Kirchen, in einer sind die Gebeine des Heiligen beigesetzt. Zu den Schätzen des Klosters zählen einzigartige mittelalterliche Fresken und Hunderte alte Handschriften.

In dem von hohen Mauern umgebenen Antoniuskloster, der ältesten und größten koptischen Klosteranlage in Ägypten, leben heute wieder über 80 Mönche. Sie liegt am Fuß des 1464 m hohen Galala-Plateaus im weiten Wadi Araba, knapp 50 km südwestlich von Zafarana, nicht weit von der Küste des Roten Meers entfernt. Eng verbunden sind die Mönche mit ihren Brüdern im ▶ Pauluskloster.

Das älteste Kloster der Welt

Leben in Askese

Antonius der Große

Antonius der Große, auch Antonius Eremita (Einsiedler) genannt, gilt als Begründer des christlichen Mönchtums. Seiner teils legendären, teils historisch belegten Lebensgeschichte zufolge wurde er im Jahr 251 bei Beni Suef als Sohn wohlhabender Eltern geboren. Früh verwaist, verschenkte er sein Erbe an die Armen; während der Christenverfolgungen begab er sich nach Alexandria, um sich dort öffentlich zu seinem Glauben zu bekennen. Später zog er sich in die Einsamkeit des Wüstengebirges am Roten Meer zurück, wo er in der Nähe einer Quelle in einer Felsspalte lebte. Der Ruhm seines asketischen Lebens verbreitete sich rasch und führte Tausende zu ihm. Antonius, der im hohen Alter von 105 Jahren starb, gilt als S**chutzheiliger der Haustiere**, ferner wird er beim »Antoniusfeuer« angerufen, einer einst unheilbaren Vergiftung durch Mutterkorn im Getreide, sowie als Helfer bei Feuersnot. Dargestellt wird der Heilige oft mit dem sog. Antoniuskreuz in Form eines großen »T«.

Vor dem ältesten christlichen Kloster der Welt herrscht großer Andrang.

ANTONIUSKLOSTER ERLEBEN

Die Mönche bieten, anders als im Pauluskloster, keine Übernachtungsmöglichkeit an. Eine Alternative ist **Aïn Sukhna** an der Küste, ein wachsender Badeort mit etlichen einfachen und komfortablen Hotels.

MÖVENPICK EL SOKHNA **€€€**
Eines der besten Hotels in der Umgebung, mit Pool und weitem Strand. Service und Essen sind sehr gut.
Zafarana Rd., südlich von Ain Sukhna, www.movenpick.com
Tel. 062 33 90 800

Eine autarke Oase

Geschichte des Klosters

Das Kloster wurde im ausgehenden 4. Jh. von Anhängern Antonius' gegründet. Als Platz für die Gemeinschaft wählten sie die Quelle unterhalb der Felshöhle, in der er gelebt hatte. Gebäudereste aus der Gründungszeit sind stellenweise erkennbar, doch haben zahlreiche Erweiterungen das Gesicht der Klosteranlage stark verändert. Die sorgfältige Bewirtschaftung des kleinen Quellbereichs durch die Mönche schuf hier in der Einsamkeit eine fruchtbare Oase.
Die abgeschiedene Lage verhinderte die Arabisierung und Islamisierung des Fleckchens Erde, auf dem sich besonders im 12. bis 15. Jh. ein **blühendes Kultur- und Geistesleben** entfaltete. Die Mönche befassten sich damals vor allem mit der Übertragung gelehrter und geistlicher Schriften aus dem Koptischen ins Arabische. Diese Blüte nahm ein jähes Ende, als islamische Beduinen Ende des 15. Jh.s das Kloster plünderten und die Mönche töteten oder vertrieben. Heute ist die Klostersiedlung eine autarke Oase mit fruchtbaren Gärten, Getreidemühle und Bäckerei. Die Zahl der Mönche ist in jüngerer Zeit stark gestiegen.

Kirchen und Wirtschaftsgebäude

Klostersiedlung

Die Klostersiedlung bedeckt eine Fläche von rund 6 Hektar und ist von einer 2 m dicken und bis zu 12 m hohen Mauer umgeben, die ursprünglich aus dem 10. Jh. stammt. Sie war einst nur mit einer noch erhaltenen Zugvorrichtung zu überwinden. Der heutige Eingang stammt aus jüngerer Zeit. Innen durchzieht eine schmale Hauptstraße die Klosterstadt. Von ihr gehen winklige Gassen aus, an denen die sieben Kirchen und Kapellen, Wirtschaftsgebäude, Gemeinschaftseinrichtungen sowie die zweigeschossigen Häuschen mit den Mönchszellen (je mit separatem Eingang) liegen. Im Westen erstreckt sich der kleine Friedhof. An der Südseite der Umfassungsmauer sprudelt die leicht salzhaltige Quelle, die mit einigen anderen Quellen in der näheren Umgebung die üppigen Obst-, Gemüse- und Weingärten wie auch die Oliven- und Palmenhaine speist. Aus der Vielzahl der Bauten ragt der viereckige **Wehrturm** von 1560 auf, von dem aus man die Klosteranlage hervorragend überblicken kann.

Ältestes christliches Gotteshaus in Ägypten

★ Antoniuskirche

Am Ende der Hauptstraße liegt die Antoniuskirche, das älteste intakte christliche Gotteshaus auf ägyptischem Boden. Sie entstand wohl im 6. Jh., der Überlieferung nach an der Stelle, an der Antonius die Messe zu lesen pflegte. Der heutige Bau stammt im Wesentlichen aus dem 10. Jh. (später verändert). Die von drei neueren Kuppeln überdeckte Kirche besitzt ein Sanktuarium mit vorgebauter Halle zwischen zwei Kapellen, eine Vorhalle (Narthex) mit angebauter Kapelle (rechts) sowie einen überwölbten Chor. Die Narthex-Kapelle und der Chor sind mit Fresken geschmückt. Sie zeigen Rittergestalten – zu erkennen an den kräftigen Farben –, Asketen, Eremiten und Heilige. Im Durchgang zum Sanktuarium blieb eine schöne Darstellung der Erzengel Michael und Gabriel aus dem 10. Jh. erhalten, die zu den ältesten koptischen Fresken auf ägyptischem Boden zählt.

20 Jahre Einsamkeit

Wetere Gebäude

Östlich der Antoniuskirche liegt die **Apostelkirche Petrus und Paulus** aus dem 18. Jahrhundert. Ziel von Wallfahrten in der Passionszeit ist die **Markuskirche** mit dem Grab des hl. Markus, eines in Ägypten nicht nur von Kopten verehrten Schülers des Antonius. Das **Refektorium** aus dem 7. Jh. ist vermutlich das älteste erhaltene Gebäude des Klosters. Es wird nicht mehr benutzt, zu sehen sind noch die Steintische und -bänke sowie der Abtsstuhl. Im Gebäude befinden sich auch die kleine, noch benutzte Marienkapelle und die Bibliothek, deren interessanteste und älteste Stücke nicht mehr hier sind. Knapp 300 m und rund 1200 Treppenstufen oberhalb der Klosterstadt liegt die **Grotte**, in der Antonius, allen Anfechtungen trotzend, 20 Jahre lang lebte. Die Mühen des Aufstiegs werden mit einem schönen Ausblick bis zu den Sinai-Bergen belohnt.

ASSIJUT (ASYÛT)

Landesteil: Oberägypten | **Gouvernorat:** Assijut
Einwohner: 540 000 (Großraum)

In jüngerer Zeit erwarb sich die Stadt einen schlechten Ruf als Hochburg des Islamismus und wegen der blutigen Konflikte mit hier lebenden Kopten. Im Altertum besaß sie aufgrund ihrer günstigen Lage in der fruchtbaren Nilebene und als Endpunkt eines wichtigen Karawanenwegs große wirtschaftliche Bedeutung. Heute ist sie vor allem Verwaltungszentrum des gleichnamigen Gouvernorats und die größte Stadt Oberägyptens.

ASSIJUT ERLEBEN

Flug: Egypt Air fliegt Assijut tgl. an.
Call Center Tel. 0900 70000,
Mobil 1717.
Bahn: In Assijut halten alle Züge zwischen Kairo und Luxor/Assuan.
Bus: Mehrmals tgl. Busse nach Kairo und Richtung Luxor/Assuan sowie zu den Oasen in der Libyschen Wüste.
Auskunft: Tel. 0 88 233 04 60.

ASSIUTEL HOTEL €€
Das einst beste Haus im Ort hat klimatisierte Zimmer, Satelliten-TV und eine kleine Bar. Der Investitionsstau ist unübersehbar. Den Blick vom Zimmer auf den Nil trübt der Lärm von der Uferstraße.
146 Corniche el-Nil
Tel. 0 88 231 21 21, 214 18 44

Ein Brennpunkt

Assijut liegt ca. 380 km südlich von Kairo am linken Nilufer. Mit einer kleinen Altstadt und moderneren Vierteln bietet es wenig Sehenswürdigkeiten. Historisch trat die Stadt nur gelegentlich hervor, so in der Ersten Zwischenzeit, als sie im Konflikt zwischen Theben und Herakleopolis eine wesentliche Rolle spielte. Assijut war Hauptstadt des 13. oberägyptischen Sykomorengaus und Hauptkultstätte des Kriegsgottes Upuaut. Das Mittelalter brachte für die Stadt eine wirtschaftliche Blüte, da sie umfangreiche Handelsbeziehungen und den größten Sklavenmarkt Ägyptens besaß. Heute leben hier traditionell **viele Kopten**, auch ist die Stadt Sitz einer angesehenen islamischen Hochschule. Nachdem es schon 1981 (nach der Ermordung von Anwar el-Sadat) zu blutigen Auseinandersetzungen zwischen Islamisten und der Polizei gekommen war, formierte sich hier erneut 1992 der fundamentalistische Widerstand. Erkundigen Sie sich also vor der Anreise über die Sicherheitslage.

Wohin in Assijut?

Schönes Kunsthandwerk

Altstadt

Geht man vom Nilufer zum Bahnhof und dann durch eine der Parallelstraßen wieder zurück, kommt man in die kleine Altstadt mit dem hübschen **El-Qeysariya-Basar**. Insbesondere Kunsthandwerk – Töpferwaren, Leder- und Holzeinlegearbeiten, bunte Wolldecken, Tücher und vieles mehr – kaufen Sie hier günstig.

Pharaonische, koptische und islamische Relikte

Museum des Sayed Bey Khashaba

Einen Besuch verdient die kleine, um 1914 von einem wohlhabenden Assijuter Privatmann zusammengetragene Sammlung. Die Exponate stammen aus den alten Nekropolen bei Assijut und Mer. Gezeigt werden u. a. Holzsärge, darunter einige mit schönen, bunten Türornamenten, sowie ein mumiengestaltiger Granitsarkophag und Grabbeigaben, vor allem Haus- und Ackergeräte; ferner die Kalksteingruppe eines Fürstenpaars aus Mer (6. Dynastie), schöne Reliefs aus einer Grabkammer der 19. Dynastie (der Tote am Speisetisch; der Tote und seine Verwandten, vor den Totengöttern) schließlich die berühmte überlebensgroße Statue des Beamten Iuni, der eine Kapelle mit dem Osiris-Bild vor sich hält.

Mo.–Do., Sa. 9 -14 Uhr | Eintritt frei

Sensationeller Fund in der geheimnisvollen Nekropole

Felsgräber

Vom Bahnhofsplatz geht es westlich an der Altstadt vorbei, dann weiter südwestlich aus der Stadt hinaus und über den Sohagija-Kanal zum Fuß des Wüstengebirges. Auf halber Höhe befinden sich die Felsengräber der antiken Stadt Sijut, des alten Assijut. 2024 entdeckte ein Archäologenteam unter der Leitung der FU Berlin nach 20-jähriger Grabungstätigkeit in der Nekropole die **Grabkammer der Hathor-Priesterin Idy** (ca. 1880 v. Chr.). Wegen u. a. zweier kunstvoll mit Bildern und Texten dekorierter Särge und einer bezaubernden Frauenfigur aus Holz gilt die Entdeckung als archäologische Sensation.

Wie ein König

Gräber der Gaufürsten

Ein steiler Zickzackweg führt vom Fuß des Bergs hinauf zum großen **Felsengrab des Djefaihape I.** (Hepdjefa; 12. Dyn.), eines Gaufürsten unter Sesostris I. Die Anlage fällt durch ihre ungewöhnliche Größe auf. Von einem vor dem Felsengrab gelegenen Hof gelangt man in eine hohe Längshalle, deren gewölbte Decke mit Sternen bemalt war. An der rechten Wand steht der Tote, vor ihm eine lange Inschrift. Eine Inschrift an der rechten Eingangswand enthält die zehn Verträge des Verstorbenen mit verschiedenen Priesterschaften, mit denen er sich die Totenopfer und andere Zeremonien sicherte. Von der Höhe des Djefaihape-Grabs hat man eine wunderschöne **Aussicht**: Links unterhalb erkennt man den arabischen Friedhof, inmitten des Fruchtlandes die weit ausufernde Stadt sowie den von Booten belebten Ibrahimija-Kanal. Noch schöner ist der Blick von den höher gelegenen drei Gräbern aus der Zeit des Mittleren Reichs, von denen das nördlichste zerstört ist. Das mittlere ist das **Grab des Gaufürsten Cheti** (10. Dynastie). Auf der rechten Wand der Vorhalle sind der Verstorbene und seine Gemahlin Tefjeb dargestellt, vor ihnen ein teilweise zerstörter biografischer Text. Vom Grab des Cheti führt ein unterirdischer Durchgang zum dritten Grab der Reihe, dem für **Gaufürst Tefjeb**, das durch seine Größe beeindruckt. Steigt man noch ein Stück weiter bergan, an der kleinen koptischen Felsenkapelle vorbei und um den Bergvorsprung herum, öffnet sich der Blick auf die weite Kette des Ostrands der Westlichen Wüste. Nördlich der Nekropole zieht sich ein schöner arabischer Friedhof mit Hunderten von Grabkuppeln in die Ebene (Eintritt: 100 LE).

★★ ASSUAN (ASWÂN)

Landesteil: Oberägypten (Nubien) | **Gouvernorat:** Assuan
Einwohner: ca. 400 000 | **Höhe:** 105 m ü. d. M.

Willkommen in Nubien, willkommen in der Stadt mit den höchsten Sommertemperaturen und dem mildesten Klima in Herbst, Winter und Frühjahr. Zu Zeiten britischer Kolonialherren war Assuan ein beliebter Kurort; auch Agatha Christie bewunderte die malerische Lage am Nil, die hügelige Uferlandschaft, die Feluken mit ihren geblähten Segeln. Assuan ist der Ruhepol Ägyptens. Wohl bedingt durch das Klima und die Mentalität der Nubier läuft hier das Leben langsamer als im übrigen Land. Ein römischer Satiriker wurde einst hierher strafversetzt – ein Glückspilz!

Schönste Stadt Ägyptens

Bei der Anreise werden Sie überrascht sein, wie groß diese Stadt ist. Die **Hauptstadt des südlichsten Gouvernorats** liegt am Ostufer des Nils. Trotz des enormen wirtschaftlichen Aufschwungs – hinter den Stauanlagen entstand eines der wichtigsten Industriezentren des Landes – und einer rapide gewachsenen Einwohnerschaft hat Assuan im Zentrum seinen beschaulichen Charakter nicht verloren, viele preisen es immer noch als schönste Stadt Ägyptens.

Elefantenland – gestern und heute

Lage und Charakter

Diesen Ruf verdankt die Stadt vor allem ihrer **malerischen Lage am ersten Nilkatarakt**. Der breite Strom teilt sich hier in mehrere Arme und umschließt Granitklippen, die das Land vor aus dem Süden eindringenden Feinden schützten, und teils bewohnten Granitinseln. Aber auch ein Spaziergang über den orientalischen Basar ist für viele ein unvergessliches Erlebnis. Wegen des trocken-heißen Klimas wird die Stadt auch als **Kurort** besucht. Die ▶Westliche Wüste reicht direkt bis an das Ufer des Nils. Die Umgebung von Assuan einschließlich der Insel Elephantine hieß in alter Zeit **Jebu** (Elefantenland), vielleicht weil die Ägypter hier erstmals Elefanten sahen oder weil die kahlgeschliffenen Flussfelsen der Silhouette einer Elefantenherde ähneln. Erst später bezeichnete der Name nur noch die Insel und Stadt Elephantine. Strategisch war Jebu wichtig, da es die Nilkatarakte und den Flussverkehr zwischen Ägypten und Nubien beherrschte. Auch begann hier die große Karawanenstraße, die nach Nubien und weiter in den Süden bis in den Sudan führte.

Von der Militärkolonie zum Tourismusmagneten

Hauptstadt von Jebu

Die alte gleichnamige Hauptstadt von Jebu lag im Süden der Insel. Im 6. und 5. vorchristlichen Jh. war hier eine **jüdische Militärkolonie** mit einem Jahwe-Tempel angesiedelt, wie zahlreiche Papyri in ara-

Ihrer Lage am Nil verdankt die südlichste Stadt Ägyptens ihren Reiz.

mäischer Sprache belegen. Am Ostufer lag die erst später zu Bedeutung gelangte Stadt Suenet. Hier lebte zu Beginn des 2. Jh.s n. Chr. der Satiriker **Juvenal**, der wegen seiner Angriffe auf den Kaiserhof an diesen entfernten Grenzort des Reichs verbannt worden war. Nachdem die Stadt in christlicher Zeit zum **Bischofssitz** erhoben worden war, blühte sie unter den Kalifen erneut auf. Den Übergriffen der Beduinenstämme ab dem Ende des 12. Jh.s setzte der türkische Sultan Selim 1517 durch Errichtung einer starken osmanischen Garnison ein Ende. Tourismus und Industrie sind heute die beiden wichtigsten wirtschaftlichen Standbeine der Stadt. Welche Schätze hier unter dem Sand lagern, erwies sich wieder einmal 2024. Nahe dem Aga Khan Mausoleum wurden in mehreren Ebenen 33 Gräber einer Familie aus griechisch-römischer Zeit entdeckt, die u. a. Mumien, Amphoren und Öllampen enthielten.

Wohin in Assuan?

Betrieb auf der Corniche

Überblick und Altstadt

Die Stadt erstreckt sich vor allem entlang dem **Ostufer des Nils**, wo die Kreuzfahrtschiffe anlegen und die traditionellen Feluken mit ihren riesigen Segeln auf Touristen warten. Gesäumt wird das Ufer von der Corniche, einer breiten Promenade. Den ganzen Tag herrscht hier reger Betrieb. Im Nil liegen die Inseln Elephantine und Botanical (Kitchener) Island. Am Westufer des Nils sieht man den von dem Scheichgrab Kubbet el-Haua gekrönten Berg mit den Felsengräbern aus dem Alten und Mittleren Reich sowie das Mausoleum von Aga Khan; ein Stück weiter westlich folgt das Simeonskloster. Entlang der Corniche bestimmen die Amts- und Verwaltungsgebäude der Provinzverwaltung sowie Hotels und Geschäfte das Stadtbild.

Ein farbenprächtiger Basar

Souk

Parallel zum Nilufer verläuft die Sharia el-Souq, die Hauptstraße des Souks, der mit bunten Läden und Ständen zu den ursprünglichsten des Landes gehört. Das Angebot hier und in den Seitengassen ist riesig, es gibt fast alles von Souvenirs über Obst, Gemüse und Gewürze bis zu Haushaltswaren und Kunsthandwerk.

Ptolemäertempel und ein legendäres Hotel

Süden des Stadtzentrums

Im Südteil des Zentrums liegt ein unvollendeter kleiner Tempel, der von Ptolemaios III. Euergetes I. und Ptolemaios IV. Philopator erbaut wurde und der Isis von Syene geweiht war. Am linken Türpfosten des Hauptportals sieht man Euergetes, wie er dem Amun ein Bild der Göttin Maat darbringt, und darunter denselben vor Min-Amun, Mut und Isis. Weiter südlich, in prächtiger Lage am Nilufer und mit Blick auf die Insel Elephantine, steht das **Old Cataract Hotel** (▶ Das ist..., S. 12). Die im Kolonialstil erbaute Nobelherberge ist von einem schönen, bis zum Nil reichenden Park umgeben. Ein traumhafter Blick bietet sich von der Terrasse auf den Nilkatarakt und die Ruinenstätten der Insel Elephantine – kaum zu überbieten beim Afternoon Tea oder zum Sundowner. Hier schrieb **Agatha Christie** an ihrem Krimi »Tod auf dem Nil«, für dessen Verfilmung das Hotel ebenfalls die Kulisse bot. Vom nördlich anschließenden Feriyal-Park hat man fast denselben tollen Ausblick. Im Jahr 2006 geweiht wurde **St. Michael** östlich des Parks, die zweitgrößte koptische Kathedrale Ägyptens.

Ein Spaziergang durch die Jahrtausende

★★ Nubisches Museum

Als geglückte Mischung aus moderner und traditioneller nubischer Architektur präsentiert sich das Nubia-Museum in der Sharia el-Fanadek oberhalb des Old Cataract Hotels. Entworfen wurde es von dem ägyptischen Stararchitekten Mahmud al-Hakim, die Räume gestaltete der mexikanische Architekt Pedro Vasquez Ramírez. Eine große Ramses-Statue überragt den Eingang.

Die Ausstellung stellt mit über 1200 Exponaten die **nubische Zivilisation**, ihre Entwicklung und ihre Verbindung zur ägyptischen Kultur vor. Manche meinen, dass die ägyptische Komponente überbetont wurde, dennoch sind die Nubier stolz auf das Museum. Die Außenanlagen beziehen einen Teil eines fatimidischen Friedhofs mit alten Grabmonumenten ein. Einige Exponate werden nachts effektvoll angestrahlt. Kanäle ahmen den Lauf des Nils nach, Lehmhäuser vermitteln einen Eindruck von der modernen nubischen Alltagskultur, die im Stausee unterging und heute nur noch in kleinen Dörfern in der Umgebung Assuans zu erleben ist. Der **Hauptausstellungsraum** im Untergeschoss wird dominiert von der großen Statue Ramses' II., des Bauherrn von Abu Simbel. Ein Modell des Niltals gibt eine Übersicht über die nubischen Denkmäler. Aus dem Paläo- und Mesolithikum stammen Felszeichnungen, Waffen und Werkzeuge aus Stein. Bei der frühen **Keramik** aus dem 4. Jtd. beachte man die ersten Gefäße mit figürlichen Motiven, z. B. Menschen mit Ruderbooten. Als um 3100 v. Chr. Ägypten seine Macht ausbaute, war Nubien ein wichtiger Rohstofflieferant – die Statue des Königs Chephren (4. Dynastie) etwa besteht aus Diorit aus dem Steinbruch bei Toshka. Modelle stellen die vielen Festungsbauten vor, mit denen die Könige des Mittleren Reichs die Handelswege in Nubien sicherten. Aus dem Neuen Reich stammen die schönen Köpfe zweier Herrscher, des Schebitku (702 – 690 v. Chr.) und seines Bruders und Nachfolgers Taharqa (690 – 664 v. Chr.). Zeugnisse aus der christlichen und islamischen Epoche bilden den Schluss der Dauerausstellung. In der **Ethnologischen Sammlung** zeigen lebensgroße Dioramen Szenen aus dem täglichen Leben in Nubien vor dem Dammbau; Schmuckstücke und Gegenstände des täglichen Gebrauchs kann man in Vitrinen bestaunen.

Sh. Abtal Al-Tahrir | tgl. 9 – 21 Uhr | Eintritt 400 LE
www.nubianmuseum.com

Das Nubische Museum versammelt Exponate von der pharaonischen bis zur islamischen Epoche.

ASSUAN ERLEBEN

TOURIST INFORMATION

Midan al-Mahatt (gegenüber dem Bahnhof), Tel. 097 23 12 811
Sa. – Do. 9 – 15 Uhr

Flug: Der internationale Flughafen liegt 15 km südwestlich der Stadt und wird von Inlands- und von Charterflügen aus Europa angeflogen.
Bahn: Tgl. Züge Richtung Luxor und weiter nach Kairo, touristisch interessant sind die komfortmäßig passablen Schlafwagenzüge nach Kairo.
Bus: Regional- und Fernbusse verbinden Assuan mit Luxor, Abu Simbel, Kairo und den Orten am Roten Meer. **Taxis und Kutschen** sind in Assuan die bevorzugten, preiswerten Fortbewegungsmittel. **Nilfähren** pendeln zwischen den beiden Ufern sowie u. a. zur Insel Elephantine.

Assuans Souk ist ebenso überschaubar wie liebenswert. Die Händler sind weniger aufdringlich als die in Luxor oder Kairo. Zu kaufen gibt es Lederwaren, Lebensmittel, Duftessenzen und die berühmten Karkadeh-Hibiskusblüten. In den Läden quellen die Regale über von Gewürzen, Tees, Kräutern und allen denkbaren Heilmitteln, nur das königsblaue Pulver ist nicht zum Verzehr gedacht. Das Bleichmittel macht weiße Wäsche noch weißer.

Schwimmen im Nil: Am **Anakato Beach**, nahe dem Ersten Katarakt, haben Sie Gelegenheit, im Nil zu schwimmen, Kajak zu fahren oder in den nahen Dünen zu surfen.

Für Vogelfreunde gibt es **Birdwatching-Exkursionen**.

Abends flaniert man an der Nil-Corniche, nimmt in einem der Cafés und Restaurants einen Drink und eine Wasserpfeife. Bars findet man in den großen Hotels – Einheimische trifft man dort kaum.
Drei Plätze bieten obendrein einen außergewöhnlichen Ausblick: die **Terrassen der Hotels Old Cataract und Basma** sowie das **360-Grad-Panoramarestaurant des Mövenpick Resort Aswan**. Letzteres liegt ganz oben in dem unübersehbaren Stelzenturm auf der Insel Elephantine. Gäste sind zum Frühstück, Mittag- und Abendessen willkommen, man kann aber auch nur einen Drink nehmen und dazu den Blick auf das Lichtermeer von Assuan genießen.

❶ 1902 €€€

Lassen Sie das Restaurant im Old Cataract Hotel nicht aus! (► S. 101)
Im Old Cataract Hotel

❷ EL DOKKA €€

Mit dem Motorboot geht es kostenlos hinüber auf ein Nil-Inselchen. Das auch bei Einheimischen populäre nubische Restaurant – in Sichtweite das Old Cataract Hotels – bietet die klassischen ägyptischen Gerichte: Mezze zum Tunken, Fisch, Pizza, Gegrilltes.
Vom Ableger an der Corniche, schräg südlich des Egypt Air Office
Tel. 010 29 43 78 86
tgl. 11 – 23 Uhr

❸ EL MASRI €€

Auf Fleisch von Lamm, Huhn und Rind spezialisiertes Grillrestaurant, schlicht und gut.
Sh. el-Matar
Tel. 010 68 77 66 44
tgl. 10 – 1 Uhr

❶ OLD CATARACT HOTEL €€€€

Assuans bestes Hotel, ein weltberühmter Klassiker (▶ Das ist..., S. 12). Mit seiner maurischen Architektur diente es als Kulisse im Agatha-Christie-Film »Tod auf dem Nil«. Von den Suiten und der herrlichen, sehr kolonial anmutenden Hotelterrasse hat man einen grandiosen Blick auf den Nil. Das richtige Ambiente für ein großes Dinner bietet der elegante Saal des Restaurants »1902«. Hier werden Sie mit französisch inspirierten Vier-Gänge-Menüs verwöhnt. Rechtzeitig reservieren!
Corniche, Sh. Abtal el-Tahrir
Tel. 010 22 22 90 71
www.sofitel.accorhotels.com
Restaurant tgl. ab 19 Uhr

❷ MÖVENPICK RESORT ASWAN €€€

Mit der Tag und Nacht über den Nil pendelnden Fähre setzt man über zu dieser Insel-Oase inmitten schöner Gärten. Die Zimmer im Hauptbau haben Nilblick; der Pool ist riesig. Im nahen Neubau werden vor allem Gruppen untergebracht; der Pool dort ist nicht ganz so hübsch und wird viel genutzt.
Elephantine Island
Tel. 097 23 03 455
Restaurant: Tel. 097 24 54 455
https://movenpick.accor.com

❸ BASMA HOTEL €€

Bestens geführtes Haus, in dem Umweltschutz oberstes Gebot ist. Die Restaurants bieten leckere Bio-Kost. Vom Hotel hat man einen wunderschönen Panoramablick auf Assuan.
El Fanadek St. (beim Nubischen Museum), Tel. 097 24 84 001
www.basmahotel.com

❹ ANAKATO NUBIAN HOUSES €€€

Südlich von Assuan, ziemlich abgeschieden am westlichen Nilufer, liegt diese schlichte, aber hübsche Ansammlung nubischer Gästehäuser. Hier finden Sie Ruhe.
Kiki Island, Gharb Soheil
Tel. 011 04 87 59 48,
010 17 63 121
https://anakato.com

★ Nil-Insel Elephantine

Antike Stadt und nubische Dörfer

Über den Fluss

Zum Assuan-Programm gehört ein Ausflug auf die 2 km lange und 500 m breite, gegenüber der Corniche gelegene Insel Elephantine, arabisch Gesiret Assuan oder kurz El-Gesira (»die Insel«) genannt. Auf dem Eiland liegen zwei malerische nubische Dörfer und die Ruinen einer antiken Stadt. Von den Höhen der Insel, vor allem **vom Hügel Kom**, hat man eine prächtige Aussicht auf die braunen und schwarzen Felskuppen des Katarakts, zwischen denen der Nil ruhig dahinströmt. Zwei Fähren verbinden Elephantine mit Assuan, man kann auch wie in alten Zeiten mit einer Feluke übersetzen.

Fähren: beim Egypt-Air-Büro und auf Höhe des Mövenpick-Hotels

❶ 1902
❷ El Dokka
❸ El Masri

❶ Old Cataract Hotel
❷ Mövenpick Resort Aswan
❸ Basma Hotel
❹ Anakato Nubian Houses

Steigt das Wasser, steigen die Steuern

Nilometer

Nahe der Anlegestelle an der Ostseite der Insel führen 90 Stufen hinunter zum Nilmesser. Die jährlichen Nilüberschwemmungen machten den Ackerbau erst möglich, doch der Bau des Staudamms 1971 (► S. 108) beendete sie. Nachdem er über 1000 Jahre vergessen war, wurde der Nilometer 1870 wieder instand gesetzt. An den Wänden finden sich zerstörte griechische Inschriften aus der Kaiserzeit mit Angaben des Wasserstandes. Die Skalen mit griechischen Bezeichnungen stammen aus der späteren Kaiserzeit. Die neuen Skalen sind auf Marmortafeln angebracht. Eine noch heute gültige Beschreibung des Nilometers lieferte der griechische Geograf Strabo:

»Dieser Nilmesser ist ein am Ufer des Nils aus gleichmäßigen Quadern erbauter Brunnen, in dem man die Anschwellungen des Stroms bezeichnet (...). An der Wand des Brunnens sind Merkzeichen, die Maßangaben der für die Bewässerung ausreichenden und der anderen Wasserhöhen. Diese beachtet man und macht sie allen bekannt (...) Dies ist den Bauern wegen der Verwaltung des Wassers, der Dämme, der Kanäle usw. nützlich sowie den Beamten wegen der Steuern. Denn das höhere Steigen bedeutet auch höhere Steuern.«

Strabo, griechischer Geograf, um 63 v. Chr. – 23 n. Chr.

Ägyptischer Bumerang

Grabungsmuseum

Gleich neben dem Nilometer zeigt diese Ausstellung Funde der seit vielen Jahren laufenden Grabungen, darunter Jagdwaffen, Papyri, Münzen, Vasen aus den verschiedenen Epochen. Ein besonders schönes Exemplar ist die Sitzfigur Thutmosis' II. (18. Dynastie). Interessant ist auch ein Wurfholz, ein ägyptischer Bumerang.

Nilometer und Museum: tgl. 8 – 17 Uhr | Eintritt 140 LE

Schatten tanken

Assuan-Museum

Die am Nilmesser vorbeiführende Treppe endet im schönen Garten des Assuan-Museums. Das 1912 in der Villa des britischen Architekten William Willcocks, Planer des ersten Staudamms von Assuan, eingerichtete Museum zeigt die Geschichte des Staudamm-Baus. Vielleicht legen Sie im hübschen Blumengarten vor dem Museum eine Pause ein, bevor Sie zum weitgehend schattenfreien Grabungsgelände gehen.

Wg. Renovierung bis auf Weiteres geschlossen

Die antike Stadt Elephantine

Grabungsfeld

Den ganzen Südteil der Insel nahm Elephantine ein, dessen Reste im 19. Jh. entdeckt wurden und seit 1969 vom Deutschen Archäologischen Institut freigelegt werden. Wenige Schritte westlich des Nilmessers sieht man inmitten von Ziegelmauern die Unterbauten eines **Satet-Heiligtums**, das über einem älteren Kultbau erstellt wurde. Die Inschriften auf dem einzigen aufrecht stehenden Stück einer Säule erwähnen Trajan als Erbauer, doch stand hier schon ab ca. 2900 v. Chr. ein Tempel. Etwa 50 m weiter südwestlich ragt ein Granittor auf, das zu einem größeren **Chnum-Tempel** führte, den Nektanebos II. über einem älteren Heiligtum erbauen ließ. Beiden Tempeln wurden in römischer Zeit zum Fluss hin große Terrassen vorgebaut. Die Reliefs zeigen Alexander IV., den Sohn Alexanders des Großen, wie er den Göttern opfert, besonders dem widderköpfigen Chnum. Nördlich zwischen Satis-Tempel und Chnum-Heiligtum liegen die Reste eines kleinen, aus drei älteren Kapellen zusammengefügten Tempels für den Gaufürsten Hekaïb, dessen Felsengrab am Westufer liegt. An-

BAEDEKER MAGISCHE MOMENTE

LÄNDLICHES ÄGYPTEN

Vom Südende Elephantines folgen Sie der Beschilderung »Sunset Restaurant Ibiza«. Nach knapp einer Stunde sehen Sie dichte Palmenhaine und Dörfer mit überwiegend nubischen Bewohnern, begegnen Ihnen fröhlich winkende Schulkinder und freilaufende Ziegen. Vor den Fenstern hängt Wäsche zum Trocknen. Vom Ibiza Café gehen Sie in wenigen Minuten zum Mövenpick-Hotel, von dessen Anleger am Ostufer die Fähre nach Assuan ablegt. Sie verlassen Elephantine mit dem Gefühl, dem echten Ägypten ganz nahe gekommen zu sein.

dere Gebäude wurden im 19. Jh. abgerissen. Die Wohnhäuser der antiken Stadt befanden sich südwestlich des Tempelbezirks. Im Alten Reich war die Stadt im Süden von einer Mauer umgeben, von der noch ein Tor zu erkennen ist. Südwestlich des alten Stadtgebiets hat man nahe der Südspitze der Insel aus Gebäudefragmenten des versetzten Kalabscha-Tempels, der auf Elephantine zwischengelagert war, den sogenannten **Kalabscha-Kiosk** errichtet.

tgl. 8–16 Uhr | Eintritt 200 LE

Kunterbunt

Animalia

Im Animalia, einem nubischen Wohnhaus am Ortseingang von Siou, stellen Mohamed Sobhi und seine Familie in ihrem kunterbunten Privatmuseum die Kultur sowie Flora und Fauna Nubiens vor.

tgl. 8 – 18 Uhr | Eintritt 40 LE | nach Voranmeldung Tel. 010 545 64 20
Lunch möglich

Geziret el Nabata, die Pflanzeninsel

Botanical Island

Wer der Hitze in Assuan entfliehen und sich im Schatten tropischer Bäume entspannen möchte, setzt mit einer Feluke zum Botanical Island (**Kitchener Island**) über. Die zwischen Elephantine und dem Westufer gelegene Insel gehörte dem britischen Gouverneur Lord Kitchener, der hier ein Wohnhaus bauen und Pflanzen aus dem ganzen Kolonialreich einsetzen ließ; sie werden heute von der Universität Kairo gepflegt. Café nahe dem südlichen Anleger.

tgl. 8 – 18 Uhr | Felukenfahrt und Eintritt ca. 250 LE

Am Westufer des Nils

Monument für die Religionsführer

Aga-Khan-Mausoleum

Am westlichen Nilufer, gegenüber der Südspitze der Insel Elephantine, liegt in gepflegtem Grün die **Villa Nur el-Salam** von Aga Khan III. (1877 – 1957), des geistlichen Oberhaupts der Ismailiten. Aga Khan verbrachte viele Jahre die Wintermonate in Assuan, wo er Heilung von seinem Rheuma suchte. Hoch über der Villa, auf der Anhöhe mit großartigem Ausblick, liegt das Mausoleum des Aga Khan, das die Begum, Aga Khans aus Frankreich stammende Frau, errichten ließ. In dem nicht zugänglichen Gebäude ist auch die im Jahr 2000 verstorbene Begum bestattet. Und 2025 wurde hier auch feierlich Agha Khan IV., Prinz Karim al-Hussaini, beigesetzt Von hier kann man auf einem Kamel zum ca. 1 km entfernten Simeonskloster reiten (▶ S. 106).

Fürsten und Vornehme

Felsengräber

Ebenfalls am Westufer des Nils liegen an der vom kleinen Scheichgrab des Kubbet el-Haua (Stern der Lüfte) gekrönten Anhöhe die Felsengräber der Fürsten und Vornehmen von Elephantine. Die in den Berg geschlagenen Gräber stammen vom Ende des Alten und aus dem Mittleren Reich, also aus der gleichen Zeit wie die von ▶ Beni Hassan, an die sie in Anlage und Ausschmückung vielfach erinnern. Vom Fähranleger führen zwei mäßig ansteigende Pfade hinauf.

Die Besichtigung beginnt im Süden mit dem Grab Nr. 25, dem **Grab des Mechu** aus der 6. Dynastie. Anlage und Ausschmückung sind einfach. Vor dem Eingang stehen zwei kleine Obelisken ohne Inschriften. 18 Säulen gliedern den Saal in drei Teile. In der Achse der Eingangstür steht zwischen zwei Säulen ein dreibeiniger Steintisch, der vermutlich als Altar diente. An den Wänden zeigen bildliche Darstellungen den Verstorbenen und Menschen, die ihm Opfer darreichen; rechts von der Eingangstür Opferszenen, links davon Feldarbeiten.

An die Nr. 25 stößt unmittelbar das **Grab des Sabni I.** (Nr. 26) an, des Sohnes von Mechu, mit merkwürdiger, durch einen Querbalken geteilter Tür; davor zwei kleine Obelisken und Opferbecken. Den Saal gliedern 14 Pfeiler in drei Schiffe. Auf der Rückwand ein Bild, das den

Verstorbenen mit seinen Töchtern im Boot auf der Jagd in den Sümpfen darstellt: links mit Wurfholz und erlegten Vögeln in den Händen, rechts hebt er mit der Harpune zwei Fische aus dem Wasser, in der Mitte flattern Vögel über den Sumpf.
Das Grab (Nr. 31) des **Fürsten Sarenput II.**, eines Sohnes der Satethotep, ist eine der größten und besterhaltenen Anlagen der Nekropole. Durch den schmalen Eingang betritt man einen Saal, der durch sechs sich nach oben verjüngende Pfeiler gegliedert wird. Er ist frei von Darstellungen, allein rechts steht eine schöne Opfertafel aus Granit. Dann folgt ein Korridor, beiderseits von drei Nischen begleitet; in jeder Nische die aus dem Fels gehauene Statue des Verstorbenen in Gestalt der Osiris-Mumie. Links der ersten Nische sieht man das gemalte und farblich vorzüglich erhaltene Bild des Toten, hinter ihm seinen Sohn. Der Korridor mündet in einen kleinen Saal mit vier Pfeilern, auf denen bei dem Bild des Toten mehrfach noch das Netz für die Zeichnungen erkennbar ist.
Weiter gelangt man zu Nr. 32, dem **Grab des Aku**, in dessen Nische der Verstorbene, seine Frau und sein Sohn in einer Weinlaube beim Essen sitzend dargestellt sind. Nr. 36 ist das **Grab des Fürsten Sarenput I.**, der unter Sesostris I. (12. Dyn.) lebte. Durch eine Tür aus feinem Kalkstein mit Bildern des Verstorbenen betritt man den Hof. Die sechs Pfeiler für das Dach einer Halle tragen Inschriften und Bilder des Verstorbenen. An der Rückwand links der Tür sind zu erkennen: der Verstorbene in großer Figur, dem sein Sandalenträger und zwei Hunde folgen; dem Verstorbenen werden Rinder zugeführt, wobei besonders die wild gewordenen Stiere Beachtung verdienen. Weiter nordöstlich liegt das **Grab des Kakemet** aus der Zeit Amenophis' III. mit Deckenmalereien, die u. a. fliegende Vögel oder Spiralen mit Stierköpfen darstellen. An den Pfeilern erkennt man den Verstorbenen vor Osiris und der Hathor-Kuh.
tgl. 7–15 | Eintritt 200 LE

Eines der größten koptischen Klöster

Simeonskloster

Das ehemalige Kloster des hl. Simeon (Deir Amba Samaan oder Deir Amba Hadra) liegt auf einer Wüstenanhöhe ebenfalls am Westufer des Nils. Sie erreichen es in ca. 20 Min. im gegenüber der Südspitze von Elephantine endenden Tal (oder gönnen Sie sich das Vergnügen eines Kamelritts). Es ist eines der größten und besterhaltenen koptischen Bauwerke. Gegründet im 7. Jh., wurde es im 13. Jh. wegen Wassermangel verlassen. Die auf einer zweistufigen Felsplatte errichteten Bauten sind von einer 6 – 7 m hohen Mauer aus Bruchsteinen und Nilschlammziegeln umschlossen; im westlichen Teil ist sie unten aus dem Felsen herausgearbeitet.
Man betritt die restaurierten Gebäude der unteren Ebene durch einen Turm im Osten und gelangt in den Vorhof bzw. zur Kirche. Die dreischiffige **Basilika** mit einem breiten, einst von zwei Kuppeln

SIMEONSKLOSTER

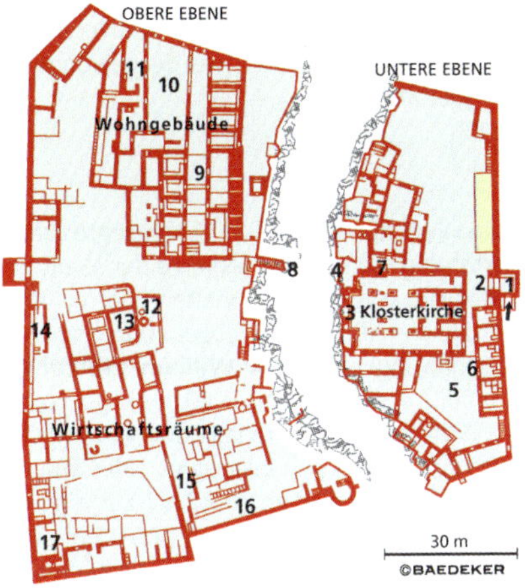

Ruinen der koptischen Klosterfestung des heiligen Simeon

UNTERE EBENE
1 Turm (Eingang)
2 Vorhof
3 Apsis der Klosterkirche
4 Felsgrotte
5 Hof
6 Schlafräume
7 Treppe zur oberen Ebene

OBERE EBENE
8 Treppe von der unteren Ebene
9 Dormitorium
10 Refektorium
11 Küche
12 Bäckerei
13 Ölpresse
14 Stallung
15 Wasserkläranlage
16 Latrine
17 Weinpresse

überwölbten Mittelschiff mündet in eine große Apsis, deren drei rechteckige Nischen mit Halbkuppeln gedeckt sind. In der mittleren Nische sieht man die Reste eines Freskos, das den thronenden Christus zwischen Engeln zeigt. In den Räumen rechts und links der Apsis befinden sich koptische Inschriften, dahinter das Baptisterium mit dem Taufbecken. Eine Tür im Westen des nördlichen Seitenschiffes führt in eine kleine Felsenkapelle mit schönem Deckenmuster aus dem 8. Jh. und einer Nische mit sechs Medaillons von Heiligen.
Im Nordwesten der Kirche führt eine Treppe auf eine höher gelegene Ebene mit dem großen dreistöckigen **Wohngebäude** (Kasr). Die unteren Stockwerke sind gut erhalten. Jedes Stockwerk besitzt einen großen, gewölbten Mittelkorridor, an dem die Zellen der Mönche mit den aus Ziegeln gemauerten Lagern liegen. Die Wirtschaftsräume (Mühle, Bäckerei, Öl- und Weinpresse, Vorratskammern, Bad) sowie eine kleine Kapelle sind teilweise zerstört.
tgl. 7 – 16 Uhr | Eintritt 100 LE

Rund um Assuan

Der Unvollendete

In den Steinbrüchen rund um Assuan wurde der berühmte rötliche Assuan-Granit gebrochen. Wohl infolge eines Materialfehlers blieb im nördlichen Steinbruch ein rund 42 m langer, unvollendeter Obe- Steinbrüche

lisk liegen. Hätte man ihn vollendet, wäre er schätzungsweise **1168 t schwer** und der größte je geschaffene Obelisk. An den Felswänden sind noch Spuren der Steinmetze zu erkennen, die dem Stein mit besonders harten Dolerithämmern zu Leibe rückten. Die Rohverarbeitung zu Statuen, Sarkophagen oder Obelisken wurde gewöhnlich noch vor dem Transport vorgenommen.
tgl. 7–15 Uhr | Eintritt 220 LE

Zähmer der Nilflut

Alter Assuan-Staudamm

Etwa 5 km südlich von Assuan liegt der 1898 bis 1912 angelegte Staudamm, zur Zeit seiner Entstehung die größte Talsperre der Welt. Er wurde errichtet, um die alljährliche Nilflut aufzuhalten und das Nilwasser das ganze Jahr über gleichmäßig wieder abgeben zu können. Der nach Plänen des britischen Ingenieurs **Sir William Willcocks** ausgeführte Damm durchschnitt den Strom auf 1960 m Länge. Nach zwei Erweiterungen (1912/1934) ist er 2140 m lang und 51 m hoch. Der Wasserstand des Reservoirs wird durch insgesamt 180 Öffnungen reguliert; von ihnen sind die 140 unteren (7 × 2 m) zur eigentlichen Regulierung bestimmt, während die 40 oberen (3,5 × 2 m) bei Überfüllung des Sees überschüssiges Wasser abgeben. Westlich des Damms leitet ein 2 km langer Kanal auch größere Schiffe stromauf- und -abwärts. Er überwindet mit vier je 70 m langen und 9,5 m breiten Schleusenkammern 23 m Höhenunterschied.

★ Assuan-Hochdamm (Sadd el-Ali)

Partnertausch

Jahrhundertprojekt

Schon wenige Jahrzehnte nach der Eröffnung des alten Staudamms erwies sich sein Regulierungseffekt als unbefriedigend, nicht zuletzt wegen der schnell wachsenden Bevölkerung. Der 1952 an die Macht gekommene Präsident Nasser setzte sich energisch für ein Projekt ein, für das ihm Großbritannien, die USA und die Weltbank finanzielle Hilfe zusagten. Als die Westmächte infolge der Neutralitätspolitik Nassers ihre Zusagen 1956 rückgängig machten, fand Nasser **in der Sowjetunion** einen anderen Partner, der Ägypten mit Krediten und etwa 2000 Ingenieuren und technischen Hilfskräften unterstützte. Im Mai 1964 wurde der Umleitungskanal am östlichen Nilufer eröffnet, Einweihung des Hochdamms war im Januar 1971.

Gigantische Umsiedlungsaktion

Der Damm

Der Hochdamm ca. 7 km südlich des alten Staudamms ist eine gewaltige Aufschüttung von Schotter und Sand um einen Lehmkern, umhüllt von einem Betonmantel. Rund 30 000 Arbeiter verbauten über 40 Mio. m³ Material. Der knapp 4 km lange und 111 m hohe

Damm ist an der Sohle 980 m breit und verjüngt sich bis hinauf zur Krone auf 40 m. An deren Westende feiert ein **Denkmal** die Freundschaft zwischen der Sowjetunion und Ägypten.
Das Kraftwerk erzeugt mit 12 Turbinen **jährlich ca. 1,1 Gigawatt Strom**, der bis nach Kairo geleitet wird. Das steigende Wasser machte nicht nur die Umsiedlung von rund 140 000 Nubiern und Sudanesen nötig, sondern auch eine der ungewöhnlichsten Aktionen der Denkmalpflege, bei der zahlreiche Baudenkmäler verpflanzt wurden.

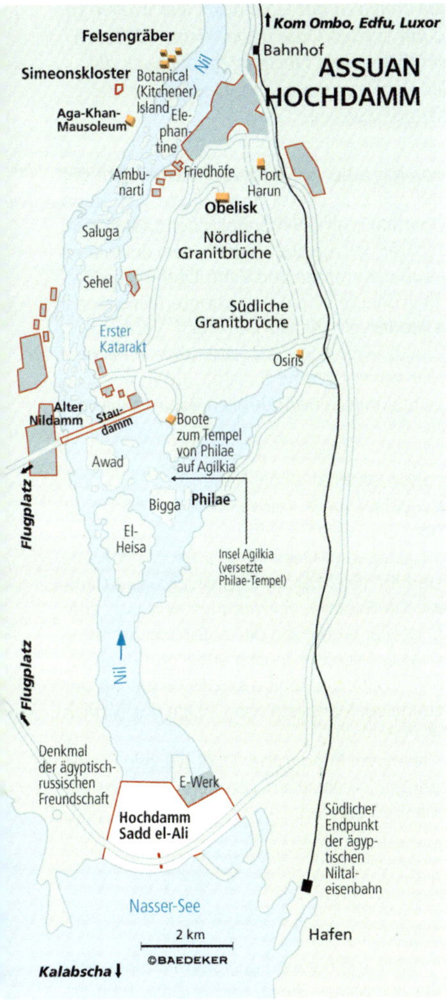

Riesig

Nasser-See

Der Hochdamm staut den Nil zu dem rund 6000 km² großen Nasser-See. Ein Drittel des 500 km langen und bis 35 km breiten Sees erstreckt sich auf sudanesischem Gebiet. Mit 165 Mrd. m³ Volumen ist er **das drittgrößte künstliche Gewässer der Erde**. Das Wasser wird vor allem zur Bewässerung der Felder genutzt.
Kreuzfahrten auf dem See werden zu allen Sehenswürdigkeiten angeboten; einige Anbieter verbinden den Nasser-See mit der klassischen Nilreise.

Kom Ombo

Ca. 50 km nördlich von Assuan, ►S. 231

Philae

Ca. 10 km südlich von Assuan, ►S. 284

Kalabscha

Ca. 20 km südlich von Assuan, ►S. 215

Abu Simbel

Ca. 290 km südlich von Assuan, ►S. 50

BAHARIJA

Landesteil: Westliche Wüste | **Gouvernorat:** Giseh | **Einwohner:** 35 000

Als »Tal der Goldenen Mumien« wurde die Oase El-Baharīya weltweit berühmt. Dahinter steckt die Entdeckung eines alten Friedhofs mit Mumien, die zum Teil mit Gold dekoriert waren. In der 95 km langen und 40 km breiten Oase liegen kleine Weiler in Dattelpalmenhainen und Oliven- und Obstgärten, die auch die Haupteinnahmequelle der Bevölkerung bilden. Und klar, viele Touristen kommen der Mumien wegen.

Der englische Patient

Der erste Europäer kam von Kairo her, er hatte die Wüstenpiste mit einem Steyr-Wagen bezwungen und dürfte in der Oase viel Staub aufgewirbelt haben. Der Testfahrer und Saharaforscher **László Ede Almásy** (1895 – 1951), später in Ägypten Agent der deutschen Wehrmacht, hatte nichts außer Kompass und Zehn-Liter-Wasserkanister dabei. Unterwegs überquerte er die berüchtigte Dünenkette Abu Moharig, als drohte weder ein Achsbruch noch Verdursten. Almásy, Vorbild für den Roman »Der englische Patient« von Michael Ondaatje, bereiste noch die ganze östliche Sahara, und ihm wurde erst viel später klar, wie leichtsinnig seine Tour nach Baharija war.

Im Neuen Tal

Lage und Umgebung

Die nördlichste der vier großen Oasen des sog. Neuen Tals (New Valley) liegt etwa 335 km südwestlich von ► Kairo und ist von dort über eine Straße gut zu erreichen. Eine weitere Verbindung besteht nach Süden zur 180 km entfernt gelegenen Oase Farafra (► S. 150). Die größte Siedlung, Bawiti, und ihr Nachbarort El-Qasr zählen zusammen ca. 25 000 Einwohner. Da Baharija verwaltungstechnisch zum Gouvernorat Giseh gehört, ist hier wenig von der Aufbruchstimmung zu spüren, die das »New Valley Project« in den anderen Oasen erzeugt. Mehr Aufmerksamkeit erhält die Region seit 1970, als mit der Erschließung der Eisenerzmine bei Managem etwa 20 km nordöstlich der Oase begonnen wurde.

Für Paläontologen ist die Oase eine Fundgrube. 2022 wurden fossile Spuren des mittlerweile zehnten Dinosauriers gefunden, der hier vor 98 Millionen Jahren gelebt haben dürfte.

Wohin in Baharija?

Weiß und Blau

Bawiti, El-Qasr

Weiß gekalkte Häuser mit roten und blauen Fassadenmalereien prägen das freundliche Bild der Hauptorte Bawiti und El-Qasr. Palmen-

BAHARIJA ERLEBEN

Bitte informieren Sie sich vor der Anreise über die **Sicherheitslage**.

Auto: Am bequemsten ist die Anreise mit dem Auto.
Bus: Täglich gibt es Verbindungen nach Kairo und Luxor und zu den anderen Oasen.
Tel. 023 84 73 610

WÜSTENTOUREN
Die Weiße Wüste ist das Top-Ziel dieser Region. Mit Vierradantrieb, Motorrad oder klassisch-ökologisch auf dem Kamel ist eine Tour, evtl. mit Zeltübernachtung, ein besonderes Erlebnis, inklusive Abstecher in die Schwarze Wüste.
White Desert Tours
Hot Spring Hotel,
Tel. 0122 73 69 493
www.whitedeserttours.com

Im Zentrum von Bawiti gibt es eine Reihe von Imbissen und einfachen Restaurants. Die meisten Reisenden halten sich an die Hotelküchen.

INTERNATIONAL HOT SPRING HOTEL €€–€€€
Hotel und Spa mit heißer Quelle. Die Zimmer sind geräumig und sauber. Es gibt Jeeps und Führer für ein- und mehrtägige Wüstentouren. Chef Peter Wirth hilft bei der Planung.
Bawiti, Tel. 0238 47 72 83
whitedeserttours.com

DESERT SAFARI HOME €€
Freundliche Unterkunft. Abendessen auf Wunsch; auch hier werden Wüstentrips organisiert.
Bawiti, Tel. 0238 47 13 21, 012 73 13 908, desertsafarihome.com

haine und Obstgärten laden zu Spaziergängen ein. Die meisten historischen Bauten befinden sich hier und im nahen Umkreis.

Zeugnisse aus der Antike

Pharaonische Denkmäler

Die Oase ist seit der Jungsteinzeit besiedelt. Ihre Blütezeit hatte sie wohl in der saitischen Epoche (26. Dyn.), aus der die meisten Denkmäler stammen, die allerdings in schlechtem Zustand und nicht immer zugänglich sind. Die wichtigsten unter ihnen: Im Stadtgebiet von Bawiti am Hügel Qasr Salim gibt es mehrere Felsengräber aus der Saiten-Zeit, unter denen vor allem das **Grab des Banentiu** mit einigermaßen gut erhaltenen Malereien herausragt. Im Südwesten, am Qaret al-Farargi, der »Kuppe des Geflügelhändlers«, wurde bisher nur ein Teil eines riesigen **Ibis- und Falkenfriedhofs** ausgegraben.

Betrügerischer Bestatter

★ Museum

Im Sommer 1996 machte die Entdeckung eines großen Friedhofs aus

Drei der berühmten »Goldenen Mumien« in der Oase Baharija

griechisch-römischer Zeit Schlagzeilen. In dem 6 km² großen Areal südlich der Oase wurden über 7000 Kleinobjekte bzw. Grabbeigaben gefunden. Die Gräber mit bis zu 40 teils übereinandergestapelten Mumien wurden von einer Familie vermutlich über Generationen hinweg genutzt. Die **Halle der Goldenen Mumien** zeigt ein Dutzend der insgesamt rund 200 Mumien. Wenn Sie die Königsmumien im Museum of Egyptian Civilization kennen (► S. 197), sehen Sie sofort, dass außer dem verwendeten Gold die Mumien wenig Sensationelles auszeichnet. In der Tat scheinen sie **von mittelmäßigen Mumifizierern präparier**t worden zu sein und stehen insofern für die Endphase dieser pharaonischen Kunst. Sieht man bei den Königsmumien noch nach 3000 Jahren Zellen, Zähne, Haut und Haare, sind von den Baharija-Mumien oft nur sehr schlecht erhaltene Reste vorhanden. Nasry Iskander, ehemaliger Direktor des Konservierungszentrums der Antikenverwaltung, glaubte sogar an einen systematischen Be-

trug: »Die Region Baharija war damals ein reicher Handelsstützpunkt. Die Vermutung liegt nahe, dass betrügerische Bestatter den Angehörigen der Toten eine teure Mumifizierung verkauften, aber nur eine billige Dekoration lieferten. Wer sollte den Unterschied bemerken?«
Sharia Al Mathaf | tgl. 8 – 16 Uhr | Eintritt 200 LE

Weitere Sehenswürdigkeiten

In die Schwarze Wüste
In Baharija laden zahlreiche **heiße Quellen** zum Baden ein. Doch sollten Frauen das Umfeld beachten, bevor sie sich (in Badekleidung) ins Wasser begeben, und möglichst keine Quellen aufsuchen, die mitten in einem Ort liegen. 50 km südlich von Bawiti schimmert die Wüste in Grau, Anthrazit, fast Schwarz. Vulkane haben bei ihren Ausbrüchen Lavagestein weit über die Wüste (arab. sahra el soda) verteilt und kleine Hügel ausgeformt. Die **»Schwarze Wüste«** sieht aus, als sei sie mit einer dünnen Schicht dunklem Staub überzogen. Der Berg **Gebel Siwa** diente als Beobachtungsposten, um die Ankunft von Karawanen zu erkennen; heute werden die Mühen eines Aufstiegs (etwa 1 Std.) mit einem schönen Ausblick belohnt.

Weiße Wüste

▶ S. 152

BENI HASSAN

Landesteil: Mittelägypten | **Gouvernorat:** El-Minya

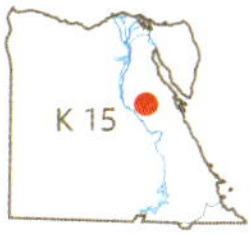

Ziehen Sie feste Schuhe an: 39 Felsgräber erwarten Sie in der bedeutendsten Begräbnisstätte zwischen Memphis und Assijut. In der Nekropole des Mittleren Reichs (11. und frühe 12. Dynastie) wurden die Angehörigen der Fürstenfamilien bestattet, aber auch Beamte und Menschen niederen Standes – nach dem Motto: Wenn schon sterben, dann wenigstens hier begraben werden!

Sport, Jagd und Feldarbeit

Die **Felsengräber** liegen ca. 20 km südlich von El-Minya am Ostufer des Nils am Rand der Wüste. Ihre bunten, auf Stuck gemalten Wandbilder geben Einblick in den Alltag der Provinzfürsten und des Volks im Mittleren Reich (ab etwa 2000 v. Chr.). Die jüngeren Gräber überzeugen künstlerisch deutlich weniger als die älteren, ein Beleg für den kulturellen Niedergang bei gleichbleibendem materiellem Wohlstand. Die Bilder zeigen Sportkämpfe, Jagdszenen und verschiedene Alltagsarbeiten, leider sind viele zerstört oder so verblasst, dass man kaum etwas erkennen kann. Bei knapper Zeit beschränken Sie sich auf **die drei wichtigen Gräber, 17, 15 und 3**. Unterhalb der Begräbnisstätte der Vornehmen liegen am Berghang zahlreiche kleinere Gräber, in denen Beamte und einfache Leute bestattet wurden.

★ Felsengräber (Auswahl)

tgl. 8 - 16 Uhr | Eintritt 200 LE

Grab des Cheti

Grab Nr. 17 Vom Talrand führt ein Fußweg hinauf zum Grab 32, von hier wendet man sich nach links (nördlich) zur Nr. 17, dem Grab des Cheti. Durch die einfache Fassade betritt man den Felsensaal, dessen Decke von sechs Lotosbündelsäulen mit geschlossenen Kapitellen getragen wurde, von denen nur noch zwei stehen. Die Wandbilder sind gut erhalten, die linke (nördliche) Wand zeigt in den oberen Reihen eine Jagd in der Wüste, in den unteren Tänzer und Tänzerinnen, den Transport der Statue des Verstorbenen usw. Auf der Rückwand (östlich) oben Ringer in verschiedenen Stellungen, unten Kriegsszenen, besonders der Kampf um eine Festung. Auf der rechten (südlichen) Wand (von links nach rechts): der Verstorbene und seine Frau; der Verstorbene, von einem Fächerträger, Sandalenträgern, zwei Zwergen und anderen begleitet.

Grab des Beket

Grab Nr. 15 Weiter nördlich öffnet sich das Grab des Beket (Nr. 15), des Vaters des Cheti und Nomarch des Antilopengaus (11. Dyn.). Auf der linken (nördlichen) Wand oben erkennt man die Jagd in der Wüste, einen Barbier, einen Wäscher, Maler und andere Figuren. Darunter sieht man den Toten und seine Gemahlin, vor ihm (in vier Reihen) spinnende und webende Frauen, Tänzerinnen und Ball spielende Mädchen. Auf der Rückwand (östlich) sind in den oberen Reihen Ringspiele, in den unteren Kriegsszenen, ähnlich wie im Grab des Cheti, dargestellt. Die rechte (südliche) Wand zeigt den Toten, vor ihm in mehreren Reihen Leute, die einen Schrein mit der Statue des Verstorbenen ziehen, davor Tänzerinnen und Diener mit Schmuck für die Statue.

Grab des Chnumhotep II.

Grab Nr. 3 Chnumhotep II., Sohn von Neheri, gehörte einer Fürstenfamilie an, die teils über den Antilopengau mit der Hauptstadt Menat Chufu (jetzt El-Minya), teils über die östlichen Gebiete herrschte. Chnumhotep wurde von König Amenemhet II. mit letzterem Gebiet belehnt und heiratete später eine Tochter des Fürsten des Hundegaus, der dann seinem Sohn ebenfalls zufiel.
Die Vorhalle, die einen offenen Vorhof abschließt, wird von zwei Säulen getragen. Der Säulensaal enthielt in zwei Reihen vier Säulen,

durch die er in drei leicht gewölbte Schiffe geteilt wurde. Bilder und Inschriften sind sehr verblasst und nur mühsam zu erkennen. Die Inschrift unten an den Wänden wurde in 75 cm hohen, senkrechten Zeilen in den Felsen eingeschlagen und mit grüner Farbe ausgefüllt.
Auf der **Eingangswand** (westlich) über der Tür ist oben der Transport der Statue des Verstorbenen zum Tempel zu sehen, vor der Tänzerinnen eigentümliche Figuren ausführen. Darunter beobachtet der Verstorbene Tischler bei ihrer Arbeit, Silber wird gewogen, Getreide gemessen und in die Speicher getragen, Schreiber verzeichnen die Einkünfte. Die nach unten folgenden Reihen zeigen Feldarbeiten wie das Aufhacken des Bodens, Pflügen, Ernte und Dreschen, darunter die Fahrt des Leichnams zum Grabe des Osiris in Abydos. Die unterste Reihe zeigt das Leben am Fluss: Rinder im Wasser, Fischfang.
Die **linke** (nördliche) **Wand** zeigt oben den Verstorbenen auf der Jagd in der Wüste. Unten rechts ist der Tote in großer Figur dargestellt, wie er den mannigfaltigen Vorgängen in seinem Gau zusieht.
Auf der Rückwand (östlich) ist links der Tote zu sehen, der mit seiner Frau durch die Sümpfe fährt und mit dem Wurfholz Vögel jagt, im Dickicht fliegen oder nisten allerlei Vögel, im Wasser tummeln sich Fische, ein Flusspferd und ein Krokodil.
Die **rechte** (südliche) **Wand** zeigt links den Toten vor dem Speisetisch. Allerlei Opfergaben sind vor ihm aufgehäuft, Diener und Priester kommen mit Gaben zum Totenopfer.

Bilder zu Tanz, Sport, Spiel und vor allem Handwerk im Grab Chnumhoteps II.

Die **rechte Eingangswand** (südlich der Tür) zeigt in der oberen Reihe Wäscher, in der zweiten Reihe Töpfer, Männer fällen eine Palme; der Tote wird in einer Sänfte getragen und sieht den Bootsbauern zu. In der dritten Reihe fährt die Familie des Toten auf zwei Schiffen zur Leichenfeier nach Abydos. In der vierten Reihe sind Frauen beim Spinnen und Weben sowie Bäcker dargestellt. In der untersten Reihe erkennt man u. a. einen Bildhauer, der eine Statue poliert.

Rund um Beni Hassan

Eine neue Pyramide für Echnaton

El-Minya

Die Gouvernoratshauptstadt (230 000 Einw.) ca. 25 km nördlich von Beni Hassan war früher ein florierendes Zentrum des Baumwollanbaus. In den 1990er-Jahren gab es hier Anschläge militanter Islamisten, Touristen blieben danach aus. Inzwischen hat sich die Lage etwas entspannt, doch die Polizei ist nach wie vor omnipräsent. Lohnend ist ein Spaziergang entlang der schönen Corniche mit ihren kolonialzeitlichen Villen. Unübersehbar ist am Nil-Ostufer die riesige Pyramide, an der von 2002 bis 2023 gebaut wurde: das **Akhenaton Museum** (New Aten Museum) für die herrlichen Schätze u. a. aus ▶ Tell el-Amarna. Die Außenhülle ist, als architektonische Reverenz an den Sonnengott Aton, in Strahlen aufgebrochen. Das Ausstellungskonzept wurde mit dem Hildesheimer Roemer- und Pelizaeus-Museum und dem Ägyptisches Museum Berlin entwickelt. In Abänderung des ursprünglich nur auf Echnaton bezogenen Konzepts zeigt die Galerie in der ersten Etage Exponate aus allen pharaonischen Zeiten.
Etwa 8 km südlich der Stadt breitet sich der Zawiyyet al-Mayyiteen aus, der wohl **größte Friedhof Nordafrikas** mit Zehntausenden Kuppelgräbern aus verschiedenen Epochen. 2024 wurde in der Umgebung ein knapp 4 m großer Ramses-Kopf mit Doppelkrone entdeckt.

DACHLA (DAKHLA)

Landesteil: Westliche Wüste | **Gouvernorat:** Neues Tal |
Einwohner: 107 000 | **Höhe:** 122 m ü. d. M.

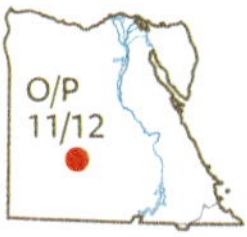

Eine Bilderbuch-Oase: Mit ihren saftig grünen Dattelhainen und Gärten vor dem Hintergrund ockerfarbener und rosaroter Wüstenfelsen bietet Dachla ein außerordentlich reizvolles Bild. In der fruchtbaren Landschaft verteilen sich kleine, überwiegend von traditionellen Lehmziegelhäusern bestimmte Dörfer, die von Feldern und üppigen Gärten umgeben sind.

Oase wie aus dem Bilderbuch

Immer wieder taucht man ein in eine Welt, die weit weg zu sein scheint von dem Ägypten, das man in Kairo, am Nil oder am Roten Meer kennenlernt. Mit mehr als 500 natürlichen Quellen und Teichen verfügt **die zweitgrößte, abgelegenste Oase** über erhebliche Wasserreserven. Da alle Quellen salzhaltiges Wasser liefern, muss es in einem Zisternennetz gespeichert werden, damit sich das Salz ablagern kann. Wie die anderen Großoasen der Westlichen Wüste wird Dachla durch das Landgewinnungsprojekt »Neues Tal« (New Valley) erweitert. Mit Tiefbohrungen wird fossiles Grundwasser für die Bewässerung nutzbar gemacht und damit neues Ackerland gewonnen. Den Strom für die Pumpen liefern Photovoltaikanlagen. Bislang konnten schon ca. 20 ha Wüste in urbares Land verwandelt wurden. Um die Ressource Grundwasser zu schonen, hat Ägyptens Regierung den Bau neuer Brunnen inzwischen stark eingeschränkt. Angebaut und exportiert werden verschiedene Früchte und Gemüse; daneben betreiben die Bewohner vor allem Geflügelzucht. Prähistorische Felszeichnungen und Grabungsfunde weisen Dachla als **altes Siedlungsgebiet** aus. In der Jungsteinzeit gab es hier Elefanten, Büffel, Giraffen und Strauße, und noch im Altertum wurden Weinbau und Viehzucht betrieben. Obwohl die Bewohner der Oase mit dem Niltal Handels trieben, bewahrten sie ihre kulturelle Identität. Im Hauptort **Mût** gibt es Restaurants, einfache Unterkünfte, ein Tourist Office und Geschäfte. Das kleine Heimatmuseum veranschaulicht das Alltagsleben.

Alte Festungsstadt und römische Tempelruinen

El-Qasr

Im Nordwesten des Oasengebiets, 30 km nordwestlich von Mût, liegt auf einem Hügel El-Qasr, der alte Hauptort mit einer malerischen Altstadt, schmalen, zum Teil überbauten Gassen und einer Burgruine. Vor dem Verfall gerettet wurde das 20 m hohe, mit Bauhölzern »gespickte« Minarett der **Moschee Nasr el Din** aus dem 11. Jahrhundert. Die Töpferkunst hat in El-Qasr eine lange Tradition. Am Dorfrand kann man Keramik und die ortstypischen Wasserkrüge kaufen. Etwa 10 km südwestlich von El-Qasr erreichen Sie **Deir el-Hagar** (»Kloster des Steins«), die **Ruine eines großen Tempels** aus der römischen Kaiserzeit (1. Jh. n. Chr.), der den thebanischen Göttern Amun, Mut und Chons geweiht war. Eine starke, 70 × 39 m lange Ziegelmauer umschloss einst die klassisch gegliederte Anlage: Dem Pylonen folgte ein Säulenhof, von dem man die Säulenhalle mit Vorhof und Allerheiligstem betritt. Gravierungen nennen die Namen der römischen Kaiser Vespasian, Titus, Domitian und Nero. Die nahe gelegenen, 42 °C warmen Schwefelquellen waren, wie die Steinfassung vermuten lässt, wohl schon den Römern bekannt.

Wenig besucht

Balat

Das Städtchen Balat liegt etwa 30 km östlich vom Hauptort Mût und wird von Reisegruppen weit weniger besucht. Die Reste eines Mut-

DACHLA ERLEBEN

TOURIST OFFICE
Sh. Sawara al-Khadra
Tel. 092 27 82 16 85
tgl. 8 – 15 Uhr

Flug: Mehrmals wöchentlich mit Egypt Air zum Oasen-Airport bei Mut
Call Center 0900 70 000
(mobil 1717).
Bus: Tägliche Verbindung nach Kairo und in die anderen Oasen
Auto: Bequemstes und schnellstes Verkehrsmittel

Die Hotels bieten Outdoor-Aktivitäten oder vermitteln sie: Sandsurfen, Kamelausritte, Wüstenwanderungen, Mountainbike-Touren. Die Exkursionen zum Gilf Kebir sind aus Sicherheitsgründen gegenwärtig nicht mehr möglich.

Wie in allen Oasen dürfen Sie auch hier keine schicken Restaurants erwarten, aber Imbisse und einfache Lokale finden Sie überall.

AHMED HAMDY RESTAURANT €
Einfache ägyptische Küche mit Mezze, Huhn und anderem Fleisch und frischen Säften; zum Schluss bringt der Kellner eine Wasserpfeife zum Tee.
Sh. Sawara al-Khadrat
Tel. 092 27 82 07 67

BEDOUIN CAMP
EL DOHOUS VILLAGE €€
Auf einem Hügel mit tollem Ausblick liegen die einfachen Kuppelhütten. Die freundliche Beduinenfamilie arrangiert auch Wüstenausflüge.
Mût, Tel. 092 78 50 480
www.dakhlabedouins.com

Tempels stammen aus der Zeit des Neuen Reichs, die pharaonischen Gräber (Mastabas) aus der 6. Dynastie und aus der Ersten Zwischenzeit, außerdem gibt es Gräber aus griechisch-römischer Zeit.

DAHAB

Landesteil: Unterägypten | **Gouvernorat:** Süd-Sinai | **Einwohner:** ca. 15 000

Der arabische Name bedeutet »Gold« – wegen der Farbe der Sandstrände. Früher war Dahab vor allem als Hippie-Treff bekannt, bei einem Joint oder einer Wasserpfeife hing man lässig in Cafés ab und genoss den Blick aufs Meer. Heute ziehen sich auch Badeurlauber, Surfer und Taucher, denen Sharm el-Sheikh zu laut und zu aufgeregt ist, gerne hierher zurück.

Cafés, Restaurants und Läden, dazu einige Camps und Hotels säumen die mit Palmen bestandene Uferpromenade, die sich an der großen Bucht entlangzieht – hier schlägt das Herz von Dahab. Der goldgelbe Sand, bei Tauchern beliebte Korallenriffe und die nach Süden verlaufenden majestätischen Berge bilden eine wunderschöne Kulisse.
Die Promenade mit den vielen Restaurants spiegelt bis heute wider, dass Dahab immer noch ein Hangout für junge Urlauber mit kleinerem Geldbeutel ist. Ganz anders ist der Eindruck an der Lagune im Süden, hier liegen an einem herrlichen Sandstrand die teureren Hotels.

Goldener Strand, Korallen und Berge

Dahabs Gesichter

Orientierung

Dahab besteht aus mehreren Teilen: Die City umfasst die Busstation sowie Verwaltungs- und Wohngebäude (wenig interessant); Assalah im Norden ist u. a. Wohnsitz der Beduinen, hier gibt es kleine Geschäfte und ein paar Restaurants. In Masbat und Mashraba spielt das touristische Leben. Die Lagunen-Hotels folgen noch weiter südlich.

Ab ins Blaue Loch

Masbat

An der zentralen **Uferpromenade**, wo eine Brücke den Wadi überspannt, macht man es sich nach wie vor in vielen Cafés auf Flickenteppichen und Kissen gemütlich, raucht eine Wasserpfeife, schmökert, tut nichts oder spielt Backgammon. Viele Hits, die aus den zahlreichen Lautsprechern dringen, sind seit Jahren dieselben: Reggae von Bob Marley, Neil Young, die Beatles, viel Arab-Pop ...

Attraktion für Freunde des Tauchsports: ein künstlicher Elefant in Originalgröße

DAHAB ERLEBEN

Flug: Zielflughafen für Dahab ist der Sharm el-Sheikh International Airport (▶ S. 322).
Bus: Mehrmals tgl. fahren Busse nach Sharm, Nuweiba, Taba, Sues, Kairo.
Tel. 069 36 41 808
Taxi/Shuttle: In Dahab kann man viele Strecken zu Fuß zurücklegen, ansonsten nimmt man ein Taxi oder in den Lagunen-Hotels ein Shuttle zur Assalah Bay.

DAHAB SAFARI

Spezialisiert auf 4WD-Safaris, Kamelausflüge im gesamten Sinai sowie Touren in Ägypten, nach Israel und Jordanien (u. a. Petra: 1 Tag ab 190 €), 2 Tage Wüste mit Camping und Abendessen am Lagerfeuer.
Basar, Mashraba
Tel. 012 28 21 62 989
www.dahabsafari.info

SURFEN & TAUCHEN

Surf- und Tauchcenter gibt es in vielen Hotels, auch an der südlichen Lagune. An der Uferpromenade im Ort finden sich Anbieter wie Dahab Divers, Orca und Subex. Renommiert ist Inmo Divers direkt am Strand.
Masbat
Mobil 010 00 08 73 79
www.inmodivers.de

RED SEA ENVIRONMENTAL CENTRE

Tauchfans helfen bei Putzaktionen an den Riffen und bekommen dafür Tauchtouren zum Sonderpreis.
Sinai Divers Center
010 07 70 76 83

Dahabs kleiner **Souk** bietet die üblichen Souvenirs, darunter die immer noch typischen Dahab-Pluderhosen. Es gibt auch Supermärkte.
Der **Book Shop** neben dem Bottle Shop hat zwar kaum neue Bücher, dafür eine Riesenauswahl, auch in Deutsch, an Romanen und Sachbüchern (u. a. Politik, Islam), dazu ein Regal mit Werken von Nagib Machfus.
Masbat, an der Fußgängerbrücke, tgl. 11 – 23 Uhr

An der Bucht im Zentrum trifft man sich abends. Jackie's, Al Manar, Fayrouz, Friends, Nemo, Marley sind neben Jays, Planet, Yalla, Same Same, Every Day, Why Not und Garage einige der Läden, wo gechillt und gefeiert wird. Viele Cafés und Restaurants haben Sonnenliegen für Gäste, Stufen führen ins Meer, wo Sie schnorcheln und tauchen können.

DOWN TOWN

In dem Café-Restaurant an der Promenade können die Gäste am Meer auf Liegen entspannen. Auf der anderen Seite des Wegs haben die Betreiber ihre Bar geschlossen und in dem Holzbau in Form eines Schiffs das kleine gleichnamige Hotel eröffnet.
Masbat
Tel. 010 05 06 43 58
tgl. 10 – 1 Uhr

RAMEZ & PAOLA €€

Das frühere Lakhbatita serviert Pizza und Pasta, die die Besitzerin Paola (ja, Italienerin) selbst zubereitet, sowie Fleisch und Fisch.
Uferpromenade, Mashraba
Tel. 012 25 57 96 41
Di. – So. 13 – 23 Uhr

YALLA BAR

Café-Restaurant mit ordentlicher mediterraner Küche, abends gibt es ab und zu Live-Musik. Tagsüber können Sie vom eigenen Ministrand ins Meer.
Masbat, Promenade nahe dem Lighthouse
Tel. 069 36 42 166
www.facebook.com/YallaBar
tgl. 7–3 Uhr

Dahabs Hotellerie ist geteilt. Die einfacheren Häuser liegen im Ort rund um das Lighthouse, Cafés und Restaurants nahe der Bucht mit der langen Promenade. Die teureren Hotels (u. a. Jaz Dahabeya, Meridien, Tirana) mit eigenen Stränden findet man an der herrlichen Lagune weiter südlich, dem bevorzugten Revier für Surfer und Kiter.

JAZ DAHABEYA €€€

An der südlichen Lagune gelegen, mit modernen, geräumigen Zimmern. Beheizte Pools, großer eigener Strand mit Surfcenter (www.harry-nass.com/windsurf-center-dahab). Weitere Surf- und Tauchschulen gibt es in den benachbarten Hotels, die man über den Strand leicht erreicht.
Tel. 069 36 41 264, 012 02 22 27 827
www.jazhotels.com

NESIMA RESORT €€

Man wohnt nahe dem Meer in großen, ansprechenden Zimmern mit orientalischen Kuppeln, genießt die Sonne am schönen Pool, das Restaurant ist sehr gut Viele Expats aus Kairo schwören auf das Nesima.
Masbat
Tel. 069 364 03 20, 010 10 12 30 55
www.nesimaresort.com

Zu Dahabs berühmtesten Tauchplätzen gehört das **Blue Hole**, ein magischer Ort und Naturwunder, etwa 10 km südöstlich des Orts. Weitere Info zu den Tauchrevieren ▶ S. 525.

★ DAHSHUR

Landesteil: Mittelägypten | **Gouvernorat:** Giseh

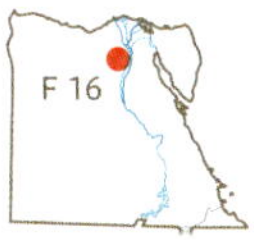

Die Ruhe, die Sie sich bei den Pyramiden von Giseh vielleicht gewünscht haben, hier herrscht sie. Fünf Pyramiden aus dem Alten und Mittleren Reich, auf etwa 3,5 km am Wüstenrand entlang erbaut, sind in Dahshur zu bestaunen, aber auch einer der größten Baufehler, die sich die Pyramidenarchitekten leisteten.

Die ersten echten Pyramiden

Das Gesicht der auffälligsten Mumie, über Jahrtausende durch einen Sarkophag und bemalte Kartonage, eine feste Hülle aus Leinen oder Papyrus und Gips geschützt, strahlt in kräftigem Blau, die Nasenpartie in Ziegelrot, die dunklen Augen blicken nach rechts. Acht rund 3200 Jahre alte, meist hervorragend erhaltene Mumien wurden 2018 in Dahshur in der Pyramide Amenemhets II. entdeckt. Die drei Pyramiden aus der 12. Dynastie sind in schlechtem Zustand und belegen

Statische Probleme sorgten für ihr Aussehen: die Knickpyramide

die abnehmende Bedeutung des Pyramidenbaus in dieser Zeit – die beiden Pyramiden von Snofru, dem Begründer der 4. Dynastie und Vater von Cheops, sind sehr gut erhalten, obwohl sie 800 Jahre vorher erbaut wurden. Auch wenn **Snofru** nicht die größte aller ägyptischen Pyramiden errichten ließ, so war er doch ein äußerst baufreudiger Herrscher: In seiner Regierungszeit von ca. 2670 bis 2620 v. Chr errichtete er drei Pyramiden aus 3,6 Mio. m³ Stein, 1 Mio. m³ mehr als das Volumen der Cheops-Pyramide. Als Meisterwerk und Vorbild aller späteren Pyramiden gilt die sog. **Rote Pyramide**, deren Gestalt die Perfektion der großen Galerie in der Cheops-Pyramide vorwegnimmt. 2024 entdeckten deutsche Archäologen eine Mastaba aus der Zeit des Alten Reichs.

Bei den Pyramiden

Ca. 12 km südlich von ▶ Sakkara | Anreise mit dem Taxi oder mit organisierter Fahrt nach Sakkara | tgl. 8 – 16 Uhr | Eintritt 200 LE

Snofru der Gute

Rote Pyramide

»Erscheinung des Snofru« wurde sie von den alten Ägyptern genannt. Ihren heutigen Namen erhielt die Pyramide aufgrund des Kalksteins, der v. a. am späten Nachmittag kräftig rötlich schimmert. Mit 99 m Höhe und 220 m Seitenlänge beherrscht sie das Plateau. Als krönender Abschluss der Pyramidenbautätigkeit Snofrus wurde sie

spätestens **im 30. Regierungsjahr** des Herrschers begonnen und noch während seiner Herrschaft fertiggestellt. Nicht nur die Pyramide galt seinen Nachfolgern als Vorbild, auch Snofru selbst wurde über Jahrhunderte als der »gute Herrscher« verehrt.
Der Eingang liegt an der Nordseite in 28 m Höhe über der Bodenfläche. Von hier führt ein 63 m langer, niedriger Gang nach unten und mündet in die erste Vorkammer, die mit einer zweiten durch einen Gang verbunden ist – und zwar ca. 10 m unter dem Wüstenniveau. Beide Kammern haben dieselben Maße und beeindrucken durch ihre in perfekter Kragtechnik ausgeführte, über 12 m hohe Decke. Die eigentliche Grabkammer ist nur über einen Durchgang in der Südwand der zweiten Vorkammer zu erreichen. Nichts deutet mehr auf die letzte Ruhestätte des großen Bauherrn hin, denn Grabräuber haben die Stätte geplündert und den Holzsarg und die hölzernen Grabbeigaben verbrannt, was deutlich sichtbare Brandspuren verraten.

Der Sarg war leer

Schwarze Pyramide

Die Nördliche Ziegelpyramide oder Schwarze Pyramide gilt als das **Grabmal des Königs Sesostris III.** (12. Dynastie). Ihre Seitenlänge misst an der Basis 105 m, die jetzige Höhe beträgt nur noch 27 m. Einst war sie gut 65 m hoch und besaß eine Verkleidung aus Marmorplatten, die ganz verschwunden ist. Innen fand man die Grabkammer mit dem leeren Granitsarg des Pharaos. Nördlich der Pyramide, noch innerhalb der Umfassungsmauer, lagen zwei unterirdische Galerien mit Grabkammern. Hier barg man kostbaren Grabschmuck.

Mit Kostbarkeiten gefüllt

Weiße Pyramide

Südöstlich der Roten und südlich der Sesostris-Pyramide liegt die verfallene Weiße Pyramide von **Amenemhet II.** (12. Dynastie). Sie besitzt einen stützenden Gerüstmantel, der mit einem recht instabilen Sand-Ziegel-Kern gefüllt ist. In der Grabkammer fand man den Sarkophag des Königs, in den Frauengräbern an der Westseite der Pyramide kostbaren Schmuck sowie drei weibliche Mumien.

Statische Probleme mit Folgen

Knickpyramide

Weiter südlich erhebt sich die »Knickpyramide«, die älteste Pyramide von Dahshur. Sie entstand unter Snofru und war ursprünglich wohl auch mit ungebrochenen Seitenflächen geplant, mit Taltempel, Aufweg, Nebenpyramide und Umfassungsmauer. Der hervorragende Zustand ihrer Außenverkleidung mit leicht nach innen geneigten Platten aus Tura-Kalkstein vermittelt einen Eindruck davon, wie auch andere Pyramiden wohl ursprünglich ausgesehen haben. Forschungsergebnisse zeigen, dass sich die Pyramide beim Bau als instabil erwies und die Grabkammern **einsturzgefährdet** waren, worauf gipsgefüllte Risse im Innern und Spuren von Holzabstützungen deuten. Wohl zur Verringerung der Gesteinslast entschloss man sich

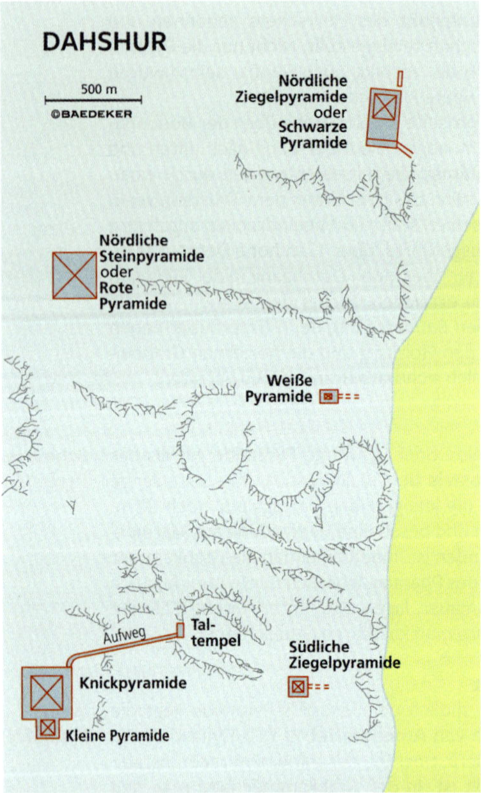

zur drastischen Änderung des Neigungswinkels auf halber Höhe, was dem Bauwerk seinen Namen eingebracht hat. Da alle Maßnahmen erfolglos blieben, wurde die Pyramide vermutlich als Grabmal aufgegeben und statt dessen die Rote Pyramide als neues Königsgrab errichtet. Abweichend von anderen Pyramiden besitzt die Knickpyramide neben dem Zugang von Norden einen weiteren Zugang von Westen. Seit 2019 ist die Pyramide wieder zur Besichtigung zugänglich.

Taltempel
An die Südseite der Umfassungsmauer schließt sich die Kleine Pyramide an, mit einer Basis von 55 × 55 m und einer ursprünglichen Höhe von 32 m. Der Taltempel der Knickpyramide ist als einziger der Nekropole von Dahshur noch gut erhalten. Er liegt rund 700 m nordöstlich in der Wüste und ist über seinen offenen Aufweg mit der Pyramide verbunden. Der Taltempel besitzt eine von je zwei Seitenräumen flankierte Eingangshalle, durch die man den Innenhof betritt. An seiner Rückseite liegen sechs Kapellennischen.

Rund um Dahshur

Die Ausweichresidenz

Lischt (El-Lisht)

Die Pyramiden von Lischt liegen rund 30 km südlich von Dahshur, unweit nördlich des gleichnamigen Dorfs. Sie waren von kleineren Pyramiden für die weiblichen Mitglieder der Königsfamilie sowie von Hunderten Mastabas für hohe Staatsbeamte umgeben. Bei den Grabungen fand man **zehn Sitzbilder Sesostris' I.** aus Tura-Kalk, die von feinstem handwerklichem Können zeugen, ferner zwei bemalte Holzfiguren des Königs, von denen eine im Ägyptischen Museum von Kairo steht, die andere im Metropolitan Museum of Art in New York. Amenemhet I., der Begründer der 12. Dynastie, hatte zur besseren Kontrolle über Unterägypten die Residenz **von Theben nach Lischt** verlegt und ließ, wie später sein Sohn und zeitweiliger Mitregent Sesostris I., am nahen Wüstenrand seine Pyramide errichten. Beide Grabmäler sind nur noch als Erdhügel erhalten. Untersuchungen mithilfe von Satellitenaufnahmen und Sedimentproben ergaben 2024, dass einst ein 64 km langer und bis zu 700 m breiter Arm des Nils Lischt mit Giseh verband und den Transport von tonnenschweren Monolithen erlaubte.

Ein Grabmal für den Vater und ...

Pyramide Amenemhets' I.

Die nördliche und kleinere der beiden Pyramiden ist die des Amenemhet I., ursprünglich war sie 58 m hoch. Innerhalb der Umfassungsmauer lagen noch die kleinere Pyramide für die Königin und das Grabmal des Antefoker, Aufseher der königlichen Gräber. Bei der Pyramide hat man eine größere Zahl von **Eidechsenmumien** gefunden.

... eines für den Sohn

Pyramide Sesostris' I.

Etwa 1,5 km südlich steht die größere Pyramide seines Sohns Sesostris I. Wie die von Amenemhet I. wurde sie als Skelettbau errichtet und mit Sand und Schutt aufgefüllt. Sie besaß ursprünglich eine Höhe von 61 m sowie eine Basislänge von 105 m, war mit Kalkstein verkleidet und einer doppelten Umfassungsmauer versehen.

Kleine Pyramiden für die Damen, Mastabas für die Beamten

Rund um die Pyramiden

Innerhalb des äußeren Mauerrings aus Nilziegeln liegen an der Ostseite die Tempelvorhöfe sowie rundum neun kleine Pyramiden für die weiblichen Mitglieder der Königsfamilie. Jede besaß ihre eigene Kapelle an der Ostseite, einen Opferraum vor dem Eingang sowie eine Umfassungsmauer. Die größte dieser Nebenpyramiden im Südosten der Anlage gehört der **Königin Nofru**, die westlich daneben der **Prinzessin Itakajt**. Bei den übrigen Nebenpyramiden wurden keine Namenshinweise gefunden. Von den die Sesostris-Pyramide umgebenden Beamtengräbern ist besonders die **Mastaba des Senuseretanch** sehenswert, Hohepriester des Ptah in Memphis, königlicher Bildhauer und Baumeister und damit ranghöchster Beamter des damaligen Reichs. Größe und Ausstattung des Grabes entsprechen der Bedeutung ihres Besitzers. Es war von einer doppelten Umfassungsmauer umzogen. An der Ostseite der Mastaba steht eine Kapelle, an der Nordseite liegt der Eingang, von dem ein schmaler und steiler Gang abwärts zu der aus dem Fels gehauenen Grabkammer führt. Diese ist ganz mit hieroglyphischen Texten ausgeschmückt.

★★ DENDERA

Landesteil: Oberägypten | **Gouvernorat:** Qena
tgl. 7.30 – 16 Uhr | Eintritt 300 LE

Schauen und staunen ist angesagt, wenn Sie einen der schönsten Tempel Ägyptens besuchen: den Hathor-Tempel in Dendera. Schon die berühmte Decke mit kräftig leuchtenden astronomischen Darstellungen ist die Reise wert. Dendera gehört zu den ältesten und bekanntesten Städten Ägyptens. Wenn Sie der Hathor »aufs Dach« steigen, haben Sie einen grandiosen Ausblick.

Die Göttin mit den Kuhhörnern

Die imposanten Reste der alten Stadt liegen ca. 70 km nördlich von ► Luxor nahe der Stadt Qena, weithin sichtbar in einer Flussbiegung am Westufer des Nils. Dendera oder Dendara, auf Griechisch Tentyris, war Hauptstadt des 6. oberägyptischen Gaus. Aus dem alten Namen Iunet bzw. **Iunet Tantere** (= der Göttin; gemeint ist Hathor) leiten sich der griechische und der moderne arabische Ortsname ab. Auch als sich im Altertum der Wirtschafts- und Bevölkerungsschwerpunkt vom Westufer des Nils nach Qena verlagerte, blieb Iunet Tantere die **Hauptkultstätte der Hathor**, der Göttin der Liebe und der Freude, die der griechischen Aphrodite entsprach. Ihr prächtiger Tempel, in dem sie mit ihrem Gemahl, dem falkenköpfigen Horus von Edfu, sowie ihrem jugendlichen Sohn und Gott der Musik Ihi verehrt wurde, ist einer der besterhaltenen des Landes. Eine Open-Air-Ausstellung zeigt rund 150 Fundstücke, darunter Statuen und Säulenfragmente. Außerdem umfasst das Areal zwei Geburtshäuser, die Ruine einer alten koptischen Kirche, einen Heiligen See und ein Isis-Heiligtum.

★★ Tempel der Hathor

Spätes Meisterwerk

Baugeschichte

Der Tempel der Hathor entstand im 1. Jh. v. Chr. unter den letzten Ptolemäern und Kaiser Augustus. Die Reliefs an den Wänden kamen erst später dazu. Der Vorhof mit Säulengängen und die Pylonen am Nordtor wurden nicht ausgeführt. Der Tempel ersetzte ein älteres Heiligtum, das nach der Überlieferung aus der Zeit des Alten Reichs (mindestens 6. – 12. Dyn.) stammte. Zwar reicht seine Wirkung nicht an die Heiligtümer von Abydos oder Karnak heran, beeindruckt aber durch seine Großzügigkeit und durch die Ausgewogenheit der Proportionen. Auch der üppige Wandschmuck in Bild und Schrift hält den Vergleich mit großen Meisterwerken des Alten Reichs oder der Zeit Thutmosis' III. und Sethos' I. nicht stand, ist aber für die späte Dekorationskunst ein anschauliches und sehenswertes Beispiel.

OBEN: In der Vorhalle tragen 24 Säulen die reich verzierte Decke. Von den Kapitellen schaut der Kopf der Göttin Hathor auf die Besucher herab.

UNTEN: Ihr war der Tempel geweiht: Hathor, Himmelsgöttin und Göttin der Liebe.

Tribut an die Kaiser

Nördlicher Eingang

Vom Rastplatz auf dem linken Flussufer führt ein einst von Säulen flankierter Weg zum nördlichen Eingang der bis 10 m Höhe gut erhaltenen Umwallung. Das monumentale Tor stammt aus der Zeit Kaiser Domitians (1. Jh. n. Chr.), der hier ebenso wie die auf der Innenseite

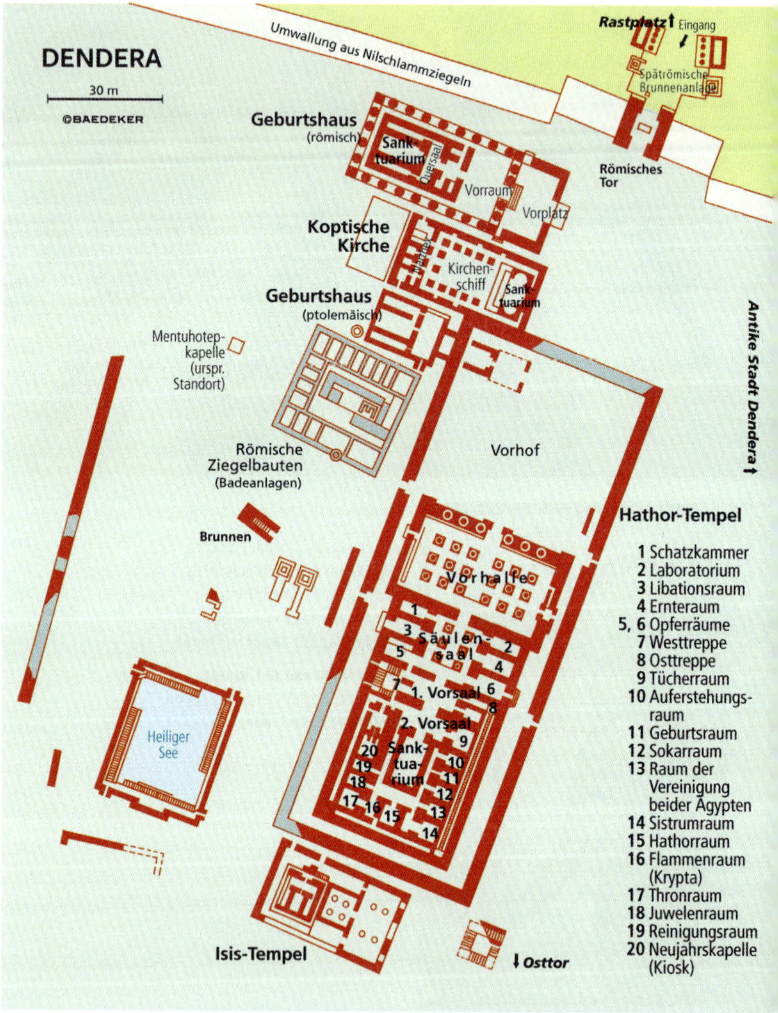

genannten Kaiser Nerva und Trajan den Beinamen Germanicus führt. Vor dem Tor befinden sich rechts und links zwei spätrömische Brunnenanlagen. Ein ähnliches Tor liegt auf der Ostseite, ein drittes, aus der Kaiserzeit stammend, im Osten außerhalb des Tempelbezirks.

Tierkreise und Sternenhimmel

Vorhalle

24 Säulen, deren Kapitelle den Kopf der Hathor zeigen, tragen die Vorhalle. Sie ist durch Schranken zwischen der ersten Säulenreihe nach außen abgeschlossen. Die Wände im Innern zeigen in vier Reihen die römischen Kaiser Augustus, Tiberius, Caligula, Claudius und Nero als Pharaonen mit Weihgeschenken vor Hathor und anderen Gottheiten. Die Reliefs an den Schranken sind abgeschlagen, sie bezogen sich auf die Einführung des Herrschers in das Heiligtum. Die Darstellungen auf den Schranken rechts des Eingangs zeigen den König mit der unterägyptischen Krone beim Heraustreten aus dem Palast; der falkenköpfige Horus und der ibisköpfige Thot gießen Weihwasser, dessen Tropfen die Gestalt der Hieroglyphe »Leben« bilden, über dem König aus; die Schutzgöttin Ober- und Unterägyptens segnet den König. Links davon, an der Westwand, zeigt ein Relief, wie Mont und Atum, die Götter des ober- und unterägyptischen Om, den König vor Hathor führen. Auf den Schranken links des Eingangs finden sich die entsprechenden Darstellungen des Königs mit der oberägyptischen Krone.

Die **sieben Felder an der Decke der Vorhalle** zeigen von li. nach re.:

1. Die Himmelsgöttin Nut; unter ihrem Leib Bilder des Tierkreises und Barken mit personifizierten Sternen. Die Sonne scheint auf den Tempel von Dendera, der durch ein Gebäude mit einem Hathorkopf wiedergegeben ist.
2. Sterngottheiten und die Stunden des Tages und der Nacht.
3. Bilder der Mondphasen und der Sonne während der zwölf Stunden des Tages.
4. (Mitte) Fliegende Geier und Sonnen.

Die Darstellungen 5 bis 7 entsprechen den Darstellungen 1 bis 3.

Im Saal des Erscheinens

Im Inneren Tempel

Die Rückwand der Vorhalle bildet die Fassade des inneren Tempelhauses. Das Mittelportal öffnet sich auf den **Säulensaal**, den »Saal des Erscheinens«, dessen Decke auf sechs Säulen mit reichen Blätterkapitellen und aufgesetzten Hathorköpfen ruht. Die Basis und die beiden unteren Trommeln der Säulen sind aus Granit, die anderen Teile aus Sandstein. Durch acht viereckige Öffnungen in der Decke erhält der Saal Tageslicht. Vier Reliefreihen bedecken die Wände; sie zeigen den König vor den Gottheiten von Dendera. Der Name des Königs fehlt hier wie auch in einigen anderen Räumen. Vermutlich war die Priesterschaft im Zweifel, welchen Herrscher sie in den unruhigen Zeiten wählen sollte.Besondere Beachtung verdienen **einige**

Reliefs in der unteren Reihe. Sie zeigen die Grundsteinlegung des Heiligtums. Rechts des Eingangs: Der König mit der unterägyptischen Krone tritt aus seinem Palast; vor ihm räuchert ein Priester; links davon lockert der König mit einer Hacke den Boden und führt den ersten Spatenstich aus; vor ihm die Göttin Hathor. Links des Eingangs der König mit der Krone Oberägyptens; rechts bringt er Hathor das Baumaterial. Rechts und links des Säulensaals liegen je drei teils dunkle, teils durch Löcher in den Decken erhellte Kammern, die als **Labor, Schatzkammern und Magazinräume** für Opfergaben gedient haben dürften. Die Inschriften und Darstellungen an den Wänden zeigen den Pharao vor Hathor und anderen Gottheiten.

Im Opfersaal

Vorsäle

Vom Säulensaal geht es in den **ersten Vorsaal** (Opfersaal), der durch Löcher und Luken in Decke und Wänden beleuchtet wird. Vier Reliefreihen zeigen den König opfernd vor Hathor. Links und rechts gibt es Räume, durch die man zu den aufs Dach führenden Treppen gelangt. Der **zweite Vorsaal** ist mit vier Reihen von Darstellungen geschmückt. In dem kleinen Gemach links bewahrte man Spezereien und die Kleider zum Schmuck der Götterbilder an Festtagen auf. Die Seitentür rechts führt zu drei in sich abgeschlossenen Räumen.

Geburtstagsfeier für Hathor

Kiosk und Neujahrsfesthof

Nun betreten Sie einen offenen Hof und steigen zu einem reizvollen Kiosk hinauf, dessen Decke zwei Sistrumsäulen tragen. Sie sind mit den Seitenwänden durch halbhohe Schranken verbunden. Hier versammelte sich die Priesterschaft zur Feier des Geburtstags der Hathor und des folgenden neuen Jahrs. Im Hof wurden die Opfer dargebracht, die an den Wänden abgebildet sind. Die Darstellungen im Kiosk zeigen an den Wänden in drei Reihen den König und verschiedene Gottheiten vor den Göttern von Dendera, darunter eine Prozession von Lokalgöttern mit Opfergaben. An der Decke ist die Himmelsgöttin Nut dargestellt, aus deren Schoß die Sonne geboren wird.

Verborgene, geheimnisvolle Gemächer

Sanktuarium

Vom zweiten Vorsaal gehen Sie in den **innersten Teil des Tempelhauses**, der in Inschriften als »die verborgenen geheimnisvollen Gemächer« bezeichnet wird. Die mittlere Tür führt in das dunkle Sanktuarium, den »großen Sitz«, in dem die heiligen Barken mit den Götterbildern standen. Nur der König oder sein priesterlicher Stellvertreter durften es betreten. Die Reliefs an den Wänden schildern die Zeremonien, die beim Betreten des Raumes zu vollziehen waren, sowie die Darreichung der Opfer.

Die Abbildungen beginnen am Eingang, wobei auf ein Bild der linken Wand das entsprechende auf der rechten Wand folgt: Der König schreitet die Stufen der Götterkapelle empor (links); der König löst das Band, das die Türe verschließt (rechts); er löst das Siegel der Tür (links) und öffnet sie (rechts); der König erblickt die Göttin (links) und betet vor ihr mit herabhängenden Armen (rechts); er räuchert vor der heiligen Barke der Hathor und des Horus von Edfu (links) sowie vor den Barken der Hathor und ihres Sohnes Ihi (rechts). Auf der Rückwand bringt der König links Hathor und Horus von Edfu ein Bildnis der Göttin Maat dar; vor dem König sieht man den kleinen Sohn der Hathor mit Sistrum und Klapper, rechts dieselbe Handlung vor Hathor und Ihi. Um das Sanktuarium läuft ein durch Seiten- und Deckenluken erhellter **Korridor**, zu dem vom zweiten Vorsaal Seitentüren führen. An diesem Korridor liegen elf kleine Räume, die als Kapellen verschiedener Götter, als Magazine und für Kulte gedient haben. Der letzte war einst Kultraum für die Göttin Hathor.

Nur Lagerräume?

Krypten

Ungewöhnlich sind die unterirdischen Räume wegen ihrer Anlage und ihrer feinen Reliefbilder. Möglicherweise wurden hier die ausgedienten Götterbilder und Geräte aufbewahrt. Die 12 Räume sind in verschiedenen Ebenen in der dicken Tempelmauer ausgespart. Drei 2020 zugänglich gemachte Krypten, in die man ohne Kletterkunst und Platzangst gelangt, zeigen herrliche Reliefs. Der reiche Skulpturenschmuck aus der Zeit Ptolemaios' XII. Neos Dionysos ist der älteste und bestgearbeitete im ganzen Tempel.

Aufs Dach gestiegen

Tempeldach und Osiris-Heiligtum

Vom ersten Vorsaal führen zwei Treppen auf das Tempeldach. Die Wandreliefs der Aufgänge schildern (links aufsteigend, rechts abwärts) den feierlichen Umzug des Königs und der Priester, die z. T. als niedere Gottheiten dargestellt sind, am Neujahrsfest mit den Kultbildern der Hathor und der anderen Tempelgötter auf dem Dach des Tempels, »damit die Göttin sich vereinige mit den Strahlen ihres Vaters Re«. Die Westtreppe führt an einem kleinen, über dem Magazin am zweiten Vorsaal gelegenen Raum vorüber, dessen Fenster zum Hof weisen, und weiter zu einem (verschlossenen) Hof und zwei Gemächern. Sie waren wie die Kapelle auf der Ostseite der Terrasse dem Osiris-Kult geweiht. Die Reliefs im zweiten Raum schildern die Auferstehung des Soker-Osiris. Das Tempeldach steigt in mehreren Terrassen auf; am höchsten ist es über der großen Vorhalle. 2020 wurde das Dach mit einer Holzbrüstung versehen und zugänglich gemacht. Auf der unteren Terrasse steht an der Südwestecke ein kleines, oben offenes Tempelchen mit zwölf Hathor-Säulen.

An die Terrasse schließt sich nördlich über den Kammern zur Linken des Säulensaals ein kleines **Osiris-Heiligtum** an, das dem Kult des gestorbenen und wieder auflebenden Osiris diente. Auf ihn beziehen sich die Abbildungen und zahlreichen Inschriften an den Wänden. An der Decke des mittleren Raums, der von dem ersten, einem offenen

Hof, durch Pfeiler getrennt ist, befindet sich ein Gipsabguss des berühmten **Tierkreises von Dendera**, der einzigen runden Himmelsdarstellung der Ägypter. Das Original wurde 1820 nach Frankreich gebracht und befindet sich heute im Pariser Louvre. Im Nordwesten der Terrasse führt eine Treppe auf das Dach des ersten Vorsaals und dann weiter auf das noch höhere Dach des Säulensaals. Von diesem gelangt man auf das Dach der großen Vorhalle, von dem man einen herrlichen Blick auf das Niltal und die Wüstenberge hat.

Auch von außen schön

Um den Tempel herum

Gehen Sie um den Tempel herum: Seine Außenwände sind mit Abbildungen und Inschriften bedeckt. Die Reliefs an der Ost- und Westwand rühren **von römischen Kaisern**, in erster Linie von Nero. Die großen Darstellungen an der Südwand zeigen Ptolemaios XV. Caesar, den Sohn von Caesar und Kleopatra, vor den Göttern von Dendera, in der Mitte das Kultbild der Hathor. Die Gesichter sind konventionell gearbeitet und keine Porträts der Dargestellten. Die vorspringenden Löwenköpfe an den Seiten des Tempels sind Wasserspeier.

Ein Haus für den göttlichen Sohn Harsomtus

Geburtshaus

Rechts des nördlichen Tors liegt ein kleines Tempelchen, das **Mammisi** (Geburtshaus). Wie bei den größeren Tempeln der Ptolemäerzeit (z. B. Edfu, Philae) ist es für den Sohn der beiden im Haupttempel verehrten Gottheiten erbaut. Das unter Augustus errichtete und unter seinen Nachfolgern ausgeschmückte Geburtshaus war Harsomtus geweiht, dem Sohn der Hathor und des Horus von Edfu. In der Art eines Peripteros ist es auf den beiden Längsseiten und der Rückseite von einem Säulengang umgeben, der von Blumensäulen mit der Figur des Bes, des Schutzgottes der Gebärenden, an den Deckplatten gebildet wird. Eine Rampe führt auf einen weiten Vorplatz, in dessen Pflaster der Grundriss einer spätrömischen Dreikonchenanlage geritzt ist. Im Vorraum führt rechts eine Treppe auf das Dach. Links öffnet sich eine Tür zum Säulengang, die Mitteltür führt in einen breiten Quersaal, an den sich das tiefe Sanktuarium anschließt, das eigentliche **Geburtszimmer**, dessen Wandreliefs die Geburt und die Pflege des göttlichen Kindes illustrieren.

Noch ein Geburtshaus

Weitere Sehenswürdigkeiten

Südlich neben dem Geburtshaus liegt die Ruine einer großen koptischen Kirche vom Ende des 5. Jh.s, ein beachtenswertes Beispiel für eine alte ägyptische Kirchenanlage. Südlich der Kirche liegt ein zweites, **älteres Geburtshaus**, das von Nektanebos I. begonnen und in der Ptolemäerzeit vollendet wurde. Die Ziegelbauten westlich und südlich von diesem Geburtshaus stammen aus römischer Zeit und waren vermutlich kultische **Badehäuser und Brunnenanlagen**. In der Südwestecke des Tempelbezirks liegt der **Heilige See**, ein tiefes,

mit Quadern ausgemauertes Wasserbecken. Türen an der Nord- und Südseite führen zu Innentreppen, die im Mauerwerk angelegt sind und auf eine tiefer gelegene Wasserfläche hinabreichen.
Der südlich hinter dem Hathor-Tempel auf einer hohen Terrasse stehende **Isis-Tempel** ist das »Geburtshaus der Isis«. Es wurde unter Kaiser Augustus aus Fragmenten eines älteren Heiligtums erbaut und weist eine doppelte Ausrichtung sowohl nach Osten wie auch nach Norden auf. Die westliche Hälfte mit der Darstellung der Geburt der Isis ist zerstört.

Der lächelnde Sphinx

Jüngste Funde

Östlich des Tempels entdeckten Archäologen 2023 in einem Wasserreservoir einen gut erhaltenen und lächelnden Sphinx mit pharaonischem Ornat, der Nemes genannten Kopfbedeckung und der Uräusschlange. Das Gesicht, vermuten die Forscher, trägt die Züge des Kaisers Claudius (1. Jh.). Gefunden wurde auch eine Kalksteintafeln mit Hieroglyphen und demotischer Schrift.

★★ EDFU

Landesteil: Oberägypten | **Gouvernorat:** Assuan
Einwohner: ca. 133 000 | **Höhe:** 85 m ü. d. M.

Seien Sie auf viele Besucher gefasst, wenn Sie Edfu bei einer Nilkreuzfahrt ansteuern. So gut wie immer liegen etliche Schiffe am Ufer. Sind Sie dagegen auf eigene Faust unterwegs, können Sie den Ansturm bei einem Tee im Schatten abwarten. Der vor rund 2100 Jahren erbaute Horus-Tempel gehört zu den Höhepunkten einer Ägyptenreise, kein anderer Tempel ist so gut erhalten.

Tempel für den Sonnengott

Das Städtchen Edfu, ein Handelszentrum mit Zuckerfabriken und alteingesessenem Töpfergewerbe, liegt rund 110 km südlich von ► Luxor am Westufer des Nils. Im Altertum hieß es **Tbot** und koptisch Atbo, wovon sich der moderne arabische Name herleitet. Die Griechen nannten es Groß-Apollonopolis nach dem Sonnengott Horus-Apollo, der hier verehrt wurde, und machten es zur **Hauptstadt des zweiten oberägyptischen Gaus**, des Apollonopolites der griechisch-römischen Zeit. Horus, der der Sage nach hier einen seiner großen Kämpfe mit Seth bestand, führte den Beinamen »der von Behdet«, was einen alten Bezirk von Edfu bezeichnete. Er wurde als Mensch mit Falkenkopf, als Falke oder auch als geflügelte Sonne dargestellt.

★★ Horus-Tempel

Mo., Di., Do.–Sa. 7 – 16 Uhr | Eintritt 550 LE

Aus Lehm geboren

Geburtshaus

Westlich des Eingangstors zum großen Tempel liegen die Reste des von Euergetes II. erbauten, von Soter II. ausgeschmückten Geburtshauses (Mammisi) für Horus. Es ist von einer Galerie umgeben und besteht aus einem Vorraum sowie dem Hauptraum. Dort sieht man an der rechten Wand von links nach rechts: Hathor von Dendera säugt den Horus, vor ihm musizieren sieben Hathoren, hinter der Göttin steht ihr jugendlicher Sohn Ihi mit dem Sistrum; rechts ist die Entbindung der Hathor dargestellt, links der König mit zwei Sistren vor den sieben säugenden Hathoren, außerdem der König vor verschiedenen Gottheiten, links vor der heiligen Barke erkennt man Hathor. An der linken Wand sieht man die **Geburt des Harsomtus** beziehen, u. a. Gott Chnum, der das Kind auf der Töpferscheibe bildet.

Auf geweihtem Boden

Baugeschichte

Der Tempel steht an der Stelle eines älteren Heiligtums und war dem Sonnengott Horus, der Hathor von Dendera und dem gemeinsamen Sohn Harsomtus, dem »Vereiniger beider Ägypten«, geweiht. Über den Bau berichten lange Inschriften auf den Außenseiten der Umfassungsmauer. Unter Ptolemaios III. Euergetes I. wurde das hintere eigentliche Tempelhaus 237 v. Chr. begonnen und unter seinem Nachfolger Philopator 212 v. Chr. im Rohbau vollendet. Die Ausschmückung, die infolge kriegerischer Unruhen unterbrochen wurde, hat Philometor 176 v. Chr. wieder aufgenommen und Euergetes II. 147 v. Chr. vollendet. Er fügte auch die große, 122 v. Chr. vollendete Vorhalle hinzu und schmückte sie aus. Unter Soter II. und Ptolemaios X. Alexander I. wurden der Kolonnadenhof, die Umfassungsmauer und der Pylon angelegt, dessen Reliefs erst von Neos Dionysos herrühren. Der Bau 57 war v. Chr. abgeschlossen. In christlicher Zeit wurde der Reliefschmuck des Tempels z. T. zerstört. Durch laufende Restaurierungen sind seit 2024 die Farben der Decke teilweise wieder voller Strahlkraft, auch bisher unbekannte Hieroglyphen wurden freigelegt.

Kolossale Falken

Pylon

Der Horus-Tempel war von einer teils erhaltenen Ziegelmauer umgeben; sie besaß im Süden ein großes Tor und ein kleineres. Der große Pylon konnte durch ein Doppeltor verschlossen werden. Besonders beachtenwert: die Darstellung von König Neos Dionysos, der Feinde bei den Haaren packt und zum Schlag ausholt. Der falkenköpfige Horus und Hathor schauen dabei zu. In den beiden oberen Reihen bringt der König Horus, Hathor und anderen Gottheiten Gaben dar. Vor dem Pylon stehen zwei von vier kolossalen Falken aus schwarzem Granit. Vor dem linken Falken steht die Gestalt eines Priesters in römischer Tracht.

Horus ist der Hausherr von Ägyptens besterhaltenem Tempel.

Der Pharao spricht mit den Göttern

Erster Hof

Der auf drei Seiten von einer Säulenkolonnade umgebene Hof zwischen Pylon und Vorhalle ist mit Steinplatten gepflastert. Die Kapitelle der Säulen sind mit verschiedenen pflanzlichen Motiven gestaltet. In der Mitte stand einst der große Altar, auf dem in Gegenwart des Volkes den Göttern geopfert wurde. Die Rückwände der Kolonnaden sind mit drei Reihen großer Reliefs bedeckt, die den Pharao (Ptolemaios IX. Soter II. oder Ptolemaios X. Alexander I.) im Gespräch mit Göttern oder auch als siegreichen Gott Horus zeigen – Darstellungen, die sich in Edfu immer wieder finden. Auf der Seite der Pylonen sieht man den König mit der unterägyptischen (westlichen) und der oberägyptischen (östlichen) Krone auf dem Gang zum Tempel und seine rituelle Waschung durch Horus und Thot. Darunter ist die **Nilfahrt der Göttin Hathor** von Dendera zu ihrem göttlichen Gatten Horus von Edfu dargestellt. Die Türen rechts bzw. links dieser Reliefbilder führen zu den Treppen im Innern des Pylonen.

Der König opfert

Vorhalle (Pronaos)

Die Rückseite des Hofs bildet die schöne Front der Vorhalle, mit einem großen Portal in der Mitte und sechs halbhohen Säulenschranken, auf denen der König Euergetes II. vor dem falkenköpfigen Horus (auf den vier seitlichen Schranken) und der Göttin Hathor (auf den beiden mittleren Schranken) opfernd oder mit hängenden Armen

HORUS-TEMPEL VON EDFU

Der große Tempel aus der Ptolemäerzeit zählt zu den eindrucksvollsten Sakralbauten Ägyptens und gilt als der wohl am besten erhaltene Tempel der antiken Welt. Er war dem falkengestaltigen Gott Horus geweiht. Neben diesem fanden hier zahlreiche weitere Gottheiten Verehrung, unter ihnen seine Gemahlin Hathor von Dendera und Harsomtus, beider Sohn.

1 Pylon
Den Eingang im Süden des Tempels bildet ein gewaltiger Pylon – 36 m hoch –, der nur vom Torbau des Amun-Tempels in Karnak übertroffen wird. Er ist auf allen Seiten mit Inschriften bedeckt. Die vier Einschnitte rechts und links des Mittelportals nahmen Flaggenmasten auf. Sie wurden von Klammern gehalten, deren Befestigungen oberhalb der Einschnitte noch sichtbar sind.

2 Horus-Falken
Vor dem Pylon stehen zwei kolossale Falken aus schwarzem Granit. Sie verkörpern Horus, den Hauptgott in der frühen Mythologie. Der Pharao verstand sich als fleischgewordener Horus – der König spannte seine Flügel schützend über Ägypten und hielt an den Grenzen das Chaos zurück.

3 Kolonnadenhof
Der 49 × 42,6 m große Hof ist mit Steinplatten gepflastert. Seine 32 Säulen tragen herrliche Blumen- und Palmenkapitelle; in den vertieften Reliefs an den Säulenschäften ist der König vor Horus und anderen Göttern von Edfu dargestellt. In der Mitte des Hofs stand ein großer Altar.

4 Vorhalle
Die Vorhalle wird von 12 Säulen mit reich verzierten Blumenkapitellen getragen. Die Decke ist mit farbigen Bildern ausgestaltet. Links und rechts des Eingangs stehen zwei weiter kolossale Horus-Falken mit Doppelkrone (der rechte lag noch bis vor Kurzem auf dem Boden).

5 Weihehalle und Bibliothek
Von den Kapellen links und rechts des Eingangs in die Vorhalle ist die westliche die

Weihehalle, wie die Darstellungen auf der Rückwand andeuten (die Götter Horus und Thot gießen Weihwasser über den König aus). Die östliche diente wohl als Bibliothek.

❻ Säulensaal
An die Vorhalle schließt eine kleinere Halle an, deren Decke auf 12 Säulen mit reichen Pflanzenkapitellen ruht. Sie erhält durch Luken in Wänden und Decke Tageslicht und ist mit religiösen Motiven ausgestaltet.

❼ Vorsäle
Vom anschließenden ersten Vorsaal gelangte man zu den aufs Dach führenden Treppen, deren Wandreliefs ähnlich wie in Dendera östlich eine aufwärts, westlich eine abwärts ziehende Priesterprozession mit dem König an der Spitze zeigen. Östlich neben dem zweiten Vorsaal befindet sich ein kleiner Opferhof und links von diesem ein zierlicher Kiosk mit einer Dachkonstruktion auf zwei Säulen. Auf der anderen Seite des zweiten Vorsaals liegt eine Kammer, die dem Kult des Gottes Min geweiht war.

❽ Allerheiligstes
Das eigenständige kleine Bauwerk wird durch drei Luken in der Decke erhellt. Hier wurde in einem steinernen Schrein das Götterbild aufbewahrt, wenn es nicht mit der heiligen Barke auf Festlichkeiten getragen wurde. Eine Rekonstruktion dieser heiligen Barke ist zu besichtigen. Zum Allerheiligsten hatten nur wenige Priester Zutritt.

❾ Tempelumgang
Der vom Säulensaal aus zugängliche innere Tempelumgang ist mit Reliefs und Inschriften geschmückt.

❿ Umfassungsmauer
Ursprünglich war der Horus-Tempel von einer hohen Ziegelmauer umgeben, die noch teilweise erhalten ist.

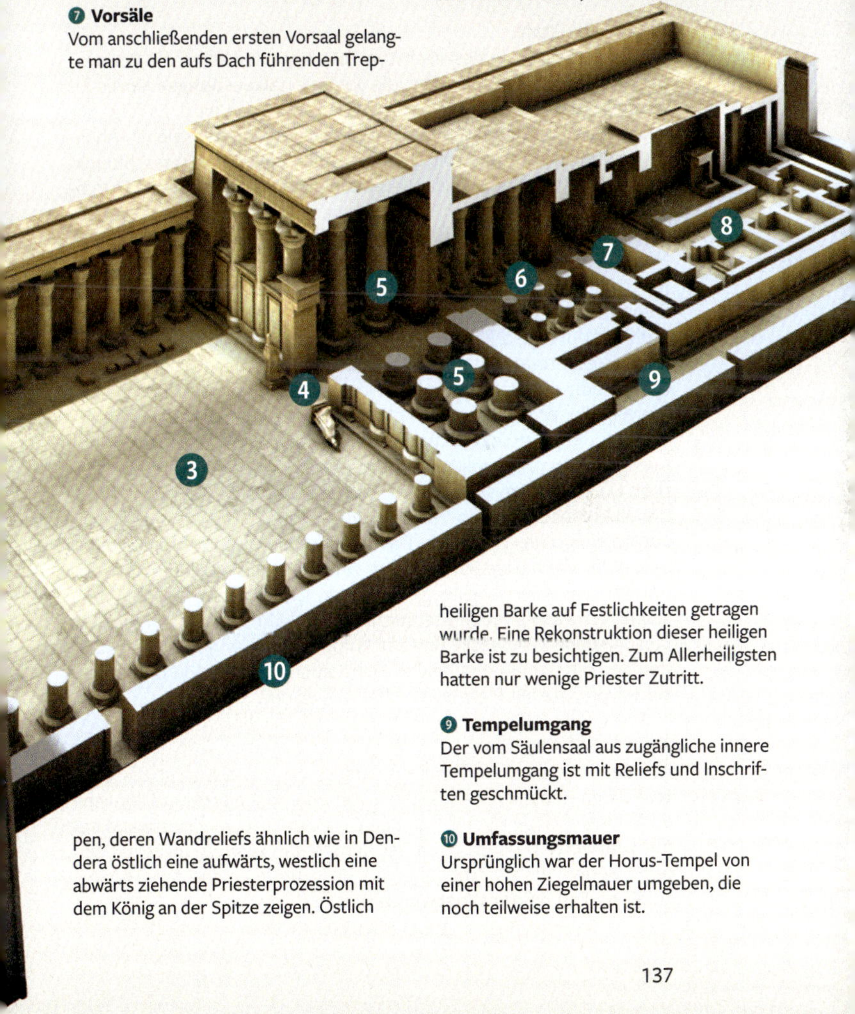

dargestellt ist. Links und rechts vom Eingang stehen zwei weitere kolossale Horus-Falken mit Doppelkrone. An die Wand der Vorhalle sind rechts ein Bibliotheksraum und links ein Reinigungsraum gebaut, Letzterer für die rituellen Waschungen. Reliefs an den Wänden zeigen König Euergetes II., wie er den Göttern opfert oder heilige Handlungen vollzieht (u. a. die Grundsteinlegung des Tempels in der unteren Reihe der linken Wand). Unten, über dem Fußboden, erkennt man Euergetes und seine Gemahlin Kleopatra sowie einen langen Zug von Lokalgöttern, die den drei Hauptgöttern von Edfu Opfergaben bringen. Rechts führt die Tür in den inneren Tempelumgang.

Ins Allerheilgste

Säulensaal und Sanktuarium

Über dem Architrav des nächsten Tors zeigt das Relief die Sonnenbarke mit der Sonnenscheibe, die von zwei falkenköpfigen Horus-Figuren geleitet sowie von Thot und Neth angebetet wird. Es folgt der innere Säulensaal, dessen Decke auf zwölf Säulen mit reichen Pflanzenkapitellen ruht und mit ähnlichen Darstellungen ausgeschmückt ist wie die große Vorhalle. Die Seitengemächer dienten als Durchgangsräume zum inneren Tempelumgang, der linke hintere Nebenraum war das **Laboratorium für kultische Salben und Parfüms**. Nun schließen sich der Opfertischsaal an – die Treppen beiderseits führen hinauf zum Tempeldach – und der Saal der neun Götter.
Das **Sanktuarium** bildet ein besonderes, geschlossenes Bauwerk und wird durch drei kleine Luken in der Decke erhellt. Von den Wandreliefs beachte man die **untere Reihe rechts**: Der König (Philopator) nimmt den Verschluss der Horus-Kapelle ab; er öffnet die Tür der Kapelle; er steht in ehrfurchtsvoller Haltung mit hängenden Armen vor dem Gott; er räuchert vor seinen als Götter verehrten Eltern Euergetes I. und Berenike; er räuchert vor der heiligen Barke der Hathor. Die von einem spitzen Dach bekrönte Kapelle an der Rückwand, die Nektanebos II. dem Horus geweiht hat, ist ein Rest aus dem vorptolemäischen Heiligtum. Davor stehen ein Granitschrein und der Sockel für die heilige Barke, heute eine Kopie aus Holz. Ein Korridor umzieht das Allerheiligste gleich einem Chorumgang, an den zehn kleine, schwach erleuchtete, mit Reliefs geschmückte Kammern für verschiedene Kultzwecke und zur Aufbewahrung von Kultgegenständen anschließen. In den beiden Eckräumen führen Bodenöffnungen zur Krypta, die mit Platten verschlossen waren.

Jagd auf Flusspferde

Innerer Tempelumgang

Auf der Innenseite der inneren Umfassungsmauern zeigt die **Ostwand** den König vor den Göttern von Edfu, die Nordwand ähnliche Bilder sowie lange Hymnen an den Gott von Edfu, die Westwand bemerkenswerte Darstellungen der Kämpfe des Gottes Horus mit seinen Feinden, die als Krokodile und Flusspferde erscheinen. Hervorzuheben sind **an der Westwand**:

1. Bild (rechts unten): Der König sticht vom Land aus nach einem Flusspferd, das seinen Kopf zurückbiegt; dasselbe tut Horus, der in der Linken eine Kette, in der Rechten den Spieß hält; bei ihm befindet sich seine Mutter Isis, hinten ein kleiner Horus.
2. Bild: Der König an Land links vor zwei Schiffen, in denen Horus und ein Gehilfe stehen; Horus hält das Flusspferd mit der Kette und sticht es in den Kopf.
5. Bild: Das Flusspferd liegt angekettet auf dem Rücken.
7. Bild: Horus fährt in einem Segelschiff und sticht nach einem Flusspferd, dessen Hinterfuß von ihm selbst und dessen Kopf von der vorn am Schiff knienden Isis an Stricken gehalten werden; auch der König, der mit zwei Jagdgehilfen am Ufer steht, sticht nach dem Schädel des Tieres.

Weiter nach links (gegenüber dem Pylonen): Der König, der widderköpfige Gott Chnum, der falkenköpfige Horus und der ibisköpfige Thot ziehen ein Netz zu, in dem außer Sumpfvögeln, Fischen und einem Hirsch auch einige Asiaten gefangen sind.

Die unterirdische Treppe im östlichen Tempelumgang führt außerhalb des Tempels zu einem alten **Nilmesser**, einer brunnenartigen Anlage mit ehemals auch von außen zugänglicher Wendeltreppe; die Skala trägt demotische Ziffern.

EL-ALAMEIN

Landesteil: Westliche Mittelmeerküste | **Gouvernorat:** Matruh | **Höhe:** 0 – 43 m ü. d. M.

Während Ägypter beim Namen El-Alamein an die riesigen, von Einheimischen bevorzugten Feriensiedlungen am Mittelmeer denken, an Sommerfrische, Party und Badespaß, verbinden Europäer den kleinen Ort oft noch mit dem Zweiten Weltkrieg. Hier fand die entscheidende Schlacht des Kriegs in Nordafrika zwischen den deutsch-italienischen und den britischen Truppen statt. Bis heute besuchen Familien von Veteranen El-Alameins Gedenkstätten. Noch 2024 wurden die sterblichen Überreste zweier Gefallener aus dem 2. Weltkrieg gefunden und beigesetzt.

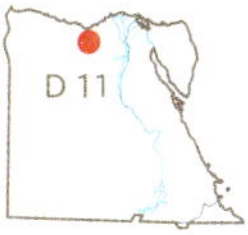

Vom Schlachtfeld zum Badeort

Geschichte

Die Zeit bringt es mit sich, dass nur noch wenige Veteranen im Oktober zu den Gedenkfeiern kommen. Doch zuletzt nahmen Angehörige, Botschafter und Militärs aus 40 Nationen an dem Totengedenken in vier Sprachen teil. Im Oktober und November 1942 wurde bei El-

Alamein der Vormarsch deutsch-italienischer Truppen unter Generalfeldmarschall Rommel von den Briten unter Generalleutnant Montgomery gestoppt. Von rund 300 000 Soldaten starben rund 20 000 bzw. wurden verwundet.
An der Küste, entlang einer künstlich angelegten Bucht mit Inseln, Kanälen und Seen, erstreckt sich **Marina el-Alamein**, ein zumeist von Ägyptern frequentierter moderner Badeort mit schönen Sandstränden, Restaurants, Cafés, Bars, Nachtclubs und vielen Hotels.

Unter einem mächtigen Kreuz

Britisches Ehrenmal

An der von ▶ Alexandria kommenden Straße liegt bei km 105 in einer weiten Senke links der britische Soldatenfriedhof. Inmitten des Feldes mit 7500 Gräbern steht ein mächtiges Steinkreuz. Etwa 500 m vom britischen Friedhof entfernt liegt das **El-Alamein Military Museum**, das mit Audioguides (auch deutsch) über die Schlacht informiert und u. a. Waffen und Dokumente präsentiert. Im Hof sind Panzerfahrzeuge, Geschütze und Waffen zu sehen. Bei der Weiterfahrt Richtung Marsa Matruh sieht man beiderseits der Straße versandete Schützengräben und Bunker sowie andere Spuren der Kämpfe von 1942.
Militärmuseum: Alexandria Marsa Matruh Rd. | Sa. – Do. 9 – 16, Fr. 9 – 11, 13 – 14 Uhr | Eintritt 150 LE | Tel. 046 410 00 31

EL-ALAMEIN ERLEBEN

Über viele Kilometer erstrecken sich die Feriensiedlungen hinter den Mauern zwischen Schnellstraße und Meer. Dort gibt es von Fastfood bis zum Fischrestaurant alles. Das Problem ist der kontrollierte Zugang: Als Ausländer hat man aber gute Chancen, dass die Wachen an den Toren ein Auge zudrücken.

EL ALAMEIN HOTEL €€€€

Weißer Sandstrand, vom Zimmer blickt man auf das türkisblaue, meist glasklare Meer, viele ägyptische Upperclass-Gäste – dieser Luxus hat in der Hochsaison allerdings seinen hohen Preis.
Sidi Abdel Rahman
Tel. 046 46 80 140
www.alalameinhotel.com

PORTO MARINA RESORT & SPA €€€–€€€€

Die große Hotelanlage liegt mitten im Trubel des Jachthafens, der von bunten Appartement-Hochhäusern dominiert wird. Romantiker lassen sich abends mit einer venezianischen Gondel durch die Kanäle schippern.
Alexandria Marsa Matruh Rd., km 110, Tel. 0111 28 31 566
www.hotelportomarinaresortspa.com

Bus: regelmäßige Verbindungen mit Alexandria (ca. 120 km) und Kairo (ca. 260 km).
Bahn: El-Alamein liegt an der Strecke Alexandria – Marsa Matruh (2.45 Std.).

Eine Stauferburg als Vorbild

Deutsches Ehrenmal

Etwa 10 km weiter westlich wurde 1959 auf einer Anhöhe unweit des Meers das deutsche Ehrenmal errichtet. Der helle achteckige Zentralbau hat die Stauferburg **Castel del Monte** in Apulien zum Vorbild. Um den Innenhof sieht man in den sieben Nischen Steinkenotaphe mit den Namen deutscher Landschaften, darüber Bronzetafeln mit den Namen der Gefallenen angebracht. Unter den Nischen liegen Gruften mit den sterblichen Resten von über 4000 gefallenen Deutschen. Eine Namensliste liegt in einem der acht Ecktürme aus. In der Mitte des Ehrenhofs ragt ein 11,5 m hoher ornamentierter Obelisk aus deutschem Basalt auf.

Weißer Marmor

Italienisches Ehrenmal

Etwa 4 km westlich erreicht man das italienische Ehrenmal. Hier ruhen in einem von einem hohen Mittelturm überragten Mausoleum aus weißem Marmor gefallene italienische Soldaten, teilweise versehen mit Namen und den Nachrufen ihrer Angehörigen.

★ EL-FAIJUM

Landesteil: Mittelägypten | **Gouvernorat:** El-Faijum
Einwohner: 4,2 Mio. | **Fläche:** 792 km²

Palmenhaine, Bananen, Mangos und Zitrusfrüchte: Kairos »Vorgarten«, die Oase El-Faijum (Fayoum), liegt in der Wüste westlich des Nils in einer weiten Senke, die bis 45 m unter den Meeresspiegel hinabreicht. Sie ist außerordentlich fruchtbar und lohnt wegen der sanften Schönheit der Landschaft einen Besuch, auch als Tagesausflug von Kairo aus. Erkundigen Sie sich nach der Sicherheitslage, eine Zeit lang gab es Probleme mit Islamisten.

Garten Ägyptens

Das Faijum (El-Fayûm, von koptisch Phiom = See) ist die größte und wirtschaftlich bedeutendste ägyptische Oase. Es erstreckt sich etwa 90 km südwestlich von ▶ Kairo und hat die Form eines auf der Spitze stehenden Dreiecks mit 65 km Ost-West- und 50 km Nord-Süd-Ausdehnung. Bewässert wird die Oase vom Bahr Jusuf (Josephskanal), der bei Deirut den Ibrahimija-Kanal (ursprünglich den Nil) verlässt, bei El-Lahun in einem schmalen Einschnitt in der Gebirgskette zur Oasenniederung durchbricht, die er in zahlreichen Ästen und Verzweigungen durchzieht, um sich schließlich im Birket Karun (Karun-See), im Nordwesten der Oase, wieder zu sammeln. Bemerkenswert sind die zahlreichen Wasserschöpfräder.

Die Oase ist für ihre Fruchtbarkeit und für ihre schöne Landschaft bekannt.

Vom Sumpf zum Kulturland

Geschichte

Die Niederung des Faijum war in prähistorischer Zeit wohl von einem Nil-Seitenarm erfüllt, der sich zu einem ausgedehnten Seen- und Sumpfgebiet mit üppiger Vegetation und reicher Tierwelt weitete. Besonders **Krokodile** müssen das Gebiet zahlreich bevölkert haben, denn sie wurden schon in frühester geschichtlicher Zeit als lokale Gottheiten (Sobek, später Suchos) verehrt. Zu Beginn der historischen Zeit dürfte der See kleiner geworden sein. Nach Herodot bedeckte er eine Fläche von 2000 km^2, was etwa drei Fünftel der Oase ausmachte. Südlich des Sees lag ein schmaler Streifen Kulturland, Ta-sche (Seeland) geheißen, mit der Hauptstadt Schedet (Krokodilopolis), das durch Dämme gegen Überflutung geschützt war. An seinem Ostrand schlugen mehrere Herrscher der 12. Dynastie ihre Hoflager auf. Die Ptolemäer, hauptsächlich Ptolemaios II. Philadelphos, ließen den See durch Dämme weiter auf etwa die Größe des heutigen Birket Karun einschränken.

Durch **Trockenlegung der Sümpfe** wurde neues Kulturland geschaffen. So entstanden die fruchtbaren Äcker und blühenden Dörfer, die sich seit zwei Jahrtausenden auf dem ehemaligen Seeboden ausdehnen. Kanäle durchziehen das Gebiet bis heute, riesige Wasserräder befördern das Wasser in die höher liegenden Gebiete. Angebaut werden vor allem Baumwolle, Zuckerrohr, Getreide, Mais, Reis, Obst, Wein, Bananen, Zitrusfrüchte und noch immer Oliven.

Wohin im Fajum?

Provinzhauptstadt

Medinet el-Faijum (auch El-Faijum/El-Medina) liegt im Südosten der Oase am Bahr Jusuf, der sich hier in zahlreiche Arme teilt. Die Stadt ist das Handels- und Wirtschaftszentrum der Oase sowie Sitz der lokalen Behörden. Sie besitzt mehrere Moscheen, darunter die des Sultans Qait Bey mit alten, bronzebeschlagenen Portaltüren, sowie eine große koptische Kirche.

Medinet el-Fajumi

Den Krokodilen geweiht

Im Norden der Oase liegt östlich des Karun-Sees die lokal Kom Aushim bzw. Kiman Faris (Reiterhügel) genannte Trümmerstätte von Krokodilopolis-Arsinoë, eine der größten ägyptischen Stadtruinen (226,6 ha). Politisch ist die Stadt zwar nie in den Vordergrund getreten, aber Ptolemaios II. Philadelphos scheint sie durch die Anlage neuer Stadtteile, die Gründung griechischer Tempel und Bildungsanstalten sowie die Einführung der griechischen Sprache in **eine im Wesentlichen hellenische Stadt** verwandelt zu haben. Während ihrer höchsten Blüte zählte sie über 100 000 Einwohner. Am Nordrand der Ruinenstätte lag das Hauptheiligtum, das dem Kult des Sobek geweiht war. Es bestand schon in der 12. Dynastie und wurde später von Ramses II. erneuert. Beim Tempel erstreckte sich ein heiliger See, in dem das gottgeweihte Krokodil gehalten wurde.

Krokodilopolis

»

Man ehrt in diesem Landgau vorzüglich das Krokodil, und ein in einem See unterhaltenes ist dem Volke sogar heilig, gegen die Priester aber zahm. Es heißt Suchos und wird genährt mit Brot, Fleisch und Wein, was die zum Schauen kommenden Fremden immer mitbringen.

«

Strabo, griechischer Geograf, um 63 v. Chr. – 23 n. Chr

Griechisch-römisch mit äygyptischem Tempel

Von Medinet el-Faijum fährt man südwestlich über Itsa (9 km) nach Abu Gandir (23 km), dann auf beschwerlicher Piste nach Süden, jenseits des Kanals El-Nasaleh, zum Ruinenfeld von Madînet Mâdi am Südwestrand der Oase. Es sind die Reste der griechisch-römischen Siedlung Narmuthis mit dem von Amenemhet III. gegründeten und von seinem Sohn Amenemhet IV. vollendeten Heiligtum für den Krokodilgott Sobek, die Schlangengöttin Renenutet (Thermutis) und Horus.

Narmuthis (Kôm Madînet Mâdi)

Der Tempel des Sobek und der Renenutet liegt in einer weiten Bergmulde am Rand der Wüste. Von der Ebene führt eine von Sphingen und Löwengestalten flankierte, gepflasterte Prozessionsstraße aufwärts. Kern der Anlage ist das kleine **Heiligtum Amenemhets III.** (12. Dyn.)

aus einem von zwei Papyrussäulen getragenen Vorraum (Pronaos) und dem Allerheiligsten, das drei erhöht angelegte Nischen für die Statuen der verehrten Gottheiten besitzt. Die Wände sind mit Hieroglyphen und Reliefdarstellungen bedeckt. Auch wenn sie stark gelitten haben, lassen sie immer noch hohe handwerkliche und künstlerische Meisterschaft erkennen. An der Rückseite des Tempels wurde in römischer Zeit eine kleine **Anubis-Kapelle** angefügt..

Pyramide von Hawara (Hauwâra)

Strabo war schon da

Lage und Geschichte

Etwa 10 km südöstlich der Oasenhauptstadt liegt auf einem Plateau am Rand der Wüste die Pyramide von Hawara, **Grabmal Amenemhets III.**, des Förderers des Faijum, der sich zuavor eine andere Pyramide bei ▶ Dahshur errichten ließ. Sie besteht aus ungebrannten, mit Stroh durchsetzten Nilschlammziegeln und hatte ursprünglich eine Seitenlänge von 105 m. Als Kern ließ man einen 12 m hohen Felsen stehen. Der heute unzugängliche Eingang lag an der Südseite Der griechische Geograf Strabo, der das Heiligtum besuchte, berichtet: »Wenn man in den Kanal eingefahren und von da noch 3 bis 4 km weitergegangen ist, kommt man an eine tafelähnliche Ebene, in der ein Dorf und ein großer

EL-FAIJUM ERLEBEN

Auto: Will man nicht nur den Hauptort, sondern die ganze Oase erkunden, ist man auf ein Auto angewiesen. Dafür ein **Taxi** in Kairo zu mieten ist erschwinglich.
Bus: Busse pendeln tagsüber zwischen dem Ahmed-Helmi-Bushof in Kairo und dem Zentrum des Hauptorts Medinet el-Faijum.

Ein großes Thema sind im Fajum ökologischer Anbau und Nachhaltigkeit. Auf den **Öko-Touren** von Rove Egypt gefördert von der konzernunabhängigen TUI Care Foundation, besuchen Sie u. a. Bauern, die Kamille anbauen.
Tel. 01110650099
www.facebook.com/RoveEgypt

Der Basar der Stadt ist noch sehr ursprünglich und nicht auf Touristen ausgerichtet. Eine Spezialität sind geflochtene Korbwaren.

Im Zentrum von Medinet el-Fajum gibt es einfache Cafés und Restaurants.

HELNAN AUBERGE HOTEL €€€
Aus dem ehemaligen Jagdsitz des Königs Faruk am Karun-See wurde ein stilvolles Hotel. Schöne Gartenanlage mit Pool und Tennisplatz. Das Ausbleiben der Touristen hat dem Service nicht gutgetan.
Birket Karun, Tel. 084 298 12 00

Palast liegen. Dieser besteht aus so viel Einzelpalästen, wie es früher Gaue gegeben hat. Denn genau so viele von Säulenhallen umgebene Höfe liegen da ... Die Säulenhöfe sollen in dieser Zahl angelegt worden sein, weil nach alter Sitte aus jedem Gau die Vornehmsten samt den Priestern und Priesterinnen dort zusammenkamen, um in wichtigen Fällen zu opfern und Recht zu sprechen. Jeder Gau verfügte sich dann in den für ihn bestimmten Hof.«

Im Süden schloss sich an die Pyramide der große **Totentempel Amenemhets III.** an. Er ist bis auf ein von Steinsplittern bedecktes Areal und Reste schöner Granit- und Kalksteinsäulen verschwunden.

Birket Karun (Birket Qârûn)

Salziger See

Karun-See

Den nordöstlichen Teil nimmt der Birket Karun ein, der »See des Karun«, des jüdischen Korah (4. Mose 16), Rest des viel größeren Moëris-Sees der Griechen. Er ist rund 50 km lang, bis 10 km breit und meist 4 – 5 m tief, stellenweise auch 15 – 18 m. Das Nordufer ist öde und von hoch aufragenden Wüstenbergen gesäumt, das flache Südufer wird vielfach bis zum Wasser intensiv landwirtschaftlich genutzt. Das grünlich schimmernde Wasser ist vor allem im Norden ungewöhnlich salzig, die Fische haben sich angepasst. Die Menschen hier leben vor allem von der Jagd auf Wasservögel sowie vom Fischfang.

Die schönthronende Isis

Nördliches Seeufer

Die Überfahrt von der Auberge de Fayoum oder vom Fischerdorf Schakschuk aus dauert ca. 2 Stunden. Von der Anlegestelle am nördlichen Ufer steigt ein ziemlich steiler Weg etwa 3 km bergan zu dem Höhenrücken mit den **Ruinen von Dime**, der im Altertum Soknopaiu Nesos genannten und als befestigte Karawanenstation wichtigen Stadt. Der Tempel war dem Soknopaios, einer lokalen Form des Faijum-Gottes Sobek, und der »schönthronenden Isis« geweiht. Von den Reliefs sind nur wenige erhalten.

Ein Tempel für den widderköpfigen Amun-Chnum

Südliches Seeufer

Am Südwestrand des Karun-Sees liegt die Trümmerstätte des **Tempels Kasr Karun** (Qasr Qârûn; von Medinet el-Faijum über El-Schauaschna), ein im Ganzen gut erhaltener spätptolemäischer Tempel. Die Stadtruinen ringsum bezeichnen wohl den Ort des alten Dionysias, das an der äußersten Grenze der römischen Provinz lag; von hier ging die Karawanenstraße zur Oasis Minor (heute ▸ Baharija) aus.

Der Tempel ist 19,2 × 27 m groß; das Mauerwerk ist aus hartem Kalkstein geschichtet. Man betritt den nach Osten gewandten Eingang, nachdem man den Vorhof, eine sorgfältig aufgemauerte, 13 m vorspringende Plattform, überschritten hat. An die Front schmiegt sich

rechts, nördlich der Eingangstür, eine gewaltige Halbsäule, der Rest der vorgebauten Säulenhalle. Im unteren Stockwerk liegen die Kulträume: zunächst drei Vorsäle, deren Boden sich zum Allerheiligsten hin senkt. Von den Nebenräumen der Vorsäle gelangt man in ein oberes Stockwerk und schließlich auf das Dach, von dem sich ein weiter Blick über See und Wüste öffnet.
tgl. 8–16 Uhr | Eintritt 100 LE

Museum der spitzen Feder

Tunis

In Tunis am südwestlichen Seeufer lohnt das **Karikaturenmuseum** des Künstlers Mohamed Abla im Fayoum Art Center. Zu sehen sind meist politische Cartoons aus Zeitungen und MagaziFnen, etwa über britische Besatzer, Regierende, moderne Fanatiker. Jährlich gibt's den Wettbewerb »Caricatunis« (1. Preis 500 US$. Das Kunstzentrum bietet Workshops und auch Übernachtung.
tgl. 10 – 17 Uhr | Eintritt frei | www.fayoumartcenter.com

Picknick am Wasserfall

★ Wadi el-Rayan

Südwestlich des Karun-Sees liegt das – sonntags und feiertags überlaufene – Naturschutzgebiet Wadi Rayan mit spektakulären Wasserfällen, ein beliebter Picknickplatz mit ein paar Cafés. Allrad ist auf der Asphaltpiste nicht nötig. Im Wadi al-Hitan, bis vor ca. 2. Mio Jahren das Thetysmeer, geht's zum Whalewatching – in die Wüste. Mehr als 200 versteinerte Walskelettfragmente sind u. a. auf dem einstigen Meeresgrund zu sehen.

Wadi el-Rayan: ein beliebtes Ausflugsziel, auch bei den Einheimischen

★ ESNA (ISNĀ)

Landesteil: Oberägypten | **Gouvernorat:** Luxor (Al-Uqsur)
Einwohner: 71 000 | **Höhe:** 82 m ü. d. M.

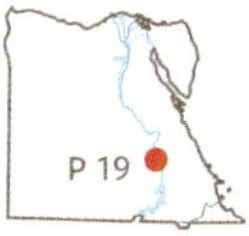

Auch wenn es sich nicht sofort erschließt: Esna ist im Zentrum ein hübsches Landstädtchen am linken (West-)Nilufer, dessen herrlicher Chnum-Tempel seit Jahrhunderten Besucher anlockt. Kommen Sie mit dem Schiff hier an, dann streifen Sie auf dem Weg zum mitten im Ort gelegenen Tempel erst mal durch den lebhaften, teilweise überdachten Basar.

Schöne Zwangspause

Im Altertum war Esna zusammen mit der Nachbarstadt Enit (Iunit) einer der wichtigsten Orte Oberägyptens. Heute ist die 60 km südlich von ▶ Luxor gelegene Stadt ein **Zentrum des koptischen Glaubens**. Kreuzfahrtschiffe halten sich hier meist länger auf, weil sie eine Schleuse passieren müssen. Vom alten Name war Tesnet leiten sich der koptische Name Sne und das heutige Esna ab. Die Griechen nannten die Stadt Latopolis, nach dem hier als heilig verehrten und in großen Nekropolen bestatteten Nilbarsch. Aus römischer Zeit stammen ein alter Uferkai mit Kartuschen des Kaisers Marcus Aurelius und die Reste eines Nilmessers. An die Blüte gegen Ende des 19. Jh.s – dank Baumwoll- und Zuckerrohranbau – erinnern noch ein paar alte, schön verzierte Kaufmannshäuser in der Altstadt.

★ Tempel des Chnum

So., Mo., Mi., Do. 7 – 16 Uhr | Eintritt 200 LE

Ein Neubau

Baugeschichte

Im Zentrum liegt, vom Schutt befreit, **9 m unter dem heutigen Straßenniveau** der Tempel des Chnum, zu dem Sie über eine steile Treppe hinuntersteigen müssen. Der widderköpfige Chnum war Hauptgott der Stadt, seine Mitgöttinnen waren Satet und Neith, diese von den Griechen der Athene gleichgesetzt. Als Chnums Genossinnen treten die Löwengöttin Menhit und die der Isis entsprechende Nebtuu auf. Schon in der 18. Dynastie wurde hier ein Tempel errichtet; der in der Ptolemäer- und Römerzeit, zwischen 180 v. Chr. und 250 n. Chr., durch einen Neubau ersetz wurde t, von dem nur die Vorhalle zu sehen ist, denn der größte Teil ist unter der modernen Stadt begraben.

Claudius und Vespasian

Fassade

Die nach Osten gewandte, 37 m breite und 15 m hohe Vorderseite wird durch sechs Säulen gegliedert und von einer Hohlkehle bekrönt, in der zu beiden Seiten der geflügelten Sonne die Namen der Kaiser Claudius

und Vespasian stehen. Auf dem Architrav finden sich Weihinschriften dieser beiden. An den die vorderen Säulen verbindenden Schranken sieht man den Pharaos der von Göttern in den Tempel geleitet wird, zu sehen; an der letzten Schranke links gießen Harsiësis und Thot Weihwasser über ihm aus, rechts steht die löwenköpfige Menhejet.

Sonnenkreis, Tierkreiszeichen und Planeten

Innenraum

Die fast ganz der römischen Kaiserzeit angehörende siebenschiffige Vorhalle entspricht in ihrer Anlage der Vorhalle des Hathor-Tempels von ▶ Dendera. 24 in vier Reihen angeordnete, mit reichen Pflanzenkapitellen geschmückte, von Reliefs und Inschriften bedeckte Säulen tragen die Decke. Sie ist über dem breiten Mittelschiff mit zwei Reihen fliegender Geier, über den Seitenschiffen mit astronomischen Darstellungen geschmückt, darunter die Tages- und die Nachtfahrt der Sonne, die der Zeiteinteilung der Nacht diente, Sternbilder und der Mond mit seinem Gefolge sowie die 2023 restlos freigelegten 12 Tierkreiszeichen, die Planeten Jupiter, Saturn und Mars..
Mehrere Inschriften auf den Säulenschäften erzählen von der Gründung des Tempels und zitieren einen Hymnus an Chnum. An den Wänden sieht man in vier Reihen römischer Kaiser in der Tracht der Pharaonen, die vor den verschiedenen Göttern von Esna opfern und Kulthandlungen vollziehen, die sich auf den Bau des Tempels beziehen. In der Mitte der Rückwand, an der Westseite, springt ein pylonartiges, mit Hohlkehle bekröntes Portal vor, dessen Tür in das innere Heiligtum führen sollte. Die Reliefs und Inschriften dieses Portals gehen auf Ptolemaios VI. Philometor zurück. Rechts und links vom Portal sieht man zwei kleine, vermauerte Türen; rechts von der linken Tür opfert Decius dem widderköpfigen Chnum. Ein **seltenes Motiv** schmückt die Nordwand: Dort ziehen der falkenköpfige Horus, der Gott Chnum und Kaiser Commodus gerade ein Netz voll mit Fischen und Sumpfvögeln zu – Symbol für die Feinde der Götter und Ägyptens –; links steht der ibisköpfige Thot, rechts die Göttin Sechet. An die Ostwand ist links des Eingangs, an der ersten Schranke, eine kleine Kapelle angefügt.
Auch die Außenwände der **Vorhalle** tragen imposante Darstellungen und Inschriften der römischen Kaiser. Bemerkenswert an der Südwand ist das Bild des Domitian, der vor Chnum und Menhejet Feinde Ägyptens erschlägt. An der Nordwand überreicht Chnum, hinter dem die Göttin Nebtuu steht, dem seine Feinde erschlagenden Trajan das Sichelschwert als Belohnung.
2022 wurden ein ptolemäisches Gebäude und ein römisches Badehaus entdeckt, in dem noch die Strukturen des (Fußboden-)Heizsystems zu erkennen sind.

Die Fassade des ptolemäisch-römischen Chnum-Tempels kann man bewundern, doch der größte Teil der Anlage ist unter der modernen Stadt Esna begraben.

FARAFRA (FARÂFRA)

Landesteil: Westliche Wüste | **Gouvernorat:** Neues Tal
Einwohner: ca. 20 000 | **Höhe:** 82 m ü. d. M.

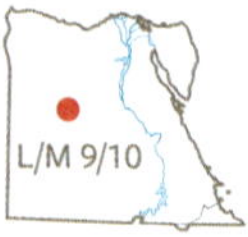

Klein, aber oho! Ein fantastisches Meer heller Kalksteinfelsen, die Weiße Wüste, umgibt Farafra, die kleinste der vier Oasen des »Neuen Tals« in der Westlichen Wüste. Im alten Kerngebiet der Oase, konzentriert auf den Hauptort Qasr el-Farafra, leben etwa 2000 Menschen vom Anbau von Datteln und Zitrusfrüchten. Die Oliven und das daraus gewonnene Öl sind in Ägypten geschätzt.

Entspannung in der Oase

Farafra liegt ca. 180 km südwestlich der Oase ▶ Baharija und 300 km nordwestlich der Oase ▶ Dachla. Obwohl Farafra schon in der Altsteinzeit von nomadisierenden Stämmen aufgesucht wurde und auch in pharaonischer Zeit ein wichtiger **Rastplatz an der Karawanenroute** zwischen den Oasen war, sind bis auf undekorierte Felsgräber keine antiken Reste erhalten. Doch bieten Spaziergänge in den Gärten Ruhe und Beschaulichkeit – Oasen sind zum Entspannen da.

Ein Abend in der Weißen Wüste: Das Lagerfeuer brennt, der Grill wird angeheizt ....

Neuland durch Bewässerung

Bohrungen ab Ende der 1980er-Jahre bestätigten, dass genügend Grundwasser für Neulandgewinnung vorhanden ist. So wurde das unter Präsident Nasser geplante »New Valley Project« in Angriff genommen und Farafra aus dem Dornröschenschlaf geweckt. Neue Brunnen, Kanäle und Straßen wurden angelegt und Wüste in fruchtbares Land verwandelt. Über **15 000 neue Siedler** sind in den letzten Jahrzehnten aus dem Niltal in die erschlossenen Gebiete gezogen. Die Schattenseite des Booms: Die Wasserressourcen werden knapp, Brunnen müssen teils über 1 km tief gebohrt werden. Eine restriktive Wassernutzung wurde angeordnet.

New Valley Projekt

Wohin in Farafra und Umgebung?

In einer anderen Welt

Die verwinkelten Gassen des Orts Qasr el-Farafra mit kleinen Lehmziegelhäusern, deren bemalte Fassaden von der Pilgerfahrt der Bewohner nach Mekka erzählen, versetzen in eine andere Welt. Der Stadtname erinnert daran, dass der Kern von Farafra eine Speicherburg (Qasr = Festung) aus Lehmmauern war. In diese konnten sich die Bewohner

Quasr el-Farafra

FARAFRA ERLEBEN

Auto: Das komfortabelste Verkehrsmittel für die Oasen; **Busse und Servicetaxis** verkehren tgl. zwischen Farafra, Baharija, Dachla, Luxor und Kairo; **Touren & Safaris** u. a. in die Weiße Wüste organisiert das Rahala Safari Hotel, www.rahala-safari.com

Wer nett essen gehen und andere Reisende kennenlernen will, geht am besten ins Restaurant des Badawiya Hotels (€€, ▶ rechts). Das verwendete Gemüse kommt aus organischem Anbau, die Karte bietet ägyptische Vorspeisen, Pasta & Gegrilltes.

SAMIR'S RESTAURANT €–€€

Die vielen einheimischen Stammgäste schätzen die ordentliche Hausmannskost, was in Ägypten heißt: Man tunkt Vorspeisen, dann geht's ans Fleisch und zum Schluss genießt man Tee oder Kaffee.

Sh. El-Balad, tgl. 8 – 23 Uhr

BADAWIYA FARAFRA HOTEL €€–€€€

Der Stil ist beduinisch: Aus Lehmziegeln erbaut, die hübsch möblierten Zimmer sind mit Moskitonetz und Sitzecke ausgestattet, einige haben Ventilator und/oder Klimaanlage, im Garten gibt's einen kleinen Pool. Den Abend verbringen die Gäste auf der Dachterrasse, und die Besitzerfamilie organisiert Touren in die Wüste mit Jeep oder Kamel, auch Wanderungen – besser geht's nicht.

Gamal Abdel Nasser St., Tel. 012 82 88 06 59, www.badawiya.com

bei Angriffen flüchten, jede Familie besaß einen abgeschlossenen Vorratsraum. Die Oase verfügt über viele heiße Quellen, die z. T. öffentlich zugänglich sind und auch als Badeplatz genutzt werden, insbesondere die **Quelle Bîr Sitta**. Hier können Sie nachts in dem Steinbecken ein heißes Bad genießen, während die Wüste rundum vom gleißenden Mond in surreales Licht getaucht wird. Die einladenden Gärten des Orts mit Obst-, Olivenbäumen und Palmen erstrecken sich am Rand von Qasr el-Farafra. Der in Farafra geborene Künstler **Badr Abdel Mughny** stellt in seinem Museum nordöstlich der einstigen Speicherburg Werke aus. Sie zeigen das Leben in einer Oase und brachten ihm internationale Anerkennung. In seinem »Fantasie-Garten« kann man über fantastische Skulpturen staunen, ein skurriler Kontrast zu den ebenfalls gezeigten ausgestopften Tieren der Region.

Badr's Museum: tgl. 8.30 – 18 Uhr | Eintritt 100 LE

★ Weiße Wüste

Natürlicher Skulpturenpark aus Kalkstein

Die Natur hat nördlich von Farafra riesige, blendend weiße Kalksteinformationen geschaffen, die sich mit etwas Fantasie in skurrile Gestalten verwandeln, die die Wüste bevölkern. Einsamkeit pur bieten Wanderungen innerhalb dieser bizarren Kulisse. Auch auf dem Weg zur Oase ▶ Baharija, etwa 20 km nordöstlich von Qasr el-Farafra, durchquert man einen Teil der Weißen Wüste. Ein eindrücklicheres Erlebnis ist es, die Straße zu verlassen. Unerlässlich dafür sind ein **Wagen mit Allradantrieb und ein erfahrener Fahrer**, was in Farafra und Baharija leicht zu organisieren ist.

★★ GISEH (GIZA)

Landesteil: Unterägypten | **Gouvernorat:** Giseh
Einwohner: 10 Mio. | **Höhe:** 74 m ü. d. M.

Der absolute Höhepunkt eines Kairo-Besuchs sind die Pyramiden von Giseh. Sie zählen zu den ältesten erhaltenen Bauwerken der Menschheit. Schon Griechen und Römer priesen die monumentalen Grabmale als erstes der sieben Weltwunder. Noch heute faszinieren die technische Leistung und die Machtfülle der Pharaonen, die über Zehntausende von Untertanen verfügen konnten, um solche kolossalen Bauten zu errichten. Bis heute finden Archäologen und Techniker auf und an dem Pyramidenplateau Gräber, Mumien und andere Dinge, die die Geschichte der Pyramiden weitererzählen. Mit der Eröffnung des Grand Egyptian Museum erfährt die Stätte eine Aufwertung ohnegleichen.

Die Pyramiden und ihr Bewacher, der Sphinx: Weltwunder aus der Antike

»
Wolle mir ... vergönnen, dir einen respektvollen Gruß vom Gipfel der höchsten Pyramide zu Dschiseh zuzurufen ... dicht unter meinen Füßen grüß ich den Sphinx, der, schon seit Jahrtausenden schweigend, dennoch so laut zu uns spricht von vergangener Herrlichkeit und Größe, von Wundern, zu unglaublich für unsere Zeit, und von Rätseln, die noch niemand gänzlich gelöst.
«

Hermann Fürst Pückler-Muskau, Reisender und Landschaftsarchitekt, 1844

Das Pyramidenfeld von Giseh, eine Schöpfung der 4. Dynastie (um 2670 bis um 2500 v. Chr.), ist die wohl bedeutendste Sehenswürdigkeit Ägyptens und eine der meistbesuchten des Landes. Es ist die eindrucksvollste und umfangreichste der insgesamt sechs Pyramidengruppen, die sich am Rand des westlichen Wüstenplateaus über etwa 40 km hinziehen.

Das letzte erhaltene Welt-wunder

Gemeinsam ist den Pyramiden der Aufbau aus mächtigen Blöcken des in der Umgebung anstehenden Kalksteins (besonders Nummulitenkalk), ursprünglich mit einer Verkleidung aus poliertem feinerem weißem Kalk oder Granit. Innen finden sich in den jüngeren Pyramiden eine relativ kleine Grabkammer, ein Raum für den Totenkult sowie Räume für Grabbeigaben. In der Frühzeit lagen alle diese Räume unter dem Wüstenniveau. Gemeinsam ist den Pyramiden zudem der Zugang von Norden und ein Kulttempel an der Ostseite, zu dem vom Taltempel am Rand der Nilsenke ein ursprünglich offener, später auch überdeckter Aufweg führte.

★★ Pyramiden und Sphinx

tgl. 7 – 16 Uhr | Eintritt für das Pyramidenareal 700 LE, weitere Gebühren u. a. für die Innenbesichtigungen (Cheops-Pyramide 1500 LE) und das Mers-Ankh-Grab (700 LE)

Zur Vorbereitung Der Haupteingang zum Plateau lag zuletzt im Norden, am Ende der Sharia Al-Ahram beim Hotel Mena House. Ruhig war es hier nur in den frühen Morgenstunden, dann luden zahlreiche Busse Besucher ab, die sofort von Souvenirverkäufern, Kameltreibern und Pferdeverleihern umringt wurden. Im Rahmen der Umgestaltung des Areals (u. a. neues Visitor Center mit Kino, Besuchershuttle) wurde der bisherige Zugang am Mena House geschlossen, ein neuer an der Fayoum Road geöffnet. Pferde und Kamele sollen nicht mehr zugelassen sein.

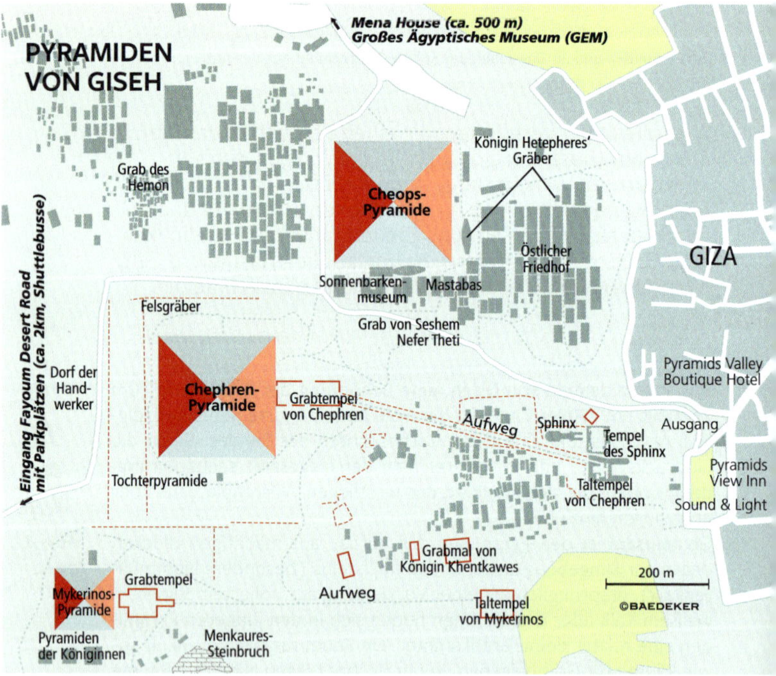

Das **Besteigen der Pyramiden ist streng verboten.** Die Innenbesichtigung einer Pyramide ist teuer, aber ein besonderes Erlebnis. Allerdings ist dieser Ausflug v. a. im äußerst heißen Sommer sehr anstrengend, die Zugänge sind z. T. beängstigend schmal, die Tunnel können nur in stark gebückter Haltung passiert werden. Besuchern mit Herz- Kreislauf-Schwäche oder Platzangst wird daher dringend abgeraten. Da die Feuchtigkeit, die mit den Körperausdünstungen in die Grabkammern gelangt, die Steine schädigt, ist meistens nur eine der drei Pyramiden zugänglich. Kameras müssen Sie abgeben.

Die Allergrößte

Cheops-Pyramide

Die Cheops-Pyramide, die gewaltigste überhaupt, wurde von Pharao Cheops (Chufu) erbaut. Nach Herodot (II, 124–125) haben an ihr **100 000 Menschen über ca. 20 Jahre hinweg** drei Monate pro Jahr gearbeitet. Das ungeheure Werk umfasst etwa 2,3 Mio. m³ (urspr. 2,5 Mio. m³), unter Abzug des Felsenkerns, den es umgibt, und der Räume innen. Die Grundfläche misst 229 x 229 m, die Seitenlänge an der Basis 230,36 m, die Höhe 138,75 m (samt Spitze urspr. 146,6 m), der Neigungswinkel beträgt 51° 50’ 40”. Die polierten weißen Platten aus Kalkstein, mit denen die Pyramide verkleidet war, wurden im Mittelalter abgenommen und anderweitig verwendet. Auch die wahrscheinlich goldene Spitze existiert nicht mehr. Wie die großen, **bis zu 2 t schweren Steinblöcke** bewegt wurden, ist bis heute nicht eindeutig geklärt. Eine Theorie nimmt an, dass sie auf Schlitten über schlammbeschmierte Rampen nach oben gezogen wurden.
Die Besichtigung beginnt an der Nordseite durch einen Schacht etwa 15 m unterhalb des ursprünglichen Zugangs. Durch einen teils nur 1,2 m hohen Stollen erreicht man den Abzweig zur Königinnenkammer, dann betritt man die **Große Galerie** (8,5 m hoch, 47 m lang, 1 – 2,25 m breit). Danach gelangt man in die **Grabkammer** (5,75 m hoch, 10,5 m lang, 5,25 m breit), in der nur der leere, offene Granitsarkophag steht. Die Mumie wurde bis heute nicht gefunden. Internationale Forschungsteams haben immer wieder weitere Hohlräume und Schächte ausgemacht, deren Funktion weiterhin rätselhaft ist. 2023 entdeckten Wissenschaftler eine weitere, etwa 9 m lange und 2 m breite Kammer. Vermutlich handelt es sich um eine weitere aus Statikgründen notwendige Entlastungskammer.

Ein Boot für den Pharao

Familien- und Königsgrabstätten

An der Ostseite der Cheops-Pyramide stehen drei weitere **kleine Pyramiden für Königinnen** bzw. eine Tochter des Pharaos sowie ein ausgedehnter Friedhof für Verwandte. An der Südseite reihen sich große Mastabas für die hohen Würdenträger des Staates. Ebenfalls an der Ostseite wurde 1954 eine Grube entdeckt, die als Grabbeigabe eine 43 m lange, in viele Teile zerlegte **Sonnenbarke aus Zedernholz** enthielt. Sie ist nun im Grand Egyptian Museum ausgestellt. Um

BAEDEKER MAGISCHE MOMENTE

IN CHEOPS' GRABKAMMER

Sich in der Cheops-Pyramide erst gebückt durch niedrige Stollen zwängen, sich dann die stickige Königsgalerie hochkämpfen – wofür? Für eine schlichte Grabkammer, einen leeren Sarkophag? Was den Ort so besonders macht: das Gefühl, von Tausenden Tonnen Stein umgeben zu sein, und ein ägyptisches Sprichwort zu verstehen: Der Mensch fürchtet die Zeit, die Zeit fürchtet die Pyramiden.

die Cheops-Pyramide konnten sechs solcher Bootsgruben ausgemacht werden.
Westlich der Pyramide weitet sich der **Königsfriedhof**, der in der 4. Dynastie für die Angehörigen des Königshauses und hohe Staatsdiener angelegt und bis zur 6. Dynastie benutzt wurde. Die Mastabas liegen, wie an der Ostseite, an geradlinigen Straßenzügen.

Eine Pyramide für den Sohn

Chephren-Pyramide

Etwa 160 m entfernt, gegenüber der Südwestecke der Cheops-Pyramide, erhebt sich die Pyramide des Pharaos Chephren, eines Sohns von Cheops, Wev-Chefre (»Groß ist Chefre«) genannt. Auffallend ist, dass **an ihrer Spitze die ehemalige Verkleidung erhalten** ist. Die Pyramide liegt höher und erscheint daher größer als die Cheops-Pyramide. Ihre Höhe beträgt 136,5 m (urspr. 143,5 m), die Seitenlänge an der Basis 210,5 m (urspr. 215,25 m), der Neigungswinkel 52° 2'. Das Mauerwerk umfasst 1,65 Mio. m³ (urspr. 1,86 Mio. m³). Über einen unterirdischen Zugang gelangt man ins Innere. Ein weiterer Korridor beginnt in 15 m Höhe. Der Kulttempel an der Ostseite zeigt noch deutlich die einzelnen Räumlichkeiten. Am Beginn des Prozessionswegs zur Pyramide erhebt sich der aus Granit vollendet gestaltete **Taltempel des Chephren**. Durch einen Vorsaal erreicht man eine große Pfeilerhalle und eine daran anschließende Längshalle mit fünf Säulenpaaren.

Vater des Schreckens

Großer Sphinx

Abu al-Hol, Vater des Schreckens, so heißt im Arabischen der Sphinx. Direkt gegenüber des Taltempels liegt er als nach der Cheops-Pyramide wohl berühmtestes antikes Denkmal Ägyptens: die aus einem Felsen herausgehauene Löwengestalt mit dem Haupt eines Pharaos (wahrscheinlich des Chephren), das ein mit der Königsschlange ge-

GISEH ERLEBEN

TOURIST INFORMATION
Oberhalb des Mena House
Tel. 02 33 85 02 59
tgl. 8 – 17 Uhr

Auto: Mit Taxi, Uber oder Careem. Von Kairos Zentrum führt die Sh. al-Ahram südwestwärts an den Rand der Wüste, wo hinter Hochhäusern die Pyramiden aufragen.
Metro: Anfahrt bis Station Giza (Beginn der Pyramids Road). Von dort mit dem **Taxi** 8 km nach Al-Haram bzw. Al-Ahramat (Pyramiden).

AUSRITTE
Einen Ritt unternehmen? Tun Sie's auf keinen Fall mit den armen Pferden, die man aufdringlich anpreist. Es gibt ordentliche Ställe, die auch Ausflüge in die Wüste arrangieren, darunter FB Stables, Sh. Gamal Abdel Nasser, Tel. 0106 507 02 88, www.fbstablesgiza.co.uk
AA, Sh. Abu el Hol, Nazlet el Seman, Tel. 0122 296 07 49

SOUND & LIGHT SHOW
Bei dieser allabendlichen Show erzählt der Sphinx Geschichten aus dem alten Ägypten. Trotz des eher mittelmäßigen Niveaus lohnt sich der Anblick der angestrahlten Pyramiden und des Sphinx.
www.soundandlight.show.

KHUFU'S €€€
Allein der Blick auf die nahen Pyramiden ist den Besuch wert. Chef Mostafa Seif serviert in seinem viel gepriesenen Restaurant-Bistro ägyptische Küchenklassiker wie Felafel, Koshari, Wachteln oder Sayadiya – alles sehr fein abgeschmeckt. Sehr gelungen.
Nazlet el Samman, El Haram
Tel. 010 80 05 88 88
www.khufus.com
tgl. 9–12.30, 13–16 Uhr

9 PYRAMDIS LOUNGE €€
Die Aussicht auf die Pyramiden ist wunderbar, das Essen durchschnittlich, die Ruhe unbezhalbar.
Nazlet el Samman, El Haram
Tel. 012 12 29 99 99
tgl. 9–15.30 Uhr

MENA HOUSE €€€€
Frühstück oder Lunch mit Blick auf die zum Greifen nahen Pyramiden – das Palasthotel bei den Pyramiden zählt von jeher zu den schönsten Häusern der Welt (▶ S. 12). Es wurde für die Ehrengäste der Einweihung des Sues-Kanals 1869 errichtet. Ein palmenbestandener Garten verbindet das alte Haupthaus und den Neubau aus den 1970er-Jahren. Das Casino ist atemberaubend prunkvoll, das indische Restaurant Moghul Room genießt einen exzellenten Ruf.
6 Pyramids Road
Tel. 0233 83 32 22
www.marriott.com

KEMET BOUTIQUE HOTEL €€
Recht neues Hotel am Portal nahe dem Sphinx, sehr familienfreundlich. Von einigen Zimmern sieht man auf die Pyramiden. Mit Dachrestaurant.
2 Nameis al Gazra,
Nazlet el-Samman, Al-Haram
Tel.0100 27 45 97 23
www.kemetboutiquehotel.com

Weitere Hotels ▶ Kairo, S. 187

PYRAMIDE DES CHEOPS

Sie ist der gewaltigste erhaltene Grabbau Ägyptens und der größte Steinbau der Welt. Trotz zahlreicher und aufwendiger wissenschaftlicher Untersuchungen sind viele Rätsel der Cheops-Pyramide bis heute ungelöst.

1 Alter Eingang
Der ursprüngliche Eingang lag etwa 20 m hoch. Von dort führte ein Stollen zur alten Grabkammer hinab. Auf der Höhe des umliegenden Geländes zweigt ein Stollen ab und führt zur Großen Galerie hinauf. Nach der Bestattung des Pharaos wurde der Gang mit Granitquadern blockiert.

2 Heutiger Eingang
Kalif al-Mamun (786 – 833) ließ 831 einen Zugang aufbrechen. Durch teilweise beängstigend schmale Gänge steigt man ins Innere der Pyramide auf.

3 Alte Grabkammer
Der Zweck dieser unvollendeten Kammer ist unklar. Einige Forscher sehen sie als symbolische Höhle des Totengottes Sokar an.

4 Königinnenkammer
Am Anfang der Galerie führt ein Gang zu einer weiteren Grabkammer, ihre Funktion ist nicht geklärt. Vielleicht war in einer Nische in der Ostwand eine Statue aufgestellt. Der Name der Kammer ist irreführend: Keine Königin Ägyptens wurde je in der Pyramide ihres Mannes bestattet.

5 Große Galerie Das architektonische Glanzstück des Baus: Sieben Reihen von Kalksteinblöcken bilden ein Kraggewölbe, eine Konstruktion, die schon Snofru in der Roten Pyramide verwendete. Vielleicht gab es auch eine hölzerne Zwischendecke.

6 Königskammer
Über die Galerie gelangt man in die eigentliche Grabkammer, die ganz aus Granit gefertigt ist. An der Westwand steht eine aus einem einzigen Granitblock gefertigte Sarkophagwanne, die größer ist als die Tür der Grabkammer, also schon beim Bau hierhergebracht worden sein muss. Die Mumie des Pharaos wurde nie gefunden.

7 Entlastungskammern
Tonnenschwere Granitbalken bilden die Decke der Königskammer. Um die Statik zu verbessern, wurden darüber fünf Hohlräume eingefügt. An ihren Wänden finden sich Bauarbeiterinschriften und zahlreiche Markierungszeichen, die einen Einblick in die damalige Vermessungstechnik geben.

8 Luftkanäle
Schächte von 20 × 20 cm Querschnitt führen von den beiden oberen Kammern nördlich und südlich durch das Mauerwerk. Ihre Funktion ist bis heute rätselhaft, in keiner anderen Pyramide findet sich Vergleichbares. Vielleicht sollte die Seele des Verstorbenen durch sie zum Firmament aufsteigen; auch ein Belüftungssystem für die Bauarbeiter wird diskutiert. Als man 1837 die Schächte der Grabkammer säuberte, verbesserte sich die Frischluftzufuhr deutlich.

9 Schächte der Königinnenkammer
Besonders die beiden Schächte der Königinnenkammer bleiben rätselhaft: Sie öffnen sich weder zur Außenseite noch durchbrechen sie die Wände zur Kammer. 1993 erforschten deutsche Ingenieure den südlichen Gang mit einem Roboter und stießen nach fast 60 m auf einen Kalksteinblock. Im Jahr 2003 wurde die Blockierung durchbohrt, man fand allerdings nur einen leeren Hohlraum und eine zweite Blockade. Auch den Nordschacht blockiert ein Kalkstein.

10 Neu entdeckte Kammer
2017 geortet, wurde diese Kammer, wahrscheinlich auch zur Entlastung angelegt, erst 2023 entdeckt.

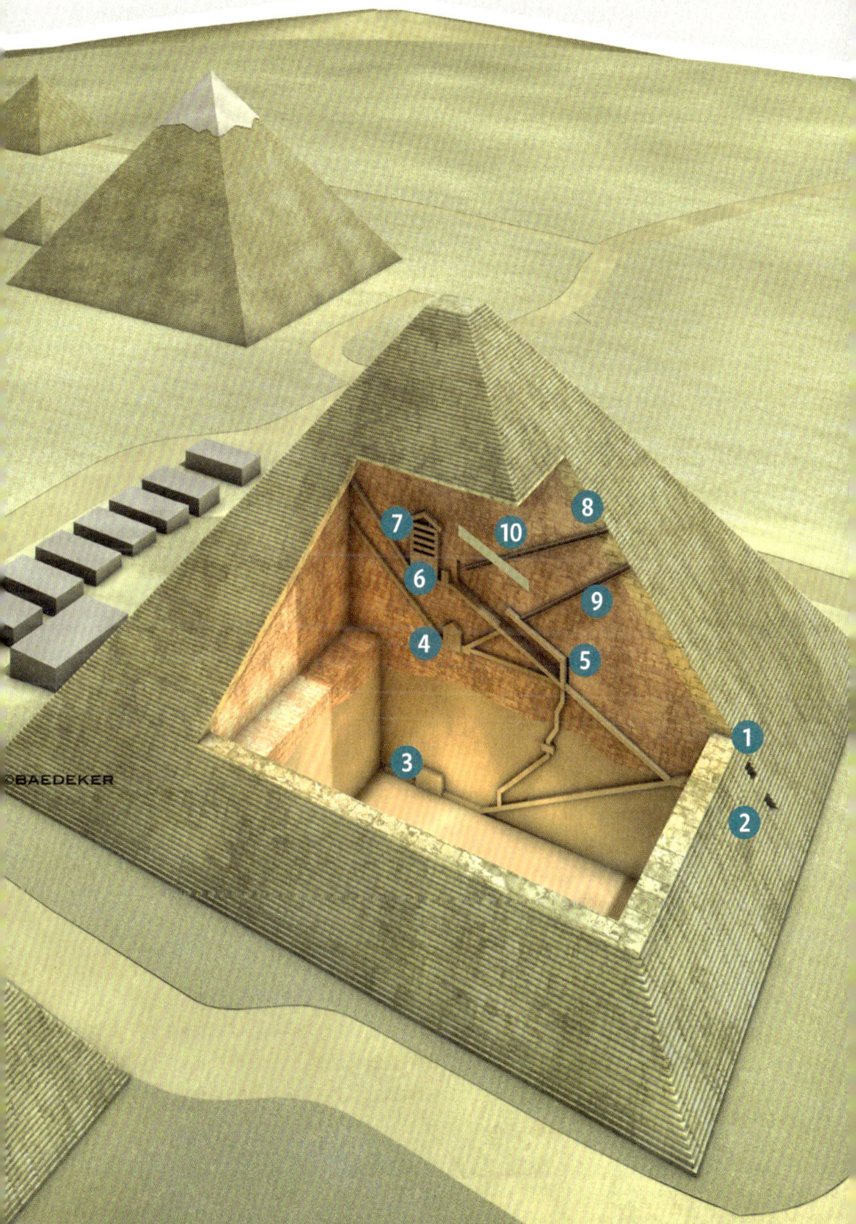
1
2
3
4
5
6
7
8
9
10
©BAEDEKER

schmücktes Kopftuch umrahmt. Seine ursprüngliche Funktion ist unbekannt, sein arabischer Name dürfte aber seine Aufgabe gut erfassen: Abschreckung! Der Hauptschmuck des Sphinx ist verschwunden. Sandstürme und mutwillige Beschädigungen – die Nase soll Schießübungen französischer Soldaten zum Opfer gefallen sein – haben dem eindrucksvollen Monument im Lauf der Jahrtausende schwer zugesetzt. Dennoch bleibt auch hier ein Eindruck von den glänzenden künstlerischen Fähigkeiten jener Zeit. Die Gesamtlänge der Löwengestalt beträgt 73,5 m, die Höhe rund 20 m. Für die Restaurierung des Großen Sphinx wurde das Monument aus allen erdenklichen Blickwinkeln abgelichtet und seine Oberfläche bis ins Kleinste vermessen. Anhand dieser Daten hat man das vermutliche Urbild des Sphinx digital rekonstruiert.

BAEDEKER MAGISCHE MOMENTE

AUSRITT BEI DEN PYRAMIDEN

Am späten Nachmittag leihen Sie sich – nicht direkt bei den Pyramiden, sondern bei einem der nahen seriösen Reitställe (▶ S. 157) – ein Pferd. Tief in der Wüste weht ein kühlendes Lüftchen, Cheops & Co. sind weit weg und passen von hier auf ein Foto. So reiten Sie in den Sonnenuntergang. Die Ausflüge gibt's auch mit Wüsten-BBQ: ein »Wow«-Erlebnis.

Die kleinste Pyramide

Mykerinos-Pyramide

Etwa 200 m südwestlich der Chephren-Pyramide ragt die kleinere Pyramide des Mykerinos auf (altägyptisch Menkewre). Ihre Höhe misst heute 62 m (urspr. 66,5 m), die Grundfläche 102 × 105 m, der Neigungswinkel beträgt 51°. Die Steinblöcke sind hier besonders groß und aus hartem Granit, was ihren Bau erheblich erschwert haben dürfte. Das Innere kann betreten werden. Südlich der Mykerinos-Pyramide liegen drei kleinere unvollendete Pyramiden für königliche Angehörige.

Dorf der Handwerker

Weitere Bauten

Südwestlich der Pyramiden stieß man am Rand eines ehemaligen Steinbruchs auf die Reste einer Bäckerei und einer Brauerei sowie auf Gräber der am Pyramidenbau beteiligten Arbeiter.
Immer wieder findet man in der Nähe weitere alte Siedlungsspuren. Zuletzt entdeckten Archäologen 2018 das 4000 Jahre alte, gut erhaltene **Lehmziegelgrab der Hat Bet**. Die Wandmalerei zeigt die Priester in Jagd- und Fischerszenen sowie an einem großen Gabentisch sitzend. 2019 stieß man bei Grabungen auf die Gräber des Richters und Priesters Behnui-Ka sowie das von Nwi, einem hohen Beamten unter Chephren. Fortsetzung folgt ...

★★ Grand Egyptian Museum (GEM)

Midan el-Remayah, Cairo Alexandria Desert Rd. | tgl. 9–18, Mi., Sa. bis 21 Uhr | Eintritt 1200 LE | www.grandegyptianmuseum.org

Neue Heimat für Tutanchamun

Museum der Superlative

Das knapp 2 km nördlich des Pyramidenplateaus gelegene GEM löst das längst zu klein gewordene Ägyptische Museum in Kairo ab. Die vollständige Eröffnung wurde seit vielen Jahren immer wieder verschoben. Bei Redaktionsschluss war sie von Ägyptens Präsidialamt offiziell für den 3. Juli 2025 angekündigt. Der **spektakuläre Bau** entstand nach Plänen des Büros Heneghan Peng aus Dublin. Er kostete über 500 Mio. €; 40 000 m² ist der Ausstellungsbereich groß, den das Stuttgarter Atelier Brückner in weiten Teilen gestaltete.
Die 3200 Jahre alte, 83 t schwere Statue von Ramses II. hat in der Lobby ihren neuen Platz gefunden. Wie in Abu Simbel fallen zweimal im Jahr, um den 21. Feb. und den 21. Okt., durch eine Luke Sonnenstrahlen auf das Gesicht des größten aller Pharaonen. Es ist eine riesige, weitläufige und luftige Halle, die auf Anhieb verheißt, dass hier – anders als im engen, stickigen und vollgepackten alten Museum in der Innenstadt – Platz keine Rolle spielt. Über breite Treppen, vorbei an Statuen anderer berühmter Pharaonen wie Thutmosis III. und Amenhotep III. geht es hoch zu den Ausstellungsgalerien.
Rund 60 000 Exponate beherbergt das Museum. Füllten schon im al-

ten Museum 1600 Objekte mehrere Säle, so sind es nun 5600 Exponate, teils aus Magazinen und anderen Museen, teils aus dem Tal der Könige – es ist die fast vollständige Sammlung, wovon etliches bisher nur Archäologen zu Gesicht bekommen hatten. Nicht überraschend steht als absoluter Publikumsmagnet der **Schatz des Tutanchamun** im Mittelpunkt. Der etwa im 18. Lebensjahr verstorbene Pharao war der Sohn und Nachfolger von Amenophis IV. (Echnaton). Sein Grab im Tal der Könige (▶ Theben-West) wurde 1922 von Howard Carter entdeckt und ist mit seiner Fülle von kunsthandwerklich herausragenden Beigaben der vollständigste und kostbarste Grabfund, der je in Ägypten gemacht wurde. Besonders zu erwähnen sind der innerste Sarg in Mumienform aus massivem Gold, mit den Abzeichen der Königswürde Geier und Schlange an der Stirn und die goldene Totenmaske, die auf der Mumie lag, mit den Zügen des Königs.
Das GEM beherbergt neben einem Konferenzzentrum, Werkstätten für Restauratoren und Laboren ein Informationszentrum, Bibliotheken, ein Museum für Kinder, ein Kino und eine Spezialausstellung von pharaonischen Sonnenbarken und Obelisken. Im **Außengelände** erwartet den Besucher das »Land of Egypt«. Es zeigt die Vegetation, wie sie am Nil in alten Zeiten bestand, der »Nile Park« widmet sich der segensreichen Kraft des Nilwassers, der »Temple Garden« vereint mehrere Gärten nach dem Vorbild pharaonischer Grab- und Tempelgärten.

HURGHADA · EL-GOUNA

Landesteil: Rotes Meer | **Gouvernorat:** Rotes Meer (Bahr el-Ahmar)
Einwohner: ca. 462 000 (Großraum)

Die einen lieben, die anderen meiden Hurghada. Der Ort am Roten Meer ist der Inbegriff des ägyptischen Badetourismus, kein anderer Platz ist bei europäischen Urlaubern ähnlich beliebt. Das liegt an den schönen Stränden und an den herrlichen, schon legendären Tauch- und Surfrevieren; das Hotelangebot reicht von einfach bis luxuriös. Sie können mitten im Touristentrubel wohnen, aber auch abgeschieden an relativ einsamen Buchten. Mit nur rund 20 Hotels und durchzogen von Kanälen ist El-Gouna ein übersichtliches, liebenswürdiges Klein-Venedig.

Wassersport und wenig mehr

An der **»Riviera Ägyptens«** kann man das ganze Jahr über baden, die Wassertemperatur sinkt selten unter 20 °C. Im Winter kann die Lufttemperatur allerdings auf 16 °C fallen. An der Küste weht das ganze Jahr über ein kräftiger Wind: im Sommer angenehm, im Win-

Willkommen im »Aquarium« Rotes Meer

ter aber empfindlich kühl. Sonnenbaden, Baden, Surfen, Kiten, Tauchen und Schnorcheln kann man hier unter nahezu idealen Bedingungen. Hotels und Tauchbasen bieten Bootsausflüge mit Schnorchel- und Tauchgelegenheit an. Schnorcheln vom Ufer aus ist allerdings nicht zu empfehlen, da die Riffe nicht an den Strand heranreichen. Wer gerne mal »strandfrei« nehmen will, kann an Kameltrips und Ausflügen ins Landesinnere teilnehmen, so zum ▶ Paulus-kloster und zum ▶ Antoniuskloster, nach ▶ Luxor oder ▶ Kairo sowie in die historischen Wadis in der Umgebung (▶ unten).

Wohin in Hurghada?

Mallorca auf Ägyptisch

Bis in die 1970er-Jahre verirrte sich kaum ein Taucher oder gar Badegast nach Hurghada (El-Ghardaka). Nur ein paar Fischer lebten hier. Dann kam ein pfiffiger Gouverneur, der die Investoren anlockte: Der Verwaltungssitz des Gouvernorats Rotes Meer entwickelte sich in kürzester Zeit zum größten Tauch- und Badezentrum am Roten Meer, in dem fast das ganze Jahr über Saison ist und die allermeisten Einwohner vom Tourismus leben. Heute erstreckt sich Hurghada über 30 km entlang der Küste, ein Hotelresort reiht sich an das andere. In zweiter und dritter Reihe und noch weiter vom Meer entfernt sind günstigere Hotels entstanden – und Wohnkomplexe für Einheimische, aber auch viele Europäer, die hier günstiger überwintern als etwa auf Mallorca. Auch nördlich und südlich von Hurghada wurden

30 km Tourismus

1 Bordiehns
2 Starfish

1 Giftun Azur Beach Resort
2 Living with Art
3 The Oberoi

1 Caribbean Bar
2 Papas Bar
3 Moby Dick Art Promenade
4 Moby Dick Downtown

HURGHADA ERLEBEN

TOURIST INFORMATION

Bank Misr. St.
Sa.-Do. 9-20, Fr. 14-22 Uhr
Tel. 065 344 44 20

Es gibt einige Hurghada-Foren, u. a. auf Facebook. Sie müssen sich dort mit Geduld durch überflüssige und nichtssagende Posts arbeiten, aber es sind auch immer wieder gute Tipps und Erfahrungsberichte dabei.

Flug: Der International Airport südwestlich des Zentrums wird tgl. von vielen Charterunternehmen und Billiglinien angeflogen. Tgl. Verbindungen mit Kairo, mehrmals wöchentlich mit Sharm el-Sheikh und Alexandria.
https://hurghadainternational airport.com

Bus: Zwischen Hurghada und El-Gouna fahren Busse in kurzen Abständen. Die Busse von Super Jet fahren tgl. mehrmals über Sues nach Kairo und Alexandria, die von Upper Egypt tgl. nach Luxor und Assuan. Go-Bus-Tickets können online gebucht werden. Tickets sollten 1-2 Tage im Voraus gekauft werden.
Superjet: Tel. 065 355 34 99
Upper Egypt: Tel. 065 354 75 82
Go Bus: https://go-bus.com

Fähre: Die Schnellfähre zwischen Hurghada und Sharm el-Sheikh war zuletzt nicht in Betrieb.

Taxis gibt es überall. Die Preise sind deutlich höher als sonst in Ägypten – man muss kräftig handeln. Günstige Fixpreise bietet:
ABC Taxi
Tel. 0100 222 82 94
www.abctaxi.com

Agenturen von **Mietwagenfirmen** findet man in den größeren Hotels.

Urlaub und Shopping gehören auch hier zusammen. Boutiquen für den alltäglichen Bedarf gibt es in allen größeren Hotels. Auch sonst mangelt es nicht an Läden und Supermärkten. Populär ist die große **Senzo Mall** (tgl. 10-18 Uhr, www.senzomall.com), die auch einen Food Court, Boutiquen und Märkte beherbergt und von den Shuttles angefahren wird. Neuer ist die **City Center Mall** nahe dem Hilton Plaza im Norden (tgl. 9.45-23.45 Uhr). Im Bereich des »Hotel Strip« im südlichen Hurghada können Sie rund um die weitläufige **Mamsha Promenade** Souvenirs, Mode und Alltägliches einkaufen, außerdem gibt es etliche hübsche Cafés und Restaurants.

Die meisten Strände gehören zu Hotels. Häufig ist für Nicht-Gäste »day use« gegen Gebühr möglich. Wenig kosten in Hurghada Strände wie Old Vic (Village Road) oder in der Nähe Dream Beach. Klein und hübsch ist der Biwa Beach nahe dem Sunrise Holidays Resort. Überall findet man Liegen, Sonnenschirme, Umkleidekabinen und Snacks, oft auch Musikbeschallung.

Einen schönen Sandstrand hat in Sahl Hasheesh der **Sailors Beach Club**, von Hurghada am besten mit dem Auto zu erreichen.
Sailors Beach Club: Tel. 0100 799 43 14, 0122 229 95 65

Tauchen, Kiten, Surfen, Bootsfahrten zu den Delfinen und Ausflüge in die Wüste mit Kamel, Jeep oder Quad werden in jedem Hotel angeboten. Ein wenig Kultur gibt es auch.

Delfinausflüge
Oft ist es ein Skandal, wie die Tiere im Meer bedrängt werden. Googeln Sie und schauen Sie auf den Facebook-Gruppen zu Hurghada, welche Veranstalter tiergerecht unterwegs sind. Gutes hört man über **Mo's Delfinausflüge**: Der Bootsausflug beginnt 5 Uhr morgens und dauert rund 12 Stunden. Wie bei allen seriösen Anbietern gibt man keine Garantie, dass man Delfinen begegnet oder diese mit einem schwimmen.
Tel. 0115 44 47 88 82
www.delfinausflug.de
70 € inkl. Transfer, Frühstück und Mittagessen an Bord. Schnorchelausrüstung wird gestellt.

Surfen und Kiten
Viele Hotels haben eigene Surfcenter. Zu empfehlen sind:
Harry Nass
Am Hotel Mercure
Tel. 065 34 64 500
www.harry-nass.com
Kite Power
Mobil 0128 88 82 047
www.kitepowerelgouna.com

Tauchen
Über 40 Tauchschulen bieten Kurse an. Schnorcheln kann man an vielen Hausriffen, auch im Rahmen von Bootsausflügen zur vorgelagerten Insel Giftun (s. u.). Eine bekannte Tauchbasis ist die von
James & Mac
Giftun Azur Resort
Tel. 012 31 18 923, 065 34 63 003
www.james-mac.com

El Sawy Culture Wheel
In Kairo ist der Kulturtreff eine Institution, die Hurghada-Filiale veranstaltet Theater- und Konzertabende mit einheimischen Künstlern.
Dibaj Mall, Hadaba Road
Tel. 010 65 53 05 18
www.facebook.com/ElSAWY culturewheelHurghada

Der **Marina Boulevard** ist einer der populären Plätze mit vielen Cafés, Restaurants und Bars.
Sakala Square, Tel. 065 34 44 920, www.hurghada-marina.com

1 CARIBBEAN BAR €€€
Große Open-Air-Bar am Meer. Geboten werden gute Cocktails sowie Fleisch und Fisch vom Grill. Gefeiert wird oft bis tief in die Nacht.
Bella Vista Hotel
Sheraton Road, Siqala
www.facebook.com/CaribbeanBar
tgl. 9 - 24 Uhr

2 PAPAS BAR & CLUB €€
Regelmäßig gibt es im Schwesterbetrieb von Papas Club Karaoke (mit Gratis-Tequila für die Sänger) und Livemusik: gut für Bier, Burger und neue Bekanntschaften. Auf der Leinwand gibt's regelmäßig Sport.
Mamsha Road, nahe Carrefour
Tel. 0128 88 82 292
www.facebook.com/papashurghada tgl. 15 - 4 Uhr

3 MOBY DICK €€-€€€
An der abends beeindruckend illuminierten Art Promenade serviert das etwas schickere Moby Dick, ja, auch Fisch, gute Drinks und – wer's testen will – Kamelsteak.
Al Dau Art Promenade, Tel. mobil 0100 00 35 233, tgl. 14 - 23.45 Uhr
www.facebook.com/mobydickegypt
4 Stammhaus in Downtown
Sheraton Rd., Tel. 010 00 03 52 44, tgl. 14 - 24 Uhr

1 BORDIEHNS €€€
Fantasievolle Küche hat erst dieses Restaurant nach Hurghada gebracht. Probieren: Kamelschinken mit Melo-

ne oder Kamelsteak, es gibt aber auch »normales« Fleisch und Fisch, dazu Dinner-Shows.
Arabia Arabella, Tel. 100 26 26 563, www.bordiehn.org
tgl. 15 – 23 Uhr

❷ STARFISH SEAFOOD €€–€€€
In diesem bodenständigen, auch bei Einheimischen sehr beliebten Restaurant sucht man an der Theke seinen Fisch aus. Besonders gut: Buri Sengari, aufgeklappt mit Gemüse und Gewürzenvom Holzkohlengrill.
Sheraton Road, Siqala
Tel. 065 344 37 51
tgl. 11 – 1.30 Uhr

❶ GIFTUN AZUR BEACH RESORT €€–€€€
Dies war eine der ersten Anlagen von Hurghada: gute Mittelklasse und nicht luxuriös, aber mit einem wunderbaren Strand gesegnet. Surf- und Tauchcenter sind vorhanden.
Youssef Afifi Road
Tel. 065 346 30 40

❷ LIVING WITH ART €€€
Wohnen im kleinen Kunstwerk. Die gemütlichen Zimmer und Suiten wurden von der Designerin und Hotelchefin Karin Ely entworfen. Beliebter Treff der Gäste ist die Dachterrasse.
Nahe der Sheraton Rd., Hadaba
Tel. 012 211 83 38
www.livingwithart.biz

❸ THE OBEROI BEACH RESORT €€€€
Eines der besten und schönsten Hotels Ägyptens: abseits und ruhig gelegen, großzügige Suiten, teils mit Privatpool. Die Architektur ist arabisch inspiriert, der Strand weit und leer, am Infinity-Pool herrscht Ruhe. In einem Patio versammeln sich die Hotelgäste zum Dinner bei Kerzenlicht – ab und zu bei Geigenmusik. Gut ist auch das gediegene indische Restaurant Zaafran. Ins Meer gelangt man über einen Holzsteg.
Sahl Hasheesh
Tel. 065 346 10 40
www.oberoihotels.com

Feriensiedlungen aus dem Boden gestampft. Die Kehrseite des atemberaubenden Aufschwungs: Hurghada ist kein gewachsener und schon gar kein malerischer Ort, und die hier lebenden Ägypter sind mit diesem Platz ebenso wenig verwurzelt wie die Touristen.

Was gibt es wo?

Von Nord nach Süd

Sich in Hurghada zurechtzufinden ist relativ einfach, allerdings ist der Ort nicht zu Fuß zu erkunden. **Dahar**, der Stadtteil ganz im Norden, ist so etwas wie die »Downtown«. Hier finden Sie öffentliche Einrichtungen (Polizeistation, Post, Moschee), Geschäfte, günstige Hotels und Restaurants. Die Moschee ist neueren Datums und kann besucht werden. Südlich und hinter dem Berg Djebel Al-Afish schließt sich die Hafenbucht mit dem alten Ortsteil **Sekala** (Segala, Siqalla) an. Hier gibt es einen alten, wenig touristischen Markt und den Hafen. Flaniertreff ist der Hurghada Marina Boulevard, das neue Hafenviertel mit vielen Boutiquen, Restaurants, Cafés, Clubs und Bars. Auf einem Basar werden orientalische Souvenirs verkauft.
Weiter im Süden beginnt die **Hotelzone** (»Hotel Strip«) mit den in-

ternationalen Strandhotels. Viele Hotelstrände können auch Nicht-Hotelgäste gegen Gebühr benutzen; sie bieten Tauch- und Surfcenter, wo man Ausrüstung ausleihen kann. Ruhigeres Urlauben ist in den **»Vororten« südlich von Hurghada** angesagt, in Sahl Hashish, Makadi Bay und Ras Abu Soma (Soma Bay). Im **Mini Egypt** in Makadi Bay sind Sehenswürdigkeiten Ägyptens in kleinem Maßstab nachgebaut.

Mini Egypt: tgl. 10–19 Uhr | Ein tritt 15 $ | www.miniegyptpark.com

★ Hurghada Museum

Abwechslung von Strand und Wasser

Die Statue der Merit-Amun, Tochter und Gemahlin Ramses' II., aus dem Ramesseum in Theben ist eines der eindrucksvollsten Stücke dieser hübschen Sammlung. 2020 eröffnete das privat finanzierte Museum, das sich dem Thema **»Schönheit und Luxus in der ägyptischen Geschichte«** widmet, von pharaonischer über griechisch-römische, koptische und islamische Zeit bis heute. Und das bewusst an einem Badeort, von dem das Niltal mit seinen Highlights weit entfernt ist. Sie sehen auch, wie die alten Ägypter Parfüm herstellten, wie man jagte, welche Rolle Musik und Tanz spielten. Ergänzt wird die Schau durch Funde aus der Region am Rotem Meer; Kulturveranstaltungen gehören zum Rahmenprogramm.

Airport Rd., Mubarak 6 | tgl. 10–24 Uhr | Eintritt 200 LE

Einst war hier Wüste, heute wartet das künstliche Paradies El-Gouna auf Gäste.

Trockenen Fußes unter Wasser

Hurghada Grand Aquarium

Wer in Hurghada nur badet, aber nicht schnorchelt oder taucht, hat trotzdem die Gelegenheit, der Unterwasserwelt zu begegnen: Die Bewohner des Roten Meers tummeln sich im Hurghada Grand Aquarium in 24 Becken; die Haie werden täglich gefüttert.

Safaga Village Road km 12 | tgl. 9–19 Uhr | Eintritt 1600 LE
www.hurghadaaquarium.com

Ökocamp im Roten Meer

Jaza'ir Jiftun (Giftun Island)

In einstündiger Bootsfahrt erreichen Sie die zweitgrößte der 22 unter Naturschutz stehenden Inseln im Roten Meer. Der **Mahmya-Strandclub** ist ein Ökocamp mit Liegestühlen und Restaurant. Leider sind die Korallengärten da und dort stark geschädigt.

tgl. von Sheraton Marina um 8.30 (Rückfahrt 15 Uhr) und 10 Uhr (Rückfahrt zum Sonnenuntergang) | Bootsfahrt inkl. Lunch 50 € Tel. 0100 111 97 92 | www.mahmya.com

El-Gouna und die nördliche Küste

Ein bisschen Venedig

Überblick

Ein entspannter und kunterbunter Kosmos für sich ist die »Lagune« 22 km nördlich von Hurghada. In der Feriensiedlung und Stadt (24 000 Einwohner) mit ihren teils künstlich angelegten Lagunen, die als sicherste Ägyptens gilt und sich einem umweltverträglichen Tourismus verpflichtet hat, wohnen Sie in Hotels oder in Appartements. Für viele, die jedes Jahr hierherkommen, ist der übersichtliche, aufgeräumte und saubere Ort das Traum-Ferienziel schlechthin. Kanäle – Venedig lässt grüßen – durchziehen El-Gouna, das mit Golfplatz, Lagunen und schönen Stränden glänzt. **Kafr El-Gouna**, das auch Downtown genannte »alte« Ortszentrum, ist gemütlich: Kopfsteinpflaster, kleiner Basar, Restaurants und Bars. Mehr und mehr wandelt es sich zur abendlichen Partymeile. Malerisch ist der Jachthafen **Abu Tig Marina**, am späten Abend ebenfalls oft überlaufen. Im Ort fährt man entweder mit dem Tuktuk, einem Shuttle oder den Booten auf den Kanälen. Beliebtester **Strand** ist der Mangroovy Beach an der Nordspitze.

Der »Erfinder« El-Gounas ist der ägyptische Bauunternehmer und Milliardär **Samih Sawiris**. Er ließ ab 1989 ein Feriendorf mit künstlichen Lagunen aus dem Wüstensand stampfen. Die Architekten Alfredo Freda und Michael Graves, Vertreter des »ironischen Klassizismus«, die auch schon bei Disney in Orlando tätig waren, haben hier Disneyland mit dem Flair von Venedig kombiniert. Mittlerweile werden ihr leichter Stil und die leuchtenden Farben, bis dato in Ägyptens Hotelarchitektur unbekannt, gerne kopiert. Der **Airport El-Gouna**

EL-GOUNA ERLEBEN

TOURIST INFORMATION

Tel. 065 356 16 70, 16444
www.elgouna.com

El-Gouna hat seinen **Flughafen** erweitert, sodass große Ferienjets dort landen können. Zwischen Hurghada und El-Gouna verkehren in kurzen Abständen **Busse**. Günstige Fixpreise bietet:
ABC Taxi, Tel. 0100 222 82 94, www.abctaxi.com

Mit publicityträchtigen Veranstaltungen versucht El-Gouna jede Langeweile zu verhindern. Neben Sport-Events lädt man jährlich zum glamourösen **Filmfestival** mit A-Prominenz aus Hollywood und unregelmäßig zum **Women by the Sea Art Festival**, auf dem sich ägyptische Künstlerinnen, Designerinnen und Sängerinnen präsentieren.
https://elgounafilmfestival.com
https://womenbythesea.com

El-Gouna-Downtown ist klein, überschaubar und dank etlicher Boutiquen, Märkte und Cafés ideal für den Shopping-Bummel. Bei **Egyptian Handicraft** finden Sie schöne kunsthandwerkliche Souvenirs, die von Frauen im ganzen Land in Handarbeit gefertigt werden. Ein Teil der Einnahmen fließt wohltätigen Zwecken zu.

Tauchen, Kiten, Surfen und Ausflüge mit Kamel oder Jeep in die Wüste werden in jedem Hotel angeboten.

Tauchen
Im reizvollen Jachthafen Abu Tig Marina liegt das 3-Sterne-Hotel Turtle's Inn mit dem Orca Dive Club.
www.orca-diveclubs.com

Sliders Cable Park
Der Cable Park für Wakeboarder und Kiter ist eine Anlage mit Pool, Strandbar-Restaurant, Schanzen und Hindernissen.
tgl. 9–18 Uhr, Tel. 0102 60 22 26
www.sliderscablepark.com

Reiten
Ausritte am Strand und kürzere Ausflüge in die Wüste auf dem Pferd oder mit Kamelen bieten an:
Habiba Horses
Tel. 0106 439 37 09
www.facebook.com/HabibaHorse
Reitschule Yalla Horse
Tel. 010 15 85 50 99
www.facebook.com/yallahorse

Rundflüge
Bei Sharm Air können Sie Rundflüge im Kleinflugzeug unternehmen und Drachenfliegerkurse buchen.
Tel. 010 60 05 55 54
www.facebook.com/sharmairelgouna

Golf
Der El-Gouna Golf Club ist von Lagunen umgeben (18 Loch, par 72). Von 9 auf 18 Loch wird der neuere Platz Ancient Sands erweitert (par 72)
El-Gouna Golf Club, Tel. 065 3 58 00 09, elgouna.com/things-to-do
Ancient Sands, Tel. 012 28 07 32 37, facebook.com/ancientsandsgolfcourse

Der **Mangroovy Beach** an der Nordspitze ist der beliebteste Strand und Wind- und Kitesurfzentrum. Am **Buzzha Beach**, 15 Minuten von El-Gouna Downtown entfernt, treffen sich Kiter und Beach-Volleyballer.

In den Sommermonaten ist im **Jachthafen Abu Tig Marina** freitags ab 20 Uhr Party, mit Drinks, Snacks und Livemusik. Auch der Mangroovy Beach sieht regelmäßig Strandpartys.

BARTEN €€€
Sushi und gute Cocktails bis tief in die Nacht mit Blick auf weiße Jachten.
Abu Tig Marina, Tel. 0121 136 38 85, tgl. 16 – 1 Uhr

CHUCHICHÄSCHTLI €€€
Auf dem heißen Stein serviert das Schweizer Restaurant Steaks, weitere Spezialitäten sind etwa Rüeblisuppe, Bünderplättli und Walliser Chässchnitte. Es gibt auch vegane und glutenfreie Gerichte.
Downtown, Tel. El-Gouna-intern 341 05 und 0111 348 99 44, tgl. 17 – 23 Uhr

LE GARAGE GOURMETBURGER €€€
Hamburger vom Feinsten mit ungewöhnlichen Zutaten wie Blauschimmelkäse, Walnüsse und Weintrauben.
Abu Tig Marina, Tel. El-Gouna intern 779 63, tgl. 13 – 24 Uhr

MAZAGOUNA €€–€€€
Libanesische Spezialitäten, aber auch Pasta und Sandwiches werden hier serviert. Tipp: Den Hauptgang erst nach den reichlich Mezze ordern.
Abu Tig Marina, Tel. 0106 6452108, tgl. 10 – 2 Uhr

PUDDLEDUCK €€€
Das kleine Restaurant ist etwas für Neugierige, die das schmackhafte Kamelfilet probieren wollen. Sonntags gibt es einen englischen Brunch und zu Lunch und Dinner britische Spezialitäten.
Kafr, Tel. El-Gouna intern 321 23 tgl. 12 – 23.30 Uhr

MÖVENPICK RESORT & SPA €€€€
Empfehlenswertes Haus mit geräumigen Zimmern, großer Poollandschaft, Spa und Wellness-Bereich.
Tel. 065 338 00 06
www.moevenpick.com

STEIGENBERGER GOLF HOTEL €€€€
Das schönste Hotel am Ort, konzipiert von Architekt Michael Graves, mit Gästezimmern in Pastelltönen, Golfplatz und Wellness-Bereich.
Tel. 065 358 01 40
www.hrewards.com

wurde für größere Jets ausgebaut, die meisten Urlauber fliegen aber nach wie vor über das nahe Hurghada ein.

Grüne Stadt am Roten Meer

Unterhaltung und Umweltschutz

Großes Thema ist der umweltverträgliche Tourismus. Trinkwasser wird zu 100 % mit einer Meerwasserentsalzungsanlage gewonnen, auch bei Müllentsorgung, Recycling und Energiemanagement setzt Sawiris auf moderne Technik. Sein erklärtes Ziel ist es, so schnell wie möglich Emissionen komplett zu neutralisieren. Statt Plastikstrohhalmen und -tüten gibt es seit Jahren nur noch Bambusstrohhalme und Textiltaschen. 16 % des Stroms werden aus Solaranlagen gedeckt.

Was gibt es noch?

Sehenswertes

Eines der ältesten Gebäude – aus den frühen 1990ern – ist das **Club House**, ein beliebter Treff mit Café, Restaurant, kostenlosem Pool und Spa. In Zusammenarbeit mit der Bibliotheca Alexandrina in Alexandria führt die interaktive Multimediashow **Culturama** durch 5000 Jahre ägyptische Geschichte. Zu den bescheidenen Sehenswürdigkeiten gehört auch ein **Meeresaquarium**.

Club House: Kafr El-Gouna | tgl. 10–20 Uhr | www.facebook.com/clubhouse.elgouna | Tel. 0122 161 71 13
Culturama: El-Gouna Library | tgl. 10 – 22 Uhr

In den Süden und in die Wüste

Der älteste Hafen am Roten Meer

Safaga

Die gut ausgebaute Küstenstraße führt von Hurghada bis zur sudanesischen Grenze im Süden. Der nächste Küstenort ist das kleinere und viel ruhigere Safaga (33 000 Ew.). Die Küste zwischen den beiden Orten ist – anders als nördlich von Hurghada – landschaftlich reizvoll, da der flache Küstenstreifen schmaler ist und die Gebirgshänge dicht ans Meer heranreichen. Tauchspots wie das Panorama-Riff oder das Wrack der »Salem Express«, eine 1991 gesunkene Fähre, sind erstklassig. Die Stadt mit dem ältesten Hafen am Roten Meer wurde 2450 v. Chr. von Pharao Sahure erbaut. Heute ist **Port Safaga** Umschlagplatz, Marinestützpunkt und wegen des ständigen Winds ein ideales Surf-Revier. Die Korallenriffe vor der Küste gelten als noch weitgehend intakt. Sehenswürdigkeiten hat Safaga nicht zu bieten, aber Kuren: Schuppenflechte wird hier behandelt mit dem um 35 % salzigeren Meerwasser und schwarzem Sand, der radioaktive Substanzen enthält.

Weitere Orte an der Westküste des Roten Meers: Qosseir und Port Ghalib ► S. 271, Marsa Alam ► S. 269, Wadi el-Gemal und Berenice ► S. 272.

Ausflug in die Wüste

Römische Steinbrüche

Zwei römische Steinbrüche finden sich etwa 40 km landeinwärts in einsamen Wadis. Zum **Mons Porphyrites** fahren Sie die Küstenstraße nördlich Richtung Sues. Nach 18 km biegen Sie auf eine Piste ab, nach knapp 40 km erreichen Sie das spätrömische Kastell Badia. Bis ins 5. Jh. wurde am 1660 m hohen Gebel Dukhân Porphyr für die römischen Prunkbauten gebrochen – von Zwangsarbeitern, für die man ein befestigtes Lager anlegte. Vom Lager und seinen Einrichtungen blieben nur ein paar Ruinen übrig, dennoch ist der Ausflug in die faszinierende Wüstenlandschaft ein Erlebnis. Das gilt auch für den anderen großen Steinbruch, den **Mons Claudianus** südwestlich von Hurghada. Man fährt nach Safaga und von dort ca. 40 km auf der Straße nach Qena. Die letzten 20 km bis zu den Ruinen sind Piste.

ISMAILIJA

Landesteil: Unterägypten | **Gouvernorat:** Ismailija
Einwohner: ca. 760 000 (Großraum)

Schattige Alleen, blumengesäumte Promenaden, üppige Garten- und Parkanlagen – die Stadt am nördlichen Ufer des Timsah-Sees ist wohl die grünste Ägyptens. Sie wurde 1863 von Ferdinand de Lesseps, dem Erbauer des Sueskanals, am Endpunkt des Ismailija-Kanals gegründet und nach dem damaligen Vizekönig Ismail benannt.

Die für ägyptische Verhältnisse geradezu junge Stadt – ein unaufgeregtes Ferienziel – liegt am Sueskanal (► S. 176) auf halbem Weg zwischen Mittelmeer und Rotem Meer – d. h. zwischen ► Port Said und ► Sues – am Timsah-See (Krokodilsee). Ismailija ist **Sitz der Kanalverwaltung**, es gibt eine naturwissenschaftliche und eine medizinische Fakultät der Sueskanal-Universität. Viele Ägypter haben hier und in der Umgebung an den Bitterseen kleine Ferienhäuser. Nach der Fertigstellung des Kanals verlor die Stadt ihre Bedeutung, erlebte jedoch später als britische Garnison bis 1956 einen neuen Aufschwung. Die Kriege 1956 und 1967 haben Ismailija stark in Mitleidenschaft gezogen. Von der kolonialen Bausubstanz wurde vieles zerstört, und was erhalten blieb, ist nicht immer in bestem Zustand.

Ein unaufgeregtes Ferienziel

Wohin in Ismailija?

Am Hafen

Stadtanlage

Die regelmäßig angelegte Stadt erstreckt sich nördlich des Ismailija-Kanals, der von der Sh. Salah Salem begleitet wird und den Hafen mit seinen Anlagen umzieht. An seinem Ostende mündet er bei der Kanalverwaltung in den Timsah-See. Vom Bahnhof führt die Sh. Orabi südlich über den Kanal zum Hafen, südöstlich eine lebhafte Geschäftsstraße über den Midan Gumhurija zur Sh. Salah Salem.
Gegenüber dem Almalahaa Park steht die Villa des französischen Ingenieurs **Ferdinand de Lesseps** (1805 –1894), nach dessen Plänen der Sueskanal in 10-jähriger Arbeit angelegt wurde.

Lesseps-Haus: Sh. Salah Salem | z. Z. geschlossen

Schätze aus der Baustelle

Ismailija Museum

Im Osten der Sh. Salah Salem sind Altertümer ausgestellt, die bei diversen Grabungen entdeckt wurden. Der Sphinx vor dem Museumseingang kam beim Kanalbau zutage. Mehrere Mosaikfußböden sind zu sehen, darunter einer mit Phaidra und Hippolytos, ein anderer hat

die Mysterien des Dionysos zum Thema, die von griechischen Verszeilen und Vögeln umgeben sind; außerdem griechisch-ägyptische Terrakotten und Bronzefiguren. Im Museumsgarten liegen Teile eines Gedenksteins des Dareios, den dieser zur Erinnerung an die Vollendung des Süßwasserkanals 8 km nördlich von Sues errichten ließ und der hieroglyphische und keilschriftliche Texte in altpersischer, babylonischer und elamitischer Sprache trägt.
Im **Stelengarten** sind mehrere große, bei Tell el-Mas'chuta gefundene Denkmäler aufgestellt. Besonders zu beachten ist die große Denkinschrift Ramses' II. auf Granit mit einer Darstellung des Königs, der dem Re-Harachte ein Bild der Wahrheitsgöttin Maat darbringt; auf der Rückseite steht der König vor Atum. Ferner gibt es liegende Sphingen und ein Bruchstück einer Kapelle von Ramses II.
Museum: tgl. 9 - 16 Uhr, Fr. zur Gebetszeit geschl. | Eintritt 200 LE
Stelengarten: Zugangserlaubnis im Museum

Lebenswichtige Wasserversorgung

Ismailija-Kanal

Der 1858 – 1863 erbaute Ismailija-Kanal dient der Wasserversorgung und Bewässerung. Er zweigt bei ► Kairo vom Nil ab und führt bis Abu Hammad, wo er den von Sagasig kommenden alten Süßwasserkanal

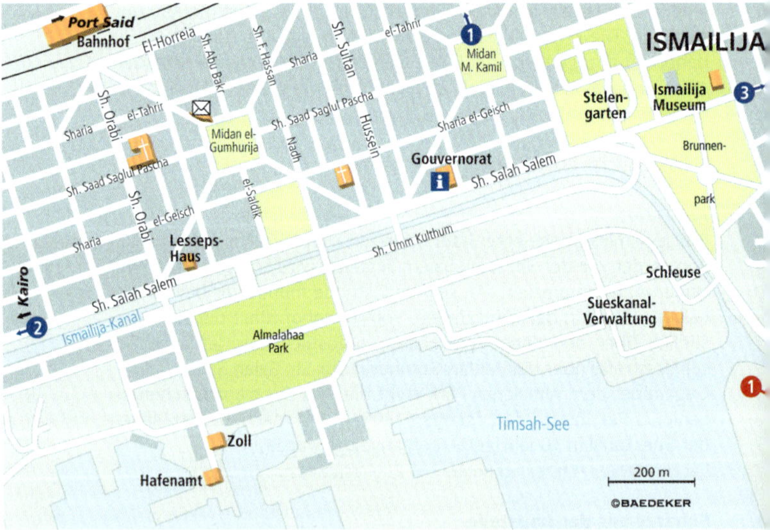

❶ Reda Helmy al-Kababji
❷ Hassan Abo Ali for Seafood
❸ Cilantro

❶ Mercure Forsan Island

schneidet und durch das über 50 km lange Wadi el-Tumilat zieht. Bei Nefischa zweigt ein südlicher Arm nach Sues, ein nördlicher bei Moaskar-Ismailija nach Port Said ab. Der Kanal ersetzte eine uralte Wasserader, die schon im Mittleren Reich vom Nil ausgehend das biblische Land Gosen mit Wasser versorgte.
Das **Wadi Tumilat**, in dem der Kanal in einem großen Abschnitt verläuft, muss als östlichster Arm des Nils angesehen werden. Er war bereits in frühgeschichtlicher Zeit während der Nilüberschwemmung für flache Boote schiffbar und für den Waren- und Personenverkehr mit der afrikanischen Ostküste sowie mit Syrien wichtig. Die Pharaonen ließen den Wasserweg ausbauen und vertiefen, Ramses II. baute am Ufer des Kanals die Doppelstadt Pithom und Ramesse. Seine Bedeutung behielt der Kanal noch bis in die Zeit der Kalifen, die ihn vor allem zum Transport von Getreide nach Medina schätzten, doch im 8. Jh. aus Sicherheitsgründen zuschütten ließen. Danach blieb er bis zu seiner Wiederentdeckung 1798 vergessen.

ISMAILIJA ERLEBEN

Bahn: Stündlich fahren Züge nach Kairo, mehrmals tgl. nach Sues und Port Said.
Bus: Alle 30 – 90 Min. von Sh. Mohamed Sabri nach Port Said und Sues (Anschluss zum Sinai), stündlich nach Kairo und ins Nildelta.

1 REDA HELMY AL-KABABJI €€€

Drei Buchstaben beschreiben, was es hier gibt: BBQ – Fleisch vom Grill in allen Varianten. Vorspeisensalate und Brot natürlich auch.
Sh. Shebin el-Koum, tgl. 13.30 - 23 Uhr, Tel. 064 332 04 09

2 HASSAN ABO ALI €€

In dem bei Einheimischen beliebten Restaurant schaut man weniger aufs Ambiente als auf die Speisekarte: Shrimps und Fisch nach Ihren Wünschen zubereitet, davor gibt's Mezze. Die Molokheya wird in der örtlichen Variante mit Shrimps serviert.
16 Sh. al-Ahram
tgl. 12 - 24 Uhr
Tel. 064 392 35 74

3 CILANTRO €€

Wenn Sie Kaffee mögen und gegen Kaffeeketten nichts haben, dann genießen Sie hier auf derTerrasse einen wunderbaren Ausblick auf den Timsah-See (Krokodilsee).
Sh. Sitta, Armed Forces Beach
tgl. 8 - 1 Uhr
Tel. 012 2226 03 63

1 MERCURE FORSAN ISLAND €€–€€€

Vor dem Pool liegt der Strand, und der Privatstrand gehört zum Krokodilsee (der heißt nur so). Abends sitzt man mit Blick auf See und Sueskanal auf der Terrasse des Oriental Café – besser geht es hier nicht.
Gezirat Forsan
Tel. 064 391 63 16
www.mercure.com

SCHIFFE IN DER WÜSTE

BAEDEKER WISSEN

Flirrende Hitze, Sand, so weit das Auge reicht, und ein Schiff, das sich durch die Wüste schiebt – wer das sieht, erliegt keiner Fata Morgana, sondern steht am Sueskanal, einem der bedeutendsten Wasserwege der Weltschifffahrt.

Die Wasserstraße ist höchst wichtig: Sie halbiert den Weg für einen Tanker von Saudi-Arabien nach Rotterdam, die Strecke zwischen Rotterdam und Singapur beträgt nur ein Drittel. Damit erbringt der Sueskanal **hohe Deviseneinnahmen**, die das Land mehr denn je benötigt. Wegen der Huthi-Angriffe im Roten Meer ging die Zahl der durchfahrenden Schiffe (2024: 13 200) jedoch um 51 % zurück. Bei den Einnahmen (2024: 7,2 Mrd. €) betrugen Anfang 2025 die monatlichen Verluste 850 Mio. €. Der 193,3 km lange, schleusenlose Kanal durchschneidet den 112 km breiten Isthmus zwischen Afrika und Asien und verbindet das Mittelmeer mit dem Roten Meer, den Atlantik mit dem Indischen Ozean. Befahren wird der maximal 24 m tiefe und 345 m breite Kanal **in Konvois**; alle 10 km gibt es eine Ausweichstelle, und auch der Timsah-See (Krokodilsee) sowie der Große und der Kleine Bittersee erlauben Gegenverkehr und Überholmanöver. 2025 wurde der Kanal am Kleinen Bittersee um 10 km erweitert. Dadurch können bis zu 8 Schiffe mehr am Tag passieren.

Das große Graben

Ein Kanal zwischen Mittelmeer und Rotem Meer: Diese Vision gab es schon im alten Ägypten. Den ersten Kanal zwischen dem Nildelta und den Bitterseen ließ Pharao Necho im 5./6. Jh. v. Chr. anlegen, der Perser Dareios vollendete ihn etwa 100 Jahre später. Der Nutzen war umstritten, und Kalif al-Mansur ließ ihn im 8. Jh. zuschütten. 1000 Jahre später heckte Napoleon bei einer Expedition 1798/1799 den Plan aus, eine Wasserstraße vom heutigen Port Said nach Sues zu graben, um die Briten im Ostindienhandel auszubooten. Sein Landsmann **Ferdinand de Lesseps** überzeugte den Vizekönig Said Pascha von der Machbarkeit, der ihm 1854 die Konzession für den Bau erteilte. Da Großbritannien und der Sultan sich querstellten, gründete Lesseps 1858 eine Aktiengesellschaft, die Compagnie Universelle du Canal de Suez. Mit einem Abkommen, das der Compagnie 25 000 Fronarbeiter verschaffte, setzte Lesseps am 25. April 1859 den ersten Spatenstich. Als Said 1863 starb, übernahm sein Nachfolger Ismail fast 100 000 Aktien; er sicherte damit den Fortgang der Arbeiten und verhinderte den Ruin des ägyptischen Staatshaushalts.

Pompöse Eröffnung

Zur Eröffnung am 17. November 1869 lud Ismail 5000 Gäste inklusive aller gekrönten Häupter Europas ein. Für die französische Kaiserin Eugénie wurde ein Palast in Heliopolis gebaut, und das neue Opernhaus in Kairo sollte mit Verdis »Aida« eingeweiht werden, doch die Uraufführung fand erst an Heiligabend 1871 statt. Ein unwesentliches Vorzeichen, doch arbeitete die Kanalgesellschaft **mit hohen Verlusten**. Viele Reedereien scheuten die neue Passage, 1870 fuhren im Schnitt nur zwei Schiffe pro Tag durch den Kanal.

Einer der bedeutendsten Wasserwege der Welt: der Sueskanal

Die Durchfahrt erforderte erhebliches seemännisches Geschick: Zwischen 1870 und 1884 liefen etwa 3000 Schiffe in der schmalen Fahrrinne auf Grund.

Zankapfel der Großmächte

1875 musste Vizekönig Ismail wegen zerrütteter Staatsfinanzen seine Aktien an die Briten verschleudern, die die Kanalzone 1882 militärisch besetzten. So trat ein, was mancher ägyptische Herrscher befürchtet hatte: Den Profit zogen die Kolonialherren. In der Konvention von Konstantinopel 1888 vereinbarten neun große Schifffahrtsnationen die »Freiheit des Verkehrs in Friedens- und Kriegszeiten sowie die Neutralität der Sueskanalzone«. Auf dem Papier sah das gut aus, in der Realität blieb der Sueskanal Zankapfel der Mächte. Auf der Woge des erstarkenden ägyptischen Nationalbewusstseins proklamierte **Präsident Nasser** am 26. Juli 1956 die Nationalisierung des Kanals. Die erste Sues-Krise war da. Gegen britische, französische und israelische Truppen behauptete Ägypten seine Hoheit. Im Sechs-Tage-Krieg 1967 wurde am Kanal besonders heftig gekämpft. Als 1975 aufgeräumt wurde, musste man den einspurigen Kanal für die neue Generation der Riesentanker vertiefen.

Große Hoffnungen

Seit dem Zweiten Weltkrieg hat jeder Staatschef Ägyptens ein Ausbauprojekt angeordnet, auch Abd al-Fattah al-Sisi. Auf 72 km soll der Kanal **zweispurig** ausgebaut werden; 2015 wurden 35 km eingeweiht. Für 2023 erhöhte Ägypten die Transitgebühren um 10 % für Kreuzfahrtschiffe und 15 % für Frachter. Das Geschäft boomt: 80 % des Welthandels laufen über die Meere. Dessen Anfälligkeit zeigte sich, als das riesige Containerschiff **»Ever Given«** am 3. März 2021 im Kanal auf Grund lief und ihn sieben Tage lang blockierte.

★★ KAIRO (EL-QÂHIRA)

Landesteil: Unterägypten | **Gouvernorat:** Kairo | **Einwohner:** 23 Mio (Großraum)

Wahrscheinlich hat Ihnen schon jemand gesagt, dass Kairo ein Moloch ist. Vergessen Sie's. »El-Qâhira«, »die Unbezwingbare«, ist eine pulsierende Megalopolis. Ja, man steht hier fast immer im Stau, staubig ist es auch – was sonst, wenn rundum Wüste ist? Heute wirkt die Stadt auf den Gast oft verstörend, manchmal erschreckend, aber am Ende immer faszinierend. Tradition und Moderne verschmelzen hier zu einer unvergleichlichen Melange. In der mehrere tausend Jahre langen Stadtgeschichte entstanden Bauwerke, die zu den schönsten der islamischen Welt zählen, von den Pyramiden gar nicht zu reden. Und Kairo bei Nacht, das ist noch einmal ein ganz anderes Erlebnis, schon optisch, wenn das Lichtermeer bis an den Horizont reicht.

»Mutter aller Städte«

Die Altstadt gehört mit ihrem Ensemble islamischer Baukunst seit 1979 zum **UNESCO-Weltkulturerbe**. Ihre beeindruckenden Kuppeln und Minarette, Zeugen einer bewegten Vergangenheit, kontrastieren mit den verfallenden Wohnhäusern und gesichtslosen Hochhaussiedlungen der Vororte. Im stetigen Menschengewimmel trifft man den Geschäftsmann im Anzug und Frauen in schicken Kostümen ebenso wie Männer in Galabeias und strenggläubige Musliminnen mit Schleier. Ein im Wortsinn atemberaubender Verkehr lässt die Stadt nie zur Ruhe kommen. Eselskarren konkurrieren mit Bussen, Luxuskarossen und Millionen von Kleinwagen, deren wichtigster Bestandteil die Hupe zu sein scheint. Kairo lebt mit dem täglichen Ansturm, und wenn Sie mit ähnlicher Gelassenheit und Geduld, wie sie die Kairoer jeden Tag bewahren, die Stadt erkundent, werden Sie sich ihrer Faszination kaum entziehen können.

Größte Stadt Afrikas

Lage

Kairo ist die Hauptstadt Ägyptens und die größte Stadt des afrikanischen Kontinents. Sie liegt am rechten Ufer des Nils, rund 20 km südlich der Gabelung des Flusses in die Mündungsarme Damietta und Rosetta. Am östlichen Stadtrand erheben sich die kahlen rötlichen Felswände des Mokattam-Gebirges, hinter dem sich die Östliche Wüste ausdehnt. Nach Süden reicht die Stadt jenseits von Alt-Kairo bis zum Vorort Maadi, im Westen wächst sie jenseits des Stroms über Giseh in die ▶Westliche Wüste hinaus. Als Landeshauptstadt ist Kairo Sitz der Regierung, des Parlaments und der obersten Verwaltungsbehörden, außerdem der islamischen, koptischen und koptisch-unier-

Blick vom Cairo Tower auf die größte Stadt Afrikas

ten Religionsoberhäupter. Die Metropole besitzt mehrere Universitäten sowie angesehene Fachhochschulen.
Als gigantisches Großprojekt entsteht seit 2015 östlich von Kairo **New Cairo**, die neue Verwaltungshauptstadt, Kosten ca. 60 Mrd. US-Dollar, finanziert und gebaut großteils von chinesischen Konsortien. Um das überbevölkerte und verkehrsmäßig überlastete Kairo zu entlasten, sollen hier eines Tages 6,5 Mio. Menschen leben und natürlich Parlament, Präsident, alle Ministerien und Botschaften ihren Sitz haben sowie 2000 Schulen, 600 Kliniken und acht Universitäten entstanden sein. Eine 2025 auf einer Teilstrecke schon im Testbetrieb fahrende Monorail (Einschienenbahn) wird auf zwei Linien (East Nile: 54 km, West Nile: 45 km) den Großraum der Stadt bedienen.

Der erste Eindruck

Ankunft mit dem Flugzeug

Wenn Sie vom Flughafen im nordöstlichen Stadtteil Heliopolis in die Innenstadt fahren, bekommen Sie zu Stoßzeiten schon mal einen Eindruck: Eine gute Stunde oder auch zwei Stunden Fahrt für die rund 20 km sind nicht unüblich. Nutzen Sie die Gelegenheit, um mithilfe der Autokennzeichen die arabischen Zahlen zu lernen, oder nehmen Sie's als Feldstudie. Die Kairoer fahren stop-and-go, Stoßstange an Stoßstange, Kotflügel an Kotflügel, was nicht reibungslos klappt – finden Sie mal ein Auto ohne Dellen! Was anfangs als ein einziges Chaos erscheint, erweist sich genau als dessen Vermeidung. Alle Regeln einhaltend, jeder auf seiner Spur fahrend, das würde – so fand die Kairoer American University heraus – den Kollaps der Stadt bedeuten.

5000 Jahre Stadtgeschichte

Der »Ort des Kampfes«

Die Anfänge

Bereits im frühen Altertum lag etwa auf der Höhe der Pyramiden von Giseh, am Ostufer des Nils, die Stadt Chere-aha. Ihr Name bedeutet so viel wie »Ort des Kampfes«, da hier Horus und Seth gegeneinander gekämpft haben sollen. Die Griechen nannten die Stadt Babylon, die Römer blieben bei dem Namen und bauten sie zum Kastell aus, um das das koptische Viertel mit einigen der ältesten Kirchen der Christenheit wuchs. Der muslimische Eroberer Amr Ibn al-As schlug 641 n. Chr. nördlich der alten Festung sein Lager auf und gründete in der Ebene die neue Hauptstadt **Al-Fustat**, die von den Arabern wie das Land auch **Misr** genannt wurde – der Begriff steht heute sowohl für Kairo als auch für Ägypten. Die Omaijaden konnten sich bis 750 behaupten. Bei ihrem Sturz brannte die Stadt mit Ausnahme der Großen Moschee völlig nieder. In der Folge entstand weiter nördlich ein neues Stadtviertel El-Askar und Ende des 9. Jh.s der Ortsteil El-Katai.

Ein neuer Name

Misr el-Qâhira

Den Abbasiden folgten die Fatimiden, die 969 vom Westen her Ägypten eroberten und im selben Jahr nördlich von El-Katai das Heerlager Misr El-Qâhira (»Stadt des siegreichen Mars«) anlegten, woraus Kairo wurde, Zentrum eines Gebiets von Nordafrika bis zum Jemen. In der Stadt zeigte sich dier Herrschaftsanspruch durch angeblich 20 000 zum Palastbereich gehörende Gebäude, in denen 30 000 Menschen lebten.
Nach dem Untergang der Fatimiden übernahm **Saladin** im Jahr 1171 die Macht und gründete seine Dynastie, die Aijubiden, deren Herrschaft bis 1250 andauerte. Er umschloss die beiden Städte Fustat – die war noch wenige Jahre vorher von den Fatimiden aus Angst vor den anrückenden Kreuzfahrern zerstört worden – und El-Qâhira mit einer (nie vollendeten) Mauer und begann mit dem Bau der Zitadelle.
Auch unter den Mamelucken entwickelte sich Kairo zu einer bedeutenden Stadt, die **im 14. Jh. ihre höchste Blüte** erreichte, was prachtvolle Bauwerke in der Altstadt mit ihren schönen Basaren bezeugen. Und das, obwohl damals politische Morde, Aufstände, Revolten, Christenverfolgungen und Pestepidemien nicht nur einen Großteil der Bevölkerung dahinrafften, sondern auch den Frieden und das kulturelle Leben stark beeinträchtigten. 1517, nach der Schlacht bei Heliopolis, zog der osmanische **Sultan Selim I.** in Kairo ein. Zwar hatte die Stadt unter der Türkenherrschaft Plünderungen und Repressalien zu erleiden, doch blieb sie ein kulturelles und geistiges Zentrum.

KAIRO ERLEBEN

TOURIST INFORMATION

5 Sh. Adly, Bab el Louk, Downtown (beim Midan Opera)
Sa. – Do. 9 – 17 Uhr
Tel. 02 23 91 34 54
Weitere Büros am Ramses-Hauptbahnhof, im Flughafen und im Al-Manial-Palast auf der Insel Roda.

Cairo Pass: Die Pyramiden von Giseh, Sakkara, Dahshur, Museen, Moscheen und anderes können Ausländer für 130 US$ oder ca. 120 € besichtigen (LE und Kreditkarten werden nicht akzeptiert). Reisepass sowie ein Passfoto sind vorzulegen. Studenten zahlen bei Vorlage des Internationalen Studentenausweises die Hälfte. Der Pass gilt an fünf aufeinanderfolgenden Tagen, er lohnt sich nur bei sehr dichtem Besichtigungsprogramm. Erhältlich u. a. im Ägyptischen Museum, an den Giseh-Pyramiden, in der Zitadelle und bei der Antikenbehörde (Ministry of Antiquities), Cultural Affairs Office:
3 Sh. El Adel Abu Bakr, Zamalek, Tel. 02 27 35 87 61, 02 27 36 56 45

Flüge: Der Cairo International Airport liegt ca. 20 km östlich. Er hat drei Terminals; Egypt Air und Star Alliance fliegen von Terminal 3. Von hier gibt es tgl. mehrere Flüge in alle Landesteile, in die Oasen der Westlichen Wüste mehrmals wöchentlich.
Tel. 02 22 65 50 00
www.cairo-airport.com
Egypt Air: Call Center
Tel. 0900 70000, Mobil 1717
Die Ausstellung nach dem Check-In: Drei pharanoische Mumien, antike Tonkrüge, die Bronzestatue einer geflügelten Isis und Skulpturen aus griechisch-römischer Zeit sind Attraktionen des kleinen **Cairo Airport Museum** im Terminal 3 (tgl. 0-24 Uhr, Eintritt 3 US$). Eine weitere Antikensammlung soll in Terminal 2 zum Kulturabstecher animieren.

Bahn: Vom Ramses-Hauptbahnhof (Mahattat Ramsis) fahren fast im Stundentakt Regional- und Expresszüge Richtung Alexandria und in die Sueskanalregion, mehrmals täglich Richtung Marsa Matruh und nach Luxor und Assuan. Die Schlafwagenzüge (▶ S. 566) nach Luxor und Assuan fahren u. a. vom Bahnhof Giseh (Bashtil Station, Upper Egypt Railway Station), der als Ägyptens größter Bahnhof 2024 den Betrieb aufnahm.
Tel. 02 25 75 35 55 und
01 27 4 42 29 25
https://enr.gov.eg

Metro: Drei Metro-Linien, die vierte im Ausbau, ermöglichen für wenig Geld ein äußerst flottes Fortkommen in der Dauerstau-Metropole. Für Frauen gibt es eigene Abteile, kein Zutritt für Männer.
https://cairometro.gov.eg

Monorail: 2 Linien aufgeständerter Einschienenbahnen, zum kleinen Teil seit 2024 im Probebetrieb, sollen zur Ergänzung des öffentlichen Nahverkehrs ein Schienenetz von 102 km Länge über gesamt Kairo spannen.

Bus: Kairo hat ein dichtes Busnetz; die Benutzung ist aber insbesondere Frauen nicht zu empfehlen.
Für **Fernbusse**, die stündlich bis mehrmals tgl. Kairo mit allen Landesteilen verbinden, ist Turgoman Garage in der Stadtmitte (hinter dem Al-Ahram-Gebäude) der wichtigste Busbahnhof. **Go Bus** bedient alle Landesteile; die Busse bieten unterschiedliche Klassen
Richtung Sueskanal und Sinai:
Tel. 02 24 19 8533

Superjet-Busse Richtung Nildelta, Rotes Meer, Sinai, Oberägypten: Tel. 02 22 90 90 17
Oasen der Westlichen Wüste, Oberägypten: Tel. 02 25 76 02 61
Go Bus: Tel. 1 95 67
https://go-bus.com

Taxi: Neben den teuren Hoteltaxis und den Taxis, die man mit Handzeichen anhält und dann erst den Preis ausmacht, haben sich Uber und Careem (Bestellung über App) mit Fixpreisen etabliert.

EL-ASHAR PARK

Die Aga-Khan-Stiftung schenkte, bewusst in unmittelbarer Nachbarschaft des sehr armen Stadtviertels Darb al-Ahmar, den Kairoern diesen wundervollen Park, der auf einer riesigen wilden Mülldeponie angelegt wurde. Hier können Sie picknicken, entspannen und in einem Restaurant mit tollem Ausblick ordentlich essen.
Sh. Salah Salem, nördlich der Zitadelle, tgl. 10 – 24 Uhr, Eintritt ab 35 LE, Tel. 02 25 10 91 50
www.azharpark.com

CAIRO FREE TOURS

Alt-Kairo, das moderne Viertel Zamalek, die Stadt bei Nacht und auf den Spuren ägyptischer Hausmannskost – das erlebt man bei den kostenlosen Touren, heißt: Trinkgeld wird selbstverständlich erwartet. Details und Buchung:
www.freetour.com/de/cairo

PHARAONIC VILLAGE

Das Leben im alten Ägypten, nachgestellt von kostümierten Statisten. Mit dem Boot unterwegs auf dem »mythologischen Kanal« zwischen Papyrusplantagen, vorbei an Pharaonen, Handwerkern und Bauern. Im lebenden Museum des Dr. Ragab gibt es Ausstellungen, Nachbildungen von Gebäuden wie Tempel und Bauernhäuser sowie Cafés.
3 Sh. Al-Bahr Al-Aazam
tgl. 9 – 17, im Sommer bis 19 Uhr
Eintritt ab 150 LE, Kinder ab 60 LE
Tel. 010 28 11 77 86
www.facebook.com/The.pharaonicvillage

WANDERN & MOUNTAINBIKEN

Fünfzehn Autominuten südlich des Vororts Maadi ist man im Wadi Degla, einem 60 km² großen Naturschutzgebiet in der Östlichen Wüste. Hier kann man wandern, mountainbiken, picknicken oder einfach entspannen.
Wadi Degla Protectorate, Zahraa al Maadi, tgl. 8 – 18/19 Uhr

Auf dem **Basar Khan el-Khalili** gibt es alles von Kitsch bis Kunsthandwerk: mundgeblasene Parfümfläschchen, Holzschnitzer- und Töpferwaren, Messing- und Alabasterarbeiten, Papyrus. Gold- und Silberschmuck wird nach Gewicht verkauft. Der **Zeltmacher-Bazar** an der Sh. Al-Khayamia hinter dem Tor Bab Zuweila ist berühmt für farbenfrohe Kissenbezüge, Decken und Wandteppiche (So. geschl.). Wasserpfeifen gibt es im **Suk al Futh** (Muizz el-Din Allah). **Downtown** findet man alle Arten von Geschäften. Preise und Qualität sind hier auf mittlerem Niveau. Besser und teurer kauft man in Zamalek in der Sh. 26th of July. Die größten Einkaufszentren des Landes sind die **Cairo Festival Mall** und das **Citystars**, wo man auch viele Läden für orientalische Souvenirs findet, häufig mit fairer Preisgestaltung.

ANTIQUARIAT & BUCHHANDEL

Lehnert & Landrock
Die Pyramiden vom Nil aus gesehen, ein Zeppelin über der Cheops-Pyramide – Repros von historischen Aufnahmen von 1924 bis 1930 werden Ihnen vielerorts für sehr viel Geld

angeboten. In der Buchhandlung Lehnert & Landrock, deren Gründer die Aufnahmen damals auf Platten gebannt haben, gibt es die autorisierten Fotos sehr viel günstiger und in fast jeder Größe. Auch für Ägyptenliteratur eine Fundgrube.
36 Sh. Abd El-Khalek Sarwat, Downtown, 1. Etage
Tel. 02 23 92 76 06 und 23 93 53 24
tgl. 10 – 19 Uhr

Diwan
Internationale und arabische Literatur in Deutsch, Englisch und Französisch. In der Bar-Ecke können Sie bei Tee, Kaffee und Softdrinks schmökern.
159 Sh. 26th of July, Zamalek
Tel. 02 27 36 25 82
www.diwanegypt.com
tgl. 10 – 23 Uhr

KUNSTHANDWERK

Creative Egypt
Der Laden sieht sich als »Kulturdrehscheibe«. Glas, Kupfer, Holz, Leder, Alabaster, Marmor, Silber – hier gibt es alles von der Vase bis zum handgeknüpften Teppich i, das Moderne und Tradition vereint. Die Stücke kommen aus Hunderten von Werkstätten in ganz Ägypten.
Cairo Festival Mall
Tel. 012 73 33 65 58
facebook.com/creativegypt.org
tgl. 10 – 22 Uhr

Fair Trade Egypt
Alles »made in Egypt«. Ohne Feilschen erstehen Sie Korb-, Leder- und Töpferwaren, Textilien, Holzarbeiten und Lampen zu fairen Preisen und in bester Qualität.
27 Sh. Yehia Ibrahim, Zamalek
1. Etage, Tel. 02 27 36 51 23

Farbenfrohes Angebot auf dem Basar der Zeltmacher

facebook.com/fairtradeegypt
Sa. – Do. 9 – 20, Fr./Sa. 10 – 18 Uhr

Hussam Abdel Zaher
Ganz klassisch: Kairos beste Buchbinder verkaufen Notizbücher, Schachteln für Krimskrams und Zettelkästchen aus edlen Materialien.
Noon Art, Souq el-Fustat, neben Amr-Ibn-el-As-Moschee
Tel. 010 01 47 65 60 facebook.com/hussamabdelzaher
tgl. 10 – 17 Uhr

Viele sind überrascht – Kairo hat ein quicklebendiges Nachtleben. Aktuelle Tipps finden Sie auf der Webseite www.cairoscene.com

1 U BISTRO & BAR €€€
Mal DJs aus Ibiza, dann Jazz aus Cairo als Rahmen für mediterrane Küche und Drinks. Das Lokal in einer beeindruckenden Mansion ist Treff für etwas schickeres Publikum. So lebhaft es am Abend ist, so angenehm erlebt man hier den Lunch.
157 Sh. 26th of July, Zamalek
Baehler's Mansion, 1. Etage
tgl. 10 – 2 Uhr

2 CAIRO JAZZ CLUB
Im einzigen Jazzclub Kairos gibt es nicht nur Jazz aller Art, sondern auch Bands, die eher Arab Pop spielen; auch ägyptische Top-Gruppen wie Cairokee oder Wust al Balad treten immer wieder auf. Eine größere Konzert-Location ist das **»CJC 610«** in Sheikh Zayed (Tel. 010 08 11 13 30).
197 Sh. 26th of July
Tel. 0106 8 80 47 64, www.cairo-jazzclub.com

3 EL-GENAINA THEATRE
Von Frühjahr bis Herbst spielen hier, vor der Kulisse der islamischen Altstadt und der historischen Stadtmauer, Bands unter freiem Himmel Jazz, Klassik, Electro etc.
El-Ashar Park
Tel. 02 23 62 50 57
facebook.com/GenainaTheater

4 PUB 28
Das Lokal ist Kult, manche sagen wegen des Schnitzels. Ausgelassen geht es hier oft am späten Abend zu. Da wird in dem Pub, das die Muslimbrüder während ihrer kurzen Herrschaft schließen wollten, gesungen und getanzt – viel lässiges Publikum aus der Nachbarschaft ist mit dabei.
28 Sh. Shagaret el Dur, Zamalek
Tel. 02 27 35 09 72, tgl. 12 – 2 Uhr

5 SAKIYAT AL-SAWY
Im interessantesten freien Kulturzentrum der Stadt gibt es allabendlich Highlights: arabische und westliche Klassik, Rock, Pop, Hiphop, Jazz.
Sh. 26th of July, Zamalek (unter dem Westende der Overfly-Brücke)
Tel. 010 0 99 99 95
www.culturewheel.com

6 THE TAP BAR & GRILL €€€
Jam Night, Band Night, DJ Night, Games Night, Urban Night – die Bar gibt es dreimal in und um Kairo, und fast jeder Abend hat ein Party-Motto, weshalb man ohne Reservierung über Facebook kaum am Türsteher vorbeikommt. Ruhig ist es fast nur zur Happy Hour von 17 bis 20 Uhr. Die Karte: Burger, Steaks, Sandwiches etc., dazu von Wein über Cocktails bis zu Shots alles, was man für eine gute Partynacht braucht. Fast alles.
9 Mohamed Nagguib St, Stella Compound, New Cairo
Tel. 010 02 55 55 03
www.thetap.co
So.– Do. 16 – 2, Fr., Sa. 14 – 3 Uhr

CAFÉS

7 CAFÉ RICHE €€
Viele Jahre war der kleine »Hyde Park Corner« der Kairoer Intelligenzia ge-

schlossen; nun wird wieder diskutiert. Ein idealer Platz zum Rasten.
Talaat Harb, Downtown
Tel. 02 23 92 97 93
tgl. 12 – 23 Uhr

8 EL-FISHAWI €€

Das älteste Kaffeehaus der Stadt öffnete 1773 die Pforten, heute ist es eine Institution und nach eigenen Angaben rund um die Uhr geöffnet. Es liegt am Beginn des Khan el-Khalili, sein Eingang nahe der Hussein-Moschee. Standardbestellung: Shai bi nana'a (Tee mit frischer Minze), türkischer Kaffee und dazu eine Wasserpfeife. Klären Sie die Preise vorab.
Khan el-Khalili, Midan Hussein Durchgang nahe Hussein-Hotel

1 PIER 88 €€€€

Fritto di calamari, Vitello tonnato und Tonno in crosta (Thunfisch in Kruste) sind Highlights auf der Karte. Auf dem Imperial Boat trifft sich die etwas schickere Szene bei Bier, Wein, Cocktails, Champagner und mediterraner Küche. Die Bar ist riesig, die Tische an der Reling mit Brise und Blick auf das östliche Nilufer sind begehrt.
Imperial Boat, 19 Saray el Gezira, Zamalek
Tel. 012 08 11 11 40
www.pier88group.com
tgl. 13 – ca. 2 Uhr

2 ABOU EL-SID €€€

Kulinarischer Orient! Auf Barockstühlen lauscht man in diesem urgemütlichen Lokal klassischer und moderner arabischer Musik, sofern die anderen Gäste nicht viel zu laut in Gespräche vertieft sind. Die Karte bietet alles auf, was die ägyptische Küche hat: Vorspeisen, Gegrilltes, Nachspeisen – besonders gut ist hier das Umm Ali.
157 Sh. 26th of July, Zamalek
Eingang in der Seitenstraße
Tel. 02 27 35 96 40
www.abouelsid.com
tgl. 12 – 2 Uhr

3 NAGUIB MAHFOUZ €€€

Mitten im Basar gelegen, im Trubel geht man fast am Eingang vorbei. Die Küche ist bodenständig ägyptisch. Die gemischte Vorspeisenplatte und ein Karkadeh sind optimal für den Hunger zwischendurch. Abends gibt es traditionelle arabische Musik. Kein Alkoholausschank.
5 Sikket Al-Badistan, Khan El-KhaliliTel. 02 27 95 73 77
tgl. 10 – 2 Uhr

4 ZÖÖBA €€

Lust auf Streetfood in veredelter Form? Koshari, Foul, Tameya gibt es hier in diversen Variationen. Aber die Karte bietet noch mehr Highlights: süß-scharfen Blumenkohl und Hawawshi (Rindfleisch, Karotten, Zwiebeln, Paprika, Koriander im Fladenbrot). Die Portionen sind so bemessen, dass man mehrere Gerichte probieren kann – und sollte.
132 Sh. 26th of July, Zamalek
Tel. 012 74 80 05 51
www.zoobaeats.com
tgl. 8 – 1 Uhr

5 HILL-TOP RESTAURANT €€

Der herrliche El-Ashar-Park, die grüne Lunge in Alt-Kairo, bietet im Restaurant auf einer der schönsten Terrassen ägyptische Küche, mit allen Standards von Mezze bis zu gegrilltem Fleisch. Der wundervolle Garten der Aga Khan-Stiftung nördlich der Zitadelle ist ideal zum Verdauungsspaziergang nach Tee und Dessert.
El-Ashar-Park, Haupteingang Sh. Salah SalemTel. 0120 727 37 47
www.azharpark.com
tgl. 10–24 Uhr

6 CRIMSON BAR & GRILL €€€

Morgens Frühstück, nachts das späte Dinner. In der bekannten Grill-Bar herrscht den ganzen Tag Betrieb. Das

schicke Publikum taucht ab 22 Uhr in dem Lokal auf, das mit Events wie Modenschauen Aufsehen erregt. Die Küche serviert mediterrane Gerichte und, weil es in ist, auch Sushi und Sashimi. Die Cocktails sind in Ordnung.
16 Sh. Ka mal Al Tawil 16, Zamalek
Tel. 012 75 05 55 55
www.crimsoncairo.com
tgl. 8 – 1 Uhr

7 EL-GOMHOUREYA €€

Ein schlichtes Lokal um die Ecke beim sehr touristischen Felfela-Restaurant und bei Kairoern sehr beliebt. Die Spezialität sind gefüllte Täubchen, den Sud gibt es vorweg als Suppe, dazu Fladenbrot und Mezze. Die Zubereitung kann dauern, also Geduld! Gegrilltes Fleisch von nicht fliegenden Tieren gibt es auch.
42 Sh. Falaky, Downtown
Tel. 02 23 92 30 08
tgl. 13 – 24 Uhr

8 AKHR SA'A €

Essen aus der Hand: »Der letzte Schrei«, so die Übersetzung des Namens, ist rund um die Uhr Treff von Hungrigen, egal ob Frühaufsteher oder Nachtschwärmer, die hier zuhauf auftauchen, um Taamiyya, Omeletts, Kebab oder Kibda, würzige Leber zu ordern. Alkohol gibt es nicht.
3 Oraby Square (8 Sh. el-Alfi), Taufiqeya, Downtown
tgl. rund um die Uhr geöffnet

9 ANDREA MARIOUTEYA €€

Passende Abschluss-Location nach dem Pyramidenbesuch: Auf einem Hügel liegt das traditionsreiche Restaurant, das für wundervolle ägyptische Vorspeisen und gegrilltes Huhn bekannt und entsprechend gut besucht ist. Das Fladenbrot kommt frisch aus dem Ofen. Der Zauber des Gartenlokals entfaltet sich vollends mit Einbruch der Dunkelheit, wenn sich unterhalb des Andrea das unendliche Lichtermeer von Giza und Kairo erstreckt.
New Giza Rd., New Giza
Tel. 0100 3 53 20 00
facebook.com/andreamariouteya
tgl. 12 – 24 Uhr

LUNCH- UND DINNER-KREUZFAHRTEN

Ein Dinner auf dem Nilschiff mit Bauchtanz- und Tanoura-Show gehört fast zum Kairo-Programm. Die beiden Schiffe von **The Pharaos €€€€** und die showfreie Feluke für 20 Gäste legen am Four Seasons Hotel in Giseh ab. Termine und Reservierung klärt man telefonisch.
Anleger: 138 Sh. el-Nil
Tel. 02 35 70 10 00
Abendliche Dinner Cruises bietet auch das **Sofitel Cairo Nile El Gezirah €€€€**
Info & Buchung:
Tel. 02 27 37 37 37

RESTAURANTSCHIFFE

Am westlichen Nilufer in Zamalek liegen etliche Restaurantschiffe. Eine Institution ist das **Le Pacha 1901 €€€** mit neun Restaurants und der Bar J. Z. mit Karaoke
Saray el Gezira, Zamalek
Tel. 199 82
www.lepacha.com
tgl. 12 – 1 Uhr
Auf dem **Blue Nile Boat €€€** geht es nach dem Dinner im Upside Down oder in der Asia Bar aufs Moon Deck, wo im Sommer bis in den Morgen gefeiert wird.
9 Saray el Gezira, Zamalek (südlich der 6th of October Bridge),
Tel. 161 66
facebook.com/BlueNileBoat
tgl. 12 – 4 Uhr

1 MARRIOTT HOTEL €€€–€€€€

Der einstige Pascha-Palast – mit Spiel-

casino, Café, Bar und Nachtclub – überwältigt mit seinem Interieur. Im Garten können Sie speisen und promenieren. Um zwei moderne Hoteltürme erweitert, ist das Haus beliebt bei Arabern aus den Golfstaaten. Buchen Sie ein Zimmer mit Gartenblick, die Zimmer zum Nil bzw. zum Gezira-Club hin sind sehr laut.
1 Sh. el-Gezira, Zamalek
Tel. 02 27 28 30 00
www.marriott.com

2 EL-HUSSEIN €€

Wer im Basar-Trubel und mit Balkonblick auf die Hussein-Moschee und das beeindruckende Freitagsgebet logieren will, ist in diesem einfachen Hotel richtig. Orientalischer kann man nicht wohnen.
Midan el-Hussein, Basar Khan el-Khalili
Tel. 0100 085 44 41
facebook.com/HotelElhussien

3 LE RIAD HOTEL DE CHARME €€€€

Orientalische als hier geht es kaum: Nahe dem Bab Zuweila wohnen Sie mitten im quirligen islamischen Kairo, dessen Atmosphäre, architektonische Verspieltheit und Farbenpracht sich im Riad mit Antiquitäten und barock-orientalischem Mobiliar fortsetzt. Die 17 Suiten erstrahlen in kräftigen Farben; unter den Balkonen tobt das Souk-Leben, und die Dachterrasse ist der ideale Platz fürs Frühstück ebenso wie für Sundowner und Dinner.
114 Sh. Muiz el Din Allah, Alt-Kairo
Tel. 02 27 87 60 74
www.leriadcairo.com

4 STEIGENBERGER TAHRIR €€€

Der Pool ist nicht groß, aber der Rest des jüngsten Hotels am neu gestalteten Tahrir-Platz überzeugt. Die Zimmer sind geräumig und modern, die stilvolle Bar ein guter Treff. Von hier erreicht man zu Fuß rasch das Ägyptische Museum und Downtown, einen kleinen Marsch erfordert der Basarbezirk Khan el-Khalili.
2 Sh. Kasr el-Nil, Downtown
Tel. 02 25 75 07 77
www.hrewards.com

5 SOFITEL CAIRO NILE EL-GEZIRAH €€€

Das luxuriöse Hotel, ein unübersehbarer Rundbau, liegt mitten in Kairo an der Südspitze der Nilinsel Gezirah. Der Service erfreut ebenso wie die sehr guten Restaurants und Bars. Mit tollem Kairo-Blick liegt man am Pool. Das hoteleigene Nilschiff, zu buchen beim Concierge, läuft abends zu Dinner Cruises aus.
3 Sh. El Thawra Council, Zamalek/El Gezirah
Tel. 02 27 37 37 37
www.sofitel.accor.com

6 VILLA BELLE ÉPOQUE €€€

Ruhiger, grüner, beschaulicher – dadurch zeichnet sich das südliche Viertel Maadi gegmnüber dem 13 km entfernten Zentrum Kairos aus. In einem eleganten Art-déco-Häuschen der 1920er-Jahre ist das kleine Boutiquehotel ansässig, das in Dekor und Ausstattung mit Antiquitäten die Kolonialzeit aufleben lässt. Mit Pool im Garten. Alkohol bietet das Hotel nicht an, serviert aber gerne den mitgebrachten.
Road 13, Villa 63, Maadi
Tel. 02 23 58 02 65
www.villabelleepoque.com

7 GAMALEYA BOUTIQUE HOTEL €€

Das B&B liegt in Kairos Altstadt, es ist barock-orientalisch designt und möbliert, hat hohe Decken und Atrien.
14 Amir El Geyoush St.
El Gamaleya
Tel. 011 13 00 60 00
www.gamaleya.com

KAIRO ZENTRUM
250 m
©BAEDEKER
Kit Kat
Umm Kulthum (in Bau)
ZAMALEK
Zamalek
St. Joseph
Om Kûltum Theatre
National Circus
Sharia Abu al-Maati
Sharia al-Nil
Sharia Bagat Ali
Sh. Mohammed Thakeb
Sh. Taha Hussein
Sh. Maraashly
Sh. Ahmed Hishmat
Sh. Mohammed Mazhar
Hassan Assem
Sharia Ismail Mohammed
Sharia 26th July
Sh. Brazil
Aziz Abaza
Sh. Sayed El-Bakry
Sharia Shagaret al-Dor
Sharia Ibn Zanki
Sharia Salah ad Din
Sh. Basha ad Din Qaradosh
Sharia Hasan Pasha Sabri
Sh. Lutfallah
Sharia al-Gezi
Sharia al-Gabalaya
Sharia No. 28
El Bahr al-A'ma
Nil
Sharia al-Corniche
Sharia Matbaa al-Ahliya
Sinan Pasha Mosque
Sharia al-Khadra
Clothes Market
Sharia Bulaq al-Gedid
Kubri Sitta wa'Ashrin Yulyu
Maspero (Boulaq)
Egyptian Radio and Television Union
in Bau
Gezira Sporting-Club
Sharia al-Gezira
Nile Gardens
Kubri Sitta Uktubir (6th October Bridge)
Midan Abd Minnim Riyad
Bus Station
Ägyptisches National museum
Sh. Sitta Uktubir
AGUZA
Sharia al-Dorri
Sh. Dr. Mohammed Shahin
Sharia Mathaf al-Zira'i
Andalus Gardens
Sharia Nawal
Cairo Tower
GEZIRA
Sharia Abd al-Rahim Sabri
Sharia Lutfi Hassuna
Kubri Qasr el-Nil
GARDEN
Museum für Moderne Ägyptische Kunst
Oper
El-Gazira (Opera)
Sharia El-Tahrir
El-Tahrir Gardens
Sharia Kassab
Midan as-Saad al-Ali
Sharia Hendawi
Sharia al Sad al-Aali
Sharia Bulos Hanna
Midan al-Gala
Mukhtar-Museum
Gezira Roda (Insel Roda)
Sh. Latin America

1. Pier 88
2. Abou el-Sid
3. Naguib Mahfouz
4. Zööba
5. Hilltop Restaurant
6. Crimson Bar & Grill
7. El-Gomhoureya
8. Akhr Sa'a
9. Andrea Mariouteya

1. Marriott Hotel
2. El-Hussein
3. Le Riad Hotel de Charme
4. Steigenberger Tahrir
5. Sofitel Cairo Nile el-Gezirah
6. Villa Belle Époque
7. Gamaleya Boutique Hotel

1. U Bistro & Bar
2. Cairo Jazz Club
3. El-Genaina Theatre
4. Pub 28
5. Sakiyat al-Sawy
6. The Tap Bar & Grill
7. Café Riche
8. El-Fishawi

Öffnung nach Westen

19. und 20. Jahrhundert

Napoleon erkor Kairo bei seiner Ägypten-Expedition 1798/1799 zum Hauptquartier. 1805 nahm Mohamed (Mehmed) Ali als Pascha von Ägypten die Zitadelle in Besitz und ließ in ihr 480 Mameluckenführer ermorden. Unter ihm und seinen Nachfolgern erlebte Kairo einen raschen Aufschwung. Besonders Ismail, ab 1863 an der Regierung, trieb mit Hinblick auf den Sueskanal den Ausbau und die Verschönerung voran: Neue Straßen und ganze Stadtteile entstanden, die Esbekija-Gärten wurden angelegt und das Opernhaus erbaut. Heute ist Kairo sowohl eine sehr orientalisch wie auch sehr europäisch geprägte Millionenstadt, die mit vielen sozialen Problemen, verursacht v. a. durch Überbevölkerung, mit ständig zunehmendem und kaum steuerbaren Verkehr und einer extrem hohen Luftverschmutzung zu kämpfen hat. 1987 wurde die erste Strecke der Metro, gleichzeitig die erste auf dem afrikanischen Kontinent, dem Verkehr übergeben. Inzwischen sind drei Linien in Betrieb und eine weitere im Ausbau.

Zentrum (Downtown)

Rund um den Midan Tahrir

Modernes Zentrum

Kairos Zentrum erstreckt sich zwischen dem östlichen Nilufer auf Höhe der südlichen Gesira-Insel und dem Midan (= Platz) Ramses beim Hauptbahnhof. Einer der belebtesten Plätze und ein guter Ausgangspunkt, um das moderne Kairo zu erkunden, ist der Midan Tahrir (Platz der Befreiung), **Schauplatz der Revolution von 2011**. Hier laufen die wichtigsten Verkehrswege der Stadt zusammen; Metro- und Busstationen sorgen dafür, dass ständig Menschen unterwegs sind. 2020 wurde auf dem neu gestalteten Platz ein in Zagazig im Nildelta entdeckter 17 m hoher Ramses-Obelisk aufgestellt, den vier Sphingen aus Luxor flankieren. Es gab internationale Proteste dagegen, Obelisk und Sphingen den Abgasen eines der verkehrsreichsten Plätze auszusetzen und damit ihre Zerstörung in Kauf zu nehmen. Die ältesten Stadtteile liegen östlich (Islamisches Viertel, ► S. 198) und südlich (Koptisches Viertel, ► S. 195) von hier.
Wenige Schritte westlich des Tahrir steht auf der Nilseite das Luxushotel Nile Ritz-Carlton an der **Corniche**, der von modernen Hotels und Repräsentationsbauten gesäumten Uferstraße. Die Nordseite des Tahrir beherrscht das **Ägyptische Museum** (► S. 191), das in diesem Jahrzehnt saniert und umgestaltet wird. Östlich davon zeigt die **Mashrabiya Gallery of Fine Art** Werke zeitgenössischer Künstler. Am Tahrir beginnt auch die **Sharia Talat Harb**, eine der geschäftigsten Einkaufsstraßen in Downtown. Dieses lange dem Verfall preisgegebene Zentrum, im 19./20. Jh. von französischen Architekten geprägt, wird seit einigen Jahren geradezu liebevoll restauriert. Der Klotz am Südrand des Tahrir ist die **Mogamma**, viele Jahrzehnte

ein Behördenzentrum und Symbol für die berüchtigte ägyptische Bürokratie. Sie wird, so 2025 der Plan, zu einem Luxushotel mit rund 500 Zimmern umgebaut. Östlich der Mogamma liegt der Tahrir Square Campus der American University of Cairo (AUC); Richtung Süden schließt sich die Garden City an mit vielen öffentlichen Gebäuden, gehobenen Wohnvierteln und einigen Hotels.

Mashrabiya Gallery of Fine Art: 15 Sh. Mahmoud Bassiony, Qasr El-Nil | Sa.-Do. 11-20 Uhr | www.mashrabia.wixsite.com/gallery8, Tel. 02 2578 44 94 | **AUC:** www.aucegypt.edu

»Aida«

Esbekija-Garten

An der Grenze zu der von der Straße des 26. Juli durchschnittenen arabischen Altstadt liegen anstelle des einstigen Esbekija-Sees die Esbekija Gardens, angelegt 1870 nach Plänen des Pariser Gartenarchitekten Barillet. Im Park wachsen exotische Sträucher und Pflanzen, darunter der aus Indien eingeführte Banjan-Baum, dessen Luftwurzeln immer wieder neue Stämme bilden. Im Süden grenzt der **Opernplatz** (Midan Opera) an, gefürchtet wegen des täglichen Verkehrschaos. Hier stand bis zur Zerstörung durch einen Brand 1971 das Opernhaus, in dem 1871 Verdis Oper »Aida« uraufgeführt wurde. Die heutige Oper liegt auf der Insel Gezira/Zamalek.

Wo der König logierte

Auf der Sharia el-Gumhurija

An der Westseite des Esbekija-Gartens führt die Sharia el-Gumhurija nach Norden zum Midan Ramses; hier liegt der im 19. Jh. im neoislamischen Stil erbaute **Hauptbahnhof** (Mahattat Ramses; Züge nach ▶ Alexandria mind. 2– 3 Std.; nach ▶ Luxor oder ▶ Assuan dürfen Touristen nur in wenigen Nachtzügen fahren, mind. 10 bzw. 13 Std.) Etwa 1 km südlich erreicht die Sh. el-Gumhurija den im 19. Jh. erbauten neoklassizistischen **Abdin-Palast**, einst Residenz des ägyptischen Königs. Die prunkvoll eingerichteten einstigen Privaträume des Monarchen sind als Museum samt Galerie des amtierenden Präsidenten zu besichtigen.

Abdin-Palast: Sh. el-Gumhurija | So. - Do. 9 - 15 Uhr | Eintritt 120 LE

★★ Ägyptisches Museum

Midan Tahrir | tgl. 9 - 17 Uhr | Eintritt 550 LE
www.egyptianmuseumcairo.com

Götter, Gold und andere Schätze aus 4500 Jahren

Mit seinen prähistorischen, ägyptischen und griechisch-römischen Altertümern aus dem Niltal beherbergt das Ägyptische Museum die größte und bedeutendste Sammlung dieser Art. Gegründet wurde es 1857 von dem französischen Ägyptologen Auguste Mariette (1821 bis 1881). Das schöne historistische Gebäude von 1902 war schon

lange viel zu klein für die gigantische Sammlung – daher Sanierung, Umzug und Neubau zweier Museen. Schon vor der Eröffnung des Grand Egyptian Museum (GEM, ►S. 161) bei den Pyramiden von ►Giseh wurde damit begonnen, das Museum schrittweise zu sanieren und neu zu gestalten. Zukünftig werden dann **auch bisher unbekannte Schätze** aus den überfüllten Magazinen zu sehen sein. Das Museum bleibt also eine Top-Attraktion. Doch viele der über 100 000 Exponate ziehen um. So finden die goldene **Totenmaske des Tutanchamun** und der Innensarg aus 225 kg Gold ihre neue Bleibe im GEM. Andere wie die **Königsmumien** – darunter die von Ramses II. und Hatschepsut –, sind künftig im National Museum of Egyptian Civilization zu bestaunen (NMEC, ►S. 198). Aus einem Museum werden also drei, jedes einen ausführlichen Besuch wert.

Groß und klein

Erdgeschoss

Hauptanziehungspunkte im Erdgeschoss sind in der zentralen Halle die 7 m hohen Kolossalstatuen von Amenhotep III. aus Theben-West sowie das Pyramidion (Schlussstein) der Pyramide von Amenemhat II. 12 Dynastie aus Dashur. In Saal 46 steht das Sitzbild des Königs Djoser (Altes Reich), in Saal 47 daneben die Statuette einer Frau beim Bierbrauen. Ebenfalls aus dieser Periode stammen die nur 7,5 cm kleine Figur des Pharaos Cheops sowie ein mit Blattgold verkleideter Stuhl in Saal 37. In Saal 10 begegnet Ramses II. als Kind dem Gott Horus; in Saal 34 ein Alabasterkopf von Alexander dem Großen. Tiermumien stellt Saal 53 im Obergeschoss aus.

Schatz der Hetepheres

Schmuck

Künstlerisch bedeutsam sind der Grabschatz der Königin Hetepheres, der Mutter des Cheops, und die Schmucksammlung, die die Entwicklung der ägyptischen Goldschmiedekunst von der ältesten Zeit (um 3200 v. Chr.) bis zur byzantinischen Zeit hervorragend repräsentiert. Das großartige handwerkliche Können der altägyptischen Goldschmiede beweisen u. a. die vier Armbänder aus dem Grab des Königs Djer (1. Dyn.) und der Grabfund von Dahshur.

Nil-Inseln

Aussichtsturm, Kulturzentrum, Museen

Insel Geszira

Vom Midan Tahrir geht es über die Kubri (Brücke) Qasr el-Nil auf die 5 km lange und knapp 1 km breite Insel **Gezira** (= Insel), eigentlich Gesira Bulak. Im Norden, im vornehmen Stadtteil **Zamalek**, prägen Wohn- und Botschaftsgebäude, Restaurants und Hotels das Bild. Den südlichen Teil nehmen Parks und Sportanlagen (Racing-Club, Golfplatz u. a.) und Ausstellungsgelände ein, die El-Tahrir-Gärten. Hier

Amenophis III. und Teje überblicken den Mittelsaal des Ägyptischen Museums.

steht auch das Wahrzeichen Kairos, der 187 m hohe **Cairo Tower** (El-Burg), von dessen Aussichtsplattform und Restaurant man einen fantstischen Panoramablick über die Stadt hat. Südlich des Kairo-Turms liegt das **Kulturzentrum Cairo Opera**. Der von japanischen und ägyptischen Architekten entworfene Komplex von 1988 umfasst neben der monumentalen, an mittelalterliche arabische Festungsbauten erinnernden Oper mit drei Theatersälen auch eine Bibliothek. Das Programm der Oper umfasst Konzerte mit Jazz, klassischer und moderner arabischer Musik. Das **Museum für moderne ägyptische Kunst** gegenüber vermittelt einen Überblick über die ägyptische Kunst des 20. Jh.s. Besonders schön sind die anmutige Frau im blauen Kleid mit Federfächer (Ahmed Sabry, 1931) in der Nische rechts neben dem Eingang, Mahmoud Saids riesiges Alexandria-Ölgemälde »The City« (1937) mit drei Frauen und Adel Tarwats auf Holz montierte Collage (2011) mit Kissen, Briefmarken und Briefen.
Nahe der Tahrir-Brücke erhielt der renommierte Bildhauer **Mahmud Mukhtar** (1891 – 1934) sein Museum. Trotz seines frühen Todes war sein Einfluss auf die ägyptische Kunst enorm. Neben der barbusigen Göttin Isis (1929) im Eingangsbereich, einer anmutigen Skulptur im pharaonischen Stil, der grazilen Braut des Nils (1929), einer Allegorie auf das Nil-Land Ägypten, sind rund 80 Skulpturen zu sehen.
Cairo Tower: tgl. 9 -1 Uhr| Eintritt 160 LE | Café ab 200 LE
Cairo Opera: www.cairoopera.org
Museum of Egyptian Modern Art: Di.–Do. 10–20 Uhr | Eintritt 150 LE
Mukthar Museum: 5 Sh. Al-Tahrir | Sa. – Do. 8 – 13 Uhr | Eintritt 80 LE

Gehobene Wohnkultur

★ Manial Palace

Weiter stromaufwärts liegt die kleinere **Nil-Insel Roda**. Im nördlichen Teil steht der 1805 – 1818 unter Mohamed Ali (▶ S. 446) erbaute Manial-Palast (Prince Mohamed Ali Palace), an der Südspitze eines der ältesten islamischen Bauwerke, der um 715 erbaute, mehrfach restaurierte **Nilometer**. Als Nilmesser ist er heute ohne Bedeutung, doch man erkennt an der Messlatte, wie stark der Wasserstand einst schwankte. Nördlich des Nilometers liegt der **Manasterly-Palast** (1850) mit dem International Music Cente.
Ein Highlight ist die in einem riesigen persischen Park gelegene ehemalige Residenz **Manial Palace**. Sie beherbergt u. a. eine Moschee mit herrlichen Kalligraphien, ein Jagdmuseum mit Schmetterlingssammlungen, präparierten Löwen und Kamelskeletten, Falken und Waffen. Lassen Sie sich von den unglaublich prunkvollen Gemächern, von Kaminzimmer und Empfangsräumen den Atem nehmen.
Manial Palace: 1 Sh. Al Saraya | tgl. 9 – 16 Uhr | Eintritt 220 LE
Nilometer: tgl. 9–16 Uhr | Eintritt 120 LE

Moderner Stadtteil

Dokki

Zwei Brücken verbinden die Roda-Insel mit dem modernen Stadtteil

Dokki auf dem westlichen Nilufer. Sehenswert sind dort das in einem Park gelegene **Landwirtschaftsmuseum**, das **Mahmoud Khalil Museum** mit impressionistischen Gemälden sowie der dank Schatten spendender Bäume sehr erholsame **Botanische Garten**. Der Giza Zoo auf der westlichen Nilseite ist eine eher traurige Einrichtung.

Mahmoud Khalil Museum: 1 Kafor el-Dokki
Sa., So., Di., Mi. 10–15 Uhr | Eintritt 60 LE

★★ Alt-Kairo (Masr Al-Qadimah) · Koptisches Viertel

Im Schutz der römischen Festung Babylon

Unter Schutz

... siedelten sich Christen an. Auch heute wird das koptische Viertel – östlich des Nils auf Höhe der Südspitze der Roda-Insel – überwiegend von Christen bewohnt, daher ist die Polizei am Zugang zu dem kleinen, ummauerten Areal präsent. Hier finden Sie einige der schönsten und ältesten Kirchen Ägyptens sowie das Koptische Museum.

Anfahrt: Metro 1 bis Haltestelle Mar Girgis | www.coptic-cairo.com

Suchte hier die Heilige Familie Schutz?

Abu Sarga

Zwischen zwei mächtigen Wachtürmen hindurch, Resten der römischen Festung, gelangt man in die einstige Festung. In einer zusammengedrängten Häusermasse liegt die im 4./5. Jh. gegründete und im 10./11. Jh. neu erbaute koptische **Kirche St. Sergius und Bakchos** (Abu Sarga). Der Legende nach soll sich Maria mit Jesus auf der Flucht nach Ägypten hier einen Monat lang verborgen gehalten haben. Die Kirche zeigt den Grundtypus der alten ägyptisch-byzantinischen Basiliken: dreischiffig mit offenem Dachstuhl über dem Mittelschiff und erhöhtem Querschiff sowie mit Emporen über den flach gedeckten Seitenschiffen. Zwei Säulenstellungen übereinander trennen das Mittelschiff von den Seitenschiffen.

Die marmornen Säulen stammen aus antiken Bauten. Der Eingang liegt an der Südwestecke, die drei alten Eingänge an der Westseite sind vermauert. Sie führten in die Vorhalle, in der früher die Taufbewerber am Gottesdienst teilnahmen. Sie ist durch hölzerne Quergitter in drei Abteilungen geschieden: Die mittlere enthält ein altes Wasserbecken, in dem der Priester beim Epiphaniasfest den Männern die Füße wäscht; die nördliche (mit Nische) dient als Taufkapelle. Ein Holzgitter schließt die Vorhalle von der Hauptkirche ab. Das Mittelschiff (mit spitzer Bedachung) ist traditionell den Männern vorbehalten, die Seitenschiffe werden von den Frauen benutzt. Stufen führen zum Allerheiligsten und zwei Seitenkapellen hinauf. Getäfelte und mit Schnitzereien in Holz und Elfenbein bedeckte Holzschranken schließen das Allerheiligste und die Kapellen ab. Wenn Sie die Krypta verlassen haben, gibt in der Seitenkammer ein Glasbullauge im Boden den **Blick frei zur Quelle**, aus der – so die Inschrift – die Heilige Familie getrunken haben soll. Leider ist das Glas oft mit Kondenswasser beschlagen.

Wo Moses gefunden wurde

Weitere Gotteshäuser

Im Kastellbereich befinden sich noch mehrere alte koptische Kirchen. Nur wenige Häuser von Abu Sarga entfernt steht die im 5. Jh. gegründete und im 10./11. Jh. neu erbaute **Kirche Sitt Barbara** (St. Barbara), nördlich die Kirchen **Mari Girgis** (St. Georg), eine Gründung des 7. Jh.s mit einer Darstellung des Hl. Georg auf der Außenwand, und **El-Adra** (Hl. Jungfrau), ein im 9. Jh. gegründetes, im 18. Jh. rekonstruiertes Gotteshaus. Die **Ben-Ezra-Synagoge**, bis zum 8. Jh. christliche Kirche und heute Museum für jüdische Kultur, ist berühmt für den Fund von ca. 200 000 etwa ab dem Jahr 800 verfassten hebräischen, aramäischen und judäo-arabischen Manuskripten. Hier soll Moses als Baby aufgefunden worden sein.

»Die Schwebende«

An der Südostecke des Kastells steht die Metropolitankirche **Sitt Miriam** (St. Maria) auf den Resten eines römischen Turms, daher heißt sie auch El-Moallaka, »die Schwebende« oder »Hängende«. Die im 4. Jh. gegründete, im 9. Jh. und später mehrfach erneuerte Kirche war ursprünglich wesentlich größer und nahm vermutlich den Raum über beiden römischen Tortürmen ein. An eine Vorhalle schließt sich das vierschiffige, früher mindestens fünfschiffige Langhaus an und an dieses drei durch geschnitzte Schranken abgeschlossene Kapellen, von denen die mittlere Christus, die südliche Johannes dem Täufer, die nördliche dem hl. Georg geweiht ist. Beachten Sie die von 15 Säulen getragene Kanzel und den reichen **Ikonenschmuck**.

El-Moallaka

Alles über die Kopten

Das mit der Kirche El-Moallaka verbundene Museum wurde von Markus Simaika Pascha (1864–1944) gegründet, die Sammlung gehört zu den bedeutendsten ihrer Art. Neben sakraler Kunst – die ältesten Stücke stammen aus griechisch-römischer Zeit – zeigt das Museum Kunstgewerbe und Geräte des täglichen Gebrauchs vom 3. bis zum 18. Jh., insbesonders des frühen Mittelalters. Das Gebäude wurde zu Beginn des 20. Jh.s unter Einbeziehung altkoptischer Architekturteile errichtet und später erweitert.

tgl. 9 – 16 Uhr | Eintritt 280 LE

Koptisches Museum

Die älteste Moschee der Stadt

Hinter dem Touristen-Shopping-Zentrum Souk Fustat steht die Amr-Moschee, eigentlich **Amr-Ibn-el-As**-Moschee, die älteste Moschee der Stadt. Der muslimische Eroberer Amr Ibn el-As gründete im Jahr 642 an der Stelle der alten Festung Babylon Al-Fustat und ließ hier die erste Moschee errichten. Schon früh wurde sie vielfach erweitert, der heutige Bau stammt großenteils aus dem 18. Jahrhundert.

Ca. 1 km östlich des Koptischen Museums liegen die Ruinen von **Fustat**, dem Ort, aus dem Kairo hervorging. Die zahlreichen Funde sind im Museum für Islamische Kunst bzw. im Koptischen Museum ausgestellt. Zwischen der Amr-Moschee und Fustat erstreckt sich das **Töpferviertel**. Hier werden die beliebten bauchigen Wasserkrüge (»Kulla«) hergestellt.

Amr-Moschee und Fustat

Schatzhaus der ägyptischen Geschichte

Das Museum umfasst die ganze Kulturgeschichte des Landes von der Vorzeit bis heute. Das riesige Gebäude beherbergt exquisite Exponate. Neben pharaonischem Schmuck, Holz- und Töpferarbeiten, Münzen, bemalten Statuen aus dem Alten Reich, Pharaonenthronen und einem rekonstruierten pharaonischen Streitwagen ist der vergoldete **Sarg des Priesters Nedjemankh** aus ptolemäischer Zeit zu sehen. Der Sarg war nach den Unruhen 2011 auf obskuren Wegen an das

★ National Museum of Egyptian Civilization

RUHE AUF DER FLUCHT

In der Kirche Abu Sarga führen von den Seitenkapellen Treppen hinab in die Krypta aus dem 5. Jh., einem überwölbten, dreischiffigen Betraum mit Marmorsäulen. Der Altar hat die Form altchristlicher Grabnischen. Fromme Pilger knien nieder, berühren den Altar, beten in stiller Demut. Hier sollen Maria und das Jesuskind Zuflucht gefunden haben.

New Yorker Metropolitan Museum of Art gelangt, 2019 wurde er auf Beschluss der New Yorker Staatsanwaltschaft Ägypten zurückgegeben. Im Gold sind Beerdigungs- und Mumifizierungsszenen filigran dargestellt. Eine eigene Ausstellung befasst sich mit der Geschichte ägyptischer Textilien. Die lange Zeit im Ägyptischen Museum beheimateten, wundervollen **Königsmumien**, darunter Ramses II. und Hatschepsut, ruhen im Mmiensaal in Vitrinen, in denen das gleiche Klima herrscht wie in den Felsengruften im Tal der Könige in ► Luxor.

Sh. el-Fustat, Ain el-Sira, Fustat | tgl. 9–17, Fr.auch 18–21 Uhr
Eintritt 550 LE | www.nmec.gov.eg

★★ Östlich des Zentrums · Islamische Altstadt

Quirliger Kosmos

In der Fatimidenstadt

Als Hauptader der arabischen Altstadt ziehen sich die in der ersten Hälfte des 19. Jh.s angelegte **Sharia Muski** und ihre Fortsetzung **Sh. Gohar el-Kaid** vom Esbekija-Garten nach Südosten. Auch wenn der

Straßenzug durch zahlreiche Geschäfte seinen ursprünglichen Charakter eingebüßt hat, tauchen Sie hier in eine gegenüber dem neuen Kairo sehr andere Welt ein. Wenn Sie den Literaturnobelpreisträger Nagib Machfus gelesen haben: Hier leben seine Figuren bis heute. Östlich des ehemaligen Stadtkanals, heute **Sh. Port Said**, erstreckt sich die alte, von Gohar gegründete Fatimidenstadt. Von ihrer 1074 errichteten zweiten Stadtmauer sind noch die beiden Nordtore Bab el-Futuh (Tor der Eroberungen) und Bab el-Nasr (Tor des Sieges) sowie das Südtor Bab Zuweila erhalten. Das umliegende Viertel Gamaliyya gehört zu den ältesten im islamischen Kairo.
Rechts des Bab el-Futuh liegt der Eingang zur **El-Hakim-Moschee**, die 990 von El-Asis außerhalb der ältesten Stadtmauer nach dem Vorbild der Ibn-Tulun-Moschee begonnen und 1012 von seinem Sohn El-Hakim vollendet wurde. Die beiden Minarette in der hier noch wohlerhaltenen zweiten Stadtmauer waren ursprünglich rund. Ihre quadratische Ummantelung und der kuppelgekrönte, einem arabischen Räucherfass ähnelnde Oberbau stammen aus der Zeit des Umbaus der Moschee nach dem Erdbeben von 1303.
Vom Stadttor Bab el-Futuh führt die **Sharia el-Muizz**, die Hauptgeschäftsstraße der islamischen Altstadt, nach Süden. Der Besuch eines Komplexes aus drei zusammenhängenden Wohnhäusern, **Beit Suheimi, Beit Kharazati und Beit Ga'afer**, vermittelt einen Eindruck vom Lebensstil der arabischen Oberschicht.

Ein Erlebnis

★ Basarviertel

Bei der Kreuzung zwischen der Sh. el-Muizz und der Sh. Gohar el-Kait steht rechter Hand die Aschraf-Barsbai-Moschee aus dem Jahr 1425. Hier befindet man sich mitten im Basarviertel (Souk). Biegt man bei der genannten Kreuzung links ab, gelangt man gleich links zum Basar der Gold- und Silberschmiede (Filigranarbeiten).
In den schmalen Gassen weiter östlich befindet sich der große **Khan el-Khalili**, in Kairo und Ägypten »der« Basar schlechthin. Schon im 14. Jh. errichtete hier Amir Gorhas el-Khalili, nach dem der Basar benannt ist, eine Karawanserei (Khan). Da das Basarviertel über Jahrhunderte gewachsen ist, taucht man hier in ein Stück Kairoer Geschichte ein. Zahllose Läden und Werkstätten, drangvolle Enge und ein riesiges Angebot, all das macht den Suk Khan el-Khalili zum Erlebnis. Wer einkaufen will, sollte sich im Handeln üben. Da viele Touristen einkaufen, liegt der reale Preis für sie in der Regel 30–40 % unter dem Preis, den der Händler zuerst nennt.

Eine Moschee für den Enkel des Propheten

Moschee Al Hussein

Die Hussein-Moschee mitten im Basarviertel wurde 1792 zu Ehren des 680 bei Kerbela (Mesopotamien, heute Irak) gefallenen Enkels des Propheten Mohammed im neogotischen Stil über einem älteren Gotteshaus erbaut. Die für Nicht-Muslime nicht zugängliche Moschee wird im Fastenmonat Ramadan reich geschmückt.

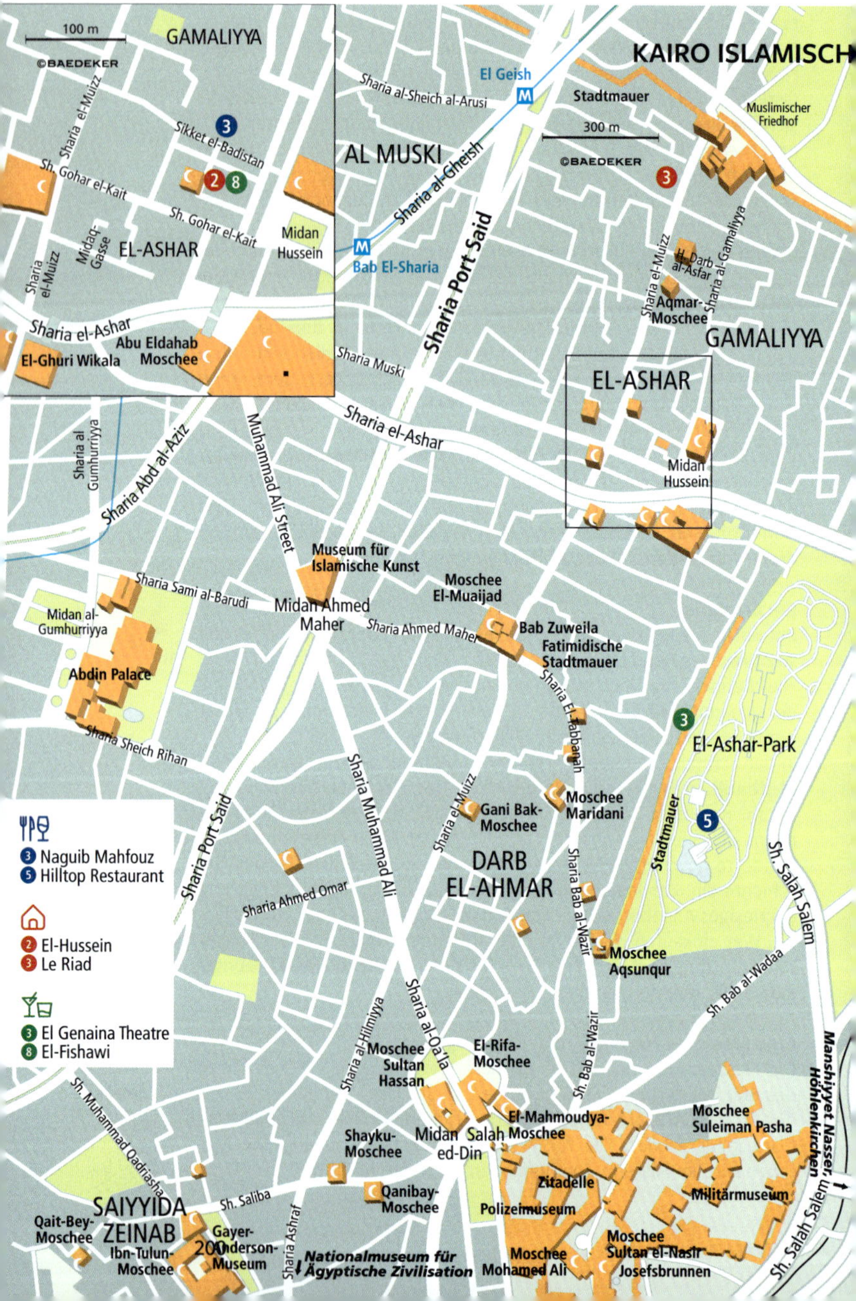
KAIRO ISLAMISCH
GAMALIYYA
AL MUSKI
EL-ASHAR
DARB EL-AHMAR
SAIYYIDA ZEINAB
©BAEDEKER
100 m
300 m
El Geish
Bab El-Sharia
Stadtmauer
Muslimischer Friedhof
Sharia al-Sheich al-Arusi
Sharia al-Gheish
Sharia Port Said
Sharia Muski
Sharia el-Ashar
Sikket el-Badistan
Sh. Gohar el-Kait
Sharia el-Muizz
Midaq-Gasse
Midan Hussein
Abu Eldahab Moschee
El-Ghuri Wikala
H. Darb al-Asfar
Aqmar-Moschee
Sharia al-Gamaliyya
Sharia al Gumhurriyya
Sharia Abd al-Aziz
Muhammad Ali Street
Museum für Islamische Kunst
Sharia Sami al-Barudi
Midan al-Gumhurriyya
Abdin Palace
Sharia Sheich Rihan
Midan Ahmed Maher
Sharia Ahmed Maher
Moschee El-Muaijad
Bab Zuweila
Fatimidische Stadtmauer
Sharia El-Tabbanah
Moschee Maridani
Gani Bak-Moschee
El-Ashar-Park
Sharia Muhammad Ali
Sharia Ahmed Omar
Sharia Bab al-Wazir
Moschee Aqsunqur
Sh. Bab al-Wadaa
Sh. Salah Salem
Sharia al-Qa'la
Sharia al-Hilmiyya
Moschee Sultan Hassan
El-Rifa-Moschee
El-Mahmoudya-Moschee
Shayku-Moschee
Midan Salah ed-Din
Moschee Suleiman Pasha
Manshiyyet Nasser, Höhlenkirchen
Zitadelle
Qanibay-Moschee
Polizeimuseum
Militärmuseum
Sh. Muhammad Qadriasha
Sh. Saliba
Qait-Bey-Moschee
Ibn-Tulun-Moschee
Gayer-Anderson-Museum
Sharia Ashraf
Nationalmuseum für Ägyptische Zivilisation
Moschee Mohamed Ali
Moschee Sultan el-Nasir
Josefsbrunnen
3 Naguib Mahfouz
5 Hilltop Restaurant
2 El-Hussein
3 Le Riad
3 El Genaina Theatre
8 El-Fishawi

Ein erhabener Ort

★ El-Ashar-Moschee

Die 972 gegründete El-Ashar-Moschee (»die Blühende«) jenseits der großen Sharia el-Ashar ist das bedeutendste Baudenkmal aus der Fatimidenzeit, ihre Lehranstalt **für Sunniten die höchste Instanz in Glaubensfragen**. Nach dem Erdbeben 1303 wurde sie erneuert; in der Folge bemühten sich die Großen des Landes, das ehrwürdige Gebäude zu erhalten und zu erweitern, so der reiche Abd el-Rahman Kihja im 18. Jh., in neuerer Zeit Said Pascha, Taufik und Abbas II. Der ursprüngliche Bau ist noch gut zu erkennen.

Haupteingang ist das **Bab el-Musaijin**i, das »Tor der Barbiere«, an der Nordwestseite, neben der von Abbas II. in neuarabischem Stil errichteten Fassade. An den kleinen Vorhof grenzen rechts die **El-Taibarsija-Medrese** mit prachtvoller Gebetsnische (Mihrâb) von 1309 und links die **El-Akbugawija-Medrese** aus dem 14. Jh.; Letztere ist heute eine Bibliothek mit rund 60 000 Bänden und 15 000 Handschriften. Durch das schöne Innenportal gelangt man in den von fünf Minaretten überragten **Haupthof** (Sahn). Ihn umgibt ein unter Taufik erneuerter Arkadengang, der mit persischen Kielbögen, flachen Nischen und Medaillons geschmückt sowie von Zinnen bekrönt ist. Die Seitenliwane an der Nordost- und an der Südwestseite des Hofs sind als Schlaf- und Arbeitsräume (Riwak) unter den Studenten nach Ländern oder Provinzen verteilt, an den nördlichen Liwan stößt der Hof der Waschungen. Der fast 3000 m² große **Hauptliwan** an der Südostseite des Hofs mit 140 meist antiken Marmorsäulen bildet den Hauptlehrsaal. Die niedrige vordere Hälfte, mit vier Arkadenreihen, gehört zum ältesten Bau, während die erhöhte hintere Hälfte mit zwei Gebetsnischen von Abd el-Rahman hinzugefügt wurde.

Islamischer Vatikan

El-Ashar-Universität

Nur wenig jünger als die Moschee ist die ihr angegliederte islamische Lehreinrichtung, die 988 durch den Kalifen el-Asis zur Universität erhoben wurde und gern als »islamischer Vatikan« bezeichnet wird. Bis heute gilt sie als **die hervorragendste Bildungsstätte des Islam.** Einst Hort der Pflege von Theologie und Geisteswissenschaften, werden heute auch Naturwissenschaften und moderne Technik gelehrt. Bis ins 16. Jh. stand die Universität Frauen offen, danach monopolisierten Männer die Ashar – erst seit 1962 sind Frauen wieder zugelassen, die heute fast die Hälfte der Studierenden ausmachen. Die Universität besitzt zahlreiche Außenstellen im In- und Ausland sowie ein großes Netz an Grundschulen in ganz Ägypten, die den Zugang zu dieser stark islamisch geprägten Bildungsstätte vorbereiten.

Tanz der Derwische

Wikala el-Ghuri

Westlich der El-Ashar-Moschee steht das besterhaltene Beispiel einer Karawanserei in Kairo, in der früher die Kaufleute samt ihren Waren Unterkunft fanden. Das Erdgeschoss diente dabei als Stall für die

EL-ASHAR-MOSCHEE

Mit dem Bau der Moschee im Jahr 970 rückte Kairo ins Zentrum der islamischen Welt. Zwei Jahre später wurde hier eine Lehranstalt gegründet, die erste Universität der Welt. Seitdem gelten Moschee und El-Ashar-Universität für sunnitische Muslime als wichtigste Autorität.

Nicht-Muslime sind außerhalb der Gebetszeiten willkommen. Die Moschee darf nur ohne Schuhe und in verhüllender Bekleidung betreten werden, Frauen müssen ein Kopftuch tragen.

❶ **Tor der Barbiere**
Durch das Bab el-Musaijini, den Haupteingang, gelangt man in einen Vorhof.

❷ **Tor der Juweliere**
❸ **Suppentor**
❹ **Tor der Oberägypter**
❺ **Tor der Syrer**
❻ **Tor der Nordwestafrikaner**
Neben dem Haupteingang hat der Komplex heute weitere Zugänge, deren Namen von früheren Funktionen rühren. So wurde am Suppentor Essen an die Armen ausgeteilt.

❼ **Hof der Waschungen**
Ein Brunnen oder Wasserbecken für rituelle Waschungen vor dem Gebet ist fester Bestandteil jeder Moschee. Bei alten Anlagen wie der El-Ashar-Moschee liegt der Waschbereich im Außenbezirk, später stellte man gewöhnlich ein Becken im Moscheenhof auf.

❽ **Haupthof (Sahn)**
Die Moschee ist nicht nur Gebetsraum, sondern auch ein allgemeiner Treffpunkt. Im großen Innenhof (48 × 34 m) finden sich die Menschen ein, um zu lesen, zu essen, sich auszuruhen oder zu unterhalten.

❾ **Hauptliwan**
Der 80 × 50 m große neunschiffige Saal ist ein Lehrsaal. Von hier rührt der Begriff »Lehrstuhl«: Der Scheich, ein ranghoher Gelehrter, saß auf einem niedrigen Stuhl, mit dem Rücken an eine Säule gelehnt, ringsum im Halbkreis seine Studenten.

In einem Seitenflügel tagt das 85-köpfige Fatwa-Komitee. Seit Jahrhunderten suchen hier jeden Vormittag zahlreiche Menschen Orientierung bei Alltagsproblemen: Eine Fatwa ist ein Rechtsgutachten, eine religiöse Empfehlung.

Ihr zu folgen ist im sunnitischen Islam keine Pflicht, der Gläubige kann andere Meinungen einholen, bis er eine für sich passende findet – eine überraschend pragmatische Seite des Islams. Inzwischen gibt es den Fatwa-Service auch vollautomatisch und anonym per Telefon-Hotline.

10 Alter Mihrâb

11 Neuer Mihrâb

Der Mihrâb ist der Ort des Imams (Vorbeter) beim Freitagsgebet. Die Gebetsnische zeigt durch verschiedene Elemente die Richtung nach Mekka an, die Qibla. Frauen beten in eigenen Räumen oder auf einer Empore.

12 Minarette

Von den Minaretten ruft der Muezzin fünfmal täglich die Gläubigen zum Gebet. Sultan El-Ghuri stiftete das Doppelminarett über dem prachtvollen Haupteingang – zwei Türme wachsen aus einem, was heißt: Wissen und Glauben sind miteinander verflochten.

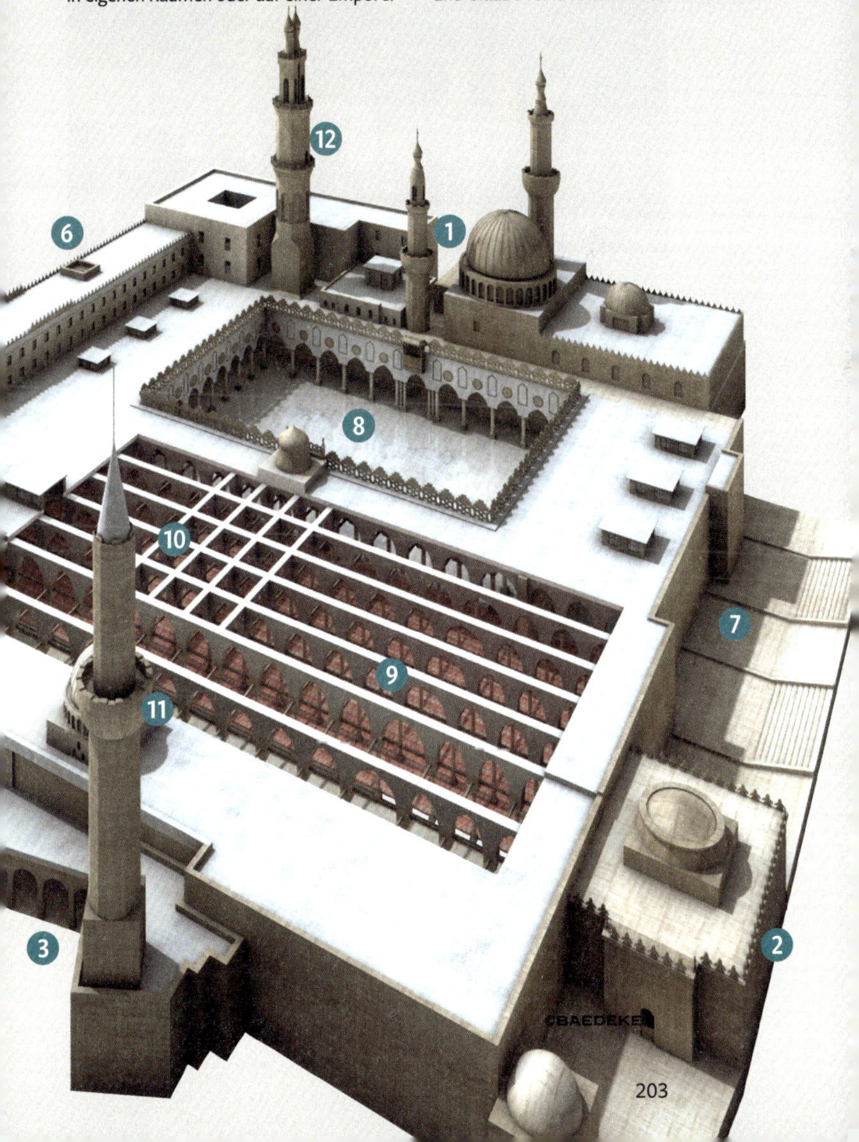

GOTT IST GRÖSSER

»Allahu akbar«, »Gott ist größer«: So ruft der Muezzin zum Gebet. Das wichtigste Gebet der Woche findet freitagmittags statt. Vor der Hussein-Moschee und gegenüber vor El-Ashar (Abb.) erleben Sie ein Meer von Menschen, alle Straßen sind blockiert. Aufrecht stehen, sich verbeugen, sich niederwerfen und mit der Stirn den Boden berühren, aufrecht sitzen, den Kopf nach rechts und links wenden: Das ist der Ritus, in dem viel von der Kraft des Islams steckt.

Tiere, die Räume darüber als Wohnstatt und Lager. Die Karawanserei ist nun ein Kunsthandwerkszentrum mit Galerien. Hier treten die sich in Trance tanzenden »Whirling Dervishes« auf.

Derwische: Mo., Mi., Sa. 19.30 Uhr | Eintritt 50 LE | Tel. 02 25 10 71 46

Musoleum ohne Leichnam

Ghurija-Komplex

Das südlich an der Sh. el-Ashar gelegene Ensemble der Medresa-Moschee ließ der Mamelucken-Sultan Ganzu el-Ghuri 1503 – 1505 errichten. Sein Mausoleum auf der gegenüberliegenden Straßenseite ist ein schönes Beispiel mameluckischer Baukunst. El-Ghuri, der im Kampf gegen die Türken fiel, ist hier nicht beigesetzt, da sein Leichnam nie gefunden wurde. Heute dient das Mausoleum mit dem Sabil-Kuttab (Koranschule) als Kulturzentrum.

Typisch mameluckisch

Nordteil der Fatimidenstadt

Im Nordteil der Fatimidenstadt stehen mehrere für die Mamelucken-Architektur typische Bauwerke. Nordwestlich des Großen Basars liegt die kleine, zur Straße hin vorspringende **Moschee des Sultans Barkuk Qalawun**, Teil des vom Mameluckensultan El-Mansur Kalaun 1284 begonnenen, heute verfallenen großen Krankenhauses.
Nördlich an die Qalawun-Moschee grenzt die **Moschee des Mohamed el-Nasir** aus dem Jahr 1304, eines der Meisterwerke islamischer Baukunst in Ägypten. Als Eingang dient ein gotisches Kirchenportal aus Akka in Syrien. Das reizvolle Minarett, der Gebetsraum (links) und das Grabmal des Erbauers (rechts) weisen teilweise noch die alten, filigranen Gipsornamente auf.
Die **Barkukija-Moschee**, 1386 als Medrese des Mamelucken-Sultans Barkuk erbaut, ist eine Zweigstelle der El-Ashar-Universität; wundervoll wirkt die Ostwand des Gebetsraums. An der Altstadtachse folgt rechts die **Aqmar-Moschee**, die »Graue Moschee«. Sie wurde 1125 von dem Großwesir des Fatimiden El-Amir erbaut. Ihre schöne Fassade mit hoher Spitzbogennische ist die älteste Moscheenfassade Kairos.

Kairos schönstes Tor

★ Bab Zuweila, El-Muajid-Moschee

Im Süden der Fatimidenstadt blieb als Rest der ersten Stadtmauer das Tor Bab Zuweila (1091) erhalten. Bevor Sie die 48 Stufen zum Dach hochgehen, werfen Sie einen Blick auf die verstaubten Glasbehälter mit echten Gebissen und noch mehr Zähnen. Diese hier zu entsorgen, bringt laut dem Volksglauben Glück.
Auf den zwei mächtigen Türmen erheben sich die Minarette der großen **El-Muaijad-Moschee**, auch El-Ahmar, »die Rote«, genannt. Nach 76 beschwerlichen Stufen haben Sie oben von den Minaretten einen sagenhaften **Blick über ganz Kairo**. Die Minarette wurden 1405 unter Scheich El-Mahmudi Muaijad begonnen und ein Jahr nach seinem Tod 1410 vollendet. Das Bronzetor am Eingang stammt von der Sultan-Hassan-Moschee und gilt als das schönste in Kairo. In dem dreischiffigen Gebetssaal ist die bemalte Holzdecke beachtenswert.
Bab Zuweila: tgl. 9–16 Uhr | Eintritt 100 LE

Die bedeutendste Sammlung islamischer Kunst

★★ Museum für Islamische Kunst

Das Museum für Islamische Kunst wurde 1880 westlich vom Bab Zuweila vom deutschen Gelehrten und Architekten Franz Pascha gegründet. Es besitzt die bedeutendste und größte Sammlung islamischer Kunst der Welt. Zum Museum gehört auch die (nicht öffentliche) **Arabische Bibliothek** mit über 750 000 Bänden, darunter 2700 Koranhandschriften, Papyri und persische Handschriften.
Im Vorraum erhalten Sie anhand einer Übersicht der islamischen Dynastien Ägyptens eine Einführung in das Thema. Die **großen Highlights** der Sammlung mit Exponaten aus dem 7.–19. Jh. sind mit einem goldfarbenen Etikett beschriftet, sie bilden eine **Kurz-Tour** von

BAEDEKER ÜBERRASCHENDES

6X TYPISCH

Dafür fährt man nach Ägypten.

1. TÄNZER IN TRANCE

Drehen, drehen, drehen, bis sie in Trance verfallen: Die wirbelnden **Derwische**, Anhänger des islamischen Sufismus, begeistern in Kairo mit ihren mitreißenden Tanzabenden. (▶ **S. 204**)

2. TRÖDEL & KRIMSKRAMS

Ägypterinnen ist nie langweilig, weil sie gern shoppen gehen, und sei es nur Nippes. Auf **Alexandrias Attarin-Markt** gibt's den im Überfluss, dazu Antiquitäten. (▶ **S. 83**)

3. ALLES SCHWARZ-WEISS

Links neben dem Winter Palace Hotel in Luxor residiert seit 1909 der **Aboudi Bookstore**. Spannender noch als die Bücher sind die Reproduktionen historischer Fotos und Postkarten. (▶ **S. 239**)

4. NICHT OHNE ALIS MUTTER

Ägyptisch-barockes Ambiente, Küchenklassiker auf der Karte – das **Restaurant Abou el-Sid** in Kairo-Zamalek kredenzt leckere Hausmannskost, zuletzt gibt's Umm Ali, die süße »Mutter von Ali«, wie Arme Ritter hier heißen. (▶**S. 185**)

5. SHISHA BEI FISHAWI

Seit fast 250 Jahren trinken Kairoer hier, mitten im Basar **Khan el-Khalili**, ihren Tee und rauchen im osmanischen Interieur eine Wasserpfeife. (▶ **S. 182, 532**)

6. BEI DEN ZELTMACHERN

Die bunten **Tücher und Decken**, verwendet als Wandschmuck, Tischdekor und für Riesenzelte bei Festen, werden im Kairoer Basar Khan el-Khalili in der Sharia el-Khayamia hinter der El-Ashar-Moschee produziert und verkauft. (▶ **S. 182, 539**)

1.30 – 2 Std. Mit einem roten Punkt sind Exponate gekennzeichnet, die nach einem Bombenanschlag 2014 restauriert wurden.
Einige ganz besondere Stücke: Für die Moschee des Propheten in Medina (heute Saudi-Arabien) ließ Sultan Qait Bey im Zug ihrer Renovierung 1482 auch **zwei Kerzenleuchter** anfertigen. Eine **Predigtkanzel aus Holz** (Minbar, 14. Jh.) stammt aus der Moschee der Tatar al Higaziya, einer Tochter des Sultan Mohamed Ibn Qalawun. Sehr schön sind die **Keramiken aus Persien**, wo traditionell hervorragende, kunstvolle Arbeiten herkommen, sowie Textilien und Teppiche, so eine mit Seiden- und Silberfäden durchzogene Pferdedecke aus dem 16. Jahrhundert. **Astronomie und Medizin** waren im islamischen Raum schon im 8. Jh. hoch entwickelt, das belegen präzise Sonnen- und Sanduhren, Instrumente für Operationen und zum Abwiegen von Drogen und Kräutern aus dem 9. Jh.; ein Manuskript von Mansur Ibn Sirazy aus dem 17. Jh. über die menschliche Anatomie beschäftigt sich mit Blutdruck, Verdauungssystem, Brustkorb u. a. m.
Midan Ahmed Maher | tgl. 9 – 17, Fr. 9 – 11.30, 13.30 – 17 Uhr
Eintritt 340 LE | www.miaegypt.org

Noch mehr Moscheen

Richtung Zitadelle

Hinter dem Zuweila-Tor führt links die geschäftige Sharia Darb el-Ahmar und in der Folge die Sh. Bab el-Wasir südöstlich bzw. südlich zur Zitadelle. Fußgänger, Mopeds, Tuk-tuks und Autos kämpfen hier um den knappen Platz. Gleich rechts liegt die Salih-Talai-Moschee, 1160 unter dem letzten Fatimidensultan erbaut, mit feinen Gipsornamenten an den Bögen des Sanktuariums.
Auf der rechten Seite folgt die **El-Mardani-Moschee**, eine der größten Kairos, 1340 von den Mundschenken des Sultans Mohamed Nasir errichtet. Die Gebetsnische hinter der neuen, auf altägyptischen Granitsäulen ruhenden Kuppel ist mit schönen Mosaiken ausgestattet.
Links der Straße folgt die malerische **Aqsunqur-Moschee** (Dschami Ibrahim Agha) aus dem Jahr 1346. Rund 300 Jahre später, 1653, erhielt sie die blauen Wandfliesen mit Blumenmustern als Schmuck, weshalb sie auch »Blaue Moschee« genannt wird.

Königliche Gräber

Sultan-Hassan-Moschee

Von der Aqsunqur-Moschee führt die Sh. Bab al-Wazir zur Zitadelle und dort rechts zum Midan Salah ed-Din, den zwei große Moscheen dominieren. Die **Sultan-Hassan-Moschee,** 1356 – 1363 für den Mameluckensultan **Hassan el-Nasi** erbaut, steigt am Fuß der Zitadelle über einem steilen Felsen auf und ist wohl **das bedeutendste Zeugnis ägyptisch-arabischer Baukunst**. Ihr Äußeres erinnert an eine Festung. Die Fassaden krönt ein ausladendes Stalaktitengesims. Über dem aus der Südostfassade hervortretenden Mausoleum erhebt sich die 55 m hohe, im 18. Jh. in arabisch-türkischem Stil erneuerte Kuppel. In den fünfeckigen Grundriss ist die kreuzförmige Medrese ge-

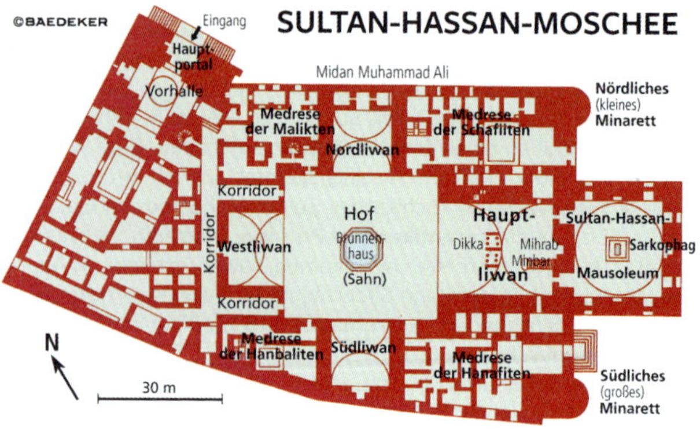

schickt eingefügt. Das gewaltige Minarett im Südeck ist mit 81,5 m das höchste in Kairo. Durch das Hauptportal betritt man eine kuppelüberdeckte Vorhalle. Von hier gelangt man durch ein Vestibül und einen Korridor in den offenen Hof mit dem Brunnen für die Waschungen. Die vier mit mächtigen Tonnen überwölbten Liwane dienen hier als Gebetsräume; die Lehrsäle sind in den vier kleinen Medresen eingerichtet. Den Hauptliwan ziert ein in Gips geschnittener Schriftfries mit kufischen Buchstaben auf feinem Arabeskengrund, die Rückwand mit der Gebetsnische ist reich mit Marmor verziert.
Von der prächtigen Ausstattung sind nur die Dikka, die Tribüne für die Vorbeter, der Minbar und die Drahtketten der zahllosen Lampen (heute im Museum für Islamische Kunst) erhalten. Rechts der Kanzel befindet sich eine Bronzetür mit Gold- und Silbereinlagen. Die Gittertür links führt in das **Mausoleum des Sultans**, einen Kuppelraum von 21 m Seitenlänge und 28 m Höhe. Von der alten Kuppel sind noch die Stalaktitenzwickel erhalten. In der Mitte steht der schlichte Sarkophag. Sultan Hassan wurde hier allerdings nicht beigesetzt, da der Leichnam des hinterrücks Ermordeten nie gefunden wurde.
Neben der Sultan-Hassan-Moschee wurde 1912 für den Khediven Ismail die **El-Rifa-Moschee** erbaut. Sie enthält die Gräber der Könige **Fuad I.** (1868 – 1936) und **Faruk** (1920 – 1965). Außerdem ist hier der im ägyptischen Exil verstorbene persische Schah **Mohamed Resa Pahlewi** (1919 – 1980) beigesetzt.
Beide Moscheen tgl. 8 - 16.30 | Eintritt 220 LE

Kairos schönste Moschee?

Ibn-Tulun-Moschee

Die Ibn-Tulun-Moschee mit ihrem ungewöhnlichen Minarett ist die älteste noch weitgehend erhaltene und vielleicht die schönste Moschee in Kairo. Sie wurde 876 – 879 von Ahmed Ibn Tulun nach dem **Vorbild der Kaaba in Mekka** als größte aller Kairoer Moscheen auf dem etwa 20 m hohen Plateau des felsigen Gebel Jaschkur errichtet. Durch den Haupteingang betritt man den östlichen Außenhof, von diesem links durch den Gebetssaal den Haupthof mit einem Brunnenhaus in der Mitte. Er ist von Arkadenhallen umgeben. Die Ornamentik im Innern zeigt in den ältesten Teilen noch nicht die verschlungenen Formen des byzantinisch-arabischen Stils. Im Gebetssaal beachte man die Gebetsnische (Mihrâb) mit Resten von Goldmosaiken sowie oberhalb die Reste der ursprünglichen Holzdecke.

Das **40 m hohe, schneckenförmig gedrehte Minarett** im nordwestlichen Außenhof, mit schönem Hufeisenbogen am Aufgang, ist eine Replik der Minarette von Samarra am Tigris. Von seiner Plattform, zu der 173 bequeme Stufen hinaufführen, hat man vor allem am Abend eine prächtige Aussicht: Nach Norden über das Häusermeer und das Niltal bis zum Delta, nach Westen und Süden auf die Pyramiden und nach Osten auf die Mokattam-Höhen.

tgl. 8 – 16 Uhr | Kombiticket mit Gayer-Anderson-Museum 100 LE

Auch James Bond war hier

Gayer-Anderson-Museum

Das neben der Ibn-Tulun-Moschee gelegene Museum verdient unbedingt einen Besuch. Kairo verdankt es der Sammelleidenschaft des britischen Majors Robert Gayer-Anderson, der in den 1930er-Jahren zwei Patrizierhäuser aus dem 16. und 17. Jh. kaufte und renovieren ließ. Die Einrichtung entspricht der eines traditionellen vornehmen arabischen Wohnhauses, ergänzt durch Kunstgegenstände aus der Sammlung Gayer-Andersons. 1977 wurden hier Szenen des James-Bond-Films »Der Spion, der mich liebte« gedreht.

tgl. 9 – 15 Uhr | Kombiticket mit der Moschee Ibn Tulun 100 LE

★★ Zitadelle des Salah ed-Din

Midan Al-Qal'a/Sh. Salah Salem | tgl. 9 – 16 Uhr | Eintritt 550 LE

Bollwerk über Kairo

Anlage

Vom Midan Salah ed-Din steigt das Gelände steil zur unübersehbaren Zitadelle von Kairo an. Der mächtige Torturm Bab el-Asab war einst der Hauptaufgang, heute liegt der Eingang auf der gegenüberliegenden (Rück-)Seite (Bab el-Gebel; ca. 1,5 km an der Mauer entlang). Baubeginn der mächtigen Festung am Fuß der Mokattam-Berge, zwischen Al-Fustat und El-Qahira, war 1176 **unter Sultan Saladin**, angeblich wurden Steine von den kleinen Pyramiden bei Giseh verwendet. Von der ältesten Anlage sind nur die östlichen Außenmauern und einige Türme im Innern erhalten, während die zwei bereits seit dem Einzug Selims I. zerstörten Aijubidenpaläste fast verschwunden sind. Erhalten blieben die sehenswerte Alabastermoschee, die kleine El-Nasir-Moschee und der Josephsbrunnen. Außerdem gibt es einige kleine Museen, die man nicht unbedingt gesehen haben muss. Am

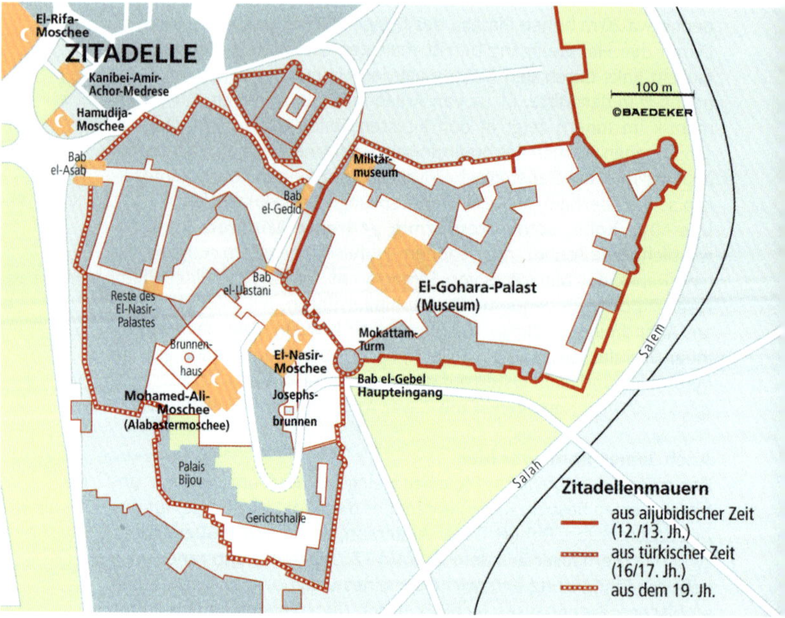

interessantesten dürfte das **Kutschenmuseum** sein, sonst kann man sich das Militärmuseum, das Polizeimuseum oder das Museum für von der Polizei beschlagnahmte Gegenstände anschauen. Auf dem Vorplatz sind Panzer, Kanonen und alte Militärflugzeuge ausgestellt.

Ein Wahrzeichen Kairos

Alabastermoschee

Die Südseite des Hofs nimmt die **Mohamed-Ali-Moschee** ein, wegen der Wandverkleidung auch Alabastermoschee genannt. Mit zwei hohen, schlanken Minaretten ist das Gotteshaus ein Wahrzeichen der Stadt. Es wurde 1824 von Mohamed Ali (▶ S. 446) begonnen und unter seinem Nachfolger Said 1857 vollendet. Baumeister war der Grieche Jusuf Boschna aus Istanbul, der die Moschee nach dem Vorbild der dortigen Sultan-Ahmed-Moschee (Blaue Moschee) ausführte, die ihrerseits in Anlehnung an die Hagia Sophia entstanden war. Den riesigen Gebetsraum erhellen mehrere runde Leuchter, früher mit Öllampen bestückt, heute mit Glühbirnen.

Der Vorhof mit einem Brunnen für die Waschungen ist von überwölbten Galerien umgeben. An ihn schließt östlich der Betsaal an, ein durch seine Größe wie auch durch die Beleuchtung ausgezeichneter byzantinischer Kuppelbau. Rechts des Eingangs, hinter einem vergoldeten Bronzegitter, liegt die **Grabstätte von Mohamed Ali** (1769 bis 1849). Von der Westecke der Moschee genießt man eine **herrliche Aussicht** über die Metropole mit ihren zahllosen Minaretten, Kuppeln und Hochhäusern, und in der Ferne sind sogar die Pyramiden von ▶ Giseh zu sehen.

Eigenartige Minarette

Die El-Nasir-Moschee wurde 1318 bzw. 1335 von Muhammad el-Nasir unter Verwendung antiker Architekturteile erbaut. Die beiden Minarette tragen zwiebelförmige Kuppeln mit bunten Fayence-Ornamenten im persischen Stil. El-Nasir Moschee

Erinnerung an Mohamed Ali

Im 1814 erbauten El-Gohara-Palast wohnte Mohamed Ali. Heute beherbergt das Gebäude ein Museum zu Ehren des Herrschers. Gezeigt werden u. a. sein Thronsessel sowie Erinnerungsstücke und Dokumente zu seinem Leben. El-Gohara-Palast

Friedhöfe und Totenstädte

Wohnungen der Armen

Östlich der alten Fatimidenstadt liegen die einstigen Friedhöfe und Totenstädte, die in die ständig wachsende Großstadt einbezogen wurden und noch teilweise benutzt werden. Die Grabstellen können durch Stelen markiert sein, es gibt aber auch kleine Mausoleen. Trotz der Wächter, die für die Ruhe der Toten sorgen sollen, sind die Totenstädte in Kairo **alles andere als ausgestorben**: In einer Stadt, die aus allen Nähten platzt und Wohnraum Mangelware ist, haben sich die Ärmsten der Armen in den Friedhöfen eingerichtet. Diesen Wohnraum drohen sie zu verlieren. Die Stadtverwaltung möchte eine Schnellstraße zur neuen Hauptstadt durch die Totenstadt bauen, dafür 2700 bewohnte Mausoleen abreißen. Mausoleen-gruppen

Der bedeutendste Bau der nördlichen Mausoleengruppe ist die **Klostermoschee des Sultans Barkuk** mit zwei Minaretten und zwei wundervollen Kuppeln (1400–1405 bzw. 1410). Im Gebetssaal befindet sich eine schöne steinerne Kanzel von 1483.

Etwa 600 m südwestlich der Barkuk-Moschee, in der südlichen Mausoleengruppe, steht die **Grabmoschee des Qait Bey** (1474), die wohl schönste von allen. Bemerkenswert sind der farbige Streifendekor der Wandflächen, das feine Netzwerk der Mausoleumskuppel und das elegante, 40 m hohe Minarett. Der Gebetsraum ist mit bunten Bodenmosaiken aus Marmor ausgelegt. Neben dem farbenprächtigen Mausoleum mit reich ornamentiertem Lesepult gibt es auch eine Halle mit den Gräbern der vier Frauen des Sultans.

STADT IN ATEMNOT

BAEDEKER WISSEN

Schon der Eindruck auf der Fahrt vom Kairoer Flughafen ins Hotel überwältigt. Richtung Stadtzentrum wird der Verkehr immer dichter, bis alles stockt und die Autos sich ihren Weg im Schritttempo freizuhupen versuchen. Was natürlich nicht klappt, weil's alle tun.

Durchs Gewühl kämpfen sich auch Esels- und Pferdekarren, beladen mit Gemüse, Obst oder Abfall, ungeheure Menschenmengen schieben und drängeln: Die Sinne des Besuchers werden aufs Äußerste beansprucht. So oder ähnlich empfinden es fast alle Europäer bei ihrer Ankunft in der Riesenstadt. Am nächsten Tag absolviert man das Pflichtprogramm. Dabei entdeckt man den Nil und die Zeugnisse einer jahrtausendealten Kultur, aber auch die für europäische Begriffe unglaubliche Armut. Die meisten Touristen verlassen dann die **als unsteuerbar empfundene Stadt**, es bleibt die Erinnerung an einen Moloch. Nur den wenigen, die hier mehr Zeit verbringen, offenbart sich das Besondere dieser Stadt, dann entpuppt sich das Chaos als ein höchst lebendiges Gefüge von Schätzen der Vergangenheit und Problemen der Moderne. Vor allem Letztere bedrohen nicht nur das kulturelle Erbe der pharaonischen, hellenistischen, römischen, koptischen und islamischen Geschichte, sondern auch die Zukunft Kairos.
Kairos **Entwicklung zur modernen Weltstadt** begann unter dem Khediven Ismail (1863–1879) und setzte sich nach 1900 fort – damals zählte die Stadt ca. 600 000 Einwohner –, v. a. aber nach dem Militärputsch 1952 bzw. nach der Machtübernahme Nassers. Geplant wurde die Stadt für 2 Mio. Einwohner, tatsächlich leben im Großraum Kairo heute ca. 23 Mio. Menschen.

Soziale Probleme

Kairo ist hoffnungslos überbevölkert, in manchen Vierteln wohnen 120 000 Menschen auf einem Quadratkilometer (Hamburg 2262/km²). Während ca. 1,6 Mio. Wohnungen leer stehen, da nur wenige die hohen Kaufpreise bezahlen können, lebt der Großteil der Menschen **in illegal gebauten Wohnungen** ohne ausreichende Infrastruktur. Selbst die Totenstädte der wohlhabenden Hauptstadtbewohner sind belegt: Hier leben etwa 150 000 Menschen, zumeist nicht schlechter als in anderen Vierteln, teils sogar mit Strom- und Wasserversorgung. Das soziale Gefälle ist enorm. 14 % der ägyptischen Gesellschaft verbrauchen drei Viertel des Nationaleinkommens, ein Drittel der Armen sind Kinder unter 12 Jahren. Von diesen besuchen nur 20 % die Schule bis zum Ende der neunjährigen Schulpflicht – kein Wunder, dass die Analphabetenrate 45 – 50 % beträgt. Die Armut sorgt für den Verfall vieler Viertel. Auf den Dächern türmen sich Schuttberge, zwischen bröckelnden Fassaden spielen Kinder, haben Hühner, Gänse und Ziegen ihren Auslauf.

Der Verkehr …

Kairo droht im Verkehrschaos unterzugehen. Die rund 3,5 Millionen im Großraum zugelassenen Autos führen im Gouvernorat Kairo zum täglichen Infarkt. Um die Blechlawinen voranzubringen, wurden über 50 **»Fly-overs«** gebaut, bis zu fünf Hochstraßen übereinander; dazu Tunnel unter Teilen der Innenstadt, die dadurch an die »Ring Road« angeschlossen ist. Mitte der 1980er-Jahre begann man mit dem Bau einer Metro. Der Ausbau zur Nilinsel Zamalek und über Mohandeseen weiter in die Randbezirke ist in Arbeit und soll abschnittsweise eröffnet werden.

... und der Müll

Kairo erstickt im Abfall. Für seine Beseitigung sind neben der fast zu vernachlässigenden städtischen Müllabfuhr rund **20 000 Zabalin** »zuständig«. Tag für Tag sammeln sie mit ihren Fuhrwerken Abertausende Tonnen Abfall ein, den sie sortieren; Plastik, Glas, Leder, Stoffe, Papier etc. verkaufen sie an Wiederverwerter. Die Recyclingrate liegt bei rund 80 %. Alles Essbare wird an Schweine verfüttert, der unverwertbare Rest auf den qualmenden Halden am Rand der Stadt verbrannt.

Darüber hinaus bereitet die marode Kanalisation Probleme. Rund 70 % der Abwässer versickern im Untergrund. Dieses Sickerwasser und der relativ hohe Grundwasserspiegel lassen Feuchtigkeit aufsteigen und gefährden die Bausubstanz der Altstadt.

Zeichen der Hoffnung?

Kairo besitzt die meisten Kunst- und Baudenkmäler aller islamischen Städte, und die Rettung dieses Weltkulturerbes verdient die Unterstützung der reichen Länder. Neuerdings keimt Hoffnung: Auf einem riesigen Müllberg nahe der Altstadt ist der El-Ashar-Park (▶ S. 182) als grüne Lunge entstanden; Kulturdenkmäler werden restauriert. Und in der nahen Wüste ist **New Cairo** im Bau, die neue Hauptstadt. Bis zu 6,5 Millionen Menschen sollen hier in Zukunft leben. Ungewiss ist allerdings, ob sie das auch wollen.

Nicht enden wollendes Gedränge und Geschiebe: Alltag in Kairos Altstadt

Kairos Totenstädte sind alles andere als ausgestorben.

Die Recyclingmeister

Manshiyyet Nasser

Das Viertel nordöstlich der Zitadelle ist das größte und bekannteste Müllviertel Kairos. Hier leben mehr als 20 000 meist koptische Zabalin (Müllsammler), die die Abfälle Kairos sortieren und verwerten.

Rund um Kairo

Giseh

► S. 152

Kultort der Katzenkönigin

Bubastis

Nur wenige besuchen die Reste der altägyptischen Stadt Bubastis (Tell Basta) am Südostrand der Stadt **Zagazig** (Sagasig) rund 80 km nordöstlich von Kairo. Bereits im Alten Reich war Bubastis als Kultort der Katzengöttin Bastet bekannt. In der 22. und 23. Dynastie war es Hauptstadt des nördlichen Ägypten. Das Grabungsareal ist ein Freilichtmuseum mit Resten der Tempelanlage (22., 23. und 30. Dynastie), Fundamenten des Gouverneurspalasts (12. Dynastie) und Resten einer Nekropole. Den Skulpturengarten zieren Fragmente von Statuen und Säulen, darunter Sitzstatuen von Ramses VI. und einer falkenköpfigen Gottheit. Besonders eindrucksvoll

ist eine monumentale Königinnenstatue aus Rosengranit (Altes Reich, 6. Dynastie).
tgl. 9 – 17 Uhr | 80 LE

★ KALABSCHA

Landesteil: Oberägypten (Nubien) | **Gouvernorat:** Assuan

Einen Tempel in 13 000 Teile zerlegen, versetzen und anderswo wieder aufbauen – kein Problem in Ägypten. Gleich drei bedeutende Tempel mussten vor den steigenden Fluten des Nasser-Sees gerettet und am linken Ufer des Sees wieder aufgebaut werden. Die neu geschaffene archäologische Stätte Neu-Kalabscha wird vor allem wegen einem dieser Tempel besucht.

Das antike Talmis

Die Tempel liegen etwa 1 km südlich des Westendes des Assuan-Hochdamms. Man erreicht sie auf dem Wasser mit Motorbooten von Sadd el-Ali oder auf der Straße von ▸ Assuan (13 km nördlich).

★ Tempel von Kalabscha

tgl. 7–16 Uhr | Eintritt 200 LE

Rettung nach fast 2000 Jahren

Geschichte

Kalabscha, das antike Talmis, lag rund 50 km südlich des heutigen Tempelstandorts. Der Tempel wurde unter dem römischen Kaiser Augustus an der Stelle eines älteren, von Amenophis II. und einem Ptolemäer gegründeten Heiligtums erbaut; seine Innengestaltung wurde nicht vollendet. Er war dem **Gott Mandulis** geweiht, daneben verehrte man hier auch Osiris und Isis. Nach der Christianisierung Ägyptens wurde er in eine Kirche umgewandelt.
Nach dem Bau des ersten Staudamms bei Assuan 1912 stand der Tempel – wie der von ▸ Philae – den größten Teil des Jahres unter Wasser. Vor dem Bau des Staudamms Sadd el-Ali entschloss man sich, das Baudenkmal mit Hilfe deutscher Ingenieure und Archäologen zu retten. 1962/63 wurde der Tempel zerlegt und an der heutigen Stelle wieder aufgebaut. Die dabei zum Vorschein gekommenen Blöcke eines Vorgängerbaus, die ein kleines Tor ergaben, schenkte Ägypten zum Dank für die Hilfe dem Ägyptischen Museum in Berlin.

Ein Haus für Mandulis, den nubischen Horus

Im Tempel

Den Zugang zum 74 m langen und 33 m breiten Heiligtum bildet ein

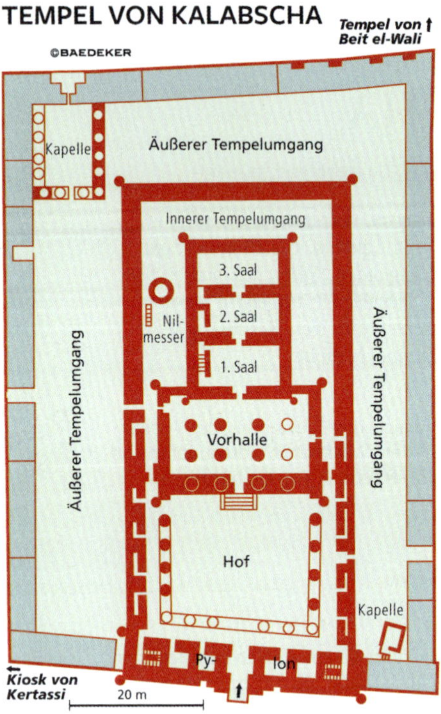

aufgemauerter, 31,6 m langer Dammweg, der zum Wasser hin in einen rechteckigen Kopf ausläuft. Von ihm führen Stufen auf eine langgestreckte Terrasse vor dem **Pylon**. Das Hauptportal des Tempelbezirks liegt auffälligerweise nicht in derselben Achse wie der Damm und das Tempelhaus. Er ist sehr gut erhalten, jedoch ohne jeglichen Reliefschmuck; nur im Torweg befinden sich zwei Götterdarstellungen.

Der Hof zwischen dem Pylonen und der Vorhalle war auf drei Seiten von Kolonnaden umgeben, von denen auf der Nord- und Südseite noch je vier Säulen mit Pflanzenkapitellen stehen. Der südliche Torturm hat auf der Hofseite drei Türen, die beiden nördlichen führen in zwei Kammern, die südliche zu einer Treppe, die zum Dach führt. Im nördlichen Turm befindet sich gleichfalls eine Treppe. In der nördlichen und südlichen Kolonnade führen je vier Türen in kleine Kammern in der Mauer; in der nördlichen außerdem noch eine Tür zum äußeren Tempelumgang und zu einer Krypta.

Schweine nicht erwünscht

Inschriften

Auf der ersten Säulenschranke links (Übergang zur Vorhalle) gießen Thot und Horus über den König in Form der Hieroglyphen »Leben« und »Wohlbefinden« Weihwasser aus, daneben sitzt Harsiësis von Talmis. Auf der ersten Schranke rechts steht in griechischer Sprache ein Dekret des Aurelius Besarion, des Strategen des Gaus von Ombos und Elephantine, aus dem Jahr 248/249 n. Chr., worin die Besitzer von Schweinen angehalten werden, ihre Tiere vom Tempel des Dorfs wegzutreiben. Die zweite Säule rechts trägt zwischen zwei griechischen Inschriften eine lange Inschrift in meroitischer Kursivschrift. Am interessantesten ist ganz rechts die in schlechtem Griechisch abgefasste **Denkinschrift des Silko**, eines Kleinkönigs der Nubier und aller Äthiopier (etwa 5. Jh. n. Chr.). Der König rühmt sich seines Sieges über die Blemmyer, die er von Primis bis Talmis bekriegt habe. In der **Vorhalle** stehen zwölf Säulen mit reich gestalteten Pflanzenkapitellen. Die Decke ist eingestürzt. Von den Reliefs, die meist den Kaiser vor den Göttern zeigen, sind zwei an der Rückwand links der Tür zu beachten: Links bringt ein Ptolemäer Mandulis, Isis und einer dritten Gottheit ein Feld dar, rechts daneben opfert Amenophis II., der Gründer des alten Tempels, dem Min und dem Mandulis Wein.

Provisorische Inschriften

Drei Säle

Auf die Vorhalle folgen drei hintereinander liegende Säle, deren Reliefs den Kaiser vor den Göttern von Talmis und anderen Gottheiten zeigen. Im ersten Saal sind unten an der Wand Gaugötter mit ihren Gaben dargestellt. Viele Inschriften sind nur rot vorgezeichnet. In der Südwand des ersten und des zweiten Saals sind kleine Kammern angelegt. Im ersten Saal an der Südwand befindet sich außerdem der Zugang zu einer Treppe, die auf das Dach führt. Von hier gehen kleine Stiegen auf die höheren Dächer der vorderen Tempelräume.
Auf dem Dach des zweiten Saals liegt der Zugang zu einer auf die Außenmauer führenden Treppe, auf der man links einige Stufen zu einer in der Mauer angelegten **Kapelle** hinuntergeht. Sie besteht aus zwei Räumen, deren zweiter eine Krypta besitzt, und war vielleicht für den Kult des Osiris bestimmt.

Wasserspeiende Löwen

Tempelumgänge

Vom Hof und von der Vorhalle führen Türen in den **inneren Tempelumgang**. Auf den Außenwänden des Tempelhauses erkennt man unvollendete Löwenvorderteile als Wasserspeier; an der Rückwand ein großes Relief des Kaisers vor den Göttern. Gegenüber sind auf der Umfassungsmauer zwei Darstellungen des Gottes Mandulis zu sehen. An der Südseite liegt ein sehr gut erhaltener Nilmesser.
Die Kapelle in der Südwestecke des **äußeren Tempelumgangs**, vielleicht auch ein Geburtshaus, besteht aus einem offenen, von Säulen und Schranken abgeschlossenen, unvollendeten Hof und einer Felsenkammer, von der nur die Tür mit Reliefs des Kaisers vor den Göttern geschmückt ist. Eine zweite gut erhaltene Kapelle, die wohl der älteren Tempelanlage der Ptolemäerzeit angehört, befindet sich in der Nordostecke.

Ein Haus für Hathor

Kiosk von Kertassi

Südlich des Tempels steht der Rest einer Säulenhalle. Von den einst 14 Säulen sind sechs erhalten. Auf einigen ist Hathor, Schutzgöttin der Minen- und Steinbrucharbeiter, an ihren Kuhohren zu erkennen.

Felsentempel von Beit el-Wali

In den Fels getrieben

Geschichte

Knapp 200 m nordwestlich des Kalabscha-Tempels liegt der ebenfalls vor dem Wasser gerettete Felsentempel von Beit el-Wali. **Ramses II.** hatte den Kultbau mit einer langgestreckten Vorhalle, einer quergelagerten Haupthalle und einem Allerheiligsten in der Längsachse erbauen lassen. Die erhaltenen unteren Wände der Vorhalle sind aus dem Felsen geschlagen; die höheren Teile, die aufgemauert waren, und das Dach sind verschwunden. Reliefs schmücken die Seitenwände der Vorhalle, die in christlicher Zeit als Kirche diente.

Kriegsszenen

Darstellungen

Besonders interessant sind die lebhaften Darstellungen an den Seitenwänden. An der **linken Wand** sieht man u. a. detailreiche Szenen aus dem **Krieg gegen die Kuschiter**: Im ersten Bild sitzt rechts der König unter einem Baldachin. In der unteren Reihe vor ihm bringen hohe Beamte Tributgaben herbei, hinter ihnen werden zwei Gefesselte herbeigeführt, dann folgen Männer mit Gaben. In der oberen Reihe ist eine Gabe vor dem König aufgestellt, der Statthalter von Nubien wird zum Lohn mit goldenen Ehrenketten beschenkt. Das zweite Bild zeigt den König, der mit seinen beiden Söhnen im Streitwagen gegen die Kuschiter ansprengt. Ein Verwundeter wird von zwei Männern geführt, seine Frau und Kinder kommen ihm entgegen.
Die Reliefs der **rechten Wand** schildern den **Krieg gegen die Syrer** und Libyer. Das erste Bild von rechts zeigt den König, der auf zwei Feinden steht und drei andere beim Schopf hält; ein Prinz führt gefesselte Syrer und Libyer herbei. Auf dem zweiten Bild sieht man den König vor einer syrischen Festung, von deren Zinnen Männer und Frauen um Gnade flehen; der König packt einen Feind bei den Haaren, um ihn zu töten. Das dritte Bild zeigt den König, der auf dem Streitwagen fliehenden Syrern nacheilt; zwei Feinde erschlägt er, zwei andere sind an die Wagendeichsel gebunden. Auf dem vierten Bild erschlägt der König einen Libyer, der von seinem Hund gepackt wird. Das fünfte Bild zeigt rechts Ramses unter einem Baldachin, zu seinen Füßen ruht sein Löwe. Prinz Amenherunemef führt gefangene Syrer vor ihn.

Ramses vor den Göttern

Quersaal

Von der Vorhalle führen drei Türen in den im Felsen angelegten Quersaal, der von zwei protodorischen Säulen mit je vier Inschriftenstreifen getragen wird. Die gut gearbeiteten farbigen Wandreliefs zeigen Ramses vor den Göttern und Feinde erschlagend. An der Rückseite des mit ähnlichen Reliefs geschmückten Allerheiligsten stehen drei nicht mehr kenntliche Götterstatuen. Auch diese Felsenräume wurden als Kirche benutzt.

★★ KATHARINEN-KLOSTER

Landesteil: Sinai | **Gouvernorat:** Südlicher Sinai
Höhe: 1528 m ü. d. M.

Die hohen Mauern hat kein Angreifer je überwunden. In einem engen Tal mitten in der Gebirgslandschaft des Zentralsinai liegt am Fuß des Mosesbergs (Gebel Musa) das weltberühmte, zum UNESCO-Weltkulturerbe gehörende Kloster. Bis heute existiert hier, wo der brennende Dornbusch des Alten Testaments stand, eine griechisch-orthodoxe Mönchsgemeinschaft.

Glaubensburg am Mosesberg

Das Kloster, arabisch Deir Sant Katerin, lliegt etwa 210 km nördlich von ► Sharm el-Sheikh in der wilden Berglandschaft des Zentralsinai. Wenn Sie das Auto am Fuß des Mosesbergs geparkt haben, erreichen Sie auf breitem, schattenlosem Weg in zehn Minuten das Kloster. Sein Standort bezeichnet die Stelle, wo Gott aus einem brennenden Dornbusch zu Moses sprach. Namensgeberin ist **Katharina aus Alexandria**, die in der Christenverfolgung zu Anfang des 4. Jh.s als Märtyrerin starb. Der Legende nach brachten Engel ihren Körper auf den Gipfel des Bergs. Seit dem 19. Jh. ist das Kloster eine vielbesuchte Pilgerstätte. Besichtigt werden können der Platz des Dornbuschs (wo ein Ginsterbusch wächst), der Mosesbrunnen, die Kirche und das Museum mit kostbarer Ikonensammlung. Das Beinhaus ist nicht mehr zugänglich. Alle anderen Gebäude, darunter die Bibliothek mit ihren Schätzen, sind nur mit einer Sondergenehmigung zugänglich. Die Mönche sind in der Regel eher zurückhaltend. Viel über ihr Leben und das Kloster steht glücklicherweise in Pater Justins Blog (www.fatherjustinsblog.info). Im Rahmen des Projekts »Great Transfiguration« wird die Region um das Kloster zum Pilgerzentrum ausgebaut: u. a. mit verbesserter Infrastruktur, Eco-Lodge, 5-Sterne-Hotel, Bazar und dem »Moses-Trail« vom Wadi al-Raha zum Mosesberg.

★★ Kloster

Mo.–Do., Sa. 9–11.30 Uhr; Fr., So. und an griechisch-orthodoxen Feiertagen geschlossen | Eintritt 200 LE für den Nationalpark Saint Katherine Protectorate; Eintritt für das Kloster frei, für das Klostermuseum ca. 5 Euro Spende erbeten.

Der Schutzbrief des Propheten Mohammed

Geschichte

Als um das Jahr 400 die spanisch-französische Nonne Ätheria das Heilige Land bereiste, notierte sie in ihrem Tagebuch über den Sinai:

»Dort befanden sich viele Klausen heiliger Männer und eine Kirche an dem Ort, wo der Dornbusch steht. (...) Vor der Kirche ist ein sehr hübscher Garten mit reichlich gutem Wasser, und der Dornbusch steht im Garten.« Die erwähnte Kirche stiftete **Helena, die Mutter Kaiser Konstantins**, im Jahr 324. An deren Ort ließ Kaiser Justinian zwischen 548 und 565 Kirche und Klosterfestung erbauen, in die sich die Eremiten und Anachoreten des südlichen Sinai flüchteten. In der Blütezeit des Klosters lebten dort bis zu 400 Mönche. Ihnen kam besonders eine Schenkung Justinians von 200 römischen und ägyptischen Sklaven mit ihren Familien zugute, die zum Aufschwung des Klosters beitrugen und deren Nachkommen heute noch das Bergland bewohnen. Auch wenn die Umgebung des Klosters im 7. Jh. islamisch wurde, konnte sich die Mönchsgemeinschaft bis heute halten dank eines Schutzbriefs, den der Prophet Mohammed selbst verfasst haben soll, sowie durch die Gastfreundschaft der Klostergemeinschaft auch gegenüber muslimischen Reisenden und durch die Pflege muslimischer Heiligtümer. Im 14. bis 16. Jh. kamen europäische Pilger auf den Sinai. Die materielle Lage des Klosters verbesserte sich im 19. Jh., als die russischen Zaren das Kloster mit reichen Schenkungen bedachten.

Strenge Ordensregeln in der Wüste

Klosterleben

Die Mehrzahl der Mönche, die heute das Kloster bewohnen, stammt **von Kreta oder Zypern**. Der Abt hat den Rang eines Erzbischofs und seit 1571 die Rechte der Autokephalie, d. h. einer selbständigen orthodoxen Kirche. Er wird von den Mönchen gewählt und vom griechisch-orthodoxen Patriarchen von Jerusalem inthronisiert. Gewöhnlich residiert er in Kairo; im Kloster vertreten ihn dann vier Archimandriten (Vorsteher). Im Übrigen regelt ein Verwalter die Angelegenheiten des Klosters. Die Regeln sind äußerst streng: Verboten ist der Genuss von Fleisch und Wein, genehmigt ist jedoch der Dattelschnaps Araki.

Hinter hohen Mauern

Kloster-anlage

Von außen gleicht das Kloster einer Burg, denn das annähernd quadratische Areal ist von einer 12 – 15 m hohen und bis zu 1,65 m dicken Mauer aus Granitblöcken umschlossen, die ihm einen äußerst wehrhaften Charakter verleiht. Das ursprüngliche Haupttor an der Nordwestseite und die anderen Eingänge haben die Mönche zur Sicherheit vermauert. Nur über einen primitiven Lastenaufzug gelangten sie ins Kloster. Eine französische Expedition baute den wuchtigen Torturm und den kleinen heutigen Zugang.
Das Klosterareal gleicht einem **Labyrinth** aus verschachtelten Gebäuden, Gängen und Treppen mit der Basilika im Mittelpunkt. Gegenüber der Eingangsseite der Kirche steht die im 11. Jh. für Beduinen erbaute **Moschee**, ein schlichtes Bethaus mit frei stehendem Minarett. Nordwestlich außerhalb der Klostermauern erstrecken sich die

OBEN: Leben in vollkommener Abgeschiedenheit: das Katharinenkloster am Fuß des Mosesbergs

UNTEN: Die Verklärung Christi auf dem Berg Tabor, ein Mosaik aus dem 6. Jh. in der Kirche der Verklärung

KATHARINENKLOSTER ERLEBEN

www.sinaimonastery.com
Kontakt nur per E-Mail
sinaimonastery@gmail.com
oder Fax 069 347 03 41/3

Am leichtesten erreicht man das Kloster mit dem Pkw oder auf einem organisierten Busausflug von den Badeorten an der Küste.

Der kleine Basar bei den Pparkplätzen hält vorwiegend Tand feil; interessant sind die Kräuter: Das Gebiet um den Mosesberg ist seit Jahrhunderten ein Kräutergarten der Beduinen, Rezepturen werden seit Generationen in den Familien weitergegeben.

Fansina Bedouin Handcrafts
Kunsthandwerk als Selbsthilfe: Zur Kooperative Fansina gehören über 300 Beduinenfrauen, die Taschen, Schmuck, Kissenbezüge und anderes in traditionellem Stil herstellen.
Al Migla, St. Catherine
tgl. 9–15 Uhr, www.facebook.com/groups/5096229629

AUSFLÜGE

Auf den Katharinenberg
Wer den Katharinenberg besteigen will oder eine Wüstentour unternimmt, muss sich zur eigenen Sicherheit beim Mountain Tours Office anmelden und einen Beduinenführer engagieren. Für die Übernachtung in der Kapelle auf dem Gipfel muss man sich im Katharinenkloster anmelden und dort den Schlüssel besorgen.
Mountain Tours Office:
Tel. 0 69 3 47 04 54/5

Darb al Sina (Sinai Trail)
Zu Fuß über Pässe und durch Canyons, zu sehen sind nabatäische Inschriften: Sinai-Beduinen führen über den Sinai Trail, Ägyptens ersten Fernwanderweg. Der Darb al-Sina erfordert Kondition, auch wenn Kamele das Gepäck tragen. Die ganze Tour über 230 km dauert 14 Tage und verläuft vom Katharinenkloster/Mosesberg bis Bir Sweir nördlich von Nuweiba. Die Strecke ist auch in Teilen und in umgekehrter Richtung machbar. Stationen sind u. a. die Blaue Wüste, die Oasen Ain Khudra und Ain Furtaga sowie der Coloured Canyon.
Beduinen-Führer für den Start beim Katharinenkloster: Nasser Tel. 010 07 79 64 13, für Nuweiba: Musallem Tel.01 05 52 27 34

St. Katherine Protectorate
► S. 327

MONASTERY GUESTHOUSE ST. CATHERINE €€
Die Mönche betreiben das familiäre Gästehaus, mit seinen einfachen Zimmern die optimale Übernachtungsmöglichkeit, besonders wenn man frühmorgens den Mosesberg erklimmen will. Getränke, Imbisse und Essen gibt's in der kleinen Cafeteria. Auf der Terrasse sitzt man sehr schön.
Tel. 069 3 47 03 53
www.sinaimonastery.com

schönen, von hohen Zypressen beschatteten **Gärten**. Sie sind terrassenförmig angelegt und gut bewässert. Hier gedeihen die verschiedensten Früchte und Gemüse.

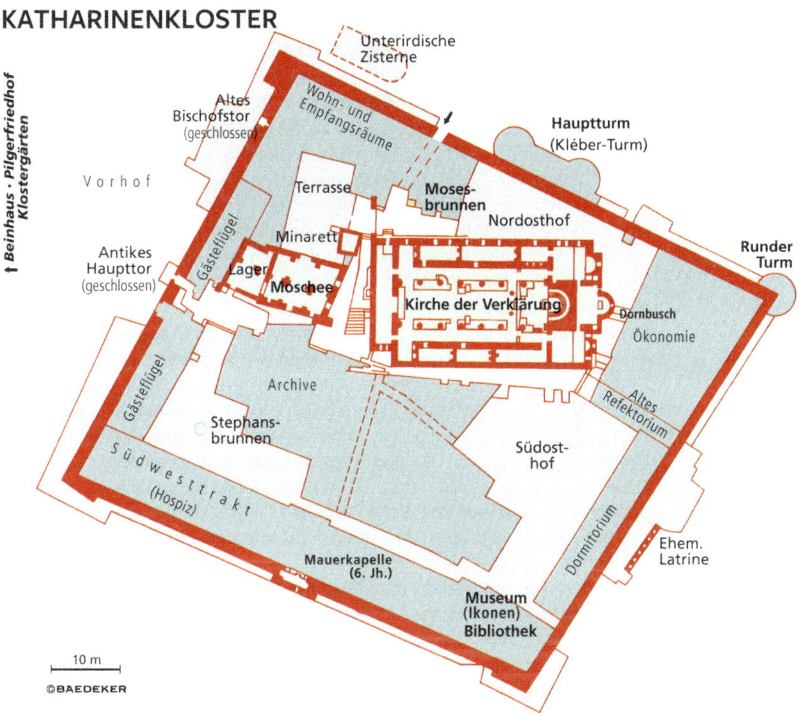

Geistlicher Mittelpunkt

Kirche der Verklärung

Mittelpunkt des Klosterareals ist die Kirche der Verklärung mit ihrem alles überragenden Glockenturm. Seine Glocken (darunter eine aus Holz) wecken morgens mit 33 Schlägen, die für die 33 Lebensjahre Jesu Christi stehen, die Mönche.

Man betritt die etwa 4 m unter dem Eingang gelegene Kirche durch ein geschnitztes **Portal aus der Fatimidenzeit** (11. Jh.). In der schmalen Vorhalle dahinter werden in Vitrinen einige der berühmten Handschriften und Ikonen aus dem 12. bis 16. Jh. gezeigt, für die das Kloster bekannt ist. Vom Vorraum gelangt man ins Innere der durch Granitsäulen in drei Schiffe geteilten Basilika aus dem 6. Jh., der Zar Alexander II. 1871 den Glockenturm anfügen ließ. Das **Portal** zum Mittelschiff ist 3,6 m hoch und 2,4 m breit; seine herrlichen Flügel aus Zypressenholz stammen noch aus der Erbauungszeit. Je fünf Fenster in den Seitenschiffen lassen Licht ins Dunkle des Gotteshauses. Der Fußboden aus Porphyr und Marmor datiert wie die flache Holzdecke aus dem 18. Jahrhundert. Das Mittelschiff ruht auf zwei Reihen von je

sechs Granitsäulen. Zwischen den Säulen befindet sich das hölzerne Chorgestühl. Auf der linken Seite des Mittelschiffs steht eine marmorne Kanzel aus dem Jahr 1787, rechts der Bischofsstuhl mit einer interessanten Darstellung des Klosters im 18. Jh. von einem armenischen Maler. Von der Decke hängen große Leuchter.
Hauptanziehungspunkt ist die vergoldete **Ikonostase** (Bilderwand), die 1612 von Künstlern aus Kreta geschaffen wurde. An ihrer Stelle befand sich ursprünglich eine niedrigere steinerne Schranke mit Säulen, das sog. Templon, die den Blick in den Altarraum gestattete. Unmittelbar hinter der Bilderwand befinden sich zwei Schreine, die von den russischen Zaren gestiftet wurden, und an der rechten Seite ein marmorner Sarkophag mit den Reliquien der hl. Katharina.
Der originale **Marmoraltar** wurde 1675 von Stamatios aus Athen mit einem Holzgehäuse umkleidet, das ebenso wie der damals errichtete Altarbaldachin mit reichen Perlmuttintarsien versehen ist. In der Apsis des Altarraums befinden sich im Stil des justinianischen Zeitalters halbkreisförmige Priesterbänke. Beherrscht wird die Apsis von einem **Mosaik** aus dem 6. Jh., das allerdings zum großen Teil von der Ikonostase und einem großen Kruzifix verdeckt wird. Dargestellt ist die Verklärung Christi auf dem Berg Tabor, ein Thema, das für die Ostkirche besonders wichtig ist, da sich Christus hier den Jüngern in seiner göttlichen Gestalt offenbarte.
Unter dem Hauptbild sieht man **Medaillons mit 16 Propheten des Alten Testaments** (in der Mitte König David, über ihm Apostel und Heilige). Zwei Szenen an der Ostwand, über der Apsis zu Seiten des Doppelfensters, beziehen sich auf den Sinai: Moses vor dem brennenden Dornbusch und die Übergabe der Gesetze (in Form einer Schriftrolle). In den Bogenzwickeln schließlich sieht man Christus als Lamm Gottes, dem zwei Engel Zepter und Weltkugel reichen. Unterhalb der Engel sind Medaillons von Johannes dem Täufer und Maria angebracht; zusammen mit dem Lamm bilden sie die **früheste Darstellung des später sehr häufigen Motivs der Deisis**, der Fürbitte von Johannes und Maria bei Christus.
Flankiert wird der Apsisraum von zwei **Kapellen**, der Jakobus-Kapelle links und der Kapelle der heiligen Väter (Kapelle Johannes' des Täufers). An die Seitenschiffe, die ihr Licht durch byzantinische Fenster erhalten, schließen sich je drei Kapellen an: im Norden die Marina-Kapelle, die Kapelle für Konstantin und Helena und die Antipas-Kapelle, im Süden die Kapelle für Kosmas und Damian, die Kapelle des Simeon Stylites und die Annen-Kapelle.

Das »Allerheiligste«

Kapelle des brennenden Dornbuschs

Der heiligste Ort des Klosters, die 1216 eingerichtete Kapelle an der Stelle des brennenden Dornbuschs, liegt im Chorscheitel und ist nur von außen zu besichtigen. Im genannten Jahr sah der deutsche Pilger Thietmar die Kapelle und notierte: »Der Dornbusch wurde weggenommen und in Form von Reliquien unter den Christen verteilt.« Die Kapelle, wohl der älteste Teil der Kirche, ist mit blaugrünen Damaszener Fayencen und einem Apsismosaik versehen und bezeichnet **jene Stelle, an der sich Gott Moses offenbarte** und ihn rief, als er am Mosesbrunnen unmittelbar nördlich der Kirche die Schafe seines Schwiegervaters Jethro hütete. »Und er sah, dass der Busch im Feuer brannte und doch nicht verzehrt wurde. (...) Als aber der Herr sah, dass er hinging, um zu sehen, rief Gott ihn aus dem Busch und sprach (...): Tritt nicht herzu, zieh deine Schuhe von den Füßen; denn der Ort, auf dem du stehst, ist heiliges Land!« (2. Buch Mose 3,2–5). Eine ewige Lampe unter dem Altar bezeichnet die mit Silberplatten bedeckte Stelle, an der einst der Dornbusch wuchs.

Einzigartige Kulturschätze

Museum und Bibliothek

Im Gästetrakt an der Südwestseite des Klosters sind auch Museum und Bibliothek untergebracht. Das **Museum** besitzt eine einzigartige Sammlung von über 2000 Ikonen. Ihre Bandbreite reicht von frühen Bildern aus dem 5. und 6. Jh., die anderswo im Bilderstreit des 8./9. Jh.s zerstört wurden, über italienische, deutsche französische und slavische Arbeiten. Zum Klosterschatz gehören neben liturgischen Geräten und Gewändern, Bischofskronen und -stäben prunkvolle Gaben der russischen Zaren sowie ein Messkelch, den der französische König Karl VI. 1411 gestiftet hat. Zu sehen ist auch eine Kopie des nicht unumstrittenen **Schutzbriefs**, den Mohammed dem Kloster zukommen ließ, was viele für eine schlaue Idee der Mönche zum Schutz vor Beduinen halten.

Nicht minder bedeutend ist die **Bibliothek** mit ca. 3500 Handschriften in griechischer, arabischer, syrischer, georgischer, slawischer, äthiopischer und armenischer Sprache und einem Archiv mit rund 2000 Dokumenten aus dem 12.–19. Jahrhundert. Um die Mitte des 19. Jh.s stieß der Leipziger Theologe Konstantin von Tischendorf hier auf den **Codex Sinaiticus**. Die im 4. Jh. auf Griechisch abgefasste Bibel gilt als eine der ältesten überhaupt. Von den 347 Blättern, die Tischendorf an sich brachte, gingen einige an die Universitätsbibliothek Leipzig, die meisten kaufte der russische Zar. 1933 veräußerte Stalin sie an das Britische Museum. 2005 beschloss das Londoner Museum, die Codex-Blätter dem Kloster zurückzugeben – zu dubios ist die Geschichte des Erwerbs. Vorher wurde die Bibel aber digitalisiert und ist im Internet einzusehen unter

www.codexsinaiticus.org

Letzte Ruhe

Beinhaus

In den Krypten unter der Tryphon-Kapelle nordwestlich außerhalb der Klostermauer liegt das nicht mehr zugängliche Beinhaus mit den sterblichen Resten von Tausenden von Mönchen. In unmittelbarer Nähe erstreckt sich der Pilgerfriedhof.

SONNENAUFGANG AUF DEM MOSESBERG

Vom Mosesberg hat man einen großartigen Blick über den wilden Sinai: im Südwesten bis zum Roten Meer und zum Golf von Aqaba, nach Nordwesten zum flachen Hügelland der Halbinsel. Singen und beten dann noch Pilger, wenn am Horizont das erste Sonnenlicht auftaucht, dann ist das ein wahrhaft magischer Augenblick.

Rund um das Katharinenkloster

Wo Jahwe die Zehn Gebote verkündete

★ Mosesberg

Zwei Wege führen zum 2285 m hohen Gipfel des Mosesbergs (Gebel Musa): der kürzere, beschwerlichere über die **3750 Stufen der Buße** (Siket Syinda Musa) und der über die unvollendete Straße des Abbas Pascha. Dieser Aufstieg dauert ca. zwei Stunden. Sie können auch auf einem Kamel reiten, wobei das letzte Drittel ebenfalls zu Fuß zurückzulegen ist. Im Winter ist eine Ausrüstung für Eis und Schnee unerlässlich, aber auch sonst sollte man unbedingt warme Kleidung und Trinkwasser mitnehmen. Auf dem Gipfel stehen eine kleine Kapelle, 1930 an Stelle eines Vorgängerbaus errichtet und eine kleine, hochverehrte Moschee (und ein Klohäuschen). Hier soll Mohammeds Pferd Buraq bei ihrer Himmelsreise das letzte Mal den Boden berührt haben. An der nordöstlichen Ecke des Felsens, auf dem die Kapelle steht, wird die Höhlung gezeigt, in der Moses stand, als ihm Gott erschien. Nach muslimischer Tradition soll sich Moses fastend in einer zisternenartigen Vertiefung bei der Moschee aufgehalten haben, als er in 40 Tagen das Gesetz auf zwei Tafeln niederschrieb.

Wo die hl. Katharina jahrhundertelang lag

★ Katharinenberg

Der Katharinenberg (Gebel Katerin) ist mit 2637 m **die höchste Erhebung des Sinai**. Seine Besteigung erfordert mehr Kondition und dauert 5–6 Stunden. Der Weg vom Deir el-Arbain wurde von Pilgern mit pyramidenförmigen Steinsetzungen gekennzeichnet. Der Berg hat drei Gipfel: Gebel Katerin, Gebel Sebir und Gebel Abu Rumel. Es kann hier oben sehr kalt sein, der Schnee hält sich in den Felsspalten bis zum Sommer. Auf dem Gipfel steht ein bescheidenes Kapellchen. Die Unebenheiten im Boden werden von den Mönchen als Abdruck des Leichnams der hl. Katharina erklärt, der erst 300–500 Jahre nach ihrer Hinrichtung bemerkt worden sein soll. Vom Gipfel hat man einen großartigen Blick: nach Südwesten zum 2575 m hohen Gebel Umm Schomar mit seinen mächtigen Zinnen, im Südosten bis zum Wadi Nasib und zum Golf von Aqaba, bei gutem Wetter erkennt man auch die Südspitze des Sinai. Nach Westen und Südwesten erstreckt sich die dürre Ebene El-Kaa, die bei El-Tor endet. Im Norden ragen der Serbal und der Gebel el-Benat auf; weiter nördlich die helle Sandebene El-Ramle und die Bergkette des Gebel el-Tih.

Riesiges Kunstwerk

Blaue Wüste

Mit 10 Tonnen blauer Farbe bemalte der belgische Künstler Jean Vérame in den 1980er-Jahren Felsen und Berge auf einem Gebiet von 14 km². Das Kunstwerk auf dem Hallawi-Hochplateau nannte er »Peace Junction«. Das inzwischen stark verwitterte Blau erinnert an den 1979 in Camp David geschlossenen Friedensvertrag zwischen Ägypten und Israel.

Kleines Kloster mit schönen Gärten

Wadi Feiran, Kloster Deir Saghir

Etwa 60 km westlich des Katharinenklosters liegt die **Oase Feiran** im gleichnamigen Wadi. Die Fahrt durch das gewundene, von hohen Felsen flankierte Tal ist schön, die Oase dagegen mäßig attraktiv. Ausgrabungen haben belegt, dass sie seit der Antike besiedelt und vom 4. bis 7. Jh. sogar Sitz eines Bischofs war. Von der Bischofskirche auf dem ehemaligen Siedlungshügel stehen noch ein paar Mauerreste, die Überbleibsel anderer Gebäude werden nur Archäologiebegeisterte identifizieren können. Einen Führer zu den Ausgrabungen gibt es im 1978 gegründeten griechisch-orthodoxen Nonnenkloster Deir Saghir, das man unbedingt besuchen sollte. Die bescheidene Außenstelle des Katharinenklosters liegt erhöht am linken Straßenrand und ist von liebevoll gepflegten Gärten mit Dattelpalmen, Orangen- und Zitronenbäumen, Gemüsebeeten und Blumen umgeben.

Im Tal der Inschriften

Wadi Mukattab

Nur mit einem geländegängigen Wagen ist das »Tal der Inschriften« zu erreichen. Man fährt von der Oase Feiran weiter Richtung Abu Rudeis und biegt nach etwa 25 km rechts auf eine nicht ausgewiesene Piste ab; von dort sind es noch ca. 15 Minuten. Die Inschriften an den rotbraunen Felsen stammen vor allem aus römischer und byzantinischer Zeit und sind noch recht gut zu erkennen.

KHARGA (EL-KHÂRGA, CHARGA)

Landesteil: Westliche Wüste | **Gouvernorat:** Neues Tal
Einwohner: 105 000

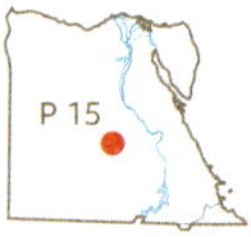

Dattelpalmen, nichts als Dattelpalmen, wohin man sieht. Die größte Oase in der Westlichen Wüste ist von einer Hügelkette umschlossen, deren Kalkfelsen bis zu 430 m hoch in Terrassen zur Wüste ansteigen. Der Kontrast zwischen dem saftigen Grün der Palmenhaine und Obstplantagen und dem Ockergelb der Wüstenfelsen bietet ein herrliches Bild und wunderbare Fotomotive. Die nun als »New Valley« bezeichnete Oase gilt als Musterbeispiel für die Modernisierung der lange vernachlässigten Region.

Südlichste Oase in der Westlichen Wüste

Die südlichste Oase der Westlichen Wüste, die »Südoase« oder auch »Große Oase« der alten Ägypter, erstreckt sich mit 20 – 50 km Breite über etwa 200 km in nordsüdlicher Richtung. Mehrere Straßen verbinden sie mit Assijut und Luxor. Ihre Blütezeit erlebte die Oase unter den Römern. Dank zahlreicher Quellen war sie äußerst fruchtbar und besaß viele Siedlungen, deren Ruinen z. T. noch gut erhalten sind. Als wichtige Station auf dem »Darb al-Arbaein«, der »Karawanenstraße der 40 Tage«, die von Assijut zur Oase Darfur im Sudan führte, entfaltete Kharga ein reges wirtschaftliches und kulturelles Leben. Vermutlich infolge der Verschlechterung der Wasserverhältnisse ging die Bedeutung der Oase seit dem Mittelalter stark zurück.

Gute Aussichten

Wirtschaft und Perspektive

Heute steht es wirtschaftlich sehr gut um die Oase. Ihre Bewohner, teils berberischer Abstammung, teils nubische Umsiedler, leben von den Dattelkulturen (ca. 200 000 Dattelpalmen) sowie vom Obst-, Reis-, Getreide- und Gemüseanbau. In jüngerer Zeit gewinnt der Phosphatabbau im Norden des Gebiets an Bedeutung. Im Rahmen des Entwicklungsprogramms New Valley, das die Bewässerung und Fruchtbarmachung eines Areals von der Größe Niedersachsens und Nordrhein-Westfalens vorsieht, wird die Erschließung des Gebiets zwischen Kharga und Dakhla energisch vorangetrieben. Begleitende Maßnahmen sind die Verbesserung der Infrastruktur (Straßen, Flugplatz) sowie der Lebensbedingungen und damit einhergehend die Neuansiedlung von Menschen aus dem übervölkerten Niltal.

Wohin in der Oase Kharga?

Hauptort der Oase und des »Neues Tals«

Kharga

Das nicht sonderlich attraktive Städtchen Kharga ist von einfallslosen Betonklötzen geprägt. In der Altstadt spenden Palmen den schmalen winkeligen Gassen Schatten. Ein Museum zeigt die bei Grabungen entdeckten Funde. Kharga ist Ausgangspunkt für den Besuch der Ruinenstätten im nördlichen Teil der Oase.

Ein Haus für Amun

★ Tempel von Hibis

Etwa 4 km nördlich von Kharga liegt malerisch in einem Palmenhain der große Tempel von Hibis, der von Dareios I. (521 – 486 v. Chr.), Nektanebos II. (358 – 341 v. Chr.) und ptolemäischen Herrschern erbaut wurde und dem Amun geweiht war. Die Reste des Tempels mit 42 × 20 m Grundfläche wurden erst Anfang des 20. Jh.s freigelegt. Aufgrund des steigenden Grundwassers soll der Tempel einen neuen

Mitten in einem Palmenhain: Reste einer Sphingenallee im Tempel von Hibis

KHARGA ERLEBEN

Auto: Die bequemste Art der Anreise.
Bus: Täglich Verbindungen nach Kairo, Luxor und zu den anderen Oasen
Tel. 092 27 92 45 87.
Flug: 2 x wöchentlich mit Egypt Air
Call Center 0900 70000, Mobil 1717

AUSFLÜGE

Diverse Touren in Kharga und zu den anderen Oasen organisiert **Western Dessert Tours**.
Tel. 010 19 44 04 28,
www.westerndeserttours.com

In Kharga findet man am Midan Basateen einfache Restaurants wie das **Al Ahram** (tgl. 10–22 Uhr, €). Nett ist auch das beduinische **Mandi Dinner** im Hotel Qasr el Bagawat.

QASR EL BAGAWAT €€

Die schöne Ecolodge, umgeben von Dünen, bietet neben hübschen Zimmern auch Campingmöglichkeiten, hat einen Naturpool und organisiert auf Wunsch Touren.
Qasr el Bagawat
Tel. 012 00 00 33 80
www.qasrelbagawat.com

Standort bekommen. Den Zugang bilden **vier Tore**. Am rechten Flügel des zweiten Tors steht eine 66-zeilige griechische Inschrift, ein Dekret des römischen Kaisers Galba zur Erhebung von Steuern (69 n. Chr.). Man betritt das Heiligtum durch einen von Nektanebos II. erbauten Portikus mit Darstellungen der Könige Nektanebos I. und Nektanebos II. bei Opfer- und Kulthandlungen. Die Rückwand des folgenden **Säulenhofs** trägt eine Darstellung des falkenköpfigen, geflügelten Horus, der die Apophis-Schlange tötet. Nun gelangt man durch eine Vorhalle mit Darstellungen des Königs im Kreis der Götter und mythologischen Inschriften in einen kleinen, von vier Säulen getragenen Saal; links führt eine Treppe zu einer Osiris-Kapelle. Das **Allerheiligste** besitzt bemerkenswerte Götterbildnisse (u. a. Astarte zu Pferd, Astarte mit Bogen und Pfeilen); links führt eine Treppe auf das Dach; in dem kleinen Gemach rechts gibt der Gott Chnum dem König auf der Töpferscheibe Gestalt.
tgl. 9–16 Uhr | Eintritt 250 LE (für alle antiken Monumente in Kharga)

Einer der frühesten christlichen Friedhöfe

Friedhof El-Bagarat

Etwa 1 km nördlich des Hibis-Tempels breitet sich auf einem Höhenrücken der christliche Friedhof El-Bagarat aus, mit mehreren hundert Ziegelgräbern von der späten Kaiserzeit bis in die koptische Zeit (4. – 7. Jh.). Die meisten Gräber bestehen nach altorientalisch-koptischer Tradition aus einem zentralen Kuppelraum, an den sich vielfach östlich eine Apsis mit Seitennischen anschließt; davor liegt meist ein Vorraum, bei den größeren Gräbern eine richtige kleine Basilika. Pilaster und Halbsäulen schmücken die Fassade.

Ein verlassenes Klosters

Kaschif-Kloster

Das christliche Kloster Kasr Aïn Mustafa Kaschif, etwa 1 km nördlich des Friedhofs, ist ein gut erhaltener Ziegelbau. Es entstand im 4. oder 5. Jh. **über der Grabhöhle eines Eremiten**, wurde im 7. Jh. erneuert und im 10. Jh. aufgegeben. Den Eingang an der Nordseite schützt ein hoher, viereckiger Turm geschützt. In der Westhälfte liegen auf mehreren Stockwerken die überwölbten Zellen der Mönche.
Auf einer Anhöhe 2 km südöstlich erhebt sich der **Tempel von Nadura** aus der Zeit des römischen Kaisers Antoninus Pius (138 – 161 n. Chr.); seine Vorhalle ist gut erhalten.

Im Süden der Kharga-Senke

Baris

Im äußersten Süden der Oase liegt das Dorf Baris; von hier gelangt man südwestlich über El-Maks nach **Kasr Dusch**, einem alten Karawanenknotenpunkt. Ende des 1. Jh.s n. Chr. ließ der römische Kaiser Domitian hier einen Tempel für Serapis, Isis und Osiris errichten.

★★ KOM OMBO (KÔM OMBO)

Landesteil: Oberägypten (Nubien) | **Gouvernorat:** Assuan
Einwohner: 410 000 (Großraum)

Fotogen erhebt sich Kom Ombo, das altägyptische Ombos, über dem Ostufer des Nils. Nicht zufällig legen große Kreuzfahrtschiffe hier an. Seine Blütezeit erlebte es erst unter den Ptolemäern: Die Stadt am Nil wurde Gau-Hauptort und eine wichtige Station für die Goldkarawanen auf dem Weg von Nubien ins Niltal. Zu jener Zeit erhielt sie ihren Doppeltempel – eine Besonderheit im alten Ägypten.

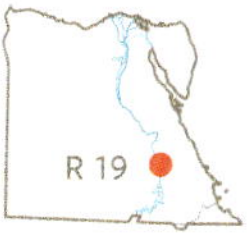

Stadt des Goldes

Kom Ombo (»Hügel von Ombos«, auch »Stadt des Goldes«) liegt 45 km nördlich von ▶ Assuan. Was für die anderen Tempel zwischen Luxor und Assuan gilt, ist auch hier richtig: Reisen Sie individuell an, können Sie warten, bis die Besucher aus den Kreuzfahrtschiffen wieder auf ihren schwimmenden Hotels sind – dann gehört Kom Ombo Ihnen (fast) allein.
Die am Ufer aufragende Tempelanlage wurde 1893 unter Leitung von Jacques de Morgan freigelegt und restauriert. Die zugehörige Stadt im Nordosten der Hochfläche bzw. ihre Ruinen sind immer noch unter dem Sand verborgen. Die neue Stadt am Ostrand der Talsenke ist

für Touristen uninteressant. Hier wurde ein Großteil der 50 000 ägyptisch-nubischen Bewohner angesiedelt, die durch den Bau des Assuan-Hochdamms vertrieben wurden. Der **Neu-Nubien** (El-Nuba el-Gedida) genannte fruchtbare Landstreifen ist in die 40 nubischen Dorfbezirke gegliedert, die auch vor der Umsiedlung bestanden. Im Gegensatz zu den alten, schmuckeren Dörfern sind die neuen streng regelmäßig angelegt. Sie besitzen zwar viel bessere soziale und kulturelle Einrichtungen, problematisch war gleichwohl die Auflösung der gewachsenen Strukturen.

★★ Doppelheiligtum des Sobek und des Haroëris

tgl. 7–21 Uhr | Eintritt 450 LE, inkl. Krokodilmuseum (▶ S. 236)

Ein Haus für zwei Götterfamilien

Tempelbezirk

Der Tempelbezirk erstreckt sich ca. 3 km südlich des Stadtkerns von Kom Ombo etwa 15 m über dem mittleren Wasserstand. Ursprünglich war er von einer Ziegelmauer umschlossen. Der Tempel entstand im 2. Jh. v. Chr. unter den Ptolemäern. Rund 160 Jahre bauten sie an der Anlage; römische Kaiser vervollständigten das Bildprogramm. Verehrt wurden in Ombos zwei Hauptgottheiten, der krokodilköpfige Sobek und der falkenköpfige Haroëris – eine Erscheinungsform des Horus –, daneben mit Sobek die Hathor und der jugendliche Mondgott Chons-Hor, mit Haroëris Tsentnofret, die »gute Schwester«, eine besondere Personifizierung der Hathor, schließlich Penebtaui, der »Herr beider Länder«. Die Gleichwertigkeit der beiden tierköpfigen Götter Sobek und Haroëris spiegelt sich sich auch in der Struktur des symmetrischen Baus. Das Doppelheiligtum ist nach *einem* Plan erbaut, der **zwei Tempel in einem Gebäude** nebeneinander platzierte; eine Längsachse teilt es in zwei Hälften, jede mit eigenen Toren und eigener Kapelle. Die südliche Hälfte (rechts) gehört dem Sobek, die nördliche (links) dem Haroëris. Philometor, Ptolemaios VIII. (Euergetes II.) und Ptolemaios XII. Neos Dionysos haben den Tempel mit Reliefs geschmückt, nur die Reliefs des Hofs und der Außenwände rühren aus der Zeit der römischen Kaiser, namentlich von Tiberius. In der Anlage gleichen die »Halb-Tempel« den anderen Ptolemäertempeln Dendera, Edfu und Philae.

Götter und Geister

Pylon

Der Pylon, durch den man den Tempelhof betritt, hatte zwei mächtige Tore, dessen rechte (östliche) Hälfte noch vorhanden ist. Bauherr war Ptolemaios XII. An der Tempelfassade sind schöne Reliefs zu sehen, auf denen er den Göttern von Ombos Gaben darbringt.

Die beiden Tempelherren von Kom Ombo:
der falkenköpfige Haroëris und der krokodilköpfige Sobek

Die linke Torhälfte ist ganz verschwunden, vom Mittelpfeiler und **vom rechten Flügel** sind nur die unteren Teile erhalten. Die Darstellungen hier zeigen von links nach rechts u. a.: Sobek, Hathor und Chons; einen hieroglyphischen Text von 52 Zeilen; Kaiser Domitian mit der oberägyptischen Krone und 14 Gottheiten, die den Hauptgöttern Gaben darbringen. Über der letzten Darstellung, an der rechten Ecke, sind weitere Reliefs erhalten: Sechs Geister (die hinteren drei sind die hundsköpfigen »Seelen von Hierakonpolis«) tragen den soeben gekrönten König (zerstört) in einem Thronsessel zum Palast. Ihnen folgen, von Göttern auf Stangen getragen, die Zeichen »Leben« und »Wohlbefinden«. Sodann erkennt man den König in großer Gestalt, wie er aus dem Palast zum Tempel zieht; vor ihm schreitet ein Priester, hinter ihm sein Ka (seine unsterbliche »Seele«) mit einem Königskopf auf dem Zepter.

Links Sobek, rechts Haroëris

Tempelhof

Der Tempelhof war wie in Edfu auf drei Seiten von Hallen umgeben, von deren 16 Säulen nur die unteren Hälften vorhanden sind. Die Darstellungen, die Tiberius beim Opfern zeigen, zeichnen sich teilweise durch erstaunliche Farbfrische aus. In der Rückseite des rechten Pylonenflügels liegen zwei Türen. Die erste, dem Eingang zugewandte führt in ein kleines Gemach, die andere, in der Ecke gelegene zu einer Treppe, über die man auf das Dach des Turms gelangte. Das antike Pflaster des Hofs ist ebenso wie in den Innenräumen des Heiligtums gut erhalten. In der Mitte des Hofs sieht man einen viereckigen Unterbau, vielleicht den eines Altars. Die Rückseite des Hofs ist gegen die anschließende Vorhalle durch Schranken mit zwei großen Portalen und zwei kleineren Türen abgegrenzt. Auf der rechten Schranke gießen der falkenköpfige Horus und der ibisköpfige Thot über König Neos Dionysos Weihwasser aus; daneben steht der krokodilköpfige Sobek, der Herr der rechten Tempelhälfte. Auf der linken Schranke ist die gleiche Darstellung angebracht in Gegenwart des falkenköpfigen Haroëris, dessen Oberkörper allerdings zerstört ist.

Herrscher und Götter

Vorhalle

Die Vorhalle besitzt zehn Säulen mit reichen Pflanzenbündel- und Palmenkapitellen. Auf den Säulenschäften ist der König beim Opfer vor den Göttern dargestellt. Auf den Decken über den beiden Hauptgängen sieht man fliegende Geier, auf der Unterseite der Architrave astronomische Bilder, Sterngötter in ihren Barken u. ä. Die Wandreliefs sind besonders schön, v. a. das **Relief links vom Nordportal**: König Neos Dionysos wird in Gegenwart des Haroëris (rechts) von einer löwenköpfigen Isis und dem falkenköpfigen Harsiësis (rechts) sowie von der Göttin Nut und dem ibisköpfigen Thot (links) gesegnet. Bei genügend Zeit lohnt sich auch die Betrachtung der übrigen Wandreliefs. Auf der Rückseite der östlichen Schranke zwischen

Tempelhof und Vorhalle ist u. a. der König abgebildet, der von den Schutzgöttinnen Ober- und Unterägyptens gesegnet wird; links stehen der krokodilköpfige Sobek und Hathor. Daneben, über der kleinen Tür, opfert Neos Dionysos vier Fabeltieren, darunter einem geflügelten vierköpfigen Löwen; die Tierfiguren sind ausgekratzt.

Das heilige Krokodil

Säulensaal

Zwei Türen führen in den Säulensaal, dessen Decke von zehn Papyrussäulen mit offenem Doldenkapitell getragen wurde. Zwischen den Türen, die von der Vorhalle in diesen Saal führen, ist das heilige Krokodil von Ombos dargestellt. Auf den Säulenschäften ist Euergetes II. einem Gott opfernd dargestellt. Die Reliefs an den Wänden zeigen Euergetes II. im Umgang mit den Göttern. Zu beachten ist das **Relief an der linken (nördlichen) Wand**: Der falkenköpfige Haroëris überreicht dem König, hinter dem seine Schwester Kleopatra II. und seine Gemahlin stehen, ein Sichelschwert und das Zeichen ewiger Lebensdauer. Zwischen den Türen zu den hinteren Tempelräumen zei-

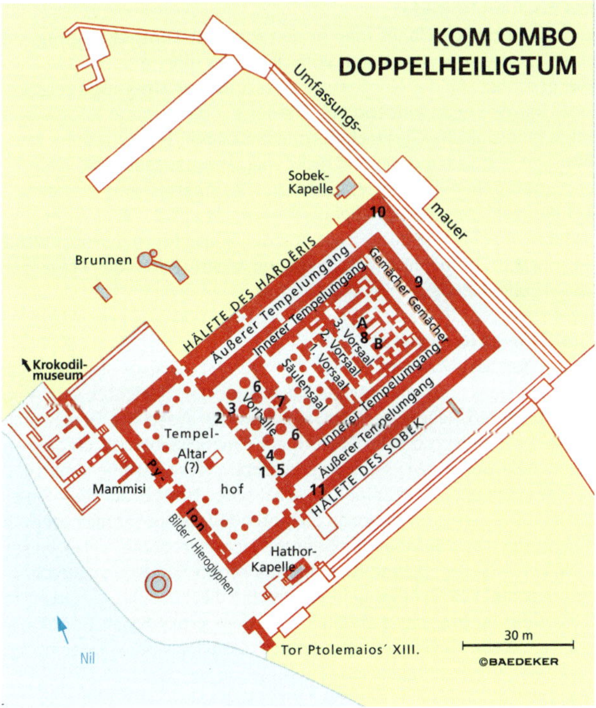

A Haroëris-Kapelle
B Sobek-Kapelle

RELIEFS
1 Horus und Thot mit Sobek
2 Horus und Thot mit Haroëris
3 König Neos Dionysos mit Haroëris, Isis, Harsiësis, Nut und Thot
4 Der König wird von Schutzgöttinnen gesegnet
5 Neos Dionysos opfert vier Fabeltieren
6 Verschiedene Opferszenen
7 Heiliges Krokodil von Ombos
8 Philometor und Kleopatra vor Chons
9 »Vier Winde«
10 Medizinische Instrumente
11 Löwenrelief

gen Reliefs Philometor, den älteren Bruder von Ptolemaios VIII., opfernd vor dem falkenköpfigen Haroëris.

Zwei Kapellen für zwei Götter

Vorsäle

Die anschließenden drei Vorsäle, von denen jeder etwas höher als der vorhergehende liegt, sind ebenfalls mit schönen Reliefs geschmückt. Die Nebenräume auf der Nordseite, einstige Magazine, sind fast ganz verschwunden. An der Rückwand des dritten Saals prangt zwischen den Türen ein prächtiges Relief: Philometor in langem weißem Mantel und (hinter ihm) Kleopatra stehen vor dem falkenköpfigen Mondgott Chons, der den Namen des Königs in einen langen Palmzweig als Symbol für eine lange Regierungszeit einschreibt; dahinter sieht man die Hauptgötter von Ombos, Haroëris und Sobek. Aus dem dritten Vorsaal führen Türen zu den nur in den Fundamenten erhaltenen **Kapellen des Haroëris und Sobek** (rechts). Die zwei dunklen Granituntersätze trugen einst die heiligen Barken mit dem Götterbild; ringsum lagen kleine Räume mit Krypten.

Und noch mehr Bilder

Tempelumgänge

Von der Vorhalle gelangt man in den **inneren Tempelumgang**, an dem sieben Gemächer liegen, vom mittleren führt eine Treppe zum Obergeschoss. An der Nordostseite des **äußeren Umgangs** zeigt ein Relief Kaiser Trajan knieend vor Haroëris – beide ohne Kopf – und einige medizinische Gerätschaften, wie Skalpell, Schröpfköpfe, Knochensäge und Saugglocke, und nicht vollständig ausgeführte Inschriften. Schräg gegenüber, an der Rückwand des inneren Tempelumgangs, sind die vier Winde als geflügelte Wesen, als Löwe, Falke, Stier und vierköpfige Schlange, dargestellt. Auf der Südseite, an der Rückwand des inneren Tempelumgangs, beißt auf einem Relief der Löwe des Königs in die Hände der Feinde.

Mumifizierte Krokodile

Geburtshaus (Mammisi)

Auf der Terrasse vor dem Heiligtum liegen Mauerreste des Mammisi (Geburtshaus), dessen Fassade nach Südosten gerichtet war. Von den erhaltenen Reliefs verdient eines an der Westseite Beachtung: Euergetes II. fährt mit zwei Göttern auf einem Nachen durch die von Vögeln belebten Papyrussümpfe; links steht der Gott Min-Amun-Re. An der Südseite führt eine unterirdische Treppe an den Fluss. Die Trümmer am Ufer gehören zu einem **Nilmesser** ähnlich dem in Edfu. Südlich des Tempelhofs befindet sich eine kleine, unter Kaiser Domitian erbaute **Hathor-Kapelle** aus rotem Sandstein (unvollendet). Nach der Besichtigung besuchen Sie das hübsche klimatisierte **Krokodilmuseum**, das sich einzig mit dem Krokodilgott Sobek beschäftigt. Neben vielen mumifizierten Krokodilen sind u. a. Steinfragmente und Krokodilfiguren zu sehen.

Krokodilmuseum: tgl. 7 – 21 Uhr | Eintritt frei

★★ LUXOR · KARNAK

Landesteil: Oberägypten | **Gouvernorat:** Luxor (Al-Uqsur) | **Einwohner:** 510 000

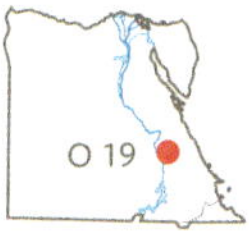

Karnak, das Tal der Könige, Ramses II., Tutanchamun, Hatschepsut – das sind nur einige der großen Begriffe und Namen, die sich mit Luxor verbinden. Das »hunderttorige Theben« Homers, heute eine sehr aufgeräumte Stadt, ist mit seiner unglaublichen Anzahl an Baudenkmälern seit je eines der Zentren des Ägypten-Tourismus. Die riesigen Tempelanlagen von Luxor gehörten zur alten ägyptischen Hauptstadt Theben, die sich weit nach Norden, über das Heiligtum von Karnak hinaus, und in die Berge der Westlichen Wüste hinein ausdehnte.

Weltstadt der Antike

Es dauert, aber seit einigen Jahren wird Luxor, das am rechten Nilufer in einer weiten Senke liegt, zu einer Vorzeigestadt herausgeputzt: Großzügige, teils elegante Hotels, Banken, Reisebüros und Geschäfte säumen die Corniche, die Uferstraße, auf der man wunderbar promenieren und in einem Café-Restaurant pausieren kann. Die Stadtverwaltung achtet auf saubere Wege und Straßen. Felukenkapitäne und Pferdekutscher werben, oft etwas zu fordernd, um Fahrgäste. Ein Abschnitt rund um das Luxor-Museum wurde zur hüb-

Einer fehlt: Der westliche Obelisk des Luxor-Tempels steht heute in Paris.

LUXOR ERLEBEN

TOURIST INFORMATION

Sh. el-Mahattat (Saad Zaghlou), Bahnhofsvorplatz
tgl. 8 – 22 Uhr, Tel. 095 2 37 22 15
Ein weiteres Tourist Office befindet sich im Flughafen.

LUXOR PASS

Der Premium-Pass für 250 US$/220 € gewährt an fünf aufeinanderfolgenden Tagen Zutritt zu fast allen Tempeln, Gräbern und Museen in Luxor und Theben-West. Die Standard-Variante für 130 US$/120 € gilt nicht für das Nefertari-Grab (ca. 50 €) und das Sethos-Grab (ca. 50 €). Pass und Passfoto sind nötig, bezahlt werden kann nur bar in Euro oder US-Dollar. Erhältlich bei der **Tourist Information** und in der Misr Public Library:
Karnak Temple Street
Mo.–Fr. 9–15 Uhr

Flug: Vom Luxor International Airport 5 km östl. des Zentrums bestehen tgl. Egypt-Air-Verbindungen u. a. mit Kairo, Assuan/Abu Simbel, mehrmals wöchentlich mit Sharm el-Sheikh.
Info: Tel. 095 2 32 44 55
Bahn: Mehrmals tgl. Züge von/nach Kairo und Assuan. Nachts verkehren Schlafwagenzüge.
Bus: Verbindungen vom Bahnhof in alle Landesteile (Kairo, Hurghada, Assuan u. a.).
Taxis und Kutschen: Die Fahrer sprechen Sie fast auf Schritt und Tritt an. Den Preis sollten Sie vor der Fahrt aushandeln.
Fähre: 15 Autominuten südlich von Luxor gibt es zwar eine Brücke über den Nil. Schneller kommen Sie für ein paar LE mit der Doppeldeckerfähre der Einheimischen auf die Westbank; sie legt nahe dem Mummification-Museum ab.

Das Gemüse im Souk von Luxor stammt zum großen Teil aus dem fruchtbaren Umland

BALLONFAHRTEN
Im Heißluftballon am frühen Morgen über dem Tal der Könige schweben – ein Erlebnis für sich! Hotels vermitteln Buchungen oder direkt bei **Sindbad Balloons**: Tel. 010 05 38 55 33, www.sindbadballoons.com **Alaska Balloon**: Tel. 010 05 68 84 39, www.alaskaballoon.com

FAHRT AUF EINER DAHABIYA
▶ S. 23

Zwischen Luxor-Tempel und Bahnhof erstreckt sich der Basar für alle Arten pharaonisch-ägyptischer Lederwaren, Lebensmittel, Stoffe, Schmuck, Parfümessenzen und Souvenirs. Luxors Händler sind dreist und ausgefuchst, sie müssen hart feilschen!

SANDOUK
Sandouk, die »Kiste«, ist aus zwei Gründen ungewöhnlich: Schmuck, Schals, Tücher, Körbe, Kelims und Messingarbeiten stammen aus regionalen Fair-Trade-Werkstätten. Und wie über dem Eingang zu lesen ist: Tourguides bekommen hier keine Provisionen (die den Kunden aufgebürdet werden), weshalb hier nur selten Busse vorfahren.
West Bank (Theben-West), Al Qarna Rd. (neben Vodafone)
Sa.–Do. ca. 11–22 Uhr
Tel. 0100 0 93 49 80
www.shopsandouk.com

ABOUDI BOOKSTORE
Halb Buchhandlung, halb Antiquariat – seit 1909 dreht sich in dem Laden am Luxor-Tempel alles um Literatur. Auf Büchertischen und in den Regalen im Erdgeschoss und auf der Galerie gibt es so gut wie jedes Buch zum Thema Ägypten und Archäologie, dazu Romane, Reiseführer, sehr viel auch in Englisch und Deutsch. Riesig ist die Auswahl an alten Postkarten und Repros von historischen Aufnahmen.
28 Sh. El-Maabad Luxor, am Luxor-Tempel, tgl. 9–22 Uhr
Tel. 095 2 37 23 90
www.aboudi-bookstore.com

Das Nachtleben außerhalb der Hotels ist begrenzt. Ein paar Bars finden sich an der Sh. Khaled Ibn Walid in den schräg gegenüber dem Steigenberger abgehenden kleinen Straßen.

1 ROYAL BAR €€€
Schwere Sessel, viel Holz und Leder, gedämpftes Licht. Wer sich als Nostalgiker diese Bar **im Hotel Winter Palace** (▶ S. 240) – im Stil eines britischen Clubs –, entgehen lässt, dem ist nicht zu helfen. Die leise Musik kommt vom Pianospieler, die Drinks – der Klassiker ist hier natürlich Gin Tonic – sind ordentlich. Werfen Sie zumindest auch einen Blick in den Tea Room gegenüber, und machen Sie einen Spaziergang durch den wundervollen Garten.
Corniche el-Nil
Tel. 095 2 38 04 22

2 THE KING'S HEAD PUB
Fast schon antik zu nennen: Das populäre »English pub« mit Darts und Poolbillard ist eine Institution, der Tresen ein guter Treff, um Leute kennenzulernen.
Sh. Khaled Ibn Walid, Tel. 0106 5 10 21 33, tgl. 12–2 Uhr

1 1886 €€€€
Die gediegene, etwas plüschige Atmosphäre im sehr guten Restaurant des Winter Palace (▶ S. 240) erfordert ein schickeres Outfit (Sakko & Krawatte für die Herren, Damen elegant). Bei Kerzenlicht und Klavier oder auch mal Gitarre wird franzö-

sisch angehauchte ägyptische Küche serviert. Früh reservieren.
tgl. 19–23 Uhr

2 SOFRA RESTAURANT & CAFÉ €€
»Sofra« bedeutet »Esstisch«, »Guten Appetit« heißt »sofra daiman«, wörtlich »immer einen vollen Tisch«. Für den sorgen hier die ägyptischen Mezze und die anderen Klassiker wie Kebab, Kofta und Huhn.
90 Sh. Mohamed Farid Al-Manshiya, tgl. 11–24 Uhr
Tel. 095 2359752
facebook.com/Sofra.restaurant.cafe

3 RESTAURANT MOHAMED €
Einfache ägyptische Küche. Der Familienbetrieb bietet auch Picknick-Ausflüge an, in die Wüste oder mit einer Feluke. Man sollte sich 1–2 Tage vorher unter der Mobil-Nr. anmelden (www.azabdesertsafari.com).
Theben, West Bank
Mobil 010 10894585

1 SOFITEL WINTER PALACE €€€€
Die ehemalige königliche Residenz besticht durch ihr gepflegtes nostalgisches Flair und eine großzügige, idyllische Gartenanlage mit Palmen, Bougainvilleen, Kakteen und Voliere. In dieser Oase, abgeschirmt vom Lärm der Stadt, liegen Pool und Tennisplätze.
Corniche el-Nil, Tel. 095 2380422
www.sofitel.accor.com l

2 AL MOUDIRA €€€€
Keine Fata Morgana, sondern ein in Architektur und Innendesign liebevoll gestalteter orientalischer Palast mit Innenhöfen und großem Garten-Pool. Jedes Zimmer ist anders ausgestattet.
Theben, West Bank, südlich von Medinet Habu
Tel. 095 2551440, 012 23251307
www.moudira.com

3 JOLIE VILLE €€–€€€
Auf der 5 km südlich von Luxor gelegenen Nilinsel wohnt man wunderschön inmitten eines botanischen Gartens mit zwei Pools und Mini-Zoo.
Kings Island, El Awameya Rd.
Tel. 095 2274855, 010 02506031
www.jolievilleluxor.com

4 SHEIKH ALI/MARSAM HOTEL & RESTAURANT €–€€
Sheikh Ali ist bis heute der Name, unter dem jeder in Luxor das älteste Gasthaus auf der West Bank kennt. Seit den 1940er-Jahren lassen sich hier archäologische Grabungsteams nieder. Geschätzt wird auch das Insiderwissen des Besitzers, einem Verwandten der berühmten Grabräuberfamilie Abdel Rasul. Der Gastgarten ist ein wunderschöner Ort, um hier zu essen.
Theben, Tel. 0100 3426471
www.marsamhotelluxor.com

schen Fußgängerzone. Neben den Minaretten der Moscheen entdeckt man im Stadtzentrum auch einige Kirchtürme – ein großer Teil der Bewohner sind Kopten. Ursprünglich hieß die vom Nil geteilte Stadt **Theben**. Ihre östliche Seite gehörte den Lebenden, die westliche den Toten. Ihr heutiger Name leitet sich von arabisch »el-Ksur« (= die Paläste) ab. Er bezieht sich auf den mächtigen Luxor-Tempel, der die Stadtmitte bestimmt und noch bis Ende des 19. Jh.s von der Bevölkerung genutzt wurde. Etwa 3 km nördlich von Luxor erstreckt

1 1886
2 Sofra Restaurant & Café
3 Restaurant Mohamed

1 Sofitel Winter Palace
2 Al Moudira
3 Jolie Ville Kings Island
4 Sheik Ali/Marsam Hotel & Restaurant

1 Royal Bar
2 The King's Head Pub

sich im Stadtteil **Karnak** die gleichnamige Tempelanlage (▶ S. 248). Auf der anderen Seite des Nils geht der Blick über das üppige Grün des Fruchtlands zur majestätischen Kulisse des Westgebirges. Hier, auf der Westseite (Westbank), liegt ▶ **Theben-West**, die Stadt der Toten mit dem Tal der Könige, dem Tal der Königinnen u. v. m. Seit 1979 gehören dei Schätze Luxors zum UNESCO-Weltkulturerbe.

★★ Tempel von Luxor

tgl. 6 – 20 Uhr | Eintritt 500 LE

Amun, Mut und Chons

Amun-Tempel

Am Nilufer, im Zentrum der modernen Stadt, ragen die Ruinen des mächtigen Tempels in den Himmel. Er war dem Amun, seiner Gemahlin Mut und ihrer beider Sohn, dem Mondgott Chons, geweiht und hieß bei den Ägyptern »Ipet Amun resjet« (Südliches Frauenhaus des Amun). Wie alle ägyptischen Heiligtümer umfasste er die Kapellen der Gottheiten mit Nebenräumen und Vorhallen, eine große Säulenhalle und einen offenen Hof mit Kolonnaden, zu dem von Norden ein großer, zweireihiger Säulengang führte.

LUXOR • TEMPEL

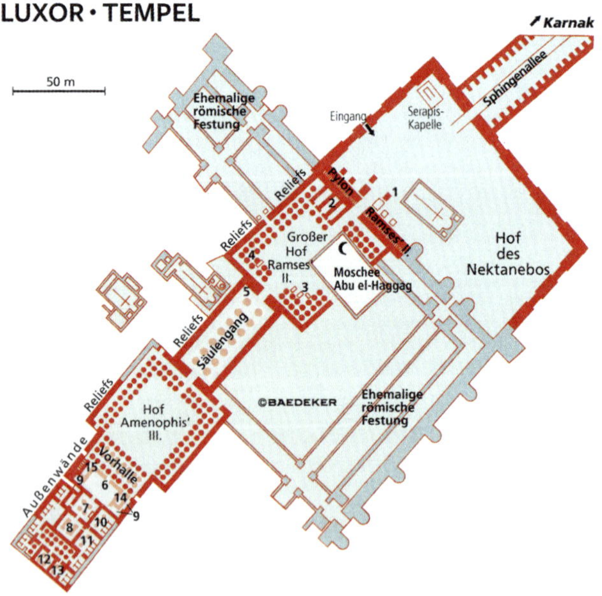

1 Obelisk
2 Kapelle von Thutmosis I und Hatschepsut
3 Kolossalstatuen Ramses' II.
4 Relief mit Tempelfassade
5 Darstellung des Opet-Festes
6 Säulensaal (in Kaiserkultkapelle umgewandelt)
7 Kleiner Saal
8 Sanktuar Alexanders des Großen
9 Kleinere Räume
10 Geburtssaal
11 Nebensaal
12 Mittlere Kapelle
13 Amun-Kamutef-Kapelle
14 Kapelle der Göttin Mut
15 Kapelle des Mondgottes Chons

Nach dem Willen der Pharaonen

Baugeschichte

Amenophis III. errichtete an der Stelle eines älteren Heiligtums aus Sandstein die heutige Anlage, seine Nachfolger haben sie ausgebaut und verändert. Amenophis IV., bekannt als **Echnaton**, ließ die Bilder und Namen des Amun tilgen und in der Nähe des Tempels ein Heiligtum für den Sonnengott Aton bauen. Als **Tutanchamun** die Residenz nach Theben zurückverlegte, wurden die Wände des Säulengangs mit Reliefs geschmückt, in denen Haremhab seine Namen an die Stelle der seines Vorgängers setzen ließ. Später wurden der Aton-Tempel zerstört und unter Sethos I. die Amun-Reliefs wiederhergestellt. **Ramses II.**, der große Bauherr unter den Pharaonen, erweiterte den Tempel ebenfalls. Er errichtete einen neuen Kolonnadenhof und ersetzte die alten Reliefs durch neue, v. a. aber ließ er den gewaltigen Pylon bauen, durch den sich die Gesamtlänge des Tempels von 190 auf 260 m erhöhte. Da der Pylon nicht exakt in der Mittelachse des Haupttempels steht, knickt diese hier leicht ab. Nach Ramses II. hat der Tempel nur noch geringe Veränderungen erfahren.

Einer in Luxor, einer in Paris

Pylon

Den alten Haupteingang bildete der Pylon Ramses' II. Vor ihm standen sechs Kolossalstatuen des Königs, zwei sitzende und vier stehende; übrig sind das westliche Standbild und die beiden etwa 14 m hohen Sitzbilder. Vor beiden standen Obelisken aus Rosengranit. Der östliche Obelisk steht noch an seiner ursprünglichen Stelle, der kleinere, westliche hingegen schmückt seit 1836 die **Place de la Concorde in Paris**. Auf den Wänden des Pylonen schildern Reliefs, die stark beschädigt und nur schwer zu erkennen sind, Szenen aus dem Feldzug Ramses' II. gegen die Hethiter in seinem fünften Regierungsjahr: Ramses hält Kriegsrat, zieht auf dem Streitwagen in die Schlacht; die Hethiter fliehen zu ihrer Festung Kadesch.

Eine Moschee im Großen Hof

Großer Hof Ramses' II.

Hinter dem Pylonen öffnet sich der Große Hof Ramses' II.; er ist 57 m lang, 51 m breit und wurde wegen der hier eingebauten Moschee Abu el-Haggag nicht vollständig freigelegt. Sie liegt einige Meter über dem Tempelniveau, da bei ihrem Bau der Luxor-Tempel zum großen Teil unter Sand begraben war.

Ursprünglich war der Große Hof an allen Seiten von Säulengängen umgeben, die von **74 Papyrussäulen** mit geschlossenen Kapitellen und glatten Schäften getragen wurden. In der Nordwestecke erhebt sich auf einer niedrigen Plattform die von Thutmosis III. und Hatschepsut erbaute, von Ramses II. usurpierte und mit Reliefs ausgeschmückte Kapelle. Eine kleine Säulenhalle mit vier zierlichen Papyrusbündelsäulen schloss sie zum Hof hin ab. Das Innere enthält drei Räume; im mittleren stand die Barke des Amun, im westlichen die Barke der Mut und im östlichen die des Chons.

Die Wände des Hofs sind mit Reliefs und Inschriften bedeckt, die zum größten Teil von Ramses II. herrühren. Beachtenswert ist das **Relief an der Südwestseite**: Es zeigt die Fassade des Tempels, den Pylonen mit vier Fahnenmasten, Kolossalstatuen und zwei Obelisken; von rechts naht ein Festzug, an der Spitze eine Reihe von Prinzen, dahinter geschmückte Opfertiere. In der Südhälfte des Hofs sind zwischen den vorderen Säulen **Kolossalstatuen Ramses' II.** aufgestellt, meist aus rotem, eine aus schwarzem Granit. Die schönste von ihnen, deren (abgefallene) Krone aus einem besonderen Block gearbeitet ist, war 5,3 m hoch und zeigt am Sockel und am Schurz den Namen des Königs. Zu beiden Seiten der südlichen Tür stehen zwei kolossale Sitzbilder des Königs, rechts neben ihm die Königin.

Ein großes Fest

Säulengang
Zweiter Hof

Der südlich anschließende, 45 m lange und 51 m breite Säulengang ist gut erhalten. Ca. 16 m hohe Papyrussäulen mit offenen Doldenkapitellen tragen heute noch auf hoher Deckplatte den schweren Architrav. Sie stammen aus der Zeit des Amenophis III., doch haben sich auch die Könige Tutanchamun, Haremhab, Sethos I., Ramses II. und Sethos II. auf ihnen verewigt. Die Wände wurden unter Tutanchamun mit schönen Reliefs geschmückt, die leider mit den oberen Mauern zum Teil zerstört sind. Sie veranschaulichen in lebhafter Weise die Feier des großen **Opet-Fests**, wobei die heiligen Barken der Götter aus dem Tempel von Karnak geholt, auf dem Nil nach Luxor gefahren, hier in den Tempel gebracht und am Ende des Fests nach Karnak zurückgeführt wurden. Die Szenen – voll interessanter Details – beginnen an der Nordwestecke und enden an der Nordostecke.
Der Gang führt in den **Zweiten Hof von Amenophis III.** Er war an drei Seiten von einer zweifachen Kolonnade aus Papyrusbündelsäulen umgeben. Säulen und Architrave an der Ost- und Westseite sind bestens erhalten. Bei der Restaurierung wurden Ende der 1980er-Jahre zahlreiche Götterstatuen, Sphingen und sechs überlebensgroße Granitstatuen aus der Zeit des Neuen Reichs gefunden, sie sind im Luxor-Museum zu bewundern (▶ S. 246).

Alexander der Große vor Amun

Vorhalle,
Sanktuar
Alexanders
des Großen

Vom Zweiten Hof gelangen Sie in die Vorhalle des eigentlichen Tempelhauses, deren Decke von 32 Papyrusbündelsäulen getragen wird. Die Reliefs an der Ostwand zeigen Amenophis III. vor den Göttern Thebens, unten die personifizierten Gaue Ägyptens mit Geschenken. An der Südwand (rechts und links der Apsis) ist die Krönung Amenophis' III. durch die Götter dargestellt. An der Rückwand öffnen sich rechts und links kleine Kapellen, die linke der Göttin Mut, die rechte dem Mondgott Chons geweiht.
Die Mitteltür der Rückwand führt in einen kleineren, ursprünglich von acht Säulen getragenen Saal, der unter dem römischen Kaiser

Diokletian zu einem Raum für den **Kaiserkult** umgestaltet wurde, wozu der Eingang zu den inneren Tempelräumen in eine apsisartige Nische mit zwei roten Granitsäulen korinthischen Stils verwandelt wurde. Unter abgefallenen Stücken des späteren Bewurfs kamen die schönen Flachreliefs Amenophis' III. zum Vorschein. Schließlich gelangt man in das sog. **Sanktuar Alexanders des Großen**. Dieser Raum wurde in seinem Auftrag umgebaut. Anstelle der vier Säulen, die früher die Decke trugen, wurde zur Aufbewahrung der heiligen Amun-Barke eine Kapelle errichtet, deren Wände innen und außen mit Darstellungen Alexanders vor Amun und seinen Mitgottheiten bedeckt sind, während die Wände des Saals noch den König Amenophis III. vor thebanischen Göttern zeigen. Durch eine Tür in der Nordwand gelangt man in einen kleinen Saal mit Papyrusbündelsäulen. Die in drei Reihen angeordneten Wandreliefs zeigen Amenophis III. vor den thebanischen Gottheiten, namentlich vor Amun.

Der König im Allerheiligsten

Zwölf-Säulen-Saal

Aus dem Alexander-Sanktuar gelangt man durch eine Mauerlücke in einen Saal mit zwölf Säulen, an den sich drei Kapellen anschließen; die Decke der mittleren wurde von vier Papyrusbündelsäulen getragen. Links ein Relief: der König, von Atum und Horus in das Allerheiligste geführt. Die übrigen Reliefs zeigen den König vor Amun.

Göttliche Abstammung des Pharaos in Stein gemeißelt

Geburtssaal

Vom Sanktuar Alexanders gelangt man nach links, durch Nebenräume, in den **Geburtssaal**. Er hat seinen Namen von den Reliefs auf der Westwand, mit denen Pharao Amenophis III. seine göttliche Abstammung demonstrierte. Die Darstellungen an der Südwand schildern die Thronbesteigung des Königs; die **Reliefs an der Westwand:**
Untere Reihe (von links nach rechts): 1. Chnum bildet zwei Knaben, Amenophis III. und seinen Schutzgeist, auf der Töpferscheibe aus; ihm gegenüber Isis. 2. Chnum und Amun. 3. Amun im Verkehr mit Mutemwija, der Mutter Amenophis' III.; sie sitzen auf der Hieroglyphe »Himmel« und werden von den Göttinnen Selket und Neith gehalten. 4. Amun und Thot im Gespräch. 5. König und Amun (beschädigt). 6. Isis (zerstört) umarmt Königin Mutemwija.
Mittlere Reihe: 1. Thot kündigt der Mutemwija die Geburt eines Sohnes an. 2. Die schwangere Mutemwija wird von Chnum und Isis geführt. 3. Niederkunft der Mutemwija; neben und unter ihrem Lager Genien, so vor allem Bes und Toëjris. 4. Isis (zerstört) übergibt den neugeborenen Prinzen dem Amun. 5. Amun hält ihn auf den Armen, daneben stehen Hathor und Mut.
Obere Reihe: 1. Links die Königin, dahinter die Göttin Selket; rechts werden der Prinz und sein Schutzgeist von zwei Göttinnen, darunter von zwei Kühen gestillt. 2. Neun Gottheiten halten den Prinzen. 3. Der Gott Hekau (in Blau) trägt den Prinzen und seinen Schutzgeist

auf dem Arm, hinter ihm der Nilgott. 4. Horus übergibt beide dem Amun. 5. Chnum und Anubis. 6. Der Prinz und sein Schutzgeist sitzend und stehend vor Amun. 7. Amenophis als König.

Spaziergang nach Karnak

Sphingenallee

Auf dem Rückweg zum Pylonen werfen Sie einen Blick auf die westlichen **Außenwände** des Tempels, die mit Reliefs aus den Asien-Feldzügen Ramses' II. geschmückt sind. An der äußeren Südostwand des Hofs Ramses' II. steht in großen senkrechten Zeilen das berühmte Gedicht von der Schlacht gegen die Hethiter.
Ursprünglich säumten 1200 Sphingen die **76 m breite Prachtstraße**, auf der einen Seite **mit Menschenköpfen**, auf der anderen Seite **mit Widderköpfen**. Die Allee war im Lauf der Zeit unter Sandmassen versunken, 650 Skulpturen hat man wiederentdeckt. 2021 wurde die unter Pharao Amenhotep III. (12. Jh. v. Chr.) angelegte, 2,7 km lange Prozessionsstraße nach langer Restaurierung – mit etlichen Baustopps wegen Geldmangels – eröffnet. Auf der 3400 Jahre alten Prachtstraße, 1949 entdeckt, kann man nun zu Fuß von den die Tempelanlagen von Luxor nach denen von Karnak (► S. 248) spazieren. Das Projekt war allerdings im Ort begleitet von Protesten der Bürger, da dafür Dutzende Gebäude abgerissen wurden.

Gut gesalbt und fest gewickelt

★ Museum of Mummification

Am südlichen Beginn der Fußgängerzone, wenig nördlich des Luxor-Tempels, finden Sie unterhalb der Nilpromenade das »Mumifizierungs-Museum«. Neben einer sehr gut erhaltenen menschlichen Mumie (Maseharti, Hohepriester Amuns und General der 21. Dyn.) sind mumifizierte Tiere ausgestellt, die die alten Ägypter als Götter verehrten: eine Katze, die »Bastet«, Göttin der Freude; der Fisch, Gott der Wiedergeburt; der »Chnum« (Widder), der Fruchtbarkeitsgott, dessen Gesicht mit einer goldenen Maske verziert ist. Aus Kom Ombo kam das Krokodil, das heilige Tier des Gottes Sobek. Dazu die Werkzeuge und Substanzen der Mumifizierer wie Skalpell, Pinzette, Schere, Haken, Meißel und Spatel, Harz und Natron für die Einbalsamierung. Mit der Kutsche kann man von hier weiter nach Karnak fahren.

Corniche, neben dem Fähranleger | tgl. 9–14, 16–21 Uhr | 220 LE

★ Luxor-Museum

Corniche el-Nil | tgl. 9–17 Uhr | Eintritt 400 LE

Ein Türsteher mit Namen Amenophis

Vor dem Museum

Das Luxor-Museum für altägyptische Kunst gehört zu den schönsten Museen Ägyptens – **geräumig, überschaubar, angenehmes Licht**. Es liegt rund 1 km nördlich des Luxor-Tempels in der Fußgängerzone am östlichen Nilufer. Der Bau nach Plänen des ägyptischen Architekten Mahmud el-Hakim birgt v. a. neuere Funde aus dem Raum Theben. Im Freigelände sind u. a. eine Statue von Amenophis III. aus Kurna und eine Stele aus Karnak mit der Darstellung von Amenophis II. als Bogenschütze aufgestellt.

Amenophis und der Krokodilgott

Eingangshalle, Erdgeschoss

In der Eingangshalle sehen Sie als Erstes den Kopf einer Kolossalstatue Amenophis' III. aus rötlichem Granit (aus Kurna), eine Statue des Gottes Amun und in der seitlichen Rotunde den vergoldeten Kopf einer Kuhgöttin, Teil des Grabschatzes Tutanchamuns.
Von der Eingangshalle führen Stufen zur **Hauptgalerie** im Erdgeschoss. Einige Höhepunkte: eine Alabastergruppe mit Amenophis III. im Schutz des Krokodilgottes Sobek (aus Dahamscha); der Kopf Sesostris' III. aus rötlichem Granit (Karnak); Statue Thutmosis' III. aus grünlicher Grauwacke (Karnak); Büste Amenophis' II. mit Doppelkrone aus rötlichem Granit (Karnak); eine große, historisch bedeutsame Kalksteinstele, die vom Sieg des Kamose über die Hyksos berichtet (Karnak); Würfelhocker des Jamu-Nedjeh aus schwarzem Granit (aus Kurna im Niltal).

Auge in Auge mit der Kuhgöttin im Luxor-Museum

Echnaton unter den Strahlen seines Gottes Aton

Ober-geschoss

An der Wand des Aufgangs zum Obergeschoss stehen koptische Grabstelen und die Nische einer koptischen Kirche aus der Umgebung von Luxor. Im Obergeschoss werden v. a. Schmuck, Silberschalen, Münzen, Grabmobiliar und Grabbeigaben, mythologische Papyri, Opfertafeln und Weihstelen präsentiert. Zu den interessantesten Exponaten gehören ein **Kasten mit Kanopenkrügen** aus dem Tempel der Königin Hatschepsut in Deir el-Bahari, das **Sitzbild des schreibenden Wesirs Amenhotep** (Sohn des Hapu; 12. Dyn.) aus schwarzem Granit, ein Kopf von Amenophis IV. (Echnaton) im frühen Amarna-Stil sowie einige Reliefs aus der Granitkapelle der Königin Hatschepsut im Tempel von Karnak.
Im Obergeschoss befindet sich auch das Glanzstück des Museums, eine Rekonstruktion der 17 m langen und fast 3 m hohen **»Echnaton-Mauer«**. Sie besteht aus 283 von insgesamt 6000 reliefierten und bemalten Sandsteinblöcken (Talatat) vom neunten Pylonen des Haremhab, der zum Sonnentempel des Echnaton in Karnak gehörte und 1968/69 bei Restaurierungsarbeiten gefunden wurde. Die rechte Hälfte der Wand zeigt Priester und Tempeldiener bei ihren alltäglichen Arbeiten. Auf der linken Hälfte erkennt man Amenophis IV. (Echnaton), teils in Begleitung seiner Gemahlin Nofretete, wie er zu Aton betet, der göttlichen Sonnenscheibe mit den Strahlenhänden.
Das **Tiefparterre** vereint Statuen, die 1989 in einem Versteck im Großen Hof des Luxor-Tempels entdeckt wurden.

★★ Tempel von Karnak

tgl. 6 – 18, im Winter bis 17 Uhr | Eintritt 600 LE
Bei der eindrucksvollen **Sound-and-Light-Show** (jeden Abend, ca. 90 Min.) gehen Sie durch die großartig illuminierte Tempelanlage zum Heiligen See. Tickets, Zeiten und Sprachen: www.soundandlight.show

Das »Rom des alten Ägyptens«

Größte Tempelanlage Ägyptens

Groß, größer, Karnak. Die 250 000 m² (rund 35 Fußballfelder) große Anlage etwa 3 km nördlich des Zentrums von Luxor ist ungeheuer weitläufig und verschachtelt (Übersicht ▶ S. 258). Heute umfasst sie hauptsächlich den Großen Amun-Tempel, das Heiligtum des Chons sowie einen Festtempel Thutmosis' III., dazu viele weitere Bauten. Nicht besichtigt werden können derzeit der Nördliche und der Südliche Tempelbezirk sowie die Bauten südlich des achten Pylonen.
Die rund 3 km lange **Sphingenallee** verbindet Karnak und den Luxor-Tempel. Auf ihr betritt man – wie einst die alten Ägypter – durch ein von Ptolemaios III. Euergetes I. errichtetes Portal mit einer geflügelten Sonne in der Hohlkehle den großen ummauerten Tempelbezirk. 2025 fand man in einem Tongefäß Perlen und einen kleinen Goldschatz, darunter ein Goldamulett, das Amun, Mut und Chons zeigt.

Die von Sphingen gesäumte Allee führt zum Tempel von Karnak.

Pharaonen im Bau-Wettstreit

Bau-geschichte

Der Große Amun-Tempel wurde sukzessive und nicht nach einem einzigen Plan erbaut. Seine Anfänge reichen mindestens in den Beginn der 12. Dynastie zurück (1991–1785 v. Chr.). Gedacht war er als **Haus für den Thebener Lokalgott Amun**, zuständig für Fruchtbarkeit, Weidegründe und Viehherden zuständig war. Von Amuns Aufstieg zum höchsten Gott des Neuen Reichs bis in die Zeit der Ptolemäer wollte jeder Pharao das Heiligtum noch größer und prächtiger um- oder ausbauen, bis es zum bedeutendsten in Ägypten geworden war. Amenophis I. erstellte seitlich des Haupttempels des Mittleren Reichs ein zweites Heiligtum, das jedoch schon früh wieder abgetragen wurde. Thutmosis I. baute um den Tempel des Mittleren Reichs einen großen Hof, den im Westen ein Pylon abschloss und Säulenhallen mit Osiris-Pfeilern umgaben. Später errichtete er noch einen Pylonen mit einer Umfassungsmauer, stellte davor zwei Obelisken auf und legte zwischen beiden Pylonen eine Säulenhalle an. Unter Hatschepsut kamen ein besonderes Heiligtum vor dem Tempel des Mittleren Reichs im Hof Thutmosis' I. hinzu und zwei Obelisken in der Säulenhalle zwischen dem vierten und den fünften Pylonen.
Hatschepsuts Stiefsohn Thutmosis III. setzte während seiner Allein-

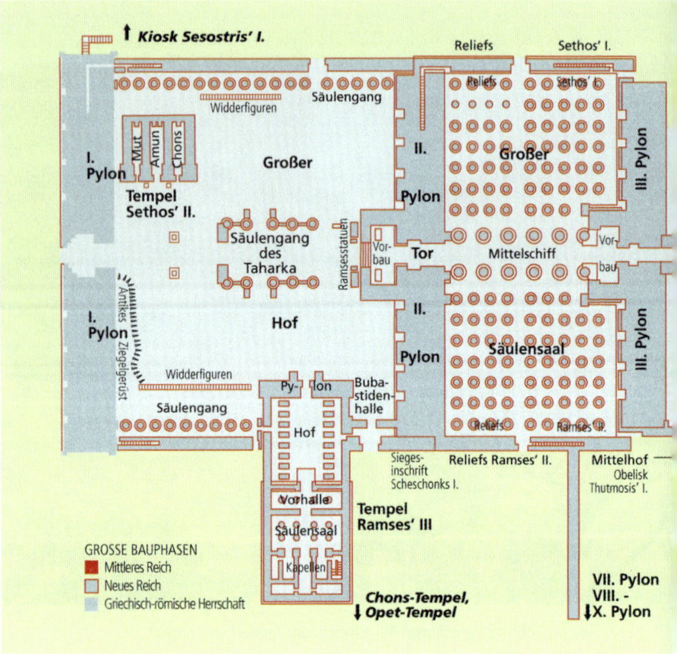

herrschaft diese Arbeiten fort. Der sechste Pylon wurde erbaut. Der Hof, der zwischen diesem und dem durch eine Vorhalle erweiterten Bau der Hatschepsut entstand, wurde mit Säulengängen geschmückt. Vor dem Obelisk von Thutmosis I. wurden zwei neue Obelisken aufgerichtet. Diesen Bauten wurden etwa 20 Jahre später weitere hinzugefügt, so die beiden Annalensäle und der große Festtempel im Osten. Doch alle diese Bauten aus der 18. Dynastie wurden **von den Königen der 19. Dynastie übertroffen**. Sethos I. und Ramses II. schufen den riesigen Säulensaal, der zu den großartigsten Werken der Architekturgeschichte zählt. Dazu ließ Ramses II. eine weitere Umfassungsmauer anlegen. Die Tempelanlagen von Sethos II. und Ramses III. waren selbständige Gebäude außerhalb des großen Heiligtums. Und so ging es in den folgenden Jahrhunderten mit Neubau und Erweiterung durch die libyschen Könige von Bubastis (22. Dyn.) oder dem kuschitischen Herrscher Taharka (25. Dyn.) weiter. Erst mit der römischen Kaiserzeit begann die Anlage zu verfallen. Sie geriet in Vergessenheit – bis zur Ägyptenexpedition Napoleons. Seitdem sind Wissenschaftler und Touristen von der alten Hochkultur fasziniert.

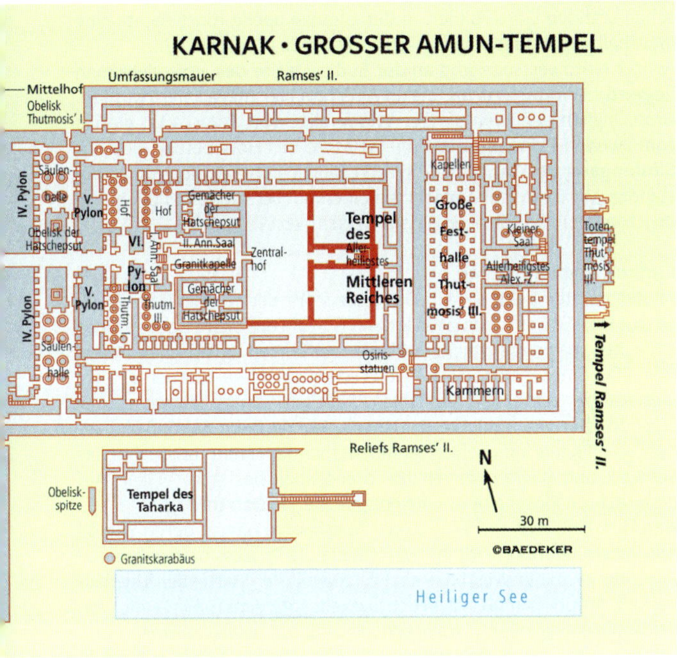

Keiner ist größer

Erster Pylon

Die viereckige Terrasse vor dem ersten Pylonen wurde im Altertum von der Nilflut überspült. Auf der Terrasse steht ein kleiner Obelisk Sethos' II. Eine von Ramses II. errichtete **Widderallee** führte von hier zum Ersten Pylon. Das Riesentor der 30. Dynastie (380 – 343 v. Chr.) ist mit seinem 15 m dicken Mauerwerk, mit 43,5 m Höhe und 113 m Breite der größte Pylon des alten Ägyptens – und das, obwohl er unvollendet blieb. Im Torweg des Pylonen erinnern Inschriften rechts oben an die Gelehrten, die 1799 mit dem französischen Heer nach Ägypten kamen. Sie bestimmten die geografische Lage der bedeutendsten ägyptischen Tempel.

Von Rilke besungen

Großer Hof

Der dem ersten Pylonen folgende Große Hof stammt aus der 22. Dynastie. Beiderseits ist er von Säulengängen eingefasst, deren südlicher von dem Vorbau des Tempels Ramses' III. durchbrochen wird. In der Nordecke des Hofs, beim Betreten links, steht die kleine **Stationskapelle von Sethos II.** aus grauem Sandstein. Die Türumrahmungen und Wandsockel sind aus rötlichem Sandstein. In den Ni-

schen standen Götterbilder. In der Chons-Kapelle führt rechts eine innerhalb der Mauer angelegte Treppe auf das Tempeldach.
An der Nordwestseite und an der Südwestseite des Hofs sieht man **liegende Widderfiguren**, die im Altertum hier magaziniert wurden. Ursprünglich gehörten sie zur Widderallee von Ramses II., die bis zum zweiten Pylonen führte. In der Mitte des Hofs befand sich der **Säulengang des Taharka**. Von zehn Säulen steht nur noch eine vollständig. Mit 21 m Höhe macht sie einen höchst monumentalen Eindruck, auch Rilke hat sie in einem Gedicht verewigt.

Einfach und einheitlich

Tempel Ramses' III.

An der rechten Seite des Großen Hofs stößt der Tempel Ramses' III. an den Hof. Er war Amun geweiht und ist wohl das beste Beispiel eines einfachen, nach einheitlichem Plan ausgeführten ägyptischen Heiligtums. Die Eingangstür seines Pylons schmücken zwei Statuen des Königs. Auf der Vorderseite des linken, östlichen Turmes hält der mit der Doppelkrone geschmückte Ramses III. Feinde beim Schopf und erhebt seine Keule zum Schlag. Amun, der vor ihm steht, reicht ihm das Schwert und überantwortet ihm drei Reihen besiegter Völker. Auf dem rechten Flügel gibt es eine entsprechende Darstellung.
Den Hof flankieren rechts und links überdachte Gänge, deren Wände mit Reliefs bedeckt sind: in der Osthalle die Prozession der heiligen Amunbarke, in der Westhalle ein Festzug mit der Statue des ithyphallischen Amun (Amun als Fruchtbarkeitsgott Amun-Min), die von Priestern getragen und von Standartenträgern begleitet wird.
Die Rückseite des Hofs wird von der Vorhalle des höher gelegenen Tempelhauses eingenommen, vorn getragen von vier Osiris-Pfeilern, dahinter von vier Säulen mit geschlossenem Kapitell. Von der Vorhalle führt eine Tür in den von acht Säulen getragenen, hallenartigen Säulensaal, an den sich drei Kapellen für Amun, Mut und Chons anschließen. In jeder Kapelle ist der König zu sehen, wie er der Barke der jeweiligen Gottheit opfert.
Im Hof des Ramses-Tempels gibt es einen Durchgang zur **Bubastidenhalle** mit Reliefs und Inschriften von Königen der 22. Dynastie. Von den Reliefs sind hervorzuheben: links oben Amun, der dem König Osorkon I. das Sichelschwert und Palmstäbe, das Symbol für viele Lebensjahre, überreicht; unten Chnum, der dem König die Hieroglyphe »Leben« unter die Nase hält, sowie Hathor, die den König säugt.

Wie ein Puzzle

Freilichtmuseum

Nördlich des Großen Hofs liegt das Freilichtmuseum. Hier werden neue Funde ausgestellt und hin und wieder durch andere Fundstücke ergänzt. So wurde auch der **Kiosk Sesostris' I.** (12. Dyn.) rekonstruiert, ein kleiner Altartempel und der älteste Bau der ganzen Anlage, erbaut aus feinem Kalkstein zu einem Regierungsjubiläum des Königs. Zwei Rampen führen von Westen bzw. Osten zu dem schlichten Heilig-

OBEN: Im großen Säulensaal ragen 134 Säulen in 16 Reihen wie ein steinerner Wald in den Himmel.

UNTEN: Die antike Geschichte Ägyptens ist immer noch voller Fragezeichen. Hier dokumentiert eine Archäologin Inschriften auf einer Säule.

BAEDEKER MAGISCHE MOMENTE

DA STAUNEN SIE SÄULEN!

Die Zahlen sagen noch nicht viel: Im Säulensaal des Großen Amun-Tempels stehen in 16 Reihen 134 Säulen: mit bis zu 10 m Umfang, etliche 21 m hoch – keine Maße heutzutage. Steht man aber mittendrin und muss den Kopf weit zurücklegen, um sie ganz zu erfassen, spürt man echte Ehrfurcht vor ihrer Größe.

tum, dessen Decke von 24 Pfeilern getragen wird. Innen befindet sich der Untersatz für die heilige Barke des Amun. Pfeiler und Außenwände sind mit schönen Reliefs bedeckt. Die **Rote Kapelle** unweit davon entstand im Auftrag von Hatschepsut. Ihr Nachfolger Thutmosis III. ließ den Bau abreißen. Bis zur Rekonstruktion der Kapelle waren die Quader aus Quarzit in den dritten Pylon eingebaut.

Verfallen

Zweiter Pylon

Der zweite Pylon (Haremhab) ist weitgehend verfallen. Die beiden Türme wurden von den Trümmern der später aus Werksteinen der Amarnazeit errichteten Vorbauten befreit. Die vier langen Rillen waren für Flaggenmasten bestimmt. Vor dem mächtigen Portal lag noch ein Vorbau mit zwei Standbildern. Das rechte steht noch an seiner Stelle, von dem linken sind nur die Beine erhalten. An der Südseite des Vorbaus erschlägt Ramses II. vor Amun die Feinde. In dem Tor, in dem die Namen von Ramses I., Sethos I. und Ramses II. ausgewiesen sind, haben Philometor und Euergetes II. während ihrer gemeinsamen Regierung ein Zwischentor angebracht.

Die **Innenseiten des älteren Tors** sind mit ptolemäischen Reliefs geschmückt; rechts und links finden sich die gleichen Darstellungen: unten die heilige Amunbarke und der in den Tempel schreitende König Ramses III.; in der zweiten Reihe von unten Ramses III. vor Amun kniend und das Zeichen des Jubiläums haltend; hinter ihm Mut, während Chons mit der Mondscheibe auf dem Kopf den König Philometor führt. In der dritten Reihe von unten ist der König unter dem heiligen Baum von Heliopolis dargestellt.

Ein fantastischer Säulenwald

Großer Säulensaal

Beim Betreten des Säulensaals sehen Sie rechts die türartige Umrahmung eines verschwundenen Gedenksteins für Ramses II. und zu ihren Füßen eine Alabasterplatte mit »unter den Sohlen des Königs« liegenden Feinden. Links der Tür eine kolossale Doppelstatue von

Amun und Ramses II. **Über 5000 m²** nimmt das grandiose Säulendickicht ein. Die beiden mittleren, 21 m hohen Reihen bestehen aus Papyrussäulen mit offenem Kapitell, während die Kapitelle der 13 m hohen Papyrussäulen in den Seitenschiffen geschlossen sind. Den Übergang zwischen Seiten- und Mittelschiff bilden Fenstergitter, durch die Licht auf die Reliefs an den Wänden und Säulen fallen. Die Deckenbalken der drei etwa 24 m hohen Mittelschiffe ruhen auf den beiden mittleren Säulenreihen und rechts wie links auf je einer niedrigeren Säulenreihe. Die Säulen aus rötlich-braunem Sandstein sind aus halben Trommeln mit 1 m Höhe und 2 m Durchmesser aufgemauert. Die Säulen der beiden mittleren Reihen haben 3,6 m Durchmesser und über 10 m Umfang.
Die Wände des Saals, die Säulen, Deckplatten und Architrave sind mit **Inschriften und Darstellungen opfernder Könige** bedeckt, die teilweise noch die alte Farbe aufweisen. Die unter Sethos I. angefertigten Reliefs (bis zur zehnten Säulenreihe) sind feine Flachreliefs, die anderen, unter Ramses II. entstandenen, rohes vertieftes Relief.
Unter den Reliefs **aus der Zeit Sethos' I.** sind die an der Nordwand hervorzuheben. Links der Seitentür ist unten zu sehen: Sethos vor dem Allerheiligsten, in dem die heilige Barke des Amun steht; Sethos wird von dem falkenköpfigen Mont und Atum in den Tempel geleitet; Prozession der heiligen Barke. Oben: Sethos vor den Göttern von Theben. Rechts der Tür unten: Sethos räuchert vor den heiligen Barken; er wird in den Tempel geleitet; Sethos kniet in der Kapelle vor Amun und Chons und empfängt die Zeichen langer Regierung.
Unter den Wandreliefs **aus der Zeit Ramses' II.** beachten Sie besonders die rechts und links der südlichen Seitentür; rechts: Ramses II. opfert vor der Amunbarke, die von Priestern (die vorderen mit Falken-, die hinteren mit Schakalmasken) getragen wird: Neben der Barke schreitet Ramses in Priestertracht mit Pantherfell; dahinter die von Priestern getragenen Barken des Chons und der Mut. Links unten der König vor den Kapellen mit den heiligen Barken des Amun, der Mut und des Chons; weiter links kniet der König vor Amun, Mut und Chons unter dem heiligen Baum von Heliopolis und empfängt die Symbole langer Regierung; Thot schreibt den Namen des Königs auf die Blätter des Baums.

Dem Sieger gebühren die Bilder

Außenwände des Säulensaals

Die Reliefs der nördlichen Außenwand des Säulensaals verherrlichen die Siege von Sethos I., die der südlichen Außenwand die Siege von Ramses II. über die Bewohner Palästinas und die Libyer. Die Bilder sind am besten bei nachmittäglichem Licht zu erkennen.
An der **Ostseite der nördlichen Wand**, oben: König Sethos im Libanon; die Bewohner, deren Gesichter scharf charakterisiert sind, fällen Holz für ihn; unten: Schlacht gegen die Beduinen Südpalästinas; der König auf seinem Streitwagen als Bogenschütze, die Feinde tot

oder verwundet; links oben die Festung Kanaan, die Einwohner flehen um Gnade oder ziehen Fliehende zu sich hinauf. Die **obere, z. T. zerstörte Reihe** zeigt (von links):
1. Schlacht bei Jenoam in Syrien, der König auf seinem Streitwagen schießt auf die Feinde; Wagenkämpfer, Reiter und Fußvolk in wilder Flucht; links die Festung Jenoam, von Wasser umgeben, Flüchtlinge haben sich hinter den Bäumen versteckt (ungewöhnlich die Darstellung mehrerer Gesichter von vorn).
2. Der König bindet gefangene Syrer.
3. Der König, hinter seinem Streitwagen schreitend, führt zwei Reihen gefangener Syrer an Stricken hinter sich und hält außerdem in jedem Arm zwei Feinde.
4. Der König führt zwei Reihen gefangener Syrer vor die Götter Amun, Mut und Chons. Der König feiert seinen Triumphzug durch Palästina, weiht die Gefangenen, tötet die Feinde, wobei er sie am Schopf festhält.
An der westlichen Nordwand zu sehen (von rechts nach links):
Obere Reihe: Erstürmung von Kadesch; der König (Figur fehlt) schießt von seinem Streitwagen auf die Feinde, ein feindlicher Wagen wird vom königlichen Gespann überrannt; rechts auf einem baumbewachsenen Berg die Festung Kadesch, deren Verteidiger von Pfeilen getroffen werden; ein Rinderhirte und seine Herde fliehen.
Mittlere Reihe: 1. Schlacht gegen die Libyer. Der König auf dem Wagen holt mit dem Schwert nach einem Libyer aus (zu erkennen an seitlich getragenen Zöpfen und einer Feder auf dem Kopf), den er mit dem Bogen festhält; rechts getötete und verwundete Feinde.
2. Der König durchbohrt einen Libyer mit der Lanze.
3. Der König auf dem Streitwagen, vor ihm gefesselte Libyer.
4. Der König weiht Gefangene und Kriegsbeute der Götterdreiheit Thebens.
Untere Reihe: 1. Schlacht gegen die Hethiter im nördlichen Syrien; der König schießt vom Streitwagen auf die Feinde.
2. Der König besteigt den Streitwagen und hält an Stricken mehrere Gefangene und zwei erbeutete Wagen, vor ihm zwei Reihen gefangener Hethiter.
3. Der König weiht die Gefangenen und die Kriegsbeute der thebanischen Götterdreiheit, der hier die Wahrheitsgöttin beigestellt ist.
Die Reliefs an der südlichen Außenwand schildern die siegreichen Kämpfe Ramses' II. in Syrien, besonders gegen die Hethiter.

Vom Säulensaal weiter in der Mittelachse

Dritter Pylon

Den hinteren Abschluss des großen Säulensaals bildet der rekonstruierte dritte Pylon. In ihm waren große Reliefblöcke von 13 Heiligtümern früherer Zeit eingebaut. Am nördlichen Torturm erkennen Sie,

Inschriften und Reliefs überziehen den Hatschepsut-Obelisken.

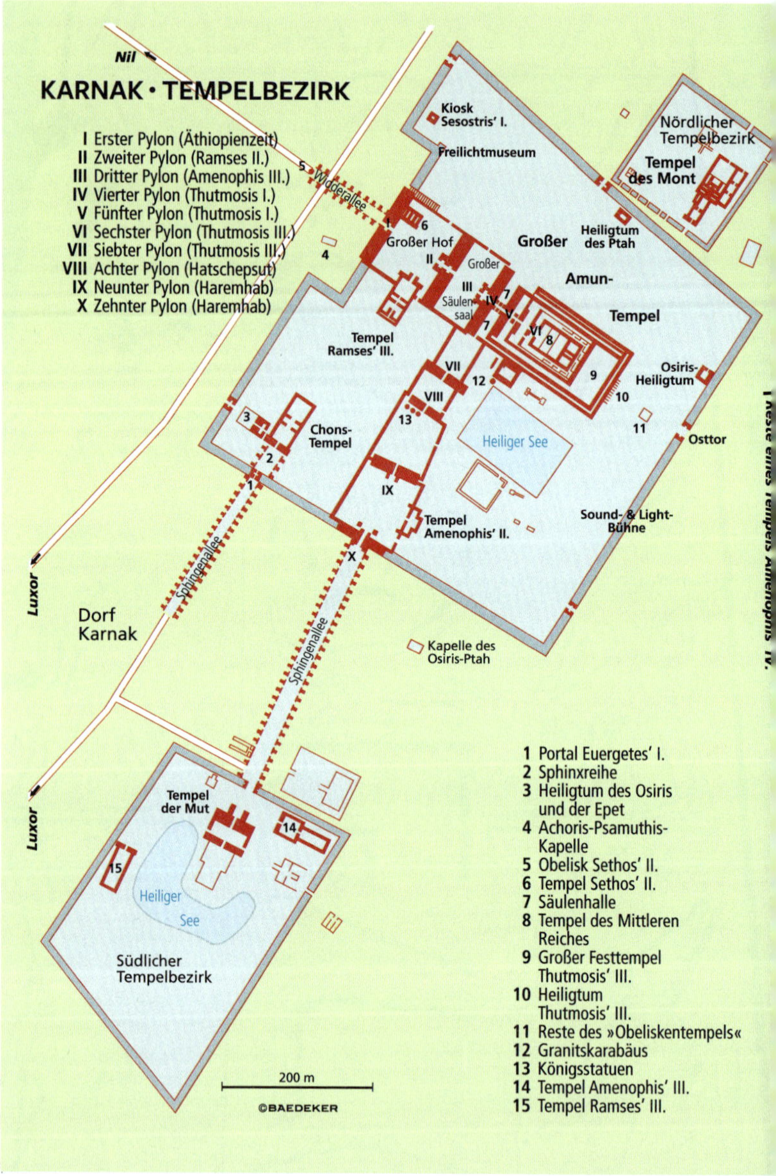
KARNAK · TEMPELBEZIRK
I Erster Pylon (Äthiopienzeit)
II Zweiter Pylon (Ramses II.)
III Dritter Pylon (Amenophis III.)
IV Vierter Pylon (Thutmosis I.)
V Fünfter Pylon (Thutmosis I.)
VI Sechster Pylon (Thutmosis III.)
VII Siebter Pylon (Thutmosis III.)
VIII Achter Pylon (Hatschepsut)
IX Neunter Pylon (Haremhab)
X Zehnter Pylon (Haremhab)
Nil
Widderallee
Kiosk Sesostris' I.
Freilichtmuseum
Nördlicher Tempelbezirk
Tempel des Mont
Heiligtum des Ptah
Großer Hof
Großer Säulensaal
Großer Amun-Tempel
Tempel Ramses' III.
Osiris-Heiligtum
Chons-Tempel
Heiliger See
Osttor
Tempel Amenophis' II.
Sound- & Light-Bühne
Sphingenallee
Luxor
Dorf Karnak
Kapelle des Osiris-Ptah
Tempel der Mut
Heiliger See
Südlicher Tempelbezirk
200 m
©BAEDEKER
1 Portal Euergetes' I.
2 Sphinxreihe
3 Heiligtum des Osiris und der Epet
4 Achoris-Psamuthis-Kapelle
5 Obelisk Sethos' II.
6 Tempel Sethos' II.
7 Säulenhalle
8 Tempel des Mittleren Reiches
9 Großer Festtempel Thutmosis' III.
10 Heiligtum Thutmosis' III.
11 Reste des »Obeliskentempels«
12 Granitskarabäus
13 Königsstatuen
14 Tempel Amenophis' III.
15 Tempel Ramses' III.

als Rest der Darstellung einer Festfahrt, die auf dem Nil schwimmende heilige Barke des Amun, auf der der König steht.
Den folgenden **Mittelhof** schmückten einst zwei von Thutmosis I. und zwei von Thutmosis III. geweihte Obelisken, von denen bei dreien die Untersätze noch vorhanden sind, ein Obelisk steht sogar noch aufrecht. Die Flächen sind mit je drei senkrechten Zeilen bedeckt: in der Mitte die Weihinschrift Thutmosis' I., die seitlichen Inschriften wurden unter Ramses IV. und VI. hinzugefügt. Die Obelisken von Thutmosis I. bildeten seinerzeit den Tempeleingang.

Wahrzeichen des Tempels

Vierter bis sechster Pylon

Der **vierte Pylon** ist stark verfallen. Die Tür ließ Alexander der Große restaurieren, ebenso die anschließende Säulenhalle, die mit Säulen, riesigen, in Nischen stehenden Osiris-Statuen und den beiden aus Assuan-Granit gearbeiteten **Obelisken der Königin Hatschepsut** geschmückt war. Der rechte (südliche) Obelisk ist umgestürzt und zerbrochen, seine Spitze zeigt Hatschepsut, die gerade von Amun gesegnet wird. Die Inschriften an seiner Basis verherrlichen die Macht der Königin. Der linke (nördliche), knapp 30 m hohe Obelisk (Gewicht 323 t) überragt als Wahrzeichen des Tempels die Trümmer. An den vier Seiten ist er mit einer senkrechten Zeile geschmückt, die die Weihung der Obelisken und ihre Herstellung in nur sieben Monaten verkündet – sie sollten rechtzeitig zum Regierungsjubiläum der Königin aufgestellt werden. Im oberen Teil finden sich auch seitliche Darstellungen: Hatschepsut, Thutmosis I. und III. vor Amun opfernd.
Die **Säulenhalle** hat in der 18. Dynastie große Umwandlungen erfahren. Als Thutmosis I. sie anlegte, besaß sie ein Holzdach, das von hölzernen, später steinernen Säulen getragen wurde. Hier ließ Hatschepsut im 16. Regierungsjahr die beiden Obelisken aufstellen. Thutmosis III. ließ sie von einem Sandsteinbau ummauern, der sie bis über die Hälfte, etwa 25 m hoch, verdeckte und z. T. noch vorhanden ist. Die Säulenhalle wurde unter Verwendung der fünf alten Säulen so umgestaltet, dass sie ein Steindach erhielt, das von zwei Reihen zu sechs bzw. acht Papyrussäulen getragen wurde.
Durch den **fünften Pylonen** gelangt man zu zwei kleinen von Thutmosis III. eingebauten, sehr verfallenen Vorräumen vor dem sechsten Pylonen. Rechts und links von ihnen zwei größere Höfe, die mit Osiris-Statuen geschmückt sind. Sie sind der Rest des großen Hofs Thutmosis', der einst den Tempel des Mittleren Reichs umgab. Im Durchgang zum nördlichen Hof befindet sich eine sitzende Kolossalstatue Amenophis' II. aus rotem Granit. Auch der letzte und kleinste Pylon, der **sechste Pylon**, ist großenteils zerstört.

Lotos und Papyrus

Erster Annalensaal

Es folgt der erste Annalensaal, der von Thutmosis III. gebaut wurde, mit zwei Granitpfeilern mit den **Wappenpflanzen** Lotos für Unterägypten und Papyrus für Oberägypten. Hier sind auch die wundervollen **Kolossalstatuen** des Amun (stark ergänzt) und der Göttin Amaunet aus rötlichem Sandstein aufgestellt, die Tutanchamun geweiht hat; sein Name wurde später durch den seines Nachfolgers Haremhab ersetzt. Links und rechts dieses Annalensaals erstreckt sich der von Thutmosis III. angelegte Hof mit seinen Hallen, deren Decke von Papyrusbündelsäulen getragen wurde. Die **Kapelle aus Rosengranit**, in der die heilige Barke stand, entstand unter Philippus Arrhidäus (323 – 317 v. Chr.). Die Wände außen und innen sind mit Reliefs bedeckt, deren Farben z. T. sehr gut erhalten sind. An der Innenwand im ersten Raum erkennt man Philippus, wie er den Gestalten des Amun opfert, im zweiten Raum links sitzt er vor einem Speisetisch.

»
Vor Luxor und Karnak muss der stolzeste Geist sich beugen. Man glaubt Werke von Halbgöttern zu erblicken, denn die jetzigen Menschen sind ihrer nicht mehr fähig.
«

Hermann Fürst von Pückler-Muskau, Reisender und Landschaftsarchitekt, 1844

Reliefs der Hatschepsut

Zweiter Annalensaal

An der Nordwand des zweiten Annalensaals Thutmosis' III., der die Kapelle umgibt, berichten lange Inschriften von den kriegerischen Taten des Königs. Die an den Annalensaal nördlich und südlich anstoßenden Räume, die weitgehend zerstört sind, entstanden im Auftrag der Königin Hatschepsut. In der südlichen Hälfte liegt ein Raum mit der Dachtreppe und ein Gemach mit dem von Thutmosis III. geweihten Granitaltar. Sehr schön und auch in den Farben gut erhalten sind die Reliefs der Hatschepsut in dem durch eine schwarze Granittür verschlossenen Raum im Norden. Die linke Wand wurde von ihrem Platz entfernt und hier neu aufgebaut. Die Bilder der Hatschepsut sind getilgt und an einzelnen Stellen durch die von Thutmosis II. und III. in schlechtem Relief ersetzt.

Die Königstafel von Karnak

Großer Festtempel Thutmosis' III.

Den Großen Festtempel Thutmosis' III. betreten Sie durch das Hauptportal im Südwesten, vor dem zwei Säulenstümpfe und zwei Statuen des Königs als Osiris aufgestellt sind. Von hier wenden Sie sich nach links durch die Vorräume in die Große Festhalle. Zweimal zehn Säulen und 32 Pfeiler trugen die Decke der drei hohen Mittelschiffe. Die sonst nicht vorkommende **Zeltstangenform der Säulen** weist darauf hin, dass die Mittelschiffe als ein großes Festzelt gedacht waren. Auf der Pfeilerseite ist Thutmosis III. vor den Göttern dargestellt. In der Halle stehen mehrere hier aufgefundene Statuen-

torsi. In der Südwestecke der Halle liegt der Raum, aus dem die sog. Königstafel von Karnak stammt, eine **Liste der ägyptischen Herrscher** von der ältesten Zeit bis zur 18. Dynastie (heute im Pariser Louvre).
An der Nordseite der drei Mittelschiffe liegen drei Kapellen; in der westlichen eine Kolossalgruppe Thutmosis' III. zwischen Amun und Mut. In christlicher Zeit wurde die Halle in eine Kirche umgewandelt, was die noch erkennbaren Heiligenbilder an den Säulen erklärt.
In der Nordwestecke der Halle gelangen Sie durch einen Vorraum und eine Tür in einen schmalen **Korridor**, dessen Nordwand mit schönen Reliefs geschmückt ist: Thutmosis III. bringt dem ithyphallischen Amun Weihrauch dar; derselbe König gießt über Amun Wasser aus, von rechts kommen Priester, Sänger und Sängerinnen. Von der Nordostecke der Festhalle führt eine Treppe in ein turmartiges Bauwerk zu einem Gemach, das vielleicht astronomischen Zwecken diente und in dem noch ein Alabasteraltar steht

Exotische und einheimische Natur

Botanischer Garten und das Allerheiligste

Nördlich grenzt der über eine Treppe erreichbare sog. Botanische Garten ab, ein kleiner Saal, dessen Decke vier wohlerhaltene Papyrusbündelsäulen mit geschlossenen Kapitellen trugen; auf dem unteren Teil der Wände zeigen Reliefs viele Pflanzen und Tiere, die im 25. Regierungsjahr Thutmosis' III. von Syrien nach Ägypten gebracht wurden.
Südlich führen Stufen in das **Allerheiligste**; daneben liegt das sog. Alexander-Zimmer, das von Thutmosis III. erbaut wurde und außer vereinzelten Reliefs aus der Zeit dieses Königs Inschriften und Darstellungen Alexanders des Großen besitzt. Es folgt ein schöner Saal mit ehemals acht Säulen, von denen sieben noch stehen.

Ramses II. und Thutmosis III.

Umfassungsmauer und Tempel Thutmosis' III.

Die mittleren und östlichen Bauten des Amun-Tempels, vom dritten Pylonen an, sind von einer Umfassungsmauer umgeben, die – soweit erhalten – Reliefs Ramses' II. bei Opferhandlungen vor den Göttern trägt. An der Ostseite dieser Umfassungsmauer liegt ein **zweites Heiligtum Thutmosis' III.**, das eventuell schon unter Hatschepsut entstanden ist. Die mittlere Kapelle schmücken die sitzenden Kolossalstatuen des Königs mit einer weiblichen Figur, vermutlich einer Göttin. Weiter östlich liegt in der Hauptachse ein weitgehend verfallener **Tempel Thutmosis' III.**, der unter Ramses II. fertiggestellt und unter Taharka erweitert wurde. In ihm stand ursprünglich ein Obelisk Thutmosis' III., der 357 n. Chr. nach Rom gebracht wurde und heute auf dem Lateransplatz steht. Das wohlerhaltene, jetzt verschlossene **Osttor** (19 m hoch) der großen Ziegelumwallung, die den ganzen Tempelbezirk umgab, entstand unter Nektanebos I. Die Entfernung von hier bis zum ersten Pylonen beträgt 470 m.

Weitere Tempelbauten

Osiris-Heiligtum

An die Ziegelmauer schließt sich ein kleines Heiligtum des Osiris an, erbaut von Osorkon III. (22. Dyn.). Später wurde es um den ersten Saal vergrößert. In der Nähe gibt es noch mehrere kleine Kapellen aus derselben Zeit. Außerhalb des Tors liegt ein zerstörter Tempel Amenophis' IV. mit einer Pfeilerhalle. Die Wandreliefs wurden zerschlagen und im neunten und zehnten Pylonen verwendet.

Weitere Bauten im Süden des Amun-Tempelbezirks

Skarabäus am Ufer

Heiliger See

Im Süden liegt der Heilige See (arab. Birket el-Mallaha, Salinensee), dessen Wasser leicht salzig ist. An der West-, Süd- und Nordseite, wo eine Treppe zum Wasser hinabführt, sind die Ufermauern noch gut erhalten. Nach Süden und Osten schlossen sich Wirtschaftsräume und Priesterunterkünfte an, teils liegen sie unter der modernen Tribüne für die abendliche Sound & Light Show (▶ S. 248). Am Ufer liegt ein großer Skarabäus aus Rosengranit, den Amenophis III. dem als Skarabäus gedachten Sonnengott Atum-Chepre geweiht hat. Vorbei am abgebrochenen Oberteil des Obelisken der Hatschepsut erreicht man einen Hof, der jedoch weitgehend verfallen ist.

Der siegreiche Thutmosis III.

Siebter Pylon

Der siebte Pylon entstand unter Thutmosis III., auf den sich auch die Siegesdarstellungen der Vorder- und Rückseite beziehen. Er diente ebenso wie der folgende achte Pylon ursprünglich als südlicher Zugang zum abgebrochenen Tempel Amenophis' I. Vor der Nordfassade stehen **sieben Kolossalstatuen** von Königen des Mittleren und Neuen Reichs aus rotem Granit, vor der Südfassade die Unterkörper zweier Kolossalstandbilder Thutmosis' III. und vor dem östlichen der beiden das Unterteil eines großen Obelisken Thutmosis' III. (jetzt in Istanbul). Neben dem siebten Pylonen führt eine moderne Tür ins Freie. Hier verlässt man gewöhnlich die Tempelanlagen und wendet sich den südlichen Außenwänden des großen Säulensaals zu.

Ältester Pylon der Tempelanlage

Achter Pylon

Der von Königin Hatschepsut in Auftrag gegebene achte Pylon ist der älteste der ganzen Anlage, dennoch verhältnismäßig gut erhalten. Von den vier kolossalen sitzenden Königsstatuen an seiner Südseite blieb nur die von Amenophis I. (westlich, aus Kalkstein) unversehrt, während den beiden Statuen von Thutmosis II. der Oberkörper fehlt. Die Reliefs entstanden hauptsächlich unter Thutmosis III. und Amenophis II., aber auch unter den Königen der 19. Dynastie. Von den **Darstellungen der Nordfront** sind am linken (östlichen) Turm hervorzuheben: oben Sethos I., wie er verschiedenen Göttern opfert;

weiter rechts Thutmosis III., der von der löwenköpfigen Urthekau in den Tempel geführt wird, dahinter tragen Priester die heilige Amun-Barke. Darunter: Thutmosis I. vor der thebanischen Götterdreiheit.
Am rechten (westlichen) Turm von links nach rechts: Sethos I. wird vom falkenköpfigen Mont, der ihm das Zeichen »Leben« an die Nase hält, in den Tempel geführt; ihm folgen Priester mit der Amun-Barke. In der oberen Reihe rechts Thutmosis III. vor Amun und Chons; hinter ihm die Göttin Urthekau und Thot, der auf einen Palmenzweig schreibt. Unten in zwei Reihen: Ramses III. vor verschiedenen Göttern. Im Durchgang rechts und links Ramses II. vor Göttern.
Die **Reliefs der Südfront** des Pylonen zeigen Amenophis II., der seine Feinde beim Schopf packt und mit der Keule erschlägt; vor ihm Amun (von Sethos I. später eingesetzt). An einem in den östlichen Turm führenden Seiteneingang sind Reliefs und Inschriften von Hohepriestern des Amun aus der Zeit Sethos' II. zu sehen.

Für das Königsjubiläum

Tempel Amenophis' II.

Dem ganz verfallenen neunten Pylonen, einst von Haremhab teilweise aus den Trümmern eines Tempels von Amenophis IV. erbaut, folgt ein von Mauern eingefasster viereckiger Hof, in dem östlich die Ruinen eines kleinen Tempels Amenophis' II. liegen. Das wohl der Feier des Königsjubiläums gewidmete Heiligtum steht auf einem Unterbau, zu dem eine Rampe emporführt. Die Vorderseite bildet eine von zwölf Pfeilern getragene Halle, von der aus man den großen fünfschiffigen Saal betritt. Rechts liegt ein kleinerer Pfeilersaal, ein entsprechender Saal links ist von dem Hauptsaal durch einen schmalen Korridor getrennt. An der östlichen Hofmauer finden sich einige wichtige Reliefs des Königs Haremhab, der u. a. syrische Gefangene gefesselt vor die thebanische Götterdreiheit führt.

Aus Trümmern erbaut

Zehnter Pylon

Der zehnte Pylon, seit dem Ende der 18. Dynastie von Süden her der Eingang in den großen Tempelbezirk des Amun und heute das südliche Außentor von Karnak, wurde von Haremhab aus den Quadern eines Tempels Amenophis' IV. erbaut. Die Reliefs des granitenen Mittelportals zeigen Haremhab, der vor verschiedenen Göttern opfert. Vor der Nordfassade des Pylonen stehen zwei Standbilder von Ramses II. aus feinem Kalkstein. Vor der Südfassade befinden sich die Reste zweier kolossaler Standbilder Amenophis' III. und Haremhabs.

Dem Mondgott geweiht

Chons-Tempel

Der Tempel in der Südwestecke des Tempelbezirks ist dem thebanischen Mondgott Chons geweiht und mit Sphingenallee, Pylon, Hof, Säulensaal und Heiligtum ein schönes Beispiel für eine klassische Tempelanlage des Neuen Reichs. Gründer war Ramses III., doch stammt die Ausstattung von seinen Nachfolgern, v. a. Ramses IV.

Den Eingang bildet ein **großer Pylon** von 32 m Länge und 18 m Höhe. Vier lange Vertiefungen und entsprechende Löcher im Mauerwerk dienten als Aufnahme für die Flaggenmasten. Die Reliefs an den Türmen zeigen einen Hohepriester der 21. Dynastie und seine Frau vor Göttern opfernd. Vor jedem Turm lag eine Säulenhalle. Durch das Mittelportal des Pylonen, mit Reliefs Alexanders IV., betritt man den **Hof**, der rechts und links von einer Doppelreihe von Papyrussäulen eingefasst wird. Auf den glatten Säulenschäften und den Wänden ist Herihor opfernd dargestellt. An der rechten (östlichen) Wand zeigt ein Relief Herihor, der vor den heiligen Barken des Amun (mit Widderkopf), der Mut und des Chons (mit Falkenkopf) ein Rauchopfer bringt; rechts davon die Fassade des zweiten Pylons des Großen Amun-Tempels mit acht Flaggenmasten.
Auf der Rückseite des Hofs führt eine Rampe zu der von zwölf Säulen getragenen **Vorhalle**. An sie schließt sich ein kurzer und breiter **Säulensaal** mit vier Papyrussäulen mit offenen Kapitellen in der Mitte und je zwei Säulen mit geschlossenen Kapitellen rechts und links. An den Wänden und Säulen sind Ramses XI. und der Hohepriester des Amun, Herihor, beim Götteropfer dargestellt.
Die Tür in der Mitte der Rückwand mündet in den **Tiefen Saal**. In ihm steht die an beiden Enden offene Kapelle, in der die heilige Barke des Gottes aufbewahrt wurde. Die Außenwände der Kapelle zeigen den König (meist Ramses IV.) vor Göttern. Rechts und links von diesem Saal liegen dunkle, von Ramses IV. ausgeschmückte Räume; hinten führt eine von einem Ptolemäer errichtete Tür in einen kleinen Saal mit vier Säulen, dessen Reliefs u. a. ebenfalls Ramses IV. zeigen. Daneben befinden sich sieben kleine Kapellen mit Reliefs von Ramses III. und seinem Nachfolger. Besonders sehenswert sind die beiden **Kapellen der Ostseite** wegen der gut erhaltenen Farben. U. a. ist an der breiten Nordwand der hinteren der beiden Kapellen der König zu sehen, der, von Hathor begleitet, dem falkenköpfigen Mont von Theben und der Göttin »Sonne der beiden Länder, Auge des Re«, Blumen opfert. Das Relief an der Westwand zeigt den König räuchernd und wasserspendend vor einem löwenköpfigen Gott und vor Chons.

Epet, die Göttin der Geburt

Heiligtum des Osiris und der Epet

An die Südwestseite des Chons-Tempels stößt ein Heiligtum des Osiris und der Epet, das von Euergetes II. für die flusspferdgestaltige Göttin der Geburt und Mutter des Osiris erbaut wurde. Es erhebt sich auf einem etwa 3 m hohen Unterbau, der Haupteingang liegt an der Westseite. An den Pfosten des Portals ist der König vor Osiris und anderen Gottheiten dargestellt. Man betritt zunächst einen rechteckigen Saal, dessen gut erhaltene Decke von zwei Säulen mit Blumenkapitellen und Hathorköpfen getragen wird. Beachtenswert sind die Gitterfenster oben in der südlichen Wand. Rechts liegen drei Seitengemächer mit Krypten, die Tür links ist vermauert. Die Wand-

reliefs in einem zweiten Saal zeigen den König vor verschiedenen Gottheiten. In den Saal münden zwei Seitenräume. Im linken Raum gibt es eine Darstellung des toten Osiris auf der Bahre, an der Isis und Nephthys trauern. Der rechte Raum war der Geburt des Horus geweiht: Das Relief gegenüber der Tür zeigt Isis, wie sie Horus stillt; links bringt der König Milch, rechts ein Stück Tuch. Auf dem Türsturz: Harsomtus als Falke mit Doppelkrone wird im Sumpf von der Flusspferdgöttin Epet und einer Löwengöttin beschützt. Eine Tür, an deren rechtem Pfosten die Göttin Epet dargestellt ist, führt ins **Allerheiligste**, das in einer Nische das Bild der Göttin barg. Die Reliefs der Nische zeigen den König vor Epet, die rechts als Pfahl mit Hathor-Kopf, links als Flusspferd dargestellt ist.
In der Ostwand des Tempels liegt eine kleine **Kapelle des Osiris** mit einem besonderen Eingang von Osten. Zu ihr gehört auch der vom Allerheiligsten des Epet-Tempels ausgehende Schacht, in dem vielleicht eine Reliquie des Osiris beigesetzt war.

Weitere Bauten im Norden des Amun-Tempelbezirks

Für den Schutzgott von Memphis

Heiligtum des Ptah

Von den Bauten nördlich des Großen Amun-Tempels ist nur das Heiligtum des Ptah, des Schutzgottes von Memphis, einigermaßen erhalten. Es wurde von Thutmosis III. erbaut und von dem Kuschiten Schabako und einigen Ptolemäern erweitert und wiederhergestellt.
Von der nördlichen Seitentür des Großen Säulensaals führt eine alte gepflasterte Straße zum Heiligtum. Links der Straße liegen ein kleines Ziegelfort und drei kleine Kapellen aus der Spätzeit. Die größere, südliche Kapelle wurde gegen Ende der 26. Dynastie erbaut.
An der **Eingangspforte** sieht man Psammetich III. und die Königin Enchnesneferebre vor Amun und anderen Göttern. Dahinter ein aus Ziegeln gemauerter Saal mit vier Steinsäulen.
An der **Tür zum Allerheiligsten** stehen rechts Nitokris, die Gemahlin Psammetichs II., links Amasis. Die mittlere Kapelle wurde vom Hofbeamten Scheschonk in der Regierungszeit des Amasis errichtet; auf dem linken Türpfosten ist der König dargestellt, auf dem rechten die Königin Enchnesneferebre, deren Beamter Scheschonk war.
Die **dritte, nördliche Kapelle** ist die älteste, erbaut unter Taharka (25. Dyn.). Sie ist mit Darstellungen der Fürstin Schepenupet und des Königs ausgeschmückt. In der Säulenhalle des Ptah-Heiligtums stehen zwei von Amenemhet I. und Thutmosis III. geweihte Untersätze aus rotem Granit. In der Hauptachse führt eine Tür ins Allerheiligste, das noch die ursprünglichen Reliefs Thutmosis' III. besitzt. Hier steht das **Kultbild des Ptah**, das durch eine Luke in der Decke magisch beleuchtet wird. Rechts ein Raum mit einer löwenköpfigen Göttin Sechmet; links ein zweiter mit alten Reliefs Thutmosis' III.

Nördlicher und südlicher Tempelbezirk

Derzeit nicht zugänglich

Außerhalb der Mauer

Im von einer Ziegelmauer umgebenen **nördlichen Tempelbezirk** liegt der weitgehend verfallene Tempel des Mont, des Kriegsgottes und alten Ortsgottes von Theben. Vom zehnten Pylonen führt eine von Haremhab angelegte Sphingenallee zum **südlichen Tempelbezirk** mit einer Kapelle des Osiris-Ptah, einem verfallenen Tempel Amenophis' III., der dem Amun-Re geweiht war, und dem Tempel der Mut, der löwenköpfigen Gattin des Amun, erbaut von Amenophis III. Vor ihm erstreckt sich ein hufeisenfömiger Heiliger See mit dem Rest eines kleinen Tempels Ramses' III. Südlich des Mont-Tempels liegt in einer Umwallung ein mit den Namen Nektanebos' II. geschmücktes Tor, das noch die Reste einer Liste unterworfener Völker trägt. Die Tempel außerhalb der Umfassungsmauer für Mont, Amun-Re und Mut sowie die Kapelle des Osiris-Ptah sind nicht zugänglich.

MALLAWI (MALLAUI)

Landesteil: Mittelägypten | **Gouvernorat:** El-Minya
20 000 Einwohner

Nördlich von Mallawi erstrecken sich die ausgedehnten Schutthügel und Trümmer der einst berühmten altägyptischen Stadt Schmunu, die in ptolemäischer Zeit als »Hermopolis Magna« wiedererstand und ihre größte Blüte erlebte.

Wo der Urhügel lag

Trotz der Entwicklung zu einem Industriestandort hat die Stadt Mallawi ihren ländlichen Charakter weitgehend bewahrt. Sie liegt 48 km südlich von El-Minya am Nil, im weiten Fruchtland zwischen dem Fluss und dem Bahr Jusuf. Besuchenswert sind der bunte Souk und die Märkte der Landbevölkerung donnerstags und samstags.

Wohin in Mallawi und Umgebung?

Alltag im alten Ägypten

Archäologisches Museum

Das einzige archäologische Museum zwischen Kairo und Luxor – eine Station auf den Nil-Kreuzfahrten – machte 2013 Schlagzeilen, als es bei den Ausschreitungen nach der Absetzung des Präsidenten Mursi geplündert und zerstört wurde. Ein Großteil der altägyptischen, griechisch-römischen, koptischen und islamischen Exponate konnte wiederbeschafft werden und wird nun in einer modernen Schau präsentiert. Die meisten pharaonischen Funde stammen aus Tuna el-Gebel, als bedeutendste gelten die Statue der Maketaton, einer Tochter von Echnaton, und die anrührende **Doppelstatue des Pepi-Anch und seiner Ehefrau**. Etwas Besonderes sind auch die Sammlungen zum alltäglichen Leben in Familie und Handwerk, mit Gerätschaften zum Schreiben und Kochen, zum Jagen, Töpfern u. a. m.

Sharia el-Galā | tgl. 9–15 Uhr | Eintritt 120 LE

Die Stadt des Thot und des Hermes Trismegistos

Hermopolis Magna

Etwa 10 km nördlich liegen nahe dem Dorf El-Aschmunein die Schutthügel der berühmten Stadt **Schmunu** (kopt. schmun = Stadt der acht Gottheiten), die seit uralter Zeit **Hauptkultstätte des Thot** war, des Gottes der Schreibkunst, der Heilkunde und Gelehrsamkeit, den die Griechen mit ihrem Götterboten Hermes gleichsetzten.
Nach altägyptischer Vorstellung lag an diesem Ort der **Urhügel**: Hier wohnten die acht Urgottheiten, die das Ei zeugten, aus dem die Sonne erwuchs. Schmunu war Hauptstadt des 15. oberägyptischen Gaus,

Über den Tod hinaus vereint: Pepi-Anch und seine Frau im Mallawi Museum

des »Hasengaus«. Die Stadt entstand in ptolemäischer Zeit neu und erlebte unter dem Namen Hermopolis (röm. Hermopolis Magna) als Kultort und Pilgerstätte des Hermes Trismegistos, des »dreimalgroßen Hermes«, ihre höchste Blüte. Nachdem die Kultstätte ihre Bedeutung verloren hatte, diente die Stadt als Steinbruch.

Tuna el-Gebel

Ein Friedhof für Ibisse und Paviane

Nekropole von Hermopolis

Etwa 7 km westlich von El-Aschmunein erstreckt sich am Fuß der westlichen Wüstentafel die Nekropole Tuna el-Gebel, die Begräbnisstätte von Hermopolis. Dort finden sich zwei in den Fels gehauene, stark verwitterte Stelen Amenophis' IV. (Echnaton), die den Geltungsbereich der Gerichtsbarkeit von ▶ Tell el-Amarna bezeichneten. Die Begräbnisstätte reicht bis ins 5. vorchristliche Jahrhundert zurück. In ausgedehnten Katakomben fand man zahlreiche Gräber für Ibisse und Paviane, die heiligen Tiere des hier verehrten Thot. Auf dem Gelände wird weiter geforscht – mit Erfolg. So wurden Anfang 2019 von Archäologen des Niedersächsischen Landesmuseums zahlreiche gut erhaltene Mumien entdeckt und 2022 ein Grab bemalten Wänden und weiteren acht Mumien.

Szenen aus Alltag und Kult

Grabtempel des Petosiris

Das **wichtigste Grabmal der Nekropole** – zu dem zierlichen Bau führt eine 20 m lange und 4 m breite gepflasterte Straße – ist der Grabtempel des Petosiris, eines vornehmen Bürgers von Hermopolis und Hohepriesters am Tempel des Thot, der hier um 300 v. Chr. sein Familiengrab anlegen ließ. Es besteht aus einer Vorhalle, dem jüngeren Teil der Anlage, die der Erinnerung an Petosiris gewidmet war, sowie einer von Pfeilern getragenen Kapelle, die Petosiris dem Kult seines Vaters Es-Schu und seines älteren Bruders Djed-Thutefonch geweiht hatte. Beide Räume wurden von ägyptischen Künstlern mit auch farblich z. T. gut erhaltenen Reliefs ausgeschmückt. Während die religiösen Darstellungen besonders in der Kapelle in rein ägyptischem Stil, etwa nach Vorbildern der 18. Dynastie, gehalten sind, zeigen die weltlichen Bilder der Vorhalle und am Mauerfuß der Kapelle einen ägyptisch-griechischen Mischstil, z. T. auch eine rein griechische Manier.
In der **Vorhalle** zeigen die Bilder auf den Rückseiten der vier Schranken handwerkliche Szenen in griechisch-ägyptischem Mischstil, darunter rechts vom Eingang Metallarbeiter. Links des Eingangs werden in den oberen beiden Reihen Salben bereitet. In den beiden unteren Reihen sind Tischler bei der Arbeit; zwei Männer stehen an einer Drehbank – der ersten im Altertum dargestellten – und fertigen ein Prunkbett an. Die Wände zeigen Alltagsszenen, u. a. Flachsernte und Dreschen des Getreides (Ostwand), die Söhne des Petosiris vor ih-

ren Eltern (Südwand links), Rinderherden auf dem Feld (Westwand, obere Reihen) sowie die Traubenernte, eine Weinpresse und die Ablieferung der Krüge (Westwand, untere Reihe).

In der Kapelle sind die vier Pfeiler mit langen Inschriften und Darstellungen des Toten bei Kulthandlungen bedeckt. An den Wänden sind u. a. zu sehen: die Göttin Nut, die aus einem Baum den Eltern des Petosiris Wasser spendet, darunter Petosiris im Gebet vor seinem Vater (Nordwand rechts); ein Begräbnis, der Sarg auf dem Leichenwagen, die vier Osirissöhne und Frauen schreiten zum Grab; die Mumie vor dem Grab, ein Priester gießt Weihwasser über ihr aus (Ostwand); Es-Schuh, Vater des Petosiris, vor neun die Sonne anbetenden Göttern; Djed-Thutefonch, Bruder des Petosiris, betet mit seinen Kindern vor seinem Vater (Südwand); Djed-Thutefonch zu neun Pavianen betend, stehend vor zwölf Schlangen und vor heiligen Stieren und Göttern, zu Osiris geführt (Westwand); der Tote vor dem Opfertisch; Petosiris vor seinem verstorbenen Bruder; Leute auf Booten mit Rindern und Kälbern (Nordwand).

MARSA ALAM

Landesteil: Rotes Meer | **Gouvernorat:** Rotes Meer (Bahr el-Ahmar)
Einwohner: ca. 2500

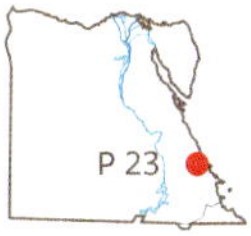

Im unspektakulären Marsa Alam macht man Urlaub wegen des Meeres und der Riffe: Taucher und Schnorchler finden hier unglaublich schöne Reviere. Die Begegnung mit Delfinen und Meeresschildkröten in freier Natur gehört zu den schönsten Erlebnissen. Marsa Alam ist ein kleiner Ort, touristisch meint man damit aber meist die ganze Region, sodass Ihr Hotel etliche Kilometer vom Ort entfernt liegen kann. Was aber eigentlich keine große Rolle spielt.

Tauchen und Baden

Zu den vielversprechenden touristischen Projekten Ägyptens gehört Marsa Alam, das rund 280 km südlich von ▶ Hurghada und noch 70 km südlich von Port Ghalib liegt. Hier sind Ferienresorts entstanden, die sich v. a. an den Tauch- und Badegästen ausrichten. Die Tauchgründe sind **noch einigermaßen unberührt**, da sie – anders als die von Hurghada – nur schwer zu erreichen waren und es teils noch sind. Ein beliebter Spot ist Abu Dabbab, ein geschütztes Riff ca. 40 km nördlich von Marsa Alam beim Malikia Resort. Der Marsa Alam International Airport bei Port Ghalib wird wieder verstärkt von europäischen Reiseanbietern angeflogen.

MARSA ALAM ERLEBEN

Flug: Charterflüge steuern den Marsa Alam International Airport (5 km, www.marsa-alam-airport.com) und den Flughafen Hurghada an (290 km, ▶S. 165). Von beiden tgl. mehrmals Flugverbindungen mit Kairo sowie Bustransfer zu den Hotels. 160 km südlich liegt der auch zivil genutzte Militärflughafen Berenice.
Bus: Mehrmals tgl. verkehren Busse zwischen Qosseir, Port Ghalib und Marsa Alam. An der Küstenstraße stoppt man die Busse mit Handzeichen; Einheimische kennen die ungefähren Abfahrtszeiten.

RED SEA DIVING SAFARI
Man organisiert Wüsten- und Tauchtrips, vermittelt ökologisches Wissen und kooperiert mit Ecolodges.
Hauptsitz Kairo Tel. 02 33 37 18 33
Marsa Nakari Village
Tel. 012 82 16 65 11
Marsa Shagra Village
Tel. 065 338 00 21
www.redsea-divingsafari.com

DIVING QUSEIR
Bekanntes Tauchcenter im Silver Beach Resort.
7 km nördlich von Qosseir
www.diving.de, Tel. 012 22 41 62 51

WÜSTENSAFARIS
Wüstensafaris mit Geländewagen oder Kamel oder auch mit beidem.
Tel. 0100 01 33 381
www.marsaalam-tours.de

PALACE HOTEL €€€€
Fünf-Sterne-Paradies im orientalischen Stil mit 309 luxuriös ausgestatteten Zimmern, in einer grünen Anlage am Meer gelegen.
Port Ghalib, Tel. 065 33 60 000, 02 15 787, www.pickalbatros.com

MÖVENPICK EL QUSEIR €€€
Idyll für Ruhesuchende, die gerne tauchen und ohne lautes Nachtleben auskommen.
Qosseir, El-Ouadim Bay
Tel. 065 33 50 410
www.movenpick.com

KAHRAMANA BEACH RESORT €€€
Gepflegte Anlage zwischen dem Meer und den sog. Biondie-Bergen. In der Nähe findet man 17 Buchten mit tollen Korallenriffen.
40 km südlich des Marsa Alam Airport, Tel. 065 33 80 008
www.balbaagroup.com

MARSA SHAGRA VILLAGE €€–€€€
Ein Tauchercamp: Wählen Sie unter Zelten mit Beduinenbetten direkt am Wasser und Bungalows mit Meeresblick am Rand eines Wadis.
18 km nördlich von Marsa Alam
Tel. 065 3380021, 01222449073
www.redsea-divingsafari.com

SHAMS ALAM BEACH RESORT €€–€€€
Gemütliche Zimmer, schöner Sandstrand, gutes Hausriff, Tauchausflüge auch zum Wadi el-Gemal.
40 km südlich von Marsa Alam
Tel. 012 22 44 49 31, 010 98 88 3095
www.shamshotels.com

GORGONIA BEACH RESORT €€€
Ein absolut intaktes Hausriff vor dem Privatstrand ist die Attraktion in diesem italienisch geführten Musterhotel für Ökotourismus. Tauch-

ausflüge unternehmen Sie mit dem Tauchcenter. Das Hotel organisiert auch Exkursionen in den wunderbaren Nationalpark Wadi el-Gemal.

Halayeb wa Shalateen Rd.
6 km nördlich des Wadi el-Gamal
Tel. 0106 880 17 41/2/3/4
www.gorgoniabeach.com

Schon seit der Pharaonenzeit werden im Hinterland von Marsa Alam (u. a. im Wadi Baramiya) Bodenschätze wie Gold, Kupfer und Blei, aber auch Smaragde und diverse Halbedelsteine geschürft.

Rund um Marsa Alam

Wie eine Fata Morgana

Port Ghalib

Knapp 70 km nördlich von Marsa Alam wurde von 2001 an die Bade- und Tauch-Welt von Port Ghalib aus dem Wüstenboden gestampft. Ihr wichtigstes Kapital sind das Riff mit wundervollen Korallengärten und berühmte, in Tagesausflügen erreichbare Tauchspots wie die **Brother Islands** oder das **Daedalus Reef**. Große Luxus- und Wellness-Resorts umgeben eine künstliche Meerwasserlagune, es gibt eine Marina, ein Kongresszentrum, eine hübsche Corniche mit Restaurants, Bars, Clubs, Boutiquen und Galerien sowie einem »traditionellen« Markt. Weitere Hotelanlagen sollen entstehen. Inzwischen fürchten aber nicht nur Naturfreunde, sondern auch Investoren um die Zukunft des Korallenriffs und wollen aus Port Ghalib nach dem Vorbild von El-Gouna ein umweltverträgliches Urlauberziel machen.
www.portghalib.com

Unaufgeregtes Hafenstädtchen

Qosseir

140 km nördlich von Marsa Alam liegt das alte Hafenstädtchen Qosseir (Quseir), ebenfalls ein Ferienziel. Es empfängt den Gast mit einer unaufgeregten, angenehmen Kleinstadtatmosphäre. Die Hafenbucht mit Mole wird vom Fort aus der Zeit Sultan Selims (16. Jh.) beherrscht, das 1798 von den Franzosen erneuert wurde. Malerisch sind die beiden schlichten Moscheen und der Basar.
Etwa 10 km nördlich des Orts lag einst ein wichtiger Hafen des alten Ägyptens (Qosseir el-Qadim, Alt-Qosseir), von dem kaum noch Reste zu sehen sind. Heute gibt es hier einen Sandstrand. Der Ort war Endpunkt der uralten, im Niltal bei Kuft bzw. Qena ausgehenden **Karawanenroute durch das Wadi Hammamat**, die selbst bei ungünstiger Witterung als sicher galt. Zur Zeit der Ptolemäer wurden hier Waren aus dem Niltal und Kostbarkeiten aus fernen Ländern umgeschlagen. Vom Mittelalter bis ins 19. Jh. war Qosseir ein bevorzugter **Hafen der Mekka-Pilger**, die von hier nach Dschidda (Saudi-Arabien) übersetzten. Einige noch bestehende Karawansereien bezeugen dies. Die Entdeckung von Phosphatlagern nördlich der Stadt sorgte Anfang des 20. Jh.s für einen wirtschaftlichen Aufschwung. Nachdem

der Phosphatabbau in den 1990er-Jahren eingestellt wurde, hofft die Stadt – dank einiger **schöner Tauch- und Schnorchelspots** in der Umgebung – auf die Entwicklung des Tourismus.

Unberührte Natur

Nationalpark Wadi el-Gemal

Die Abgeschiedenheit hat Vorteile: Ca. 50 km südlich von Marsa Alam erreichen Sie dieses 7500 km² große, wenig berührte Naturparadies. Es umfasst nicht nur das relativ wildreiche Wadi el-Gemal (Tal der Kamele), sondern auch einen 15 km breiten Schelfbereich des Roten Meeres mit herrlichen Korallenriffen und Mangrovenbeständen. Hier können Sie mit etws Glück **seltene Tiere** wie Dorkagazellen, Schieferfalken und Weißaugenmöwen beobachten. In jüngerer Zeit hat man in der Gegend auch prähistorische Felszeichnungen mit Tierdarstellungen wie Giraffen entdeckt. Nach dem Parken auf einer Anhöhe instruieren die Beduinen, denen das Land gehört und die als Ranger fungieren, die Regeln im Wadi: Fahren nur, wo es erlaubt ist, Müll wieder mitnehmen – erst dann gibt es die Genehmigung.

An der Unsicheren Bucht

Berenice

155 km südlich von Marsa Alam passiert die Küstenstraße Berenice (Berenike). Die Ruinen der einst bedeutenden Hafenstadt liegen auf der Höhe von Assuan am Roten Meer in der »Unsicheren Bucht« (Halig Umm el-Ketef), die im Norden von der Halbinsel Ras Banas umschlossen wird und einen gut geschützten Hafen bildet. Ptolemaios II. Philadelphos gründete die Stadt 275 v. Chr. und benannte sie nach seiner Mutter Berenike. Als Ziel einer großen Karawanenstraßen vom Nil zum Roten Meer war Berenice jahrhundertelang einer der wichtigsten Umschlagplätze im Handel mit Arabien, Indien und der afrikanischen Ostküste. 2024 wurden hier mehr als 200 Gräber (1./2. Jh.) von Haustieren entdeckt: Hund, Katzen, Ferkel und Affen.

MARSA MATRUH

Landesteil: Unterägypten (Mittelmeer) | **Gouvernorat:** Matruh Einwohner: ca. 230 000

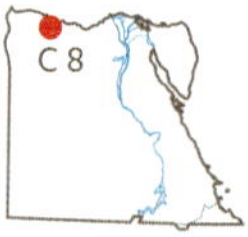

Feinsandiger Strand, so weit das Auge reicht, mit malerischen Felsbuchten und türkis leuchtendem Meer: Touristen verschlägt es an diesen zauberhaften Abschnitt der Mittelmeerküste meist nur auf dem Weg zur Oase Siwa. Schon im Altertum war der Küstenstrich ein geschätzter Erholungsraum. Königin Kleopatra hatte hier ihre Badeanstalt – heute dürfen Sie sie benutzen.

Die Hafenstadt etwa 170 km westlich von ► El-Alamein wird immer mehr zu einem beliebten Ferienort, dank ihrer Lage an einer weiten, von Riffen zum Meer hin abgeschlossenen Lagune. Das alte Paraetonium bzw. Amunia ist heute Verwaltungssitz der Nordwestregion (Matruh) und ein Handelszentrum für die Beduinen der Westlichen Wüste. **Die Stadt ist charmant**, dazu eine der saubersten Ägyptens. Im hübschen Basar findet man viele Waren aus Libyen. In der Umgebung mit ihren Traumstränden entstanden und entstehen Hotelresorts.

Ägyptische Riviera

Um 1200 v. Chr. war das Gebiet besiedelt, wie die Reste eines Tempels aus der Zeit Ramses' II. zeigen. Alexander der Große zog von hier zum Amun-Heiligtum in der Oase Siwa, Kleopatra diente der Hafen als Flottenstützpunkt gegen die Heere des Augustus. Wie eine koptische Kapelle zeigt, fasste das Christentum in Marsa Matruh schon recht früh Fuß. Im Zweiten Weltkrieg war die Stadt heftig umkämpft.

MARSA MATRUH ERLEBEN

TOURIST OFFICE
1 Sh. Omar Mukhtar
tgl. 8.30–19, Okt.–Mai bis 14 Uhr
Tel. 046 493 18 41

Flug: Egypt Air fliget Kairo–Marsa Matruh im Sommer mehrmals tgl., Okt.–Mai mehrmals pro Woche.
Call Center 0900 70000, mobil 1717
Bahn: Mehrmals tgl. Züge von/nach Alexandria; Juni–Sept. Schlafwagenzüge von/nach Kairo (rechtzeitig reservieren).
Bus: tgl. Verbindungen mit Alexandria, Kairo, Siwa
Info-Tel. 0 46 493 20 97
SuperJet-Busse Juni–Sept. nach Kairo, Go-Bus ganzjährig
Super Jet: Tel. 0 46 4 93 47 87
Go-Bus: https://go-bus.com

ABDU KOFTA €€
Das hübsche arabische Restaurant gilt weit und breit als die beste Adresse für heimische Küche: als Vorspeise Mezze zum Tunken, dann Fisch oder Fleisch gegrillt, zum Schluss Kaffee, Tee und/oder Süßes.
5 Sh. Al Tahrir
tgl. 12–23 Uhr
Tel. 011 17 72 48 88

Die Hotels in Marsa Matruh sind vorwiegend Mittelklasse; komfortable Alternativen gibt es z. B. an der Almaza Bay 42 km östlich, die noch zum Ort gerechnet wird.

CAROLS BEAU RIVAGE €€–€€€
Komfortales, gepflegtes Strandhotel mit Pool. Geräumige Zimmer.
El-Obayed Bay
Tel. 046 4851000

JAZ ALMAZA BEACH RESORT €€€–€€€€
In puncto Lage unübertroffen: Gartenpools, makelloser Sandstrand, türkisblaues Meer, große luxuriöse Zimmer – karibisches Urlaubsflair.
Almaza Bay
Tel. 046 436 00 00, 193 80
www.jazhotels.com

6x UNTERSCHÄTZT

Genau hinsehen, nicht dran vorbeigehen, einfach probieren

1. WO KLEOPATRA BADETE

Palmen, weißer Strand, türkisblaues Meer: Westlich von **Marsa Matruh** liegt der Cleopatra Beach, den sich der Überlieferung nach Kleopatra einst als den ihren auserwählt hatte. Heute darf hier jeder planschen. (▶ **S. 275**)

2. MÖNCHE AUF DEM BERG

Hoch in den Bergen der Wüste am Roten Meer leben die Mönche des **Antoniusklosters**. Dank der üppigen Gärten und dem Getreideanbau sind sie autark. (▶ **S. 90**)

3. DIE SCHÖNE AM NIL

Im Schatten des übermächtigen Luxor geht **Assuan** ein wenig unter. Doch die Stadt im tiefen Oberägypten ist bezaubernd: nubische Ruhe, grüne Inseln im Nil. (▶ **S. 96**)

4. VATER DER SKULPTUREN

Die Braut des Nils, die barbusige Marmorgöttin – die Skulpturen des Bildhauers **Mahmoud Mukhtar** sind großartige Werke, denen sich **in Kairo** ein feines, viel zu wenig beachtetes Museum widmet. (▶ **S. 194**)

5. BAB ZUWEILA

Die meisten gehen auf dem Weg durch **Kairos Basare** achtlos durch dieses Tor. Schade, sie verpassen den Aufstieg auf eines der beiden Minarette und den sagenhaften Blick über Kairo bis zu den Pyramiden. (▶ **S. 205**)

6. REINER WEIN

Und das im Islam? Ägypten ist **eines der ältesten Weinbauländer** und produziert (heute wieder) gute Weine. In El-Gouna wird der rote Jardin du Nile gekeltert, sehr lecker sind auch der rote Ayam und der weiße Cape Bay. (▶ **S. 169, 534**)

Wohin in Marsa Matruh und Umgebung?

Ein Museum für den »Wüstenfuchs«

Rommel Museum

An den Wänden Porträts von Erwin Rommel, dazu sein Ledermantel, Feldtelefone, Naziflagge, Tobruk-Karte: In der Felsgrotte vor dem Hafen nahm der Generalfeldmarschall im Zweiten Weltkrieg Quartier und plante seine Operationen plante. Das kleine Museum widmet sich ihm und der Schlacht von El-Alamein.

So.-Do. 9-16, Juni - Sept. bis 18 Uhr | Eintritt 120 LE

Schöne Strände

Cleopatra Beach

Wilde Felsformationen, Wasser wie Samt: Das **Bad der Kleopatra** 13 km westlich gilt als einer der schönsten Strände. In dem von hohen Felsen geschützten natürlichen Meerwasser-Pool soll sie sich mit dem römischen Feldherrn Marcus Antonius entspannt haben.
Etwa 20 km westlich von Marsa Matruh weitet sich der wunderschöne **Badestrand von El-Abyad** (Der Weiße). Wildromantisch präsentiert sich der noch 8 km weiter westlich gelegene **Strand von Agibah** mit Felsbuchten und zahlreichen Felsgrotten. Zur Hochsaison Juni–Sept. ist der Strand gut besucht, in der Nebensaison ist er ein Paradies.

★ MEIDUM (MAIDÛM)

Landesteil: Mittelägypten | **Gouvernorat:** Beni Suef

Hier ging beim Bau einiges schief. Die Pyramide von Meidum erhebt sich 9 km südwestlich des gleichnamigen Orts am Rand der Westlichen Wüste, nahe der mittleren Zufahrt zur Oase ▶ El-Faijum. Sie geht wohl auf König Snofru zurück, den Begründer der 4. Dynastie und Vorgänger des Cheops – sein Ehrgeiz führte dazu, dass seine Pyramide zum Monument des Scheiterns wurde.

»Falsche Pyramide«

★ Pyramide von Meidum

Anfahrt: Taxi von Beni Suef (40 km) oder von Kairo (60 km)
tgl. 9-16 Uhr | Eintritt 150 LE

Pleiten, Pech und Pannen

Bauphasen

Hier sieht man, was passiert, wenn's der Bauherr mit seinen Wünschen übertreibt. Wer die Pyramide genauer betrachtet, kann drei Bauphasen unterscheiden. Den Kern und ältesten Bauabschnitt bildet eine nach dem Vorbild der etwas älteren Djoser-Pyramide in Sakkara um einen Felsen angelegte, siebenstufige Mastaba, die bis in etwa 40 m Höhe sichtbar ist. Die erste freiliegende Stufe ist 11,2 m hoch, die zweite 9,9 m und die dritte, weitgehend zerstörte, noch 6,85 m. Die Wände bestehen aus polierten, leicht nach innen geneigten Kalksteinblöcken.

PYRAMIDE VON MEIDUM

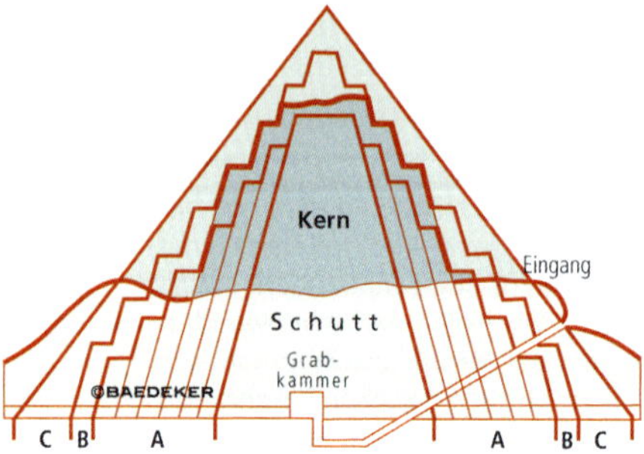

A Erste Erweiterung **B** Zweite Erweiterung **C** Dritte Erweiterung

Dieser erste Bau wurde später um eine gut 5 m hohe Schicht erweitert und vielleicht noch um eine achte Stufe erhöht. Zuletzt ließ Pharao Snofru das Grabmal mit einem glatten Steinmantel verkleiden und zu einer »echten«, etwa 92 m hohen Pyramide umgestalten. Doch dann rutschte die Verkleidung ab, in deren Schutt heute die Basis steht. Die Pyramide unterscheidet sich so wesentlich von allen anderen Bauwerken ihrer Art, dass Einheimische sie »El-haram el-kaddab« (Falsche Pyramide) nennen.

Anstrengend

Besichtigung

Die beschwerliche Besichtigung beginnt an der Nordseite. Hier liegt ein Stück der alten Verkleidung mit dem Eingang frei. Ein 57 m langer Treppengang führt schräg hinab in den Felsen. Er endet in der 6 m langen und 2,6 m breiten Grabkammer, die mit Kalksteinplatten ausgekleidet ist. Die noch sichtbaren Zedernholzbalken dienten möglicherweise der Grabsicherung. Die Pyramide wurde in der 20. Dynastie geplündert, die Einbruchstelle ist an der Südwand zu erkennen.

Für die Toten

Um die Pyramide

An der Ostseite liegt ein kleiner **Totentempel** aus Kalkstein, der noch recht gut erhalten ist. Er besteht aus zwei kahlen Kammern und einem Opferhof mit zwei unbeschrifteten Stelen.
Im Norden und Osten der Pyramide fanden sich einige **Bankgräber** (Mastabas) aus der 4. Dynastie. Berühmt ist die Doppelmastaba des Prinzen Rahotep und seiner Gemahlin Nofret, deren Sitzbilder aus bemaltem Kalkstein (jetzt im Ägyptischen Museum Kairo) hier gefunden wurden.

MEMPHIS

Landesteil: Unterägypten | **Gouvernorat:** Kairo

Im Alten Reich hatte Reichtum einen Namen: Memphis. Geschichtsschreiber berichten vom unvorstellbaren Prunk und Ruhm der damaligen Reichshauptstadt. Noch im Mittelalter, als die Tempel längst geschlossen und die Paläste zerstört waren, sorgten ihre Trümmer für die überschwängliche Bewunderung der Besucher.

Erste Hauptstadt des vereinigten Ägyptens

Die bescheidenen Reste der einst glanzvollen Reichshauptstadt liegen ca. 30 km südlich von Kairo westlich des Nils, gegenüber dem Gräberfeld von ▶ Sakkara bei Mit-Rahina, verstreut im fruchtbaren Ackerland. Wie vom Alten Reich bis zur römischen Kaiserzeit üblich, wurden die Wohnhäuser und andere Profanbauten aus luftgetrockneten Ziegeln errichtet und waren daher wenig dauerhaft. Kalkstein und Granit wurden nur für Tempel und gelegentlich auch für königliche Paläste verwendet. Diese wurden später abgetragen und das Material anderswo verwendet.

Ägyptens früher Mittelpunkt

Etwas Geschichte

Die Bedeutung von Memphis reicht bis zum Beginn der historischen Zeit Ägyptens zurück. Einer Überlieferung zufolge ließ Menes, der erste Herrscher, an der Grenze der alten Reiche Ober- und Unterägypten die »weißen Mauern« errichten, eine Festung, um die unterjochten Unterägypter niederzuhalten. Die Gründung nahm einen raschen Aufschwung und wurde Hauptstadt des ersten unterägyptischen Gaus. In der 6. Dynastie entstand ein neuer Stadtteil, in dem König Pepi I. residierte und in dessen Nähe auch die Grabpyramide des Herrschers lag. Die nach ihm benannte Pyramide hieß Men-nefru-Mire (»Es bleibt die Schönheit des Mire«, d. i. Pepi). Dieser Name wurde später verkürzt zu Menfe, daraus entwickelte sich der griechische Name Memphis.

Die **Hauptblüte** von Memphis fällt in die Zeit des **Alten Reichs**, dessen Herrscher hier oder in der Nähe, bei Giseh und Abusir, ihre Residenz hatten. Doch auch im Mittleren und Neuen Reich, als Theben Mittelpunkt Ägyptens und der thebanische Amun zum vornehmsten aller Götter geworden war, blieb Memphis eine der bedeutendsten Städte des Landes. Kambyses, der erste persische Herrscher, stürmte die Stadt, nachdem er Psammetich III. im Jahr 525 v. Chr. bei Pelusium besiegt hatte. Auch nach der Gründung Alexandrias 331 v. Chr. scheint Memphis seine Bedeutung bewahrt zu haben. Noch unter Augustus war es groß, auch wenn die Paläste zerstört waren. Von den Tempeln standen damals noch der des Ptah, ein Heiligtum des

Apis und der Tempel einer weiblichen Gottheit, wohl der griechischen Aphrodite. Unter den **Byzantinern** scheint es hier eine große monophysitische Gemeinde gegeben zu haben. Der »Mukaukis« genannte Kopten-Führer verhandelte von Memphis aus mit Amr Ibn el-As, dem Feldherrn Omars. Die **islamischen Eroberer** legten ihre Residenz ans Ufer gegenüber von Memphis. Als die neuen Machthaber die behauenen Blöcke aus der ehemaligen Hauptstadt als Baumaterial für ihre Paläste, Kastelle und Moscheen in Kairo verwendeten, war das Schicksal der alten Stadt besiegelt.

Wohin in Memphis?

Eine Riesenfigur für den großen Herrscher

Kolossalstatue Ramses' II.

Unweit südöstlich des Dorfs Mit-Rahina liegt, umgeben von einem Schutzbau, eine Kolossalfigur Ramses' II. aus feinem Kalkstein, die einst vor dem Tempeleingang stand. Sie wurde 1820 gefunden und ab 1888 freigelegt. Ursprünglich war sie wohl über 13 m lang – das Ohr

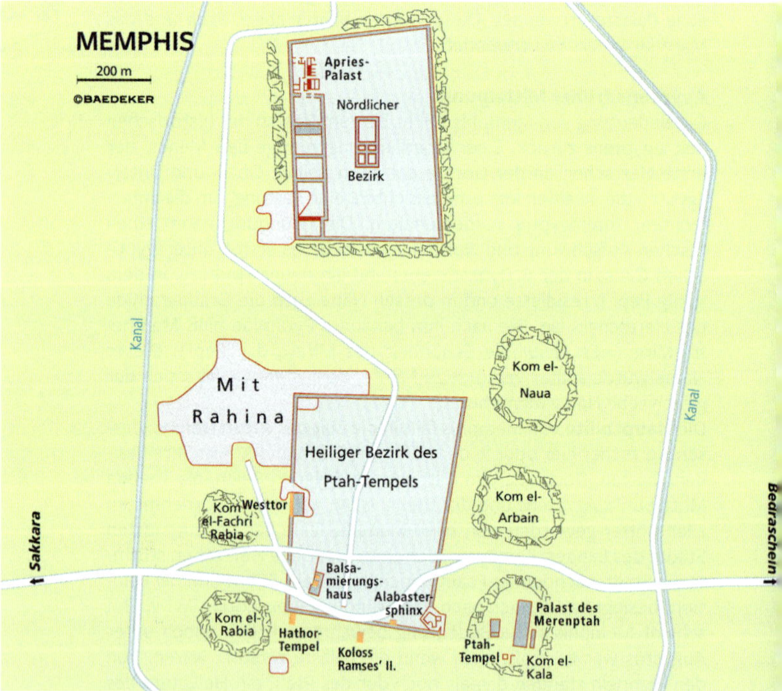

ist gut einen halben Meter lang! Das Gesicht gibt die schönen, weichen Züge des Königs sehr gut wieder. Am Kinn ist ein stilisierter Bart erkennbar, und im Gürtel steckt ein mit zwei Falkenköpfen verzierter Dolch. Auf dem Verbindungsstück zwischen den Beinen ist die Gestalt seiner Gemahlin eingraviert. Der zweite Ramses-Koloss steht heute in ▶ Giseh bei den Pyramiden. Im Schutzhaus und dahinter sind weitere in der Nähe aufgefundene Statuenfragmente zu sehen.

tgl. 8–16 Uhr | Eintritt 200 LE

Was ist noch interessant?

Inventurverzeichnis

Unweit nordöstlich vor dem Schutzhaus steht ein über 4 m hoher, 80 t schwerer **Alabastersphinx** (18. Dyn.), der 1912 freigelegt wurde und den Südeingang des Ptah-Tempels geschmückt haben dürfte. Bei dem Sphingen zeigt die neben dem zweiten Ramses-Koloss gefundene **Apries-Stele** einen Erlass des Königs Apries aus der 26. Dynastie, im Giebelfeld Ptah, rechts der falkenköpfige Soker. Die Inschrift zählt die dem Ptah-Tempel gehörenden Ländereien und Arbeitskräfte auf und verfügt deren Steuerfreiheit.

Nördlich des Alabastersphingen erstreckte sich der **Heilige Bezirk des Ptah-Tempels**, von dem allerdings nur die Ausmaße ermittelt und Teile des Westtors freigelegt werden konnten. In der Südwestecke des Tempelbezirks liegen die Reste des Balsamierungshauses mit bis zu 50 t schweren Balsamierungstischen aus Alabaster für die heiligen Apis-Stiere.

NUWEIBA

Landesteil: Sinai | **Gouvernorat:** Süd-Sinai | **Einwohner:** ca. 21 000

Liegt ein Ort im Dornröschenschlaf oder ist er einfach nur sehr ruhig? In Nuweiba können Sie gut über den feinen Unterschied sinnieren, so wenig Zerstreuung gibt es hier, wenn man von Strand und Meer mal genug hat. Doch Nuweiba ist auch ein vorzüglicher Ausgangspunkt für Ausflüge in die wunderbare Berglandschaft des Zentralsinai – und ein besonderes »Castle« gibt's ein Stück nördlich zu besuchen.

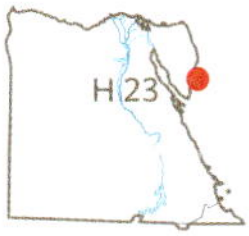

Einsame Strände

Zwischen ▶ Dahab (70 km südlich) und Nuweiba gräbt sich die Straße im Bogen durch die eindrucksvollen Berge. Das Städtchen liegt vor einer herrlichen Gebirgskulisse 70 km südlich der Grenze zu Israel am Golf von Aqaba. Von den Clubs und preiswerten Hüttencamps mussten nach der Revolution 2011 viele schließen, einige Hotels haben jedoch überlebt. In der etwas trostlosen »City«, der Medina, gibt es Geschäfte, Restaurants, eine Post und Geldwechsler. Abwechslung bringt ein Ausflug in die Berge des Sinai, sei es auf dem Rücken eines Kamels oder mit einem Geländewagen. Hotels vermitteln Touren.

Rund um Nuweiba

Grünes Auge

Ain Khudra

Nur wenige Beduinen leben in der kleinen Oase Ain Khudra (»Grünes Auge«) mit ihren sattgrünen Palmen. Zu erreichen bei einem Tagesausflug mit Geländewagen oder Kamel. Von der Oase aus können Sie einfache Wanderungen unternehmen.

NUWEIBA ERLEBEN

Flug: Sharm el-Sheikh International Airport (150 km südlich, ▶ S. 322)
Bus: Mehrmals tgl. nach Sharm el-Sheikh, Dahab, Taba, Sues, Kairo
Info Tel. 069 352 03 71
Taxi: Knapp und teuer, aber man braucht eines, wenn man hier ohne Auto urlaubt.
Fähre: Zwei Fähren tgl. (13 Uhr, oft mit mehrstündigen Verspätungen) verbinden Nuweiba mit der jordanischen Hafenstadt Aqaba. Ticketverkauf online und am Hafen.
www.abmaritime.com.jo

HABIBA BEACH LODGE €€

Die Lodge gehört zu einem Ökocamp mit »Organic Farm« und bietet ein umfangreiches Tourenprogramm, unter Wasser wie in die Berge, inklusive Kamelreitschule. Die Zimmer sind einfach, der Strand mit Zeltdächern und dem Restaurant Matamaak (tgl. 9–23 Uhr) ein Genuss. Herrlich die BBQs unterm Sternenhimmel.
Habiba Bay, Tel. 0122 2 17 66 24
www.habibacommunity.com

STEIGENBERGER HOTEL & NELSON VILLAGE €€

Große, angenehme Hotelanlage mit allem Komfort, vier Restaurants, Bars und Strandlounge. Sehr gut isst man im feinen italienischen Restaurant Casa Taba am Meer (tgl. 19–22 Uhr).
Taba Beach
Tel. 069 353 01 40
www.hrewards.com

DR. SHISHKEBAB €€

Seit 1986 der Klassiker für Bohnen- und Falafel-Sandwiches sowie Grillgerichte und einfache ägyptische Speisen, hübsche Terrasse. Besitzer Mahmoud spricht Deutsch.
Medina, tgl. 10–24 Uhr
Tel. 010 90 27 16 16

GANET EL ASMAK €€

Der Name bedeutet »Fischparadies«. Einheimische schätzen das Lokal mit dem bunten Vorgarten als bestes Fischrestaurant im Ort.
Medina, tgl. 12–22.30 Uhr
Tel. 0106 185 91 81

Ein Kunstwerk der Natur: der »bunte« Canyon

Die schönste Sinai-Schlucht

★ Coloured Canyon

Die Fahrt ins Wadi Watir und weiter in den »bunten« Canyon ist einer der schönsten Ausflüge auf dem Sinai – man sollte sich das Naturschauspiel nicht entgehen lassen! Die Canyonlandschaft erstreckt sich etwa 30 km nordwestlich von Nuweiba. Da die letzten 10 km Piste sind, braucht man ein **Auto mit Allradantrieb**. Die Piste endet auf einem Plateau, von dem man in den Canyon hinabsteigt – gute Schuhe geben sicheren Tritt bei dieser sonst nicht sehr anspruchsvollen, ca. 1,5-stündigen Wanderung. An der tiefsten Stelle verengt sich der Canyon zu einer schmalen Klamm, Ergebnis der jahrtausendelangen Arbeit der Natur. Der rötliche Sandstein ist hier zum Teil wunderschön gezeichnet. Am Endpunkt der Wanderung erwarten Sie Beduinen mit einem Getränkestand.

Slow Food in der Designerburg

Castle Zaman

An der Straße nach Taba thront eine Burg, die aus Naturmaterialien gebaut wurde. Innen bewegt man sich in Lounges zu chilliger Musik, im Speisesaal wird Slow Food aus regionalen Produkten serviert – eine Reservierung spätestens am Vortag ist nötig. Eine Spezialität ist »Za Beef Leg«, Rinderwade nach pharaonischem Rezept. Tagsüber planscht man im Pool mit weitem Blick übers Rote Meer.

32 km nördlich | tgl. 12 – 21 Uhr (keine Kinder unter 16 Jahren, keine Übernachtung möglich) | Eintritt inkl. Menü 2400 LE, Anmeldung zwingend | Tel. 0128 2 14 05 91 | www.castlezaman.com

Ein Katzensprung nach Israel

Taba Der Grenzposten 70 km nördlich von Nuweiba hat touristisch wenig Bedeutung. Im Wesentlichen bestand Taba, das nur 7 km vom israelischen Badeort Eilat entfernt liegt und jahrelang Zankapfel zwischen Israel und Ägypten war, nur aus dem Hilton-Hotel (heute Taba Hotel & Nelson Village, ▶ S. 280). Die Anlage wurde von den Israelis gebaut und von Ägypten gekauft, nachdem man sich 1989 auf die Rückgabe Tabas geeinigt hatte. Zur 10 km südlich vor der Küste liegenden **Pharaoneninsel** (Geziret Faraun) können Sie mit dem Boot übersetzen. Die mächtigen Mauern auf dem langgestreckten Eiland stammen von der Burg, die Saladin ab 1170 errichtete. Das Schwester-Hoteldorf von El-Gouna am Roten Meer, das komfortable **Taba Heights**, liegt 12 km südlich von Taba (www.tabaheights.com).

Pharaoneninsel: Infos zu Abfahrtszeiten an Hotelrezeptionen oder unter Tel. 0111 298 21 72

★ PAULUSKLOSTER

Landesteil: Rotes Meer | **Gouvernorat:** Rotes Meer (Bahr el-Ahmar)
tgl. 6–18 Uhr, in der Karwoche geschlossen | Spende erwünscht

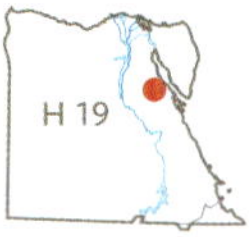

Wo die ersten Eremiten lebten: Das Pauluskloster, neben dem nahen ▶ Antoniuskloster das älteste Kloster der koptischen Christen, liegt in großartiger Gebirgsszenerie im teils schluchtartig engen Tal des Wadi Deir. Die Anlage ähnelt dem Antoniuskloster, ist jedoch wesentlich kleiner, bescheidener und altertümlicher.

Entrückt

Der Besuch des Klosters – arabisch Deir Mar Bolos – ist eine Reise in eine andere, entrückt wirkende einsame Welt. Es liegt ca. 250 km südöstlich von Kairo in der Nähe des Roten Meers und ist über die

PAULUSKLOSTER ERLEBEN

Das Kloster bietet einige sehr einfache Quartiere für Männer. Etliche Hotels an der Küste im Badeort Aïn Suchna
Anfragen Tel. 02 259 00 18, 0121 001 38 80

MÖVENPICK EL SOKHNA €€€
Eines der besten Hotels in der Umgebung, mit Pool und weitem Strand. Service und Essen sind sehr gut, die Zimmer nicht zu klein.
Zafarana Rd., südlich von Ain Sukhna, Tel. 062 33 90 800
www.movenpick.com

Küstenstraße mit dem Auto gut zu erreichen. 25 km südlich von Zafarana verlässt man die Küstenstraße und folgt der Asphaltstraße ins Wadi Deir, an dessen Ende nach 15 km das Kloster auftaucht. Sowohl von Kairo als auch von den Badeorten am Roten Meer aus werden Tagesausflüge angeboten.

Ein Rabe und zwei Löwen

Der hl. Paulus

Das imposant gelegene Kloster ist das älteste durchgehend bewohnte überhaupt. Benannt ist das Kloster nach **Paulus von Theben**, auch Paulus Eremita, der als Schutzheiliger der Einsiedler verehrt wird. Seine Lebensgeschichte schrieb der hl. Hieronymus im späten 4. Jh. nieder. Danach wurde Paulus als Sohn wohlhabender Eltern um 228 in Theben geboren und erhielt eine entsprechend gute Erziehung. Während der Christenverfolgungen unter Decius zog er sich 16-jährig in die Einsamkeit der unteren Thebaïs zurück, später in die Östliche Wüste, um ein Leben in Askese zu führen. Dort habe er sich von Palmfrüchten genährt, später soll ihm ein Rabe täglich Brot gebracht haben. Im Jahr 340 (!) soll ihn sein »Einsiedler-Kollege« Antonius aufgesucht und nach seinem Tod ein Jahr später mit Hilfe zweier Löwen, die das Grab aushoben, bestattet haben. Meist wird Paulus mit Palme und Rabe oder zwei Löwen dargestellt.

Wallfahrtsziel seit über 1500 Jahren

Umfassungsmauer

Eine erste Kirche über dem Grab des hl. Paulus gab es bereits um 460, ein Wallfahrtsziel ist es seit dem 6. Jahrhundert. Die heutigen Klosterbauten datieren aus dem 16. Jahrhundert. Die 450 m lange Umfassungsmauer aus dem 5. Jh. wurde im Mittelalter erneuert. Von ihrem Umgang bietet sich ein prächtiger Blick bis zum Gebel Musa auf dem ▶ Sinai. In der Mitte der Mauer erhebt sich der mächtige Wehrturm mit einer Marienkapelle im 3. Stock.

Heilige Ritter im Kampf gegen das Böse

Pauluskirche

Vom Eingang an der Südseite der Umfassung kommen Sie zu einem kleinen Platz mit dem Gästehaus (nur für Männer) und der Kirche des hl. Paulus, die im 6. und 7. Jh. über der Grotte des Eremiten erbaut wurde. Vom Vorraum führt eine Treppe zur Unterkirche mit dem Marmor-Sarkophag des Heiligen und drei Sanktuarien. Die Kuppeln und Wände schmücken **mittelalterliche Fresken**, die im 18. Jh. von einem Mönch des Klosters laienhaft restauriert wurden. In der Kuppel über der Treppe zeigen sie die heiligen Ritter Georg, Theodor, Viktor und Michael im Kampf gegen Teufel und Anfechtungen. An den Wänden der Unterkirche erkennt man Erzengel und Heilige, darunter Paulus mit den Löwen und Antonius, sowie Maria mit dem Kind, in der Kuppel der linken Seitenkapelle Christus mit den vier Evangelisten und den 24 Ältesten der Apokalypse. Unweit der Pauluskirche steht die um 1800 erbaute Mercuriuskirche (Abu el-Sefein).

Alltägliches Leben

Quell- und Waschhaus

Bei der Pauluskirche beginnt eine Gasse, an der die zweigeschossigen Häuser mit den Mönchszellen liegen. Jede Zelle besitzt einen separaten Zugang. An der westlichen Mauerseite befindet sich ein überkuppeltes Quell- und Waschhaus. Drei Quellen speisen die Klosteroase. Die Gärten, die etwa ein Viertel der Gesamtfläche einnehmen, sind durch eine Mauer vom Wohn- und Wirtschaftsbereich getrennt. Hier stehen auch die alte Ölmühle und die Getreidemühle.

★★ PHILAE

Landesteil: Oberägypten (Nubien) | **Gouvernorat:** Assuan
Anfahrt: von Assuan mit dem Taxi 8 km südlich zum Fähranleger.
Überfahrt ca. 300 LE (hin und zurück)
Besichtigung: tgl. 7 – 16, im Sommer bis 17 Uhr | Eintritt 550 LE
Ton-und-Licht-Schau: tgl., zusätzlich 900 LE
www.soundandlight.show

Schon die Überfahrt mit dem Boot ist ein Erlebnis. Die Insel Philae mit ihren großartigen Tempeln war einst die »Perle Ägyptens«. Nach dem Bau des Assuan-Staudamms versank sie im Nil, doch wurden die wichtigsten Denkmäler in einer spektakulären Aktion auf der Nachbarinsel Agilkia wieder aufgebaut.

Die einstige Perle Ägyptens

Der Name geht auf das altägyptische Pi-lak zurück, aus dem die Griechen Philai und die Araber Bilak machten. Die Einheimischen nannten die Insel El-Qasr (Burg) oder Gesiret Anas el-Wogud. In einem Märchen aus 1001 Nacht hat der Held seine ihm vorenthaltene Braut mit der wunderbaren Hilfe von Krokodilen und Vögeln auf der Burg ausfindig gemacht. Doch da die Geliebte in ihrer Sehnsucht geflohen war, konnte er erst nach neuen Prüfungen mit ihr vereint werden.

Zentrum des Isis-Kults

Geschichte

Schon wenn Sie mit dem Boot übersetzen und um die Insel fahren, beeindruckt sie mit ihren Bauten. Die ältesten erhaltenen Tempel stammen aus der Zeit von Nektanebos I. (um 370 v. Chr.), doch gab es hier, wo die alten Ägypter die Nilquelle wähnten, sicher schon weit früher Heiligtümer. **Hauptgöttin war Isis**. Außer ihr wurden auch ihr Gemahl Osiris und ihr beider Sohn Horus, aber auch Nephthys, Hathor sowie die Kataraktgötter Chnum und Satet verehrt. Damals verlief nicht weit von hier die Grenze zum Königreich Nubien, Philae war ein bedeutender Handels- und Kontrollpunkt.

Die noch vorhandenen großen Bauten entstanden unter den Ptolemäer-Königen in den beiden letzten vorchristlichen Jahrhunderten und den römischen Kaisern der drei ersten nachchristlichen. Zahlreiche **Inschriften** zeugen davon, dass nubische, griechische und römische Pilger hierherströmten, um der heilenden Göttin Isis zu huldigen. Römischen Priestern war es noch nach den Kämpfen mit Kaiser Marcianus gestattet, gemeinsam mit den ägyptischen zu opfern und bei feierlichen Gelegenheiten das Isis-Bild ganz an sich zu nehmen. Noch lange nach Einführung des Christentums in Ägypten blieben die Nubier dem Isis-Kult treu. Erst unter Kaiser Justinian (527–565) wurden die Tempel geschlossen und einzelne Räume für den christlichen Gottesdienst genutzt. In der Zeit bis zur Einführung des Islams lag auf der Insel eine koptische Stadt.

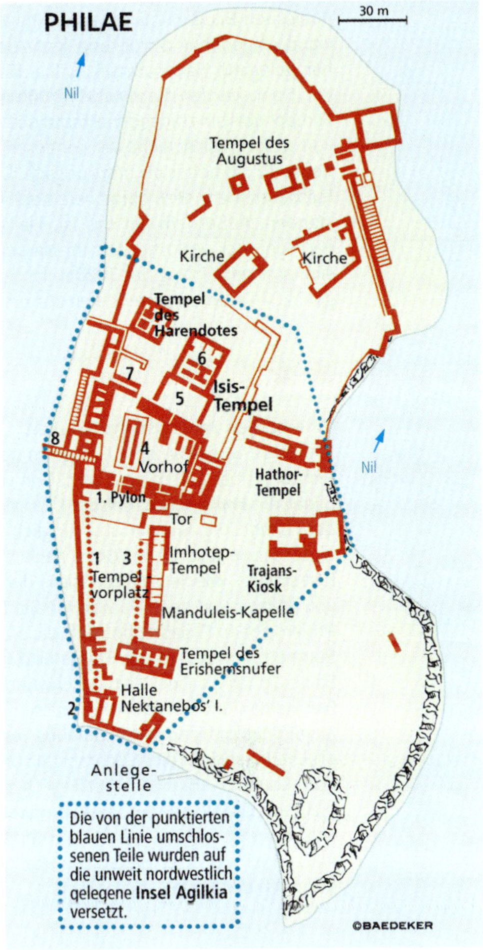

1 Westlicher Säulengang
2 Kleiner Nilmesser
3 Östlicher Säulengang
4 Geburtshaus
5 Vorhalle
6 Allerheiligstes
7 Hadrianstor
8 Nilmesser

Rettung vor den Fluten

Bis zum Bau des Assuan-Staudamms war die Insel einer der schönsten Plätze Ägyptens. Als jedoch der Nil sie für den größten Teil des Jahres überschwemmte, verlor sie viel von ihrem Reiz. Nur im Spätsommer und Herbst waren alle Tempelanlagen zugänglich; sonst standen die kostbaren Bauwerke größtenteils unter Wasser. Mit dem Bau des **Assuan-Hochdammes** drohten sie vollends unterzugehen. Im Rahmen der UNESCO-Rettungsaktion für die nubischen Baudenkmäler wurde Philae 1972–1980 mit einer Spundwand umgeben und trockengelegt. Gleichzeitig bereitete man die höher gelegene Nachbarinsel Agilkia für die Aufnahme der Bauwerke vor. Dann wurden die in **rund 40 000 nummerierte Blöcke** zerteilten Tempel dorthin transportiert und neu aufgestellt. Durch das Einfügen von ursprünglich nicht verwendeten Bindemitteln sind die Tempel heute 30 cm höher als ursprünglich. Die grauen Verfärbungen der im Fußbereich erinnern daran, wie hoch die Bauwerke schon im Wasser standen. Außerdem hat das Isis-Heiligtum nahezu seinen gesamten Farbschmuck verloren. Die im Nassersee untergegangenen Objekte sind erst seit Anfang der 2020er-Jahre Ziel von Unterwasserarchäologen. 2024 wurden erste Stelen aus dem Neuen Reich entdeckt.

★★ Isis-Heiligtum

Eine halbes Jahrtausend Bauzeit

Tempelanlage

500 Jahre wurde an dem Heiligtum gearbeitet, das sich in Nord-Süd-Richtung über 200 m erstreckt. Den Hauptzugang zum Tempelbezirk bildet die **Halle Nektanebos' I.** im äußersten Süden der Insel, nahe dem Landesteg. Sie war ursprünglich der Vorbau eines Tempels, den dieser letzte ägyptische König (nach ihm begann die persische Fremdherrschaft) »seiner Mutter Isis«, der im Abaton verehrten »Herrin von Philae« und der »Hathor von Senmet« geweiht hatte.
Ptolemaios II. Philadelphos ließ die Halle neu errichten. Der zierliche Bau hatte 14 Säulen mit Blumenkapitellen. Ganz erhalten sind sechs Säulen, auch die Decke ist verschwunden. Mannshohe Schranken, von Hohlkehlen und Reihen von Uräusschlangen bekrönt und mit Darstellungen des opfernden Nektanebos verziert, verbinden die Säulen. An drei Stellen waren diese Schranken von Türen durchbrochen.
Zum Fluss hin standen ursprünglich zwei Obelisken, ausnahmsweise nicht aus Granit, sondern aus Sandstein. Der westliche, der eine griechische und mehrere arabische Inschriften trägt, blieb an seinem Platz, doch verlor er die Spitze. Von der östlichen Sandsteinsäule ist nur noch der Sockel vorhanden.

»
Der Pylon wurde erbaut für die Sonnengöttin,
die Herrin, die lebenspendende Isis,
Königin der reinen Insel,
Herrscherin von Philae und Abaton.
Aus leuchtendem Sandstein wurde er erbaut,
seine Höhe ist wunderbar,
seine Breite staunenswert.
«

Inschrift im Isis-Tempel am Übergang zum ersten Hof

Die Unvollendeten – ein Blick in die Werkstatt

Tempelvorplatz

Von der Halle des Nektanebos betritt man den großen Tempelhof, der nördlich vom ersten Pylonen des Isis-Tempels, westlich und östlich von Säulengängen umschlossen ist. Seine Anlage gehört in das Ende der Ptolemäerzeit oder in die Zeit des Augustus. Hier ist ein Stück der festen Ufermauer erhalten.

Der **westliche Säulengang**, der den Vorplatz zur Flussseite begrenzt, ist 93 m lang. Auf ihm stehen 31 (früher 32) ca. 5 m hohe Pflanzensäulen mit unterschiedlichen Kapitellen. Die Säulenschäfte zeigen meist Kaiser Tiberius, der den Göttern Gaben darbringt. Die teilweise eingestürzte Decke der Halle ist mit Sternen und Geiern geschmückt. Die Rückwand bedecken zwei Reihen von Reliefs, die den Pharao – meist Kaiser Augustus oder Kaiser Tiberius – darstellen.

Vom **östlichen Säulengang** wurden nur sechs der 16 vorgesehenen Säulen vollendet. Die übrigen Säulentrommeln sind nur roh zugehauen und übereinandergesetzt, die Kapitelle unvollständig. In der Rückwand des Ganges führten fünf Türen zu Kapellen. An den östlichen Säulengang schloss sich im Süden ein von Philopator und seinem Zeitgenossen Ergamenes von Nubien erbauter, von Epiphanes erweiterter **Tempel des Gottes Harensnuphis** an, der weitgehend zerstört ist. Gut erhalten ist ein kleiner, von Philadelphos für den Heilgott **Imhotep** erbauter Tempel am Nordende des Säulengangs. Imhotep wurde in griechischer Zeit mit Asklepios gleichgesetzt.

Das Hauptheiligtum

Isis-Tempel

Das der Isis und ihrem Sohn Harpokrates geweihte Hauptheiligtum von Philae nimmt wahrscheinlich die Stelle eines älteren Tempels ein. Den Neubau unternahm Ptolemaios II. Philadelphos. Vollendet wurde er im Wesentlichen von Euergetes I., doch erfolgte die Ausschmückung mit Reliefs und Inschriften erst allmählich, zum Teil wurde sie nicht ausgeführt.

Ptolemaios XII. erschlägt seine Feinde

Erster Pylon

Der erste Pylon (45,5 m breit, 18 m hoch) besteht aus zwei Türmen und dem schon von Nektanebos mit Reliefs geschmückten Mittelportal. Der **östliche Turm** zeigt an der Vorderseite das gewaltige Bild des Pharaos Ptolemaios XII. Neos Dionysos, der eine Schar Feinde bei den Haaren packt und mit der Keule zum tödlichen Schlag ausholt; links von ihm Isis, der falkenköpfige Horus von Edfu und Hathor. Darüber zwei Reliefs desselben Königs: Rechts überreicht er Horus und Nephthys die Kronen von Ober- und Unterägypten, links räuchert er vor Isis und Harpokrates. Entsprechende Darstellungen bedecken den **westlichen Torturm**, in den unten auch zahlreiche demotische und griechische Inschriften eingemeißelt sind. Durch den zuletzt genannten Turm führt ein von Philometor mit Reliefs geschmücktes Tor nördlich auf den Eingang des Geburtshauses zu (▶ unten).

Relief am Isis-Tempel von Philae

An den östlichen Torturm lehnt sich rechts ein schönes Tor, das mit Reliefs des Ptolemaios II. Philadelphos (auf dem Torsturz) und des Kaisers Tiberius (auf den beiden Pfosten) verziert ist. Es wurde von Philadelphos erbaut und lag ursprünglich in einer Ziegelmauer. Durch das mittlere Tor, in dessen Innerem rechts eine **französische Inschrift von 1799** (»an 6 de la république«; Jahr 6 der Republik) an den Feldzug Napoleons erinnert, gelangt man in den Vorhof zwischen erstem und zweitem Pylonen.

Geburt des Göttersohns

Geburtshaus

Die Westseite des Hofs wird von dem Geburtshaus (Mammisi) eingenommen, zu dem auch das Tor im Westturm des ersten Pylonen führt; an der Rückseite des Pylonen sind vier Priester mit der Isis-Barke dargestellt, vor denen der räuchernde König schreitet. Das Geburtshaus war der Hathor-Isis zur Erinnerung an die Geburt ihres Sohnes Horus geweiht. Es ist ringsum von Hallen umgeben, deren Säulen auf den Pflanzenkapitellen noch Sistrumskapitelle tragen. Wände, Säulen und die Schranken zwischen den Säulen sind mit Bildern und Inschriften bedeckt, die zum größten Teil von Euergetes II., Neos Dionysos, Augustus und Tiberius herrühren. Die besonders interessanten Reliefs im letzten Raum zeigen **Szenen aus der Kindheit des Horus**, etwa den Gott als Falken in den Sümpfen des Nildel-

tas. Auf Philae hatte Isis das Herz des ermordeten und zerstückelten Osiris gefunden, von dem sie mit Götterhilfe sogar noch schwanger wurde und den Falkengott Horus gebar.
Das östliche Gebäude gegenüber dem Geburtshaus umschloss **Räume für die Priesterschaft**. Die Pflanzensäulen der Vorhalle zeichnen sich durch schöne Proportionen aus. Die Reliefs und Inschriften stammen von Neos Dionysos, die Weihinschrift am Architrav von Euergetes II. An der Nordseite der Vorhalle führt ein über Stufen erreichbares Tor zum inneren Tempelumgang. Die Reliefs zeigen Neos Dionysos vor den Göttern.

Eine Schenkung für Isis

Zweiter Pylon

Der zweite Pylon ist 32 m breit und 12 m hoch. Die Reliefs am Mitteltor stammen von Euergetes II. Der östliche Torturm ist unten mit einer großen Darstellung geschmückt. Sie zeigt Pharao Neos Dionysos, der den Gottheiten Horus und Hathor geschlachtete Opfertiere weiht. Darüber befinden sich zwei Reliefs: rechts Neos Dionysos, der dem Horus und der Nephthys einen Kranz überreicht, links der König, der vor Osiris, Isis und Horus räuchert und Wasser auf den Altar gießt. Der am Turm anstehende Granitfels des Untergrundes ist geglättet. Er trägt eine Inschrift und Darstellungen, die an eine **Schenkung des Philometor** im 24. Jahre seiner Regierung (157 v. Chr.) erinnern. Am westlichen Turm sind ähnliche, aber stark angegriffene Darstellungen zu erkennen.

Im Heiligtum

Im Geschmack der Zeit

Eigentlicher Isis-Tempel

An den zweiten Pylonen, in dessen Mitteltor rechts oben frühchristliche Bilder zu erkennen sind, schließt sich der eigentliche Isis-Tempel an. Er besteht aus einem offenen Hof, einer Vorhalle, mehreren Vorsälen und dem Allerheiligsten mit Nebengemächern. Seine Wände sind innen und außen mit Reliefs und Inschriften bedeckt, die Ptolemäer (Philadelphos, Euergetes II. u. a.) und römische Kaiser (Augustus, Tiberius, Antoninus) beim Opfer oder anderen Kulthandlungen zeigen. Sie entsprechen ganz den Ausschmückungen anderer Tempel jener Zeit, besonders der in den Tempeln von ▶ Dendera und ▶ Edfu.

Ein Sonnensegel für die Priester

Tempelhof und Vorhalle

Der Tempelhof konnte zum Schutz gegen die Sonne mit einem Zeltdach überspannt werden. Löcher für die Seile sind oben am Hohlkehlengesims an der Seite zum Pylonen hin erkennbar. Die **Vorhalle**, deren Decke von acht Säulen getragen wird, war einst durch Schranken zwischen den vorderen Säulen vom Hof getrennt. An die Umgestaltung des Hofs und der Vorhalle für den christlichen Gottesdienst erinnern viele eingemeißelte koptische Kreuze sowie in der hinteren Tür rechts eine griechische Inschrift, die berichtet, dass »dieses gute Werk« unter Bischof Theodorus (zur Zeit Justinians) geschah.

Tod, Mumifizierung und Bestattung des Osiris

Allerheiligstes

Durch mehrere Vorsäle mit dunklen Nebenkammern gelangt man in das Allerheiligste. Es wird durch zwei Luken erleuchtet und enthält das von Euergetes I. und seiner Gemahlin Berenike gestiftete Postament, das einst die heilige Barke mit dem Bild der Göttin Isis trug. Vom **ersten Vorsaal** betritt man links (westlich) einen kleinen Raum mit Darstellungen des Königs vor Isis. An der Westseite führt eine Tür ins Freie. An der Nordseite liegt der Zugang zur Treppe, über die man einst auf das Dach des Allerheiligsten gelangte. Vom Dach führen Stufen hinab in ein Osiris-Heiligtum, das nicht zugänglich ist. Die Reliefs befassen sich ausführlich mit dem Tod, der Mumifizierung und der Grablegung des Osiris.

Bildergeschichten vom Osiris-Kult

Hadrianstor

Nordwestlich des zweiten Pylonen liegt das kleine Hadrianstor. Es wurde unter Kaiser Hadrian erbaut und von ihm und den Kaisern Marcus Aurelius und Lucius Verus mit Reliefs geschmückt. Das Tor führte zum Abaton, dem Osiris-Grab auf der Nachbarinsel Bigga. Daher beziehen sich seine Reliefbilder auf den Osiris-Kult. Auf dem Türsturz sieht man Hadrian vor Osiris, Isis und Harsiësis sowie vor Osiris, Nephthys und Harendotes opfernd. Auf den Türpfosten sieht man links die heilige Reliquie von Abydos, rechts den Pfeiler des Osiris. Im Innern des Tores ist rechts Marcus Aurelius zu erkennen, oben vor Osiris und Isis (man beachte die **Hilfslinien**!), und unten, wie er der Isis Speisen und Blumen weiht. Eigenartig sind die Darstellungen im unvollendet gebliebenen und weitgehend zerstörten **Vorraum**. Über der Tür der südlichen Wand sieht man oben Horus auf einer Bank sitzend mit Nephthys und Isis, die ihm die unterägyptische und die oberägyptische Krone überreichen. Links sehen Sie Thot, rechts Seschet, die Göttin der Schriftgelehrtheit, die den Namen des Königs in einen Palmzweig einschreibt. Hinter Thot sitzt der Luftgott Schu und hält ein Segel, dahinter ein anderer Gott und eine leierspielende Göttin. Unten sieht man den Abaton mit der von einem Krokodil getragenen Leiche des Osiris. Links davon steht Isis, darüber die Sonne zwischen den Bergen, und über der ganzen Darstellung die Sonne, der Halbmond und Sterne. All dies befindet sich in einem auf der Wand abgebildeten Tempelchen, zu dem links eine Tür führt.

Musikanten und Tänzer

Hathor-Tempel

Östlich des Isis-Tempels liegt der kleine Hathor-Tempel, der von Philometor und Euergetes II. für Hathor-Aphrodite erbaut wurde. Die Vorhalle und das verschwundene Allerheiligste kamen zur Zeit des

Kaisers Augustus hinzu. Die Säulen der Halle, die durch Schranken verbunden waren, sind mit Darstellungen geschmückt, u. a. Flöten- und Harfenspieler, Bes, der das Tamburin spielt, Bes tanzend und beim Harfenspiel, leierspielende Affen sowie Priester, die eine Antilope tragen. Der eigentliche Tempelraum ist am besten erhalten und wird vorn von zwei Pflanzensäulen abgeschlossen, die mit der Wand einst durch Schranken verbunden waren.

Unvollendet und anmutig

Trajans-Kiosk

Südöstlich des Hathor-Tempels liegt am Nil-Ufer der unvollendet gebliebene sog. Trajans-Kiosk, das anmutigste Bauwerk der Insel. Bauherr war Kaiser Augustus. Auf die Kapitelle der Pflanzensäulen sollten noch Sistrumkapitelle gesetzt werden.

Mythische Quelle des Nils

Insel Bigga

Die felsige Nachbarinsel Bigga (ägypt. Senmet) bietet einen schönen Blick auf die Insel Agilkia mit den Tempeln. Die Hauptgottheiten hier waren die Feuergöttin Ups und Hathor. Erhalten ist ein Teil des Säulenhofs eines von Ptolemaios XII. Neos Dionysos erbauten Tempels. Auf der Insel befand sich einst das sog. Abaton, das gänzlich zerstört ist. Es war **das bedeutendste Osiris-Grab** der griechisch-römischen Zeit, da hier der Legende nach das linke Bein des Osiris an Land gespült worden war. Das führte zu der Idee, dass hier, in dem von vielen Strudeln durchsetzten Nilabschnitt, die Quelle des Nils lag.

PORT SAID (BÛR SAID)

Landesteil: Unterägypten/Mittelmeer | **Gouvernorat:** Port Said | **Einwohner:** 750 000

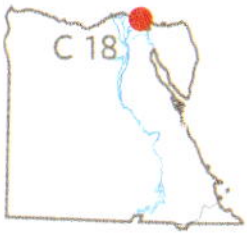

Dicke Pötte schauen – am Sueskanal geht das bestens. Die nach dem Vizekönig Said (reg. 1854 – 1863) benannte Hafenstadt liegt auf einer Nehrung zwischen dem Mansala-See und der nördlichen Einfahrt in den Sueskanal, dem sie ihre Gründung im Jahr 1859 verdankt. Nach den Zerstörungen im Sueskrieg 1956 und im Sechs-Tage-Krieg 1967 nahm sie einen raschen Aufschwung, zu dem die Kreuzfahrten mit Stopp am Sueskanal beitragen.

Schiffe zieh'n ...

Im Sueskrieg 1956 wurde Port Said teilweise zerstört und im Sechs-Tage-Krieg 1967 noch einmal schwer getroffen. Der Wiederaufbau fand ab 1974 statt, heute ist die viertgrößte Stadt Ägyptens ein wichtiger Industriestandort. Wenn Sie sich für das Leben in einer umtriebigen ägyptischen Stadt interessieren, dann ist Port Said richtig. Sehenswürdigkeiten im üblichen Sinn besitzt die Stadt, in der noch einige Kolonialbauten an die Gründungszeit erinnern, allerdings nur wenige. Hauptattraktion ist der 1869 eröffnete **Sueskanal** (▶ Baedeker Wissen, S. 176), die Lebensader nicht nur für ganz Ägypten, sondern auch für die Stadt. Ein täglich sich wiederholendes Schauspiel ist die Einfahrt der Schiffskonvois in den Kanal. Im Hafen werden jährlich rund 4 Mio. Schiffscontainer, nach dem laufenden Ausbau in Zukunft 6 Mio. umgeschlagen.

Wohin in Port Said?

Fast die Freiheitsstatue für den Kanal

Hafenkai

Den großen Hafen und die nördliche Einfahrt in den Sueskanal schützen zwei mächtige Wellenbrecher. Der westliche ragt in Verlängerung des Hafenkais weit ins Meer hinaus. An einem Ende soll in Zukunft das große Standbild des Kanal-Erbauers Ferdinand de Lesseps stehen (1805 – 1894), das zuletzt im Hauptquartier der Sueskanal-Ge-

❶ Central Perk
❷ El-Borg Seafood
❸ Pizza Pino

❶ Resta Port Said

sellschaft in Ismailija untergebracht war.. Wenig südlich, am Hafenkai, ragt der 53 m hohe Leuchtturm in den Himmel. Es könnte hier auch ein ganz anderes Wahrzeichen stehen: Der französische Bildhauer Frédéric-Auguste Bartholdi plante einen 75 m hohen Bronzeleuchtturm mit dem Motto »Ägypten trägt das Licht nach Asien«. Ägypten hatte aber kein Geld, lehnte ab, und Bartholdis Statue wurde 1886 in New York eingeweiht – als Miss Liberty, die Freiheitsstatue.

PORT SAID ERLEBEN

Bahn: nach Kairo alle 60 – 90 Min., nach Ismailija mehrmals täglich.
Bus: nach Ismailija, Sues (Anschluss Sinai), Kairo alle 30 – 90 Min., stündlich ins Delta und ans Mittelmeer.
Tel. 066 372 98 83
Fähre: vom Hafen nach Port Fouad auf der anderen Kanalseite rund um die Uhr

Die zollfreie Freihandelszone existiert nicht mehr.

❶ CENTRAL PERK €€

Das »e« anstelle des »a« im zweiten Teil des Namens ist natürlich kein Schreibfehler, sondern eine Reverenz vor der US-TV-Sitcom »Friends«. Das Perk ist nach dem TV-Vorbild gestaltet, draußen rot-weiße Markise, innen Klinkerwände und Sofaecke. Auf der Karte stehen neben Kuchen auch Frühstück, Salate, Sandwiches, Pasta, Pizza und natürlich Fleisch- und Fischgerichte.
Port Fouad, Sh. El Gumhuriya, neben El Rai Saleh, Lieferdienst: Tel 010 07 00 08 73, tgl. 8.30 – 1 Uhr

❷ EL-BORG SEAFOOD €€€

Fisch frisch aus dem Meer, aus der Eistheke auszuwählen. Wie üblich in Ägypten werden Fisch und Meeresfrüchte nach Ihren Wünschen zubereitet, davor gibt es Mezze zum Tunken, Linsensuppe oder Molokheya.
Sh. Tar al-Bahr
Tel. 066 332 44 22
tgl. 12 – 1 Uhr

❸ PIZZA PINO € €

Von außen nicht so toll, aber alteingesessen und gut – und zur Abwechslung mal italienisches Essen: Serviert werden außer Frühstück Pasta, Pizza, Fleisch, als Nachspeise Umm Ali oder Milchreis. Alles in Ordnung, man kann hingehen.
Sh. El-Gumhuriya
Tel. 066 320 89 49
tgl. 10 – 24 Uhr

❶ RESTA PORT SAID €€ – €€€

Wenn Sie aufwachen, kann es sein, dass ein Riesenfrachtschiff vor Ihrem Zimmer anlegt (nach Zimmer mit Kanalblick fragen). Zumindest sieht es so aus, so nah liegt das Hotel an der Einfahrt des Sueskanals. Zu sehen gibt es also was, auch vom achteckigen Pool. Die Zimmer sind nicht sehr groß und modern eingerichtet.
Sh. Shokri al-Kowatli
Tel. 066 320 05 11
www.facebook.com/restaportsaid

Feierliche Eröffnung des Sueskanals 1869: Schiffskonvoi bei Port Said

Die belebtesten Straßen der Stadt im Zentrum mit den meisten Geschäften und Restaurants sind die **Sharia Palestine** und die parallel verlaufende **Sharia Gumhuriya**. An der Sh. Palestine steht das Gebäude der **Sueskanal-Verwaltung**, ein schönes Beispiel für die Kolonialarchitektur mit drei markanten, türkis leuchtenden Kuppeln.

Ausflug auf die andere Seite

Port Fouad

Fahren Sie mit der Fähre hinüber: Östlich von Sueskanal und Hafen dehnt sich die Vorstadt Bur Fuad (Port Fouad) aus, nun schon in Asien, die 1926 von der Kanalverwaltung als Hauptsitz und für ihre Angestellten angelegt und nach dem damaligen König benannt wurde. Die Stadt besitzt hübsche Anlagen und gute Badestrände.

Rund um Port Said

Kreuzfahrer und ägyptischer Barock

Damietta (Dumyat)

Die ehemals bedeutende Hafenstadt Damietta oder Damiette (kopt. Tamiati, arab. Dumyat) liegt rund 60 km nordwestlich von Port Said und 15 km südlich der Einmündung des gleichnamigen Nilarms ins Mittelmeer auf einer schmalen Landzunge zwischen Damietta-Arm und Mansala-See. Berühmt wurde sie schon in den Kreuzzügen: 1218 wurde sie von König Johann von Jerusalem belagert und eingenommen. Doch schon drei Jahre später mussten die Christen Damietta wieder räumen. Die Amr-Ibn-al-As-Moschee ist eine der ältesten Moscheen Ägyptens. Der heutige Bau entstand 1249, geht jedoch auf einen Vorgängerbau von 642/643 zurück. Die moderne Stadt lebt vor allem von ihrer Möbelindustrie. Hier wird viel von dem »barocken« Mobiliar produziert, das in ägyptischen Wohnungen zu sehen ist.

Frischer Wind

Ras el-Bar

Ein Abstecher führt nach Ras el-Bar 15 km nördlich von Dumyat. Der bei Ägyptern neuerdings wieder beliebte Badeort liegt an der Mündung des westlichen Nilarms ins Mittelmeer und besitzt herrliche Strände. Der lange Zeit heruntergekommene Ort wurde in den vergangenen Jahren aufgehübscht. Nahe dem Leuchtturm bietet das Hotel Steigenberger **El-Lessan €€€** stilvolle Unterkunft:
Sharia el-Nil, Lessan | Tel. 057 253 50 00 | www.hrewards.com

★★ ROTES MEER

Gouvernorat: Rotes Meer (Bahr el-Ahmar)

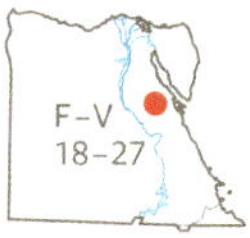

Nein, das Rote Meer ist nicht rot. Allenfalls verleiht ihm die untergehende Sonne einen rötlichen Schimmer, und rötlich leuchten bei Sonnenaufgang die schroffen Wüstenberge, die Kulisse für einen Urlaubstraum: endlose Sandstrände, türkisblaues, kristallklares Wasser und herrliche Korallenriffe. Angenehme bis hohe Lufttemperaturen und warmes Wasser – 20 Grad um die Jahreswende, 30 Grad im langen Sommer – haben das Rote Meer zum vielbesuchten Ferienziel gemacht.

Urlaubsparadies

Das Angebot an Unterhaltung und Aktivitäten zu Wasser und zu Land ist dementsprechend so groß wie sonst nirgends im Land. Der Bade- und Spaßbetrieb pulsiert hier das ganze Jahr über – kein Wunder, dass ökologische Probleme nicht ausgeblieben sind. Glücklicherweise entwickelt sich auch in Ägypten ein Umweltbewusstsein, immer mehr Hotels sind inzwischen nach Umweltstandards zertifiziert.

Und es wächst weiter

Ein Blick in die Erdgeschichte

Das 2250 km lange, bis 355 km breite und bis 3040 m tiefe Rote Meer erstreckt sich mit einer Fläche von 438 000 km² zwischen Afrika im Westen und der Arabischen Halbinsel im Osten sowie zwischen dem Mittelmeer im Norden und dem Indischen Ozean im Süden. Es entstand vor 35 – 25 Mio. Jahren in einer geologisch aktiven Zone, in der aus dem Erdinneren aufquellendes Magma die Afrikanische und die Arabische Plat-

REGENWÄLDER DES OZEANS

BAEDEKER WISSEN

Es sind blühende Landschaften, Paradiese unter Wasser. Die Korallenriffe des Pazifiks, der Karibik, des Indischen Ozeans und des Roten Meers nehmen weniger als 1 % der Erdoberfläche ein. Doch neben den tropischen Regenwäldern sind sie die artenreichsten Lebensräume unserer Erde. Hier lebt rund ein Viertel aller in den Ozeanen bekannten Organismen: mindestens 1 Mio. Arten.

Diese maritimen Wundergärten traten vor rund 570 Mio. Jahren erstmals auf. Das zwischen Afrika und Arabien gelegene Rote Meer ist allerdings wesentlich jünger: Es entstand **vor etwa 35–25 Mio. Jahren** als Grabenbruch infolge der Kontinentaldrift, bei der sich die tektonischen Platten Afrikas und Asiens auseinanderbewegen. Sandige Buchten und Strände bestimmen das eher eintönige Landschaftsbild der fast 1000 km langen ägyptischen Küste und der Sinai-Halbinsel, dahinter beginnt die Wüste.

Farbenprächtige Korallenriffe

Die Korallenriffe im Roten Meer dagegen gehören nicht nur zu den schönsten der Welt, sie sind zudem nur vier Flugstunden von Europa entfernt. Als Erster entdeckte sie der Österreicher Hans Hass in den 1940er-Jahren. Ihm folgten in den 1950er-Jahren die anderen **Unterwasserpioniere** Jaques-Yves Cousteau, Eugenie Clark und David Doubilet. Anfang der 1960er-Jahre gab es dann die ersten Tauchtouristen im Norden, heute landen allein in Hurghada jede Woche Dutzende deutscher Charterflugzeuge. Das Leben dieser Urlauber spielt sich fast ausschließlich in den großen Hotelanlagen ab, in denen es von Tennisplätzen bis zu Tauchbasen alles gibt.

Baumeister der Natur

Korallenriffe sind jedoch weit mehr als eine Touristenattraktion. Als Wellenbrecher sind sie der wirksamste Küstenschutz, sie sind eine Schatzkammer biologisch wertvoller Substanzen, die die Rifforganismen produzieren, sie gelten als Fundgrube für neue Pharmazeutika und sind schließlich die Kinderstube für viele Fischarten und damit Grundlage für Hochsee- und Riff-Fischerei.

2500 Korallenarten

In den Riffen leben etwa 5000 Arten von Fischen und über 2500 Arten Korallen. Bei Letzteren wird zwischen Weich- und Steinkorallen unterschieden. Beide gehören, wie Seeanemonen und Quallen, zur Familie der Nesseltiere und sind kleine Polypen, oft nicht größer als der Fingernagel eines Säuglings. Nur die etwa 1000 bekannten Steinkorallenarten können Riffe bilden, die zwar auf den ersten Blick solide wie ein Felsblock wirken, jedoch **äußerst sensible Gefüge** sind. Die Polypen entnehmen dem Meerwasser Kalk, den sie an der Außenfläche ihres Körpers absondern. So entsteht eine meist nur millimetergroße weiße Röhre, in die sich der Polyp zurückziehen kann. Mit einer Körperseite haftet der Polyp auf dem festen Untergrund, die andere Seite bildet die von zahlreichen Fangarmen, den Tentakeln, umringte Körperöffnung. Mit seinen Tentakeln filtert der Korallenpolyp Plankton und andere or-

Reges Treiben und ein fantastisches Bild aus Farben und Formen

ganische Bestandteile aus dem Meerwasser, von denen er sich ernährt. Wenn das Kalkgerüst eine bestimmte Größe hat, vermehrt sich die Koralle entweder durch Knospung – aus einem Polypen entstehen erst zwei, dann vier, dann acht – oder geschlechtlich. Dafür stoßen Polypen Spermien und Eier aus, die sich im offenen Wasser vereinen, zu Larven entwickeln und nach einigen Tagen irgendwo festsetzen, meist am Skelett bereits abgestorbener Korallentiere. Die von Billionen von Polypen errichteten Korallenriffe ähneln somit Hochhäusern, bei denen die nächste Etage erst angebaut wird, nachdem die darunterliegenden Wohnungen aufgegeben wurden. Beeindruckend ist ihr Formenreichtum: Korallen können Kugeln, Säulen, Fächern oder Ästen ähneln. Am häufigsten trifft man auf Geweih-, Tisch- oder Hirnkorallen. Unter optimalen Bedingungen wachsen Steinkorallen auf diese Art 0,5 – 2 cm im Jahr, verzweigende Formen bis zu 15 cm.

Fragile Gebilde

Viele der heutigen Riffe sind mehr als 10 000 Jahre alt, ihr Alter lässt sich über Wachstumsringe bestimmen. Im Lauf der Erdzeitalter heben und senken sich die Riffe und sterben ab. Ein gewaltiges fossiles Korallenriff sind z. B. die Dolomiten in Südtirol, in 6000 m Meerestiefe hat man vor Jahrmillionen abgesunkene Riffe entdeckt.
Ihre wunderbare Farbenpracht verdanken die Korallen den Farbstoffen ihrer »Untermieter«: In den Polypen der Ko-

rallen leben mikroskopisch kleine, einzellige Algen, die sog. **Zooxanthellen**. Sie liefern ihren Wirten den mittels Photosynthese erzeugten Sauerstoff und Traubenzucker. Letzterer beschleunigt die Kalkabscheidung des Polypen um ein Vielfaches. Im Austausch erhalten die Algen von der Koralle Lebensraum und das von ihr ausgeatmete Kohlendioxid. Zum Gedeihen brauchen Korallen klares, warmes (22–28 °C) Wasser mit einem Salzgehalt von 3,5–4 % und reichlich Sonnenlicht, daher kommen sie nur in Wassertiefen bis maximal 50 m vor. Allerdings sind die Symbiosen besonders empfindlich, Temperaturänderungen, Wassertrübungen durch Verschmutzung oder Sand, Gesteinsabbau, Krankheiten oder Beschädigungen durch Taucher, Schiffe oder Fischer bringen das biologische Gleichgewicht leicht zum Kippen.

Korallenbleiche

Das bislang schlimmste Jahr für Korallen war 1998. Die Riffe vor Bahrein und den Malediven erbleichten zu mehr als 70 %, vor Kenia und Thailand zwischen 50 % und 90 %, das Rote Meer blieb jedoch weitgehend verschont. Insgesamt gelten sechs von zehn Korallenriffen der Welt als gefährdet, etwa ein Zehntel ist bereits zerstört. Einer der wich-

Das Rote Meer bietet optimale Verhältnisse für Einblicke in die Unterwasserwelt – für Schnorchler und Taucher und alle, die es werden wollen.

tigsten Gründe ist vermutlich die starke **Erwärmung** weiter Meeresbereiche. Die Zooxanthellen verlieren schon bei 1 °C über dem Durchschnittswert ihre Fähigkeit zur Photosynthese. Statt Traubenzucker zu produzieren, entstehen dann aggressive Moleküle mit freien Radikalen. Als Reaktion stößt der Polyp die vergifteten Algenzellen ab. Zurück bleiben die durchsichtigen (ausgebleichten) Körper der Polypen. Dauert die Bleiche mehrere Wochen, gehen die Korallen unwiederbringlich zugrunde.

Gefahr durch den Menschen

Das **Riffsterben** ist seit 1870 bekannt. Damals hatte es natürliche Ursachen wie Stürme oder die bis zu 50 cm große Dornenkrone, ein räuberischer Seestern, der die Riffe abräumt. In neuerer Zeit übernahm der menschliche Einfluss die Hauptrolle. Neben der globalen Erwärmung und extremen Klimaereignissen – z. B. die warme Meeresströmung El Niño – gehören dazu vor allem die Verschmutzung der Ozeane durch jährlich etwa 2,6 Mio. m^3 flüssige Umweltgifte, die Überfischung mit Gift oder Dynamit, das Schleppen von engmaschigen Fischernetzen oder Krebsreusen über die Riffbänke, Gesteinsabbau zur Vertiefung von Fahrrinnen sowie Sedimente, die hochwasserführende Flüsse ins Meer spülen. Schiffe, die mit ihren Schrauben im flachen Küstengewässer feinen Sand aufwühlen sowie seit einiger Zeit Infektionskrankheiten, die von Viren oder Bakterien hervorgerufen werden, führen ebenso zum Tod der Korallentiere wie das Verhalten von Hobbytauchern, die Korallen abbrechen, über Riffe trampeln und mit den Ankern ihrer Schiffe Wunden in die fragilen Gebilde reißen.

Schutzmaßnahmen

Seitdem die wirtschaftliche Bedeutung intakter Korallenriffe für den Tourismus entdeckt wurde, haben Forscher und Taucher auf der ganzen Welt Aktionsgemeinschaften geschaffen; auch wächst das Interesse der Regierungen am Schutz der Paradiese. So wurden 1995 alle Inseln und Korallenriffe Ägyptens unter Naturschutz gestellt und Gebiete wie das Ras Mohamed, die Südspitze des Sinai, zum Nationalpark erklärt. Um neue, künstliche Riffe zu schaffen, versenkte das Umweltministerium 2023 erstmals ausrangierte und präparierte Fahrzeuge der Armee vor Hurghada. Einen Namen gemacht hat sich die 1992 in Hurghada gegründete Nicht-Regierungs-Organisation **HEPCA** (Hurghada Environmental Protection and Conservation Association, www.hepca.org), aber auch in anderen Orten hat man sich zusammengetan, um Tauchen und Naturschutz zu verbinden, z. B. indem feste Ankerbojen platziert werden, um das wilde Ankern zu verhindern. Auch wurden verschiedene **Reparaturversuche** gestartet: So pflanzte man im israelischen Eilat abgebrochene Korallenblöcke wieder ein, an anderen Riffplätzen wurden sog. Nisthilfen versenkt. Deutschen Forschern gelang der Korallenaufbau mithilfe eines Elektrolyse-Verfahrens. Nach jahrelangen Bemühungen von HEPCA wurde 2019 am Roten Meer endlich die Verwendung von Plastik verboten. Das langfristige Überleben der gefährdeten »maritimen Regenwälder« sichern aber nur der konsequente Stopp der Wasserverschmutzung, das Ende des weltweiten Temperaturanstiegs sowie ein besonnener Umgang der Taucher und Schnorchler mit den Schätzen der Natur.

te auseinanderdriften ließ und lässt. Gegenwärtig verbreitert sich das Rote Meer pro Jahr im Norden um knapp 1 cm und im Süden um gut 1,5 cm – in 100 Mio. Jahren wird es so breit sein wie der Atlantik. Im Lauf seines Bestehens war das Rote Meer mehrfach vom Indischen Ozean isoliert und hatte auch Verbindung mit dem Mittelmeer. Zeitweise trocknete es aus. Seine heutigen Dimensionen erreichte es erst nach der letzten Eiszeit, als der Weltmeeresspiegel signifikant anstieg.

Berge, Küsten, Korallenriffe

Auf dem Land und im Meer

Im Norden teilt sich das Rote Meer an der Halbinsel Sinai in den westlichen, relativ flachen **Golf von Sues** (ca. 80 m tief) und den östlichen, bis 1829 m tiefen **Golf von Aqaba**. Ganz im Süden, zwischen Djibouti und dem Jemen, hat es durch die 26 km breite Meerenge vom Bab el-Mandeb (»Tor der Wehklagen«) Zugang zum Golf von Aden bzw. zum Indischen Ozean. An der West- und an der Ostseite sowie auf der Halbinsel Sinai erheben sich bis zu 2637 m hohe Berge. Die von fischreichen Korallenriffen gesäumte **Küste** fällt in Stufen steil ab; die Küstenlinie ist, von wenigen Naturhäfen abgesehen, kaum gegliedert. Durch die geringe Süßwasserzufuhr und starke Verdunstung ist der **Salzgehalt** des Wassers höher als in den übrigen Weltmeeren, zwischen 4,2 % im Golf von Sues und 3,65 % bei der Insel Perim im Bab el-Mandeb. Das **Klima** ist heiß mit nur geringen sporadischen Niederschlägen. Die Temperaturen steigen im Hochsommer regelmäßig auf über 40 °C im Schatten und können im Winter bis auf 15 °C fallen. Im Frühjahr weht oft ein kühler Wind.

Vom Seeweg zum Ganzjahres-Reiseziel

Bedeutung

Bis in die frühe Neuzeit war das Rote Meer ein vielbefahrener Seeweg: in der Antike für den Handel zwischen Asien und Nordafrika, im Mittelalter für den Austausch der europäischen Handelsstädte mit dem Orient. Die Entdeckung neuer Wege nach Ostasien ließen das Interesse an der Handelsroute sinken. Erst die Eröffnung des Sueskanals 1869 gab dem Roten Meer seine alte Bedeutung zurück, doch waren die Küsten nie stark besiedelt. Das änderte sich mit der touristischen Erschließung. Heute sind so gut wie alle Filetgrundstücke an der Küste verkauft, in Bebauung oder bebaut.

Die Schattenseiten der Beliebtheit

Umweltschutz

Der Massentourismus stellt die Region vor große Probleme. Natürliches Trinkwasser, das sowieso sehr knapp ist, wird teils mit Tankern aus dem Nildelta herangeschafft oder zunehmend in Meerwasser-Entsalzungsanlagen gewonnen. Ebenso problematisch ist der Müll, den Einheimische wie Touristen hinterlassen. Plastikflaschen und -tüten finden sich an Stränden, auf dem Meeresgrund und an Korallenbänken, Rückstände landen in den Mägen der Fische. 2019 wurden Plastiktüten und -geschirr verboten. Das Umdenken ist schwer, da man beim kleinsten Einkauf kostenlos Plastiktüten bekommt und Mineralwasser in Glasflaschen äußerst selten ist. Verstöße sollen mit Verwarnungen, Bußgeld und Schließung des Betriebs geahndet werden. Flankiert wird die Kampagne durch Umweltschutzorganisationen wie die HEPCA (www.hepca.org), die versuchen, Bewusstsein für den Umweltschutz zu schaffen. Kein leichtes Unterfangen – im armen Ägypten gilt der teure Umweltschutz als Luxusproblem.

Reiseziele am Roten Meer

Die Ferienorte am Roten Meer und die Sinai-Halbinsel sind dank der Flughäfen in Hurghada, Marsa Alam und Sharm el-Sheikh sowie der zum Großteil bestens ausgebauten Küstenstraße gut erreichbar.

El-Gouna ▶ Hurghada, S. 169
Safaga ▶ Hurghada, S. 172
Port Ghalib ▶ Marsa Alam, S. 271
Berenice ▶ Marsa Alam, S. 272
Sharm el-Sheikh ▶ S. 320
Dahab ▶ S. 118
Hurghada ▶ S. 162
Qosseir ▶ Marsa Alam, S. 271
Marsa Alam ▶ S. 269
Sinai ▶ S. 326
Nuweiba ▶ S. 279
Taba ▶ Nuweiba, S. 282

★ SAKKARA (SAQQÂRA)

Landesteil: Mittelägypten | **Gouvernorat:** Giseh | tgl. 8 – 17 Uhr (nicht immer sind alle Bereiche geöffnet) | Eintritt 1000 LE
Tagesausflug von ▶ Kairo oder ▶ Giseh

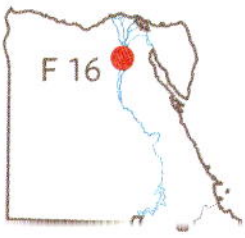

Die berühmte Stufenpyramide des Djoser ist nicht nur die älteste Pyramide, sondern der älteste monumentale Steinbau auf ägyptischem Boden überhaupt. Als Begräbnisstätte des alten Memphis ist Sakkara auch eine der größten Totenstädte mit Grabmälern nahezu aller Epochen der ägyptischen Geschichte. Bis heute gibt es hier immer wieder sensationelle archäologische Funde. Und eine Besonderheit verbindet sie mit dem Stiergott Apis.

Riesige Totenstadt

Die Nekropole, etwa 15 km südlich der (höchsten) Pyramiden von Giseh westlich des Nils am Rand der Westlichen Wüste gelegen, erstreckt sich **über ca. 7 km in nord-südlicher Richtung**. Sie wurde **in allen Zeiten geplündert**, v. a. unter den Byzantinern und den Kalifen. Die ursprünglich 10,5 m hohe Umfassungsmauer umschloss ein Areal von 544 m Länge und 277 m Breite, war mit Kalkstein verkleidet und mit

Türmen, Nischen und Scheintüren versehen; in beträchtlicher Höhe erhalten ist der südöstliche Teil mit dem einstigen Haupteingang.

Fundgrube der Archäologen

Die **wissenschaftliche Erforschung** begann Mitte des 19. Jh.s, als der Franzose Auguste Mariette die Reste eines Tempels mit der Statue der Stiergottheit Apis entdeckte. Für Ägyptologen ist Sakkara **bis heute eine wahre Fundgrube**. Hochinteressant ist eine Balsamierungswerkstatt mit beschrifteten Behältnissen und Salbenresten. 2018 fand man Dutzende Katzenmumien, rund 100 Katzen aus vergoldetem Holz und drei Sarkophage aus dem Neuen Reich. In den Resten eines Holzsargs war es 2019 eine silberne Totenmaske aus saitisch-persischer Zeit (7. Jh. v. Chr.) mit Goldauflage und Augen aus schwarzem Edelstein. Im selben Jahr wurden erstmals mumifizierte Löwenbabys (7. Jh. v. Chr.) entdeckt, 2022 dann 250 Sarkophage und 150 Bronzestatuen, darunter eine des Baumeisters Imhotep. 2023 folgte u. a. die **Mumie des 15jährigen »Goldjungen« Hekaschepes**, 4300 Jahre alt, mit Blattgold bedeckt, vollständig erhalten. In einem Sarkophag, ebenfalls 2023 entdeckt, fand sich ein 16 m langer Papyrus. Die mehr als 2300 Jahre alte vollständig erhaltene Schriftrolle mit Gebeten und Beschwörungen aus dem Totenbuch war einem hohen Würdenträger für das Jenseits mitgegeben worden. Das Grab des Richters und Schreibers Fetek enthielt die größten Statuen, die je in Sakkara entdeckt wurden. Der Sensationsfund soll im Grand Egyptian Museum in Kairo ausgestellt werden. 2024 folgte das 4000 Jahre alte, wundervoll dekorierte Grab des Teti Neb Fu, Priester, Magier und Leibarzt des Pharaos.

★ Stufenpyramide des Königs Djoser

Imhotep, ein genialer Baumeister

Baugeschichte

Weithin sichtbares Wahrzeichen von Sakkara ist die Stufenpyramide des Königs Djoser (2720 – 2700 v. Chr.; 3. Dyn.), **der älteste monumentale Steinbau Ägyptens**. Ihre Gestalt erklärt sich als Weiterentwicklung der großen Mastabas der 1. und 2. Dynastie. Durch wiederholte Erhöhung eines Bankgrabs (Mastaba) und Erweiterung um eine Mantelschicht entstand eine **sechsfache Abstufung** von immer kleiner werdenden Absätzen. Baumeister war **Imhotep**, der nach Manetho, dem Verfasser der ersten ägyptischen Geschichte unter Ptolemaios II. (3. Jh. v. Chr.), als Erfinder des Bauens mit behauenen Steinen gilt. Beachtlich ist, dass er die Technik bereits beim ersten Bauwerk, an dem sie angewendet wurde, beherrschte. Labyrinthartige Korridore, durch die Sie anders als bei den Giseh-Pyramiden fast durchwegs aufrecht gehen können, führen zu den Grabkammern. Das kleine **Museum** am Eingang zeigt vor allem Funde aus der Stufenpyramide.

Magazine für das Jenseits

In der Pyramide

An der Nordseite des Großen Hofs ragt die 62 m hohe Stufenpyramide auf. Als Baumaterial dienten nicht mehr Lehmziegel, sondern ein toniger Kalkstein, der in der Nähe gebrochen wurde. Der Zugang zu den Grabräumen liegt an der Nordseite vor der untersten Stufe. Die zahlreichen Kammern und Gänge dienten teils zur Bestattung der Angehörigen des Königs, besonders der schon im Kindesalter verstorbenen Söhne, teils auch als Magazin für die Versorgung der Toten – man fand hier zahllose Gefäße zur Aufbewahrung von Nahrungsmitteln. In der 28 m unter der Basis angelegten **Grabkammer** fand man Teile der Königsmumie. Vor dem Pyramideneingang im Norden befinden sich Reste des **Totentempels**. Daneben fand man in einer nur durch zwei »Gucklöcher« mit der Außenwelt verbundenen Kammer die lebensgroße Statue des Königs Djoser (hier eine Kopie).

Scheinpaläste ...

Nordhaus, Südhaus

Am Ostrand des Pyramidenbezirks liegen das Haus des Nordens und das Haus des Südens, jeweils mit Kapelle und Hof. Diese Gebäude waren vermutlich Scheinpaläste des Djoser und Symbole für seine Rolle als Herrscher über Ober- und Unterägypten. Ihre Fassaden schmücken kannelierte Halbpfeiler und Halbsäulen mit Papyruskapi-

Die Stufenpyramide des Königs Djoser ist der älteste monumentale Steinbau Ägyptens und Vorbild aller pharaonischen Pyramiden.

PYRAMIDENBEZIRK DES KÖNIGS DJOSER

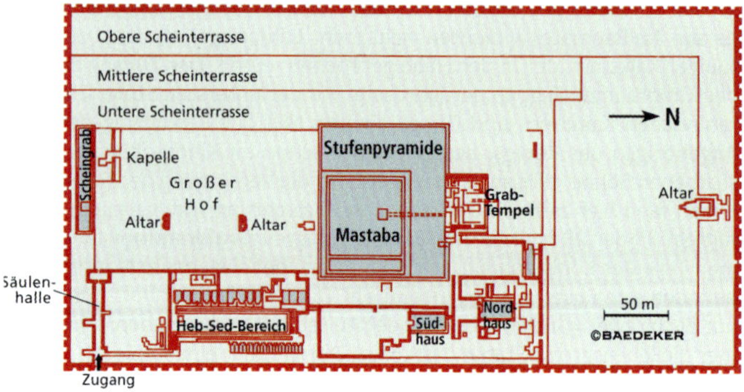

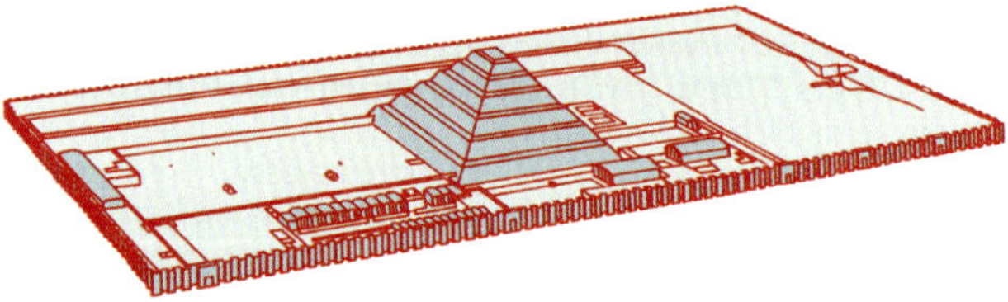

tellen. Weiter südlich erhebt sich ein vermutlich zum 30-jährigen Regierungsjubiläum des Königs errichteter Tempel. Treppen führen zu einem oberen Stockwerk. Im Hof ist ein Unterbau mit Treppen zu erkennen, der vermutlich für Djosers Thron bestimmt war.

... und ein Scheingrab

Scheingrab

Am Südrand des Hofs liegt eine 1927 entdeckte Grabanlage aus der 3. Dynastie. Unterirdische Treppen und Gänge führen zu Vorräumen, in denen große Alabasterkrüge standen, und weiter zu Kammern, deren Wände ähnlich wie in der Kammer unter der Stufenpyramide mit blaugrünen Fayenceplättchen geschmückt waren, die Mattenbehänge nachahmten. Die zweite Kammer besitzt Scheintüren mit wundervollen Reliefs des Djoser, die nordwestlich anschließende Kapelle einen schönen Uräus-Fries.

Umgebung der Pyramide

Beamtengräber

Friedhof

Auf dem riesigen Friedhof um die Pyramide liegen zahlreiche Gräber hochrangiger Beamter der 3.–6. Dynastie, ihrer Familienangehörigen und Priester, die mit schönen Reliefs geschmückt sind.

Die ältesten religiösen Texte Ägyptens

Pyramide des Unas

Die Pyramide südwestlich der Stufenpyramide entstand für Unas, den letzten Herrscher der 5. Dynastie (um 2350 v. Chr.). Sie ist weitgehend verfallen und ähnelt einem Geröllhügel. Das schwer zugängliche Innere wurde 1881 geöffnet und kann derzeit nicht betreten werden. Die Unas-Pyramide war die erste, deren Innenwände mit **Inschriften der Totenliteratur** geschmückt wurden. Die Texte beziehen sich auf das Leben nach dem Tod und sind die ältesten ägyptischen religiösen Texte. Die Hieroglyphen sind mit blauer Farbe ausgefüllt. In der Sargkammer steht an der Westwand der Granitsarg des Königs; daneben Scheintüren aus Alabaster. Vor der Ostseite der Unas-Pyramide liegt der verfallene kleine **Totentempel**. Er besaß einen Hof mit Palmensäulen, von denen noch Bruchstücke zu sehen sind.

Alltagsszenen, Pflanzen und Tiere

Mastaba der Idut

In der für einen hohen Beamten erbauten Mastaba wurde Prinzessin Seschseschet, genannt Idut, beigesetzt. Sie besitzt farblich gut erhaltene Reliefs, darunter die Darstellung einer Ginsterkatze und eines Ichneumons (aus der Familie der Mangusten) beim Plündern von Vogelnestern in den Sümpfen.

Leben und Sterben eines Wesirs

Mastaba des Mechu

Östlich der Mastaba der Idut schließt die Mastaba des Mechu an, eines Wesirs der 6. Dynastie. Die **gut erhaltenen Malereien** zeigen den Verstorbenen und seine Gemahlin im Alltag. Im Eingang erkennt man Mechu als beleibten alten Mann. Im ersten Seitenraum rechts sind die Eheleute bei der Jagd und beim Fischfang zu sehen; links Küchenszenen und Vogelfang. An der Südwand des Gangs sind drei Bilderfolgen zu sehen: Die obere Wand zeigt den Begräbniskorso auf dem Nil, im ersten Schiff die Mumie. In der mittleren Reihe ist Feldarbeit dargestellt, in der unteren Reihe repräsentieren 39 Frauen und ein Mann die von Mechu verwalteten Güter. Auf der Westwand ist eine Weinlese abgebildet. Die Nordwand ist ebenfalls in drei Bildreihen geschmückt: Mechu auf der Jagd und beim Bestellen der Felder; rechts der Tür zum Hof Darstellungen von Goldschmiedearbeiten.
Der Hof wird von zwei Pfeilern, auf denen Mechu mit seinen Titeln und Namen abgebildet ist, in zwei ungleiche Teile gegliedert. Der Gang führt zunächst in einen Opferraum mit Darstellungen zum Totenkult. Im nördlich anschließenden Raum, ebenso im westlich anschließenden Kultraum, sind Kultszenen erhalten.

Bestattung im »Reihenhaus«

»Persergräber«

An der Südseite der Unas-Pyramide befinden sich drei fast gleichartige Schachtgräber. Ein senkrechter vierseitiger Felsschacht führt zu der aus Steinblöcken errichteten Sargkammer. Die Gräber werden

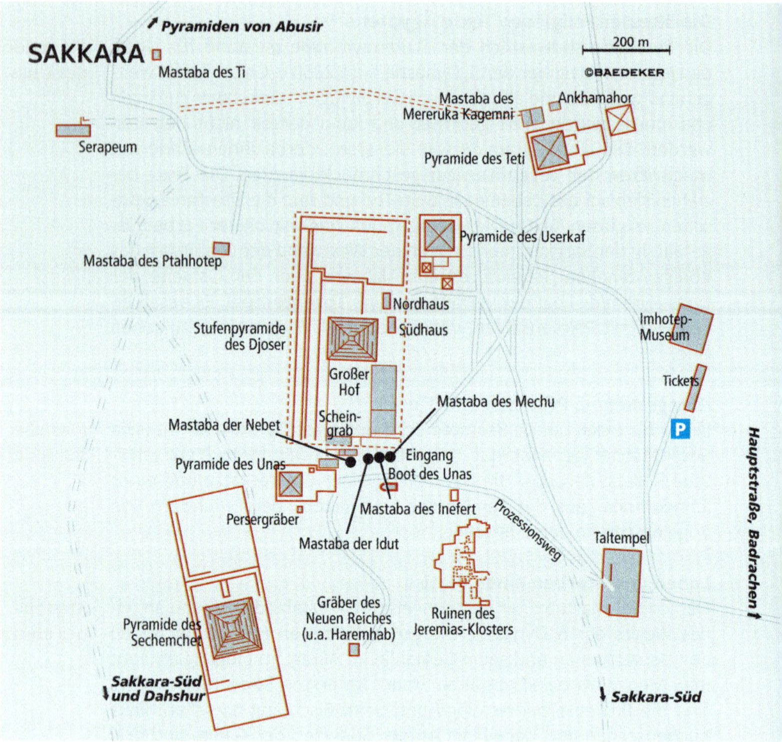

immer wieder »Persergräber« genannt, obwohl sie nicht in der Perserherrschaft (27. Dynastie), sondern schon in der 26. Dynastie entstanden sind, als von Persern noch nicht viel zu sehen war.

Zwei Gemahlinnen in einem Grab

Mastaba der Nebet und der Chenut

Nordöstlich der Unas-Pyramide liegt die große Doppelmastaba von Nebet und Chenut, den zwei Gemahlinnen des Unas. Die Mastaba war ursprünglich 49 m lang, 22 m breit und 4 m hoch. Die Gräber haben denselben Grundriss, was die gleichwertige Stellung ihrer Besitzerinnen anzeigt. Das westliche Grab der Chenut ist weitgehend zerstört, das östliche Grab der Nebet noch gut erhalten.
Durch die Südostseite betreten Sie einen größeren Vorraum, dessen Wände mit Reliefdarstellungen der Grabherrin geschmückt sind. Von hier führen ein Durchgang links (westlich) zu einem geräumigen, schmucklosen Hof und ein weiterer Durchgang geradeaus zu einem kleineren Vorraum mit recht ungewöhnlichen Wandreliefs. Sie zeigen

Nebet, der Speisen und Schlitten mit mächtigen Weinkrügen zugeführt werden. Unter den Frauen des Harems gibt es auch eine Zwergin. Auf der Nordwand über der Tür sitzt Nebet vor Opfergaben.

Die Unvollendete

Südwestlich der Unas-Pyramide erstreckt sich der von Sand bedeckte Bezirk der unvollendet gebliebenen Stufenpyramide des Sechemchet, früh verstorbener Nachfolger des Djoser.

Pyramide des Sechemchet

Am Uferweg

Am Aufweg der Unas-Pyramide reihen sich zahlreiche Mastabas und Felsengräber der 5. und 6. Dynastie aneinander. Eine Auswahl:

Chef der Schlachthöfe

Östlich ist das Grab des Irukaptah Chenu (5. Dyn.), des Vorstehers der königlichen Schlachthöfe, in den Fels geschnitten. Den Grabraum am Endeds schmalen Gangs zieren an der linken und hinteren Wand zehn plastisch aus dem Fels gearbeitete Bildnisse des Grabherrn.

Grab des Irukaptah Chenu

Ein Grab für einen ganzen Chor

Etwa 50 m weiter östlich, südlich des Aufwegs der Unas-Pyramide, liegt das Grab des Nefer und seiner Genossen (5. Dyn.), das Gemeinschaftsgrab einer Sängergilde. In einem der neun Grabschächte des Kultraums fand man die Mumie eines nackten, nur einen blauen Perlenkragen tragenden Mannes. Die Wände sind ganz mit Kalkstein verkleidet und tragen reichen bemalten Reliefschmuck, darunter auf der linken (östlichen) Wand Szenen aus dem Alltag, z. B. Holzverarbeitung, Landwirtschaft und der Stapellauf eines Schiffes. An der rechten (westlichen) Wand sind die Verstorbenen mit ihren Gemahlinnen beim Festmahl zu sehen. An der Südwand u. a. Nefer und seine Gemahlin Chonsu, die Opfergaben erhalten, sowie Nefer, der am Speisetisch das Totenmahl einnimmt.

Grab des Nefer und seiner Genossen

Doppelgrab für zwei Freunde

Östlich des Nefer-Grabs liegt unter dem Aufweg der Unas-Pyramide – bei dessen Bau verschüttet – das Doppelgrab des Nianchchnum und des Chnumhotep (5. Dyn.), zweier verwandter oder befreundeter Männer, die **Priester des Re** am Sonnenheiligtum des Niuserre sowie Handpfleger am Palast des Königs waren. Die Anlage ist teils aufgemauert, teils in den Fels gehauen. Der reichhaltige, bemalte Reliefschmuck ist im gemauerten Eingangsbereich sehr gut erhalten, in den hinteren Felsenkammern wegen des brüchigen Gesteins stark angegriffen. An den Wänden des Portikus ist das Bestattungsritual dargestellt. Beiderseits des Eingangs stehen die Grabherren mit ihren

Doppelgrab Nianchchnum und Chnumhotep

ältesten Söhnen. Im Türdurchgang wird, begleitet von Opferträgern, die Mumie ins Grab eingeführt. Darunter ist zu sehen, wie das Opferrind für die Abend- und Morgenmahlzeit eingefangen wird.
Im Vorraum sehen Sie in fünf Reihen vorzügliche Reliefs, die abwechselnd Nianchchnum und Chnumhotep betreffen. Die Felsenkammer besitzt weniger gut erhaltene Reliefs: Getreide wird geworfelt und in die Speicher gebracht, Schreiber verzeichnen die Bestände. An der Ostwand inspizieren die Grabherren die landwirtschaftlichen Arbeiten, in Begleitung ihrer Söhne die Werkstätten der Handwerker. Zwischen den Türen zur Grabkammer die beiden Grabherren, begleitet von ihren Kindern, jedoch ohne Frauen; sie umarmen sich und berühren sich mit den Nasen.

Ein frühchristliches Kloster auf dem Friedhof

Kloster des hl. Jeremias

Unweit östlich des Grabs der Re-Priester liegt das Doppelgrab des Neferseschemptah und des Sechentiu. Von hier führt ein Pfad zum Kloster des hl. Jeremias, dessen Reste 1907 – 1909 ausgegraben wurden. Das in der zweiten Hälfte des 5. Jh.s gegründete und um 960 von den Arabern zerstörte Kloster umfasst zwei Kirchen, deren Säulenkapitelle und Reliefs sich im Ägyptischen Museum von Kairo befinden.

Ein modebewusster Feldherr

★ Grab des Haremhab

Haremhab, oberster Feldherr unter Tutanchamun und später Pharao, ließ sich dieses Grab noch vor seiner Thronbesteigung errichten. Bestattet wurde er allerdings in seinem zweiten Grabmal im Tal der Könige (▶ S. 356). Die in erhabener und versenkter Technik gearbeiteten Reliefs des Sakkara-Grabs gelten als bedeutendstes Beispiel der vom Amarna-Stil beeinflussten **memphitischen Kunst**, die sich durch weiche, geschwungene Linienführung sowie plastische und realistische Darstellung auszeichnet. Sie demonstrieren in höchster Vollkommenheit und Vielfalt den Geschmack dieser Zeit, der sich u. a. in einer Vorliebe für Modisches wie wechselnde Perücken, fließende, kunstvoll drapierte Gewänder und luxuriöse Wohnräume manifestiert. Vom ersten Säulenhof (Relief-Kopien von Szenen aus dem Leben des Feldherrn) gelangen Sie in den Statuensaal, am Eingang eine schöne Darstellung des Haremhab vor dem Opfertisch.

Grab des Mereruka (Meri)

Größte Grabanlage des Alten Reichs

Ein Familiengrab

Nordöstlich der Djoser-Stufenpyramide liegt, ganz in der Nähe der Pyramide des Teti, das Grab des Priesters Mereruka (genannt Meri) vom Beginn der 6. Dynastie. Mit Jagd- und Tierszenen, Darstellungen von Handwerkern, Tänzern und Bauern sowie seiner Größe (40 m lang, 24 m breit, 31 Räume und Gänge) gehört es zu den größten

Anlagen seiner Art im Alten Reich. Es ist in drei Abschnitte gegliedert, von denen der erste und größte dem Mereruka, der zweite (links des Eingangs) seiner Frau Heruatetchet und der dritte (im hintersten Teil) dem Sohn Meriteti gehört. Rechts und links des Eingangs sieht man Mereruka und seine Frau, im Eingang an der rechten Türwand vermutlich den Grabherrn. In der einen Hand hält er eine Muschel mit Farbe, in der anderen das Schreibrohr. Er sitzt vor einer Staffelei und malt die drei Jahreszeiten, die durch Götter symbolisiert sind.

Fischen und Jagen

Reliefs in den Vorräumen

Mereruka, mit seiner Frau auf einem Papyrusnachen, sticht mit der Lanze nach Fischen; Leute in zwei Booten erlegen mit Harpunen drei Flusspferde; auf weiteren Reliefs Vögel im Flussdickicht und Fische im Wasser. Auf der Südwand: Der Verstorbene jagt in Begleitung seiner Frau auf einem Boot in den Sümpfen. Im folgenden quadratischen Raum sehen der Verstorbene und seine Frau u. a. Goldschmieden bei der Arbeit zu, ein Priester räuchert, Tischler fertigen Betten. In dem länglichen Raum fährt der korpulente Bruder des Verstorbenen in einem Kahn und bekommt aus einer Schale zu trinken.

Handwerk, Totenkult und wilde Tiere

Reliefs im Pfeilersaal

In der Nordostecke des Raums geht es zu einem von vier Pfeilern getragenen Saal; auf ihnen ist in Tiefrelief der Verstorbene dargestellt. **Westwand** (von links): Szene aus der Schlafstube; Mereruka und seine Frau sehen zu, wie das unter einem Baldachin stehende Bett gemacht wird; auf einem Bett mit Löwenfüßen sitzen der Verstorbene und seine Frau, die Harfe spielt; unter dem Bett zwei Reihen Gefäße; Diener bringen dem Verstorbenen, der auf einem Lehnstuhl sitzt, allerlei Gaben (Gefäße, Holzkisten u. a.). **Nordwand**: Totenpriester bringen dem Verstorbenen auf Tragen Speisen und Getränke. **Ostwand**: der Verstorbene und seine Frau, mit Dienern; Diener bringen Opfergaben; Tänzer und Tänzerinnen (in den beiden unteren Reihen). **Südwand**: Dem Toten werden Opfergaben gebracht.
Die **Opferkammer** wird von sechs Pfeilern getragen, auf denen Mereruka stehend dargestellt ist. Nordwand: In einer Nische die Statue des Mereruka und eine Opfertafel. An den Wänden die Gefolgschaft Mererukas. Zwerge bringen seine Lieblingshunde. An der Südwand der Begräbniszug. Gegenüber an der Nordwand die Gabenbringer. Opfertiere, darunter Hyänen, werden gemästet und geschlachtet.

Das Grab des Sohns

Grab des Meriteti

Im Vorraum an der Ostwand werden rechts Gänse gemästet, links sieht man Rinder und Antilopen. An der Nordwand empfängt Meriteti Opfergaben. An der Westwand sieht der Verstorbene der Jagd in der Wüste zu. Erbeutete Gazellen und Antilopen werden ihm vorgeführt. Diener mit Opfergaben bevölkern die Südwand.

Das Grab der Ehefrau

Grab der Heruatetchet

Vom Vorraum des Mereruka-Grabs gelangt man links zum Grab der Ehefrau Heruatetchet mit dem Pfeilersaal. Nord- und Südwand: Die Frau des Mereruka, eine Prinzessin, erhält von Dienern Opfergaben. Westwand: rechts die Frau, ihr Sohn und ihre Tochter. Vier Dienerinnen tragen ihren mit einem Löwen verzierten Tragstuhl. In den zwei Räumen hinter dem Pfeilersaal sind wie im ersten Raum auf der Nordwand Tänzerinnen zu sehen.

Grab eines Arztes

Gräberstraße

Unweit östlich des Grabs des Kagemni und nördlich der Teti-Pyramide liegt eine 1899 ausgegrabene, teilweise wieder zugeschüttete Gräberstraße mit bemerkenswerten Bauten aus der 6. Dynastie. Darunter gleich links das **Grab des Anchmehor**, mit Beinamen Sesi, wegen der Darstellungen medizinischer Eingriffe auch Ärztegrab genannt. Der obere Teil der Wände fehlt. Im ersten Raum an der Wand links des Eingangs: Bilder von der Ernte, darunter Rinder, die durch den Fluss getrieben werden. Im Durchgang vom ersten Raum in einen Saal ist im Türdurchgang rechts eine Beschneidung abgebildet, links eine Zehenoperation. Im Pfeilersaal an der Eingangswand rechts trauernde Diener und Frauen, links Tänzerinnen.

★ Mastaba des Ptahhotep und des Achethotep

Vater und Sohn

Grab von Achethotep und Ptahhotep

Etwa 500 m nordwestlich der Djoser-Pyramide liegt die Mastaba zweier hoher Beamter der 5. Dynastie, des Achethotep und seines Sohns Ptahhotep. Letzterer war ein Wesir und Stadtverwalter sowie ein bedeutender **Verfasser von Weisheiten**, hauptsächlich von Regeln der Etikette zu jedem Anlass. Vom Eingang an der Nordseite betritt man einen Korridor, dessen Wände mit interessanten Vorzeichnungen und halbfertigen Reliefs (rechts) sowie z. T. mit unausgefüllten Königsringen (links) bedeckt sind.

Die **Wandreliefs der Opferkammer** von Ptahhotep gehören zum Besten, was die antike ägyptische Kunst in ihrer Blütezeit hervorgebracht hat. Einige ausgewählte Darstellungen:

In der Tür sieht man Diener mit Opfergaben. An der Nordwand über der Tür ist Ptahhotep bei der Morgentoilette, unter seinem Stuhl seine Windhunde und sein Schoßaffe; vor ihm Harfenspieler und Sänger, Zwerge, die Perlenketten fertigen (obere Reihe); auf dem Boden sitzend Beamte (in den beiden nächsten Reihen); Harfen- und Flötenspieler sowie ein Sänger (in der untersten Reihe). Links der Tür Diener mit Opfergaben und die Schlachtung der Opferstiere.

An der Südwand ist der Tote beim Mahl dargestellt. Vor ihm stehen in der obersten Reihe Bäuerinnen mit Gaben. In der zweiten Reihe werden Opfertiere zerlegt. An der Ostwand rechts begutachtet der Tote die Geschenke und Abgaben, die ihm die Güter des Nordens und Südens darbringen. Man sieht ringende und laufende Knaben (obere Reihe), Jagdbeute wird vorgeführt (2. und 3. Reihe), vier Männer ziehen zwei Käfige mit Löwen, ein Mann trägt junge Gazellen.

★ Serapeum

Vergöttlichung der Stiere

Baugeschichte

Im Serapeum, etwa 500 m nordwestlich des Ptahhotep-Grabs, wurden die **heiligen Apis-Stiere** des Gottes Ptah bestattet, nachdem sie einbalsamiert und mit großem Pomp beigesetzt worden waren. Seit Amenophis III., wahrscheinlich auch schon früher, bestanden diese Apis-Gräber aus unterirdischen, in den Fels gehauenen Sargkammern, zu denen ein Schacht schräg hinabführte, und einer Kapelle darüber, wie bei den Gräbern der Vornehmen. Chaemwaset, Sohn von Ramses II., ließ einen 100 m langen unterirdischen Gang anlegen, mit Kammern rechts und links, in denen die Holzsärge eingemauert waren. Psammetich I. vergrößerte die weit sorgfältiger ausgeführte Anlage mit Seitenkammern, an der bis in die Ptolemäerzeit gearbeitet wurde. Ihre Gänge waren 350 m lang, 3 m breit und 5,5 m hoch. Über diesen unterirdischen Räumen erhob sich ein großer Kulttempel.

Von Osiris zu Serapis

Wandel des Kults

Wie der Mensch, so wurde auch Apis nach dem Tod eins mit Osiris und »Osiris-Apis«. Er galt als eine Art Totengott und wurde wie Osiris »Herr des Westlandes« genannt. Zahlreiche Pilger unternahmen Wallfahrten zu seinen Gruften. Als sich der unter Ptolemaios I. eingeführte Kult des fremden Gottes Serapis (Sarapis) verbreitete, wurde der neue Serapis mit Osiris-Apis identifiziert und neben diesem in dem alten Heiligtum von Memphis verehrt, das seither als »Serapeum« bezeichnet wird.

SAKKARA • SERAPEUM

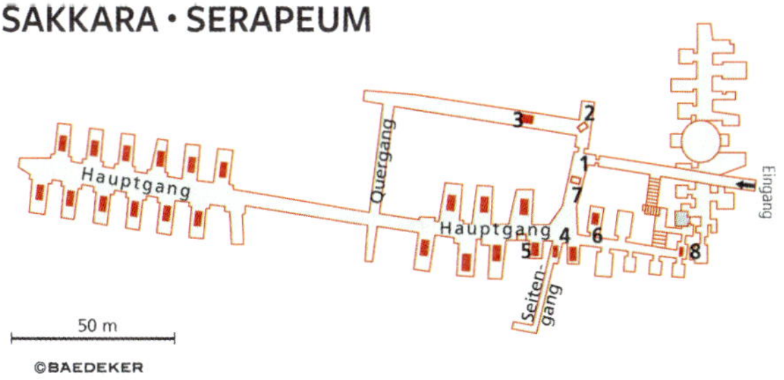

1 Vorraum
2 Sarkophagdeckel
3 zu 2 gehörender Sarkophag
4 Sarkophag des Chababasch
5 zu 4 gehörender Deckel
6 Sarkophag des Amasis
7 zu 6 gehörender Deckel
8 Sarkophag des Kambyses

65 Tonnen schwere Sarkophage

Friedhof für die Stiere

Vom Eingang erreicht man zunächst einen größeren Raum. In den Nischen wurden zahlreiche Denkinschriften gefunden. Wenden Sie sich nach rechts, nach wenigen Schritten stehen Sie vor einem ungeheuren Sarkophag-Deckel aus schwarzem Granit, dann links, etwa 20 m weiter, vor dem zugehörigen Sarkophag, der den Gang fast ausfüllt. Beide sind wohl nach dem Ende des Apis-Dienstes auf dem Weg zu ihrem Bestimmungsort liegengeblieben.
Am Ende des Gangs führt ein Quergang links in den Hauptgang. Die Kammern links und rechts, in denen die Mumien der Apis-Stiere in riesigen Steinsarkophagen beigesetzt waren, sind um die 8 m hoch. In 20 Kammern stehen die Sarkophage aus poliertem schwarzem bzw. rotem Granit oder aus Kalkstein. Jeder ist aus einem einzigen Block geschnitten. Ihr Gewicht wird auf jeweils 65 t geschätzt. Von vielen sind die Deckel zurückgeschoben. Die Sarkophage wurden **beraubt aufgefunden**, nur zwei von ihnen enthielten noch Schmuck und Beigaben. Drei Särge tragen Inschriften mit den Namen Amasis, Kambyses und Chababasch; Letzterer war der letzte einheimische Herrscher vor Alexander dem Großen. Der hinterste Sarkophag ist der schönste (rechts; eine Treppe führt hinab), aus poliertem schwarzem Granit und mit Inschriften sowie Ornamenten bedeckt.

★ Mastaba des Ti

Ein feines Grab für einen hohen Beamten

Schönste Reliefs

Die Mastaba des Ti, nordöstlich des Serapeums, gehört zu den berühmtesten Sehenswürdigkeiten von Sakkara. Der Grabherr war ein hoher Beamter und reicher Grundbesitzer zu Beginn der 5. Dynastie. Die Wandreliefs gehören zu den am besten erhaltenen und schönsten des Alten Reichs.

Ein Bilderbuch

Besichtigung

Sie betreten die **Vorhalle** mit zwei oben ergänzten Pfeilern, auf denen Ti mit langer Perücke und kurzem, weitem Schurz dargestellt ist: in der einen Hand hält er einen langen Stab, in der anderen eine Art Keule. An der östlichen Wand sind Frauen zu sehen, die als Vertreterinnen von Tis Dörfern Speisen zum Grab bringen. An der Südwand erkennt man einen Geflügelhof und die Taubenmast. Die übrigen Bilder sind stark verwittert. In der Mitte des **Lichthofs** führt eine Treppe in einen schrägen, niedrigen Gang, der unter dem ganzen Gebäude hinweg zu einer Vorkammer und dann zur Sargkammer des Ti führt. Der leere Sarkophag füllt die Nische vollständig aus. Die Wandbilder des Lichthofs sind sehr verwittert und teilweise nicht mehr zu erkennen. An der Nordwand sieht Ti zu, wie Opfertiere geschlachtet und zerlegt werden. An der Ostwand wird Ti auf einer Sänfte getragen, vor ihm gehen Diener mit Fächern, Kästen, Stühlen. An der Westwand erkennt man u. a. folgende Szenen (von rechts nach links): Ti und seine Frau schauen beim Stopfen der Gänse und bei der Fütterung von Kranichen zu; Ti nimmt die Abrechnungen seiner Beamten entgegen; Ti (Figur oben zerstört) sieht zu, wie seine Boote landen und Herden zu ihm geführt werden; Scheintür für den Sohn des Ti.

Bilder rund um den Tod

Korridore

An den Wänden der Korridore tragen Diener Gaben aller Art ins Grab. Eine Tür führt in einen zweiten Korridor. Szenen an der linken Wand: In der unteren Reihe werden Opfertiere geschlachtet. Darüber werden die Statuen des Verstorbenen auf Schlitten zum Grab gezogen. Ein Mann gießt vor ihnen Wasser aus. An der rechten Wand landen Schiffe, auf denen Ti seine Totengüter im Delta besichtigt hat. Über der Tür, durch die man den Raum betritt, sieht man Ti mit seiner Frau auf einem Nachen im Papyrusdickicht. Über der Tür zur Grabkapelle Tänzerinnen und Sängerinnen. Rechts führt eine Tür in eine **Seitenkammer** mit sehr gut erhaltenen farbigen Darstellungen. Rechte Wand: Ti, der rechts steht, empfängt Opfergaben von den Dienern. Rückwand: in den oberen Reihen Töpfer, Bäcker und Brauer, unten misst ein Mann Getreide ab, Schreiber notieren die Mengen.

In der Grabkapelle: Landwirtschaft und Handwerk

Nun zurück und durch den Korridor in die 5 m breite, 7,20 m lange und 4,50 m hohe Grabkapelle. Zwei starke viereckige Pfeiler, deren Bemalung roten Granit vortäuscht, tragen die Decke. Auf den Pfeilern stehen die Namen und Titel des Ti. Der farbige Bilderschmuck ist hier bestens erhalten. Auf der **Ostseite**, links des Eingangs, sieht Ti (rechts), neben dem seine Frau kniet, der Ernte zu. Vor ihm zehn Reihen mit **Ernteszenen** (von oben nach unten): Flachsernte und -bearbeitung; das Getreide wird mit Sicheln gemäht, in Säcke gepackt und auf Esel geladen,

MASTABA DES TI

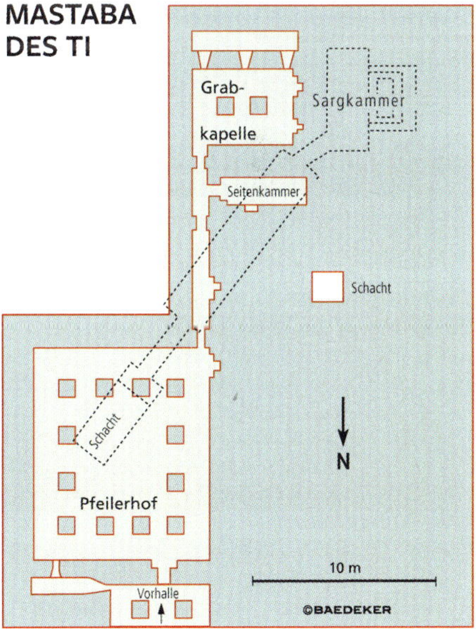

WANDBILDER IN DER GRABKAPELLE DER MASTABA

Ti auf der Fahrt im Papyrusdickicht

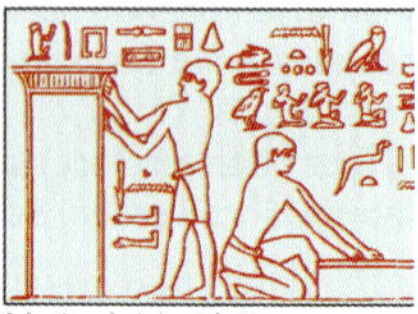

Schreiner bei der Arbeit

Zwerge mit Affen und Hunden

Esel mit Ährensack

Bäuerinnen mit Opfergaben

Leeren einer Fischreuse

Rindviehtrieb durchs Wasser

Auf dem Wege zur Abrechnung

Behauen eines Baumstamms

Schiffbau

DES TI

Hobeln Sägen Polieren Bohren

Mähen der Getreidehalme

Viehherde auf der Weide

Kranichmast

Niederwerfen eines Schlachttiers

Gänsestopfen

Pflügen Hacken Säen

Geflügelbraten

Getreideworfeln

In einer Kanzlei

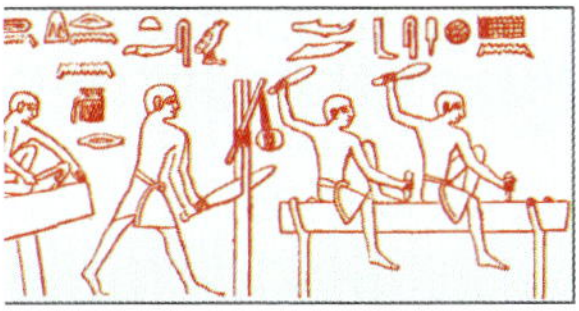

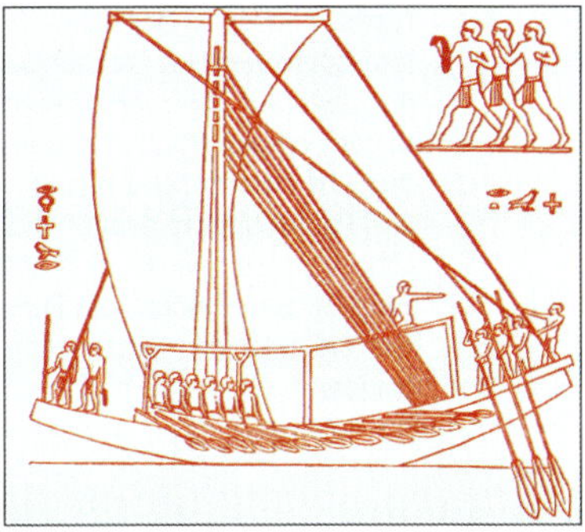

die es zur Tenne bringen; Dreschen, wobei Rinder oder Esel über die Garben getrieben werden. Die Körner werden samt der Spreu zu einem großen Haufen zusammengetragen und gesiebt. Ti sieht den Arbeiten zu. Säge, Beil, Dechsel (Dachs- bzw. Querbeil) und Drillbohrer, kurz das ganze Handwerkszeug der altägyptischen Arbeiter ist hier dokumentiert.

Die **Südseite** der Grabkapelle ist mit zahlreichen Darstellungen bedeckt, aber in den oberen Teilen beschädigt. Links oben ist Ti zu erkennen, darunter weist ein kleiner Spalt in der Wand auf einen Serdab hin, in dem mehrere zerbrochene und eine unversehrte Statue des Ti gefunden wurden. Rechts und links des Spalts erkennt man zwei Männer, die dem Ti räuchern. Ti und seine Frau sehen den **Handwerkern** zu, die in vier Reihen dargestellt sind (von oben nach unten): Leute fachen mit langen Rohren einen Ofen an, in dem Gold geschmolzen wird; Bildhauer und Hersteller von Steingefäßen; Tischler polieren eine Tür und einen Kasten (links), zersägen Bretter, polieren ein Bettgestell und arbeiten mit Drillbohrer; Lederarbeiter und ein Markt, ein Händler hat einen Schlauch und zwei Töpfe mit Öl zu verkaufen, ein anderer einen Beutel, für den ihm ein Mann ein Paar Sandalen anbietet; ein Stempelschneider fertigt ein Steinsiegel; rechts verkauft ein Mann Stöcke. In der Mitte oben betrachtet Ti, wie ihm Bauern seiner Güter Tiere, darunter Antilopen, Gazellen, Steinböcke, Hirsche und Rinder, für die Totenopfer bringen. Bei jedem Tier steht sein Name. Unten werden in drei Reihen Rinder herbeigeführt, drei Dorfälteste werden mit Gewalt zur Steuerabrechnung geschleppt. Ganz unten ist allerhand Federvieh zu sehen.

An der **Westseite** der Grabkapelle markieren zwei große Scheintüren den Eingang in das Totenreich; vor der rechten befindet sich eine Steinplatte, auf der die Opfer dargebracht wurden.

Auf der **Nordseite** der Grabkapelle ist das **Leben in den Sümpfen des Nildeltas** dargestellt. Links sieht man zunächst (von oben nach unten), wie Ti dem Vogel- und Fischfang zuschaut, ferner eine Hütte mit gefangenen Vögeln und Fischen sowie zwei Männer, die auf kleinen Tischen Fische ausnehmen. Darunter sind Szenen auf der Weide dargestellt: Eine Kuh kalbt, eine andere wird gemolken, daneben ein Aufseher, der sich auf seinen Stab stützt, und ein Hirte, der das Kälbchen festhält. In der Mitte fährt Ti im Nachen durch Papyrusdickicht. Vor ihm ist ein weiterer Nachen unterwegs, dessen Mannschaft mit Harpunen Jagd auf Flusspferde macht. Ein Flusspferd zerbeißt ein Krokodil. In dem kleinen Nachen hinten angelt ein Mann einen Wels, im Papyrusdickicht flattern und nisten Vögel. Rechts werden Papyrus geerntet und Papyrusboote gebaut; in Streit geratene Schiffer prügeln sich. Der schmale Streifen, der sich unten über die ganze Nordwand erstreckt, zeigt 36 Bäuerinnen, die Fleisch und Geflügel, Gemüse, Früchte und Getränke von den Gütern des Ti zum Totenopfer für den Verstorbenen tragen.

Und außerdem ...

Felsengräber und Tierfriedhöfe

Im Nordteil von Sakkara liegen Friedhöfe aus Ägyptens Frühzeit, am Wüstenrand Felsengräber, z. T. mit Ziegelüberbau, aus der 1. Dynastie sowie weiter westlich Gräber der 2. und 3. Dynastie.
Unweit westlich wurden **Tierfriedhöfe** der Spätzeit und der Ptolemäerzeit freigelegt. Die aus der ägyptischen Frühzeit bekannte Tierverehrung nahm in der Spätzeit frappierende Ausmaße an. Die als heilig verehrten Tiere wurden allein zum Zweck der Mumifizierung und Beisetzung gezüchtet und gehalten. Bekannt sind u. a. Begräbnisstätten für Ibisse, Falken, Paviane, Hunde, Schakale, Krokodile, Widder, Stiere, Kühe, Fische und Katzen. Es war eine gute Tat, bei einer Pilgerfahrt das Tier einer Gottheit zu erstehen, es mumifizieren, bemalen und schmücken zu lassen und dann zu bestatten.

SEBUA

Landesteil: Oberägypten (Nubien) | **Gouvernorat:** Assuan

Auch hierher wurden Tempel versetzt: Etwa 4 km westlich seines ursprünglichen Standorts im Wadi el-Sebua, im »Tal der Löwen«, liegt der Tempel von Sebua. Er wurde von Ramses II. erbaut und war dem Amun und dem Re-Harachte geweiht.

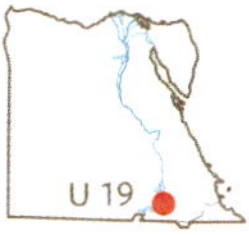

Der gut erhaltene Tempel liegt rund 140 km südlich von ▶ Assuan am Nasser-See. Von Assuan fahren Kreuzfahrtschiffe nach Neu-Sebua, Amada und ▶ Abu Simbel.

Im Tal der Löwen

Tempel von Sebua

Eintritt 150 LE für die ganze Anlage

Dem Sonnengott geweiht

Besichtigung

Das Tempelareal umschließt eine teilweise zerstörte Ziegelmauer. Ein Steinportal mit je einer Statue Ramses' II. und eines Königssphinx rechts und links führt in den **ersten Vorhof**. Seinen Mittelweg flankieren Löwensphingen mit der Doppelkrone. Durch einen zerstörten Ziegelpylonen gelangt man in den **zweiten Vorhof** mit vier falkenköpfigen Sphingen und Bildern des Sonnengottes Re-Harachte. Links dieses Hofs liegt noch ein kleiner Ziegeltempel. In dessen Hauptraum steht ein Amun-Re und Re-Harachte geweihter Altar.
Auf einer Terrasse erhebt sich das eigentliche **Tempelhaus**. Den Eingang bildet ein 20 m hoher und 24,5 m breiter Steinpylon, vor dem vier Kolossalstatuen des Königs standen. Die linke steht noch auf-

recht und hält einen Stab mit Widderkopf, das Symbol des Amun-Re. Eine zweite, zerbrochen und am Boden liegend, hält einen Stab mit Falkenkopf, dem Symbol des Re-Harachte. Die verwitterten Reliefs an den Türmen zeigen den König, der vor Re-Harachte und vor Amun-Re Feinde erschlägt. An den Längswänden im anschließenden Hof zählt man 53 Prinzen und 54 Prinzessinnen, die Kinder von Ramses II.
Vom Hof führt eine Treppe auf eine schmale Terrasse. Hier betritt man durch eine in christlicher Zeit in das alte Portal eingebaute Doppeltür die **große Halle** (12,4 m lang, 15,7 m breit, 5,9 m hoch). Sie ist zum Teil schon im Felsen angelegt. Ihre Decke wird von sechs Pfeilern mit jetzt zerstörten Königsstatuen und sechs ganz einfachen Pfeilern getragen. Die Reliefs wurden von Christen vielfach getilgt.
Auf die Halle folgt im Felsen ein Quersaal mit rechts und links Kammern sowie Wandreliefs, die Ramses II. vor verschiedenen Göttern opfernd zeigen, auch vor seinem eigenen Bild. In der Rückwand des Quersaals öffnen sich drei Kapellen, deren mittlere das **Allerheiligste** bildet. An der rechten Wand bringt der König der mit Falkenköpfen verzierten Barke des Re-Harachte Blumen dar, an der linken opfert er vor der mit Widderköpfen geschmückten Amun-Barke. Die Rückwand zeigt oben die Sonnenbarke mit dem unter einem Baldachin sitzenden, widderköpfigen Sonnengott Re-Harachte, der links vom König, rechts von drei Affen angebetet wird.

Noch zwei versetzte Tempel

Ein Tempel für Thot

Tempel von Dakka

Ca. 1 km – ursprünglich 40 km – nördlich steht der Tempel von Dakka. Er war dem **ibisköpfigen Gott Thot** der nubischen Stadt Pnubs geweiht. Sein ältester Teil stammt aus der Zeit des nubischen Königs Ergamenes und des Ptolemaios IV. Philopator. Euergetes II. fügte eine Vorhalle hinzu. Seine heutige Gestalt, mit Pylon und Allerheiligstem, erhielt der Tempel unter den römischen Kaisern.
Den Eingang bildet ein in der äußersten Umfassungsmauer gelegener, gut erhaltener **Pylon**. Die beiden Tortürme tragen an der Vorderseite vereinzelte Reliefs sowie zahlreiche griechische und einige demotische und meroitische Inschriften. Im Durchgang des Portals ist links der König dargestellt. Oben opfert er dem Thot, der Tefnut und der Hathor, unten der Isis. In jedem Pylonenturm führt eine Treppe, an der sich ein Wächterraum und drei übereinanderliegende Räume befinden, auf die Plattform. Am westlichen Turm, von dem aus man auf das Dach gelangen kann, sind Inschriften eingemeißelt.
Die **Vorhalle** ist nach vorn durch zwei Pflanzensäulen abgeschlossen. Die Wandreliefs zeigen den Pharao vor den verschiedenen in Dakka verehrten Gottheiten. Sehr schön ist eine Darstellung an der Ostwand. Hier überreicht der Pharao dem Gott Thot eine Palette, die

Sphingen flankieren den Aufweg zum Tempel von Sebua.

von Isis und Nephthys getragen wird und wohl ein Sinnbild des Osiris ist. An der Rückwand sind links oben Bilder eines nubischen Königs zu sehen. Die Vorhalle wurde später in eine Kirche umgewandelt und mit religiösen Bildern geschmückt. Im **Quersaal** führt rechts eine in der Kaiserzeit angelegte Treppe auf das Dach des Tempels. Am oberen Ende der Treppe ist eine Krypta in der Mauer ausgespart.

Es folgt der **Ergamenes-Saal**. An der rechten Wand zeigt ein Relief den König, der einem »Pharao von Senmet (Bigga)« genannten Gott und der Göttin Anuket Wein opfert. In der östlichen Wand führt eine Tür zu zwei Kammern. An der Rückwand der zweiten sieht man zwei einander gegenübersitzende Löwen, darüber betet ein Pavian (Thot) eine Löwin (Tefnut) an. Über allem schweben zwei Ibisse. Das **Allerheiligste** mit einer Kapelle aus Granit ist mit einfachen Reliefs geschmückt, die einen römischen Kaiser als Pharao vor verschiedenen Göttern zeigen. Beachtenswert ist eine Darstellung von Nilgöttern, die sich dem heiligen Feigenbaum nähern, unter dem der Gott Thot als Pavian sitzt. In der Rückwand schwebt die geflügelte Sonne über den zwei Fenstern.

Reste einer Burg

Reliefs aus der Festung Qasr Ibrim

Weiter südlich, nur 50 km von Abu Simbel entfernt, thronte einst die Festung Qasr Ibrim auf einem Felsplateau, ihre Ruinen hat der Nasser-Stausee überflutet. Sie wurde in römischer Zeit an einem der wichtigsten strategischen Punkte Nubiens angelegt und ging unter dem Namen Primis in die Geschichtsbücher ein. Ab dem 16. Jh. war die inzwischen zur Burg ausgebaute Feste von bosnischen Söldnern besetzt, die der osmanische Sultan Selim I. zur Eroberung Nubiens ausgesandt hatte. 1812 wurde sie von den fliehenden Mamelucken eingenommen, aber noch im selben Jahr vom osmanischen Großwesir Ibrahim Pascha zurückerobert und zerstört. Die Reliefs in den Gedächtnisnischen (Neues Reich) im steilen Westabhang des Burgbergs wurden aus dem Felsen geschnitten und ebenfalls nach Neu-Sebua gebracht. Es gibt Pläne, sie zugänglich zu machen.

SHARM EL-SHEIKH

Landesteil: Sinai | **Gouvernorat:** Süd-Sinai | **Einwohner:** ca. 75 000

Sharm el-Sheikh ist der »Horror organisierten Urlaubs«, sagen die einen, »Charme el-Sheikh« halten andere dagegen. Wahr ist, dass die Kapitale des Sinai-Tourismus für sonnen- und erlebnishungrige Gäste nicht viele Wünsche offenlässt. Hotels in guter Qualität gibt es genug, fast alle mit eigenem Strand. Das Wassersportangebot ist riesig, und Freunde des ausgiebigen Nachtlebens langweilen sich hier sicher nicht.

Spaß rund um die Uhr

In keinem anderen Ort Ägyptens ist der Tourismus-Boom so deutlich wie in der Stadt an der Südspitze der Sinai-Halbinsel. Ausgerüstet mit einem internationalen Flughafen und einem Seehafen, der die Stadt mit ▶ Hurghada verbindet, besitzt Sharm el-Sheikh die besten Voraussetzungen für Taucher, Schnorchler, Surfer und Sonnenanbeter: endlose Sandstrände und herrliche Tauchgründe. Auch Nahost-Konferenzen und Gipfeltreffen der Arabischen Liga mit der EU haben Namen Sharm el-Sheikh bekannt gemacht. Sharm, wie man kurz sagt, ist auch bei Ägyptern populär, zumal hier in puncto Kleidung und Verhalten viel laxere Regeln gelten als im nicht-touristischen Ägypten.

Vom Fischerdorf zum Touristenmagneten

Ein wenig Geschichte

Vom Sechs-Tage-Krieg (1967) bis zu seiner Rückgabe 1982 war der Sinai von Israel okkupiert und Sharm wie in den Jahrhunderten davor ein Fischerdorf. Wer hier urlaubte, in der Besatzungszeit waren das hauptsächlich Israelis, fand Hütten und Camps vor, später ein Fünf-Sterne-Hotel. Heute zählt man in und um Sharm **über 200 Hotels**, die meisten mit vier oder fünf Sternen. Nach der Rückgabe des Sinai ging die Entwicklung so schnell, dass die Infrastruktur kaum nachkam. Trinkwasser, ohnehin knapp im Land, musste teils mit Tankfahrzeugen aus dem Niltal herangeschafft werden. Seit Jahren wird in Meerwasser-Entsalzungsanlagen investiert, teilweise mit Geldern aus der Entwicklungshilfe. Dass Sharm zur Gänze vom Tourismus abhängt, zeigte sich zuletzt während der Corona-Pandemie: Es wurde beinahe zur Geisterstadt. Die früher zahlenmäßig dominierenden Urlauber aus Deutschland, Großbritannien und Italien blieben aus – auch weil es bis 2025 an Direktflügen nach Sharm mangelte. In jüngerer Zeit war Sharm besonders bei Urlaubern aus Russland und der Ukraine beliebt, was die vielen Reklameschilder in kyrilischer Schrift erklärt, die man überall in der Stadt sieht. 2022 war Sharm Gastgeber der UN-Klimakonferenz COP27.

Wo findet man was in Sharm?

Ca. 12 km nordöstlich der Landspitze, wo sich die Golfe von Sues und Aqaba im Ras Mohamed National Park treffen, liegt das **alte Dorf** Orientierung

Ruhe herrscht hier nur in der Nebensaison oder ganz früh am Morgen:
Sharm el-Sheikh ist der Touristenmagnet der Sinai-Halbinsel.

SHARM EL-SHEIKH ERLEBEN

Flug: Dem Sharm el-Sheikh International Airport fehlt es 2025 immer noch an Direktflügen aus dem deutschsprachigen Raum. Egypt Air (► S. 545), Nile Air und Air Cairo verbinden mehrmals täglich mit Kairo und Alexandria, mit Umsteigen in Kairo auch mit Luxor und Hurghada.
Bus: von Kairo und Alexandria mehrmals tgl., von den Orten am Roten Meer mit Umsteigen in Sues.
Fähre: Die Schnellfähre zwischen Sharm und Hurghada (Fahrzeit 1.30 Std.) war **zuletzt außer Betrieb**.
www.abmaritime.com.jo
Taxi: Taxifahrten auf dem Sinai sind mangels Konkurrenz wie Uber und Careen (noch) teuer.

Das Angebot an Tauchausflügen, etwa zum Ras Mohamed National Park, und Wüstentouren ist riesig. Buchen Sie über Ihr Hotel; eine Reihe von Anbietern finden Sie u. a. an der Strandpromenade der Naama Bay.

AQUA PARK
62 Tsunami-, Spiral- und Reifenrutschen, Freefall-Rutsche, Wasserspielplatz und mehrere Restaurants.
Umm es Sid, tgl. 9–19 Uhr
Eintritt 1000 LE
Tel. 0126 844 26 14
www.aquablusharm.co.uk

ÖFFENTLICHE STRÄNDE
H2O Beach
Für ein paar Euro gibt es Liege und Schirm. WC und Umkleide sind vorhanden, im Café serviert man preiswerte Snacks und Drinks.
Naama Bay, zwischen Novotel und Jaz Fayrouz
tgl. 8 Uhr – Sonnenuntergang

Public Beach
Ein schmaler Strandstreifen mit Liegen, WC und Cafeteria.
Naama Bay, gegenüber dem Tam Tam Café
tgl. 8 Uhr – Sonnenuntergang

El Fanar Beach
Sauber, viele Liegen und Sonnenschirme, ein schönes Riff zum Schnorcheln. Abends steigen rund ums Restaurant öfter Partys.
Umm es Sid, Hadaba
tgl. 8 – 24 Uhr, Tel. 010 17 20 28 72
www.facebook.com/Elfanarbeach

Terrazzina Beach
Musik, Karaoke, Sundowner-Partys – an diesem populären Strand gibt es den ganzen Tag Entertainment.
Sharm el-Moya
tgl. 8–24 Uhr
Eintritt 120, freitags 200 LE
Tel. 011 18 92 99 99
www.facebook.com/terrazzina

Rund um die Fußgängerzone der Naama Bay gibt es, auch in kleinen, älteren Malls, Handarbeiten von Beduinen, handgeknüpfte Teppiche, Figuren und Statuen, Schnitzereien, Gewürze. Markenkleidung, Schmuck und Sportbedarf finden Sie besser (und teurer) am Soho Square (sohosharm.com) sowie in der Il Mercato Mall (facebook.com/ilmercato shoppingmall). Mäßig besucht ist die Genena City Mall Naama Bay.

CAMEL BAR & ROOFTOP €€€
Eine Institution im Nachtleben mit

drei Bars. Von der eleganten Dachterrasse überblickt man die Naama Bay. Es gibt bis spät abends Bier, Wein und ordentliche Cocktails, Snacks sowie Mezze, Fisch, Fleisch und Pasta. Donnerstag ist Karaokeabend.
Naama Bay, Sh. King of Bahrain
Tel. 069 360 07 00,
www.cameldive.com
tgl. 16 – 3 Uhr

ICE BAR €€€
Die Ice Bar lockt mit Minusgraden, Eisskulpturen und Wodka. Lange Mäntel zum Nicht-Erfrieren gibt's auch.
Soho Square
Tel. 010 00 10 91 09
www.soho-sharm.com
tgl. 18 – 24 Uhr

BUDDHA BAR €€€
Abends Chillout- und Trance-Musik aus der unendlichen Buddha-Bar-Collection. Japanisch-französisch-pazifische Fusionküche, Sushi-Bar.
Naama Bay Hotel
Tel. 012 82 04 15 67,
www.littlebuddha-sharm.com
tgl. 16 – 3 Uhr

PACHA €€€
Der älteste Club im Ort ist bekannt für seine spektakulären House Nation Partys ((Eintritt: 275 LE). Ein Partyboot gibt's auch.
Naama Bay, Sanafir Hotel
Tel. 012 77 86 66 61
www.pachasharm.com
tgl. ab 22 Uhr

Die »All inclusive«-Angebote der Hotels sind ein Problem für die Restaurants in Sharm, Gäste gehen oft erst nach dem abendlichen Hotelbüfett aus. Dabei gibt es gute Gründe, hier mal »fremdzuessen«.

EL MASRIEN €€€
Hier gibt es ägyptische Hausmannskost: Vorspeisen, Kebab, Huhn, Täubchen, Ziege. Von der Terrasse hat man einen tollen Blick.
Old Market, Tel. 010 26 69 96 36
tgl. 10 – 24 Uhr

FARES SEAFOOD €€
Bei den Einheimischen sehr populär. Fisch und Meeresfrüchte sucht man an der Eistheke aus; bis alles serviert wird, gibt's reichlich Mezze und Fladenbrot. Kein Alkohol.
Old Market, Tel. 069 366 30 76,
012 22 66 71 83, tgl. 12 – 1 Uhr

FARSHA MOUNTAIN LOUNGE €€
Blick aufs Meer, Strand mit Bar, darüber in den Klippen das Café mit Terrasse im Beduinen-Style. Drinks, Snacks und Shisha sind sehr gut. Die nächtliche Beleuchtung kreiert eine mystische Atmosphäre.
Sharia el Bahr, Hadaba
Tel. 012 00 30 01 62, www.facebook.com/FarshaMountainLounge
tgl. 11 - 1 Uhr

JAZ FAYROUZ €€€
Top-Lage an der Naama Bay. Die Bungalowsanlage n einem herrlichen Garten ist renoviert, und der weite Strand gegenüber der Promenade ist der schönste an der Bucht.
Naama Bay, Tel. 069
206 93 60 01 36, 193 80
www.jazhotels.com

FOUR SEASONS RESORT €€€
Eines der luxuriösesten Hotels Ägyptens. Edel möblierte Zimmer mit spektakulärem Blick über die Straße von Tiran.
Sharks Bay
Tel. 069 360-35 55
fourseasons.com/sharmelsheikh

UMBI SHARKS BAY €€
Das idyllische Diving Village war das erste an der Sharks Bay. Die gut aus-

gestatteten Hütten und Bungalows liegen an einem Felshang mit Blick über den Golf von Aqaba. Ein großer Vorteil ist die eigene Tauchschule.
Sharks Bay
Tel. 012 77 24 40 01
www.sharksbay.com

PARK REGENCY €€€
Eines der schönsten Hotels auf dem Sinai: Weitläufige Anlage, große, komfortable Zimmer. Drei große Pools (einer mit Strömungsanlage) stufen sich in Terrassen hinunter bis zum hoteleigenen Strand.
Naama Bay, Tel. 069 360 12 34
www.parkregency.net

Sharm el-Sheikh an der Sharm el-Sheikh Bay und der Sharm el-Moya Bay, die inzwischen nur von Hotels aus zugänglich ist (einst war die Küste überall offen, davon ist kaum etwas geblieben). Das **Tourismus- und Hotelzentrum** liegt weiter nördlich an der kleinen **Naama Bay**. Von dort sind es rund 20 km nach Norden zur Nabq Bay. Hervorragend geeignet zum Schnorcheln und Tauchen ist auch die **Sharks Bay** ca. 6 km nördlich der Naama Bay, da hier das Riff sehr nah am Strand liegt. Als Vergnügungszentrum hat sich der **Soho Square** etabliert, mit Shopping Mall, Bars, Clubs und Restaurants. Nachts erstrahlt die Flaniermeile mit Blaulichttunnel, Lichteffekten und Musikfontäne. Vor Mitternacht muss man in den Clubs erst gar nicht erscheinen.

Wohin in und um Sharm el-Sheikh?

Alter Markt, moderne Moschee

Sharm el-Sheikh

Klassische Sehenswürdigkeiten gibt es in Sharm nicht. Die **Al-Sahaba-Moschee** mit zwei weithin sichtbaren, 76 m hohen spitzen Minaretten und drei Kuppelbauten ist das Paradebeispiel einer modernen Moschee, sie erinnert an einen orientalischen Palast und prunkt innen mit viel Gold. Mit ihrer Fertigstellung 2017 ließ man auch dem bis dahin eher schäbigen **Old Market** einen Facelift angedeihen. Die Fontäne auf dem riesigen Vorplatz ist nachts bunt illuminiert. Die beiden Imame sprechen gut Englisch und Französisch und plauschen gerne. Die **koptische Heavenly Cathedral** (Hey el-Nour, Al-Maahad Al-Dini) von 2008 ist wegen ihrer Fresken und Fenster einen Besuch wert. »Nur« Kopien, jedoch hochwertige von Schätzen aus dem Grab Tutanchamuns sind im **King Tut Museum** in der Genena City Mall zu sehen. Alles echt ist dagegen im **Sharm el Sheikh Museum**: Tiermumien, Sarkophage, Schmuck der Königsfamilie und eine Statue der Pharaonin Hatshepsut als Highlight zeigen kompakt die Geschichte Ägyptens und des Sinai.

King Tut Museum: Genena City Mall, Naama Bay 38 Sh. Halomi
tgl. 12 – 24 Uhr | Eintritt 750 LE
Sharm el Sheikh Museum: Peace Road | tgl. 10 – 13 u. 17 – 23 Uhr
Eintritt 200 LE

BAEDEKER ÜBERRASCHENDES

6X ERSTAUNLICH

Hätten Sie das gewusst?

1. EINMAL WRACK UND ZURÜCK

Jacques Cousteau entdeckte 1956 westlich von **Sharm el-Sheikh** das Wrack der im Zweiten Weltkrieg versenkten »Thistlegorm« – ein bewegender Tauchgang zu einem Schiffsfriedhof. (▶ **S. 525**)

2. TON, STEINE, SCHERBEN

Bei den großen Monumenten werden **Sound & Light Shows** veranstaltet. Die beeindruckendste ist die nächtliche Tour zu Fuß durch **Karnak**, die größte Götterbaustelle aller Zeiten. (▶ **S. 248**)

3. DIE NACHTTÄNZERINNEN

Gut, eigentlich sind es Musikantinnen oder Musikerinnen, aber nicht nur. Die drei grazilen Damen, ausgestattet mit Harfe, Flöte und Laute, spielen für den König – eines der berühmtesten Reliefs, anmutig und berührend, im **Grab des Nacht in Theben-West**. (▶ **S. 383**)

4. CASTLE ZAMAN

Kinder bauen Sandburgen – hier hat ein Architekt eine ansehnliche Burg auf den Berg am **Sinai** gestellt. Ein Pool und »Slow food« dürfen nicht fehlen. (▶ **S. 281**)

5. BEIM PASCHA ZU HAUSE

Dass Könige etwas prunkvoller leben als unsereiner – klar. Aber im **Manial Palace in Kairo**, einst Heim der ägyptischen Paschas, bleibt einem vor Prunk und Protz, Glanz und Glitter dann doch der Atem weg. (▶ **S. 194**)

6. IN GRÄBERN LEBEN

Kairo platzt aus allen Nähten, die Armut ist groß. Die Ärmsten der Armen leben auf ehemaligen Friedhöfen und Totenstädten in den Mausoleen. (▶ **S. 211**)

Ras Mohamed National Park

Unterwasser-Paradies und Wanderrevier

3 km weit ragt die schmale Halbinsel ins Rote Meer hinein: 1983 wurde südwestlich von Sharm el-Scheikh der ca. 380 km² große Ras Mohamed National Park als erster ägyptischer Nationalpark eröffnet. Er ist bei Tauchern und Schnorchlern sehr beliebt, die streng geschützten Korallenriffe gelten als die artenreichsten an der Sinai-Ostküste. Vom Strand westlich des **Shark's Observatory** gehen Taucher auf ihre Tauchgänge, Schnorchler ziehen ihre Kreise; von der über 50 m hohen Felsklippe sieht man mit etwas Glück Schildkröten, Rochen und kleine Haie. Im 135 km² großen Landanteil wurden rund 140 km **markierte Wege** angelegt; von den »Nature Trails« entlang der Küste kann man die Korallenbänke sehen, die nur etwa 50 cm unter der Wasseroberfläche liegen. Tauchen, Schnorcheln und Baden ist an bestimmten Abschnitten erlaubt, Angeln nur 500 m außerhalb des Riffs. Boote müssen an Ankerbojen festmachen. Reisebüros und Hotels in Sharm el-Sheikh bieten Ausflüge in den Park an. Mit öffentlichen Verkehrsmitteln ist er nicht zu erreichen, Taxis dorthin sind teuer.

tgl. 9 – 17 Uhr | Eintritt 220 LE | Schnorchelausflüge ab 100 LE
Tel. 069 36 60 668 | www.national-parks.org/egypt/ras-muhammad

Katharinenkloster

▶ S. 219

SINAI

Gouvernorate: Nord-Sinai, Süd-Sinai | **Fläche:** 28 000 km²
Einwohner: ca. 700 000

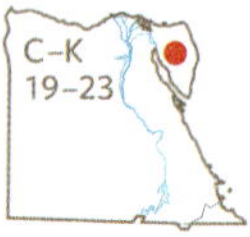

Sonne und Strände, Surfspots und Tauchgründe – damit verbindet man den Sinai, genauer die südlichen Küsten der Halbinsel am Golf von Sues und am Golf von Aqaba mit bekannten Ferienorten wie Sharm el-Sheikh oder Dahab. Der Norden am Mittelmeer ist touristisch wenig interessant, das Innere, der Zentralsinai, eine wilde, faszinierend schöne Gebirgslandschaft mit schroffen Felsformationen, kleinen Oasen und zwei Juwelen der Christenheit: das Katharinenkloster und der Mosesberg.

Zwischen Asien und Afrika

Die Sinai-Halbinsel, die Brücke zwischen Afrika und Asien, ist etwa so groß wie Sizilien. Viele Jahre lag ihr südlicher Teil – u. a. aufgrund der Konflikte mit Israel – im touristischen Abseits. Heute lockt er mit herrlichen Tauchrevieren und langen, gepflegten Stränden Feriengäste an. Der Tourismus konzentriert sich auf die Küste am Golf von Aqaba, wo zwischen ▶ Sharm el-Sheikh im Süden, ▶ Dahab und Taba (▶ S. 282)

BAEDEKER MAGISCHE MOMENTE

HIMMEL ÜBER DER WÜSTE

Echte Dunkelheit kennen wir wegen des Lichtsmogs kaum. Im Naturschutzgebiet St. Katherine Protectorate erleben Sie einen Sternenhimmel so klar wie gemalt. Und mit dem Teleskop rücken Orion-Nebel und Andromeda noch näher. Wilderness Ventures Egypt, Tel. 015 53 54 98 48, www.wilderness-ventures-egypt.com

ganz im Norden Hotels und Camps aus dem Boden geschossen sind. Abwechslung von Meer und Strand bietet das nahezu unberührte Hinterland, in dem Wanderer und Naturliebhaber auf ihre Kosten kommen. In der grandiosen Wüsten- und Gebirgslandschaft, die nur von Beduinen bewohnt wird, liegen die kulturellen Höhepunkte, das berühmte ▶ Katharinenkloster und der Mosesberg. Auf dem Sinai leben etwa 700 000 Menschen, darunter schätzungsweise 50 000 Beduinen. Die wichtigsten Orte liegen an der Küste: El-Arish am Mittelmeer (▶ S. 328), ▶ Sues am Golf von Sues sowie Sharm el-Sheikh an der Südspitze der Halbinsel. Der größte Teil ist Steppe und Wüste, nur im Norden, am Meer und in einigen kleinen Oasen lässt sich das Land kultivieren. Wirtschaftliche Basis sind neben dem Tourismus Erdöl- und Erdgasvorkommen im Westen der Halbinsel sowie Mangan-, Kupfer- und Phosphatlagerstätten.

Von der Bibel zu Camp David

Ein wenig Geschichte

Der Norden des Sinai bildete bereits in vordynastischer Zeit das Bindeglied zwischen Ägypten und Palästina bzw. Syrien und war als Handels- und Heerstraße entlang dem Mittelmeer von außerordentlicher Bedeutung. Die Bodenschätze des Sinai – Kupfer, Malachit, Türkise – füllten die Schatzkammern der altägyptischen Herrscher. Zugleich genoss die Halbinsel **hohe religiöse Verehrung**: Hier, so glaubte man, suchte Isis nach dem Leichnam ihres Gatten Osiris, und auch der Göttin Hathor gab man den Beinamen »Herrin des Sinai«.

Zwar spielt der Sinai im Alten Testament eine wichtige Rolle, doch gibt es keine präzisen historischen Dokumente aus dieser Zeit. Es ist weder der Ort genau zu bestimmen, wo die Juden das Rote Meer durchschritten haben sollen, noch ist gesichert, dass es sich bei dem Berg Horeb, auf dem Moses die Gebote empfing, tatsächlich um das Sinai-Gebirge handelte. Dennoch wurden seit dem 4. Jh. Pilgerfahrten auf den Sinai unternommen, zahlreiche Einsiedler und Mönche ließen sich dort nieder. Wegen der Überfälle der Sarazenen gründete

Kaiser Justinian in der Mitte des 6. Jh.s ein erstes befestigtes Kloster in unmittelbarer Nähe des Brennenden Dornbuschs – das Katharinenkloster. Es entwickelte sich zu einem Pilgerziel ersten Ranges, das nicht nur christliche Gläubige besuchten, sondern auch muslimische Pilger auf dem Weg nach Mekka. I
n jüngerer Vergangenheit wurde der Sinai zum **Zankapfel zwischen Ägypten und Israel**. Israel besetzte die Halbinsel mehrmals: 1948 teilweise, 1956 sowie 1967 im Sechs-Tage-Krieg ganz. Durch den Friedensvertrag von Camp David 1978 erhielt Ägypten den Sinai wieder zurück, was erst 1989 ganz abgeschlossen war. Seither boomt der Tourismus insbesondere im Südsinai. Der Norden um die Mittelmeer-Stadt El-Arish – Ziel ägyptischer Urlauber – kann derzeit nicht besucht werden. Die Armee führte einen Kampf gegen einen Ableger des Islamischen Staats (IS), dessen Anschläge dort viele Menschen töteten oder verletzten. Seit 2013 gilt auf dem **Nordsinai der Ausnahmezustand** und eine Ausgangssperre von 1 bis 5 Uhr.

Wohin auf dem Sinai?

Jakobs Hütte

El-Arish

El-Arish, die größte Stadt der Halbinsel (200 000 Einw.), liegt am Mittelmeer in fruchtbaren Oasengärten an der Mündung des gleichnamigen Wadi, des größten zeitweise trockenen Wasserlaufs auf dem Sinai. Der Name (»Hütte«) geht auf die Legende zurück, nach der Erzvater Jakob sich hier eine Unterkunft baute, als er sich von Kanaan nach Ägypten begab. Durch den Frieden von Camp David kam sie 1980 an Ägypten zurück. Seit dem endgültigen Rückzug der Israelis 1982 verläuft die ägyptisch-israelische Grenze rund 40 km östlich von El-Arish. Derzeit ist Arish nicht zugänglich, da es in der dortigen Region immer wieder zu Auseinandersetzungen zwischen Amee und Islamisten kommt.

Wassersport- und Naturparadies

Ost- und Westküste

Der Sinai ist in erster Linie ein Bade- und Tauchurlaubsziel, was v. a. für die **Ostküste** gilt. In den Ferienorten Sharm el-Sheikh, Dahab und Nuweiba gibt es Tauch- und Surfschulen in großer Zahl; überall werden Tagesausflüge ins Hinterland angeboten.
Die sehr schöne **Westküste** wird erst allmählich für den Tourismus erschlossen. Ras Sudr, als Standort der Erdölindustrie gegründet, wird hauptsächlich von Ägyptern sowie Surf- und Kitefans aus aller Welt besucht. **Moon Beach Windsurfing** ist einer der Hotspots.
facebook.com/MoonbeachWindsurfing, Tel. 011 11 00 88 01

Weitere-Reiseziele

▶ Dahab, ▶ Katharinenkloster und Mosesberg, ▶ Nuweiba, ▶ Sharm el Sheikh, Taba ▶ S. 282

★SIWA

Landesteil: Westliche Wüste | **Gouvernorat:** Matruh
Einwohner: ca. 23 000

Sie kommen in eine andere Welt, wenn nach 300 km Wüstenfahrt am Horizont ein Meer von Dattelpalmen auftaucht. Durch die lange Abgeschiedenheit haben sich in Siwa uralte Traditionen und Sitten erhalten. Rund 1000 km^2 groß ist die Oase, die im Nordwesten Ägyptens in einer Senke der Westlichen Wüste liegt und von steilen Rändern umschlossen ist. Mehrere hundert Quellen, von denen die meisten 24 – 30 °C warm sind, bilden die Basis der grünen, fruchtbaren Oase unter fast immer wolkenlosem Himmel. Bizarre Lehmhäuser runden das exotische Bild ab.

Fast wie im Märchen

Saharasand, grüne Palmenhaine, Lehmbauten, glitzernde Seen und warme Quellen bzw. Brunnen, wo fossiles Grundwasser zutage tritt. Nicht wenige Gäste fühlen sich hier in eine Märchenwelt versetzt. Und die verlangt – andere Plätze, andere Sitten – Rücksicht. So mahnt ein Schild am Marktplatz: »Willkommen in Siwa. Wir bitten die Frauen, unsere Sitten und Gebräuche zu respektieren und Arme und Beine zu bedecken. Genießen Sie Ihren Aufenthalt in dieser wunderschönen Oase. Danke. Die Bewohner von Siwa.«
Die große Oase liegt im Nordwesten Ägyptens in der ▶ Westlichen Wüste, nicht weit von der ägyptisch-libyschen Grenze. Eigentlich ist es eine ganze **Gruppe von Oasen**, die in einer bis 17 m unter den Meeresspiegel reichenden Senke liegen. Schon im Altertum gab es an die 2000 Brunnen und ausgeklügelte Bewässerungssysteme. Man legte Palmenhaine, Wein- und Obstgärten und auch Getreidefelder an. Ständig musste man etwas gegen die Versalzung der Böden tun, sodass im Lauf der Jahrhunderte immer neue Brunnen und Kanalsysteme entstanden. Aufgrund von Tiefbohrungen weiß man, dass genug fossiles Wasser vorhanden ist, um die berühmten Siwa-Dattelpalmen, Olivenbäume, Orangenbäume, Wintergemüse, Getreide und vieles andere anzubauen. Nach wie vor werden Kanäle gebaut, um überschüssiges Wasser in die Wüste zu leiten. Auf diese Weise hofft man neues Kulturland zu schaffen. Es gibt sogar Pläne, ein Feriendorf mit Golfplatz, Wellness-Hotel, Pools und Flughafen (!) aufzubauen. Das Ende der Abgeschiedenheit Siwas wäre besiegelt, aber aufgrund der Touristenflaute und der instabilen Jahre nach dem Arabischen Frühling 2011 wurden diese Pläne vertagt.

Wichtig: Kleideretikette

Quellen-Knigge

In vielen Quellen können Sie baden. Die Kleiderordnung lautet, auf einen Nenner gebracht: So viel anziehen wie möglich. Bikini geht gar nicht, Badeanzug nur, wenn Sie wirklich alleine (ohne Einheimische) sind, sonst Hose und T-Shirt drüber. Wenn einheimische Männer baden, steigen Frauen erst ins Wasser, wenn die Männer es verlassen haben. Männer tragen mindestens knielange Bermudas.

Rätselhafte Herkunft

Alte Traditionen

Die meisten Bewohner sind **Nachfahren von Berbern**, die schon in der Antike in ganz Nordafrika beheimatet waren. Die Herkunft des Namens und die ethnische Zugehörigkeit sind unbekannt. Im Lauf der Geschichte haben sie sich mit Beduinen und sudanesischen Sklaven vermischt. Neben dem Arabischen sprechen sie Siwi, einen berberischen Dialekt. Bis gegen Ende des 20. Jh.s lebten sie relativ abgeschieden, in jüngerer Zeit sind zahlreiche Siedler angekommen, Bauern aus dem Niltal für Projekte der Landgewinnung, Bauarbeiter, Techniker, Beamte, Lehrer. Den Oasenbewohnern macht diese Entwicklung Sorgen, sie befürchten nicht nur, dass ihre Sitten und Gebräuche untergehen, sondern auch dass zu viel von den empfindlichen Wasservorräten verbraucht wird.

Orakelstätte des Amun

Geschichte

Im alten Ägypten befand sich in der Oase eine bedeutende, geheimnisumwitterte Orakelstätte des Gottes Amun und später des Zeus-Ammon. Im 6. Jh. v. Chr. weissagten die Priester dem **persischen Herrscher Kambyses** Tod und Verderben. Bei einem Feldzug in die ▶Westliche Wüste und zur Oase Siwa, die er wegen der Weissagung vernichten wollte, ging das Heer des Perserkönigs bei einem heftigen Sandsturm unter. Seither glauben die Bewohner an die vom Gott Amun gewollte Einmaligkeit dieses fruchtbaren Landstrichs.
Um 450 v. Chr. bereiste **Herodot** die Westliche Wüste und besuchte auch die Oase Siwa. Ihm sind die ersten Nachrichten zu verdanken. Alexander der Große machte sich 331 v. Chr. als Eroberer Ägyptens auf den Weg in die Oase. Er ließ sich hier vom Orakel als Sohn des Zeus-Ammon empfangen und als Gottkönig bestätigen. Die Bewohner behielten auch in römischer und frühchristlicher Zeit den pharaonischen Ammon-Kult bei. Die weitere Geschichte vom 7. bis 19. Jh. ist im sog. **Siwan-Manuskript** festgehalten, das auch über einzelne Sippen sowie Sitten und Gebräuche berichtet. Eine Episode erzählt von 30 Familien, die sich nach einer Mekka-Wallfahrt hier ansiedelten. Doch die 40 alteingesessenen Familien bekriegten die Neulinge. Über Tage zogen sich die Kämpfe hin. Wer flüchtete, so das Reglement, hatte verloren. In den hinteren Reihen gruppierten sich, mit Steinen bewaffnet, die Frauen und scheuchten Deserteure zurück in den Kampf. Abends wurden die Toten weggeräumt, anderntags weitergekämpft. Die wenigen Überlebenden mussten schließlich um einer Zukunft willen zusammenleben, als sei nichts gewesen. Und sie gab es wohl nur, weil das Pulver noch nicht erfunden war.

Die festungsartige Altstadt, der Burgberg »Shali«, ist heute unbewohnt.

Erst im 20. Jh. rückte die Oase wieder in den Blick der Welt. Rommel wollte sie 1942 als Ausgangspunkt für eine Offensive nutzen. Noch heute künden einige verrostete Fahrzeuge der Wehrmacht davon. Strategische Bedeutung hat die Oase wieder seit 1977, als Präsident Sadat hier einen Luftwaffenstützpunkt einrichtete, um Terroristen im benachbarten Libyen anzugreifen. Damals wurde auch die Straße von Kairo über Marsa Matruh nach Siwa in aller Eile asphaltiert. Der Zusammenbruch der staatlichen Ordnung in Libyen nach dem Sturz von Muammar al-Gaddafi 2011 hatte auch Auswirkungen auf Siwa. Er bremst den Tourismusboom zeitweise deutlich – was viele Einheimische nicht bedauerten.

Wohin in Siwa?

Morbider Charme in Shali

Hauptort der Oase ist der gleichnamige Ort rund um eine Anhöhe mit den Resten einer festungsartigen Vorgängersiedlung namens Shali Siwa

SIWA ERLEBEN

TOURIST INFORMATION
Mahdi Hweiti ist »die« Infoquelle, er hilft auch Touren zu organisieren.
Tel. 0100 546 19 92, Sa.–Do. 9–14, Okt.–April auch 17–20 Uhr

Auto: Von Marsa Matruh führte eine gut ausgebaute Wüstenstraße nach Siwa. Die bequemste Anreise garantiert das eigene Auto, das auch zur Erkundung der Oase benötigt wird. Die Weiterfahrt nach Baharija und in die Oasen der Westlichen Wüste ist derzeit nicht möglich, die »Straße« ohnehin nur eine Piste.
Bus: tgl. über Marsah Matruh von/nach Alexandria und Kairo.
Servicetaxis sind Mangelware.

Siwa mit dem Fahrrad erkunden – rund um den Marktplatz gibt es Verleiher. Die Tourist Information und Abdu's Restaurant unterstützen bei der Organisation von Ausflügen.

Interessant ist der Silber- und Modeschmuck, wie ihn die Frauen hier zu jeder Gelegenheit tragen. Um den Marktplatz findet man zahlreiche Geschäfte, die von der Tasse bis zum Blumentopf alle möglichen Souvenirs aus eigener Werkstatt anbieten. Sehr schön sind die handgeflochtenen Körbe. Eine Delikatesse sind Siwa-Datteln und Oliven, die als die besten des Landes gelten. **Freitags** findet unterhalb der Festung der **Markt** statt, bei dem Händler und Käufer aus allen Ecken der Oase zusammenkommen.

ABDU'S RESTAURANT €
Einfach, aber gut: Im ältesten Café-Restaurant der Oase trifft man andere Reisende und genießt typisch ägyptisch Mezze, Sandwiches, Burger, Huhn, Fleisch, Salate. Besonders gut schmeckt Couscous mit Huhn. Das Restaurant organisiert auch Geländewagen- und Kameltouren und andere Oasenbesichtigungen.
Shali, Marktplatz, tgl. 8–23 Uhr
Tel. 0100 812 68 33, 046 460 12 43

ADRERE AMELLAL €€€€
Zu Gast beim Nobel-Spartaner – King Charles war auch schon mal da: Die Luxus-Ecolodge, an einem Salzsee gelegen, eröffnet einen wunderbaren Ausblick auf die Weißen Berge, die der Lodge ihren Namen im Siwa-Dialekt gaben. Ein Wüstenrefugium, wie man in Ägypten kein zweites findet – absolute Ruhe und Entspannung. Es gibt keinen Strom, Ihr großes Zimmer mit Türen aus Palmenholz wird mit Kerzen erhellt. In schattigen Innenhöfen und auf dem Dach können Sie im Freien sitzen. Das Hotel organisiert auch Exkursionen.
Maraki Village
Tel. 02 27 36 78 79
www.adrereamellal.com

SIWA PARADISE HOTEL €€–€€€
Luxuriöse Zimmer, aber auch einfache Hütten in Palmenhainen, mit kleinem natürlichem Pool. Das Hotel organisiert Touren.
Tel. 0122 219 7515
www.facebook.com/pg/siwaparadiseresort

TAZIRY ECOVILLAGES €€€
Charmantes Ecolodge-Hotel an einer natürlichen Quelle, gemanagt von einem engagierten Paar aus Alexandria. Großzügige Räume im Stil der Oase. Es gibt keinen Strom.

El Gary Mountain
Tel. 010 16333201
www.taziry.com

(Alt-Siwa). Zum Schutz vor Beduinen-Überfällen war sie mit einer hohen Mauer umgeben. Erst seit den 1920er-Jahren, als in der Oase ägyptische Soldaten stationiert wurden, kann auch außerhalb dieser Mauer gebaut werden. Damals wurde auf Geheiß des ägyptischen Königs Fuad auch eine große Moschee errichtet. Heute platzt auch die neue Stadt wieder aus allen Nähten, und viele Betonhäuser ersetzen nach und nach die vom Salz stark angegriffenen Lehmziegelbauten. Morbiden Charme verströmt der verfallende **Altstadtbezirk Shali**. Seine aus Salzlehm erbauten Häuser sind wie Schuhschachteln übereinandergetürmt, dazwischen verlaufen enge Gassen. In einem traditionellen Lehmziegelhaus werden alte Trachten und wunderschöne Volkskunst, u. a. Silberschmuck, gezeigt.
Siwa-House: Sa. – Do. 9 – 14 Uhr | Eintritt 100 LE

Ein Berg für Tote

Gebel el-Mawta

Nördlich der Stadt erhebt sich der Gebel el-Mawta, wo schon im Altertum Tote in Grabkammern bestattet wurden, ähnlich wie im Niltal. Sehenswert sind die Felsengräber des Karit el-Musabberin (26. bis 30. Dyn.) mit eigenartigen Bilddarstellungen. Aus ptolemäischer Zeit gibt es ein »Krokodilgrab«, was zeigt, dass die Bewohner der Oase Siwa und die der weiter östlich in der Nähe des Niltals gelegenen Oase ▶ El-Faijum miteinander in Kontakt standen.
tgl. 9 – 17 Uhr | Eintritt 120 LE

Oase in der Oase

Siwa-Salzsee

Etwa 6 km westlich der Stadt breitet sich der Siwa-Salzsee (Birket Siwa) aus. Ein wunderschöner Platz zum Erholen ist hier die kleine, von Palmen und üppigem Grün bestandene Fatnis-Insel mit einem Quellteich, in dem man auch baden kann.

Antike Hauptstadt

★ Aghurmi

Der alte Hauptort befand sich wohl 4 km östlich an der Stelle des heutigen Aghurmi. Auch diese burgartige Siedlung aus Lehmziegelbauten, die bis ins frühe 20. Jh. besiedelt war, ist heute dem Verfall preisgegeben. Gut erhalten ist nur der **Orakeltempel**, der zur Zeit von Pharao Amasis (26. Dynastie) erbaut wurde. Dieses Orakel hat Alexander der Große 331 v. Chr. aufgesucht, als er sich hier als Sohn des Zeus-Ammon und als Gottkönig bestätigen ließ.
tgl. 9 – 17 Uhr | Eintritt 120 LE

BAEDEKER ÜBERRASCHENDES

6x DURCHATMEN

Entspannen, sich wohlfühlen, runterkommen

1. ECOLODGE AM WEISSEN BERG

Kein Strom, kein Netz, zum in die Ferne sehen nur die Weißen Berge der **Oase Siwa** – im Adrere Amellal genießen Sie die Ruhe, die Sie immer suchten. (▶ **S. 332**)

2. SUNDOWNER

Später Nachmittag in **Assuan**, auf der Terrasse des Old Cataract Hotels. Auf dem Nil ziehen gemächlich die Feluken dahin, die Sonne steht tief im Westen. Ein Ort, an dem bei einem stilgerechten Gin Tonic die Zeit stehen zu bleiben scheint. (▶ **S. 98, 101**)

3. UNENDLICHE WEITEN

Auf einer Tour zum **Coloured Canyon** in den Weiten des Sinai zeigt sich die Wüste in ihrer ganzen Ehrfurcht gebietenden Schönheit: Plateaus mit wunderbarer Aussicht, zerrissen von tief eingeschnittenen Schluchten. (▶ **S. 281**)

4. CHILLEN AUF DEM NIL

Wenn in Kairo die Hitze drückt, dann hilft nur eine beschauliche Fahrt mit einer **Feluke auf dem Nil**. Kühlender Wind unter geblähtem Segel – besser als jede Klimaanlage.(▶ **S. 23**)

5. SCHWEBEN ÜBER THEBEN

Das Erlebnis vergisst niemand: In Theben-West am frühen Morgen, die Nase im Wind, wie ein König der Lüfte mit dem **Heißluftballon** über dem Hatschepsut-Tempel und dem Tal der Könige schweben. (▶ **S. 239**)

6. FISCH MIT BRISE

Am Meer sitzen, den Schweiß auf der Stirn trocknet ein frischer Wind, und dann gibt's nach den Vorspeisen zum Tunken herrlichen Fisch, zubereitet nach Ihren Wünschen – wo? Im **»Fish Market« in Alexandria**. (▶ **S. 83**)

Wo Kleopatra und Alexander badeten

Umm el-Ebeida

Unweit südlich trifft man auf die spärlichen, dennoch beeindruckenden Reste des Ammon-Tempels von Umm el-Ebeida. Dieser zur Zeit von Pharao Nektanebos II. entstandene Sakralbau fiel 1811 einem Erdbeben zum Opfer und wurde obendrein von einem bauwütigen hohen Regierungsbeamten als Steinbruch genutzt. Der Tempel soll mit dem erwähnten Orakeltempel durch einen unterirdischen Gang verbunden gewesen sein.
Weiter südlich kommt man zur berühmtesten Quelle der Oase Siwa, **Kleopatras Bad** genannt, in der nicht nur die schöne Königin, sondern vor ihr schon Alexander der Große gebadet haben soll.

Ende aller Streitigkeiten

Gebel Dakrur

Der Gebel Dakrur, der sich 3 km südlich von Aghurmi erhebt, ist der schönste Aussichtspunkt in Siwa. Dem Sand rund um den Berg wird seit Jahrhunderten Heilkraft nachgesagt, seit neuestem werden hier Behandlungen gegen Rheuma angeboten. Im gesellschaftlichen Leben Siwas spielt der Gebel Dakrur eine große Rolle: Im Oktober feiern Männer und Kinder – nur diese – ein **Friedensfest**. Nach dem Vollmond verbringen sie bei karger Ernährung drei Tage und Nächte auf dem Berg. Am letzten Abend werden offene Rechnungen, wörtlich wie übertragen, beglichen und alle Streitigkeiten beendet.

★ SOHAG (SOHÂG)

Landesteil: Oberägypten | **Gouvernorat:** Sohag | **Einwohner:** 270 000

In der koptischen Welt ist Sohag ein klingender Name. Bekannt ist die Stadt durch ihre Kathedrale, die zu Beginn des 20. Jh.s erbaut wurde, und durch archäologische Funde aus der Zeit Ramses' II. am gegenüberliegenden Nilufer. Von hier lohnen Ausflüge zum Weißen und Roten Kloster. Über Nacht bleiben muss man aber nicht unbedingt.

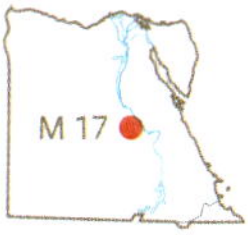

Braut des Nils

Sohag liegt 470 km südlich von Kairo und rund 50 km nördlich von Abydos am linken Ufer des Nils, den hier eine Brücke überspannt. Die Stadt ist Sitz eines koptischen Metropoliten und wird wegen ihrer zwei Nil-Inseln auch »Braut des Nils« genannt. Die im fruchtbaren Umland wachsenden Produkte – Getreide, Zuckerrohr, Baumwolle – werden hier verarbeitet. Sohag ist Ausgangspunkt für den Besuch zweier sehenswerter koptischer Klöster wenige Kilometer nordwestlich, außerdem gibt es hier ein sehr gutes archäologisches Museum.

Wohin in Sohag und Umgebung?

Modernes Museum

Sohag National Museum

Mitte der 1990er-Jahre sollte es eröffnet werden, 2018 war es dann so weit: Das herrlich am Nil gelegene, einem pharaonischen Tempel nachempfundene Museum konzentriert sich auf Geschichte und Funde von Sohag, Abydos und Achmim. Zu sehen sind vor allem Statuen und andere Steinfragmente. Ein Saal ist der für Sohag bedeutenden Textilindustrie gewidmet.

Medinet Nasser St., am Ostufer des Nils | tgl. 8 – 16 Uhr | Eintritt 150 LE

Stadt der Löwengöttin

Athribis

Etwa 7 km südwestlich von Sohag erforschen u. a. Tübinger Archäologen die seit frühdynastischer Zeit belegte Stadt der Löwengöttin Repit. Freigelegt wird derzeit eine spätptolemäische Tempelanlage. Virtueller Rundgang unter

www.athribis.uni-tuebingen.de

Das Rote Kloster wurde im 6. bis 8. Jh. üppig mit Wandmalereien und Mosaiken ausgeschmückt.

SOHAG ERLEBEN

TOURIST INFORMATION
im Gouvernoratsgebäude
Tel. 093 460 49 13
So.-Do. 9-15 Uhr

DIAMOND AZUR SOHAG €€
Am Nil, mit vier Sternen das beste Hotel am Ort. Geräumige Zimmer, ordentlicher Service, schöner Blick über Stadt und Nil.
Corniche, Tel. 0111 100 88 74

Frühe Klosterkultur am Nil

Weißes und ★ Rotes Kloster

Ca. 3 km nördlich vom Grabungsplatz Athribis liegt das koptische Weiße Kloster (Deir el-Abjad). Benannt ist es nach Abt Schenute, einem bedeutenden Theologen und Literaten (333 – 451; Deir Amba Schenuda), der hier wirkte. Das Kloster mit seiner um 440 erbauten Kirche wirkt von weitem wie eine Festung. Die Mauer und das Eingangstor an der Südseite sind mit Hohlkehlen versehen, wie man sie von klassischen ägyptischen Tempeln kennt. Das Gotteshaus war ursprünglich eine dreischiffige Basilika mit einem kleeblattförmigen Heiligtum (Trikonchen-Sanktuar). Hier wurden antike Säulen verwendet, die aus den Ruinen der nahen Siedlung Athribis stammen. Einige Deckengemälde sind gut erhalten; Inschriften verweisen auf den Aufenthalt armenischer Mönche im 11. und 12. Jahrhundert.
Auch das **Rote Kloster**, etwa 6 km westlich des Weißen Klosters (Deir el-Ahmar; auch Deir Abu Bschoi), ist eine sehr frühe Gründung und ein schönes Beispiel für die Klosterkultur am Nil. Heute wird es von neueren Bauten eingefasst. Die Kirche entstand gleichzeitig mit der des Weißen Klosters und war ursprünglich eine dreischiffige Basilika mit kunstvollen Kapitellen. Bei den jüngsten Renovierungen wurden wunderbare Wand- und Deckenbilder aus dem 6. bis 8. Jh. wiederentdeckt.
tgl. 8-17 Uhr | Eintritt 80 LE

Griechische Sitten

★ Achmim

Das kleine Achmim, im Altertum eines der wichtigsten religiösen Zentren, liegt 5 km östlich von Sohag am rechten Ufer des Nils, der hier eine weite Schleife bildet. Der Ort besitzt mehrere Webereien und einen netten kleinen Basar. Für koptische Christen ist er wegen seiner Klöster und Kirchen bedeutend. Er nimmt den Platz des antiken Chemmis bzw. Panopolis ein. Die alten Ägypter nannten ihn Epu oder – nach dem Stadtgott, dem ithyphallischen Erntegott Min – Chente-Min. Daraus entwickelte sich der koptische Name »Schmin«, der zum arabischen »Achmim« wurde. Herodot rühmte die Bürger von Chemmis als die einzigen Ägypter, die griechische Sitten pflegten und Perseus,

dem sie einen Tempel errichtet hätten, mit hellenistischen Gebräuchen dienten. Auch unter den Römern blühte die Stadt; ihr Tempel wurde 109 n. Chr. unter Kaiser Trajan ausgebaut. Später reihte sich in der Gegend von Panopolis Kloster an Kloster. Von der alten Stadt waren bis in jüngste Zeit nur geringe Reste sichtbar. In den 1980er-/1990er-Jahren gab es einige sensationelle Funde, u. a. Teile eines rund 2000 m² großen Tempels, die ca. 10 m hohe Kolossalfigur der Königin Merit-Amun, mehrere **Monumentalstatuen von Ramses II.** und einer seiner Töchter sowie die Marmorstatue der griechischen Göttin Aphrodite. Sie sind im Grabungsgelände mitten im Ort zu sehen.
Grabungsgelände: tgl. 9 - 17 Uhr | Eintritt 150 LE

SUES (SUEZ/EL-SUWEIS)

Landesteil: Unterägypten (Sueskanal) | **Gouvernorat:** Sues
Einwohner: 820 000

Die Provinzhauptstadt am Südende des Sueskanals bietet großes Kino, wenn die riesigen Schiffe im Konvoi in den Kanal einfahren. Der Kanal, der sich hier in die flache Nordbucht des Golfs von Sues vorschiebt, ist der wirtschaftliche Motor der Stadt, die im Mittelalter als Umschlagplatz für Gewürze und als Durchgangsstation für Mekkapilger große Bedeutung hatte.

Großes Kino

Die moderne Hafen- und Industriestadt ca. 140 km östlich von ► Kairo ist über die Schnellstraße problemlos erreichbar. Mit dem Bau des Sueskanals erlangte sie große Bedeutung als Durchgangshafen für den Ostasienhandel und auch für den Passagierverkehr (► Baedeker Wissen, S. 176). In den kriegerischen Auseinandersetzungen mit Israel 1967 und 1973 wurde sie zu fast 80 % zerstört. Obwohl Sues nur wenig Sehenswertes zu bieten hat, sieht man hier relativ viele Touristen – die meisten auf der Durchreise.

Wohin in Sues?

Ein Blick in die Geschichte

Nationalmuseum

Griechisch-römische Säulen in der Halle, Schautafeln zur Geschichte der Vorläufer des Kanals, zum Minenwesen und zu Sues' Bedeutung als Etappe für Mekka-Pilger – über 1500 Exponate erzählen die Geschichte der Region von prähistorischer Zeit bis zur Moderne.
Am Hafen Port Tawfiq | tgl. 9 – 15 Uhr | 180 LE

Tor zum Sinai

Als erste Landverbindung zwischen dem Nildelta und dem Sinai wurde 1980 der Ahmed-Hamdi-Tunnel 12 km nördlich der Stadt eröffnet. Der knapp 3 km lange Straßentunnel unter dem Kanal ist nach einem im Oktoberkrieg 1973 gefallenen ägyptischen General benannt. Weitere Kanaltunnel und Brücken verbinden bereits – oder werden dies in naher Zukunft tun – Festlandägypten und den Sinai. Geplant ist außerdem der Bau von modernen Meerwasser-Entsalzungsanlagen.

Ahmed-Hamdi-Tunnel

Hat Moses hier das Rote Meer durchquert?

Südlich von Sues öffnet sich die durch das Ras el-Adabija begrenzte Adabija-Bucht mit den neuen Hafenanlagen (Port Tawfiq). 11 km südöstlich liegen am Ostufer der Bucht die Mosesquellen (Aïn Musa), zwischen 21 und 29 °C warme Mineralquellen, die eine kleine fruchtbare Oase bilden. Nach der Legende soll Moses in die bitteren Quellen einen Zweig geworfen und sie damit süß gemacht haben. Vielleicht hat Moses hier die Israeliten durchs Rote Meer geführt? Möglicherweise gab es nach einem Grabenbruch einen Tsunami, bei dem sich das Meer zurückzog – lange genug für den Zug der Israeliten ins Gelobte Land –, um dann mit voller Wucht zurückzukommen. Von dieser Seite der Bucht hat man einen schönen Blick auf das Ataka-Gebirge im Westen.

Mosesquellen

SUES ERLEBEN

TOURIST INFORMATION

Al Marwa St., Port Tawfiq
Tel. 062 333 15 43
Sa.–Do. 9 – 14 Uhr

Bahn: Mehrmals tgl. in eher unkomfortablen Zügen nach Ismailija; dort Anschluss nach Kairo, ins Nildelta und nach Port Said.

Bus: Tagsüber stündlich von der Sharia Faars zum Sinai, nach Port Said und via Ismailija nach Kairo sowie ins Nildelta, ferner entlang der Küste des Roten Meers.

Info: Richtung Kairo/Rotes Meer
Tel. 062 366 42 58
Richtung Nildelta Tel. 063 56 48 53

EL-KHALIFA FISH CENTER €€

Was das Meer hergibt, kommt hier in guter Qualität auf den Tisch. Meeresfrüchte und Fisch werden nach Ihren Wünschen zubereitet.

320 Sh. El-Gueish-Salem, Tel. 062 34 48 80 64, www.facebook.com/ElkhalifaFishRestaurant

RED SEA HOTEL €€–€€€

Die Zimmer sind etwas bieder, der Blick auf den Kanal einfach grandios. Wenn riesige Kreuzfahrtschiffe und Frachter in den Kanal einfahren, wird das Fenster zur Kinoleinwand.

Port Tawfiq, 13 Sh. Riad
Tel. 012 01 22 62 33 582 (auch Buchung über WhatsApp), www.facebook.com/RedSeaHotelSuez

TANIS

Landesteil: Unterägypten | **Gouvernorat:** Scharkija

Glanz und Gloria, alles weg! Tanis war die strahlende Residenz der Könige der 21. und 22. Dynastie, die als »Taniten« in die Geschichte eingingen. Heute ist die Stadt eine Ruine, aber eine höchst interessante, nicht nur für Archäologen.

Luxor des Nordens

Die Reste von Tanis liegen im nordöstlichen Nildelta, ca. 75 km südwestlich von Port Said bzw. nordwestlich von Ismailija bei der Fischersiedlung Sân el-Hagar. Die Geschichte der Stadt reicht vermutlich bis in die 6. Dynastie zurück. Die Könige der 21. und 22. Dynastie machten sie zur Residenz, nachdem die Ramessiden untergegangen waren und mit ihnen die Residenz Pi-Ramesse. Unter den freigelegten Gebäudeteilen finden sich **Stücke aus nahezu allen Epochen** der ägyptischen Geschichte, am häufigsten jedoch aus der von Ramses II. gegründeten Ramessiden-Residenz. Es kann als sicher angenommen werden, dass Tanis nach der Erhebung zur Residenz großzügig ausgebaut wurde. Dabei verwendete man vorzugsweise Steinblöcke und Architekturteile, die an anderer Stelle abgetragen wurden, besonders in den nahen Residenzen Pi-Ramesse und Auaris. Geomagnetische Untersuchungen, eine Pionierleistung des deutschen Archäologen Edgar Pusch, lassen vermuten, dass die Stadt sehr viel größer war als das bisher erforschte Gebiet.

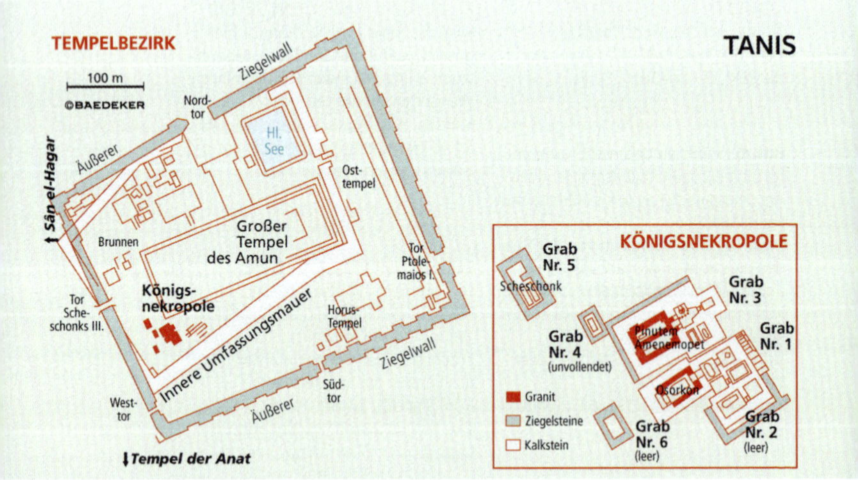

Tempelbezirk

tgl. 9 – 17, im Winter bis 16 Uhr | Eintritt 200 LE

Von Mauern geschützt

Großer Amun-Tempel

Der 15 m dicke und ursprünglich 10 m hohe Ziegelwall umschloss ein etwa 430 × 370 m großes Areal. Dieses umgab einen zweiten kleineren ummauerten Bezirk, den Psusennes I. anlegen ließ. An der Westseite der hier übereinanderliegenden Umfassungsmauern liegt ein monumentales Tor von Scheschonk III. Dieser innere Mauerring enthielt den von Ramses II. erbauten und von Psusennes I. erneuerten Großen Tempel des Amun (zerstört). Die bedeutendsten Architekturteile verwahrt das Ägyptische Museum in Kairo, möglicherweise ziehen sie ins GEM in Giseh um. Im Südosteck der äußeren Umfassungsmauer befinden sich die Reste eines **Horus-Tempels** der 30. Dynastie (Nektanebos II. und Ptolemaios II. Philadelphos).

Unversehrte Gräber

Königsnekropole

In der Südwestecke der inneren Umfassungsmauer liegt eine Nekropole der 21. und 22. Dynastie. Die Königsgräber waren, als man sie entdeckte, nahezu unversehrt und bargen eine Fülle an Schmuck, Goldmasken und Gefäßen – ein sensationeller Fund. Die beiden wichtigsten Anlagen sind die Gräber von Osorkon II. und Psusennes I., die nicht immer zugänglich sind. Ersteres (Grab Nr. 1) besitzt eine mit Granit und vier mit Kalkstein ausgekleidete Kammern. Die Wände sind mit ehemals bunten Reliefs in versenkter Technik bedeckt, mit Darstellungen im Stil der thebanischen Königsgräber. Die Mumie Osorkons war in einem Granitsarkophag beigesetzt. Das Grab des Psusennes I. (Grab Nr. 3, 21. Dyn., 1039 – 991 v. Chr.) ist das am besten erhaltene der Nekropole. Die Begräbnisplätze wurden unversehrt aufgefunden und lieferten eine große Zahl künstlerisch hervorragender Dokumente. In der Vorkammer stand der Silbersarg des Hekachepere-Scheschonk. Als Beigaben fand man kostbaren Schmuck, darunter Kragen, Armbänder, Pektorale und goldene Mumienmasken.

★ TELL EL-AMARNA

Landesteil: Mittelägypten | **Gouvernorat:** El-Minya
tgl. Juni – Sept. 8 – 17, Okt. – Mai bis 16 Uhr | Eintritt 200 LE

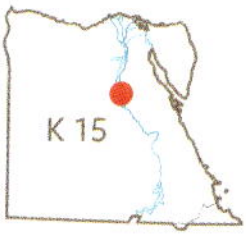

Einer der radikalsten Umbrüche in pharaonischer Zeit ist mit Tell el-Amarna verbunden: Die Ruinen und Felsengräber sind die Reste der einstigen Reichshauptstadt Echet-Aton.

Stadt für einen neuen Gott

Tell el-Amarna liegt ca. 15 km südöstlich von ▶ Mallawi in einem Felsental östlich des Nils; der heutige Ort ist nach dem Beduinenstamm der Amra benannt. Gegründet hat es Amenophis IV. (um 1350 bis 1336 v. Chr.), der spätere König **Echnaton**, der mit der Vielgötterei brach und Aton zum einzigen Gott machte. Danach benannte er sich in Echnaton um, verließ die bisherige Reichshauptstadt Theben (heute ▶ Luxor) und zog mit seinem Hof nach Mittelägyptens. Vierzehn Stelen in den Felsen bei El-Hauata, bei den Gräbergruppen von El-Amarna, bei Schech Said am rechten Ufer sowie bei Tuna el-Gebel, Dirua und Gilda am linken Ufer lassen heute noch die Grenzen des Gaus erkennen. Die neue Residenz **Echet-Aton** (»Horizont des Aton«) entwickelte sich prächtig, Tempel und Paläste entstanden. Hier wurde auch die berühmte **Büste der Nofretete** gefunden. Im östlichen Gebirge wurden für den König und seine Günstlinge stattliche Gräber angelegt. Als nach dem Tod Echnatons der Aton-Glaube verboten wurde, wurde auch die Residenz seines zweiten Nachfolgers **Tutanchamun** aufgegeben bzw. nach Theben verlegt. Nach maximal 30-jährigem Bestand verfiel die Stadt sehr schnell.

Mit der religiösen Revolution gab es unter Echnaton und seiner Gattin Nofretete auch künstlerische Neuerungen, die über seine Nachfolger Semenchkare, Tutanchamun und Eje hinaus wirkten und als **Amarna-Stil** bezeichnet werden. Die Künstler fühlten sich freier gegenüber den Traditionen. Die symbolhaft stilisierte Darstellung machte einem Realismus und Idealismus Platz, der zuweilen auch – insbesondere bei der Wiedergabe des hageren Königs mit langgezogenem Kopf, fliehender Stirn und breiten Hüften – in Übertreibungen verfiel.

Charakteristisch sind die vielen Darstellungen aus der Tier- und Pflanzenwelt, die in Echnatons monotheistisch-universalistischer Lehre und Philosophie als göttlich verehrt wurde. Die Reliefs der Gräber von El-Amarna sind die besten Zeugnisse dieser kunstgeschichtlich wichtigen Entwicklung.

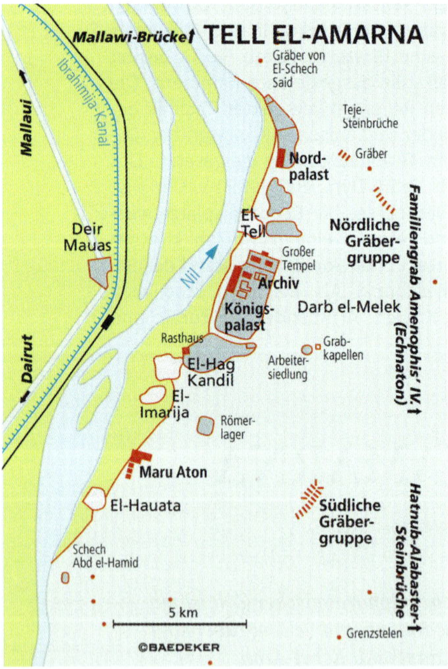

Rätselhafter Fund

Grabungen

Einen besonderen Fund machten Archäologen 2022 in einem schlichten Grab eines großen Friedhofs der Noblen. Sie stießen auf einen Leichnam, der eine Halskette mit Perlen und drei Goldringe an den Fingern trug, davon einer mit der Hieroglyphe »Tochter der Herrin der beiden Länder«, ein anderer mit einer Vogeldarstellung. Die Tote war aber nur mit Stoff umwickelt, lag auf einer Matte – alles andere als eine königliche Bestattung. Noch rätseln die Forscher, ob hier eine Tochter Nofretetes und Echnatons beigesetzt wurde oder eine Noble, die diesen Ring geschenkt bekommen hatte.
Es ist ziemlich wahrscheinlich, dass Sie auf dem weitläufigen Grabungsgelände Archäologen bei der Arbeit sehen. Informationen über den Hintergrund und die laufenden Arbeiten finden Sie auf www.amarnaproject.com.

Wohin in Tell el-Amarna?

Die Reste von Echet-Aton

★ Tempelanlage

Von der Bootsanlegestelle geht man in etwa 1 Std. zum großen Ruinenfeld von Echet-Aton bzw. den bei El-Tell gelegenen Ruinen von Echnatons Palast, dessen schöne Stuckfußböden 1912 zerstört wurden. Südlich des Palasts erkennt man die Reste von zahlreichen Ziegelpfeilern, die vielleicht zu den Weingärten des Palasts gehörten.

Briefe und Bier

Archiv und Palastbrauerei

Östlich vom Palast lag das **Archiv**, in dem 1888 zahlreiche Tontafeln mit babylonischer Keilschrift gefunden wurden. Es sind historisch bedeutsame Briefe babylonischer und anderer vorderasiatischer Könige sowie syrischer und phönizischer Vasallen an die Könige Amenophis III. und IV. (Echnaton). Dort wurde in jüngerer Zeit auch die **Palastbrauerei** entdeckt: tönerne Gärbottiche, Trockenöfen sowie bestens erhaltene Brauzutaten wie Malz, Getreide und Datteln.

Eine weltberühmte Büste

Alte Stadt

Auf dem von El-Tell südlich nach El-Hag Kandil führenden Weg gelangen Sie zu den freigelegten Teilen der alten Stadt, die von drei in nord-südlicher Richtung verlaufenden Hauptstraßen und mehreren Querstraßen durchzogen war. Beachtung verdienen das Haus des Wesirs Nacht und das Haus des Hohepriesters Pewoh. Letzteres gilt als **Prototyp eines Wohnhauses** eines höheren Beamten. Im Haus des Bildhauers Thutmose fand man zahlreiche wundervolle Skulpturen (heute im Ägyptischen Museun von Kairo und im Neuen Museum in Berlin). Aus Tell el-Amarna stammt auch die berühmte, 1912 entdeckte **Kalksteinbüste der Nofretete**, der schönen Gemahlin von Echnaton, das Glanzstück im Neuen Museum in Berlin.

Im Grab von Merire I.: Echnaton und Nofretete lenken ihre Wagen unter den Sonnenstrahlen Atons.

Nördliche Gräbergruppe

Unvollendete Gräber

Felsengräber

Von den Ruinen des großen Königspalasts gelangt man in einer knappen Stunde nordöstlich zu den Nordgräbern. Vor jedem Grab liegt ein Vorplatz, der wohl meist von einer Ziegelmauer eingefasst war. Durch das breite Tor betritt man einen oft von Säulen getragenen Saal. Von diesem führt eine Tür oder ein Gang häufig erst zu einem schmalen Gemach und weiter in eine Kammer mit der Statue des Verstorbenen. Nach dem Tod Echnatons und der Rückverlegung der Residenz nach Theben blieben viele Gräber unvollendet.

Grab des Huje

Grab Nr. 1

Huje war Vorsteher des königlichen Harems und Haushofmeister der Königin-Mutter Teje. In der Eingangstür sieht man den betenden Verstorbenen. Der **Säulensaal** besaß zwei Bündelsäulen, deren linke noch steht. Die Reliefs an der rechten Eingangswand zeigen u. a. den König und die Königin vor Speisetischen sitzend. Unter der Königin sitzen sich zwei Prinzessinnen gegenüber, rechts Wachen und andere Personen. Über dem Königspaar, wie in allen Darstellungen der Gräber von El-Amarna, leuchtet Aton, die Sonne, deren Strahlen in Händen enden. Unten sind musizierende Mädchen, der Speisetisch, Diener, Soldaten u. a. dargestellt. Die rechte Schmalwand zeigt den

Sonnentempel mit dem großen Altar im Säulenhof und Statuen. Rechts führt der König die Königin-Mutter zum Totentempel der Königseltern Amenophis III. und Teje, Wachen begleiten sie, darüber strahlt die Sonne mit ihren Strahlenhänden. Auf der linken Schmalwand wird der König auf einem Thronsessel zu einer Empfangshalle (rechts) getragen, um die Tribute der unterworfenen Völker entgegenzunehmen. Ein großes Gefolge begleitet ihn. In der letzten Kammer, dem **Kultraum**, gibt es eine Nische mit der überlebensgroßen Sitzstatue des Grabherrn, ihr Gesicht ist zerschlagen. An den Wänden sind Begräbnisszenen, Klageweiber, Männer mit Opfergaben, ein Wagen und vieles mehr abgebildet.

Grab des Merire II.

Merire II. war ebenfalls Vorsteher des Harems. Das Grab wurde unter Semenchkare, dem Nachfolger und Schwiegersohn von Amenophis IV./Echnaton, weiterbearbeitet, vollendet ist aber nur der von zwei Säulen getragene vordere Saal. An der linken Eingangswand sitzt der König unter einem Baldachin, die Königin gießt Wasser in eine Schale, die er hält, daneben drei Prinzessinnen. Im Vorhof (rechts) sieht man Wagen und Fächerträger des Königs sowie Schreiber und Diener des Merire. Unten sind die Rückkehr des Merire und die Begrüßung in seinem Haus dargestellt. Auf der rechten Schmalwand sitzt das Königspaar unter einem Baldachin und empfängt die Tribute der unterworfenen asiatischen (links) und schwarzafrikanischen Völker (rechts); andere Gefangene beten den Herrscher an.

Grab Nr. 2

Grab des Merire I.

Beachtenswert ist noch das recht große Grab des Merire I. mit seinen stark nachgedunkelten Reliefs, die den König und seine Gattin zeigen.

Grab Nr. 4

Südliche Gräbergruppe

Grab des Tutu

Etwa 1 Std. Fußweg südlich der nördlichen Nekropole erstreckt sich in den Ausläufern des **Gebel Abu Hasah** die südliche Gräbergruppe. Im Grab Nr. 8 ist ein Vornehmer namens Tutu beigesetzt. An den Eingangspfosten sieht man den betenden Grabherrn, darüber seine Titel und Namen. Der **Grabsaal** wurde einst von zwölf Säulen getragen, von denen noch acht erhalten sind. Zwischen dem mittleren Säulenpaar öffnet sich ein Halbtor, wie man es sonst nur aus der Ptolemäerzeit kennt. Links führt eine Treppe zur Sargkammer. In den beiden seitlichen Schmalwänden liegen kleine, z. T. unvollendete Nischen mit Statuen. An der rechten Eingangswand sieht das Königspaar vom Fenster des Palasts aus zu, wie Tutu mit goldenen Ketten geschmückt wird. Darunter ist der Tote in Gebetshaltung zu sehen.

Grab Nr. 8

Grab des Mahu

Grab Nr. 9 Gleich daneben liegt das Grab des Mahu, eines Obersten des Heeres. In der Eingangstür sieht man links den König, der die Hieroglyphe »Wahrheit« der Sonne entgegenhält, sowie die Königin und eine Prinzessin. Darunter kniet der Grabherr vor seinem Gebet. An der linken Eingangswand des Saales ist der König am Fenster des Palastes zu sehen. An der linken Schmalwand steht ein Grabstein, zu dem zwei Stufen führen. Oben ist das Königspaar, unten der Tote in Gebetshaltung dargestellt. Die rechte Hälfte der Rückwand zeigt oben das Königspaar, das aus dem Palast fährt, um die Befestigungen der Sonnenstadt zu besuchen. Läufer eilen dem Wagen voraus. Unten ist die Rückkehr des königlichen Paares zu sehen. Im zweiten Raum ist an der Rückwand eine Scheintür angebracht, rechts führt eine Wendeltreppe zu einer Kammer mit dem Mumienschacht.

Grab des Enej

Grab Nr. 23 Enej war ein königlicher Schreiber. Die Anlage weicht stark von den übrigen Gräbern ab. Eine Kalksteintreppe führt zu der von einer Hohlkehle bekrönten Eingangstür, vor der noch eine Säulenhalle angelegt werden sollte. Auf dem Türsturz rechts und links das Königspaar und drei Prinzessinnen, die zur Sonne beten. Im Türdurchgang links betet der Verstorbene, rechts derselbe mit Stab und Blumenstrauß (auf Stuck gemalt). Die Wände sind mit Stuck beworfen und weitgehend unbemalt. In der Nische die überlebensgroße Statue des Toten.

Grab des Eje

Grab Nr. 25 Weiter südlich liegt das Grab des Eje, des Nachfolgers von Tutanchamun. Es blieb wie viele andere Gräber nach dem Tod Echnatons unvollendet. Berühmt wurde es durch die ausführliche Fassung des **»Sonnengesangs«** im Eingangsbereich. An den Türpfosten rechts und links knien unten Eje und seine Gemahlin Teje (Tij). Im Eingang links ist das zur Sonne betende Königspaar in Begleitung von Prinzessinnen und Hofstaat dargestellt. Die Sonne streckt ihre Strahlenhände zum Altar aus. Unten Eje und seine Frau in Gebetshaltung.
Im **Saal**, der von 24 Papyrussäulen mit geschlossenen Kapitellen getragen werden sollte, sind nur 15 Säulen ausgearbeitet und von diesen vier fertiggestellt. An drei Säulen sieht man den Verstorbenen und seine Gemahlin, wie sie die Namen des Gottes und des Königspaares anbeten. In der Rückwand eine unvollendete Tür. In der nordöstlichen Ecke sollte eine Treppe zu der (nicht ausgeführten) Sargkammer führen. Beachtung verdient die einzige vollendete Darstellung: An der linken Eingangswand steht links das Königspaar am Fenster des Palasts. Es schenkt Eje und seiner Gemahlin Schmuck. Neben der Königin erkennt man ihre drei kleinen Töchter. Die vordere streichelt der Mutter das Kinn. Über der Szenerie strahlt die Sonne. Im Vorhof des **Palasts** steht das Gefolge und erhebt voller Verehrung

die Hände zum Herrscherpaar (man beachte die merkwürdig gekrümmte Haltung der Menschen). Unten springen Knaben vor Freude. Rechts schreitet Eje aus der Pforte des Palasts und wird von den Seinen beglückwünscht. Das Volk erhebt jubelnd die Hände.

Rund um Amarna

Familiengrab des Echnaton

Grab Nr. 26

In dem Darb el-Melek genannten Tal findet sich etwa 12 km östlich der Nordgruppe außer mehreren unbeschriebenen Felsengräbern ein mit Darstellungen geschmücktes, leider sehr angegriffenes Felsengrab Nr. 26: das Familiengrab Amenophis' IV./Echnatons, wobei unklar ist, ob Echnaton und Nofretete tatsächlich hier beigesetzt wurden. Ihre Mumien wurden noch nicht entdeckt.

Eine Treppe mit einer Rampe für den Transport des Sargs in der Mitte führt zur Eingangstür und weiter durch einen langen schrägen Korridor. Am Ende des nahen Schachts liegt die **Grabkapelle**, in der einst ein Sarkophag stand. Ihre Wanddarstellungen waren in Stuck eingeschnitten, sie wirken recht realistisch, immer wieder ist der König mit seiner Familie abgebildet. So beten an der linken Eingangswand das königliche Paar und die Prinzessinnen zur Sonne. An der linken Wand sind das Königspaar, eine Prinzessin und Klageweiber dargestellt.

Kehren Sie von der Grabkapelle zum Eingang zurück, erreichen Sie links der Treppe **drei Räume**, vielleicht die Grabkapelle der Prinzessin Meketaton. Im ersten zeigen die beiden Hauptwände fast die gleichen Darstellungen: Das Königspaar, vier Prinzessinnen und das Gefolge bringen im Tempel Gebete und Opfer der aufgehenden Sonne dar, die sich hinter dem Tempel über den Bergen erhebt. An der linken Eingangswand und an der Rückwand zwischen den Türen huldigen verschiedene Personen dem göttlichen Gestirn. An der rechten Eingangswand ist in der unteren Reihe die tote Prinzessin auf der Bahre zu sehen. In der oberen Reihe erkennt man das Königspaar, die Amme mit der kleinen Prinzessin und Klageweiber. Das zweite Zimmer ist ohne Darstellungen. Im dritten steht an der Rückwand links unter einem Baldachin die tote Prinzessin, vor ihr klagen die königliche Familie und das Gefolge. Diese Szene setzt sich an der rechten Wand fort. An der linken Wand liegt die Mumie unter demselben Baldachin. Vor ihr klagt die königliche Familie.

Wo das Baumaterial herstammte

Kalkstein- und Alabasterbrüche

In den Hügeln um Tell el-Amarna gibt es zahlreiche Kalkstein- und Alabasterbrüche. Die bedeutendsten sind die Alabasterbrüche von Hatnub, die im Alten und im beginnenden Mittleren Reich ausgebeutet wurden. Südlich der Gräbergruppe beginnt ein nach Osten verlaufender Weg, der in 5 Std. dorthin führt.

★★ THEBEN-WEST

Landesteil: Oberägypten | **Gouvernorat:** Luxor (Al-Uqsur)

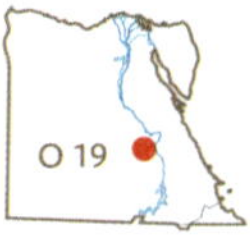

Groß, größer, Theben: Tutanchamun, Ramses II., Königin Hatschepsut und viele, viele weitere Pharaonen wählten ein tief eingeschnittenes Tal auf der Westseite des Nils bei Luxor als Nekropole, ihr Reich der Toten. Heute sind sie die magischen Orte Ägyptens: das Tal der Könige, das Tal der Königinnen, der Hatschepsut-Tempel, dazu die Memnonkolosse, das Ramesseum. Das Reich der »Fürsten des Westens« ist riesig: Nehmen Sie sich für Theben-West gerne zwei Tage Zeit.

Haupt-stadt der toten Könige

Willkommen im Reich der toten Fürsten! Theben war im Mittleren und Neuen Reich Hauptstadt und religiöses Zentrum, eine blühende Metropole, die sich auf dem Gebiet des heutigen ▶Luxor am Ostufer des Nils ausdehnte. Von hier regierten die Pharaonen das Land, hier wollten sie auch begraben werden. So wuchs gegenüber der Stadt, am Westufer des Nils, ab dem Mittleren Reich (11. Dynastie) das »Tal der Toten«. In der bis in koptische Zeit genutzten Nekropole wurden außer Amenophis IV. alle Pharaonen des Neuen Reichs bestattet, auch Tutanchamun, dessen unversehrtes Grab Howard Carter 1922 entdeckte. Um 1000 v. Chr. verlor Theben an Bedeutung und geriet in Vergessenheit – bis zur Ägyptenexpedition Napoleons. Seitdem sind Wissenschaftler und Touristen von der alten Hochkultur fasziniert. In Theben-West wurden **erstmals Gräber und Totentempel getrennt**, die Tempel wurden zur Stätte der gemeinsamen Verehrung von Amun und dem verstorbenen Pharao. Die Könige, hohe Würdenträger und andere Vornehme ließen sich bis zu 300 m lange, üppig dekorierte Spalten in die Felsen der Westlichen Wüste schlagen. Die »einfachen« Toten wurden in schlichten Schächten ohne Schmuck bestattet. Die Tempel erbaute man zwischen dem fruchtbaren Flachland und der Wüste. Hinzu kamen Priesterwohnungen, Bibliotheken und Schulen. Haine und Seen, Speicher, Stallungen, Kasernen für die Wachmannschaften und Gefängnisse schlossen sich an. In den nahen Dörfern und Gehöften wohnten die zahlreichen Arbeiter, die ihr Brot in der Nekropole verdienten: Steinmetze, Maler, Bauarbeiter und Balsamierer, denen die Versorgung der Leichen oblag. So entwickelte sich **eine richtige Stadt**, ähnlich dem Quartier bei den Mameluckengräbern in Kairo. Ihre Verwaltung lag in der Hand eines Beamten, »des Fürsten des Westens und des Obersten der Nekropolensöldner«.

Das erste seit mehr als 100 Jahren entdeckte Grab

Aktuelle Grabungen

2021 entdeckten Archäologen auf der Suche nach dem Totentempel Tutanchamuns nahe dem Totentempel Ramses' III. **die größte je in**

Ägypten gefundene antike Stadt, die bis dahin nur aus historischen Quellen bekannt war. Die 3000 Jahre alte Siedlung aus der Zeit Amenophis' III. besteht aus gut erhaltenen Räumen, Werkstätten mit Gussformen für Amulette, einer Ziegelei, auch einer Bäckerei samt Öfen. 2025 präsentierten Archäologen jüngste Funde aus der 15. Dynastie, darunter Teile des Fundaments des Hatschepsut-Tempels: wunderschöne und gut erhaltene Steinreliefe, die Hatschepsut bei religiösen Ritualen mit ihrem Nachfolger Thutmosis III. zeigen. Zutage kamen auch Gräber hoher Beamter. Ebenfalls 2025 gelang Archäologen mit dem ersten seit 1922 entdeckten Pharaonengrab eine Sensation. Der Eingang des **»Tomb C4«** war zwar bereits 2022 rund 2 km westlich des Tals der Könige entdeckt worden. Nähere Untersuchungen ergaben, dass Hatschepsuts Gatte Thutmosis II. hier beigesetz wurde. Er hatte drei Jahre lang (18. Dynastie) über Ägypten geherrscht. In dem geplünderten und teils zerstörten Grab fanden sich Deckenfragmente eines blauen Himmels mit gelben Sternen, Hieroglyphen und königliche Kartuschen. Auf einer ist der Name Thutmosis' II. zu lesen. Die Mumie fehlte. Sie könnte, so wird spekuliert, nach der Plünderung in ein anderes, bisher nicht entdecktes Grab umgebettet worden sein.

Ein neues Dorf für die Lebenden

El-Qurna

Wenn Sie mit dem Auto kommen: Zwischen der Luxor-Brücke 10 km südlich von Luxor und den Tempeln am Rand der Wüste liegt die

Hinter den bunten Fassaden von El-Qurna verstecken sich oft Kunsthandwerkstätten.

Reißbrettsiedlung Neu-Qurna aus den 1940er-Jahren, erstellt nach Plänen des Architekten **Hassan Fathy**. Damals vermutete man unter den Häusern von Alt-Qurna antike Gräber und befürchtete ihre Plünderung. Also wurde die Verlegung der Siedlung beschlossen. Trotz der traditionellen Lehmziegelbauweise wollten die Menschen nicht in die neuen Häuser einziehen. Mittlerweile gibt es nur noch wenige Fathy-Häuser. In einigen der bunt bemalten Betonhäuser sind Alabasterwerkstätten und Andenkengeschäfte untergekommen.

Geschichte von Theben

Von den Anfängen bis zum Ende des Neuen Reichs

Aufstieg Thebens und Amuns

Das Schicksal Thebens im **Alten Reich** liegt völlig im Dunkeln. Der ägyptische Name Thebens war Waset (Ueset) oder Niut (die Stadt), woraus die biblischen Namen No und No-Amun (Stadt des Amun) entstanden. Warum die Griechen der Stadt den Namen Thebai gaben, ist nicht bekannt. Sie und die Römer nannten sie auch Diospolis (Stadt des Zeus-Ammon). Erst als thebanische Fürsten im **Mittleren Reich** die Königswürde erlangten, erlebte Theben einen großen Aufschwung, und Amun, der bis dahin wenig beachtete lokale Gott, stieg zum größten der über 500 Götter am Nil auf. Von Theben war der Kampf gegen die Hyksos und die Einigung des Reichs ausgegangen, und es blieb für viele Jahrhunderte die vornehmste Residenz der Pharaonen. Ihr flossen die unermesslichen Schätze zu, die als Beute und Tribut von den eroberten Ländern nach Ägypten kamen. Die prächtigen Tempel des Amun stammen aus dieser Zeit. In Karnak wurde das schon früh vorhandene Heiligtum erweitert, in Luxor der Tempel Ipetresjet (Südliches Frauenhaus) errichtet. Die Großen des Reichs rühmten sich, Priester des Amun zu sein; die Tempelschulen blühten, und die Könige opferten keinem anderen Gott reichlicher.

Theben, die »Hunderttorige«

Theben, die Weltstadt

Theben war jetzt eine Weltstadt, über die Homer in der »Ilias« schrieb: »Ägyptos' Stadt, wo reich sind die Häuser an Schätzen / Hundert hat sie der Tor', und es ziehn aus jedem zweihundert / rüstige Männer zum Streit mit Rossen daher und Geschirren.« Auch später wird Theben wegen seiner ungeheuren Ausdehnung »hunderttorig« genannt. Das Verbot der Amun-Verehrung durch Amenophis IV. (Echnaton) und die zeitweilige Verlegung der Residenz nach ▶ Tell el-Amarna konnte dem Glanz der Stadt wenig anhaben.
Unter seinen Nachfolgern Haremhab, Sethos I. und Ramses II. wurden die zerstörten Bilder und Inschriften wiederhergestellt und der Reichtum der Tempel noch vermehrt. Es wird berichtet, dass unter Ramses III. von den Ländereien, die die Tempel in Ägypten besaßen, mehr als zwei Drittel dem Amun gehörten, dass von den Weihegaben des Kö-

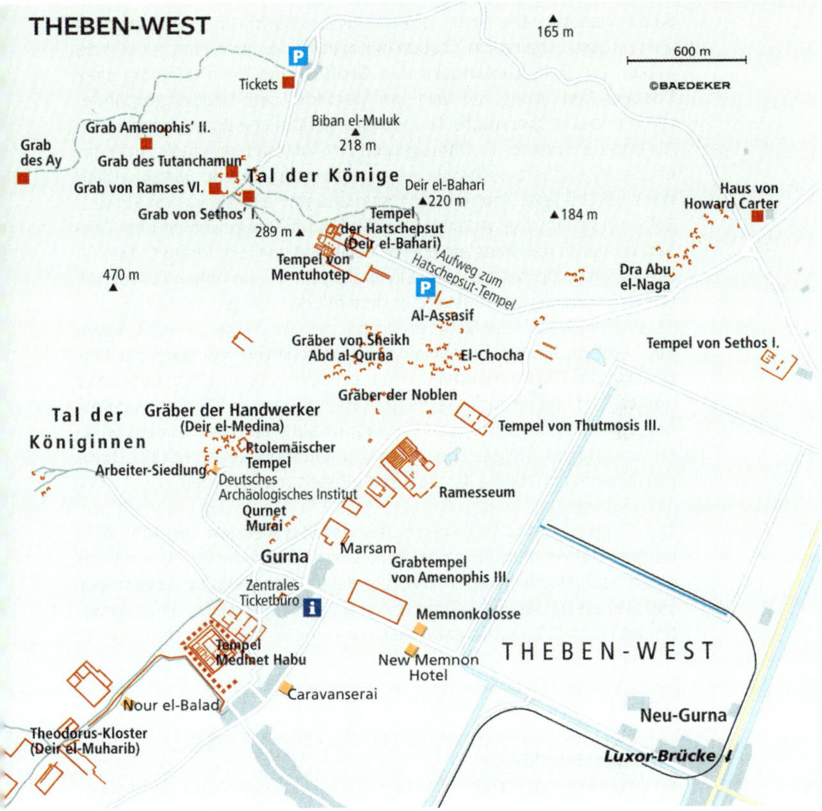

nigs drei Viertel dem Amun zufielen und dass von den 113 433 geschenkten Sklaven der thebanische Gott allein 86 486 erhielt.
Die **Oberpriester des Amun** fühlten sich daher immer mehr als die Ersten im Staat und rissen deshalb zeitweise auch die Königswürde an sich. Als in der 21. Dynastie die Residenz des Reichs ins Nildelta verlegt wurde, verlor die Stadt zwar an Bedeutung, doch bildete Theben mit einem großen Teil Oberägyptens noch lange Zeit eine besondere Gemeinschaft, die von den Hohepriestern des Amun geleitet wurde und von den im Norden residierenden Königen nahezu unabhängig war.

Schwierige Zeiten und Niedergang

Im 7. Jh. v. Chr. plünderten assyrische Heere Theben. Die Äthiopier schlugen hier ihren Herrschersitz auf und ehrten Amun mit Bauten und Inschriften, während sich die Fürsten der 26. Dynastie der Stadt Spätzeit

Saïs zuwandten. Die Heere des Kambyses, die bis nach Oberägypten vordrangen, scheinen in Theben nur wenig oder gar nichts zerstört zu haben. Zur Zeit **Alexanders des Großen** und der Ptolemäer sank Thebens Bedeutung. Mit dem von Alexander dem Großen gegründeten ▶ Alexandria erwuchs Theben eine gefährliche Konkurrenz.
Als unter Epiphanes in Oberägypten ein Aufstand gegen die makedonische Herrschaft ausbrach, errang das politisch und wirtschaftlich stark geschädigte Theben noch einmal unter einheimischen Fürsten Selbständigkeit. Der Aufstand wurde bald niedergeworfen und Theben wieder in den Rang einer Provinzialstadt zurückgedrängt, die sich allmählich in Dörfer auflöste. Ein letzter, durch die hohen römischen Steuern veranlasster Aufstand endete mit der völligen Zerstörung der Stadt. Der griechische Geograf Strabo, der von 24 bis 20 v. Chr. Ägypten bereiste, fand nur mehr einzelne Ortschaften vor. Nach der Einführung des **Christentums** wurden einige der heidnischen Bildwerke umgestürzt und Inschrift vernichtet. Der Nil, der den Tempel von Karnak alljährlich erreichte, und die Salzausblühungen des Bodens wirkten schädigend. Viele Gräber wurden in Wohnungen oder Ställe, Tempelräume in christliche Kirchen und Klöster umgewandelt.

Hinweis

Alle Tempel am linken (West-)Ufer des Nils wenden ihre schmalen Eingangsseiten dem Strom zu. Ihre Längsachsen verlaufen von Südosten nach Nordwesten. In der folgenden Beschreibung werden der Einfachheit halber die Schmalseiten als Ost-/Westseite, die Langseiten als Nord-/Südseite bezeichnet.

★ Memnonkolosse: Amenophis III.

Zwei sitzende Riesen

Wahrzeichen des Westufers

An Ihrem Weg zum **Ticketkauf** (▶ S. 354) tauchen sie auf einmal auf: zwei kolossale Sitzfiguren auf einem Feldstück. Beide stellen **Amenophis III. auf dem Thron** dar und sind heute das Wahrzeichen des thebanischen Westufers. Ursprünglich schmückten sie den Eingang eines Amenophis-Tempels, der bis auf geringe Reste verschwunden ist. Memnon-Kolosse nennt man die Figuren seit der römischen Kaiserzeit, als man sie für Statuen des Memnon hielt: Memnon war der Sohn der Eos und des Tithonos, der im Trojanischen Krieg von Achill getötet wurde. Die Kolosse – der südliche 720 t, der nördliche 500 t schwer – sind aus einem sehr harten, gelbbraunen Kieselsandstein gefertigt, der aus den 200 km entfernten Steinbrüchen von Gebel Tingar bei Assuan stammt. Da kein Schiff eine Last von Hunderten Tonnen tragen konnte, wurden wohl mehrere Schiffe für den Transport miteinander verbunden. 2002 wurden die beiden Kolosse von der Firma Kärcher von jahrtausendealtem Schmutz aus Flugsand, Nilschlamm, Abgasen und Ruß befreit.

Mit Mutter und Ehefrau

Südlicher Koloss

Der südliche (linke) Koloss ist besser erhalten. Die 19,5 m hohe Skulptur war ursprünglich wohl 21 m groß, wenn man die fehlende Krone einbezieht. Zu seiner Linken steht Mutemwija, die Mutter von Amenophis, zur Rechten seine Gemahlin Teje; eine dritte Figur zwischen den Beinen ist zerstört. Zu Seiten des Sitzes waren in vertieftem Relief je zwei Nilgötter angebracht, die die Wappenpflanzen Ober- und Unterägyptens (Lotos und Papyrus) um das Schriftzeichen »vereinigen« schlingen, als Symbol für die Vereinigung der beiden Reiche.

Eine klingende Säule

Nördlicher Koloss

Um die Beine des nördlichen Kolosses ziehen sich Inschriften in Griechisch und Latein, in Prosa und in Versen. Sie sind ein starkes Indiz dafür, dass dieser die einst berühmte »klingende Memnon-Säule« ist, die in der römischen Kaiserzeit Ziel vieler Reisender war. Man hatte an dem zerbrochenen Koloss bei Sonnenaufgang einen eigentümlichen Klang festgestellt und glaubte, dass Memnon mit sanftem Klageton seine Mutter Eos begrüße, deren Tränen dann auf das geliebte Kind herabfielen. Blieb er aus, nahm man an, der Gott zürne. Seit

Einst standen sie vor dem Totentempel Amenophis' III., heute sind die rund 3400 Jahre alten Kolosse das Wahrzeichen des thebanischen Westufers.

Kaiser Septimius Severus, der – eventuell zur Besänftigung des Gottes – den oberen Teil der Statue wiederherstellen ließ, ist der Ton verschwunden. Die älteste Inschrift stammt aus dem 11. Regierungsjahr von Kaiser Nero, die jüngsten wurden unter Septimius Severus und Caracalla, die meisten (27) unter Hadrian eingemeißelt. Dieser weilte 130 n. Chr. mit seiner Frau Sabina und großem Gefolge mehrere Tage bei der Statue, um ihren Klang zu vernehmen. 2014 entdeckten deutsche Archäologen in der Nähe zwei weitere Kolosse.

★ Grabtempel des Sethos I. von Qurna

Eintritt 200 LE

Für Amun und Ramses I.

Gegenüber von Karnak

Am nordöstlichen Rand des Fruchtlands, auf Höhe des Karnak-Tempels, liegt der Grabtempel des Sethos I. von Qurna. Er war Amun geweiht und zugleich für den Kult des Vaters des Erbauers, Ramses I., bestimmt. Ramses II. erneuerte den unvollendet gebliebenen Bau, schmückte ihn mit Reliefs und Inschriften, deren Schönheit an die gleichzeitig entstandenen Reliefs in ▶ Abydos erinnert. Erhalten blieb nur das eigentliche Heiligtum mit seinen Sälen und Zimmern.

THEBEN-WEST ERLEBEN

Auto: 15 Autominuten südl. von Luxor über eine Brücke zur Westbank.
Taxi: Engagieren Sie am Vortag einen Taxifahrer und machen Sie einen Fixpreis aus (Trinkgeld legen Sie am Ende drauf). Der Fahrer wird sie zu allen Sehenswürdigkeiten bringen.
Fähre: Schneller als mit dem Auto geht es für ein paar LE mit der nahe dem Mummification-Museum ablegenden Fähre auf die Westbank. Am anderen Ufer warten Taxis.
Fahrrad/Esel: Hotels verleihen Fahrräder, eine fast so anstrengende Fortbewegungsart wie mit einem Esel, beide zu mieten am Fähranleger.
Ballonfahrten: ▶ Luxor, S. 239

EINTRITTSKARTEN

Die **Verkaufsstelle** für die meisten – aber nicht alle – Eintrittskarten ist beim Inspektorat hinter den Memnon-Kolossen. Tickets für das Tal der Könige, das Tal der Königinnen (inkl. Nefertari-Grab), den Hatschepsut-Tempel und die Nekropole von Asasif gibt es jeweils dort.

ÖFFNUNGSZEITEN

tgl. 6 – 17, im Winter bis 16 Uhr
Frühmorgens herrscht noch nicht der große Andrang, und im Sommer sind die Temperaturen bis in den Vormittag erträglich. Wer wenig Zeit hat, macht die **Speed-Tour**: Tal der Könige, Hatschepsut-Tempel, Nefertari-Grab im Tal der Königinnen und Ramesseum.

▶ Luxor, S. 239/240

Der Sohn baut für den Vater

Vorhalle

Die Vorhalle, deren Decke von 9 (ursprünglich 10) Papyrusbündelsäulen mit geschlossenem Kapitell getragen wird, zeigt am Architrav die Weihinschrift Ramses' II. und an der Rückwand unten zu Seiten der Mitteltür Weihegaben darbringende Männer und Frauen; links stellen sie die Landschaften Oberägyptens (mit Lilien auf dem Kopf) dar, rechts diejenigen Unterägyptens (mit Papyrus auf dem Kopf).

Vom Säulensaal ins Allerheiligste

Säulensaal

Durch die Mitteltür gelangt man in den **Säulensaal** mit sechs Papyrussäulen, der auf beiden Seiten von je 3 Kapellen gesäumt wird. Auf den Deckenplatten des Mittelgangs sieht man die geflügelte Sonne, fliegende Geier und die von Schlangen eingefassten Namen Sethos' I. zwischen zwei Schriftzeilen. Die flachen Reliefs an den Wänden zeigen Sethos I. und Ramses II. opfernd vor verschiedenen Göttern; links Mut, rechts Hathor, die Sethos die Brust reicht.
Von den 6 **Seitenkammern** ist nur eine zerstört. Die schönen Reliefs zeigen Sethos I. beim Götteropfer oder heiligen Handlungen. Bemerkenswert in der hinteren Kammer links an der linken Wand ist die Darstellung von Thot vor der Barke des Königs, an der rechten Wand links der König vor dem Speisetisch, hinter ihm die Göttin des Tempels, rechts der König im Priesterornat. An der Rückwand sitzt der König als Gott Osiris in einer Kapelle, links von den Göttern von Theben (Amun und Mut), rechts von den Göttern von Memphis (Ptah und Sechmet) umgeben. Die vordere Kammer rechts schmücken vertiefte Reliefs, die Ramses II. mit Göttern zeigen.
An den Säulensaal schließt sich in der Längsachse des Tempels ein erhöhter Querraum an, zu dem sich fünf Kammern öffnen. Die Wandreliefs zeigen Sethos I. räuchernd vor der Barke.
Der weitgehend verfallene rechte Teil des Tempels besteht aus einem langen **Hof mit Altar** (Saal Ramses' II.) und Nebenräumen.

Vater Sethos und Sohn Ramses

Kultraum Ramses' I.

Vom Säulensaal aus betritt man zunächst den Kultraum Ramses' I. An der rechten und linken Wand zeigen Flachreliefs rechts den König vor Amun, Chons und dem vergöttlichten Sethos kniend, hinter ihm die Göttin Mut. An diesen Raum schließen sich **drei Kammern** an. Die mittlere zeigt auf der rechten und linken Wand Sethos I., vor der Amun-Barke räuchernd und die Statue seines Vaters Ramses I. mit dem Finger salbend. An der Rückwand eine doppelte Scheintür für Ramses I. mit Darstellung des Osirissargs des Königs, auf dem Isis als Falke sitzt. Die Kammern zu beiden Seiten wurden von Ramses II. angelegt, ihre Reliefs sind roh. Durch eine Seitentür gelangt man vom Kultraum Ramses' I. in einen **Korridor**, dessen linke Wand bis auf die unteren Blöcke zerstört ist, und weiter rechts in einen Raum mit Reliefs, die Ramses II. und seinen Vater Sethos beim Opfer darstellen.

Nekropole Dra Abu el-Naga

Eintritt 200 LE

Ergiebiger Fundort

Felsengräber aus dem Neuen Reich

Vom Sethos-Tempel führt eine Straße westlich zur Nekropole Dra Abu el-Naga. Sie erweist sich seit Jahren als ergiebiger Fundort. 2019 fand man ein 3500 Jahre altes Grab und darin in drei ineinander geschachtelten Sarkophagen eine intakte Mumie, 2023 stieß man auf ein Familiengrab mit 30 Grabgruben, Beigaben und Granitsarkophag.

TT 17 Grab des königlichen Arztes Neb-Amun (18. Dyn.): An der Rückwand der Vorhalle sieht man Darstellungen von Asiaten.

TT 155 Grab des Antef (18. Dyn.): An der Rückwand der Vorhalle Reste farbiger Stuckbilder: Links empfängt der Tote Gaben, von seiner Frau begleitet; rechts Traubenernte, Weinkelter, Weinpresse.

TT 255 Grab des Roj: Howard Carter grub das höher liegende Grab aus. Roj war königlicher Schreiber und Gutsverwalter. An der linken Eingangswand sind Feldarbeiten dargestellt. Die linke, südliche Längswand zeigt oben den Verstorbenen; er und seine Schwester werden vom falkenköpfigen Horus zur Waage geführt, auf der ihre beiden Herzen gewogen werden.

Haus des Tutanchamun-Entdeckers

Haus von Howard Carter

Kurz hinter dem Abzweig zum Tal der Könige liegt das Haus des berühmten Ägyptologen, der 1922 das Grab des Tutanchamun entdeckte (Eintritt 220 LE). Interessanter als das Haus ist ein hinter ihm in den Fels gehauener **Nachbau der Tutanchamun-Grabkammer**.

»

... von der Ausdehnung der Denkmälerstätten in Theben [macht man sich] nur ganz unvollkommene Vorstellungen, und seien sie auch von den gelehrtesten Reisenden sorgfältigst beschrieben. Es scheint mir unmöglich, sich diese Szenerie vorzustellen ... Ich hatte den Eindruck, als beträten wir eine Stadt von Riesen.

«

G. B. Belzoni, Abenteurer und Amateurarchäologe, 1816

★★ Tal der Könige (Biban el-Muluk)

Eintritt 3 Gräber 750 LE, Tutanchamun-Grab 700 LE, Grab Sethos I. 2000 LE | Foto-/Filmerlaubnis für 3 Gräber 600 LE (gilt nicht für die Gräber von Tutanchamun und Sethos I.)

Praktische Tipps

Das Tal der Könige ist der absolute Publikumsmagnet. Am Parkplatz mit einem überteuerten Basar kaufen Sie im **Visitors Center die Tickets** und fahren mit solargetriebenen Shuttle zum Eingang des Tals.

Nur ein kleiner, wechselnder Teil der 62 Gräber kann besichtigt werden, da hohe Luftfeuchtigkeit sowie Abrieb durch die Besucher die Grabmalereien stark gefährden. Im Folgenden werden die interessantesten Gräber in der **Reihenfolge der üblichen archäologischen Nummerierung** vorgestellt (KV 1–65 = Kings Valley 1–65). Zeitweise Schließungen von Gräbern erfolgen ohne langfristige Ankündigung.

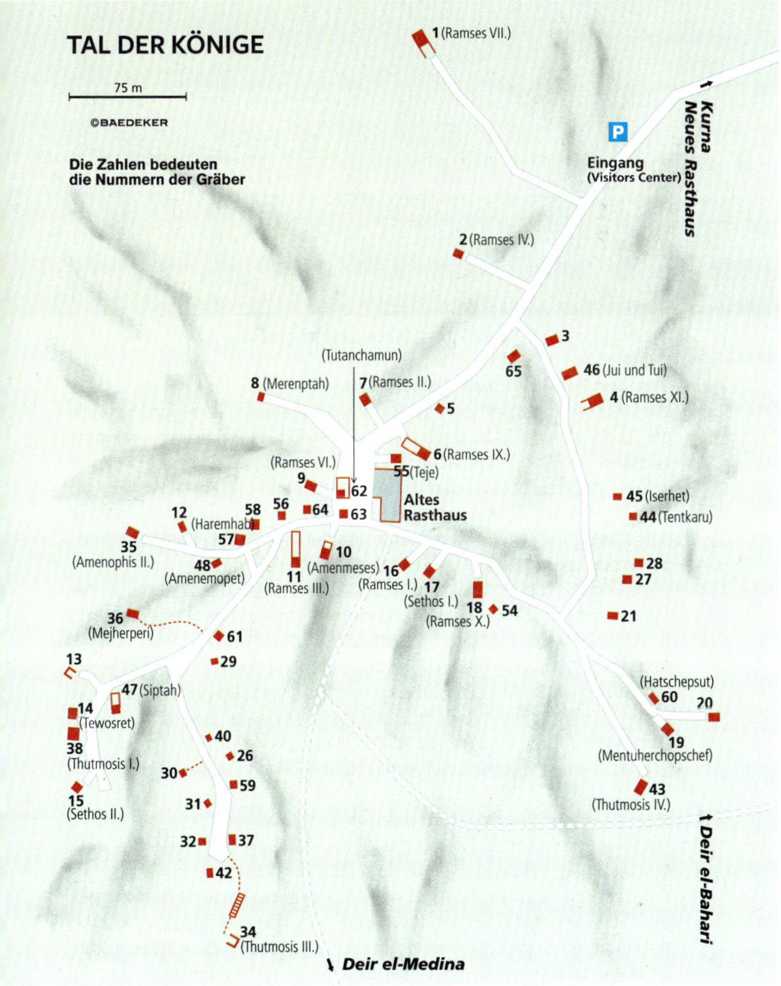

Im Grab Ramses' IV. (KV 2), der nur sieben Jahre lang regierte

Von der Pyramide zum Felsengrab

Aufbau eines Felsengrabs

Vom Totentempel Sethos' I. führt eine Straße etwa 5 km nordwestlich ins Tal der Könige. Es ist benannt nach den 65 bisher bekannten Felsengräbern, die sich hauptsächlich Könige der 18.–20. Dynastie anlegen ließen. Im Gegensatz zu den bisherigen Pyramidengräbern wurden sie als Gänge in den Felsen gehauen und waren nur für die Aufnahme des Sargs bestimmt, während man die dem Kult der Toten geweihten Tempel in der Ebene, zwischen Fruchtland und Wüste baute.

Vom Eingang führen gewöhnlich drei Korridore hintereinander in die Tiefe. Am ersten können kleine Kammern liegen; im zweiten und dritten befinden sich Nischen für Totengerät. Durch den Vorsaal gelangt man in den oft von Pfeilern getragenen Hauptsaal, in dem in einer Vertiefung im Boden der große Granitsarg stand. Da der verstorbene König in der Nacht mit dem Sonnengott auf einer Barke durch die Unterwelt fährt, setzte man mit Vorliebe Texte und Bilder auf die Wände, die diese Reise schildern und dem Toten anleiten sollen.

Vom Lauf der Sonne – Reise durch die Unterwelt

Totenbücher als Vorlagen

Ein wiederkehrendes Thema der Bilder ist die ewige Reise des Verstorbenen im Jenseits, die mit dem Lauf der Sonne verknüpft ist; an ihrem ewigen **Zyklus von Auf- und Untergang** hatte der verstorbene König teil. Vorlagen für die Bilder und Texte lieferten v. a. zwei miteinander verwandte Bücher. In dem **»Buch von dem, was in der Unterwelt ist«** wird die Unterwelt (Duat) entsprechend der 12

Nachtstunden in zwölf Abschnitte geteilt. In jedem ist in der Mitte der Fluss dargestellt, auf dem der widderköpfige Sonnengott mit Gefolge auf der Sonnenbarke fährt und ringsum Licht und Leben spendet. Die Ufer sind von Geistern, Dämonen und Ungeheuern bevölkert, die den Sonnengott auf seiner Fahrt begrüßen und Feinde von ihm abwehren. Auch im **»Buch der Pforten«** ist die nächtliche Fahrt der Sonne durch die zwölf Teile der Unterwelt dargestellt. Zwischen den Teilen erheben sich befestigte, von Riesenschlangen bewachte Tore, die die Weiterfahrt der Sonne und damit den neuen Tag und das Leben verhindern möchten und deren Namen der Tote wissen muss. Zwei Götter und zwei feuerspeiende Schlangen schützen den Zugang und begrüßen den Sonnengott. Im **»Höhlenbuch«** und im **»Buch von der Erde«** geht es um die Bestrafung der Götterfeinde und die Wiederbelebung des Osiris. Weitere Anregungen gaben außerdem die **»Lobpreisung des Re«** und das **»Buch vom Öffnen des Mundes«**. Das erste, das in den beiden ersten Korridoren seinen Platz gefunden hat, enthält einen Hymnus an den Sonnengott, der von dem Toten am Abend beim Eintritt der Sonne in die Unterwelt mit 75 Namen angerufen werden muss. Das zweite Werk lehrt die Zeremonien, die vor der Statue des verstorbenen Königs zu vollziehen sind, damit er die Speisen und Getränke im Grab genießen kann.

Ramses IV.

Auf dem Türsturz über dem Eingang: Isis und Nephthys beten die Sonne an, in der der widderköpfige Sonnengott und ein Skarabäus stehen. An der rechten Wand hinter der Tür: zwei koptische Männer, die Hände zum Gebet erhebend; nach der Inschrift ist der eine Apa Ammonios der Märtyrer. Darstellungen und Inschriften waren auf Stuck gemalt, der aber fast überall abgefallen ist. Im Hauptsaal steht der Sarkophag des Königs mit Inschriften und Darstellungen. KV 2

Die Söhne Ramses' II.

Zu den sensationellsten Entdeckungen in neuerer Zeit (1987–1994) – im Rahmen des Theben Mapping Project – gehört diese Anlage, die höchstwahrscheinlich für die Söhne Ramses' II. gedacht war. Die weitverzweigte Anlage auf T-förmigem Grundriss besitzt mindestens 67 Kammern. Bisher konnte der federführende US-Archäologe Kent Weeks nur zwei Ramses' Söhnen von zuordnen. Da das Grab schon im Altertum geplündert wurde, fand man keine Mumien, aber Zehntausende Bruchstücke von Beigaben wie Tongefäße und Kanopen. KV 5

thebanmappingproject.com

Ramses IX.

★ KV 6

Auf dem Türsturz des Eingangs ist die Sonne dargestellt, die vom König und Isis (links) bzw. Nephthys (rechts) angebetet wird. Am **ersten Korridor** liegt links vorne eine Kapelle, neben der der König vor den Göttern Harachte und Osiris steht. Über den Türen der Nebenkammern wird aus der »Lobpreisung des Re« zitiert. Bei der zweiten Kammer links folgt ein Text aus dem 125. Kapitel des Totenbuchs, das ein Bekenntnis des Toten von seiner Sündlosigkeit enthält; darunter der als Gott Hor-Enmetef gekleidete Priester, der dem als Osiris gekleideten König die Hieroglyphen »Leben«, »Beständigkeit« und »Reichtum« spendet. Dem zweiten **Korridor** mit je einer aufrecht stehenden Schlange und Totenbuchtexten an der linken und der rechten Wand folgt ein dritter Korridor. An der linken Wand: die Fahrt der Sonne in der zweiten Nachtstunde und der Anfang der Fahrt in der dritten Stunde. Auf der rechten Wand bringt der König dem Ptah, vor dem noch die Göttin Maat steht, ein Bild der Maat dar. Daneben ein Bild der Auferstehung: Die Mumie des Königs liegt schräg in einem Berg, die Arme sind über dem Kopf ausgestreckt, der Phallus abgehackt, über der Mumie ein Skarabäus und die Sonne. Im ersten **Saal** sind an der Stirnseite zu erkennen: je ein Priester mit Pantherfell und Seitenlocke, vor einer Standarte opfernd. Vom zweiten Saal führt ein Gang hinab zur **Sargkammer**, in der der Sarkophag stand. An der Wand Bilder von Göttern und Geistern. Die gewölbte Decke zeigt die Himmelsgöttin, den Morgen- und Abendhimmel darstellend, und unter ihrem Leib Sternbilder und Sternenbarken.

Ramses II.

KV 7 Das Grab wurde im Altertum ausgeraubt, die Mumie später bei Deir el-Bahari geborgen (im Ägyptischen Museum Kairo). Im Eingangskorridor rechts und links in erhöhten Hieroglyphen die »Lobpreisung des Re«; links der König vor dem Sonnengott Re-Harachte und das Bild der Sonne mit dem widderköpfigen Sonnengott und dem Skarabäus.

Merenptah

★ KV 8 Über dem Eingang des Grabs vom Ende der 19. Dynastie sind Isis und Nephthys zu sehen, die die Sonne anbeten, in der ein Skarabäus und der widderköpfige Sonnengott stehen. Eingangskorridore, die mit Texten aus der »Lobpreisung des Re«, Götterfiguren und Bildern des Totenreichs geschmückt sind, führen in die Tiefe zu einem Vorzimmer mit dem Granitdeckel des äußeren Sarges und weiter in den dreischiffigen **Pfeilersaal**. Hier ist der Deckel des Königssarges aufgestellt. Auf ihm ruht wie auf einem Polster die Gestalt des Herrschers. Der Deckel, der wie üblich die Form einer Königskartusche hat, ist wundervoll aus Rosengranit gearbeitet; von großer Wirkung ist das Gesicht.

Doppelgrab für Vater und Sohn

★ KV 9 Schon die Römer bezeichneten dieses Grab als Grab des Memnon, da Ramses VI. denselben Vornamen führte wie Amenophis III., der von den Griechen Memnon genannt wurde. Das für **Ramses V.** begonnene, später von **Ramses VI.** erweiterte Grab zeichnet sich durch her-

vorragend erhaltene farbige vertiefte Reliefs aus. Durch drei Korridore gelangt man in einen Vorsaal und weiter in den ersten Pfeilersaal, mit dem die ursprüngliche Anlage Ramses' V. abschloss. Die linken Wände dieser Räume zeigen die Fahrt der Sonne durch das Totenreich nach dem »Buch der Pforten«, die rechten Wände andere auf das Jenseits bezogene Texte und Bilder.
Über den Pfeilersaal und zwei Korridore (an ihren Wänden die unterirdische Fahrt des Sonnengottes) geht es in den zweiten Vorsaal mit Texten und Bildern aus dem Totenbuch. Es folgt der zweite **Pfeilersaal** mit Trümmern des großen Granitsarkophags, an den Wänden Texte über die Unterwelt. An der gewölbten Decke sieht man den Tag- und Nachthimmel, als Göttinnen dargestellt, mit den Stunden. Das Grab enthält viele griechische und koptische Einritzungen.

Ramses III.: das Harfnergrab

★ KV 11

Das Grab Ramses' III., wegen der Darstellung eines Musikers in einer kleinen Seitennische auch Harfnergrab genannt, wird an Größe nur von den Gräbern KV 17 und KV 14 übertroffen. Die Anlage rührt bis zum dritten Raum noch von Ramses' Vater Sethnacht. Eigentümlich sind die Seitenkammern rechts und links der beiden Korridore. Die vertieften Reliefs sind zwar nicht besonders gut ausgeführt, aber mannigfaltig und in den Farben gut erhalten. Im **ersten Korridor** ist

Das Grab Ramses' III., auch »Harfnergrab« genannt, erhielt seinen Beinamen wegen einer ungewöhnlichen Darstellung eines Musikers.

GRAB KV 11 RAMSES III.

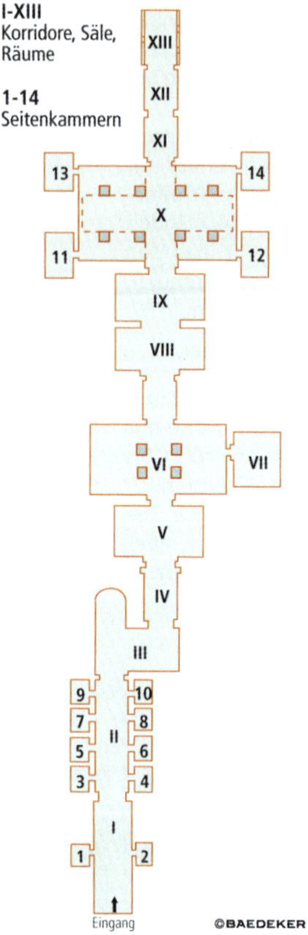

beiderseits vom Eingang die Göttin Maat kniend und mit ihren Flügeln den Eintretenden schützend zu sehen. In der ersten Seitenkammer links Darstellungen von Bäckern, Köchen und Metzgern, in der zweiten Seitenkammer rechts in zwei Reihen Schiffe. Der **zweite Korridor** zeigt auf beiden Seiten die Fortsetzung der »Lobpreisung« und die zugehörigen Götterfiguren, die links auf Isis, rechts auf Nephthys zuschreiten. In der dritten Seitenkammer finden sich links in der oberen Reihe u. a. ein kniender Nilgott, der seine Gaben sieben Göttern der Fruchtbarkeit (Ähren auf dem Kopf) überreicht. Rechts des Eingangs ein Nilgott vor der schlangenköpfigen Göttin Napret, fünf Königsschlangen, die mit Schurz bekleidet sind, und zwei Götter der Fruchtbarkeit.

Weitere Seitenkammern

4. Seitenkammer (rechts): Waffenkammer
5. Seitenkammer (links): Ortsgottheiten bringen Opfergaben; darunter kniende Nilgötter.
6. Seitenkammer (rechts): Schatzhaus des Königs, an den Wänden Vasen, Flaschen, Elefantenzähne, Halsbänder, Betten mit Kopfstütze.
7. Seitenkammer (links): An der Eingangswand rechts und links ist der Schutzgeist des Königs verewigt, in der Hand einen Stab, auf dem ein Königskopf sitzt. Die übrigen Wände zeigen Ruder mit Schlangen, heilige Stiere und Kühe.
8. Seitenkammer (rechts): Heilige Gefilde mit Feldarbeiten wie Pflügen, Säen, Ernten; auf einem Kanal fährt der König in einer Barke.
9. Seitenkammer (links): ein **Harfenspieler** vor den Göttern Enhuret und dem falkenköpfigen Harachte.

Im **vierten Korridor** ist auf der linken Wand die Fahrt der Sonne in der vierten Nachtstunde, auf der rechten Wand die Fahrt in der fünften Stunde dargestellt. Im fünften Saal befinden sich Götterfiguren. Der sechste Raum ist ein abschüssiger Gang mit Seitengalerien, die von vier Pfeilern getragen werden. Auf den Pfeilern der König vor verschiedenen Göttern. Die Wände zur Linken zeigen u. a. die Fahrt der Sonne durch den vierten Teil der Unterwelt. An den Wänden zur Rechten die Fahrt der Sonne durch den fünften Teil der Unterwelt, auf der Rückwand rechts und links der König vor Osiris.

Im **siebten Saal**, an der rechten Eingangswand, wird der König von Thot und dem falkenköpfigen Harchentechtai geleitet. An der linken

Eingangswand bringt der König dem Osiris ein Bild der Wahrheit dar. An den übrigen Wänden Darstellungen aus dem »Buch von dem, was in der Unterwelt ist«. Die übrigen Räume sind größtenteils zerstört. Im zehnten Pfeilersaal stand der Sarkophag des Königs; seine Mumie wurde in Deir el-Bahari gefunden (im Ägyptischen Museum Kairo).

Tewosret und Sethnacht

Das Grab wurde Ende der 19. Dynastie noch im Auftrag der Pharaonin Tewosret (Tausret) begonnen, dann von ihrem siegreichen Konkurrenten Sethnacht übernommen und weitergebaut. Auf den Wänden Darstellungen der Horus-Söhne, von Isis, Nephthys und Osiris. An der Rückwand eines Nebenraums sieht man den hundsköpfigen Anubis mit dem aufgebahrten Leichnam. Der Pfeilersaal entstand noch als Sargkammer für die Königin. Die Wände zieren die Schlussbilder aus dem »Höhlenbuch« und dem »Buch der Erde«. Die zweite Sargkammer für Sethnacht blieb unvollständig. KV 14

Ramses I.

Hinter der Eingangstür führen ein abschüssiger Korridor und eine zweite, steile Treppe zur Sargkammer, in deren Mitte der offene Sarg aus rotem Granit mit gelb aufgemalten Darstellungen und Texten steht. An der Eingangswand links: Maat und Ramses I. vor Ptah, hinter dem der Pfeiler des Osiris steht; rechts Maat und der König, dem Nefertem Wein opfernd, hinter dem Gott das Zeichen der Isis (Knoten). An der linken Wand, links der Tür zu einer kleinen Nebenkammer: Ramses I., geleitet von dem hundsköpfigen Anubis und dem falkenköpfigen Hariësis. Rechts der Tür und darüber findet sich der 3. Abschnitt des »Buches der Pforten«: Zunächst das von der Schlange Zetbi bewachte Tor, gefolgt von der Fahrt durch den dritten Teil der Unterwelt. Im Mittelfeld wird die Barke von vier Männern zu einer langgestreckten Kapelle gezogen, in der die Mumien von neun Göttern liegen. Zwei durch eine Schlange getrennte Gruppen von je sechs Göttinnen, die die Stunden der Nacht darstellen, gehen einen Berg hinauf, unter dem sich, durch Zickzacklinien angedeutet, ein Wasserbecken befindet. ★ KV 16

In der Rückwand öffnet sich eine kleine Kammer, an deren hinterer Wand Osiris zwischen einem widderköpfigen Gott und einer heiligen Schlange dargestellt ist. Über der Tür hunds- und falkenköpfige Dämonen (die Seelen von Pe und Nechen).

Sethos I.

Das über **100 m lange Grab** Sethos' I. wird nach seinem Entdecker (1817) Giovanni Battista Belzoni auch »Belzonis Grab« genannt. Seine Reliefs lassen an **Schönheit und guter Erhaltung** alle anderen im Tal der Könige weit zurück und können an Feinheit mit denen von Abydos verglichen werden. ★ KV 17

Im 1. Korridor ist auf der linken Wand der König vor dem falkenköpfigen Sonnengott Harachte dargestellt, im 2. Korridor (mit Treppe) an der linken Wand oben in der Nische der Sonnengott in 37 Formen (nach der »Lobpreisung des Re«), unter der Nische Texte aus dem »Buch von dem, was in der Unterwelt ist« und im 3. Korridor auf der linken Wand die Fahrt der Sonne in der fünften Nachtstunde.
Im Vorsaal sehen Sie den König vor verschiedenen Göttern. Der **erste Pfeilersaal** enthält Darstellungen des Totenreichs. An den Wänden zur Linken ist die Fahrt der Sonne durch den vierten Teil der Unterwelt dargestellt. Vorn das vierte, von der Schlange Tekehor bewachte Tor. In der mittleren Reihe ist die Barke des Sonnengottes zu sehen, die von vier Männern gezogen wird, vor ihr Geister mit einer sich ringelnden Schlange, drei ibisköpfige und neun andere Götter, rechts ein Gott mit Zepter. An den Wänden zur Rechten erkennt man die Fahrt der Sonne durch den fünften Teil der Unterwelt. In der Mitte die Sonnenbarke, von vier Männern gezogen; vor ihr schreiten Dämonen. Oben zwölf Götter mit gabelförmigen Stöcken, zwölf Götter mit einer Schlange, aus der Menschenköpfe hervorragen, dann zwölf Götter mit einem gewundenen Strick, der an einer Mumie befestigt ist. Unten stützt sich ein Gott auf einen Stab. In der Mitte der Rückwand sitzt Osiris auf einem Thron, hinter ihm Hathor, vor ihm der König, von dem falkenköpfigen Horus geleitet.
Eine kleine Treppe führt in einen **zweiten Pfeilersaal**, dessen Darstellungen und Inschriften auf Stuck mit Rötel vorgezeichnet und schwarz nachgezogen sind. Auf den zwei Pfeilern der König vor verschiedenen Gottheiten. An der linken Eingangswand und der linken Wand sehen Sie die Fahrt der Sonne in der neunten Nachtstunde. In der Mitte ruht die Sonnenbarke; vor ihr zwölf Sterngötter mit Rudern; drei heilige Tiere (Kuh, Widder, Vogel mit Menschenkopf); eine stehende Mumie. Die Darstellungen der rechten Eingangswand, die sich auf der rechten Wand fortsetzen, zeigen die Fahrt der Sonne in der elften Nachtstunde. In der Mitte die Sonnenbarke; vor ihr zwölf Männer, die eine Schlange tragen, außerdem zwei Schlangen, deren Rücken die beiden ägyptischen Kronen tragen, aus denen Köpfe hervorgehen; vier Göttinnen.
Der anschließende **dritte Pfeilersaal**, in dem eine Rampe mit Stufen an der Seite in den Schacht führt, gliedert sich in einen vorderen, von Pfeilern getragenen und in einen tiefer gelegenen, hinteren Raum mit gewölbter Decke. Im Pfeilerraum sind Darstellungen des Totenreichs erkennbar. Im hinteren Teil des Saals stand der Alabastersarg des Königs, der sich jetzt im Soane-Museum in London befindet. Die Mumie des Königs wurde nach ihrer Auffindung in Deir el-Bahari ins Ägyptische Museum von Kairo gebracht. Die Rückwand zeigt die Sonnenfahrt in der zweiten Nachtstunde: in der Mitte die Sonnenbarke, auf der außer dem Sonnengott noch andere Gottheiten, u. a. Isis und Nephthys in Gestalt zweier Uräusschlangen, stehen.

Im linken Seitenzimmer des vorderen Saalteils sind die Pforte und die Sonnenfahrt im dritten Teil der Unterwelt dargestellt. Texte im rechten Seitenzimmer schildern eine uralte **Göttersage von der Empörung der Menschen gegen den Sonnengott**, ihrer darauf folgenden Bestrafung und der endgültigen Rettung der letzten Menschen.

Das Seitenzimmer des hinteren, oberen Saalteils, die **Opferkammer**, enthält zwei Pfeiler; auf dem linken der König vor dem Gott Ptah sowie Osiris. Um die drei Hauptwände läuft eine mit Hohlkehle geschmückte Bank, die von kleinen Pfeilern gestützt wurde und mit Darstellungen verziert war. Die linke Eingangswand und die linke Wand zeigen u. a. den Sonnengott in der Sonnenbarke, zwei Göttinnen mit Schwertern und die mit Menschenköpfen geschmückten Gräber der Götter Amun, Chepre, Re und Osiris. Unten tritt Horus vor die zwölf Sterngötter, die die Sonne in der Nacht geleiten; zwölf Sterngöttinnen schreiten zum Grab des Osiris, auf dem ein Krokodil ruht. Aus dem Grabhügel streckt der Gott seinen Kopf hervor. In der Mitte der Rückwand wird die Sonnenbarke von acht Männern gezogen; davor neun Gefolgsleute des Re. Den Zug eröffnen vier Widder, Gestalten des Gottes Tatenen (Gott des Urgewässers und des Urhügels).

Rechte Eingangswand und rechte Wand: Vor der Sonnenbarke thronen Thot (mit dem Kopf des Pavians, seines heiligen Tieres), der in der Hand einen Ibis hält, gleichfalls ein heiliges Tier, sowie eine Göttin, die die Augäpfel des Horus hält. Der übrige Teil wird von 16 Geistern und den Gott Chepre eingenommen, die von einer fünfköpfigen Schlange umgeben sind. Vier Geister stellen die Könige von Oberägypten dar, vier die von Unterägypten, die übrigen acht sind in Mumienform gezeichnet.

GRAB KV 17 SETHOS I.

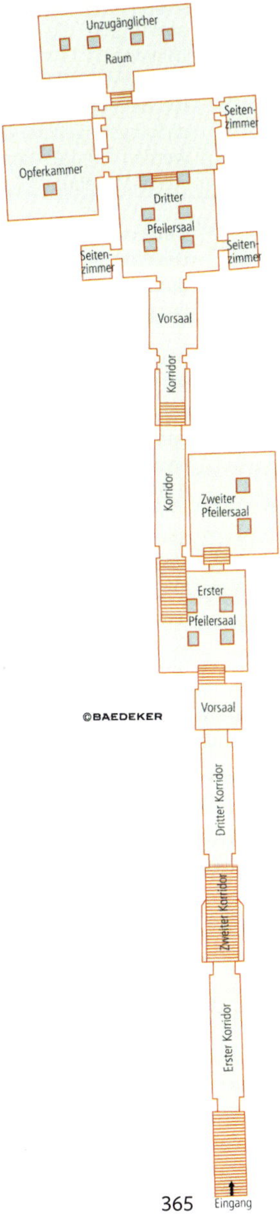

Hatschepsut

KV 20 Das Grab der Königin Hatschepsut blieb **ohne Inschriften und Darstellungen**; die Gänge und Korridore dieses Grabs erreichen eine Länge von 213 m und reichen 97 m in die Tiefe. Die in der Sargkammer gefundenen Sarkophage der Königin und ihres Vaters Thutmosi I. befinden sich im Ägyptischen Museum von Kairo. Ägyptens Archäologen gehen davon aus, dass die Mumie 2007 identifiziert werden konnte – anhand eines Zahns aus einer Kanope im Ägyptischen Museum.

Thutmosis III.

★ KV 34 Das Grab liegt in einer engen Felsenschlucht. Ein abschüssiger Korridor führt in die Tiefe zu einer Treppe, mit breiten Nischen rechts und links, und durch einen weiteren Korridor zu einer viereckigen, 5–6 m tiefen Schachtöffnung, die wohl zum Fernhalten von Regenwasser bestimmt war und jetzt mit einem Steg überbrückt wird. Die Decke zeigt einen Sternenhimmel. Jenseits des Schachts betritt man einen von zwei schmucklosen Pfeilern getragenen **Saal**, die Decke mit Sternen bedeckt, an den Wänden Listen von 741 Gottheiten und Dämonen. In der linken Ecke der Hinterwand führt eine Treppe in die eigentliche Sargkammer in Form eines ovalen Königsrings. Die Wände sind mit sehr gut erhaltenen Texten und Bildern aus dem »Buch von dem, was in der Unterwelt ist« bedeckt. Besonderes Interesse erwecken die **Abbildungen an den Pfeilern**. Am ersten Pfeiler sind oben Thutmosis III. und die Königin-Mutter Eset in einer Barke dargestellt, unten der König, der von seiner Mutter Eset in Gestalt eines Baums gestillt wird, dann noch einmal der König, dem seine Frauen folgen. Der **Sarg** ist aus rotem Sandstein gearbeitet, seine Inschriften und Darstellungen sind rot ausgemalt. Er war bei der Öffnung des Grabes leer, doch wurde die Mumie in Deir el-Bahari gefunden.

Amenophis II.

KV 35 Vom Eingang führen steile Treppen und abschüssige Korridore zu einem Schacht, in dessen Tiefe sich eine Kammer öffnet, und weiter zu einem ersten Saal mit zwei Pfeilern und Wänden ohne Schmuck. In der linken Ecke der Hinterwand führt eine Treppe zu einem schrägen Korridor und zu einem von 6 Pfeilern getragenen zweiten Saal, in dessen hinteren Teil eine vertiefte Krypta angelegt ist. Auf den Pfeilern steht der König vor den Totengöttern. Die Wände zeigen in schöner Schrift auf gelbem, Papyrus nachahmenden Grund Texte und Bilder des »Buches von dem, was in der Unterwelt ist«. In der **Krypta** steht der Sarkophag aus Sandstein mit der intakten Mumie Amenophis' II. In den zwei Kammern zu beiden Seiten befanden sich zahlreiche weitere Königsmumien, darunter die von Thutmosis IV., Amenophis III. und Sethos II. Man hatte sie wohl zum Schutz vor Grabräubern hierhergebracht.

Thutmosis I.

Das **älteste Königsgrab** im Tal der Könige liegt in der steil abfallenden Rückwand des Talkessels. Auf einer steilen Treppe steigt man in einen Vorraum hinab, von wo eine zweite Treppe zu der roh ausgehauenen Sargkammer führt. Ihre Decke wurde ursprünglich von einer Säule gestützt. Die Wände waren mit Stuck überzogen und bemalt. Der schöne Sarg aus rotem Sandstein trägt Bilder der Isis (am Fußende), der Nephthys (Kopfende), verschiedener Totengötter (an den Seiten) und der Himmelsgöttin Nut (im Innern). KV 38

Haremhab – ein neues Totenbuch und das Totengericht

Dieses Grab enthält einige vortreffliche Wandbilder, v. a. besticht es durch seine bunten großfigurigen Reliefs auf rauchblauem Grund. Der König opfert vor verschiedenen Göttern. Neu im Gestaltungsprogramm der Königsgräber erscheint hier das »Pfortenbuch«, das die Unterwelt als durch Pforten verschlossene Gebiete vorstellt. Eine weitere Neuerung ist die Abbildung des Totengerichts, das heißt, auch ein Herrscher muss sich für seine Taten vor der letzten Instanz rechtfertigen. In der Sargkammer steht noch der Sarkophag. KV 57

★★ Grab des Tutanchamun

Weltberühmter Fund und eine gut gemachte Kopie

Der Weltruhm des Tals der Könige begann mit diesem Grab für den mit 19 Jahren verstorbenen Sohn von Amenophis IV. (Echnaton). Es wurde nach langer Suche am 4. November 1922 von dem britischen Forscher **Howard Carter** gefunden und – offiziell – am 26. November 1922 von ihm und dem Finanzier Earl of Carnarvon geöffnet. Es gibt jedoch Hinweise, u. a. in Briefen an Carnarvon, dass Carter schon vorher das Grab heimlich öffnete und wieder schloss. Jedenfalls scheint der Earl an Grabbeigaben gekommen sein, die bei der offiziellen Öffnung nicht registriert wurden und heute in alle Welt verstreut sein sollen. Eine gute Kopie des Grabs ist beim Grabungshaus von Howard Carter zu sehen (▶ S. 356). Ein Großteil des Grabschatzes wird im Grand Egyptian Museum in Kairo-Giseh ausgestellt (▶ S. 161). KV 62

Obwohl bald nach der Beisetzung des Königs aufgebrochen, war das Grab mit seinem Inhalt – **über 5000 Objekte**, darunter 2000 Schmuck- und Goldschmiedearbeiten – fast unversehrt, sodass dieser Fund der vollständigste und wertvollste ist, der je in Ägypten gemacht wurde. Er gibt den besten Begriff von der Pracht, mit der man einen (eher jungen und unbedeutenden) Pharao bestattete. Von der Talsohle führt von Osten eine 16-stufige Treppe in die Tiefe des kleinen Grabs. Am Ende eines schmalen, 7,5 m langen Gangs öffnet sich eine zweite Tür zur 8 m langen Vorkammer, dem größten Raum des Grabs. Sie war bei der Graböffnung mit Beigaben aller Art gefüllt.

Altägyptische Matrjoschka

Sargkammer Die Nordwand, an deren Tür zwei lebensgroße hölzerne Königsstatuen standen, ist jetzt niedergelegt und wird von einem Gerüst eingenommen, von dem aus man die Sargkammer überblickt: In ihrer Mitte steht der Sarkophag aus gelblichem kristallinem Sandstein; seine Seiten sind mit religiösen Bildern und Texten bedeckt, an den Ecken vier im Relief gearbeitete Göttinnen, die mit ihren Flügeln den Toten schützen. Im **Sarkophag** lag die in drei reich geschmückte Holzsärge gebettete Mumie des Königs. Die inneren Teile des Sargs und auch die vier hölzernen, vergoldeten Kapellen, die den Steinsarkophag umgaben, stehen künftig im Grand Egyptian Museum. Von der Sargkammer zweigt östlich ein kleiner Magazinraum ab. Die Wände der Sargkammer tragen flüchtig gemalte Darstellungen: an der Ostwand Begräbnisszenen; an der Nordwand vollzieht König Eje, der Nachfolger Tutanchamuns, an der Mumie die Zeremonie der Mundöffnung. 2005 wurde die Mumie des Tutanchamun mit Computertomografen untersucht. Dabei wurde ein immer wieder vermuteter gewaltsamer Tod, sprich Mord, ausgeschlossen. Aus Grabbeigaben wie Gehstöcken, Zepter und Kleidung wird geschlossen, dass Tutanchamun unter einer **Gehbehinderung** litt und nicht lange stehen konnte. Man überlegt auch, ob der Großteil des Grabschatzes nicht für Tutanchamuns ältere Schwester Meritaton bestimmt war, eine vergessene Pharaonin. Wahrscheinlich regierte sie nach dem Tod ihres Vaters Echnaton anstelle des unmündigen Bru-

Die Entdeckung des Grabs von Tutanchamun 1922 war eine Sensation.

ders. Es wird spekuliert, dass sie während ihrer Herrschaft einen Grabschatz gesammelt hat, den Tutanchamun als gekrönter Pharao dann für sich beanspruchte.

GRAB KV 62 TUTANCHAMUN

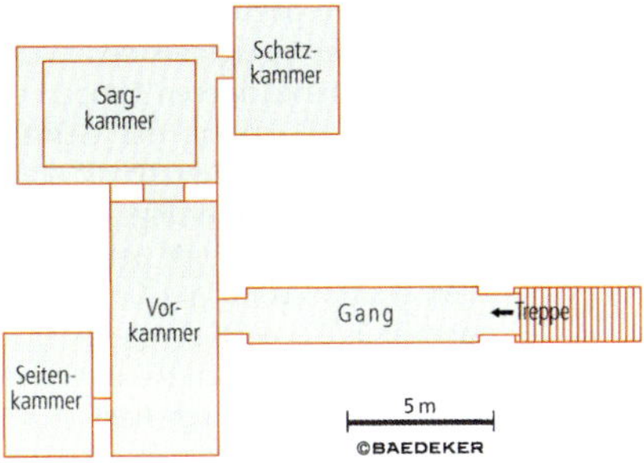

Pfad zum Deir el-Bahari
Es ist verboten, den Weg zum Hatschepsut-Tempel auf dem Bergpfad abzukürzen, der das Tal der Könige mit Deir el-Bahari verbindet. Er wäre ziemlich anstrengend (festes Schuhwerk erforderlich), jedoch ungefährlich und in etwa 45 Min. zu bewältigen. Die Aussicht wäre großartig: Zuerst würde man ins öde Tal der Königsgräber hinuntersehen, dann, vom Bergkamm sowie beim Abstieg, in den Kessel von Deir el-Bahari. Schließlich würde der Blick über den Nil bis hinüber zu den monumentalen Tempelbauten von Karnak und Luxor reichen – würde man diesen Weg nehmen, was verboten ist. Offiziell.

★★ Terrassentempel der Hatschepsut

Eintritt 440 LE

Königin mit männlichen Attributen
Der Tempel liegt malerisch am Fuß des Wüstengebirges im **Talkessel von Deir el-Bahari**. Erbaut wurde er zu Beginn des Neuen Reichs im Auftrag von Hatschepsut. Nach dem Tod ihres Mannes Thutmosis II. vermutlich um 1479 v. Chr. stand sie zwei Jahrzehnte lang als 5. Pharao, genannt Maatkare, an der Spitze Ägyptens. Über drei Terrassen steigt der Totentempel wie eine gigantische Treppe an. Der Bau aus weißem Kalkstein hebt sich weithin sichtbar von den goldgelben bis hellbraunen Felswänden ab. Die Absätze des Stufenbaus wurden aus dem Abhang des Gebirges herausgearbeitet, die Außen- und Hinterwände durch Quadermauern aus feinstem Kalkstein gestützt. Auch die Kulträume sind in den Fels gehauen. Der Tempel war dem Amun von Theben geweiht, neben ihm besaßen hier auch die Göttin Hathor und der Totengott Anubis Kapellen. Ferner waren für den Totenkult der Königin, deren Grab im Tal der Könige in der Tempelachse lag, sowie für ihre Eltern Räume bestimmt. Zum Verständnis der Wandmalereien und Reliefs sei erwähnt, dass Hatschepsut als Königin überall mit den Attributen der Königswürde dargestellt ist, d. h. **mit kurzem Schurz und Bart**.

Anlage

Altar für die Sonne

Baugeschichte

Der Tempel nimmt Elemente des unmittelbar südlich liegenden, in Terrassen erbauten und mit Statuen, Inschriften und Reliefs reich geschmückten Heiligtums der 11. Dynastie auf. Der Bau, der einen Teil des Hofs dieses älteren Tempels einnimmt, teilte die Geschicke seiner Erbauerin. Nachdem der Gemahl der Hatschepsut, Thutmosis II., nach dreijähriger Herrschaft starb, übernahm sie – erst nur als Mitregentin – die Regierungsgeschäfte für ihren minderjährigen Stiefsohn Thutmosis III. und behauptete sie über 20 Jahre. Nach ihrem Tod ließ Thutmosis III. ihre Denkmäler zerstören oder usurpierte sie, indem er ihre Namen durch seinen ersetzte. Unter Amenophis IV. (Echnaton) wurden auch die Bilder und Namen des Amun abgeschlagen und erst später durch Ramses II. schlecht wiederhergestellt. In den folgenden Jahrhunderten blieb der Tempel weitgehend unverändert. Nach der Einführung des Christentums ließen sich hier Mönche nieder und gründeten ein Kloster, das später von der arabisierten Bevölkerung Deir el-Bahari (Nordkloster) genannt wurde.

Zwei Bäume aus Punt

Nördliche und südliche Pfeilerhalle

Von einem heute verschwundenen Taltempel führte eine Sphingenreihe zum Heiligtum hinauf und endete an einem jetzt bis auf wenige Spuren ebenfalls zerstörten Torbau, dem Eingang zum Tempelbezirk. Vor dem Tor standen in gemauerten Behältnissen zwei Perseabäume, deren Stümpfe erhalten sind. Ein Schild markiert die Stelle: »This tree was brought from Punt by Hatshepsut's expedition.«

Die drei Terrassen des Totentempels sind durch Rampen verbunden und durch diese in eine nördliche und eine südliche Hälfte geteilt. Man betritt zunächst den **unteren Hof**, auf dessen Westseite eine Rampe zu einer mit zwei Hallen geschmückten Terrasse führt. Die Rampe ist beiderseits von einer Balustrade eingefasst; links ein sitzender Löwe. Jede der beiden Hallen wurde von zweimal elf Pfeilern getragen, die in der hinteren Reihe sechzehnkantig, in der vorderen vierkantig und oben mit Falken, Geiern und Schlangen geschmückt waren. Von den Inschriften und Reliefs ist wenig erhalten: Auf der Rückwand der nördlichen Halle sehen Sie u. a. Reste der Darstellung eines Teichs, auf dem Sumpfvögel mit dem Netz gefangen werden. An der Rückwand der südlichen Halle (von rechts nach links) ist zu sehen, wie die Königin (Figur abgemeißelt) dem ithyphallischen Amun opfert; Schiffe transportieren zwei Obelisken aus den Steinbrüchen von Assuan nach Theben.

Legende von der göttlichen Abstammung

Geburtshalle

Auf der Rampe steigt man zur **zweiten Terrasse** hinauf, dem mittleren Hof. An seiner Westseite liegen zwei Hallen, rechts die Geburtshalle, links die Punt-Halle. Die elf Pfeiler, die das Dach der **Geburtshalle** tragen, zeigen an allen vier Seiten die gleichen Darstellungen:

Hatschepsut war Pharaonin und ihr Totentempel ein architektonisches Prestigeobjekt.

Amun legt der Königin (ihr Bild stets getilgt) oder Thutmosis III. segnend die Hände auf die Schulter. Die Inschriften und Darstellungen auf den Wänden beziehen sich auf die Zeugung und Geburt der Königin. Beachten Sie die beiden schönen Figuren der Königin-Mutter Ahmes, einmal wird sie als Schwangere von dem widderköpfigen Chnum und der froschköpfigen Heket geführt, das andere Mal steht sie dem ibisköpfigen Thot gegenüber.
Zwei Stufen führen nördlich abwärts in eine **Vorhalle** mit 12 Säulen und schönen Wandreliefs. In der südlichen Wand öffnet sich eine Nische mit Darstellungen der Königin (Bild abgeschlagen) vor verschiedenen Gottheiten; darüber die Königin (ebenfalls entfernt) vor Osiris. Über der Nische der nördlichen Wand opfert Thutmosis III. dem falkenköpfigen Totengott Soker Wein. Drei Stufen führen zu der aus drei Kammern bestehenden **Kapelle des Anubis**. Die vorzüglich erhaltenen Darstellungen zeigen die Königin, deren Figur überall entfernt ist, vor Göttern, meist vor Anubis. Die Säulenhalle, die die Nordseite der Terrasse abschließt, blieb unvollendet.

DEIR EL-BAHARI

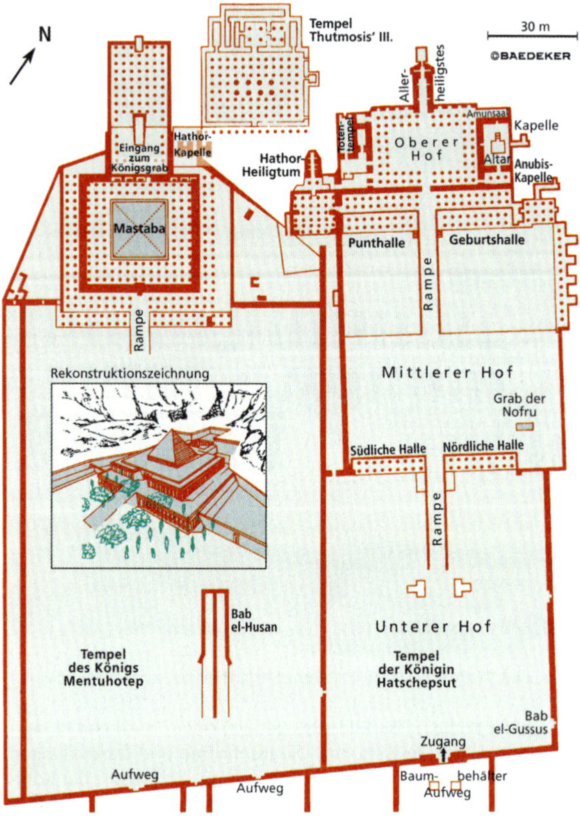

Reise ins Weihrauchland Punt

Punt-Halle

Südlich der Rampe liegt die Punt-Halle, deren Anlage der Geburtshalle genau entspricht. Ihre Wandbilder, die zum Teil zerstört sind, schildern eine unter der Regierung der Königin Hatschepsut unternommene Expedition in das Weihrauchland Punt (afrikanische Somali-Küste). Fünf Schiffe werden losgeschickt, um Luxusgüter zu besorgen, vor allem **Weihrauch für die Kulthandlungen**. An der Südwand sieht man ein Dorf in Punt (heute Somalia). Die bienenkorbförmigen Hütten sind zwischen Palmen und Weihrauchbäumen am Wasser erbaut. Leitern führen zu den Eingängen empor. In der unteren Reihe rechts wird der ägyptische Gesandte vom Fürsten von Punt begrüßt. Die Westwand zeigt links die Landung der ägyptischen Schiffe, rechts die Rückfahrt;

oben die Puntier und Ägypter mit ihren Gaben, die Verehrung der Königin. Die Königin (Bild entfernt) weiht, von ihrem Schutzgeist begleitet, die heimgebrachten Kostbarkeiten dem Amun. Gold und andere Edelmetalle werden gewogen und von der Göttin Seschet registriert. Horus bedient die Waage; hinter ihm der nubische Gott Dedun; unten wird der Weihrauch in Scheffeln gemessen, daneben in Kübeln sieben mitgebrachte Weihrauchbäume, Thot steht dabei und notiert die Zahlen; Thutmosis III. opfert der von Priestern getragenen Amun-Barke Weihrauch; die Königin vor Amun. An der Nordwand: Die Königin sitzt unter einem Baldachin, hinter ihr ihr Schutzgeist, vor ihr die Mächtigen des Reichs, zu denen sie spricht.

Hatschepsut trinkt göttliche Milch

Hathor-Kapelle

An die Punt-Halle stößt, ursprünglich auch von unten her durch eine Treppe zugänglich, ein Heiligtum der Hathor, der kuhohrigen Schutzgöttin der Totenstadt. Aus der zweiten Halle führen zwei Stufen zu der in den Fels gearbeiteten Kapelle hinauf, die aus drei je um eine Stufe erhöhten Räumen hintereinander besteht. Im ersten Raum tragen zwei Säulen eine blaue Sternendecke. Die Wandreliefs zeigen die Königin (getilgt) oder Thutmosis III. vor verschiedenen Gottheiten. Der zweite Raum enthält außergewöhnlich schöne Wandreliefs: Die Königin (getilgt) opfert der Hathor-Kuh. Der dritte Raum besitzt an den Seitenwänden zwei identische, vortreffliche Darstellungen der Hatschepsut, die von der Milch der Hathor-Kuh trinkt.
Auf der oberen Terrasse sind nach jahrelanger Restaurierung seit 2023 die nördliche und südliche Kammer des Amun-Re zugänglich.
Durch ein Granittor, den einzigen Gebäudeteil, der die Jahrtausende unzerstört überdauert hat, geht es zum **obersten Hof** (nicht zugänglich), der dem zentralen Heiligtum des Amun vorgelagert ist. Hier befinden sich u. a. Kapellen für den Kult der Königin und ihres Vaters Thutmosis I. und eine Kultstätte des Sonnengottes Re.

Ältester thebanischer Tempel

★ Totentempel für König Mentuhotep

Unmittelbar südlich an den Tempel der Hatschepsut grenzt der Totentempel des Mentuhotep II., trotz erheblichen Schäden ein bedeutendes Denkmal vom Beginn des Mittleren Reichs. Er wurde als Terrasse mit Pfeilerhalle und Pyramide über den Gräbern des Königs und seiner Familie angelegt und erfuhr während der langen Regierungszeit Mentuhoteps mehrere Erweiterungen und Veränderungen. Er ist der älteste thebanische Tempelbau, der bisher bekannt ist.
Vor dem Hof, der auf der Westseite durch zwei Hallen mit viereckigen Pfeilern abgeschlossen wird, führt eine Rampe zu einer höheren Terrasse, auf der der eigentliche Totentempel mit der Pyramide stand. Hinter einer fast ganz verschwundenen Vorhalle lag der **Hauptraum**, ein großer, von 140 achtkantigen Pfeilern gebildeter Umgang, der den mit schönen Kalksteinplatten verkleideten Unter-

bau der Königspyramide umgab. Ein großer Pfeilersaal, von dessen achtkantigen Pfeilern nur die Basen erhalten sind, und ein im Felsen angelegtes Allerheiligstes schließen den Tempel ab.

Versteckte Mumien

Cachette von Deir el-Bahari

Im Talkessel von Deir el-Bahari entdeckte man 1881 in einem Schacht in einem Versteck (cachette) die Mumien mehrerer Könige, u. a. Amosis I., Thutmosis III., Sethos I. und Ramses II., die in der 21. Dynastie zum Schutz vor Grabschändern hierher verlegt wurden.

Sensationeller Fund in der Talsenke

Nekropole von El-Asasif

Östlich von Deir el-Bahari kommt man in die El-Asasif genannte Talsenke. Hier liegt eine große Nekropole, deren Gräber zum größten Teil zu Beginn der saïtischen Zeit (Spätzeit) angelegt wurden. 2019 fanden ägyptische Archäologen **30 bemalte und beschriftete Holzsarkophage** aus der 22. Dynastie, die etwa 3000 Jahre im Erdboden überdauert hatten. Die Mumien von Männern, Frauen und Kindern sind in einem guten Zustand, der Fund eine Sensation. 2024 stieß man zudem auf ein Familiengrab (12./13. Dynastie), das nicht geplündert war und u. a. Schmuck enthielt. Unter den Resten von Ziegelbauten fällt ein zum Grab des thebanischen Fürsten Mentemhet gehöriger Torbau auf. Die Gräber bestehen aus einem von Ziegelmauern umschlossenen Oberbau und den unterirdischen Grabräumen, zu denen man von Norden her durch ein Tor hinabstieg.

Eintritt 200 LE

Das Grab des Haushofmeisters

Theban Tomb (TT) 279

Ein gutes Beispiel für eine Grabanlage der Saitenzeit ist das Grab des Pabasa, Haushofmeister der Nitokris, der Tochter Psammetichs I. (um 610 v. Chr.). Sein Oberbau ist großenteils zerstört. Zu den unterirdischen Räumen führten eine von Ziegelmauern eingefasste Rampe und eine steile Treppe in eine Vorkammer, die mit Darstellungen und Inschriften im Relief geschmückt ist. Zu sehen ist u a. der Tote am Speisetisch sitzend, vor ihm sein Sohn bzw. ein Priester; daruntersdin Szenen der Totenfahrt nach Abydos abgebildet.

★ Ramesseum

Eintritt 220 LE

Ein riesiges Monument

Totentempel für Ramses II.

Nur etwa die Hälfte des großen, dem Amun geweihten Totentempels von Ramses II. ist erhalten, dennoch macht er Eindruck. Das »Ramesseum« liegt etwa 1,5 km südlich von Deir el-Bahari. Es wird Stück für Stück wiederhergestellt. Ramses, der nach 60 Regierungsjahren mit 90 Jahren starb, wurde im Tal der Könige begraben (KV 7, ► S. 360).

2025 entdeckten Archäologen 2500 bis 3000 Jahre alte Gräber, Verwaltungs- und Lagergebäude, außerdem kleine Kunstgegenstände.

Bilder vom Krieg: die Schlacht von Kadesch

Den Osteingang bildet ein 67 m breiter Pylon, der an der Außenseite stark verfallen ist. An der Innenseite sind die Darstellungen gut erhalten. Sie beziehen sich auf die syrischen Feldzüge von Ramses II., besonders auf den im fünften Regierungsjahr gegen die Hethiter. Der **nördliche Turm** zeigt ganz links die Bilder syrischer Festungen (von einst 18 sind 13 noch gut zu erkennen), die Ramses II. in seinem achten Regierungsjahr zerstört hat. In jeder Festung steht der Name; die Gefangenen werden fortgeführt. In der Mitte sieht man Szenen aus dem Krieg, die sich auf dem südlichen Turm fortsetzen; unten den Marsch des ägyptischen Heeres. Darüber erstreckt sich, von Schilden eingefasst, das ägyptische Lager, in langen Reihen stehen die Kriegswagen, die Pferde sind abgeschirrt. Am **südlichen Turm** wird die gesamte linke Hälfte von der Schlacht bei Kadesch eingenommen: Auf einem Streitwagen sprengt Ramses gegen die Hethiter, die von seinen Pfeilen getötet werden oder in wilder Flucht davoneilen und in die Fluten des Orontes stürzen. Die rechte Hälfte zeigt die bekannte Darstellung des Königs, der die Feinde beim Schopf fasst und erschlägt. An den Innenwänden des Portals die gewohnten Darstellungen von Ramses, der den Göttern opfert. Pylon

Ein riesiges Grabmonument für einen großen Pharao: das Ramesseum

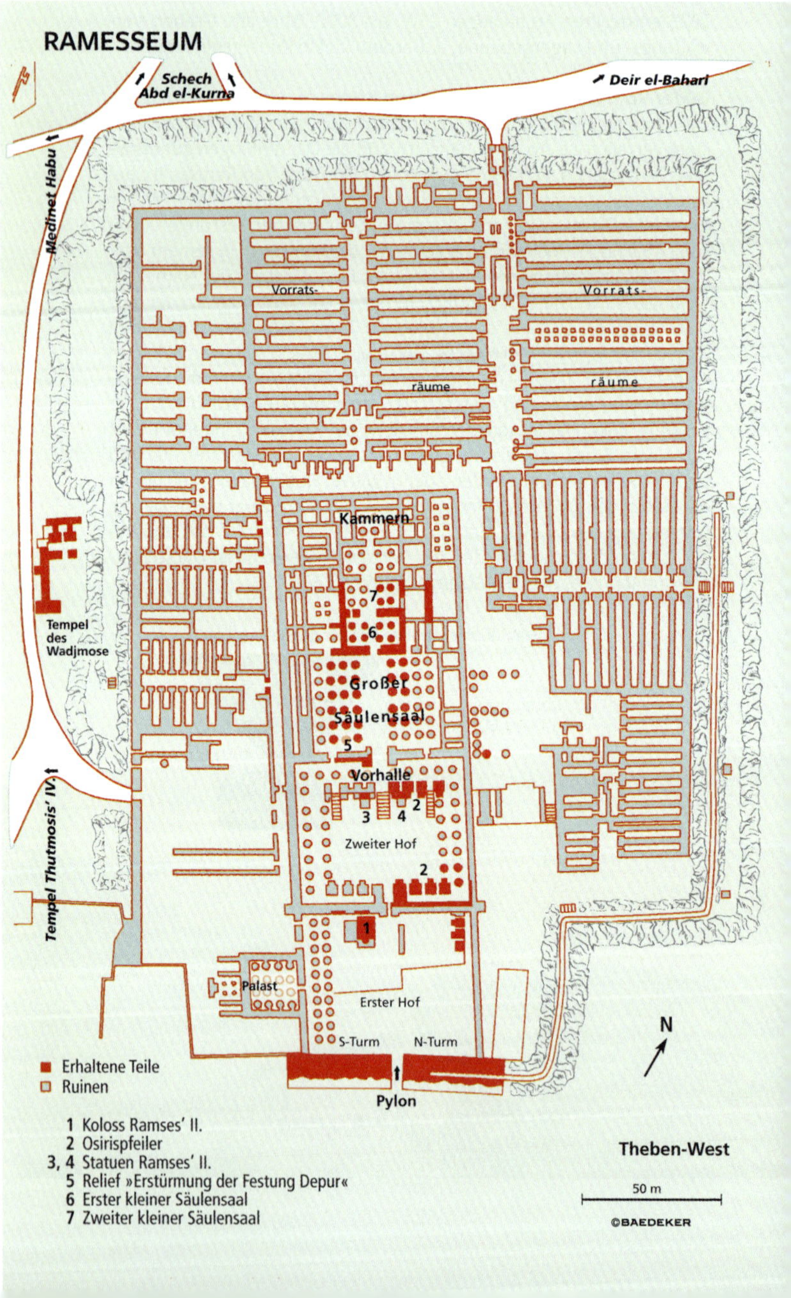
RAMESSEUM
Schech Abd el-Kurna
Deir el-Bahari
Medinet Habu
Vorrats-
räume
Vorrats-
räume
Kammern
7
6
Großer Säulensaal
5
Vorhalle
3
4
2
Zweiter Hof
2
1
Tempel des Wadjmose
Tempel Thutmosis' IV.
Palast
Erster Hof
S-Turm
N-Turm
Pylon
N
Erhaltene Teile
Ruinen
1 Koloss Ramses' II.
2 Osirispfeiler
3, 4 Statuen Ramses' II.
5 Relief »Erstürmung der Festung Depur«
6 Erster kleiner Säulensaal
7 Zweiter kleiner Säulensaal
Theben-West
50 m
©BAEDEKER

Einfach kolossal

Erster Hof, Säulenhalle, zweiter Hof

Der erste Hof ist bis auf Stücke der Westmauer, vor der die Trümmer einer gewaltigen Sitzfigur Ramses' II. liegen, zerstört. Die erhaltenen Teile zeugen von der Sorgfalt, mit der das Riesendenkmal hergestellt und poliert wurde. Die Ausmaße sind gigantisch: Allein das Ohr ist 1 m lang, auf Schulterhöhe beträgt die Breite rund 7 m. Die Gesamthöhe betrug wohl 17,5 m, das Gewicht über 1000 t.
An der Südseite des Hofs lag eine jetzt völlig zerstörte Säulenhalle, einst die Front eines bis auf geringe Reste verschwundenen Königspalastes. Der **zweite Hof**, der besser erhalten ist als der erste, war rechts und links von doppelten, jetzt fast ganz zerstörten Säulengängen umgeben. An der Vorderseite standen viereckige Pfeiler mit Osiris-Statuen, an der Rückseite eine erhöhte Terrasse mit Osiris-Pfeilern und Säulen. Säulenschäfte zeigen Darstellungen des opfernden Ramses; auch die Osiris-Figuren, deren Köpfe meist abgeschlagen sind, stellen Ramses II. dar. Am erhaltenen Teil der Vorderwand sind durch ein Fernglas bemerkenswerte Reliefs mit Farbspuren gut zu erkennen: der König in der Schlacht bei Kadesch, alle Kämpfer überragend, auf dem Streitwagen; die Hethiter von seinen Pfeilen erlegt, rechts die Festung Kadesch.

Ein Familienbild

Vorhalle und Großer Säulensaal

Zu der auf einer Terrasse liegenden Vorhalle führten drei Treppen, deren nördliche sehr gut erhalten ist. Von der Rückwand ist nur der südliche Teil noch vorhanden. Auf den drei Reihen Darstellungen: unten die 11 Söhne des Königs; in der Mitte der König, in den Tempel geführt von Atum und dem falkenköpfigen Mont, der ihm das Schriftzeichen »Leben« an die Nase hält, rechts der König vor den drei thebanischen Hauptgöttern kniend, hinter ihm Thot, der den Namen des Königs in einen Palmzweig schreibt. An die Vorhalle schließt sich der **Große Säulensaal** an: Das höhere Mittelschiff, dessen Decke zum Teil erhalten ist, hat 12 Säulen mit offenen Kapitellen, die niedrigeren Seitenschiffe haben 12 Säulen mit geschlossenen Kapitellen. Elf Säulen von jeder Art stehen noch. An den Säulenschäften ist Ramses II. den Göttern opfernd dargestellt.

Der König unter dem heiligen Baum

Erster und zweiter kleiner Säulensaal

Im folgenden ersten kleinen Säulensaal tragen acht Säulen mit geschlossenen Kapitellen die gut erhaltene Decke, die mit astronomischen Darstellungen und Bildern des Königs vor den Göttern geschmückt ist. Auf dem nördlichen Teil der Westwand sitzt der König unter dem heiligen Isched-Baum von Heliopolis, auf dessen Blätter der Gott Atum (links auf dem Thron), die Göttin Sechet und Thot (rechts) den Namen des Königs schreiben. Vom zweiten kleinen Säulensaal ist nur die rechte (nördliche) Hälfte mit vier Säulen erhalten.

Und noch ein Totentempel

Totentempel Thutmosis' III.

Etwa 500 m nordöstlich des Rameseums liegt in einer modernen Umwallung der Totentempel Thutmosis' III. Seine antiken Umfassungsmauern sind z. T. aus dem Felsen geschnitten, z. T. aus Luftziegeln aufgemauert. Die inneren Räume sind weitgehend zerstört.

Gräber in Scheich Abd el-Qurna

Eintritt je nach Grab zwischen 50 und 200 LE

Gräber für Würdenträger, Beamte und Priester

Privatgräber

Die meisten verbinden das nördlich des Ramesseums am Bergfuß gelegene Dorf zuallererst mit den Familienclans der Grabräuber, die bis 2009 zwangsumgesiedelt wurden, um weitere Raubzüge über geheime Schächte und Tunnel zu unterbinden.
Hier gibt es einige Felsengräber aus der Zeit der 18. Dynastie. Ihre Nummerierung folgt der archäologischen Zählweise (»TT« steht für »Theben Tomb«). Zusammen mit den östlich davon gelegenen Gräbern von El-Chocha gehören die Felsengräber von Schech Abd el-Qurna zum wichtigsten und größten Bezirk der thebanischen Privatgräber in den Vorbergen des westlichen Randgebirges. Hier wurden Großwürdenträger, hohe und niedere Beamte und Priester des Neuen Reichs bestattet. Der südliche Bezirk umfasst die Gräber im Hügel von Kurnet Murai und im Tal von Deir el-Medina, der nördliche Bezirk die in dem Abhang von Dra Abu el-Naga gelegenen Gräber. Bislang wurden **rund 415 Gräber** entdeckt und gesichert; Dutzende weitere sind aus Texten bekannt, aber noch nicht gefnden.
Die **Grabanlagen** bestehen in der Regel aus drei Räumen, einem Vorhof, einer breiten Halle, deren Decke häufig von Säulen oder Pfeilern getragen wird, und einem anschließenden Korridor, hinten mit einer Nische für die Statuen des Verstorbenen und seiner Lieblingsverwandten, zum Teil auch mit je einer kleinen Kammer an den Seiten. Auf dem Platz vor dem Grab wurden Totenopfer dargebracht. Die bunten Darstellungen innen, die wegen der schlechten Beschaffenheit des Kalkgesteins meist nicht eingemeißelt, sondern auf die mit Nilschlamm geglätteten und geweißten Wände aufgemalt sind, bieten vielfach **die kostbarsten Werke ägyptischer Malerei** und sind für die Kenntnis des Lebens im Neuen Reich besonders wichtig. Die Schmalwände der Halle ahmen große Grabsteine nach. Auf einem stehen gewöhnlich Gebete für den Toten, auf dem anderen seine Lebensgeschichte. Die Langwände zeigen den Verstorbenen bei der Erfüllung seiner irdischen Pflichten. Im Korridor werden die Zeremonien des Begräbnisses geschildert.

Kleine Übersicht

Gräbergruppen

Die Gräber von Schech Abd el-Qurna gliedern sich in vier Bezirke.

Den ersten bilden die im Ost- und Nordhang des Hügels gelegenen Gräber, die von einer niedrigen Steinmauer, der **»Oberen Umwallung«**, umschlossen sind, westlich der Straße vom Ramesseum nach Deir el-Bahari.
Die zweite Gruppe umfasst die in der Ebene zwischen dem Ramesseum und der Oberen Umwallung gelegenen Gräber, die dritte die Gräber der **»Unteren Umwallung«**, die zwischen der Nordostseite des Hügels von Schech Abd el-Qurna und dem Hügel von El-Chocha, östlich der Straße vom Ramesseum nach Deir el-Bahari liegen. Die vierte Gruppe bilden die Gräber von El-Chocha nordöstlich der Unteren Umwallung. Wendet man sich vom Ramesseum in Richtung Norden der Ostseite des Gräberbergs zu, so betritt man die Obere Umwallung durch das südliche Tor.

Rechmire

Gegenüber dem Eingang liegt das Grab des Rechmire, **Wesir unter Thutmosis III. und Amenophis II.** Es besteht aus einem Vorplatz und einem breiten Saal, aus dem ein langer Korridor von beträchtlicher, zunehmender Höhe in den Felsen führt. An seinem Ende, etwa 5 m über dem Boden, eine kleine, ursprünglich durch eine Scheintür geschlossene Nische (Serdab), in der eine Statue des Verstorbenen stand. Im Saal an der linken Eingangswand sitzt rechter Hand Rechmire und empfängt Bittsteller; weiter links Leute mit Abgaben. An der Rückwand begrüßt Rechmire ausländische Gesandtschaften mit Geschenken, darunter: 1. die Leute von Punt mit Weihrauch- oder Myrrhebäumen; 2. die Fürsten von Keftiu (Kreta) und den Inseln des ägäischen Meers mit Prachtgefäßen; 3. Nubier mit Panther, Pavian, Giraffe, Gold und Fellen; 4. Syrer mit Wagen, Pferden, einem Elefanten und Bär sowie Prachtgefäßen; 5. Leute aus dem Süden, Männer, Frauen, Kinder. Außerdem sind eine große Festgesellschaft und weitere Bilder mit Trauerriten zu sehen. TT 100

Sennefer

Die unterirdischen Grabkammern des Sennefer, unter Amenophis II. **Fürst in Theben** und Verwalter der Gärten des Amun-Tempels, zeichnen sich durch die bewundernswerte Frische der Bilder aus. Die oberen Räume sind nicht von Interesse. Eine steile Treppe führt hinunter zu einem Vorzimmer und einem Saal mit vier Pfeilern. Die **Wandbilder** sind durchweg religiösen Inhalts. Die Decke im Vorraum ist als Weinlaube mit Ranken und dunklen Trauben bemalt. Die Decke des Pfeilersaals ist zum Teil mit Weinranken, zum Teil mit Flechtmustern bemalt. Über der Tür zwei liegende Hunde (Anubis), darunter und auf den Pfosten die üblichen Totengebete. Auf der linken Eingangswand der Verstorbene und seine Schwester Merit beim Heraustreten aus dem Grab; dahinter beide auf einer Bank sitzend. An der linken Wand ist das **Leichenbegräbnis mit den zugehörigen** TT 96

Zeremonien dargestellt; diesen sieht der Verstorbene (links) zu. An der Rückwand sitzen der Verstorbene und seine Schwester beim Mahl, Priester vollziehen die Totenopfer.

Amenemhet

TT 82 Weiter geht es bergan zum Grab des Amenemhet, in der Zeit Thutmosis' III. **Kornzähler, Schreiber und Hausvorsteher des Wesirs User**. Beachtenswert sind die Reste der Darstellung eines Gastmahls mit Musikanten an der linken Rückwand; darunter ein Stierkampf. Im Korridor, an der linken Wand: Begräbnisfeier und Totenfahrt nach Abydos; rechte Wand: Totenmahl mit Musikanten und Opferträgern.

Enene

TT 81 Der **Fürst und Vorsteher des Amunspeichers** Enene lebte am Anfang des Neuen Reichs und war auch Bauleiter am Grab Thutmosis' I. Die Anlage des Grabs weicht von derjenigen anderer ab. Die Halle ist vorn offen und nur durch Pfeiler begrenzt. Die Darstellungen schildern das Leben des Verstorbenen: Szenen aus Fischerei, Ernte, Feldbau, Jagdszenen (eine Hyäne ist von einem Pfeil ins Maul getroffen und bäumt sich auf, ein Hund springt auf sie zu); Bauern, die Abgaben bringen; Enene Tributgaben empfangend, jagend in den Sümpfen und vieles mehr.

Haremhab

TT 78 Das Grab des **Generals unter Thutmosis IV.** liegt in der obersten Reihe. Im ersten Quersaal, rechts und links des Eingangs, ist ein Gastmahl mit Lautenspielerinnen dargestellt. An der linken Rückwand übergibt Haremhab dem König die Abgaben der Bauern, an der rechten Wand zu sehen sind Leichenfeier und Jagd in den Sümpfen, darunter Vogelfang mit dem Schlagnetz.

Menna

TT 69 Beim Nordtor der Oberen Umwallung liegt das Grab des Menna, des **Ackervorstehers und Feldvermessers** in der 18. Dynastie. An der rechten Eingangswand des ersten Raums empfangen der Verstorbene und seine Frau Opfergaben; Verwandte tragen Blumen und Speisen herbei. An der linken Eingangswand beaufsichtigt der Verstorbene Feldarbeiten; oben wird das Feld mit dem Strick vermessen. Auf der rechten Rückwand sind der Tote und seine Verwandten beim Mahl zu sehen, auf der linken Schmalwand zu Osiris betend. Im zweiten Raum sind auf der linken Wand das Begräbnis und das Totengericht vor Osiris dargestellt; an der rechten Wand bemerkenswerte Bilder, die den Verstorbenen auf der Jagd in den Sümpfen, die Totenfahrt nach Abydos und die Zeremonien vor der Mumie zeigen. Bemerkenswert sind die gut erhaltenen Deckenmuster.

Ebenmäßige Züge: Ramose und seine Frau im Grab TT 55

Gräber an der Straße nach Deir el-Bahari

Die Gräber in den Schutthügeln zwischen dem Ramesseum und der Oberen Umwallung, westlich der Straße nach Deir el-Bahari, gehören zu den sehenswertesten des ganzen Friedhofs.

Gräber in der Ebene

Ramose

★ TT 55 Eintritt 60 LE

Das größte und historisch wie kunstgeschichtlich wichtigste Grab. Ramose war unter Amenophis IV. **Vorsteher der Hauptstadt und Wesir**. Es entstand zu Beginn der Regierung des »Ketzerkönigs« und ist eines der wenigen Denkmäler, die der Zeit des Übergangs zur ausschließlichen Verehrung des Sonnengestirns angehören. Infolge der Verlegung des Hofs von Theben nach El-Amarna blieb es unvollendet. Von den Darstellungen, z. T. in feinem Flachrelief, zeigen die meisten noch den alten Stil der Zeit Amenophis' III. Neben ihnen stehen aber schon mehrere in den neuen Formen der Amarna-Kunst.

Vom offenen Hof betritt man den **großen Säulensaal**. An der linken (nördlichen) Hälfte der Ostwand feine, im Stil Amenophis' III. gehaltene Reliefs. Ramose und seine Frau, von Beamten gefolgt, bringen

Opfergaben. Hinter dem Toten stehen seine Frau Meritptah, vor ihm seine drei Töchter; unten wird das Reinigungswasser über den Toten gegossen. Weiterhin: Ramose und seine Frau sowie ein anderes Paar empfangen von Dienern allerlei Opfergaben. In der Ecke führt ein schräger Schacht in die **Sargkammer**. Auf der linken Hälfte der Westwand sitzt Amenophis IV., der noch auf die alte Weise als gesunder Mann dargestellt ist, mit der Wahrheitsgöttin Maat unter einem Baldachin, vor dem zweimal der Wesir Ramose steht. Auf der rechten Hälfte (im Amarna-Stil) stehen der König, hier in naturgetreuer Darstellung, und seine Gemahlin auf dem Balkon des Palastes, sie sehen zu, wie Ramose mit der goldenen Kette, die sie ihm zugeworfen haben, geschmückt wird. Im **Durchgang zum tiefen Saal** sind links Ramose und seine Frau (nur z. T. erhalten) betend dargestellt. Rechts schreiten beide in das Grab. Der von acht Papyrusbündelsäulen getragene, tiefe Saal ist unvollendet und ohne Schmuck.

Userhet – »Schreiber, der die Brote berechnet«

TT 56 Südlich neben dem Grab des Ramose liegt das Grab des Userhet aus der Zeit Amenophis' II., mit sehr guten Wandbildern und hübschen Deckenmustern. An der rechten Hälfte der Rückwand bringt der Verstorbene dem König Gaben dar; links davon die **Vorratsräume mit Brot aller Art**; links unten Barbiere bei der Arbeit. Die linke Wand des Korridors zeigt den Verstorbenen auf seinem Wagen bei der Jagd auf Gazellen und in den Sümpfen; unten Fischfang und Weinbereitung. Auf der rechten Wand Begräbnisszenen.

Neferhotep

TT 50 Etwas östlich, dicht an der Straße, liegen an einem Hof vier Gräber. Im Süden das Grab des Neferhotep, **Priester unter König Haremhab**, das vom Anfang der 19. Dynastie stammt und in seinen versenkten Reliefs bereits die Lebendigkeit der Grabbilder der 18. Dynastie vermissen lässt. In dem ersten breiten Raum sind sehr schöne Deckenbilder erhalten; an der Rückwand unten links ein **Harfenist.** Das Grab wurde nach über 20jähriger-Restaurierung, u. a. mit Laserreinigung, 2024 wiedereröffnet.

Nacht – Bilder von Bauern und Musikantinnen

★ TT 52 Selbst wer in Ägypten noch nie ein Grab von innen gesehen hat, ein Bild aus diesem Grab kennt er vermutlich von den überall verkauften Papyri: die Darstellung der drei Musikantinnen. Aber der Reihe nach. Am nördlichsten, unweit des nördlichen Tors der Oberen Umwallung, liegt das Grab des Nacht, eines Beamten und Amunpriesters der 18. Dynastie. Sein Ende des 19. Jh.s entdecktes Grab bzw. seine Darstellungen haben etwas ganz besonders Berührendes.

Das oberirdische Zimmer ist mit bestens erhaltenen Wandgemälden geschmückt. Aufmerksamkeit verdienen die **Szenen aus der Land-**

wirtschaft. Nacht sieht den Feldarbeiten zu: pflügen, hacken, säen. Zwei Männer zerklopfen mit Hämmern die harten Schollen; links trinkt ein Arbeiter aus einem Schlauch, der an einem Baum hängt; ein Mann fällt einen Baum; oben sieht Nacht den Erntearbeitern zu, die in drei Reihen dargestellt sind. Unten sicheln drei Männer das Getreide ab, hinter ihnen liest eine Frau die Ähren, zwei Männer packen die Ähren in einen Korb, zwei Frauen reißen Flachs aus. In der Mitte wird das gedroschene Getreide gemessen; oben wird Getreide gereinigt. Links bringen der Tote und seine Frau ein Opfer.

In der linken schmalen Wand **eine gemalte Tür aus rosa Granit**; im oberen Feld: der Tote und seine Frau beim Essen; neben der Tür Diener mit Opfergaben; unter der Tür ein Haufen von Opfergaben, neben dem zwei Baumgöttinnen und zwei Diener stehen. An der linken Stirnwand: Rechts unten sitzen der Verstorbene und seine Frau vor dem Speisetisch auf einer Bank, unter der eine Katze einen Fisch frisst. An der rechten Stirnwand unten sitzen der Verstorbene und seine Frau in einer Laube, Diener bringen Blumen, Weintrauben, Geflügel – und **drei Frauen spielen Harfe, Flöte und Laute**. Links sitzen in zwei Reihen Verwandte; oben: ein **blinder Harfenspieler**, Frauen sitzen am Boden und unterhalten sich. Rechts werden Vögel gefangen und gerupft; darüber Weinernte und Weinpresse; oben links sitzen der Verstorbene und seine Frau; rechts der Grabherr beim Fischestechen und auf der Vogeljagd. An der rechten Schmalwand (unvollendet): Nacht und seine Frau vor dem Speisetisch, Verwandte bringen ihnen Opfergaben. An der rechten Eingangswand bringen der Verstorbene und seine Frau, denen drei Reihen von Dienern folgen, ein Opfer.

Innerhalb der Unteren Umwallung

Auch in diesem Bezirk, den man am besten vom Grab des Nacht oder vom Grab des Menna her besucht, liegen interessante Gräber.

Amenemopet, genannt Ipy

Amenemopet war zu Beginn der 19. Dynastie **Oberhausvorsteher des Amun**. An den Pfeilern des ersten Saales Statuen des Verstorbenen; an den Wänden Denkinschriften und religiöse Bilder des Verstorbenen und seiner Gemahlin Nedjmet. TT 41

Amenmose

Sehenswert ist auch das Grab des Amenmose, **Vorsteher der nördlichen Fremdländer** (18. Dyn.). An der linken Rückwand und der linken Schmalwand des ersten Pfeilersaales führt der Verstorbene dem König die Tribute der asiatischen Völker vor. TT 42

Djeserkereseneb

TT 8 Djeserkereseneb war unter Thutmosis IV. Kornzähler des Amun. An der rechten Rückwand des ersten Raums eine vorzügliche Darstellung eines Mahls, mit Musikantinnen und Tänzerinnen vor dem Toten und seiner Schwester.

Gräber am und im El-Chocha

Von den Gräbern, die südlich des Hügels El-Chocha oder in diesem liegen, verdienen insbesondere die folgenden einen Besuch:

Neferronpet

TT 178 Die gut erhaltenen Wandbilder und Deckenornamente der Kammern im Grab des Neferronpet, eines **Beamten der Schatzverwaltung** des Amun-Re unter Ramses II., sind charakteristische Beispiele für die Kunst der Ramessidenzeit. In der ersten Kammer Begräbnisszenen; an der Rückwand der zweiten Kammer vier Statuen.

Surer

TT 148 Etwas östlich des Neferronpet-Grabs liegt das Grab des Surer, mit vollem Namen Amenemhet. Die großartige, dem Ramose-Grab ähnliche Anlage aus der Zeit Amenophis' III. besitzt wundervolle Reliefs im besten Stil dieser Periode. An den offenen Hof schließt sich ein Quersaal mit kannelierten Säulen an; an der rechten Rückwand ist der König thronend dargestellt. Weiter rechts werden Statuen gezogen. Die von Papyrussäulen getragene, im Felsen angelegte Halle ist unvollendet und erheblich beschädigt.

Nebamun und Ipuki

TT 181 Am Südabhang von El-Chocha liegt das Grab von Nebamun und Ipuki, zwei Bildhauern vom Ende der 18. Dynastie. Die Grablege besitzt farblich ausgezeichnet erhaltene Wandbilder. An der linken Eingangswand des Querraums opfert Nebamun seiner Mutter; unten empfangen Ipuki und seine Frau die Opfergaben ihrer Verwandten. An der rechten Eingangswand betet der Tote zum vergöttlichten König Amenophis I. und zur Königin Nofretete.

★ Tempel und Friedhof von Deir el-Medina

Tempel und zwei Gräber 220 LE, Grab des Peschedu 120 LE

Im Dorf der Handwerker

Tempel für Hathor und Maat

Etwa 1 km westlich des Ramesseums, am Weg zum Tal der Königinnen, liegt in einer kahlen Schlucht der kleine, von einer hohen Ziegelmauer umschlossene Tempel von Deir el-Medina. Sein Bau wurde

von Ptolemaios IV. Philopator begonnen und unter Philometor und Euergetes II. vollendet; geweiht war er hauptsächlich der Totengöttin Hathor und der Göttin der Wahrheit Maat. Der zierliche Bau ist aus Quadern aufgeführt, die glatte Fassade, mit vielen griechischen und koptischen Einritzungen, von einer Hohlkehle bekrönt. In christlicher Zeit lebten hier Mönche, die im Bildersturm viele Inschriften und Reliefbilder auskratzten oder schwärzten; nach ihnen ist der Ort benannt (Deir el-Medina = Kloster der Stadt).
Sie betreten durch einen Vorraum den kleinen, durch zwei Säulen mit reichen Pflanzenkapitellen und zwei Pfeilern mit Hathorköpfen abgegrenzten **Vorsaal**. An den Wänden sind vertiefte Reliefs zu sehen, die den König vor verschiedenen Göttern opfernd zeigen. In der **mittleren Kapelle** sieht man Philopator, teils mit seiner Schwester Arsinoë, vor Göttern opfernd; an den Eingangspfosten vier stierköpfige Götter. Die **linke Kapelle** enthält in guten Reliefs an der linken Wand das Totengericht, rechts thront Osiris, vor ihm der Fetisch des Emeuet, die vier Totengenien auf einer Lotosblume, der »Fresser der Unterwelt« in Flusspferdgestalt und Harpokrates auf einem Krummstab sitzend. An der Rückwand räuchert Philopator vor Osiris und Isis. Die Reliefs der rechten Kapelle zeigen den König vor Göttern.

Für die Handwerker

Dorf-friedhof

Südlich des Tempels liegen im Tal zwischen den Westbergen und dem Hügel Kurnet Murai die Trümmer einer Siedlung, in der die Steinmetze, Stuckateure, Schreiner, Maler und andere wohnten, die im Tal der Könige arbeiteten. Im Berg westlich der Siedlung befindet sich der Dorffriedhof. Vermutlich waren die Gräber einst mit einer kleinen Ziegelpyramide bekrönt, die heute teilweise rekonstruiert ist. In den Gräbern der Ramessidenzeit sind die Darstellungen aus dem täglichen Leben, die den Reiz der Gräber der 18. Dynastie ausmachen, fast ganz verschwunden und durch konventionelle Opferszenen, die Wiedergabe des Begräbnisses und durch Bilder aus dem Totenbuch ersetzt.

Grab des Sennedjem

★ TT 1

Von der Talsohle steigt man den Abhang hinauf zum Grab des Sennedjem aus der Ramessidenzeit (19. Dyn.) mit überwölbter Sargkammer und reizvollen Wandmalereien sowie Bildern religiösen Inhalts. Außerdem enthält das Grab eine interessante Darstellung des Totenmahls. Besonders schön ist die Darstellung des »Gefildes der Seligen«, des ägyptischen Paradieses, das von breiten Kanälen durchzogen ist, an deren Ufer die Natur üppig gedeiht.

Familiengräber des Amennacht, Nebenmaat und Chaemtore

TT 218 bis TT 220

Neben dem Grab des Sennedjem liegen die Familiengräber von Amennacht, Nebenmaat und Chaemtore aus der Ramessidenzeit. Eine Treppe führt zu einer Kammer mit gewölbter Decke und religiösen Darstellungen; über dem Eingang die Hathor-Kuh. Weiter geht es zu einer Vorkammer ohne Bildschmuck und links auf Stufen zur Kammer des Nebenmaat; an der rechten Wand Anubis an der Bahre; an der Rückwand die Leichenfeier am Grab; hinter der Pyramide reicht eine Göttin die Sonne aus dem Berg.

Peschedu

★ TT 3

Weiter südlich liegt das Grab des Peschedu (Ramessidenzeit). Eine steile Treppe führt in die Tiefe zu mehreren Kammern und durch einen niedrigen Durchgang, an dem rechts und links die Kapelle mit dem liegenden Anubis-Schakal dargestellt ist, in den Sargraum. An der rechten Eingangswand der Verstorbene unter einer Palme im Gebet am Boden liegend, die bekannteste Szene aus dem Grab.

Ipuj

★ TT 227

In den obersten Gräberreihen liegt das Grab des Ipuj, **Bildhauer aus der 19. Dynastie**. An der rechten Schmalwand zeigen sehr hübsche Darstellungen die Anfertigung der Grabausrüstung (zwei Kapellen werden gezimmert). An der rechten Eingangswand Bilder aus dem Alltag: eine Weinpresse, Handwerker bei der Arbeit, Fischfang.

★ Tal der Königinnen (Biban el-Harim)

Eintritt für 3 Gräber 220 LE, Nefertari-Grab 2025 geschl.

Kleine Wanderung

Lage und Besichtigung

Von Deir el-Medina führt ein Fußweg (1,5 km) über eine Anhöhe an mehreren Denkinschriften vorbei ins Tal der Königinnen, wo übrigens nicht nur Frauen beigesetzt sind. Gleich auf der ersten Inschrift ist Ramses III. vor den Göttern Amun und Ptah dargestellt. Dann weiter aufwärts durch ein Gebirgstal, in dessen malerische Kalksteinwand Gebete an die Gottheiten der Totenwelt eingemeißelt sind. Hier trifft der Pfad auf den heute gebräuchlichen, von Medinet Habu (► S. 388) kommenden Weg. Beide Wege münden in einen schönen Talkessel.

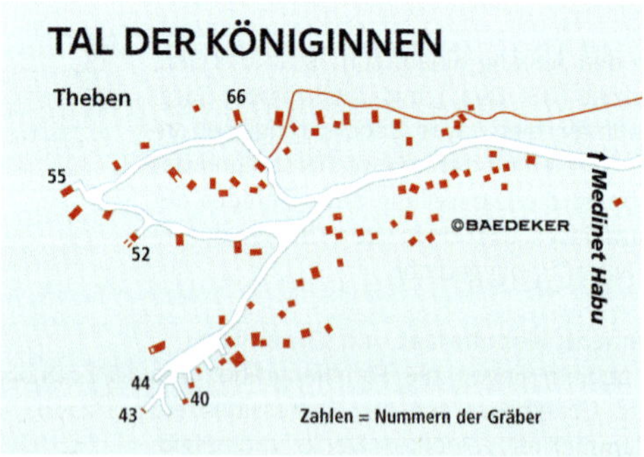

Die Gräber im Tal der Königinnen gehören meist der 19. und 20. Dynastie an. Insgesamt kennt man heute knapp 100 Gräber, von denen die meisten untersucht sind. Viele sind unvollendet oder ganz ohne Ausschmückung geblieben und gleichen einfachen Felsenkellern. In Stein gehauene Darstellungen finden sich selten; als einzigen Wandschmuck gibt es Malereien auf Stuck. Im Folgenden eine Auswahl; die Nummerierung folgt der archäologischen Zählweise: QV steht für Queens Valley.

Titi

Das Grab der Königin Titi besteht aus einem Vorraum, einem langen Gang und einer größeren Kapelle, an die sich beiderseits und hinten je ein Gemach anschließt. Aus dem Vorraum tritt man in den langen Gang, an dem vorne rechts und links die Göttin Maat den Eintretenden mit ihren Flügeln schützt. An den Wänden links die Königin vor Ptah, Re-Harachte (Morgensonne), den beiden Totengenien Amset und Duemutef sowie der Göttin Isis; rechts steht die Königin vor Thot, Atum (Abendsonne), den beiden Totengenien Hapi und Kebehsenuf sowie Nephthys, der Schwester der Isis. Am Ausgang die Göttin Selket (mit Skorpion auf dem Kopf) sowie Neith, die große Herrin von Saïs. In der Kapelle finden sich Bilder von Göttern und Dämonen. In dem südlichen Seitenraum, auf der Rückwand links, die Totengöttin Hathor in Kuhgestalt in einer Gebirgslandschaft. Im hinteren Gemach auf der Rückwand der thronende Osiris, vor ihm Neith und Selket, hinter ihm Nephthys und Isis (nebeneinander) sowie Thot; an den Wänden Totengenien und Götter vor Speisetischen. QV 52

Amenherchopschef

Gut erhaltene Farben zeichnen das Grab des Prinzen Amenherchopschef aus, eines Sohnes von Ramses III. Im ersten Saal ist der König dargestellt, der Isis umarmt; weiterhin Ramses III., vom Prinzen begleitet, vor Ptah räuchernd. Den König fassen verschiedene Gottheiten bei der Hand. Die Seitengemächer sind ohne Darstellungen. QV 55

Nefertari, die Lieblingsfrau Ramses' II.

★ QV 66

Eines der schönsten Gräber in Theben-West ist das Grab der Nefertari. Das 1904 entdeckte Grab weicht in seiner Anlage von den übrigen Königinnengräbern ab, die rund 3250 Jahre alten Malereien sind erlesen. Sie waren durch Feuchtigkeit und Salzausblühungen gefährdet und wurden von italienischen Konservatoren restauriert.

Auf einer Treppe steigt man zum ersten Raum hinab, an dessen Wänden sich eine Bank entlangzieht, die für die Opfergaben bestimmt war. Die Inschriften enthalten religiöse Texte aus dem 17. Kapitel des Totenbuchs. Die begleitenden Darstellungen zeigen die **Königin unter einem Baldachin beim Brettspiel**. Ihre Seele erscheint als Vogel mit Menschenkopf. Die Königin betet kniend die von zwei Löwen getragene Sonne an. Die wundervollen Darstellungen sind im feinsten Relief auf Stuck ausgeführt und bemalt; besonders bemerkenswert sind die **Bilder der Königin**. An den Wänden der rechten Seite

Szenen aus dem Totenbuch schmücken die Wände im Nefertari-Grab.

betet die Königin vor Osiris zu dem Sonnengott Harachte und zur Göttin des Westens; ganz rechts hinten eine ähnliche Darstellung der Königin, der Isis folgt, vor dem skarabäenköpfigen Chepre.
An der gegenüberliegenden Seite erkennen Sie die Göttin Selket. Die Darstellungen der Seitenkammer zeigen (von rechts nach links) u. a. den Gott Chnum, von Isis und Nephthys begleitet, sowie die Königin, den heiligen Stier und sieben heilige Kühe anbetend. Den Architrav der Tür ziert die Göttin Maat mit ausgebreiteten Flügeln. Der nun folgende Pfeilersaal war für den Granitsarg der Königin bestimmt.

Medinet Habu

Eintritt 220 LE

Stadt des Habu

Südlichste Tempelgruppe

Südöstlich des Tals der Königinnen liegt in der Ebene, vor der Kulisse der Wüstenberge und hinter einer gewaltigen Umfassungsmauer, die südlichste Tempelgruppe des thebanischen Westufers, Medinet Habu (Stadt des Habu).

Der älteste Tempel der Anlage

Durch das Hohe Tor

Durch das beiderseits von kleinen Wächterhäusern eingefasste Tor in der Außenmauer gelangt man zum festungsartigen zweistöckigen Hohen Tor, das hier statt der üblichen Pylonen und Steinportale den

Eingang bildete. Es lag in einer **großen inneren Ziegelmauer**, die alle Tempelanlagen umschloss und mit dem Palast des Königs in Verbindung stand. Es diente zeitweilig als Aufenthaltsort des Pharaos und seines Harems und war dementsprechend dekoriert. So zeigen Reliefs den **Frauen kosenden König**. Die Fenster gewähren einen schönen Blick auf Tempelgebäude und Stadtruinen im Westen sowie auf die Ebene im Osten. Auch in den unzugänglichen anderen Gemächern ist der familiäre Umgang des Königs mit seinen Favoritinnen und Kindern dargestellt. Einige Reliefbilder sind auch von unten zu sehen, bemerkenswert ist der eigentümliche Kopfputz der Haremsdamen, auf einem anderen Bild sieht man den auf einem Stuhl sitzenden König, umgeben von fünf Mädchen.
Im folgenden offenen Hof stehen links drei Kapellen für die Gottesgemahlinnen, u. a. **Amenerdaïs**, die unter Psammetich I. regierte, und rechts ein kleiner **Tempel aus der 18. Dynastie**, der unter Hatschepsut und Thutmosis III. begonnen und zur Zeit der Alleinherrschaft Thutmosis' III. vollendet wurde. Er ist das älteste erhaltene Bauwerk von Medinet Habu. In den Räumen sind die Bilder und Inschriften der Königin weggemeißelt oder durch andere ersetzt worden. Einige Bilder zeigen Thutmosis III. vor verschiedenen Göttern opfernd. Östlich begrenzt den zweiten Hof der zweite Pylon mit Reliefdarstellung des Taharka, der seine Feinde beim Schopf fasst und erschlägt. Etwas nördlich erstreckt sich der **Heilige See**, ein 18 m^2 großes Wasserbecken, mit zwei Treppenanlagen. Gut 40 m nordwestlich des Sees liegt ein Nilmesser. Durch eine Tür gelangen Sie in einen Korridor, von dem die Treppe des Nilmessers in 20 m Tiefe führt. Zwischen Totentempel der Amenerdaïs und Nilmesser steht ein kleines Tor mit Inschriften des Kaisers Domitian.

★ Haupttempel Ramses' III.

Das eindrucksvollste Gebäude von Medinet Habu

Vorbild Ramesseum

Der Haupttempel Ramses' III. ist exakt nach dem Vorbild des Ramesseums ausgeführt und war wie dieses dem Amun und dem Totenkult des verstorbenen Königs geweiht.

Bilder vom Heldenmut

Erster Pylon

Der mächtige erste Pylon bildet einen beeindruckenden Eingang. Auf der Vorderseite beider Türme werden die kriegerischen Erfolge des Königs verherrlicht. Am rechten Turm fasst der König vor Amun-Re-Harachte seine Feinde beim Schopf und erschlägt sie mit der Keule. Der falkenköpfige Gott überreicht ihm das Sichelschwert und führt ihm an Stricken die eroberten Länder zu. Am linken Turm ähnliche Darstellungen Ramses' III. vor Amun-Re. Diese Bilder finden ihre Fortsetzung an der Rückseite des ersten Pylonen und an den Wänden

MEDINET HABU

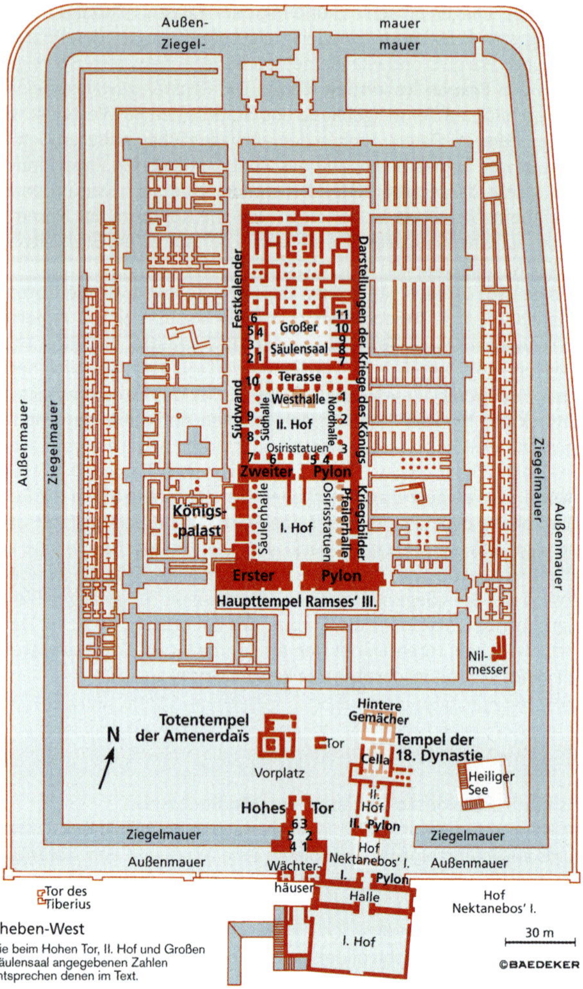

Theben-West

Die beim Hohen Tor, II. Hof und Großen Säulensaal angegebenen Zahlen entsprechen denen im Text.

im ersten Hof. Die Rückseite des ersten Pylonen schildert Szenen aus dem libyschen Krieg: südlich eine Schlacht, auf Seiten der Ägypter u. a. Söldner vom Volk der Schardana (Sardinier), erkennbar an den horngeschmückten runden Helmen.

Kleiner Königspalast

Erster Hof

Rechts und links schließen zwei Hallen den Hof ab. Die Decke der rechten Halle wird von sieben Pfeilern getragen, an die sich kolossale Osiris-Statuen des Königs lehnen. Die Tür in der Ostecke führt zu den Überbleibseln eines kleinen Palastes; im ehemaligen Thronsaal steht noch der Hochsitz für den Thron, zu dem drei flache Stufen emporführen. Seine Decke ruhte auf zwei Säulen und zwei in die rückwärtige Ziegelmauer eingebauten Pfeilern. Links ein zweiter Hochsitz, rechts ein großes Badezimmer. Westlich ein dritter Hochsitz mit anschließendem Waschraum.

Noch mehr Bilder vom Kriegshelden

Zweiter Pylon

Die Inschriften und Bilder am zweiten Pylonen sind hochinteressant. Auf dem rechten Turm rühmt eine große Inschrift den Sieg, den der König im achten Regierungsjahr über eine Vereinigung von Mittelmeervölkern errang, die auf Schiffen und zu Lande von Syrien aus Ägypten bedrohten. Auf dem linken Turm führt der König drei Reihen Gefangener, als Vertreter der auf diesem Feldzug besiegten Völker, vor Amun und Mut; sie sind bartlos und tragen eigentümliche Kappen, die mit Federn geschmückt sind.

Fest des Erntegotts

Zweiter Hof

Der zweite Hof ist auf allen Seiten von Kolonnadenhallen umgeben und wurde in christlicher Zeit als Kirche genutzt. Die Bilder hier haben vor allem kultische Szenen zum Thema. In der Nordhalle und dem anstoßenden Teil der Osthalle ist oben an der Rückwand das Fest des Erntegottes Min, zugleich das **Krönungsfest**, dargestellt:
1. Der König wird unter einem Baldachin auf einem reich geschmückten Sessel von Prinzen aus dem Palast getragen, Hofleute folgen ihm. 2. Der König opfert und räuchert vor dem Bild des Min. 3. Eine heilige Prozession zieht vorbei; auf einer Bahre wird das Bild des Min von Priestern getragen, im Gefolge Fächerträger und Priester mit heiligen Schreinen. Der König geht voran, vor ihm ein weißer Stier. 4. Der König zerschneidet mit der Sichel die ihm von einem Priester gereichte Garbe, der Vorlesepriester rezitiert einen Hymnus auf den Min. 5. Der König bringt dem unter einem Baldachin stehenden Gott Min ein Räucheropfer.
Im südlichen Teil der Osthalle und in der Südhalle sieht man oben Szenen vom **Fest des Ptah-Soker**, u. a. eine Prozession von Priestern, heilige Barken, Götterbilder, Standarten, Tempelgeräte. Unten Kriegsbilder: Der König sprengt mit seinen Wagenkämpfern gegen die Libyer, die Fußtruppen kämpfen in wildem Durcheinander. Dann der Sieg: Der König, rückwärts auf seinem Wagen sitzend, empfängt libysche Gefangene (mit blassroter Haut). Den größten Teil der Wand nimmt ein 75-zeiliger Kriegsbericht ein.
Die Rückwand der Westhalle, auf der Terrasse, ist mit drei Reihen von

Darstellungen geschmückt. In der oberen sehen Sie Ramses III. vor den Göttern, in der unteren Prinzen und Prinzessinnen.
Von den folgenden Räumen sind nur die unteren Teile der Mauern und Säulen erhalten (der Tempel wurde lange Zeit als Steinbruch genutzt). Man tritt zunächst in den **Großen Säulensaal**, dessen Decke einst von 24 Säulen getragen wurde. Auf den Wänden ist der König vor verschiedenen Göttern dargestellt. Die in der Mittelachse anschließenden kleineren Säle bieten nichts Außergewöhnliches. Von den zu beiden Seiten des großen Säulensaals gelegenen Kammern dienten die linken zur Aufbewahrung der Tempelschätze.

Kriegs- und Jagdszenen

Außenwände

Zum Schluss sehen Sie sich an den Außenwänden des Tempels die umfangreichen historischen Reliefs an, die hauptsächlich die Kriegstaten Ramses' III. zeigen. Zunächst an der Südwand am ersten Pylonen einige schöne Jagdszenen. Oben erlegt der König Steinböcke und wilde Esel, unten in einem von Fischen und Wasservögeln belebten Sumpfgelände wilde Stiere. Die Westwand enthält Bilder von einem Krieg gegen die Kuschiten und den Anfang der Bilder vom Libyerkrieg. Die Nordwand setzt im westlichen Teil in zehn Bildern die Kriege gegen die Libyer fort. Man sieht Ramses auf dem Streitwagen, der vom Nilufer aus mit dem Bogen auf feindliche Schiffe schießt.

★ WADI NATRUN

Landesteil: Unterägypten | **Gouvernorat:** Matruh | **Einwohner:** 90 000

Das Wadi Natrun, eine Senke mit zehn Salzseen, war schon für die alten Ägypter höchst wichtig. Im Sommer fallen die Seen trocken, dann bleiben Soda, Kochsalz und Glaubersalz zurück – die teils unerlässlichen Rohstoffe für die Mumifizierung. Von einst 50 Klöstern sind vier übrig – sonntags und an koptischen Feiertagen drängen sich hier die Pilger.

Klöster in der Salzwüste

Das Wadi Natrun (Wâdi el-Natrûn, Natron-Tal) erstreckt sich etwa auf halbem Weg zwischen ▶ Kairo und ▶ Alexandria westlich des Nildeltas, auf der Höhe der am Ostrand der Senke angelegten Stadt **Sadat City** (Medinat as-Sadat). Die ca. 50 km lange und bis 6 km breite Senke am Nordostrand der Westlichen Wüste liegt bis zu 24 m unter dem Meeresspiegel, Grundwasser bildet Lachen und kleine Salzseen. In pharaonischer Zeit wurde hier das für die Mumifizierung wichtige Natron abgebaut, später diente es auch zum Bleichen von Tuch und zur Herstellung von Seife. Die Römer gewannen im Wadi Natrun Silikate für die Glasproduktion. Heute werden hier mit künstlicher Bewässerung Zitrusfrüchte, Oliven und Getreide angebaut. Berühmt wurde das Wadi durch seine Einsiedeleien und Klöster, die hier ab dem 4. Jh. entstanden. Wie die anderen Wüstenklöster – Antonius-, Paulus-, Katharinenkloster – hatten sie nachhaltigen Einfluss auf die Entwicklung des Christentums. Besonders im 9. Jh. wurden sie wiederholt geplündert und zerstört, sodass von den einst rund 50 koptischen Klöstern **heute nur noch vier von Mönchen bewohnt** sind. Diese bestreiten ihren Unterhalt mit der Herstellung und dem Verkauf von Lebensmitteln. Keines der Klöster hat sein ursprüngliches Aussehen bewahrt. Alle sind von Festungsmauern umschlossen und besitzen einen Wehrturm (Qasr), in dem die Mönche Schutz bei Überfällen fanden. Um die Abgeschiedenheit zu sichern, war bis vor wenigen Jahren nur das Deir Amba Bschoi zu besichtigen, heute sind die Klöster auf Wunsch zugänglich.

★ Klöster im Wadi Natrun

Kloster der Syrer

Deir el-Surijan

Das düster wirkende Deir el-Surijan (Kloster der Syrer) wurde im 6. Jh. gegründet und im 8. Jh. von dem syrischen Kaufmann Tekrit für Mönche aus seiner Heimat erworben. Im 16. Jh. ging das nahezu verwaiste Kloster an koptische Mönche, die es seither bewirtschaften.
Sie betreten das Kloster durch den Vorhof des festungsartigen Qasr mit Mönchszellen, Speicher- und Lagerräumen und einer Küche. Die **Klosterkirche El-Adra** stammt teils aus dem 10. Jh.; die Fresken im Chor, eine holzgeschnitzte Chorschranke sowie einige Stuckreliefs zeigen Technik und Ornamentik, wie sie für die mittelalterliche orientalische Kunst, auch die des Islam, typisch ist. Ikonen stellen Heilige des Natrontals dar, sehenswert auch eine wunderschöne Ikonostase sowie ein Portal mit Elfenbein-Inkrustationen. In der **Marienkirche** befinden sich ebenfalls interessante Ikonen. Die einst bedeutende Bibliothek des Klosters, die u. a. frühe syrische Handschriften sowie arabische und koptische Manuskripte aufbewahrte, wurde Mitte des 19. Jh.s nach England, in den Vatikan und nach Kairo gebracht.

Kloster des hl. Bschoi

Kloster Deir Amba Bschoi

Etwa 1 km südöstlich des Deir el-Surijan liegt das Deir Amba Bschoi, das Kloster des hl. Bschoi, gegründet Ende des 4. Jh.s von dem Eremiten Bschoi. Der hohe Mauerring umschließt eine Kirche, Mönchszellen, Wirtschaftsgebäude und den Klostergarten. Das Kloster wird von etwa drei Dutzend Mönchen bewohnt und bewirtschaftet.
2019 wurde im Kloster die **Central Papal Library** eingeweiht. Sie gilt als die umfangreichste koptische Bibliothek der Welt. 2024 beschloss

hier die Synode der Koptischen Kirche wegen der von ihr strikt abgelehnten Homosexualität den Dialog mit dem Vatikan zu stoppen.
Mo. – Fr. 8 – 18 Uhr | www.copticorthodox.church/coptic-cpl

Kloster des hl. Baramus

Kloster Deir Amba Baramus

Etwa 10 km nordwestlich des Deir el-Surijan liegt in vollkommener Abgeschiedenheit das Deir Amba Baramus, das Kloster des hl. Baramus. Es soll von Maximus und Domitius, den Söhnen des Kaisers Valentinian (364 – 375), gegründet worden sein. Innerhalb der im 9. Jh. nach der Zerstörung durch die Berber angelegten Mauer liegen vier Kirchen. Die große **Marienkirche** besitzt eine schöne bemalte Ikonostase, die kleinere **Makarioskirche** eine Kanzel aus dem 13. Jahrhundert. om Dach haben Sie einen sehr guten Ausblick.

Kloster des hl. Makarios

Kloster Deir Abu Makar

Etwa 7 km südöstlich des Bschoiklosters finden Sie im äußersten Südosten des Wadi Natrun das Deir Abu Makar, das Kloster des hl. Makarios. Es wurde im 4. Jh. durch Makarios d. Gr. den Ägypter (um 300 bis um 380/390) gegründet und spielte im 6. Jh. eine besondere Rolle als Fluchtort des Patriarchen Theodosius I. Die Klosteranlage ist, abgesehen von den drei Kirchen und dem Qasr, modernisiert. Die älteste Kirche ist **St. Makarios**. Teile der Ikonostase reichen bis ins 4. und 5. Jh. zurück. Großartig sind die im 10. und 11. Jh. entstandenen Fresken. Der Qasr wurde in übereinanderliegende **Kapellen** umgestaltet, die der Jungfrau Maria, dem hl. Antonius und dem Erzengel Michael geweiht sind. Die Fresken stammen aus dem 14. Jahrhundert. 2021 wurde die neue Kathedrale des Klosters geweiht.
www.stmacariusmonastery.org

WADI NATRUN ERLEBEN

Auto: Das einzig sinnvolle Fortbewegungsmittel. Von der Kairoer Stadtgrenze dauert die Fahrt auf der Autobahn nach Alexandria eine gute Stunde. Zwischen den Klöstern fahren keine Shuttles, selten **Taxis**.

Nur Männer können in einem der Klöster übernachten. Nötig ist eine frühzeitige Anmeldung bei der zuständigen Klosterverwaltung in Kairo:

Deir Amba Baramus
Tel. 02 25 92 27 75
Deir Amba Bschoi
Tel. 02 25 91 44 48
Deir el-Surijan
Tel. 02 25 92 96 58, 25 90 91 61

FASTENZEITEN

Einige Klöster bleiben während der drei großen koptischen Fastenzeiten (Pfingsten, Marienfasten im August, Adventfasten) teilweise geschlossen. Vor der Anreise prüfen!
Tel. 048 265 05 05, 0122 288 42 78

★ WESTLICHE WÜSTE

Gouvernorate: Matruh, El-Wadi el-Gedid (New Valley)

Wild und weit ist der Nordostteil der Sahara zwischen dem Niltal und Libyen. Trotz der extremen Unwirtlichkeit gab es hier seit je Karawanenwege für den Handel mit Menschen und Gütern und Verbindungen zwischen den Oasen und dem Niltal.

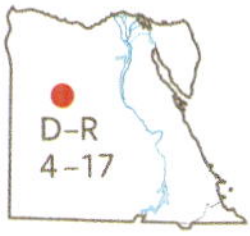

Wild und weit

Die Westliche Wüste nimmt etwa zwei Drittel des Staatsgebiets ein und gliedert sich in mehrere Plateaus und Senken. Ihre Vielfalt umfasst neben dem **Großen Sandmeer** mit hohen, weiten Dünenketten auch Geröll- und Steinwüste bis hin zur einzigartigen **Weißen Wüste**. Bisher leben in den Oasen nur wenige 100 000 Menschen, doch das soll sich ändern, wenn es gelingt, die Wüste als Siedlungsraum für Umsiedler aus dem übervölkerten Niltal zu gewinnen. Mit verdunstungsarmen Bewässerungs- und Ausschwemmungsverfahren möchte man die Region zwischen den Oasen Kharga, Dachla, Farafra und Baharija als **»Neues Tal«** (New Valley) urbar machen und besiedeln. Wenngleich die ersten Ergebnisse dieses Programms ermutigend sind, so mussten inzwischen mengenmäßige Beschränkungen für das Abschöpfen der limitierten Grundwasserreserven gesetzlich festgelegt werden. Auch die beachtlichen Vorkommen von Erdöl, Erdgas und anderen Bodenschätzen verschafften dieser Region in jüngster Zeit verstärkte Beachtung. Mehr zum Thema Wüsten ► S. 406.

Extrem

Reisen durch die Westliche Wüste

Die Westliche Wüste gehört zu den Landschaften, die mit extremen Temperaturschwankungen zwischen + 52 °C am Tag und - 5 °C in der Nacht und heftigen, oft mehrere Tage dauernden Staub- und Sandstürmen **ausgesprochen lebensfeindlich** ist. Auch sind nicht alle Gebiete frei zugänglich. Die Straßen sind gut ausgebaut, allerdings kann die Orientierung durch Sandverwehungen erschwert werden. Ausflüge sollten deshalb nur im Rahmen einer organisierten Tour **mit geländegängigen 4WD-Fahrzeugen** unternommen werden. Solche Fahrten können schon zu Hause sowie in den Touristenorten des Landes gebucht werden.

In diesem Reiseführer werden die **Oasen** ► Baharija, ► Dachla, ► El-Faijum, ► Farafra, ► Kharga und ► Siwa beschrieben. Unterwegs lohnen Abstecher zu landschaftlichen Höhepunkten wie der Weißen Wüste zwischen Baharija und Farafra und zu wenig bekannten Fossilienfundplätzen, an denen versteinertes Holz, Korallenkalk und Skelette von Meerestieren auf ihre Entdeckung warten.

H

HINTER-GRUND

Direkt, erstaunlich, fundiert

Unsere Hintergrundinformationen beantworten (fast) alle Ihre Fragen zu Ägypten.

Ägypten auf einen Blick: vom Hieroglyphen- ins Whatsapp-Zeitalter ►

بسم الله الرحمن الرحيم
وما بكم من نعمة فمن الله
صدق الله العظيم

DAS LAND UND SEINE MENSCHEN

Die Pyramiden von Giseh, das Tal der Könige, Luxor und Tutanchamun, Ramses und Kleopatra – Orte und Namen, die für eine große, mehrere Jahrtausende lange Ära stehen, für eine Kultur, die in grandiosen pharaonischen Tempeln und Grabmälern, in islamisch inspirierter Prachtarchitektur allgegenwärtig ist.

Die Menschen sind stolz auf dieses Erbe, sie wissen, dass der Tourismus als wichtiger Wirtschaftszweig und Garant für Arbeitsplätze die Frucht dieses alten Erbes darstellt – was nicht allen gefällt. Radikale Islamisten halten alles Pharaonische für Götzenwerk und würden am liebsten die Pyramiden schleifen. Solche Ideen werden jedoch von der überwältigenden Mehrheit abgelehnt. Der »durchschnittliche Ägypter« hat andere Probleme: Armut, rasantes Bevölkerungswachstum, galoppierende Inflation, der tägliche Kampf ums Überleben. Es lohnt sich, den Blick gleichermaßen auf die macht- und prachtvolle Geschichte wie auch auf die schwierige Gegenwart zu richten.

Vergangenheit und Gegenwart

»Entdeckung« im 19. Jahrhundert

Als Napoleon Ende des 18. Jh.s zu seinem Ägyptenfeldzug aufbrach, mit Archäologen und Wissenschaftlern im Tross, hat er sicher nicht geahnt, welchen Hype er auslösen würde. Tempel, Gräber, pharaonische Kunst und Kultur **entzückten in Europa Adel und Großbürgertum**. Gustave Flaubert war einer der vielen, die Mitte des 19. Jh.s das Land bereisten und den Mythos vom wundervollen Morgenland mitbegründeten. Oder Agatha Christie mit ihrem »Tod auf dem Nil«. oder C. W. Cerams »Götter, Gräber und Gelehrte«. Sie machten Ägypten zum Sehnsuchtsland, und das ist es irgendwie bis heute.

Der Blick von außen

Wenn Ägypten in den Medien erwähnt wird, geht es häufig um bunte Berichte über den Bade- und Kulturtourismus, um archäologische Funde und neue, mit Hilfe moderner Technik gewonnene Erkenntnisse. Ginge es nach Ägyptens Regierung, könnten es die Medien bei dieser unbezahlbaren Reklame belassen. Doch das Bild des modernen Ägypten ist komplexer. Seit Jahrzehnten stehen Militärs als Präsidenten an der Spitze des Landes, die mal hart, mal ganz hart gegen politische Gegner vorgehen. Besorgniserregende Meldungen von Amnesty International und anderen Menschenrechtsorganisationen haben in unseren Medien einen festen Platz, ebenso aber Ägyptens politische Rolle als Vermittler und als Stabilitätsfaktor im fragilen Nahen Osten.

OBEN: Das Freizeitvergnügen der einen …
UNTEN: … verschafft den anderen ein vernünftiges Einkommen.

Naturräume: Von der Wüste zum Meer

Lage

Ägypten nimmt die Nordostecke des afrikanischen Kontinents ein. Im Norden wird es vom Mittelmeer begrenzt, im Westen stößt es an Libyen, im Süden an den Sudan und im Osten an das Rote Meer. Die östlich anschließende Sinai-Halbinsel, die Israel 1967 im Sechs-Tage-Krieg annektierte, erhielt Ägypten nach dem Friedensvertrags von Camp David schrittweise bis 1982 zurück. Allerdings wurde der Gazastreifen ausgeklammert. Mit einer Fläche von ca. 1 Mio. km² ist Ägypten rund **dreimal so groß wie Deutschland**, wobei nur ein kleiner Teil (ca. 6 %) der Landesfläche kultiviert ist; der Rest ist Wüste. Der fruchtbare Streifen, Lebensraum für über 98 % der Bevölkerung, erstreckt sich entlang des Nils. Die alten Ägypter nannten ihr Land nach der dunklen Farbe des Nilschlamms **Kemit** (Kemt, Kemi = schwarzes Land) im Gegensatz zur Wüste, die sie als »rotes Land« bezeichneten. Der deutsche Name Ägypten geht auf »Aígyptos« zurück, womit die antiken Griechen den ägyptischen Landesnamen wiedergaben.

Erdgeschichte

Die Oberflächenformen und Landschaften haben sich v. a. in den vergangenen 20 000 Jahren herausgebildet. Globale Klimaveränderungen, Vorstöße und Rückzüge von Eismassen hinterließen auch in Nordafrika ihre Spuren. Temperatur- und Niederschlagsschwankungen korrespondierten mit solchen des Meeresspiegels. Die Verlagerung des mediterranen Klimagürtels in den Eiszeiten nach Süden be-

Sand, soweit das Auge reicht: in der Westlichen Wüste bei der Oase Siwa

wirkte, dass dort, wo sich heute Wüsten ausbreiten, wasserreiche Flüsse flossen und eine üppige Vegetation gedieh. Überschüssiges Wasser wurde als Grundwasser gespeichert, das heute noch in einigen Wasserkissen unter den Oasen erhalten ist. Vor wenigen tausend Jahren setzte die Verlagerung des mediterranen Klimagürtels nach Norden ein: In Nordafrika wurde es immer trockener, die Wasserführung des Nils sank, Gewässer trockneten aus. Es entstanden Trockentäler, Salzsümpfe und Salzpfannen. Diese Phase ist bis heute nicht zum Stillstand gekommen. Der Wind weht das in regenreicheren Zeiten ausgewaschene feinkörnige Material zu Dünenfeldern und Sandseen zusammen. Mit fortschreitender Trockenheit waren und sind Mensch und Tier gezwungen, sich in feuchtere Gegenden bzw. in die Oase des Nils zurückzuziehen.

Klima

Es herrscht ein heißes Wüstenklima. Hitze und Trockenheit ergeben sich aus der Lage in dem großen Trockengürtel, der sich beiderseits des nördlichen Wendekreises von der afrikanischen Westküste bis nach Innerasien zieht. Charakteristisch für die ariden Gebiete ist, dass die Verdunstung größer ist als die Niederschlagsmenge. **Extremer Wassermangel** prägt das Landschaftsbild: Flüsse fehlen, Salz reichert sich in Hohlformen an, Böden verkrusten, mechanische Verwitterung und vom Wind geschaffene Elemente wie Steinpflaster oder Dünen herrschen vor. Vegetation in größerer Ausdehnung und Landwirtschaft sind nur dort möglich, wo es Wasser aus feuchteren Zonen gibt. Dafür sorgt der **Nil**, der viel Wasser aus den feuchten Tropen durch die Wüste zum Mittelmeer führt und eine lange, schmale Oase bildet. Der Norden des Landes liegt im Einflussbereich des Mittelmeers. Während dort im Winter Niederschläge und neuerdings auch öfter mal Schnee fallen, gibt es im mittleren und südlichen Ägypten sowie am Roten Meer und auf dem Sinai nur selten, aber doch häufiger als früher Regen und kühlere Temperaturen.

Das Niltal

Geschenk des Nils

Der griechische Geschichtsschreiber Herodot bezeichnete Ägypten als »Geschenk des Nils«. Denn der bedeutendste Strom Afrikas, der sich durch die nordöstliche Sahara schlängelt, hat das eigentliche Ägypten geschaffen. Diese wenige 100 m bis 30 km breite, fruchtbare Stromoase ist seit Jahrtausenden besiedelt. **Periodisch auftretende Überschwemmungen** nach Flutwellen bewässerten und düngten mit ihrem Schlamm über Jahrhunderte die Felder. Seit der Fertigstellung des Assuan-Hochdamms kann die Bewässerung das ganze Jahr über reguliert werden. Weggefallen ist damit jedoch die natürliche Düngung durch die Überschwemmung. Damit versalzen die Böden, und das Wasserangebot hat sich örtlich erheblich verringert.

Das Niltal ist die fruchtbarste Region Ägyptens. Auch Zuckerrohr wird angebaut.

Quell- und Nebenflüsse

Mit 6671 km Länge ist der Nil der **längste Strom Afrikas** und nach dem Amazonas der zweitlängste Fluss der Welt. Den Anfang nimmt er im Herzen des Kontinents. Sein mündungsfernster Quellfluss, der Kagera, entspringt in Burundi und ergießt sich in Uganda in den Viktoriasee. Diesen See verlässt im Norden der Viktoria-Nil, der nach 389 km den Albertsee durchfließt und sich danach als Berg-Nil (Bahr el-Gebel) durch die Ostafrikanische Gebirgsschwelle ein felsiges Bett gräbt. Danach weitet er sich im riesigen Sumpfgebiet des Sudd, das heute Teil des Sudans ist. Weiterhin nimmt er die Nebenflüsse Bahr el-Ghasal und Bahr el-Sarafa sowie den wasserreichen Sobat auf, dem er später als **Weißer Nil** (el-Nil el-Abjad) einen wesentlichen Teil seiner Fülle verdankt. Auf der Höhe der sudanesischen Hauptstadt Khartum vereint sich der Weiße Nil mit dem aus dem Hochland von Äthiopien (Tana-See) kommenden **Blauen Nil** (Bahr el-Asrak). Unterhalb von Khartum nimmt der Nil nur noch den Atbara auf, bevor er durch den Wüstengürtel zum Mittelmeer weiterfließt.

Stromoase

In der etwa bei Assuan beginnenden Oase des Nils, die sich als grünes Band durch eine gelb-graubraune Wüstenlandschaft schlängelt, hat sich schon vor über 5000 Jahren ein Staatswesen mit hochstehender Kultur entwickeln können, an die noch zahlreiche Pyramiden, Felsengräber und Tempelruinen erinnern. Heute ist das ganze Niltal unterhalb von Assuan einschließlich des Nildeltas eine einzige, dicht bebaute Oase, in der sich **98 % der Bevölkerung** drängen. Westlich des heutigen Niltals sind Reste eines älteren Niltals erhalten. Dazu gehört auch die Senke der Oase El-Faijum, die landwirtschaftlich ebenfalls intensiv genutzt wird.

Schwemmland

Der Nil folgt einer tektonischen Störung am Rand der östlichen Sahara. Hier bricht das Land in Stufen und Steilhängen 100 – 140 m tief ab. In seinem Tal hat der Nil **Serien von Schotterterrassen** aufgeschüttet und höchst fruchtbares, dunkles Schwemmland abgelagert, das im Durchschnitt 10 m mächtig ist. Im südlichen Ägypten, wo der Nil den Nubischen Sandstein durchbricht, ist sein Tal nur 2 – 5 km breit; unterhalb von Assuan, wo Kalkschichten der Tertiärzeit anstehen, hat der Strom ein 10 – 25 km breites Tal ausgeräumt. Im Raum Assuan hat sich der Nil ins Grundgebirge eingegraben, wodurch insgesamt **sechs Katarakte** (Wasserfälle, Stromschnellen) entstanden. Mehrere sind inzwischen in den Fluten von Stauseen versunken.

Delta

Unterhalb von Kairo mündet der Nil in einem fächerförmigen Delta ins östliche Mittelmeer. Der Strom teilt sich in mehrere Arme auf, die das riesige Nildelta geschaffen haben. Im Altertum waren es sieben, heute sind es noch zwei, der Raschid (Rosetta) und der Dumyat (Damietta). Das Land zwischen den beiden Mündungsarmen gehört zu den fruchtbarsten und am intensivsten genutzten Gebieten der Erde.

Verdunstung und Bewässerung

Auf seinem weiten Weg durch den Osten Afrikas verliert der Nil mehr als die Hälfte seines Wassers durch Verdunstung, vor allem in den Sümpfen des Sudd und im riesigen Nasser-Stausee. Doch die restliche Wassermenge reicht aus, um das praktisch niederschlagsfreie untere Niltal in eine blühende Oase zu verwandeln.
Bis zum Beginn des 20. Jh.s überschwemmte der Nil fast mit der Regelmäßigkeit eines Uhrwerks das Land am Unterlauf und sorgte so für natürliche Bewässerung und Düngung. Blieb das **Hochwasser** aus, litt die Bevölkerung unter Dürrekatastrophen. Die höchsten Flutwellen wälzten sich zwischen Juni und September in Richtung Mittelmeer, wenn der Blaue Nil und der Atbara aufgrund starker Niederschläge im Hochland von Äthiopien anschwollen und beträchtliche Mengen Erde, Sand und Geröll mitschleppten. In der übrigen Zeit konnten auch im Weißen Nil Flutwellen entstehen, wenn in seinem Einzugsgebiet übermäßige Niederschläge auf die Erde prasselten.

Flussregulierung

Um den Launen der Natur nicht völlig ausgeliefert zu sein, dachte man schon in alten Zeiten über Regulierungen nach. Doch erst Ende des 19. Jh.s war man technisch so weit, dem Nil bei Assuan ein Korsett anzulegen. Hier wurde 1912 der **Assuan-Staudamm** mit einem Wasserkraftwerk fertiggestellt. Über ein halbes Jahrhundert später initiierte Präsident Nasser den Bau des **Assuan-Hochdamms**, der

den heute über 500 km langen **Nasser-See** aufstaut. Nilabwärts folgen je ein Schleusendamm bei Esna und Nag Hammadi sowie bei Assijut. Ca. 25 km nördlich von Kairo baute man bereits Mitte des 19. Jh.s ein Deltawehr. Weiter stromabwärts entstand in den späten 1930er-Jahren das Mohamed-Ali-Wehr. Außerdem wurden die Mündungsarme Raschid und Dumyat reguliert.
Aus den **Stauseen und Reservoiren** wird das Nilwasser heute mit Hilfe moderner Pumpwerke, zum Teil auch noch mit altertümlichen Göpelwerken, Hebebrunnen und archimedischen Schrauben (Wasserschnecken) in ein über **20 000 km langes Kanalnetz** befördert, über das man die Felder bewässert.
Konfliktpotenzial bis hin zum Krieg birgt die Versorgung Ägyptens mit Nilwasser. Äthiopiens Projekt des mit 1900 km² größten Stausees Afrikas wird in Kairo als Bedrohung gesehen, zumal die Trinkwasserversorgung durch die Bevölkerungsexplosion immer schwieriger wird.

Unterwegs auf dem Nil und in der Wüste

Wer die Faszination dieser ungewöhnlichen, extremen Landschaft entdecken möchte, muss kein Abenteurer mehr sein. Die meisten Baudenkmäler liegen am Nil. Was liegt also näher, als sich den Ruinenstätten gemächlich auf einem **Schiff** zu nähern (▶ Das ist Ägypten, S. 20)? Daneben kann man zwischen unterschiedlichen **Wüstentouren** wählen. Wie Inseln liegen in der Westlichen Wüste, diesem Meer aus Sand, Felsen und Geröll, die **Oasen** Farafra, Dachla, Baharija, Kharga und Siwa. Aufgrund ihrer jahrhundertelangen Abgeschiedenheit ist das Leben dort noch stark von Traditionen geprägt, mehr als in jeder anderen Region taucht der Besucher in eine andere Zeit und eine fremde Welt ein. Aber auch hier stehen die Zeichen auf Wandel: Anbieter von Pauschalreisen haben die Oasen entdeckt.

Das Rote Meer

Vom Tourismus entdeckt

Einen ganz anderen Urlaub erlebt man im Osten Ägyptens, an den Küsten des Roten Meers und im Golf von Aqaba. Sharm el-Sheikh, Dahab, Hurghada, El-Gouna und Marsa Alam musste man noch vor wenigen Jahrzehnten auf der touristischen Landkarte mit der Lupe suchen. Ihre Markenzeichen: endlos lange Sandstrände, türkisblaues, das ganze Jahr über mindestens 20 °C warmes Wasser und Korallenriffe, von deren Schönheit Taucher und Schnorchler schwärmen. Der **Badetourismus**, früher allenfalls Ergänzung eines Kultururlaubs, ist heute das Hauptmotiv für das Gros der Ägyptenreisen und eine der wichtigsten Einnahmequellen des Landes.
Für den **Namen »Rotes Meer«** gibt es mehrere Erklärungen: Zum einen schwimmt hier unter der Wasseroberfläche die Blaualge, die sich bei der Blüte rostrot färbt und das Wasser rötlich schimmern lässt. Nach einer anderen Theorie benannten phönizische Seefahrer

Juwelenbarsche sind besonders farbenfrohe Bewohner des Roten Meeres.

das Meer nach den roten, Eisenoxid enthaltenden Felsen an der Küste. Vielleicht waren es aber auch iranische Seefahrer, die die Himmelsrichtungen nach Farben benannten. Rot stand für den Süden – und das Rote Meer liegt aus iranischer Sicht im Süden.

Ein wenig Geologie

Das Rote Meer, ein Nebenmeer des Indischen Ozeans, füllt einen Graben, der in der Kreidezeit einzubrechen begann. Die Öffnung des Meers erfolgte vor 30–20 Mio. Jahren, als die Afrikanische und die Arabische Platte auseinanderdrifteten. Nach einem vorübergehenden Stillstand setzte vor ca. 5 Mio. Jahren ein neuerliches Auseinanderdriften der beiden Platten ein, das immer noch anhält und eine allmähliche Vergrößerung des Roten Meeres bewirkt. Geologen deuten den Grabenbruch des Roten Meeres als Fortsetzung des Ostafrikanischen Grabensystems. Die ägyptische Westküste des Roten Meers wird von einer emporgehobenen Gebirgsschwelle gebildet, die vom Hochland von Äthiopien nordwärts zieht. Den Nordzipfel des Roten Meers bildet der schmale Golf von Sues, den der 1869 eröffnete **Sueskanal** mit dem Mittelmeer verbindet.

Herrliche Strände und Tauchreviere

Eine besondere Attraktion sind die **Korallenriffe**, die fast an allen Küstenabschnitten des Roten Meers zu finden sind (▶ Baedeker Wissen, S. 296). Diese Biotope zeichnen sich durch eine **Artenvielfalt** aus, die ihresgleichen sucht. Die Oberfläche des Meeres erreicht im Sommer an die 30 °C und im Winter angenehme 20 – 23 °C. Der **relativ hohe Salzgehalt**, der im Norden bei 4,1 % liegt, ist nicht nur auf eine starke Verdunstung, sondern auch auf heiße Solequellen am bis zu 2920 m tiefen Meeresboden zurückzuführen.Nach einem Masterplan der Regierung wird fast die ganze Küste des Roten Meers für den Bade-, Surf- und Tauchtourismus erschlossen.

Halbinsel Sinai

Jenseits des Golfs von Sues schiebt sich die gebirgige, wüstenhafte Halbinsel Sinai als **Brücke zwischen Afrika und Asien** ins Rote Meer. Den touristisch unbedeutenden Nordteil nimmt ein welliges Tafelland aus Kalk und Sandstein ein, das nach Süden ansteigt. Es erreicht im Gebel el-Tih Höhen um 1200 m. Diese Landschaft wird durch das verästelte Tälergewirr des Wadi el-Arish zerschnitten.
Den Südteil der Halbinsel bildet das stark zerklüftete **Sinai-Gebirge**, dessen höchste Erhebungen der 2642 m hohe **Katharinenberg** (Gebel Katerin; höchster Berg Ägyptens), der 2285 m hohe Mosesberg (Gebel Musa) und der 2057 m hohe Serbal sind. Die höheren Lagen erhalten in den Wintermonaten einige Niederschläge (auch Schnee), weshalb man dort oben auch eine spärliche Vegetation antrifft. Der Küstensaum der Halbinsel ist v. a. im Bereich des Sinai-Massivs sehr schroff und zerklüftet. Nur im Norden gibt es ein paar Ebenen. Auf dem Gebel Musa soll Moses die Zehn Gebote empfangen haben, daher heißt die Halbinsel Sinai auch **»Heilige Wüste«**.

Die Wüsten

Westliche (Libysche) Wüste

Als weithin gleichförmige Hochfläche, in die mehrere Oasen eingebettet sind, stellt sich die Wüstenlandschaft westlich des Nils dar. Mit rund 690 000 km² bedeckt sie etwa zwei Drittel des ägyptischen Staats. Sie liegt im Durchschnitt 300 m ü. d. M. und ist mit extremen Temperaturschwankungen zwischen + 52 °C am Tag und - 5 °C in der Nacht und heftigen Staub- und Sandstürmen **ausgesprochen lebensfeindlich**. Doch hat die Westliche Wüste niederschlagsreiche Perioden erlebt, zuletzt während der Eiszeit, als dort eine artenreiche Pflanzen- und Tierwelt lebte. Vor ca. 20 000 Jahren trocknete die Landschaft aus, das Leben zog sich in die Flusstäler bzw. Oasen zurück. Weite Stein- und Geröllfelder, nackte Hügel und Tafelberge prägen nun das Landschaftsbild ebenso wie trockene Niederungen, die von bis zu 60 m hohen Sanddünenketten durchzogen sind.
Der Wind weht den Sand zu **Dünen** mit unterschiedlichen Formen auf, je nach Menge und Art des Materials, Windrichtung, Untergrund und eventuell vorhandener spärlicher Vegetation. Eine **Strichdüne** entsteht, wenn sich im Windschatten eines Felsens oder Strauchs Sand ablagert. Besonders starker Wind formt sehr schmale, teils

Hunderte Kilometer lange Dünen mit scharfen Graten und über 100 m hohen Kämmen. Bei wechselnden Winden entstehen **Sterndünen**, die aus der Vogelperspektive wie riesige Seesterne aussehen, dessen Arme von einem zentralen Gipfel ausgehen und oft sichelförmig gebogen sind. Am weitesten verbreitet ist die **Sicheldüne**: Der Wind häuft ganze Felder von kleinen Sandbögen auf, deren konvexe Seiten gegen den Wind gerichtet sind.

Ab und zu bietet das Grün einer **Oase** Abwechslung, besonders in den Senken von Baharija, Farafra, Dachla und Kharga. Auch im Norden der Westlichen Wüste verläuft eine lange und schmale Niederung mit einigen Oasen, deren bekannteste die ca. 40 km² große Oase **Siwa** ist. In den Oasen dringt Wasser aus unterirdischen Seen an die Oberfläche, das sich während der Regenzeiten vor etlichen tausend Jahren ansammelte. Man hofft, dieses fossile Wasser für die Landwirtschaft nutzen zu können, was im benachbarten Israel im Negev bereits gelingt. Heute leben in den Oasen nur wenige 100 000 Menschen. Mit verdunstungsarmen Bewässerungsverfahren wollte man die Grenzregion im Süden im 1997 gestarteten **New Valley Project** urbar machen und Umsiedler aus dem übervölkerten Niltal gewinnen. Doch zeigt sich, dass die Grundwasserreserven und die Ver-

Die leuchtend hellen Kalksteinformationen gaben der Weißen Wüste ihren Namen.

dunstung des Wassers bei der Leitung auf die Felder dem Vorhaben Grenzen setzen. Zur Oasenzone gehört auch die **Kattara-Senke**, die sich weiter östlich bis 133 m unter den Meeresspiegel eintieft. Die ca. 280 km lange und 140 km breite, von unwegsamen Salzsümpfen (Sebcha) erfüllte Niederung erstreckt sich über ca. 18 000 km^2.

Zwischen den Oasen Farafra und Baharija breitet sich die **Weiße Wüste** (Sahara el-Bejda) aus, eines der schönsten Naturwunder Afrikas. Wind und Regen haben den fossilienreichen, weiß leuchtenden Kalkstein vielgestaltig modelliert. Es gibt Felsen, die wie riesige Pilze in der Wüste stehen, wie mächtige Burgen oder bizarre Skulpturen.

Landschaftlich und kulturgeschichtlich hochinteressant ist die **Südwestecke Ägyptens** mit dem nach Westen abrupt abfallenden, bis zu 1082 m hohen Plateau des **Gilf Kebir**. Nordwestlich schließt das von tiefen Wadis zerschnittene **Abu-Ras**-Plateau mit dem Wadi Surah an, das durch seine Felszeichnungen bekannt geworden ist. Südlich des Plateaus Abu Ras orientieren sich Wüstenfahrer an den beiden markanten Felsen **Peter und Paul**. Ganz in der Südwestecke, wo Ägypten, Libyen und Sudan zusammentreffen, erhebt sich der 1900 m hohe Gebirgsstock **Gebel Uweinat**. Hier belegen über zwei Dutzend Höhlen und Felsüberhänge mit Felszeichnungen, dass in diesem heute extrem siedlungsfeindlichen Gebiet vor etlichen tausend Jahren Menschen gelebt haben.

Nördlich des Gilf Kebir und des Abu-Ras-Plateaus breitet sich das **Große Sandmeer** aus mit seinen riesigen Feldern bis zu 100 m hoher Sanddünen. Sie sind in steter Bewegung, ihr feiner, goldgelber bis dunkelbrauner Sand wird vom Wind ständig weiterverfrachtet. Über den Dünenkämmen wehen oft Schleier aus Sand und Staub, was sich zu großen Sandstürmen entwickeln kann. Nördlich der Oase Siwa bzw. nordwestlich der Kattara-Senke erheben sich die markanten Kalksteinflächen des Libyschen Plateaus bzw. der Cyrenaika, die bis an die Mittelmeerküste heranreichen.

Östliche (Arabische) Wüste

Östlich des Niltals erstreckt sich die Arabische Wüste. Die Landschaft steigt dort allmählich bis 2187 m ü. d. M. (Gebel Shayib el-Banat) an und fällt dann steil nach Osten ab. Dieses Gebiet wurde in den letzten 70 Mio. Jahren stark angehoben und von der Erosion abgetragen. Während in der Nähe des Nils der Nubische Sandstein, die Gesteinsschichten der Oberen Kreide und der Nummulitenkalk noch fast horizontal lagern, ist das Deckgebirge weiter östlich abgetragen. Das hier freiliegende kristalline Grundgebirge ist von tiefen **Wadis** (Tälern) durchschnitten. Seine höheren Partien erhalten ein paar Niederschläge, sodass eine Steppenvegetation gedeiht, die die Lebensgrundlage für einige nomadisierende Viehzüchter bildet. Bereits im Altertum durchzogen **Karawanenstraßen** die Östliche Wüste. Sie folgten in der Regel den Wadis. Heute verbindet eine Handvoll Straßen das Niltal mit den Touristenzentren am Roten Meer.

Pflanzen- und Tierwelt

Am Nil

Die einheimischen Pflanzenarten sind in der Nil-Oase, soweit sie nicht als Nutzpflanzen angebaut werden, von der Landwirtschaft verdrängt und nur noch sporadisch anzutreffen. Der **Lotos**, einst Wahrzeichen des ägyptischen Königtums, ist nur noch in Parks zu finden. Verschwunden sind schon seit dem Mittelalter die in altägyptischen Darstellungen häufigen, verbreiteten Papyrussümpfe und -haine. Nur im Wadi Natrun kann man heute noch wild wachsenden **Papyrus** und Riesenrohrkolben finden.

Im Wüstengürtel

Ägypten nimmt den östlichsten Teil des nordafrikanischen Wüstengürtels ein, der zu den heißesten und trockensten Gebieten der Erde zählt. Ca. 95% des Staatsgebiets sind von dürreresistenter Wüstenvegetation bedeckt oder gänzlich ohne Bewuchs. Allein im fruchtbaren Niltal, in den Oasen, die von artesisch aufsteigenden Quellen leben, sowie in Abschnitten der sporadisch Wasser führenden Flussläufe (Wadis) können das ganze Jahr über Pflanzen gedeihen. In der Westlichen Wüste herrschen Büsche und Sträucher vor. Zum Landesinneren hin wird der Bewuchs immer spärlicher, je nach Bodenbeschaffenheit treten Beifußgewächse und Kapernsträucher in den Vordergrund. In Senken, in denen salziges Grundwasser zutage tritt (Salzpfannen), oder in salzwasserhaltigen Endseen bzw. -sümpfen von Wadis hält sich eine **salzbeständige Vegetation**: Gänsefußgewächse, Korbblütler, Tamarisken, Binsen, Rohrkolbengewächse und Zypergras.

In den Oasen

In den von Süßwasserquellen gespeisten Oasen findet man viele unserer heimischen Pflanzenarten. Im Allgemeinen jedoch sind alle bewohnten Oasen so sehr von Menschenhand verändert, dass ihre ursprüngliche Flora nur noch in entlegenen Winkeln oder als Wildkraut erkennbar ist. Prägend für ihr Bild ist die **Dattelpalme**, eine der ältesten Kulturpflanzen in Ägypten. Um Tümpel und Weiher stehen Schilf und Rohrkolben. In den Wadis kann sich das ganze Jahr hindurch Buschwerk aus Akazien und Kapernsträuchern halten.

Mittelmeerküste

Der steppenartige Küstensaum entlang dem Mittelmeer setzt sich östlich des Nildeltas und entlang der Sinai-Halbinsel fort. Daran schließt südlich bzw. südöstlich eine äußerst lebensfeindliche **Sand- und Kieswüste** (Serir) an. Ganzjähriger Pflanzenwuchs ist hier nur in Wadis möglich. Nach Niederschlägen kommt jedoch zuweilen ein Blütenteppich von überraschender Artenvielfalt zum Vorschein.

Wüstengebirge

In den Bergregionen der Östlichen Wüste und im Sinaimassiv sind die Wasserverhältnisse etwas günstiger als in den Serir-Ebenen. Die Wolken werden von den auf über 2000 m Höhe ansteigenden Gebirgszügen aufgehalten und können abregnen. Schauer sind hier etwas häufiger als in der flachen Sand- und Geröllwüste. Überdies hält das wasserundurchlässige Gestein, aus dem die Wüstengebirge der Region größtenteils aufgebaut sind, die Feuchtigkeit relativ lange. So finden sich in den Wadis des Hochgebirges das ganze Jahr über Akazien sowie Tamarisken und andere Trockensträucher. In manchen Wadis, besonders auf der Sinai-Halbinsel, dringt Grundwasser zur Oberfläche empor. Hier existieren Oasen mit Ackerbau.

Tiere in den Wüsten

Wegen der geringen Nahrungsreserven bleibt die Tierwelt in den Wüstengebieten auf kleinere, genügsame Arten beschränkt. Aber auch diese leben nicht in der Vollwüste, sondern in den Randzonen, Halbwüsten und steppenartigen Gebieten: Säugetiere wie die Dorcasgazelle und die zierliche Dünengazelle, die Streifenhyäne, der **Wüstenfuchs**, der Schakal, Wüstenmäuse und Gundi-Nagetiere. Die Reptilien sind vertreten durch mehrere Eidechsenarten, Chamäleons, Wüstenwarane sowie zahlreiche, oft giftige Schlangen wie die Hornviper, die Speikobra, die **Uräusschlange** (die heilige Schlange

Dromedare sind immer noch wichtige Lasttiere. Auf Kamelmärkten wie dem von Darau bei Kom Ombo werden sie gehandelt.

der Pharaonen) und verschiedene andere. Die Trockengebiete sind auch Lebensraum für mehr als 150 Vogelarten, darunter den Wüstensperling und die Kragentrappe. Darüber hinaus rasten Zugvögel in großer Zahl in den Oasen und feuchten Niederungen. Hier sind ihnen die Myriaden an Insekten – Mücken, Schmetterlinge, Libellen – eine willkommene Nahrungsquelle.

Tierwelt im Niltal und in den Feuchtgebieten

Artenreicher ist die Tierwelt im Niltal, in der großen Oase Faijum und im Nildelta. Aus der Antike haben sich viele Darstellungen erhalten, die den **Fischreichtum** des Nils belegen. Seit dem Bau des Assuan-Hochdamms sind die Fischbestände stark zurückgegangen, da der natürliche Schlamm als Nahrungsquelle abgenommen hat.
Das Rohrdickicht der Flussufer bewohnt der Ichneumon oder **Afrikanische Mungo**, der von den alten Ägyptern hochverehrte Schlangenbezwinger. An Reptilien finden sich Geckos, Agamen, Nilwarane, mehrere Eidechsenarten, Schlangen und die **Ägyptische Landschildkröte**. Frösche bevölkern die Flussränder, Kanäle und Deltaseen. In den Feuchtgebieten des Nildeltas leben Milliarden von Insekten – auch Moskitos – und zahllose Wildgänse, Flamingos, Wasserhühner, Reiher, Storchenvögel, Blässhühner und andere Vögel. Auf den Uferbäumen sitzen Schwärme von Kuhreihern. Geier, Milane und Falken ziehen ihre Kreise am Himmel. Überall verbreitet sind Sperling, Fink, Rabe, Kiebitz, Wachtel, Schnepfe, Lerche, Perlhuhn, Honigsauger und Flughuhn sowie die Taube, die in den markanten Taubentürmen als Haustier gehalten wird. Der von den alten Ägyptern verehrte **Ibis** ist selten geworden, und der Strauß, früher wegen seiner schönen Federn gehalten, ist nurmehr in Farmen zur Fleischproduktion zu finden.

Verschwunden oder gefährdet

Viele Tierarten, die in antiken Darstellungen auftauchen, sind heute durch die Eingriffe des Menschen verschwunden. Das **Flusspferd** etwa, im Altertum als göttlich verehrt, wurde wegen der Verwüstungen, die es immer wieder in den Feldern anrichtete, aber auch wegen seiner Zähne aus dem begehrten Elfenbein verfolgt und ausgerottet. Verschwunden sind auch **Löwe**, Mähnenschaf und Spießbock, der in vielen altägyptischen Darstellungen erscheint, und das **Krokodil**, das im Altertum sehr verbreitet war und heute zumindest im Unterlauf des Nils nicht mehr vorkommt. Luchs und Wildkatze haben sich in die unwegsamen Gebirge der Östlichen Wüste zurückgezogen.

Nutztiere

Esel, Maultier und **Dromedar** werden von den Fellachen als Last- und Reittiere noch immer hochgeschätzt. Als Arbeitstier wie auch als Milch- und Fleischlieferant werden Rind und Wasserbüffel gehalten. Schaf und Ziege sind die wichtigsten Haustiere der Beduinen; Schweine gelten im Islam als unrein und werden deshalb nur von den christlichen Kopten gehalten.

STAAT UND GESELLSCHAFT

Wirft man einen Blick auf die Landkarte, könnte man glauben, dass die über 114 Mio. Ägypter genug Platz haben müssten. Schließlich ist das Land fast drei Mal so groß wie Deutschland. Doch sind 95 % des Landes Wüste, und die meisten Menschen drängen sich auf einer Fläche, die nur wenig größer ist als Bayern. Mittlerweile lebt weit über die Hälfte der Bevölkerung in städtischen Agglomerationen. Als Megalopolis zeigt sich der Raum um die Hauptstadt Kairo, in dem etwa 23 Mio. Menschen leben; die Hafenstadt Alexandria hat rund 6,1 Mio. Einwohner. Die Nation ist jung – drei Viertel der Ägypter sind unter 25 Jahre alt.

Siedlungsstruktur

Das untere Niltal und das Nildelta gehören zu den am **dichtesten besiedelten Gebieten der Erde**. In Groß-Kairo gibt es Viertel, in denen sich 120 000 Menschen auf 1 km² drängen, und dies in höchst baufälligen Behausungen. Der Grund für diese Misere sind die anhaltende Landflucht und das fehlende Bauland. Angesichts einer Bevölkerungsdichte von über 1600 Einw./km² im bewohnbaren Siedlungs- und Kulturland ist es verständlich, dass nicht alle Einwohner Arbeit in der Landwirtschaft bzw. im ländlichen Raum finden können. Andererseits ist die Industrialisierung nicht so weit fortgeschritten, dass sie Millionen von Arbeitsuchenden versorgen könnte. Weil man kostbares Ackerland nicht als Bauland verbrauchen will und die Neubauwohnungen in den modernen Trabantenstädten nur für eine gut verdienende Minderheit erschwinglich sind, konzentriert sich in Kairo, Alexandria und anderen Städten die Bevölkerung extrem. Im Gegensatz zu vielen anderen Entwicklungsländern liegen in Ägypten die **Elendsquartiere in den Zentren**, nicht an den Stadträndern.

Siedlungspolitik in den Städten ...

Besonders rar und teuer ist der Wohnraum in den Städten, v. a. in Kairo und Alexandria. Die ärmeren Schichten drängen sich in den hoffnungslos überfüllten Stadtzentren in oft notdürftigen Behausungen. Nicht selten stürzen einfachst konstruierte mehrstöckige Wohnhäuser ein. Nur vorübergehende Entspannung bringen die Trabantensiedlungen, die v. a. an der Peripherie der Großstädte aus dem Boden gestampft werden. Als neue Hauptstadt entsteht für mindestens 75 Mrd. US-Dollar südöstlich von Kairo **New Cairo**. Auf 700 km² sollen hier in wenigen Jahren rund 7 Mio. Menschen leben. Der Blick auf Kairo erklärt die Eile der Regierung: Hier stehen erdbraune, mehrgeschossige Lehmziegel-Wohnhäuser und mittelalterliche Moscheen neben modernen Hochhäusern und extravaganten Glaspalästen. Mehrspurige Autobahnen, auf denen qualmende Busse und

LINKS: Während in den Großstädten Gedränge herrscht ...

OBEN: ... erinnert das Leben auf dem Land hin und wieder noch an pharaonische Zeiten.

Lkws, nagelneue Luxuskarossen ebenso unterwegs sind wie langsame Eselskarren, enden oft vor einem Gewirr enger Gässchen und Basare. Zwar ist man in Kairo stolz darauf, die **erste U-Bahn Afrikas** gebaut zu haben, doch hält ihr permanenter Ausbau kaum Schritt mit dem enormen Wachstum der Großstadt, deren Ränder inzwischen dicht an die Pyramiden von Giseh herangerückt sind. Entlastung bringt die östlich im Eiltempo entstehende neue Hauptstadt »New Cairo«.

... und auf dem Land

Während die Städte aus allen Nähten platzen, erinnert das Leben auf dem Land oft an pharaonische Zeiten. Entlang des Nils und in den Oasen wird das Land meist noch mit einfachsten Werkzeugen, Ochsengespannen und Eseln bewirtschaftet. Die **Fellachen** leben in Dörfern, die vielfach aus einfachen Lehmbauten bestehen; in größeren Siedlungen stehen auch vier bis fünf Stockwerke hohe, erdfarbene Lehmziegelhäuser. Trinkwasser- und Stromversorgung sowie andere infrastrukturelle Einrichtungen sind in vielen Ortschaften nur teilweise vorhanden. In der Wüste sieht man hauptsächlich mobile Behausungen, wozu nicht nur die Zelte und Windschirme der **Beduinen** zählen, sondern auch die modernen Wohncontainer und Mobilheime der in der Erdölindustrie und im Bergbau Beschäftigten. Öfter als früher sieht man feste Neubauten, darunter auch Schulgebäude.

Bevölkerungswachstum

Bei einem jährlichen Bevölkerungswachstum von ca. 1,7 % und einer Geburtenrate von ca. 2,7 Kindern pro Frau ist eine Entspannung der Situation nicht in Sicht. Die **Säuglingssterblichkeit** ist, trotz der großen Fortschritte in den letzten Jahrzehnten, sehr hoch: Von 1000 lebend geborenen Babys sterben 16 (Deutschland: 3). Seit 2018 versucht die Regierung mit der Kampagne »Itnein kifaya« (»Zwei sind genug«) gegenzusteuern, u. a. subventioniert sie den Kauf von Verhütungsmitteln. Angesichts des starken Bevölkerungsdrucks – Ägypten wächst pro Jahr um ca. 1,4 Mio. Menschen – versuchen viele, zumindest vorübergehend zum Arbeiten in die reichen Erdölförderländer am Persischen Golf auszuwandern. Besonders betrifft dies die akademische Elite wie Ärzte und Ingenieure. Die Zahl der im Land ausgebildeten, aber **im Ausland arbeitenden Ägypter** liegt bei ca. 11 Millionen.

Sozialstruktur

Ägypten verzeichnet **krasse Unterschiede** zwischen einer dünnen Oberschicht, einem kleinen, zunehmend bescheidener lebenden Mittelstand und der großen Masse praktisch Mittelloser (fast 30 %). Rund 17 % der Männer über 15 Jahren und 33 % der Frauen über 15 Jahren können weder lesen noch schreiben. Die sozialen Konflikte aufgrund von Landflucht, Wohnungsnot, Armut, Arbeitslosigkeit, Korruption und Kriminalität bringen extremen Gruppierungen, egal ob religiös oder politisch motiviert, starken Zulauf.

Sprachen

Amtssprache ist **Arabisch**, gesprochen wird eine ägyptische Variante (▶ S. 562). In der Oberschicht und im Mittelstand sind gute Kenntnisse in Englisch und oft noch Französisch die Regel. Das aus dem Altägyptischen hervorgegangene Koptische hat sich nur als liturgische Sprache erhalten. Verbreitet in einigen kleinen Gebieten Oberägyptens sind auch noch das Nubische sowie Berberdialekte.

Bevölkerungsgruppen

Fellachen

Etwa drei Viertel der Ägypter gelten als Nachkommen einer alteingesessenen ländlich-bäuerlichen Bevölkerung, die als Fellachen bezeichnet wird. Sie betrachten sich als **Nachfahren der pharaonischen Ägypter**. Weit mehr als die Städter bewahren sie streng ihre Traditionen, v. a. was den familiären Zusammenhalt sowie bewährte Anbaumethoden und Wirtschaftsweisen betrifft. Da sie in der Regel kleine Felder bewirtschaften, können sie das Land nicht mehr vollständig mit Getreide, Gemüse, Obst usw. versorgen.

Kopten

Wichtigste und damit eine besondere Gruppe innerhalb der Minderheiten bilden mit ca. 10 % die Kopten (▶ Baedeker Wissen, S. 426). Sie definieren sich v. a. durch ihre Religion, das koptische Christentum. Ethnisch können sie am ehesten als Nachfahren der pharaonischen Ägypter gelten; zumindest sind in ihrer liturgischen Sprache Elemente aus alter Zeit erhalten geblieben. Als der Islam in Ägypten die Oberhand gewann, wurden die Kopten isoliert oder in Nischen abgedrängt. Im Lauf der Jahrhunderte betätigten sich viele von ihnen erfolgreich – und daher von der islamischen Bevölkerung beneidet – als Handwerker, Kaufleute und Bankiers.

Andere Minderheiten

Beduinen, Berber, Nubier und Sudanesen bilden kleinere Minderheiten, gefolgt von Syrern, Beja, Griechen, Armeniern, Italienern und Franzosen. Ägypter mit dunklerer Hautfarbe sind zumeist Nachfahren von Sklaven, die im 19. Jh. aus dem Sudan an den Nil geholt wurden.
Einige Zehntausend Ägypter sind **Beduinen**, arabisch-stämmige Nomaden, die als Züchter von Kamelen, Dromedaren, Schafen und Ziegen in den Wüstengebieten leben. Die Beduinen, die meist in größeren Familienverbänden leben, gelten als besonders stolz; auf die kleinbäuerlichen Fellachen sahen sie in der Vergangenheit meist herab. Viele sind in den letzten Jahrzehnten sesshaft geworden. Sie arbeiten nun auch auf den Ölfeldern, in den Bergwerken und im Tourismus als Gästeführer sowie Veranstalter von Kamelritten und Geländewagen-Ausflügen. Besonders hoch ist ihr Bevölkerungsanteil auf der Halbinsel Sinai: Hier behalten noch einige Zehntausend ihre traditionelle Lebensweise bei und ziehen mit Wollzelten und Windschirmen von Wasserstelle zu Wasserstelle. Damit stellen sie sich gegen die Integrationsversuche der

Regierung, die eigens für sie Siedlungen gebaut hat.
Ganz im Süden Ägyptens, im Grenzgebiet zum Sudan, hat sich die Bevölkerung über die Jahrtausende mit den schwarzafrikanischen Nachbarn vermischt. So entstand das hamitische Volk der **Nubier** mit eigener Sprache und eigenen Traditionen. Weite Gebiete ihres ursprünglichen Siedlungsgebiets sind heute vom Nasser-Stausee überflutet. Viele Nubier wurden deshalb in den Raum Kom Ombo umgesiedelt oder haben sich in den Städten Unterägyptens niedergelassen, wo sie meist im Dienstleistungsgewerbe arbeiten. Sie sprechen eine für die übrigen Ägypter schwer verständliche Sprache. Einige Zehntausend Nubier leben rund um Assuan, hier kann man noch ihre Traditionen und Bräuche kennenlernen. Kleine hamitische Minderheiten bilden die **Berber**, die vornehmlich in den Oasen der Westlichen Wüste leben, und die **Bischarin**, die hauptsächlich in den Landwirtschaftsregionen im Südosten Ägyptens zu Hause sind.
Seit dem Altertum sind in Ägypten **Juden** ansässig. 1947 zählte man noch mehr als 60 000 Juden. Die kriegerischen Auseinandersetzungen mit dem Nachbarland Israel haben bewirkt, dass heute nur noch wenige Juden ägyptische Staatsbürger sind. Die Ablehnung der jüdischen Mitbürger wurde lange von Kindheit an eingeimpt. Laut der Website Israelnetz enthielten Ägyptens überabeitete Grundschul-Lehrbücher 2025 keinen Judenhass mehr. Das Bild Israels sei zunehmend positiv. Es werde nun Toleranz gegenüber Juden und anderen Minderheiten vermittelt.

Rund um Assuan leben einige zehntausend Nubier.

Staat und Verwaltung

Staatsform

Ägypten wurde als Königreich 1922 unabhängig und ist seit 1953 **Republik**. Hauptstadt und Regierungssitz ist Kairo (Al-Qahira). Der amtliche **Staatsname** lautet Arabische Republik Ägypten (arabisch Dschumhurija Misr el-Arabija). Verwaltungstechnisch ist das Land in 27 Gouvernorate (Muhafsa) gegliedert mit einem Gouverneur an der Spitze, dem ein direkt gewählter Repräsentativrat zur Seite steht.

Regierung und Parlament

Gemäß der Verfassung von 1971 ist Ägypten eine Präsidialrepublik mit dem **Staatspräsidenten** als Staatsoberhaupt. Der Präsident, zugleich Oberbefehlshaber der Streitkräfte, wird von der Nationalversammlung ernannt und vom Volk für sechs Jahre bestätigt. Er ernennt das Kabinett mit dem Ministerpräsidenten, besitzt ein umfassendes Initiativ- und Prüfungsrecht für Gesetze und kann Nationale Sonderräte einsetzen. Seit 2014 hat der autokratisch regerende **Abd al-Fattah as-Sisi** das Amt des Staatspräsidenten inne.
Die 596 Abgeordneten zur **Nationalversammlung** (Rat des Volks) werden auf fünf Jahre direkt gewählt, 28 Abgeordnete vom Staatspräsidenten ernannt. An die Stelle des bis 1980 bestehenden Einparteiensystems (Arabische Sozialistische Union) ist ein Mehrparteiensystem getreten. Kritiker sprechen von einem Marionettenparlament, in dem dank gekaufter Stimmen neben 75 Militärs vor allem Geschäftsleute mit guten Beziehungen zur Armee säßen. **Eine echte Opposition gibt es nicht**.

Rechtswesen

Rechtsgrundlage ist das seit 1949 gültige **Zivilgesetzbuch**, das viele Elemente der französischen und der Schweizer Gesetzgebung enthält. Weiterentwicklungen der islamischen Normen und Gesetze (Scharia) spielen im Personen- und Familienrecht eine große Rolle; eine geistliche Gerichtsbarkeit gibt es seit 1956 nicht mehr. Im Alltag erweist sich Ägyptens Justiz als **schwerfällig und korrupt**. Einfachste Verfahren können sich über Jahre und Jahrzehnte hinziehen. Schlimmer noch: Gekaufte und bestellte Urteile gehören in allen Instanzen zum Alltag, was u. a. an der strukturellen Abhängigkeit und der schlechten Bezahlung der völlig überlasteten Richterschaft liegt.

Bildung

In Ägypten besteht – zumindest laut Gesetz – seit 1923 die allgemeine **Schulpflicht** vom sechsten bis zum zwölften Lebensjahr; doch gibt es besonders auf dem Land nicht genügend Schulen. Schulgeldfreiheit besteht für die sechsjährige Grundschule und die ebenfalls sechsjährige Sekundarschule. Die Ausbildung gilt allerdings als miserabel. Wer es sich leisten kann, schickt seine Kinder auf Privatschulen. Die meisten **Hochschulen und Universitäten** gibt es in Kairo, darunter die älteste Universität der Welt, die 972 gegründete islamische El-Ashar-Universität, seit 1952 das geistlich-theologische Welt-

▶ Arabische Republik
Ägypten

Arabisch:
جمهوريّة مصر العربيّة
Dschumhurija Misr el-Arabija

Lage:
nordöstliches Afrika
Angrenzende Staaten:
Libyen, Sudan, Israel

Fläche:
1 001 449 km²
Zum Vergleich:
Deutschland: 357 022 km²
Ausdehnung:
Nord-Süd: **1250 km**
Ost-West: **1100 km**

Einwohner: **114 Mio.**
Zum Vergleich:
Deutschland: 83,5 Mio.
Größte Städte:
Kairo, Giseh und Metropolitan Area: 23 Mio.
Alexandria: 6,1 Mio.

Bevölkerungsdichte:
105 Einwohner/km²
Zum Vergleich:
Deutschland: 238 Einw./km²

▶ Bevölkerung

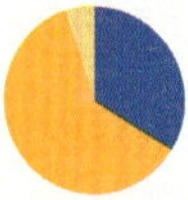

Altersstruktur
- 0–14: 32,6 %
- 14–64: 62,5 %
- 65 und mehr: 4,9 %

Verteilung
- städtisch: 43,1 %
- ländlich: 56,9 %

▶ Religion

Statistische Angaben über die Religionszugehörigkeit weichen stark voneinander ab. Die Zahlen unten stellen Mittelwerte dar.

- Muslime: ca. 90 % (davon 85–90 % Sunniten)
- Christen: ca. 10 %
- Andere: 0,1 %

▶ Staat und Verwaltung

Präsidialrepublik
Staatspräsident: Abd al-Fattah as-Sisi (seit 2013)
Zweikammerparlament aus Volksversammlung und Schura-Rat
27 Gouvernorate

▶ Wappen und Flagge

Das Staatswappen zeigt den goldenen Saladin-Adler mit Brustschild und Namensband in den Fängen. Die Staatsflagge, in ihrer heutigen Form erstmals 1972 gehisst, geht auf die nach Abschaffung der Monarchie 1952 eingeführte arabische Befreiungsflagge zurück: Rot steht für die Revolution, Weiß für die Zukunft und Schwarz für die dunkle Zeit vor der Revolution.

Wirtschaft

BIP (2024): ca. **380 Mrd. US-$**
Arbeitslosenquote (2024, offiziell): **7,2 %**
28 % der Bevölkerung leben unterhalb der Armutsgrenze (weniger als 2 US-$ am Tag).

Verteilung BIP

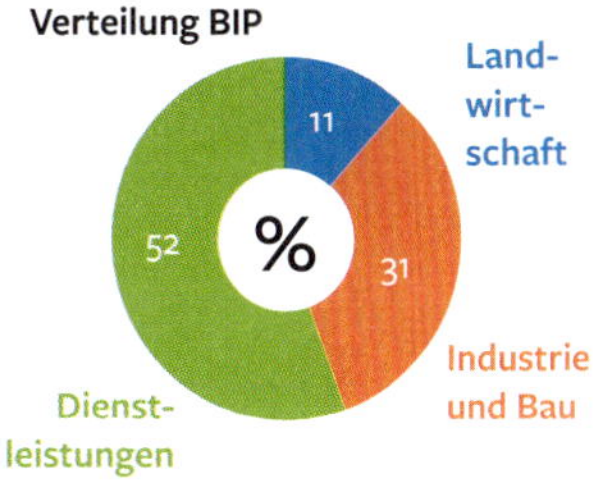

Haupt-Exportpartner:
Vereinigte Arabische Emirate, Italien, USA, Großbritannien, Türkei

Haupt-Importpartner:
China, Vereinigte Arabische Emirate, Deutschland, Saudi-Arabien, USA

Klimastation Kairo

Durchschnittstemperaturen

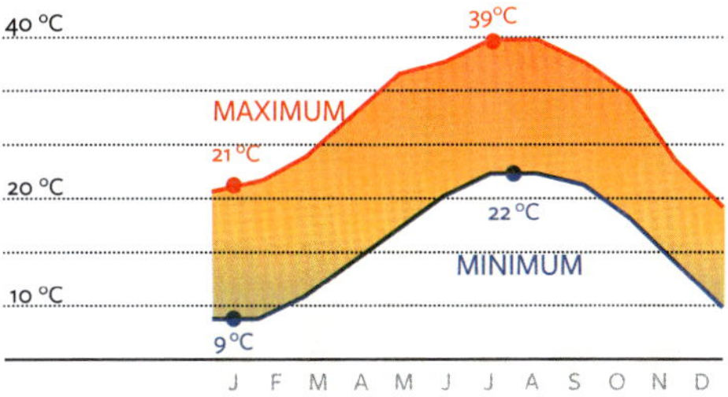

Niederschlag

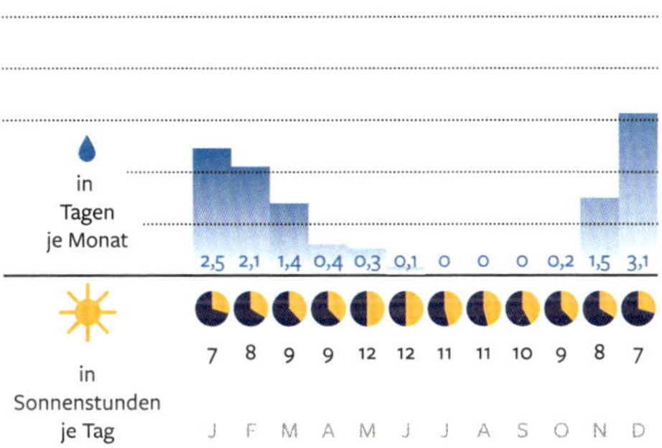

Pyramiden im Vergleich

In Ägypten sind über 80 Pyramiden bekannt. Die Stufenpyramide des Djoser in Sakkara war die erste; die merkwürdige Form der Knickpyramide von Dahshur ist eine Folge von Bauschäden wegen des zu weichen Untergrunds. In Giseh entstanden die größten ägyptischen Pyramiden: Die Cheops-Pyramide, bei Fertigstellung knapp 8 m höher als heute, war bis weit ins 19. Jh. hinein das höchste Gebäude der Erde. Zusammen mit den benachbarten Pyramiden des Chephren und des Mykerinos ist sie das einzige erhaltene Weltwunder der Antike.

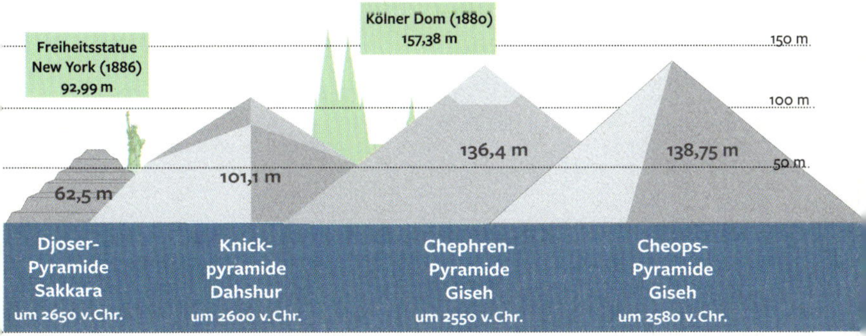

ÄGYPTEN • MISR

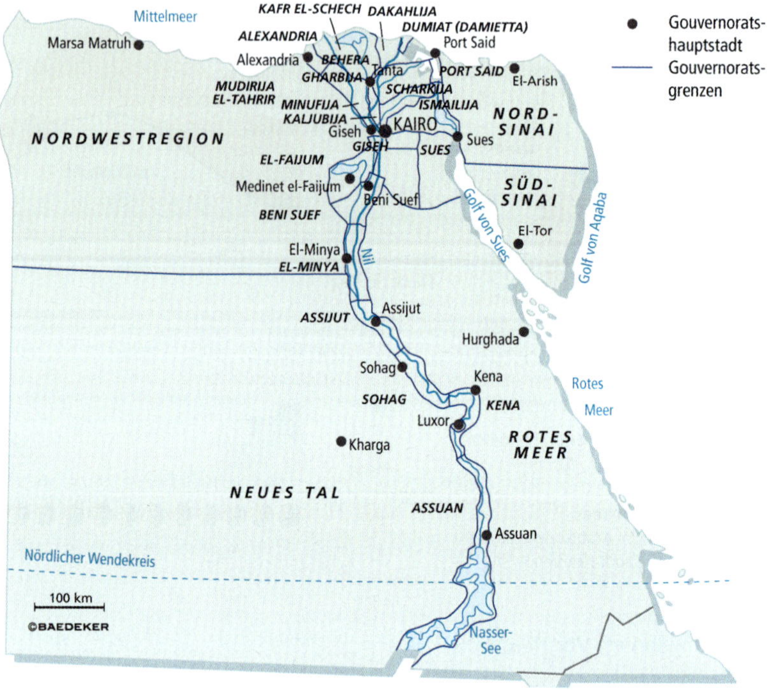

zentrum für den modernen Islam. Bis 2026 sollen landesweit 10 neue Universitäten hinzukommen. Da an den Hochschulen mehr Akademiker ausgebildet werden als der Arbeitsmarkt aufnehmen kann, sind die Aussichten für Hochschulabgänger nicht rosig.

Wirtschaft

Wirtschaftsstruktur

Über die Hälfte des Bruttoinlandsprodukts erbringt der vom Tourismus dominierte Dienstleistungssektor, die Achillesferse Ägyptens. Rund 33 % kommen von der Industrie und 11 % von der Landwirtschaft, in der etwa ein Viertel der Bevölkerung beschäftigt ist. Die wichtigsten Einnahmequellen sind der Tourismus (2024: 19,9 Mrd. US$, 15,3 Mio. Besucher), der Export von Erdöl, Erdgas und petrochemischen Produkten sowie die Devisen, die ca. 11 Mio. ägyptische Gastarbeiter im Ausland erwirtschaften und nach Hause überweisen (gegenwärtig gut 20 Mrd. US$ im Jahr). Etwa 7,2 Mrd. € brachten 2024 die Gebühren für die Passage des Sueskanals ein.

Krise als Normalzustand

Ägyptens Wirtschaft steckt seit Jahrzehnten in der Krise. Zwar ist das Land am Nil einer der am stärksten industrialisierten Staaten Afrikas, zugleich leidet es seit Jahrzehnten unter einer **hohen Auslandsverschuldung**. 1991 unterzeichnete die Regierung einen Vertrag mit dem Internationalen Währungsfonds (IWF), der das Land zu einschneidenden Maßnahmen verpflichtete. U. a. wurden der Wechselkurs freigegeben, eine Umsatzsteuer eingeführt und die staatliche Subventionierung von Gütern und Dienstleistungen drastisch gekürzt. Dies führte zu einem enormen Anstieg der Lebenshaltungskosten und zu einer Verteuerung der Importe. Die wirtschaftliche Lage aller Bevölkerungsschichten verschlechterte sich. Immerhin bekam Ägypten einen beträchtlichen Teil der Auslandsschulden erlassen, und in den 1990er-Jahren bewirkten die vom IWF verordneten Maßnahmen ein kontinuierliches Wachstum des Bruttoinlandsprodukts. Waren es früher immer wieder Anschläge militanter Islamisten, in deren Folge Touristen ausblieben – mit verheerenden Auswirkungen –, so brachten ab 2011 besonders die gescheiterte Revolution mit ihren Unruhen und die politische Instabilität das Land so nah an den Abgrund wie noch nie. **2018 bis 2025 wurden die jüngsten Schreckensjahre**: Ägypten musste für Kredite des IWF das Ägyptische Pfund drastisch abwerten (plus bis zu 36 % Inflation). Die Touristen profitierten, für Ägypter wurde das Leben immer teurer. Subventionen für Benzin, Diesel und Elektrizität werden als IWF-Bedingung schrittweise abgebaut. Für viele Millionen arme Ägypter überlebenswichtige Lebensmittelsubventionen gibt es nur per elektronischer Berechtigungskarte. Neue Kredite erhielt das Land 2025 von der EU und dem IWF; sie summieren sich mit Zuwendungen der Weltbank und der Golfstaaten auf knapp 60 Mrd. US$.

Außenhandel

Die Außenhandelsbilanz ist traditionell negativ (2023: - 39,04 Mrd. US$). Zwei- bis dreimal so viele Güter werden importiert wie exportiert. Eingeführt werden besonders Maschinen, Fahrzeuge, Industrieanlagen, Konsumgüter, Nahrungsmittel, Düngemittel und Holz; ausgeführt werden Erdöl und Erdgas, petrochemische Produkte, Baumwolle, Textilien sowie industrielle Vorprodukte. Hoffnungen setzt das Land auf den Bau der neuen Hauptstadt New Cairo und Einnahmen aus dem geplanten größten Solarpark der Welt.

Arbeitsmarkt

Von den mehr als 114 Mio. Einwohnern Ägyptens sind durchschnittlich 28 Mio. als Erwerbstätige registriert, ein Viertel davon Frauen. Die **Arbeitslosenrate** liegt offiziell bei 7,18 %, die Jugendarbeitslosigkeit bei ca. 24 %. Über zwei Drittel der Arbeitslosen sind unter 25 Jahre alt. Eine hohe nicht erfasste Arbeitslosigkeit ist unverkennbar. Wer keine

Arbeit findet, geht ins Ausland, vor allem in die Erdölstaaten auf der Arabischen Halbinsel. Die meisten Arbeitsplätze in Ägypten stellen die zahlreichen, vielfach von der Armee kontrollierten **Staatsbetriebe**. Das monatliche Durchschnittseinkommen eines mittleren Beamten liegt bei knapp 100 €. In der Privatwirtschaft liegen die Einkommen zwar teilweise höher, dafür herrscht hier ein enormer Konkurrenzkampf um die insgesamt raren neuen Arbeitsplätze. Für jährlich 900 000 neue Jobsuchende gibt es pro Jahr nur 250 000 neue Arbeitsplätze. Der staatlich festgesetzte monatliche Mindestlohn stieg im Privatsektor von 2400 LE (2022) auf 7000 LE (2025).

Landwirtschaft

Etwa ein Fünftel der Ägypter arbeitet in der Landwirtschaft, die immerhin 11 % des BIP erwirtschaftet. Die wichtigsten Produkte sind Baumwolle, Reis, Weizen, Zuckerrohr, Mais, Hirse, Tomaten, Kartoffeln und Zwiebeln. Nur **ca. 4 % der Staatsfläche** können landwirtschaftlich genutzt werden, in erster Linie das Niltal, das Delta und die Oasen, in denen oft noch traditionell bewässert und zwei- bis dreimal im Jahr geerntet wird. In den letzten Jahrzehnten wurden durch Bewässerungssysteme neue Nutzflächen gewonnen, auf denen auch moderne Maschinen zum Einsatz kommen.

Bodenschätze

Ägypten ist nicht arm an Bodenschätzen. Vielfach lohnt sich der Abbau wegen der verkehrsungünstigen Lage bis heute kaum. Für die Industrie bedeutend sind die **Eisenerzlager** um Assuan und bei der Oase Baharija, die Manganerze auf der Halbinsel Sinai sowie die Chrom- und Zinnvorkommen am Roten Meer um Marsa Alam bzw. Safaga. Enorme Mengen Phosphat und Gips werden entlang der Küste des Roten Meers (v. a. bei Hurghada und Marsa Alam), im Süden der Sinai-Halbinsel, um Esna sowie bei den Oasen Dachla und Kharga gefördert. Die bei weitem wichtigsten Bodenschätze sind **Erdöl und Erdgas**. Die ergiebigsten Ölfelder liegen im Westen der Sinai-Halbinsel bei Abu Rodeis, im Golf von Sues, im Raum Hurghada, in der Libyschen Wüste südlich von El-Alamein sowie in der Kattara-Senke. Im Mittelmeer vor Ägypten wurde **Zohr** entdeckt, ein gigantisches Feld mit schätzungsweise 850 Mrd. m³ Erdgas. Im »Eastern Mediterranean Gas Forum« mit Sitz in Kairo haben sich 2019 die Energieminister Ägyptens, Israels, der Palästinensischen Autonomiebehörde, Zyperns, Griechenlands, Italiens und Jordaniens zusammengeschlossen. Von Zohr und weiteren Erdgasfunden im Mittelmeer – womöglich ein Drittel der weltweiten Vorkommen – versprechen sie sich Wohlstand und Stabilität für die Region.

Energieversorgung

Die Energieversorgung basiert hauptsächlich auf heimischem – seit 2020 auch aus Israel importiertem – **Erdgas und Erdöl** sowie auf der **Wasserkraft des Nils**. Die beiden Wasserkraftwerke am alten und neuen Staudamm bei Assuan decken etwa ein Fünftel des Strombedarfs, wenn der Wasserspiegel des Nilstausees nicht zu tief ab-

Die Wasserkraftwerke bei Assuan liefern ca. 20 % des Strombedarfs.

sinkt. Eine wichtige Rolle spielen nach wie vor Dieselgeneratoren, die in großer Zahl und nicht nur in ländlichen Gebieten installiert sind. Verstärkt setzt Ägypten auf Windkraft- und Photovoltaikanlagen, deren Strom den heimischen Bedarf sichern und in Zukunft auch per Mittelmeerkabel in die EU exportiert werden soll. 2023 begann der Bau des größten afrikanischen Solarkraftwerks Kom Ombo Abydos.

Industrie

In der Industrie sind 29 % der Erwerbstätigen beschäftigt. Viele Großbetriebe sind in staatlicher Hand, sprich **im Besitz der Armee**. Sie betreibt Tankstellen, produziert Lebensmittel aller Art, chemische Produkte und Haushaltsgeräte – und verdrängt damit die Privatwirtschaft. Der Internationale Währungsfonds drängt die Regierung, das Engagement der Militärs deutlich zurückzufahren. Die Weltbank fördert die zur Stärkung des Privatsektors im Rahmen des 2023 geschlossenen »Country Partnership Agreement« bis 2027 mit 7 Mrd. US$.
Die traditionsreichsten Branchen sind die Textil- sowie die Nahrungs- und Genussmittelindustrie, die auf heimische Rohstoffe zurückgreifen können. Dies gilt auch für die petrochemische und die Düngemittelindustrie, die neben der Eisen- und Stahl- sowie der Bauindustrie zu den tragenden Säulen zählen. Stark in den Vordergrund getreten sind in den letzten Jahren die chemisch-pharmazeutische Industrie, die Elektroindustrie sowie der Maschinen- und Fahrzeugbau, zumeist angeregt durch ausländische Investitionen.

Kairo hat ein Verkehrsproblem ...

Kleingewerbe Eine starke Stellung nehmen Kleinstunternehmen mit wenigen Beschäftigten ein, die meist aus dem familiären Umfeld rekrutiert werden. Ihr Kapital erhalten sie meist nicht von Banken, sondern von privaten Geldgebern und Entwicklungshilfeorganisationen. Es ist kaum festzustellen, wie viele Menschen in diesem Bereich beschäftigt sind. Allein in sechs Kairoer Stadtteilen hat man vor wenigen Jahren über 2400 Werkstätten gezählt, die Lebensmittel, Textilien, Lederwaren, Möbel, Kunsthandwerk, Teppiche, Aluminiumgefäße usw. produzieren. Generell ist der Anteil der Frauen in den letzten Jahren enorm gestiegen. **Kinderarbeit** ist gang und gäbe.

Dienstleistungen Der mit Abstand wichtigste Wirtschaftszweig ist der Dienstleistungssektor, der auch die **Beamten** (1 auf 12 Bürger) umfasst. Neben staatlichen Institutionen, Banken, Versicherungen und Handelsunternehmen tritt hier der **Tourismus** hervor. 2024 kamen 16,3 Mio. Touristen ins Land, 1,4 Mio. mehr als 2023 – Tendenz steigend.

Verkehr Seit 1852 gibt es in Ägypten die **Eisenbahn**, die derzeit 8200 Streckenkilometer unterhält. Elektrifiziert sind nur die S-Bahn-Linien von Kairo nach Heliopolis und Heluan. In den städtischen Ballungszentren herrscht ständig eine Verkehrsdichte wie in europäischen Großstädten zu Stoßzeiten. Angesichts der chaotischen Verhältnisse hat man sich nach Kairo auch in Alexandria zum Bau einer Metro entschlossen. Passable Schlafwagenzüge verkehren zwischen Alexandria und Assuan.

Ein elektrifiziertes **Hochgeschwindigkeitsnetz** mit 2000 neuen Streckenkilometern und 60 Bahnhöfen, das sechstgrößte der Welt, wird die Deutsche Bahn bis ca. 2037 bauen. Ein Konsortium um Siemens Mobility besorgt die Infrastruktur, liefert die Fahrzeuge für den Personenverkehr sowie Güterlokomotiven. Das **Fernstraßennetz** umfasst 64 000 km; 50 000 km sind asphaltiert. Die wichtigsten internationalen **Flughäfen** sind in Kairo, Alexandria, Luxor, Hurghada, Marsa Alam am Roten Meer sowie Sharm el-Sheikh auf dem Sinai.

Sueskanal

▶ Baedeker Wissen, S. 176

Religionen

In Zahlen

Ca. 90 % der Ägypter bekennen sich zum Islam, die restlichen 10 % sind koptische Christen (▶ Baedeker Wissen S. 426), orthodoxe Christen, Katholiken, Protestanten, Baha'i und (sehr wenige) Juden.

Staatsreligion Islam

Der Islam ist die jüngste der großen monotheistischen Weltreligionen. Die Zahl seiner Anhänger weltweit wird auf 1,8 Milliarden geschätzt. Er wurde zuerst von Mohammed Ibn Abdallah (570 – 632) gepredigt, einem Kaufmann aus Mekka, der spätere **Prophet Mohammed**. Seine Reisen mit Karawanen im arabischen Raum wie auch sein tiefes religiöses Interesse ermöglichten ihm die Kenntnis der Religionen seiner näheren und weiteren Umgebung. So enthält die seine Lehre Gedanken des Judentums, des Christentums und der persischen Religion, aber auch der Religionen arabischer Stämme.

Schiiten und Sunniten

Der Islam kennt zwei große Glaubensrichtungen: 80 – 90 % der Muslime in der Welt sind Sunniten, nur in wenigen Ländern, etwa im Iran, stellen Schiiten die Mehrheit. Die beiden Richtungen entstanden im 7. Jh. im **Streit um die Nachfolge des Propheten**. Die Mehrheit wollte einen Kandidaten frei bestimmen, eine Minderheit verlangte, dass der Nachfolger aus Mohammeds Familie stammen müsse, und stimmte für seinen Vetter und Schwiegersohn Ali. Dessen Anhänger wurden »Schiat Ali« (Partei Alis) genannt, woraus sich der Begriff Schiiten entwickelte. Die Schiiten, die Nachfolger des 4. Kalifen Ali, verehren ihre Führer (Imame) als Heilige und lehnen die Sunna als Glaubensgrundlage ab. Die Sunniten (»Leute der Sunna«), die in Ägypten die große Mehrheit stellen, stützen sich in ihrer Glaubenslehre neben dem Koran auf die Sunna (»Gewohnheiten«), die überlieferten Erfahrungen und Aussagen Mohammeds. Sie erkennen die gewählten Nachfolger des Propheten als rechtmäßige Leiter der Gemeinde an, lehnen jedoch die Heiligenverehrung und den Märtyrerkult der Schiiten strikt ab.

AUF DEN SPUREN DER CHRISTEN

Der koptisch-orthodoxen Kirche, eine der ältesten christlichen Gemeinden, gehören 6–10 % der ägyptischen Bevölkerung an. Sie haben zunehmend mit Verfolgung zu kämpfen; es gibt immer wieder blutige Anschläge auf Gläubige und ihre Kirchen. Die Kopten sehen sich als Nachfahren der alten Ägypter und bilden mit ca. 11 Millionen Gläubigen die größte christliche Gemeinschaft in der arabischen Welt. Eine Spurensuche.

Vier U-Bahn-Stationen südlich des hektischen Tahrir-Platzes, des Knotenpunkts der modernen Metropole Kairo, an der Station Mar Girgis (St. Georg), liegt Misr al-Qadima – »Alt Kairo«: Dort, innerhalb der Reste der römischen Festung Babylon, einige Meter unter dem Straßenniveau und bedrängt vom steigenden Grundwasser, liegt das **koptische Kairo**.

Spuren

Die meisten ausländischen Besucher begegnen hier zum ersten Mal den Spuren ägyptischen Christentums. Das **Koptische Museum** birgt die weltweit größte Sammlung koptischer Kunst; die »Hängende« Marienkirche (al-Muallaqa) ist ein Glanzstück christlicher Architektur; die Kirchen der hl. Barbara und des Sergius gehören zu den ältesten der Stadt, ihre Gründung geht ins 5. Jh. zurück. Bis ins späte Mittelalter gehörte ein Besuch in der

Beim Gebet in der Kapelle St. Georg in Kairo

Krypta der Sergius-Kirche zu jeder ordentlichen Pilgerfahrt ins Heilige Land. Hier soll sich der Überlieferung nach die Heilige Familie auf ihrer Flucht nach Ägypten aufgehalten haben.
Das »koptische Kairo«, umgeben von christlichen Friedhöfen, ist ein vergleichsweise idyllischer Ort. Er vermittelt einen Eindruck von den Lebenswelten, die einem Urchristentum verpflichtet sind. Weitere, von Mauern eingeschlossene christliche Viertel mit uralten Kirchen sind über das Stadtgebiet verstreut, so z. B. in der Harat al-Rum, der »Christengasse«, in der islamischen Altstadt.

Emanzipation

Enklaven wie diese sind Reste einer mittelalterlichen Stadtordnung. Zu Beginn des 19. Jh.s brach die traditionelle Ordnung der ägyptischen Städte auf, die auf religiöser Trennung und konfessioneller Arbeitsteilung beruhte. Im Zug der Modernisierung des Landes wurden die Kopten 1856 durch Abschaffung der Kopfsteuer für Nichtmuslime den muslimischen Ägyptern **rechtlich gleichgestellt**. Die Emanzipation der Kopten erreichte ihren Höhepunkt in den 1920er-/1930er-Jahren, als zahlreiche Kopten in führender Position an der Nationalbewegung beteiligt waren. Heute lebt etwa ein Viertel der Kopten in Kairo, Tür an Tür mit den muslimischen Landsleuten. Weder Sprache noch Lebensgewohnheiten unterscheiden sich merklich von denen der Nachbarn. Auch arbeiten sie in unterschiedlichsten Berufen; in privaten Unternehmen sind sie überproportional, in der öffentlichen Verwaltung jedoch kaum vertreten. Ehen zwischen Kopten und Muslimen sind immer noch beiderseits verpönt.

Besonders große koptische Gemeinden finden sich **in Oberägypten**: In den Provinzen Assijut, El-Minya, Kena und Sohag liegt ihr Bevölkerungsanteil zwischen 20 und 40 %, kaum ein Dorf oder eine Stadt, deren Bild nicht von einer oder mehreren Kirchen geprägt ist. Hier liegt auch die Ruinenstadt **Abu Mena**, die bedeutendste christliche Wallfahrtsstätte des Orients.

Grundlagen

Der Begriff Kopte(n) leitet sich von Aígyptos (griech. = Ägypten) ab. Die Araber nannten das Land Misr und seine Bewohner Qibt. Die Kopten führen ihre Tradition auf den **Evangelisten Markus** zurück, den der hl. Petrus um das Jahr 60 mit der Missionierung Ägyptens beauftragt haben soll.
Eine koptische Kirche hat sich jedoch erst im 5. Jh. herausgebildet. **Alexandria**, die Gelehrtenstadt des Altertums, wurde Sitz eines der fünf Patriarchen, die die Christenheit jahrhundertelang leiteten. Die auf dem Konzil von Chalcedon (451) erfolgte Verurteilung des **Monophysitismus** – einer Denkrichtung, nach der Jesus Christus nicht zwei Naturen besitzt (eine göttliche und eine menschliche), sondern nur eine, nämlich die des Fleisch gewordenen Gottesworts – wollten die Kopten nicht anerkennen; hinzu kam ihr Widerstand gegen den zunehmenden kulturellen Einfluss des Hellenismus.

Aus der Mehrheit wird eine Minderheit

Als die arabischen Muslime im Jahr 641 Ägypten eroberten, war das Land bereits vollständig christianisiert. Im Lauf der folgenden Jahrhunderte konvertierte die Mehrheit der Kopten zum

KOPTISCHES CHRISTENTUM

Islam. Parallel dazu verengte sich die Bedeutung des Begriffs Kopte zur Bezeichnung für die einheimischen Christen. Im 11. Jh. wurden die christlichen Kopten zur Minderheit im eigenen Land, bis zum 14. Jh. sank ihr Bevölkerungsanteil auf das heutige Niveau. Die koptische Sprache wurde durch die arabische verdrängt – heute wird Koptisch nur noch in der Liturgie verwendet.

Patriarchat von Alexandria

Die ägyptischen Kopten gehören in ihrer überwiegenden Mehrheit der **koptisch-orthodoxen Kirche** des Patriarchats von Alexandria an. Sie ist die christliche Nationalkirche des Landes und eine der alt-orientalischen Kirchen, die sich mit den Nationalkirchen der Syrer, Armenier und Äthiopier nach dem Konzil von Chalcedon 451 von der römischen Reichskirche getrennt haben. Durch westliche Missionierungen, meist nur bei einheimischen Christen erfolgreich, entstanden im 19. Jh. die **mit Rom unierte katholisch-koptische** und verschiedene protestantisch-koptische Kirchen. Erst im 19. Jh. näherten sich die koptisch-orthodoxe und die römisch-katholische Kirche an, was 1895 in die Errichtung des unierten Patriarchats von Alexandria mündete. Seit 1954 ist die koptisch-orthodoxe Kirche von Ägypten Mitglied des Ökumenischen Rats der Kirchen.
Heute hat die koptisch-orthodoxe Kirche **ca. 11 Millionen Mitglieder**; weltweit sind es ca. 15 Millionen. Geistliches Oberhaupt der ägyptischen orthodoxen Kopten ist der Patriarch, der seit dem 6. Jh. den Titel »Papst (Baba) von Alexandria und Patriarch des Stuhls von St. Markus« führt, seit dem 11.Jh. aber seinen Sitz in Kairo hat. Der aktuelle **Papst Tawadros II.**, Jahrgang 1952 und 118. Nachfolger des Evangelisten Markus, ist eine charismatische Persönlichkeit mit großem Einfluss. Wo immer er auftritt, versammeln sich zahlreiche Gläubige.
Seit Jahrzehnten erlebt die koptische Kirche, parallel zur Entwicklung im Islam, eine beispiellose **Renaissance**. Anders als in Europa sind die Kirchen Ägyptens voll, sind religiöse Überzeugungen und die Bindung der Kopten an ihre Kirche unerschüttert. Das Mönchstum, das im 4. Jh. in Ägypten entstand und von dort nach Europa gelangte, steht heute wieder in voller Blüte. Die antiken Klöster im Wadi Natrun oder im Niltal haben enormen Zulauf und sind zu spirituellen Zentren und Pilgerzielen geworden.

Jüngste Entwicklung

In dem Maß, in dem die politische, wirtschaftliche und soziale Krise des Landes wuchs, entwickelte sich die Gemeinde für die Kopten zu einer Ersatzgesellschaft. Denn durch die politische und kulturelle Islamisierung wurden sie wieder in eine Minderheitenposition gedrückt. Die **Diskriminierung der Kopten** ist ein Symptom der Krise Ägyptens, auch wenn sich Präsident Abd al-Fattah as-Sisi um Einbindung bemüht, indem er den Bau neuer Kirchen fördert, auch in New Cairo. Seit einigen Jahren stehen die Kopten, ihre Kirchen und Klöster **im Fadenkreuz militanter Islamisten**. Bevorzugt an hohen Feiertagen wurden sie Ziele von Anschlägen des »Islamischen Staats« (IS) und ähnlicher Terrororganisationen. Zu Recht befürchtet Tawadros II. die Vertreibung der Christen aus dem Nahen Osten – das ist das erklärte Ziel des Terrors.

Heute spielen die theologischen Unterschiede nicht die entscheidende Rolle, es geht v. a. um Geopolitik, die Rivalität zwischen den beiden Hauptakteuren im Nahen Osten **Saudi-Arabien** (als Schutzmacht der Sunniten) und **Iran** (als Vertreter der Schiiten). Beide belauern und bekämpfen sich, gegenwärtig in Stellvertreterkriegen im Jemen und in Syrien, doch haben sie sichin jüngter Zeit durch chinesische Vermittlung wieder angenähert. Ägypten verdankt dem saudischen Königshaus sehr viel. Nachdem der jetzige Präsident As-Sisi die Macht übernommen hatte, floss viel saudisches Geld ins Land. Auch machen beide Länder gemeinsam Front gegen die Muslimbrüder, den politischen Islamismus. Schließlich ist Äypten besorgt über Teherans wachsenden Einfluss in der Region. Die Beziehungen zur Türkei sind stark abgekühlt. Ägypten wirft dem Land u. a. die Unterstützung der in Ägypten verbotenen Muslimbruderschaft vor.

Islamischer Kalender

Das islamische Jahr folgt dem **Mondkalender**, dessen Jahr nur 354 Tage zählt. Die islamischen Monate haben je nach Mondaufgang 29 bzw. 30 Tage und das islamische Jahr (Hidschra-Jahr bzw. Higri) nur 354 bzw. 355 Tage, also zehn bis elf Tage weniger als ein gregorianisches Jahr. So entsprechen 34 Mondjahre 33 Sonnenjahren und 100 Higri etwa 97 gregorianischen Jahren. Die Zeitrechnung des islamischen Kalenders beginnt 622 n. Chr., dem Jahr der Flucht des Propheten Mohammed aus Mekka, Hedschra oder Hidschra genannt.

Koran und Sunna

Der Koran, die heilige Schrift des Islam, enthält in seinen **114 Suren** (Abschnitten) Offenbarungen Gottes an seinen Propheten Mohammed. Die vom dritten Kalifen Osman zusammengefassten Offenbarungen in arabischer Sprache werden bis heute als die authentische Koranfassung anerkannt. Die Suren sind in Versform gehalten und nach ihrer Länge geordnet. Auf die Eröffnungssure, die Fatiha, folgt die längste Sure mit 286 Versen; die kürzeste Sure hat nur drei Verse. Der Koran enthält die grundlegenden Glaubenslehren, die Gesetze für das Leben in der Gesellschaft sowie die ethischen Lehren, aber auch Berichte über frühere Propheten, die Schöpfungsgeschichte und das Jenseits. Ergänzt wird der Koran durch die **Sunna**, eine Sammlung der Taten und Aussagen des Propheten Mohammed. Die am häufigsten erwähnte Person im Koran ist der Prophet Moses (Mousa). Ebenso gilt Jesus (Isa) als »Rasul«, ein Gesandter Allahs.

Hadithe

Als dritte, schwächste Glaubensgrundlage gelten die Hadithe, die Überlieferungen der Lehren und des Handelns des Propheten. Sie stellen wertvolle genealogische Studien und historische Quellen dar. Als die vorbildlichsten Werke gelten die Sammlungen von Bukhari und Muslim aus dem 9. Jahrhundert. In Bukharis Buch werden von einer halben Million Erzählungen nur 4000 als authentisch aufgeführt. In einem Hadith heißt es:

»
Ich habe euch zwei Dinge hinterlassen.
Wenn ihr ihnen folgt, werdet ihr nie irren.
Es sind der Koran und die Sunna.
«

Fünf Säulen des Islam

Aus dem Koran und der Sunna leiten sich die fünf Säulen des Islam ab, die wichtigsten Glaubensvorschriften und Pflichten eines Muslims: Glaubensbekenntnis (Schahada), Gebet (Salah), Almosen (Sakat), Fasten (Saum) und Pilgerreise nach Mekka (Hadsch).
Das **Glaubensbekenntnis** wird von den Gläubigen fünfmal täglich gesprochen. Es ist auch Bestandteil des Gebetsrufs, den der Muezzin vom Minarett verkündet: »Allahu akbar – Gott ist groß! Ich bezeuge, dass es keinen Gott gibt außer Gott. Ich bezeuge, dass Mohammed der Prophet Gottes ist. Kommt zum Gebet. Kommt zum Heil! Gott ist groß, es gibt keinen Gott außer Gott.« Vor dem Morgengebet fügt der Muezzin noch hinzu: »Das Gebet ist besser als der Schlaf.«
Das **Pflichtgebet** verrichtet der Gläubige ebenfalls fünfmal täglich in arabischer Sprache in der Moschee oder auf einem dafür hergerichteten Platz, z. B. auf einem Gebetsteppich, wobei der Betende sich in einem festgelegten Ritual gen Mekka verneigt. Zur Vorbereitung gehört die Reinigung von Gesicht, Mund, Händen und Füßen. Zum Gebet werden die Schuhe ausgezogen, auch außerhalb der Moschee.

In einem Dorf im Gouvernorat Minya feiern Muslime und Kopten gemeinsam das Fastenbrechen im Ramadan.

Das drittwichtigste Gebot des Islam ist die **Almosengabe**. Schon Mohammed hat sie angeordnet und in Medina eine Almosensteuer eingeführt. Lange Zeit war sie die einzige Steuer für Muslime.
Das einmonatige **Fasten** im neunten Monat des islamischen Kalenders (Ramadan) wird durch die zweite Sure des Korans vorgeschrieben. Das Fasten bezieht sich auf alle Genüsse, nicht nur auf Essen und Trinken, und dauert vom Morgengrauen bis zum Sonnenuntergang. Kinder, alte und kranke Menschen sowie Reisende und Schwerarbeiter sind von der Vorschrift befreit.
Auf die vorislamische, altarabische Verehrung eines schwarzen Meteoriten geht das Gebot der **Pilgerfahrt nach Mekka** (Hadsch) zurück. Der Stein befindet sich im Hof der Großen Moschee von Mekka im heiligen Schrein, der Kaaba. Die Hadsch sollte jeder erwachsene Muslim mindestens einmal in seinem Leben möglichst im 12. Monat des islamischen Jahres absolvieren, sofern er die Mittel dazu hat.

Dschihad

Die im Koran enthaltene Institution des Dschihad wird oft falsch mit »heiliger Krieg« übersetzt. Die Forderung des Dschihad lässt sich am besten als Pflicht wiedergeben, **sich auf dem Weg Gottes zu bemühen**. Sie sollte zuerst nach innen gerichtet sein, also die Umsetzung der religiösen Gebote im Lebenswandel des Einzelnen zum Ziel haben. Der Dschihad soll aber auch nach außen gerichtet sein und dem Kampf gegen den Unglauben und das Übel in der Welt dienen. Zum Dschihad im Sinn eines heiligen Kriegs, also der Durchsetzung des islamischen Glaubens in einem Gebiet, kann nur der rechtmäßige religiöse Führer der Gemeinschaft auffordern. Allerdings wird der Aufruf heute oft durch militante Islamisten, wie früher Al Qaida und zuletzt den Islamischen Staat (IS), zur Rechtfertigung von Gewalt und Mord missbraucht, um politische Interessen religiös zu legitimieren und die Gläubigen hinter sich zu scharen: nach der reinen Lehre ein Frevel.

Koptisches Christentum

▶ Baedeker Wissen, S. 426

GESCHICHTE

»Soldaten, vier Jahrtausende Geschichte schauen auf euch herab!« Angeblich sagte das Napoleon, als er mit seiner Armee am Sphinx von Giseh stand. In einer so langen Zeit geschieht viel: Wie lebte das Land unter den Pharaonen? Was brachten Römer und Griechen mit, was machten die Briten mit ihrer Kolonie? Und was wollen die Präsidenten der Arabischen Republik?

Ein Ausschnitt aus der Königsliste im Tempel von Abydos

Geschichtsschreibung im alten Ägypten

Die alten Ägypter besaßen wie alle Völker des Altertums **keine feste Zeitrechnung**. Sie bestimmten die Ereignisse meist nach den Regierungszeiten der jeweiligen Könige. Die Priester führten große Herrscherlisten, von denen mehrere bruchstückhaft erhalten sind, z. B. die **Königsliste von Abydos**, die 76 Königsnamen von Menes bis Sethos I. umfasst, oder die Karnak-Tafel, die 32 Könige von Menes bis Thutmosis III. nennt. Auf derartigen Verzeichnissen beruhen insbesondere die Listen und geschichtlichen Aufzeichnungen des ägyptischen Historikers **Manetho**, der um 300 v. Chr. als Priester in Heliopolis lebte und im Auftrag von Ptolemaios II. die Geschichtsbücher »Ägyptische Denkwürdigkeiten« verfasste. Da Manetho als Priester Zugang zu allen in den Tempeln verwahrten Schriften und Urkunden fand, gelten seine Angaben als sehr verlässlich. Leider sind seine Werke verlorengegangen, sie leben jedoch weiter in den Schriften von Flavius Josephus (37/38 bis um 100 n. Chr.), Julius Africanus (um 200 n. Chr.) und Eusebius (um 340 n. Chr.), die Manethos Werke noch sechs Jahrhunderte nach seinem Tod zur Grundlage ihrer Geschichtsschreibung machten.

EPOCHEN

DIE ZEIT DER PHARAONEN

3000 – 2665 v. Chr.	Legendäre Reichsgründung. Zeit der Thiniden
2665 – 2155 v. Chr.	**Altes Reich:** Pyramidenbau in Sakkara und Giseh
2155 – 2130 v. Chr.	**Erste Zwischenzeit:** Nord- und Südreich
2130 – 1650 v. Chr.	**Mittleres Reich:** Reichseinheit unter thebanischer Führung
1650 – 1555 v. Chr.	**Zweite Zwischenzeit:** Herrschaft der Hyksos
1555 – 1080 v. Chr.	**Neues Reich:** Blüte der Pharaonenzeit, Ägypten ist Großmacht. Tempelbauten in Theben, Gräber im Tal der Könige
1353 – 1336 v. Chr.	Sonnenkönig Amenophis IV. (Echnaton)
1279 – 1213 v. Chr.	König Ramses II.
1080 – 715 v. Chr.	**Dritte Zwischenzeit:** Teilung des Reichs, Militärdiktaturen
715 – 332 v. Chr.	**Spätzeit** unter Pharaonen fremder Herkunft

UNTER GRIECHEN, RÖMERN UND BYZANTINERN

Griechische Zeit (332 – 30 v. Chr.)

332 v. Chr.	Alexander der Große erobert Ägypten.
332 – 30 v. Chr.	Herrschaft der Ptolemäer
51 – 30 v. Chr.	Königin Kleopatra VII.

Römische Zeit (31 v. Chr. – 395 n. Chr.)

31 v. Chr.	Ägypten wird Provinz des Römischen Reichs.
45 – 200 n. Chr.	Vordringen des Christentums
249 – 313 n. Chr.	Christenverfolgung unter Decius und Diokletian
391 n. Chr.	Das Christentum wird Staatsreligion.

Byzantinische Zeit (395 – 639)

395	Reichsteilung: Ägypten fällt ans Oströmische Reich.
451	Konzil von Chalcedon: Trennung der ägyptischen Kirche von der Reichskirche

ISLAMISCH-ARABISCHE EPOCHE

Provinz des Kalifenreichs (639 – 969)

661 – 750	Ägypten als Teil des Omaijaden-Reichs (Damaskus)
750 – 935	Ägypten als Teil des Abbasiden-Reichs (Bagdad)
868 – 905	Dynastie der Tuluniden (Kairo)
935 – 969	Dynastie der Ichschididen (Kairo)

Unter selbstständigen Herrschern (969 – 1517)

969 – 1171	Herrschaft der Fatimiden
969	Gründung der Residenzstadt Al-Qahira (Kairo)
1171 – 1249	Herrschaft der Aijubiden, Bau der Zitadelle von Kairo
1138 – 1193	Sultan Saladin (Salah ed-Din)
1250 – 1517	Herrschaft der Mamelucken
1291	Sieg über die Kreuzfahrer

Osmanische Zeit (1517 – 1805)

1517 – 1805	Ägypten ist Provinz des Osmanischen Reichs.
1798 – 1801	Ägypten-Expedition Napoleon Bonapartes
1./2. 8. 1798	Seeschlacht bei Abukir zwischen Franzosen und Briten

---

AUFBRUCH UND REPUBLIK ÄGYPTEN (19./20. JH.)

Mohamed Ali und seine Nachfolger (1805 – 1882)

1805 – 1848	Mohamed Ali Pascha
1859 – 1869	Bau des Sueskanals
1879 – 1882	Orabi-Aufstand gegen die britische Fremdherrschaft

Königreich Ägypten (1922 – 1952)

1923	Erste Parlamentswahlen
1936	Anglo-ägyptischer Vertrag
1952	Putsch der »Freien Offiziere« unter General Naguib und Oberst Nasser
1953	Ausrufung der Republik, Agrarreform

Arabische Republik Ägypten (ab 1953)

1956	Sues-Krieg mit Großbritannien, Frankreich und Israel
1958 – 1961	Vereinigte Arabische Republik mit Syrien und Jemen
1960	Baubeginn des Assuan-Hochdamms
1967	Sechs-Tage-Krieg mit Israel, Verlust des Sinai
1970	Tod Nassers; Präsident Sadat

Präsident Anwar el-Sadat

1971	Fertigstellung des Assuan-Hochdamms
1973	Oktober-Krieg mit Israel
1977	Friedensmission Sadats in Jerusalem
1978	Vertrag von Camp David zwischen Ägypten und Israel
1981	Ermordung Sadats; Präsident Mubarak

Präsident Hosni Mubarak

bis 1982	Rückgabe des Sinai durch Israel

---

21. JAHRHUNDERT

2008/2009	Steigende Getreidepreise, Versorgungsengpässe, Wut über die Cliquenwirtschhaft führen zu Protesten.
2011	Sturz Mubaraks
2011/2014	Prozesse gegen Mubarak und seine Familie

Präsident Mohamed Mursi

Juni 2012	Vereidigung als Präsident
Juli 2013	General Abd al-Fattah as-Sisi putscht gegen Mursi.
2017	Haftstrafen für Mursi und andere Muslimbrüder

Präsident Abd al-Fattah as-Sisi

Juni 2014	Wahl zum Präsidenten
2022/2025	Anhaltende Wirtschaftskrise durch Inflation und drastische Währungsabwertungen

Dynastien

Manetho, Verfasser der ersten ägyptischen Geschichte (3. Jh. v. Chr.), teilte die Herrscher vom ältesten König Menes bis zu Alexander dem Großen in **30 Dynastien** ein. Die entsprechenden Herrscherhäuser regierten nacheinander und auch nebeneinander das Land. Diese Einteilung ist bis heute allgemein anerkannt. Daneben fasst man der Übersichtlichkeit halber mehrere Dynastien zu größeren Gruppen zusammen, die man als »Zeiten« oder »Reiche« bezeichnet. Manche Forscher fassen einige frühe Könige zur »nullten Dynastie« zusammen. Genaue Jahreszahlen lassen sich wegen der Lückenhaftigkeit der Quellen meist nicht angeben. So können die Zeitangaben vor dem zweiten Jahrtausend v. Chr. um Jahrzehnte oder sogar Jahrhunderte schwanken.

Vorgeschichte

60 000 – 3000 v. Chr.

Über die Vorgeschichte ist nur wenig bekannt. Funde von Steinwerkzeugen in Geröllschichten bei Luxor belegen, dass bereits um 60 000 v. Chr. Jäger und Sammler durch das Niltal zogen. Auch in der Westlichen Wüste finden sich Spuren menschlicher Existenz, die darauf schließen lassen, dass sich das Klima in Nordafrika im Lauf der Jahrtausende verändert hat. In der Jungsteinzeit (um 7000 v. Chr.) gehen die Menschen im Niltal zu sesshafter Lebensweise über. Fischfang, Ackerbau und Viehzucht dienen ihnen als Lebensgrundlage. Entlang des Nils entstehen Siedlungen unterschiedlicher Entwicklungsstufen. Durch Wanderungsbewegungen bildet sich bis zum Ende der Vorzeit eine einheitliche Kultur im Niltal heraus, eine Agrargesellschaft auf der Basis von Subsistenzwirtschaft.

Die Zeit der Pharaonen

Frühgeschichte 1.–2. Dynastie (3000 bis 2665 v. Chr.)

Die frühdynastische Zeit beginnt mit der legendären **Reichsgründung unter König Menes**. Er vereinigt Unterägypten (Delta) und Oberägypten (Niltal von Kairo bis Assuan). Die **Doppelkrone**, bestehend aus der roten Krone Unterägyptens und der weißen Oberägyptens, wird zum Symbol der Reichseinheit. Die Herrscher der beiden ersten Dynastien residieren im oberägyptischen Thinis (Abydos). Daher nennt man die Phase der Reichskonsolidierung auch Thinidenzeit. Der folgende Aufstieg Ägyptens zur Hochkultur beruht auf einer rasanten Entwicklung von Wirtschaft, Technik, Schrifttum und Wissenschaft. Die Nilschwemmen zwingen Ägypten zur zentralistischen Organisation des Gemeinwesens. Unter staatlicher Ägide wird die Bewässerungslandwirtschaft ausgebaut. Neben der Einführung des 365-Tage-Kalenders zählt vor allem die Literatur zu den kulturellen Errungenschaften der Thinidenzeit. Die überlieferten Texte können als eine Vorform philosophischer Schriften gelten.

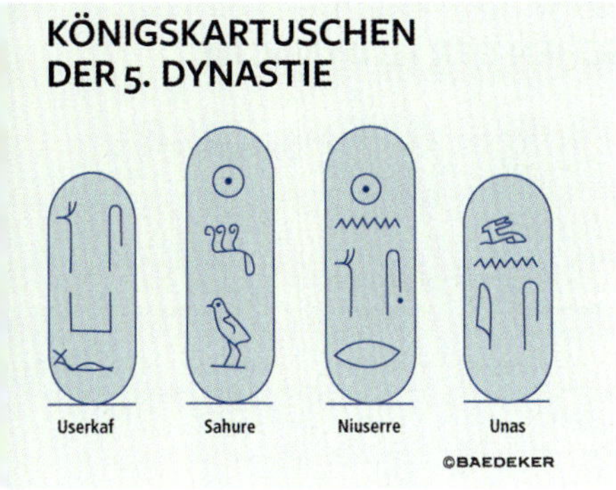

Altes Reich 3. – 6. Dynastie (2665 bis 2155 v. Chr.)

Das Alte Reich ist die **erste Blütezeit** des pharaonischen Ägyptens, dessen administrative, technische und kulturelle Leistungen vom hohen Stand der Entwicklung zeugen. **Djoser**, König der 3. Dynastie, verlegt die Residenz nach Memphis (etwa 20 km südlich des heutigen Kairo) und gliedert das Reich in Verwaltungseinheiten. So entsteht ein bürokratisches Staatswesen, das während der 5. Dynastie seine volle Ausprägung erreicht. Die herrschende Elite ist eine wohlhabende Beamtenschicht, die der König mit tributfreien erblichen Lehen entlohnt. Die zahlreichen, unterschiedlich ausgestatteten Beamtengräber in der Nekropole von Giseh spiegeln die Organisation des Staatsapparats wider.
Das Alte Reich ist die **Epoche der monumentalen Pyramiden**. Djoser lässt unter seinem **Baumeister Imhotep**, den die Griechen 2000 Jahre später unter dem Namen Imuthes als Heiligen verehren, die markante sechsstufige **Pyramide von Sakkara** errichten. Aus dieser Zeit stammen auch die ältesten Mastabas (Grabbauten). Unter den Herrschern der 4. Dynastie erlebt der Pyramidenbau seine Hochphase: Snofru erstellt die Pyramide von Meidum und zwei weitere in Dahshur; am Rand des fruchtbaren Niltals entsteht auf dem Plateau von Giseh der Pyramidenbezirk mit den drei großen Pyramiden der Könige Cheops, Chephren und Mykerinos. Große Teile der Bevölkerung werden zum Pyramidenbau zwangsverpflichtet.

Sonnenkult

Der Sonnenglaube setzt sich durch, der **Sonnengott Re** wird als Reichsgott verehrt. Der König definiert sich als Sohn des Re und herrscht als Stellvertreter des Sonnengottes. Der Sonnenkult findet seine bauliche Umsetzung in Sonnenheiligtümern mit aufgemauerten Obelisken als zentralem Element wie in Abu Gurob.

Expansion

Das Reich expandiert: **Nubien** wird ägyptische Kolonie. Auf den Sinai, in die Westliche Wüste sowie in das Gebiet des heutigen Äthiopiens werden Expeditionen unternommen. Die Handelsbeziehungen weiten sich im Norden nach Kleinasien aus. Gegen Ende des Alten Reichs verselbstständigt sich der aufgeblähte Staatsapparat. Die höheren Beamten in Mittel- und Oberägypten bauen zunehmend eigene Herrschaftszentren auf und sichern sich Privilegien auf Kosten der Zen-

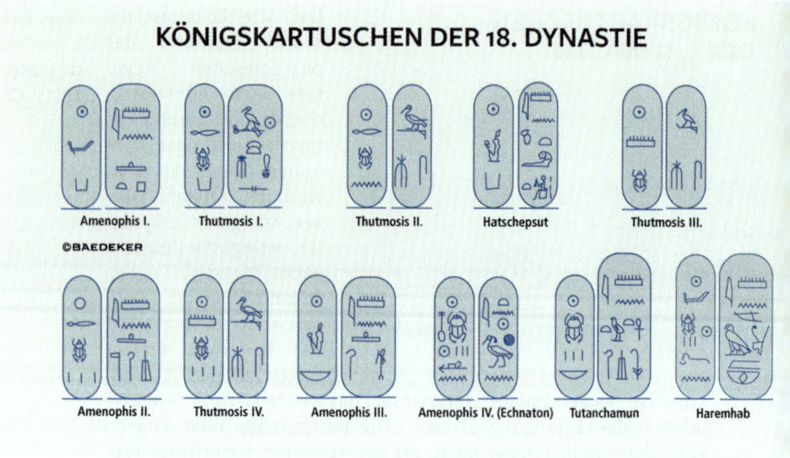

tralgewalt und der unteren Bevölkerungsschichten. Versorgungsengpässe und Unruhen erschüttern das Alte Reich, das schließlich in bürgerkriegsähnlichen Zuständen zerbricht.

Erste Zwischenzeit: 7. – 11. Dynastie (2155 bis 2130 v. Chr.)

Nach dem Untergang des Alten Reichs zerfällt Ägypten in zwei große Herrschaftsgebiete und zahlreiche lokale Fürstentümer; verschiedene Könige regieren nebeneinander. In Unterägypten etabliert sich in der alten Hauptstadt **Memphis** eine aus Herakleopolis stammende Dynastie, die ihren Machtbereich nilaufwärts bis Assijut ausdehnen kann. Sie fühlt sich dem Erbe des Alten Reichs verpflichtet. Im oberägyptischen **Theben** herrscht eine Dynastie, die eine expansive Politik betreibt. Das am Ende des Alten Reichs abgefallene Nubien wird erneut besetzt und kolonisiert. Da Unterägypten durch Kämpfe im Delta militärisch geschwächt ist, können die Thebaner den Norden erobern und sich zu Herren über ganz Ägypten aufschwingen. Die politischen Wirren der Ersten Zwischenzeit, begleitet von Hunger und Bürgerkriegen, bleiben nicht ohne Wirkung auf Religion und Geistesleben. So erleben Totenkulte eine Renaissance, und Fragen nach der gerechten Ordnung bestimmen die literarische Aufarbeitung dieser unruhigen Zeit.

Mittleres Reich: 11. – 14. Dynastie (2130 bis 1650 v. Chr.)

Nach der Eroberung Unterägyptens durch Theben vereinigt **Mentuhotep II.** die Landesteile und etabliert ein Königreich in der Tradition des Alten Reichs. Es entsteht ein dezentraler **Einheitsstaat** mit der Hauptstadt Memphis. Religiöses Zentrum bleibt Theben, wo die Amun-Verehrung einen Aufschwung erlebt. Die Regionen Ägyptens erhalten Autonomie- und Mitbestimmungsrechte; so gelingt es, ein stabiles Staatsgebilde aufzubauen. Durch die Friedenszeit wird der

KÖNIGSKARTUSCHEN DER 19. DYNASTIE

©BAEDEKER

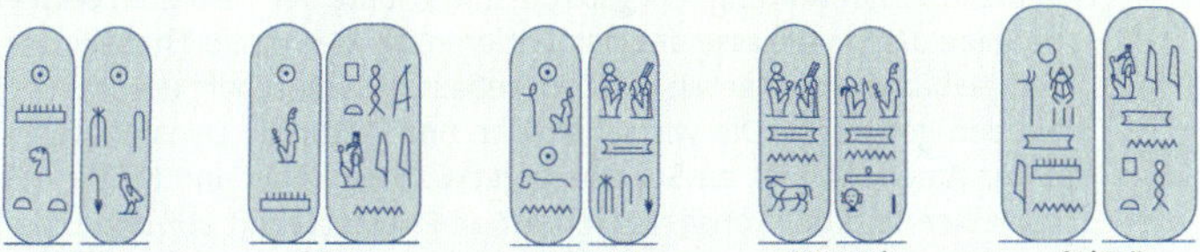

Handel wiederbelebt, intensive Wirtschaftsbeziehungen zu den phönizischen Hafenstädten der Levante werden aufgebaut. Kaufleute und Handwerker formieren ein selbstbewusstes Bürgertum, das sich neben der Beamtenschaft zur staatstragenden Klasse entwickelt. Große Leistungen werden in der **Wasserwirtschaft** erbracht: So wird beispielsweise vom Delta aus das Wadi Tumilat gebaut, ein schiffbarer Kanal in Richtung des heutigen Sueskanals. Die Herrscher der 12. Dynastie beleben den Pyramidenbau, neue Grabkomplexe entstehen in Lischt, Dahshur, El-Lahun und Hauara. Während der 13. und 14. Dynastie wird das Reich destabilisiert; Nachbarvölker nutzen schwache Könige und dringen weit in das pharaonische Territorium vor. Die aus Asien stammenden Hyksos kontrollieren Teile Ägyptens.

Zweite Zwischenzeit: 15. – 17. Dynastie (ca. 1650 bis 1550 v. Chr.)

Für 100 Jahre übernehmen die militärisch überlegenen **Hyksos** (»Fürsten der Fremdländer«) die Macht und stellen die Könige. Sie führen Pferde und Streitwagen in Ägypten ein. Das Reich wird vom Delta aus regiert; mit der Hauptstadt Auaris nahe dem heutigen Qantir entsteht ein neues Herrschaftszentrum. Während der 17. Dynastie erheben sich die Vasallen in Theben unter Kamoses gegen die Fremdherrscher und vertreiben die Hyksos.

Neues Reich: 18.–20. Dynastie (1555 bis 1080 v. Chr.)

Durch den erfolgreichen Kampf gegen die Hyksos entsteht ein Nationalbewusstsein, das zur treibenden Kraft einer beispiellosen Entfaltung Ägyptens wird. Unter Führung Thebens steigt das Pharaonenreich zur **Weltmacht** auf. Amenophis I. eröffnet die Zeit der Feldzüge gegen die Nachbarn. Sein Nachfolger Thutmosis I. erobert im Süden Nubien und stößt im Norden bis Syrien vor. Unter Thutmosis III. erreicht das Reich seine größte Ausdehnung. Die Herrschaft der Pharaonen erstreckt sich nun vom Euphrat bis in den Sudan.

Innere Wirren

Der erfolgreichen Außenpolitik stehen innenpolitische Wirren gegenüber. Der Streit um die legitime Erbfolge erfährt seinen Höhepunkt unter Königin **Hatschepsut**. Nach dem Tod ihres Gatten Thutmosis II. übernimmt sie für ihren minderjährigen Stiefsohn Thutmosis III.

die Regierungsgeschäfte, reißt jedoch die Macht an sich und setzt sich als Königin ein. Erst nach ihrem Tod kann **Thutmosis III.** den Thron besteigen. Seine Eroberungspolitik ermöglicht dem Reich eine ungeahnte Prachtentfaltung. Kriegsbeute und Tribute der besetzten Gebiete füllen die Staatskasse und alimentieren die Metropole Theben. Der Tempelbezirk von Karnak wird ausgebaut, Wissenschaft und Künste werden gefördert. Die wirtschaftliche und kulturelle Dynamik führt unter Amenophis III. zu Spannungen zwischen König und Militär auf der einen und der konservativen Amun-Priesterschaft auf der anderen Seite. Der Streit um Macht und Einfluss im Staat wird unter dem Deckmantel religiöser Meinungsverschiedenheiten ausgetragen.

Bruch mit der Priesterschaft

Um 1340 v. Chr. kommt es zum Bruch zwischen dem König und der thebanischen Priesterschaft. **Amenophis IV.** setzt sich an die Spitze einer revolutionären Bewegung. Amun und die anderen Götter – ihre Namen werden getilgt, ihre Bilder zerstört – werden durch den alleinigen **Gott Aton** ersetzt. Durch die **monotheistische Staatsreligion** verliert die Amun-Priesterschaft ihren Einfluss. Der König ändert seinen Namen in **Echnaton** und baut in Tell el-Amarna in Mittelägypten eine neue Residenz. Ein neuer Kunststil etabliert sich, der gegenüber der alten Tradition künstlerische Freiräume zulässt, der Amarna-Stil. Die Amarna-Zeit dauert allerdings nur etwa 40 Jahre und endet nach der Regentschaft von Echnatons Sohn **Tutanchamun**, der zu den alten Verhältnissen zurückkehren muss. Echnaton war es nicht gelungen, die neuen Lehren in der Beamtenschaft zu verankern. Um 1319 v. Chr. besteigt mit dem General Haremhab der letzte Pharao der 18. Dynastie den Thron. Die Dynastie stürzt schließlich über die andauernden Kämpfe in Syrien mit den Hethitern.

Die Ramessiden

Ramses I. begründet die Ramessidenzeit der 19. und 20. Dynastie. Durch die Militarisierung von Staat und Gesellschaft können die innenpolitischen Verhältnisse nach der Amarna-Zeit rasch konsolidiert werden. Sethos I. und Ramses II. setzen die Kämpfe gegen die Hethiter fort. Nach der unentschiedenen **Schlacht bei Kadesch** (Syrien) 1285 v. Chr. schließen die Parteien Frieden und teilen Syrien und Palästina unter sich auf. Eine Zeit wirtschaftlicher Prosperität beginnt. Im östlichen Mittelmeerraum entsteht ein Netz von Handelsrouten. Aus Syrien werden Sklaven, Holz, Kupfer, Getreide, Rinder und Wein importiert. Im Gegenzug exportiert Ägypten Glas, Keramik und Papyrus. Aus dem Süden (Sudan, Äthiopien) gelangen Elfenbein, Gold, Ebenholz und Sklaven ins Land. Nach Ramses II. gerät das Reich in eine tiefe Krise. Bauboom und Kriege haben das Staatsbudget überfordert, zusätzlich beeinträchtigen Intrigen, Korruption und Morde am Königshof die Regierungsgeschäfte. Syrien und Nubien müssen aufgegeben werden. Die Amun-Priesterschaft übernimmt zeitweise die Herrschaft. Überall im Reich entstehen Fürstentümer, die um die

Vormachtstellung wetteifern. Am Ende der 20. Dynastie putscht das Militär und etabliert eine Diktatur, die Oberägypten in einen Bürgerkrieg stürzt. Unterägypten koppelt sich politisch ab. Das Neue Reich ist zerbrochen.

In Ägypten entstehen **zwei neue Reiche**. Von der im östlichen Delta gelegenen Hauptstadt Tanis beherrscht die 21. Dynastie (Taniden) den Norden Ägyptens. Im Süden gründet die Amun-Priesterschaft einen Gottesstaat. Über Heiratsverbindungen können sich das tanitische Königshaus und die thebanischen Priesterkönige politisch arrangieren. Außenpolitisch ist das Zweckbündnis jedoch nicht in der Lage, die Abspaltung von Nubien, Syrien und Palästina zu verhindern. Dem drohenden Machtverlust kommt das Militär zuvor. Kommandeure reißen überall die Macht an sich. Ägypten zerfällt in kleine Herrschaftsgebiete rivalisierender Machthaber.

Dritte Zwischenzeit: 21.–24. Dynastie (1080 bis 715 v. Chr.)

Die Spätzeit ist gekennzeichnet durch verschiedene **Fremdherrschaften.** Aus dem Sudan fallen die Kuschiten ein und nehmen den Pharaonenthron in Besitz. Sie werden von den über das Delta eindringenden Assyrern vertrieben. Kurzzeitig gelingt es dem Stadtgouverneur von Sais, die assyrische Oberhoheit abzuschütteln und eine einheimische Dynastie (Saiten) zu gründen. Ägypten erlebt eine kurze kulturelle und wirtschaftliche Blüte. Das Land am Nil ist aber längst nicht mehr in der Lage, sich den weltpolitischen Veränderungen entgegenzustellen. Die **Perser** steigen zur Vormacht im Vorderen Orient auf und besetzen 525 v. Chr. Ägypten für fast 100 Jahre.

Spätzeit: 24.–30. Dynastie (715 bis 332 v. Chr.)

Während der letzten Dynastien wetteifern ein letztes Mal Kleinkönige um die Vorherrschaft im maroden Pharaonenreich. Bürgerkriegsähnliche Zustände zeugen vom Zerfall der Ordnung. 332 v. Chr. erreicht Alexander der Große den Nil, übernimmt kampflos Ägypten und begründet die griechische Herrschaft. Das pharaonische Ägypten hört auf zu existieren.

Ende des pharaonischen Ägypten

Unter Griechen, Römern und Byzantinern

Alexander der Große wird König von Ägypten und gründet Alexandria, das zur Kulturmetropole der hellenistischen Welt aufsteigt. Nach Alexanders Tod 323 v. Chr. übernehmen die Generäle seiner Armee sein Großreich. Ägypten fällt an **Ptolemäus I. Soter**, der sich 305 von der thebanischen Priesterschaft als König bestätigen lässt. Unter den Ptolemäern entsteht ein blühendes Königreich. Sie pflegen die Tradition und Religion der alten Pharaonen, bringen aber auch ihre griechische Kultur nach Ägypten. Durch die Verschmelzung beider Kulturen entsteht eine dynamische Gesellschaft, in der sich

Griechische Zeit (332 v. Chr. bis 30 v. Chr.)

Kunst, Architektur und Wissenschaft neu entfalten. Die letzten großen Tempelbauten Ägyptens entstehen in Edfu, Philae, Dendera und Kom Ombo. **Alexandria** wird mit seiner legendären Bibliothek zum Zentrum der Wissenschaft der damaligen Welt.

Ptolemäer

Die ersten drei Ptolemäer regieren im Geist Alexanders und vergrößern das Reich. Unter Ptolemäus III. Euergetes steht das Ptolemäer-Reich auf dem Höhepunkt seiner Macht und umfasst sogar Teile des Seleukiden-Reichs. Blutiger Familienzwist um den Thron lässt das Ptolemäer-Reich zugrunde gehen. Bruder- und Gattenmorde führen zu anarchischen Zuständen.

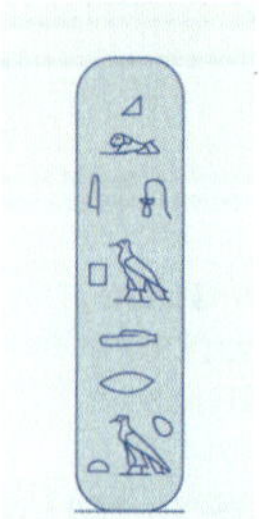

Kleopatra

Die letzte Ptolemäerin, **Kleopatra VII.** (▶ S. 513), sieht sich mit einem expandierenden Römischen Reich konfrontiert. Um die Eigenständigkeit Ägyptens zu wahren, geht sie eine Liaison mit **Julius Caesar** ein. Nach dessen Tod im Jahr 44 kann sie **Marcus Antonius**, der den östlichen Teil des Römischen Reichs beherrscht, becircen. Sie hofft, ein eigenständiges ägyptisches Großreich aufbauen zu können. Der römische Senat erklärt Marcus Antonius allerdings zum Staatsfeind und lässt ihn durch Octavian, den späteren Kaiser Augustus, bekämpfen. In der Schlacht von Actium 31 v. Chr. siegt Octavian, Marcus Antonius begeht Selbstmord. Auch Kleopatra nimmt sich, angeblich mit einer Giftschlange, das Leben. Ägypten fällt an das Römische Reich.

Der Leuchtturm von Alexandria, eines der Weltwunder der Antike, entstand im Auftrag von Ptolemaios I. (Kupferstich um 1700).

Das Land am Nil wird **römische Provinz** und von einem Präfekten verwaltet. Die neuen Herren lassen das altägyptische und griechische Erbe weitgehend unberührt. Es entsteht eine Gesellschaft, die aus zahlreichen, scharf voneinander abgegrenzten sozialen Gruppen wie Bauern, Priesterschaft, Griechen, Juden und Römern besteht. Die Kaiser in Rom lassen sich als Pharaonen verehren, übernehmen die ägyptischen Kulte und bauen an den Tempeln weiter. Die römische Besatzungsmacht beutet Ägypten als Kornkammer aus und rekrutiert in großem Umfang Soldaten für ihre Armee.

Römische Zeit (31 v. Chr. bis 395 n. Chr.)

Nach koptischer Überlieferung bringt der **Apostel Markus** im Jahr 61 den christlichen Glauben nach Ägypten. Da die Priesterschaft korrumpiert ist und die alten Götter ihre Glaubwürdigkeit verloren haben, gewinnt er rasch Zulauf. Alexandria wird zum Zentrum der christlichen Bewegung. Rom sieht seine Autorität gefährdet und geht gewaltsam gegen die Anhänger des neuen Glaubens vor. Unter Kaiser Decius und Diokletian finden die blutigsten Christenverfolgungen statt. Im Jahr 313 wird das Christentum von Kaiser Konstantin zwar legalisiert, die christliche Gemeinde Ägyptens bleibt jedoch weiterhin in Bedrängnis. Unter Theodosius I. dem Großen wird das Christentum im Jahr 391 **Staatsreligion** im Römischen Reich. Rom und die neue Hauptstadt Byzanz (seit 330) driften politisch, wirtschaftlich und kulturell auseinander. Mit der Reichsteilung 395 hört das alte Römische Reich de facto auf zu existieren. Ägypten fällt dem Byzantinischen Reich zu.

Aufkommen des Christentums

Mit der Ausbreitung des Christentums geht ein tiefgreifender kultureller Wandel einher, die altägyptische Religion verschwindet. Die ägyptische Kirche schafft eine neue Schrift und Sprache. Mönchstum und Klosterkultur erleben ihre Blütezeit. Die Patriarchen von Alexandria liefern sich weiter heftige theologische Auseinandersetzungen mit der Reichskirche in Byzanz. Auf dem **Konzil von Chalcedon** 451 kommt es zum Bruch. Die Reichskirche setzt sich durch, die ägyptische Kirche spaltet sich ab. Damit ist die **koptische Kirche** begründet, die bis heute ihre Eigenständigkeit bewahrt hat (▶ Baedeker Wissen S. 426). Nach dem Tod Justinians 565 ist das Byzantinische Reich geschwächt. Auf der Arabischen Halbinsel entsteht mit dem **Islam** ein neuer Glaube, dessen Anhänger auf Expansion setzen. Mit der **islamischen Eroberung Ägyptens** 639 durch Amr Ibn al-As endet das Zeitalter der Antike, Ägypten ist wieder an einem Wendepunkt angelangt.

Byzantinische Zeit (395 bis 639 n. Chr.)

Ägypten als Provinz des Kalifenreichs (639 – 969)

Ägypten fällt an die Omaijaden, die als Kalifen von Damaskus ab 661 das Islamische Reich führen. Das Militärlager Fustat, das heutige Alt-Kairo, wird zur Residenz der Statthalter. Anders als in früheren Epo-

Islamisierung unter den Omaijaden

chen wird Ägypten nun kulturell assimiliert. Die islamischen Machthaber treiben die Arabisierung und Islamisierung voran. Koptisch wird durch Arabisch, das zunächst nur als Verwaltungssprache dient, mehr und mehr verdrängt. Die koptischen Christen dürfen zwar ihren Glauben weiterhin ausüben, werden jedoch mit einer hohen Kopfsteuer belegt. Der Staatsdienst bleibt Muslimen vorbehalten.

Abbasiden Unter den Abbasiden, die 750 das Erbe der Omaijaden übernehmen und **von Bagdad aus** regieren, werden die Kopten zeitweise blutig verfolgt. Wirtschaftliche und politische Diskriminierung führen zu Massenübertritten zum Islam. Im 9. Jh. ist die Mehrzahl der Ägypter muslimisch. Die Abbasidenzeit ist gekennzeichnet durch Willkürherrschaft und zahlreiche Aufstände. Sie wird kurz unterbrochen, als sich der türkischstämmige Statthalter Ahmed Ibn-Tulun für unabhängig erklärt. Unter der Dynastie der Tuluniden (868 – 905) erlebt Ägypten eine kurze Blütezeit, von der noch die Ibn-Tulun-Moschee zeugt. Die Abbasiden verlieren 935 endgültig Ägypten an ihren Statthalter Mohammed al-Ichschid. Er etabliert die kurzlebige Dynastie der Ichschiden, die das Land ausplündert und in ein politisches Chaos stürzt.

Unter selbstständigen Herrschern (969 – 1517)

Fatimiden Die über Nordafrika einfallenden ismailitischen Fatimiden nutzen die Krise, bringen den Thron an sich und begründen ein schiitisches Großreich im westlichen Teil der islamischen Welt. Unter den ersten der 13 fatimidischen Kalifen steigt Ägypten zum politischen und kulturellen Zentrum auf. Nördlich der bisherigen Hauptstadt Fustat gründen die Fatimiden 969 ihre Hauptstadt Kairo (Al-Qahira = Die Siegreiche) und bauen sie zur Metropole aus. Die heutige **Altstadt von Kairo** mit ihren imposanten Stadtmauern und prächtigen Stadttoren geht auf diese Gründung zurück. Unter den Kalifen al-Muizz (953 – 975) und al-Aziz (975 – 996) prosperiert das junge Reich. Verwaltungs- und Wirtschaftsreformen konsolidieren die neue Ordnung. Fernhandel, Handwerk und Landwirtschaft blühen auf. Mit der Gründung der El-Azhar-Moschee und deren Universität wird ein neues Kapitel der Bildungsgeschichte aufgeschlagen. Die Anfangsphase der Fatimidenherrschaft steht auch im Zeichen religiöser Toleranz gegenüber den sunnitischen Glaubensbrüdern, Christen und Juden. Ende des 10. Jh.s beginnt der Niedergang des Fatimidenreichs.

Niedergang und Zerfall **Kalif al-Hakim** (996 – 1021), ein religiöser Fanatiker und launenhafter Despot, beginnt eine Schreckensherrschaft: Er erklärt sich zur göttlichen Inkarnation und verfolgt religiöse Minderheiten. Er lässt nicht nur in Ägypten, sondern auch in Jerusalem Kirchen niederbrennen. Al-Hakim liefert damit den religiösen Eiferern in Europa den

Vorwand für die **Kreuzzüge**. Die letzten Fatimiden sind durch Machtkämpfe so geschwächt, dass de facto das Militär regiert. Ägypten löst sich in Kämpfen rivalisierender Söldnertruppen auf. Syrien muss an die Seldschuken abgetreten werden. Jerusalem fällt 1099 an die Kreuzfahrer, die Ägypten 1167 vergeblich angreifen. In den Wirren der Kreuzzüge kann sich **Sultan Saladin** (Salah ed-Din) durch zahlreiche Siege an die Spitze des Kalifenreichs setzen. Nach seinem Tod zerfällt sein Reich aber rasch in kriegerischen Auseinandersetzungen. Die Kreuzfahrer dringen wiederholt in Ägypten ein und können nur mühsam zurückgeschlagen werden.

Mamelucken

Turkstämmige Militärsklaven, seit dem 12. Jh. Leibgarde der Aijubiden, setzen sich 1250 an die Spitze des Staats und begründen die Herrschaft der Mamelucken (Mamluk = weißer Sklave). Die bahritischen Mamelucken – so genannt, weil sie ihre Kaserne auf der Nil-Insel Roda (bahr = Fluss) hatten – bringen Syrien, Zypern, Nubien und den Hedschas mit Mekka und Medina unter ihre Hoheit. Sie besiegen 1260 die nach Vorderasien vorstoßenden Mongolen und vertreiben 1291 die Kreuzfahrer von ihren letzten Besitzungen in Palästina. Staatswirtschaft, Fernhandel und Protektionismus bilden die ökonomischen Grundlagen des Reichs. Von der Prosperität profitieren auch Kunst und Kultur. In Kairo wird rege gebaut (Stadtbefestigung, Mausoleen), die Schreibkunst (Kalligrafie) hat ihre Glanzzeit. 1382 kommen die aus dem Kaukasus stammenden tscherkessischen Mamelucken an die Macht, können aber nicht an das Erbe ihrer Vorgänger anknüpfen. Durch Erbfolgestreitigkeiten herrschen zeitweilig anarchische Zustände. Religiöse Minderheiten werden diskriminiert, so müssen sich Juden und Christen einer Kleiderordnung unterwerfen. Misswirtschaft, Kriege und die Verlagerung der Handelsströme stürzen das Mameluckenreich in die Krise. Die **Osmanen unter Selim I.** können daher ohne nennenswerten Widerstand über Syrien und Palästina nach Ägypten vorstoßen und 1517 den letzten Mameluckenherrscher absetzen.

Osmanische Zeit (1517 – 1805)

Osmanische Provinz

Ägypten wird eine Provinz des Osmanischen Reichs und von einem **Pascha** (= Statthalter) verwaltet. Die Osmanen haben an Ägypten nur ein finanzielles Interesse und bürden dem Land hohe Steuern auf, um die Staatskasse zu füllen. Die Mamelucken behalten ihre Stellung in Administration und Armee und können Ende des 18. Jh.s kurzzeitig die Herrschaft an sich reißen. Es gelingt ihnen aber nicht, stabile politische Verhältnisse im Land zu schaffen. Ägypten befindet sich durch die osmanische Ausbeutung und die europäische Wirtschaftskonkurrenz im Niedergang, was sich in zahlreichen Hungerrevolten manifestiert.

Napoleons Armee schlägt 1798 die osmanischen Mamelucken.

Napoleons »Ägyptische Expedition«

Im 18. Jh. wird Ägypten zum Objekt des Hegemonialstrebens der europäischen Mächte. **Napoleon Bonaparte** besetzt 1798 das Land mit dem Ziel, die britische Vormachtstellung im Mittelmeer zu brechen und Großbritannien den Weg nach Indien zu versperren. Das proklamierte französische Protektorat Ägypten ist aber nur von kurzer Dauer. Admiral Nelson versenkt 1798 bei **Abukir** die französische Flotte und schneidet die Franzosen vom Nachschub ab. Schließlich unterliegen diese 1801 einem osmanisch-britischen Heer und müssen Ägypten räumen. Die »ägyptische Expedition« Napoleons bleibt nicht ohne Wirkung. Die Staatsverwaltung wird nach europäischem Muster reformiert; französische Wissenschaftler widmen sich der Geschichte Ägyptens und geben der Erforschung der Altertümer wichtige Impulse.

19. und 20. Jahrhundert

Mohamed Ali und seine Nachfolger (1805 – 1882)

In den Kriegen gegen die Franzosen profiliert sich Mohamed Ali, ein aus Makedonien stammender General der osmanischen Armee. Er nutzt die Kriegswirren, bemächtigt sich der Zitadelle in Kairo und ruft sich 1805 zum Pascha aus. Mit Hilfe der verbliebenen mameluckischen Streitkräfte besiegt er 1807 die Briten. In einem Massaker lässt er 1811 seine mameluckischen Gefährten liquidieren und steigt zum Alleinherrscher Ägyptens auf (► S. 515).

Das moderne Ägypten

Mohamed Ali gilt als Begründer des modernen Ägyptens, mit tiefgreifenden Reformen in Staatswesen, Militär und Wirtschaft läutet er eine neue Epoche ein. Unter seiner Regie entsteht ein **zentralistisches Staatswesen**, getragen von einer nach europäischem Vorbild ausgerüsteten und organisierten Armee. Die Wirtschaft wird verstaatlicht und mit Hilfe französischer Berater modernisiert. Die Einführung und der extensive Anbau von Baumwolle sowie der Aufbau einer verarbeitenden Industrie dienen als Motor einer exportorientierten Entwicklungspolitik. Außenpolitisch setzt Mohamed Ali auf Expansion. Seine Truppen bringen den Hedschas (Mekka und Medina) unter ägyptische Kontrolle und dringen weit in den Sudan vor. Siege über die osmanische Flotte im Jahr 1827 und das osmanische Heer 1839 machen Ägypten faktisch unabhängig. Mohamed Ali arrangiert sich mit dem Sultan in Istanbul und unterstellt sich symbolisch dem Osmanischen Reich. Dafür erhält er die erbliche Herrschaft für seine Familie über Ägypten. Bis zur Revolution 1952 stehen seine Nachkommen nominell an der Spitze des ägyptischen Staats.

Europäischer Imperialismus

Als **Khediven** (Herren) führen Mohamed Alis Nachfolger die Modernisierungspolitik fort, geraten aber zunehmend in den Strudel des europäischen Imperialismus. Auf militärischen Druck Großbritanniens lässt Abbas I. den Freihandel zu und ruiniert damit die junge ägyptische Industrie. Europäisches Kapital und europäische Massenwaren überschwemmen das Land. Ambitionierte europäische Entwicklungsprojekte wie der **Bau des Sueskanals** treiben Ägypten in immer höhere Schulden; die Khediven nehmen bei europäischen Regierungen und Banken hoch verzinste Kredite auf. Die Einweihung des Sueskanals 1869 besiegelt den **Staatsbankrott**. Zur Schuldentilgung überschreibt Ismail I. die ägyptischen Anteile am Kanal an Großbritannien. Gleichzeitig muss er eine anglo-französische Finanzverwaltung akzeptieren. Das Land am Nil wird damit zur britisch-französischen Kolonie.

Orabi-Aufstand

Gegen den erdrückenden Einfluss Europas sowie die Misswirtschaft der Khediven und ihrer Klientel aus der turkstämmigen Oberschicht revoltieren 1879 Teile der ägyptischen Armee unter Führung von Kriegsminister Ahmad Orabi. Der von einer breiten Basis getragene Orabi-Aufstand unter der Parole »Ägypten den Ägyptern« wird erst 1882 von einem britischen Heer niedergeschlagen. Großbritannien nimmt den Volksaufstand zum Anlass, Ägypten militärisch zu besetzen und fortan politisch zu kontrollieren.

Britische Oberhoheit (1882 – 1922)

Großbritannien verfolgt mit der Besetzung strategische und wirtschaftliche Ziele. Die Vorherrschaft in Ägypten sichert den Weg nach Indien und Zentralafrika. Das fruchtbare Nildelta fungiert als Baumwollplantage für die britische Textilindustrie. Das bevölkerungsreiche

Land ist außerdem ein lukrativer Absatzmarkt für die aufstrebende britische Industrie. Wenngleich die Khediven nominell an der Spitze des Staates bleiben, so liegt die Macht tatsächlich in Händen des britischen Generalkonsuls Lord Cromer. Mit Beginn des Ersten Weltkriegs 1914 degradiert Großbritannien Ägypten zum **Protektorat** und verhängt das Kriegsrecht, um sein Empire vor dem mit Deutschland verbündeten Osmanischen Reich besser schützen zu können. Ein Hochkommissar führt das Land.

Unabhängigkeitsbewegung

Gegen die britische Herrschaft formiert sich seit der Jahrhundertwende eine nationalliberale Unabhängigkeitsbewegung, getragen vom städtischen und ländlichen Mittelstand. Unter Führung von Saad Zaghlul fordert die Opposition die Unabhängigkeit von Großbritannien. An der Gestaltung der Nachkriegsordnung bei der Versailler Friedenskonferenz 1919 darf die ägyptische Delegation (= wafd) nicht teilnehmen. Daraufhin gründet die Unabhängigkeitsbewegung die **Wafd-Partei**, die zur treibenden politischen Kraft Ägyptens aufsteigt. Aus Protest gegen die britische Okkupation kommt es überall im Land zu Aufständen, Streiks und Gewalt. Großbritannien ist gezwungen, Ägypten 1922 formell in die Unabhängigkeit zu entlassen. Allerdings behalten sich die Briten die Sicherung ihrer Interessen und die Verteidigung Ägyptens vor.

Königreich Ägypten (1922 – 1952)

Konstitutionelle Monarchie

Ägypten wird eine konstitutionelle Monarchie nach britischem Vorbild. Sultan Ahmad Fuad besteigt als König Fuad I. den Thron. Aus den ersten Parlamentswahlen im Jahr 1923 geht die Wafd-Partei als Siegerin hervor und prägt in den kommenden Jahrzehnten das politische Geschehen. Der **Anglo-ägyptische Vertrag** 1936 spezifiziert die Rechte Londons. Großbritannien verzichtet auf seine Kontrollrechte über die ägyptische Finanz- und Wirtschaftspolitik, zieht seine Truppen an den Sueskanal zurück, behält aber die Hoheit über den Kanal. Ägypten geht dafür Bündnisverpflichtungen ein, die das Land im Zweiten Weltkrieg praktisch wieder zum britischen Protektorat machen. So wird es neben Malta und Gibraltar zur **wichtigsten britischen Militärbastion im Mittelmeer**. Unter Generalfeldmarschall Rommel dringen deutsch-italienische Truppen 1942 bis El-Alamein vor, werden dort aber von den Briten unter Montgomery geschlagen.

Krise und Putsch

Nach dem Zweiten Weltkrieg gerät Ägypten in eine tiefe wirtschaftliche und politische Krise. Massenarbeitslosigkeit, Verelendung der Klein- und Mittelbauern und extreme Benachteiligung zugunsten der grundbesitzenden städtischen Oberschicht führen zu großen sozialen Spannungen, die sich in gewaltsamen Aufständen entladen. Neu

formierte politische Kräfte, wie die 1928 gegründeten **Muslimbrüder** und linke Gruppierungen, gewinnen an Einfluss.
Die Wafd-Partei wird durch zahlreiche Korruptionsskandale erschüttert und diskreditiert sich bei den Massen als Klientelpartei von Kapital und Großgrundbesitz. König Faruk I. (1936–1952) wird für die katastrophalen sozialen Verhältnisse und den Niedergang des parlamentarischen Systems verantwortlich gemacht. Als die ägyptische Armee im Palästinakrieg 1948 gegen Israel eine demütigende Niederlage erleidet, verliert die Monarchie endgültig ihre Legitimation.
In der Nacht zum 23. Juli 1952 reißt eine Gruppe junger Offiziere unter Führung von General Mohammed Naguib und Oberst **Gamal Abd el-Nasser** in einem unblutigen Putsch die Macht an sich. König Faruk muss abdanken und das Land verlassen. Damit endet die seit der persischen Invasion im Jahr 525 v. Chr. andauernde Fremdherrschaften über Ägypten. Die **»Bauernsöhne des Nils«** nehmen ihr Geschick in die eigenen Hände. Aus der Bewegung der **»Freien Offiziere«** entsteht nach dem Umsturz ein Revolutionsrat unter Führung General Naguibs. Er wird zum Ministerpräsidenten und nach Ausrufung der Republik im Juli 1953 zum Staatspräsidenten ernannt. Der Revolutionsrat lässt alle Parteien verbieten und gibt Ägypten eine neue, auf die Militärmachthaber zugeschnittene Verfassung.

Arabische Republik Ägypten (ab 1953)

Präsident Gamal Abd el-Nasser

Im Jahr 1954 setzt sich der eigentliche Machthaber, Oberst Gamal Abd el-Nasser, an die Spitze der Revolutionsbewegung und wird 1956 Staatspräsident. Nach der politischen folgt die **soziale Revolution**. Das Militärregime führt eine Bodenreform zugunsten der Masse der landlosen und verarmten Bauern durch und bricht damit die Macht der königstreuen Großgrundbesitzer. Mit dem Aufbau einer Eisen- und Stahlindustrie beginnt ein industrielles Entwicklungsprogramm, dessen Kernstück der Bau des Assuan-Hochdamms ist. Enorme Investitionen fließen in die Infrastruktur wie Schulen, Universitäten und Krankenhäuser. Außenpolitisch kann Nasser 1954 den endgültigen Abzug der britischen Armee vom Sueskanal durchsetzen. Die guten Beziehungen Ägyptens zu den kommunistischen Staaten und die selbstbewusste Politik Nassers in der Bewegung der »Blockfreien Staaten« sind dem Westen ein Dorn im Auge. Als die USA und die westlich dominierte Weltbank die Finanzhilfe streichen, **verstaatlicht Nasser den Sueskanal**, um die Entwicklungsprojekte zu finanzieren. In einem letzten kolonialen Aufbäumen intervenieren Frankreich und England unter Mithilfe Israels militärisch, besetzen den Sueskanal und Teile des Sinai. Auf Druck der USA und der Sowjetunion müssen sie sich aber zurückziehen. Trotz der militärischen Niederlage kann Nasser einen ungeheuren politischen Erfolg verbuchen.

Er steigt zum charismatischen panarabischen Führer auf und erwirkt 1958 den Zusammenschluss von Ägypten, Syrien und Jemen zur Vereinigten Arabischen Republik, die 1961 wieder zerbricht.

Arabischer Sozialismus

Im Krisenjahr 1961 verkündet der Nationalkongress den »Arabischen Sozialismus«, der die Gesellschaft weiter umgestalten soll. Mit umfangreichen Verstaatlichungen hofft Nasser, die wirtschaftliche Entwicklung in Schwung zu bringen. Dennoch lässt die Anziehungskraft des »Nasserismus« deutlich nach. Wirtschaftliche Schwierigkeiten führen in immer größere Abhängigkeit von der UdSSR.
Die Eskalation des Nahost-Konflikts mündet in die katastrophale Niederlage gegen Israel im **Sechs-Tage-Krieg** 1967. Staatspräsident Nasser provoziert mit kriegstreiberischen Reden und der Sperrung der Wasserstraße von Tiran einen präventiven Schlag Israels, der zum Verlust der Halbinsel Sinai führt. Teile der Gesellschaft, insbesondere die Studentenschaft, fordern mehr Demokratie.

Präsident Anwar el-Sadat

Nach dem überraschenden Tod Nassers 1970 übernimmt Vizepräsident Anwar el-Sadat, Mitglied der Freien Offiziere, das Präsidentenamt. In der sog. Korrektiv-Revolution bricht er mit der Politik Nassers und schaltet seine innenpolitischen Widersacher, die eine kollektive Staatsführung befürworten, aus. Sadat betreibt eine kluge Außenpolitik zwischen den Supermächten. Nachdem er umfangreiche Militärhilfe von der UdSSR bekommen hat, wendet er sich den USA zu.

Diese Briefmarke ehrt Anwar el-Sadat als »Mann des Friedens«.

Völlig überraschend greift die ägyptische Armee im Oktober 1973 die israelischen Stellungen am Sueskanal an und erobert Teile der Kanalzone. Wenngleich der **Oktober-Krieg** mit einem militärischen Patt endet, profiliert sich Sadat als Sieger, der den Mythos der unschlagbaren israelischen Armee brach. Dies eröffnet ihm außenpolitischen Spielraum, den er zum Frieden mit Israel nutzt. Im November 1977 reist er in einer spektakulären Aktion nach Jerusalem und bietet Frieden an. Unter amerikanischer Vermittlung legen die beiden Konfliktparteien im **Friedensvertrag von Camp David**, für den Sadat den Friedensnobelpreis erhält, ihre Streitigkeiten bei. Ägypten erhält nach und nach den Sinai zurück.

Partner der USA

Wegen dieses Separatfriedens wird Ägypten aus der arabischen Staatengemeinschaft ausgestoßen. Dafür steigt es zum wichtigsten Partner der USA in der Region auf und erhält umfangreiche Militär- und Finanzhilfe. Innenpolitisch leitet Sadat den Übergang zum Mehrparteiensystem ein. 1976 finden die ersten halbwegs freien Parlamentswahlen statt. Das politische System dominiert Sadats Nationaldemokratischer Partei (NDP); die Opposition kann sich aber wegen zahlreicher Beschränkungen nicht entfalten. Als Gegengewicht zu nasseristischen und linken Gruppen werden islamische Gemeinschaften gefördert und die **Muslimbruderschaft geduldet.**
Wirtschaftlich beendet Sadat die nasseristische Staatswirtschaft und setzt auf Liberalisierung, um ausländische Investoren anzuziehen. Die Infitah (Öffnung) führt zu einem kurzfristigen Aufschwung, von dem jedoch nur eine sehr dünne Bevölkerungsschicht profitieren kann, die soziale Ungleichheit verschärft sich. Als 1981 der Brotpreis erhöht wird, führt das zu bürgerkriegsähnlichen Zuständen. Die Krise gipfelt in der **Ermordung Sadats** am 6. Oktober 1981 durch extreme Islamisten, die für den Friedensschluss mit Israel Rache nimmt.

Präsident Hosni Mubarak

Sadats Nachfolger Mubarak kann 1981 die innenpolitische Lage einigermaßen entschärfen. Er leitet einen **Demokratisierungsprozess** ein. Politische Gefangene werden freigelassen, die Muslimbrüder und andere Oppositionsgruppen dürfen sich in einem engen Rahmen wieder betätigen. Die Partei Mubaraks, die NDP, bleibt führend im kontrollierten Mehrparteiensystem. Mit Israel, das den Sinai bis 1982 räumt, pflegt Mubarak einen **»Kalten Frieden«** und setzt sich für die Rückgabe der israelisch besetzten Gebiete an die Palästinenser ein. 1989 wird Ägypten wieder in die Arabische Liga aufgenommen. In der Krisenregion macht es sich als Partner des Westens unentbehrlich. Im Zweiten Golfkrieg 1990/1991 beteiligen sich ägyptische Truppen an der »Koalition der Willigen«. Ägypten baut seine Vormachtstellung in der arabischen Welt aus und wird zum Vermittler zwischen Israel und seinen arabischen Nachbarn. Mit der zweiten Intifada und Arafats Tod 2004 verliert diesse Mittlerrolle jedoch zeitweise an Bedeutung.

Als Mubarak sich 2004 nach 23-jähriger Herrschaft um eine fünfte Amtszeit bewirbt, muss er auf Druck der USA erstmals einen Gegenkandidaten zulassen. **Groß angelegter Wahlbetrug** sichert seinen Sieg. Nun sammeln sich unter dem Schlachtruf **»Kifeya!«** (»Es reicht!«) vor allem junge, von Wirtschaftsmisere, hoher Jugendarbeitslosigkeit und Perspektivlosigkeit frustrierte Ägypter. Regimekritiker werden verhaftet. Doch die Kifeya-Bewegung ist mit den üblichen Methoden (bedrohen, verhaften, foltern) nicht zu stoppen. 2010 brodelt es bereits im Staat, zumal der Mubarak-Clan immer selbstherrlicher agiert und Mubarak offen versucht, seinen Sohn Gamal als Nachfolger aufzubauen. »Gamal ist der Traum der Armen«, lautet eine der Kampagnen, die die Protestbewegung herausfordert und weite Teile des Volks zutiefst empört.
Als Polizisten in Alexandria den Studenten Khaled Said aus einem Internetcafé verschleppen und totprügeln, wirkt das als Katalysator der Protestbewegung. Die gebildete Jugend, ermutigt von dem in Tunesien aufflammenden Arabischen Frühling, geht auf die Straße. **Kairos Tahrir-Platz** wird ab Ende Januar 2011 zum Zentrum der Massenproteste (**»Marsch der Millionen«**), die auf das ganze Land übergreifen. Das Regime reagiert mit gnadenloser Gewalt; über 800 Demonstranten werden erschossen oder totgeprügelt. Die Protestbewegung organisiert sich aber über Facebook und Twitter, überlistet immer wieder die Sicherheitskräfte.
Als auch das Militär erkennt, dass eine Kabinettsumbildung nicht genügt, erklärt der Präsident am 11. Februar 2011 seinen **Rücktritt**. Bis dahin unberührbare Minister werden wegen Schießbefehl und Hatz auf Demonstranten angeklagt. Mubaraks Söhne kommen wegen Unterschlagung von Milliarden Dollar öffentlicher Gelder in U-Haft und werden wie ihr Vater – er u. a. wegen Hochverrat – vor Gericht gestellt.

Militärrat

Mubaraks Interims-Nachfolger werden Feldmarschall Mohammed Tantawi und ab 2012 Abd al-Fattah as-Sisi. Ein Militärrat bestimmt bis zu demokratischen Neuwahlen und beschneidet per Dekret vorsorglich die Macht des nächsten Präsidenten, der de facto keinen Einfluss auf die Armee haben wiird, weder personell noch beim Budget. Der Militärrat sichert sich den Oberbefehl über die Streitkräfte
In den Monaten nach dem Sturz Mubaraks gleicht Ägypten teilweise einer **Anarchie**. Die sonst allgegenwärtigen Sicherheitskräfte sind verschwunden – viele Ägypter sagen: ganz bewusst. Kriminalität, Straßenraub und Überfälle in Wohnungen geschehen am helllichten Tag. Viele verstehen das als Nachricht: Das habt ihr davon! Klar ist im Rückblick, dass die Protestbewegung auf den Sturz des Mubarak-Regimes perfekt hingearbeitet hat, personell und strukturell aber nicht auf die folgende Lage vorbereitet war: Als schwacher und konzeptloser Gegenspieler des Militärs konnte sie nicht teilhaben an der Gestaltung eines neuen Ägypten.

Zehntausende forderten auf dem Tahrir-Platz in Kairo den Rücktritt Mubaraks.

Präsident Mohamed Mursi

Die Wahl des hochrangigen Muslimbruders Mursi zum Staatspräsidenten ist die **erste demokratische Wahl** in Ägypten. Im Wahlkampf macht Mursi aus seiner religiösen Ausrichtung keinen Hehl: »Der Koran ist unsere Verfassung, der Prophet Mohammed unser Führer.« Er gewinnt die Stichwahl mit 51,7 %. Kurz nach Amtsantritt erklärt er per Dekret Verfassungszusätze, die seine Macht beschneiden, für unwirksam. Den Verteidigungsminister und Vorsitzenden des Militärrats ersetzt er durch Abd al-Fattah as-Sisi. Als er den Generalstaatsanwalt entlassen will, weil dieser mit dem alten Regime kooperiere, sehen das viele als Anschlag auf die Unabhängigkeit der Justiz.

Im Sommer 2013 kommt es zu gewaltsamen Zusammenstößen zwischen Mursi-Anhängern und -Gegnern. Mursi erlässt zur Ausweitung seiner Macht Verfassungszusätze, die nicht nicht anfechtbar sein sollen und erntet dafür heftige Proteste, die auch nicht mehr abebben, als er die Dekrete zurücknimmt. Sein einjähriges Amtsjubiläum begleiten **Proteste mit Millionen Teilnehmern** und blutige Ausschreitungen mit Dutzenden Toten. Als nach der Oppositionsbewegung Tamarod (»Aufstand«) auch Armeechef as-Sisi vorgezogene Neuwahlen fordert, um einen Bürgerkrieg abzuwenden, **setzt das Militär Mursi ab** und nimmt ihn fest: für die einen die Rettung Ägyptens, für die anderen ein klassischer Staatsstreich. Mursi wird u. a. wegen Hochverrats, Spionage und der Duldung der Ermordung von Demonstranten angeklagt und zu vielen Jahren Haft verurteilt. Er stirbt 2019, nachdem er bei einer Gerichtsverhandlung zusammengebrochen war.

Präsident Abd al-Fattah as-Sisi

Die Revolution verpufft, der demokratische Prozess scheitert – mit Abd al-Fattah as-Sisi regiert wieder ein Militär, der in den ersten Jahren Lob und Kritik auf sich zieht. Außenpolitisch pflegt er im Umgang mit Israel eine Diplomatie der leisen Töne und stillen Kooperation, vermittelt im Konflikt mit den Palästinensern, die im Gaza-Streifen Nachbarn Ägyptens sind. Die engen Beziehungen zu den USA sind as-Sisi nicht mehr Versicherung genug. Er kooperiert verstärkt mit **Russland**, mit dessen Hilfe Ägypten 180 km westlich von Alexandria an der Mittelmeerküste sein erstes Atomkraftwerk baut. Auch **China** holt er für Investitionsprojekte ins Land, was auch den Tourismus aus Fernost ankurbelt. Mit Großprojekten wie dem weltgrößten Solarpark und dem Bau der neuen Hauptstadt »New Cairo« (mit chinesischer Unterstützung) sollen Arbeitsplätze entstehen.

Gescheiterte Demokratie

Menschenrechtsorganisationen werfen as-Sisi vor, Oppositionelle schon für harmlose Postings in sozialen Netzwerken zu verfolgen. Einschüchterung und das Verschwindenlassen von Menschen seien ebenso wieder Alltag wie willkürliche Verhaftungen. Mit der **Verfassungsänderung 2019**, die ihm erlaubt, bis 2030 zu regieren, baut as-Sisi seine Macht aus. 2023 wurde er mit 90 % der Stimmen zum dritten Mal zum Präsidenten gewählt. Seine Position ist so stark wie die keines anderen Staatspräsidenten seit der Revolution 1952. Versammlungsfreiheit und freie Meinungsäußerung sind drastisch eingeschränkt; oppositionelle Bürger werden als »uneinsichtig« diffamiert und drangsaliert. Andererseits hat der Demokratiegedanke darunter gelitten, dass säkulare wie islamistische Akteure die alltäglichen Bedürfnisse der Bürger ignorierten. Die Mehrheit der Ägypter ist vor allem an der Verbesserung ihrer wirtschaftlichen Situation interessiert, an einer demokratischen Regierung wohl nur eine Minderheit.

Jüngste Entwicklungen

Verdoppelte Lebensmittelpreise, halbierte Gehälter durch die Abwertung des Ägyptischen Pfunds: Die Jahre 2022 bis 2025 stehen unter dem Eindruck der **sich verschärfenden Lage der Wirtschaft**. Im Jahr 2011 bekam man für 1 € 8 LE, 2025 50 LE. Mit der Währungskrise geht eine Devisenkrise einher, da sich wegen Coronapandemie und Ukrainekrieg Kapitalgeber in Massen aus dem Land zurückgezogen haben. In der Folge können oft Importwaren nicht mehr in harter Währung bezahlt und eingeführt werden. Angesichts der weltweiten Zinserhöhungen fürchten Experten sogar einen Staatsbankrott. Eine Ursache sehen sie auch in schuldenfinanzierten Großprojekten wie dem Bau der neuen Hauptstadt. Um das Land unabhängiger von Nahrungsmittelimporten zu machen, beginnt Präsident as-Sisi im Rahmen der **»Egypt Vision 2030«** ein bereits einmal gescheitertes Projekt Hosni Mubaraks aus den 1990er-Jahren wiederzubeleben: Toshka, die Begrünung der Wüste nahe der Grenze zum Sudan. Mit 5,5 Mrd. Kubikmeter Wasser aus dem Nasser-Stausee jährlich sollen rund 560 Quadratkilometer Ackerfläche bewässert werden. Ob das neue Niltal diesmal gelingt?. Im Gaza-Krieg zwischen Israel und Hamas, der mit dem Hamas-Massaker im Oktober 2023 begann, agierte Ägypten mit Qatar noch 2025 als Vermittler, um eine Waffenruhe und den Austausch von Geiseln gegen in Israel inhaftierte Palästinensern zu vereinbaren. Über Rafah, den Grenzübergang zu Israel, organisierte Ägypten den Transport von Hilfsgütern für die notleidenden Palästinenser.

RELIGION IM ALTEN ÄGYPTEN

Von Amun bis Upuauet: Hunderte Götter kannte der Kosmos der ägyptischen Mythologie. Es gab Lokal-, Reichs- und Weltgottheiten, Stiere oder Krokodile wurden ebenso verehrt wie anderswo Katzen und Frösche. Welche Vorstellungen prägten das Leben zur Zeit der Pharaonen? Was sollte nach dem Tod kommen? Und wie funktionierte das Nebeneinander der unterschiedlichen religiösen Vorstellungen, von Altüberliefertem und Neugewonnenem? Sicher ist: Ob Liebe, Eifersucht, Hass, Intrige, Mord – den ägyptischen Göttern war nichts Menschliches fremd.

Welt der Götter

Jedem Ort seinen Gott

Das pharaonische Ägypten war ursprünglich in Ortsbezirke gegliedert, von denen jeder seine **Schutzgottheit** hatte. Von diesen Lokalgottheiten kennt man viele, ohne ihre Heimat immer sicher angeben zu können: Horus, Gott von Behdet, der alten Hauptstadt Unterägyptens; Atum, Gott von Heliopolis, Thot von Hermopolis, Mont von Theben und Chnum, Schirmherr von Herwer, Ptah von Memphis; Sobek (Suchos), dessen Hauptkultstätte wohl im Faijum lag, und andere – auch Göttinnen wie die in Saïs verehrte Neith oder Hathor von Dendera. Oft wurden diese Lokalgottheiten **mit Beinamen belegt**, die eine ihrer Eigenschaften priesen oder den Sagen entstammten. So hieß z. B. die Löwengöttin, die in der Gegend von Memphis ihren Kult hatte, Sechmet (die Mächtige); der in Assijut in Gestalt eines Wolfs verehrte Gott wurde Upuauet (der Pfadöffner) genannt, wohl weil sein Bild, an der Spitze

der Truppen getragen, den Weg ins feindliche Land öffnete. Wieder andere Gottheiten wurden einfach nach der Stadt benannt, in der sie heimisch waren (so die Katzengöttin der Deltastadt Bubastis Bastet).

Weltgottheiten

Dazu treten schon in frühester Zeit Gottheiten, die vom ganzen Volk anerkannt wurden: die als männliches Wesen aufgefasste Erde Geb, der weiblich gedachte Himmel Nut, der Luftraum Schu, die Himmelsfeuchtigkeit Tefnut, die Sonne Re, die bei den Ägyptern männlich war, der Vegetationsgott Osiris, der Nil Hapi und der Ozean Nun. Unter den Sternen bzw. Sternbildern traten Orion und der als Frau gedachte Sirius, die Sothis, hervor. Sie äußerten sich nur in der Natur und wurden deshalb auch nicht in eine bestimmte Kultstätte gebannt, sondern waren **überall zu Hause**. Schon in früher Zeit machte man sich genauere Vorstellungen von vielen Göttern, indem man bestimmte **Eigenarten ihres Wesens** herausstellte. So wurde der Gott Min von Koptos, wo die vom Roten Meer kommende Wüstenstraße ins Niltal mündete, zum Schutzherrn der Wüstenreisenden, dann auch zu einem Gott der Fruchtbarkeit und Ernte. Ptah von Memphis galt als Patron der Künstler, Metallarbeiter und Schmiede. Die mächtige Sechmet von Memphis war eine schreckliche Kriegsgöttin, während man die Hathor von Dendera als eine Göttin der Liebe und Freude verehrte. Viele lokale Gottheiten wurden **mit kosmischen Mächten** (v. a. Mond und Sonne) in Verbindung gebracht. Thot von Hermopolis galt als Mondgott, der die Zeiten und die weltliche Ordnung geschaffen hat. Er war auch der Erfinder der Hieroglyphenschrift und deshalb Schutzpatron der Schreiber und Gelehrten. Vor allem aber wurde Horus zu einem mit der Sonne verbundenen Himmelsgott und erhielt den Namen Re-Harachte, d. h. Horus der Horizontbewohner. Die Kuhgöttin Hathor wurde zu einer Himmelsgöttin. Mit diesen Eigenschaften haben viele Ortsgötter im ganzen Land Verehrung gefunden.

Niedere Götter

Schließlich gab es noch zahlreiche niedere Götter, Dämonen und Geister, die dem Menschen bei bestimmten Gelegenheiten nützen oder schaden konnten und die man darum günstig zu stimmen suchte. Später hat man auch besonders angesehene Menschen nach ihrem Tod als Heilige verehrt und als Götter betrachtet.

Götterfamilien

Wie der Mensch, so hatte auch der Gott häufig eine Gemahlin und einen Sohn, die im Tempel wohnten und verehrt wurden; derartige **Triaden** (Dreiheiten) sind z. B. Ptah, Sechmet und ihr Sohn Nefertem oder Osiris, Isis und Horus. Auch mit menschlichen Tugenden und Leidenschaften waren die Götter ausgestattet, zahlreich waren die Erzählungen von ihren Taten und Schicksalen.

Die Himmelsgöttin Nut verschlingt abends die Sonne und gebiert sie am Morgen neu (Darstellung im Grab Ramses' VI. im Tal der Könige).

Sage von Osiris und Isis

Leider sind die meisten Göttersagen verloren gegangen. Von den wenigen erhaltenen ist die im Altertum am meisten verbreitete die vom Schicksal des **Osiris**. Dieser herrschte viele Jahre als König und beglückte seine Untertanen. Sein böser Bruder **Seth** stellte ihm nach und überredete ihn, sich bei einem Gastmahl in eine kunstvolle Lade zu legen. Seth schloss diese mit seinen 72 Mitverschworenen und setzte sie auf den Nil, der sie ins Meer führte. Die Wogen spülten die Lade endlich beim phönikischen Ort Byblos an Land. Unterdessen irrte **Isis**, seine Schwestergemahlin, ängstlich in der Welt umher, um die Lade zu suchen. Nachdem sie sie endlich gefunden hatte, zog sie mit ihr nach Ägypten und beweinte in Einsamkeit den verstorbenen Gemahl. Dann verbarg sie den Sarg, um nach Buto zu gehen, wo ihr Sohn **Horus** erzogen wurde. Während ihrer Abwesenheit fand Seth den Leichnam des verhassten Bruders, zerstückelte ihn in 14 Teile und verstreute sie. Aber Isis, so eine Version der Sage, sammelte die Teile des Leichnams ihres Gemahls ein, der daraufhin vorübergehend zu neuem Leben erwachte, um seinen Sohn Horus zu zeugen. Nachdem Horus erwachsen war, zog er aus, um den Tod des Vaters an dem Mörder zu rächen.

Darstellung der Gottheiten

Fetische und Symbole

Die Vorstellungen, die man sich von den Gottheiten machte, erinnern an afrikanische Fetische. So wurde in Busiris und in Mendes ein Pfeiler verehrt, den man später mit Osiris und Re in Verbindung brachte. Der Hathor war auch in Gestalt eines Maulbeerbaums gedacht. Neith von Saïs wurde als Schild mit zwei kreuzweise aufgenagelten Pfeilen verehrt. Vor allem war der Glaube verbreitet, dass die Götter sich **in Gestalt von Tieren** zeigen: als Kühe, Stiere, Widder, Ziegen, Krokodile, Katzen, Löwen, Frösche, Fische, Ibisse, Falken, Geier und andere mehr. So verehrte man Chnum als Widder, Horus als Falke, Thot als Ibis, Sobek als Krokodil, die Göttin Nechbejet als Geier, die Göttin von Bubastis als Katze, Hathor von Dendera als Kuh und die Göttin von Buto als Schlange. Der **Skarabäus** stand für »den aus der Erde Entstandenen«, den Urgott Chepre bzw. den Sonnengott Re.

Heilige Tiere

Neben den Tier-Gottheiten wurden schon sehr früh noch besondere heilige Tiere verehrt. Sie wurden im Tempel gepflegt und nach ihrem Tod mit allen Ehren bestattet. Am bekanntesten ist der **Stier Apis** in Memphis; er war schwarz mit weißen Flecken, an der Stirn hatte er ein weißes Dreieck, an der rechten Seite das Bild einer Mondsichel. Ähnlich wurde in Heliopolis der Vogel Phönix verehrt. Man brachte die Tiere mit den Ortsgottheiten in Verbindung und hielt z. B. den Apis für den »Diener des Ptah« und den Phönix für die »Seele des Sonnengottes«. Später ging man noch weiter; nicht nur diese Tiere

Der von El-Faijum bis Kom Ombo besonders verehrte krokodilköpfige Sobek war der Herrscher der Flüsse.

wurden für heilig gehalten, sondern auch die Tierarten, in denen die Ortsgottheiten verehrt wurden. Man hielt Exemplare davon im Tempel der Stadt, die von Pilgern als Gabe für den jeweiligen Gott erstanden werden konnten. Sie wurden **mumifiziert** und auf besonderen Friedhöfen feierlich bestattet. Zu dieser späteren Zeit gehören u. a. die Katzengräber von Bubastis und Beni Hassan, die Krokodilgräber von Kom Ombo und die Widdergräber von Elephantine.

Götter mit menschlichen Eigenschaften

Später stellte man sich die Gottheiten auch in menschlicher Gestalt vor. Da erschien ein Gott **mit Menschenantlitz und -gliedern**, in der Kleidung, die die Ägypter trugen. Auf dem Haupt hatte er, wie Fürsten, einen Helm oder eine Krone und, wie die Herrscher der Urzeit, hinten am Schurz einen Tierschwanz. Als Zeichen seiner Macht führte er Zepter und Kommandostab. Bald wurde dem als Mensch dargestellten Gott der Kopf des Tieres aufgesetzt. So erschien Sobek als Mensch mit Krokodilkopf, Chnum als Mensch mit Widderkopf, Horus mit Falkenkopf, und die verschiedenen Kuhgöttinnen bekamen im Relief wie bei Statuen auf den menschlichen Kopf Kuhhörner gesetzt; über das Haupt der Geiergöttin Mut breitete sich ein Geier.

Altägyptisches Pantheon (Auswahl)

Amun »Der Verborgene«: ursprünglich ein Windgott der Nilschiffer. Seit der 11. Dynastie als Schöpfergott Hauptgottheit von Theben und **als Amun-Re zum Sonnengott erhoben**. Seit dem Neuen Reich als ägyptische Nationalgottheit verehrt, wurde er durch Echnaton vorübergehend eliminiert und durch Aton ersetzt. In ptolemäischer Zeit mit dem griechischen Zeus gleichgesetzt, erfuhr er besonders in der Oase Siwa als Ammon hohe Verehrung. Darstellung: in Menschengestalt mit doppelter Federkrone als Symbol seiner Macht über Luft und Licht; auch als Widder oder Gans. Heiliges Tier: Widder.

Anubis Uralter **Totengott**, Schutzgott des 12., 17. und 18. oberägyptischen Gaues. Nach späterer Vorstellung ein Bruder des Osiris oder von Osiris und Nephthys heimlich gezeugt, von seinen Eltern ausgesetzt und von Isis aufgezogen. Anubis wies den Verstorbenen den Weg ins Jenseits. Darstellung: als Hund bzw. schakal- oder hundsköpfig. Heiliges Tier: Hund oder Schakal.

Apis Heiliger Stier von Memphis, als Sohn des Ptah, des Atum oder des Osiris verehrt und mit Osiris zu Osir-Hapi (Osorapis; griech. Sarapis) verschmolzen. Die Auffindung eines Stiers mit dreieckigem Stirnfleck wurde mit Freudenfesten gefeiert. Die verstorbenen Apis-Stiere wurden mumifiziert und im Serapeum von Sakkara mit großem Pomp beigesetzt. Darstellung: geschmückter schwarzer Stier mit Stirnzeichen, Sonnenscheibe zwischen den Hörnern.

Aton Das Sonnengestirn als alleinige weltumfassende Gottheit und Lebenskraft, die sich überall in der Natur zeigt. Der Aton-Kult, die erste monotheistische Lehre, wurde durch Echnaton zur Staatsreligion erhoben. In der Glaubenslehre von Aton finden sich erstaunlich moderne Vorstellungen. Darstellung: Sonnenscheibe mit Strahlenhänden.

Bastet

Hauptgöttin von Bubastis, **Göttin der Freude und Liebe**, für die dort alljährlich rauschende Feste gefeiert wurden; früh mit Hathor, Isis, Mut, Neith, Pachet, Sechmet und Tefnut in Verbindung gebracht. Darstellung: Katze, katzenköpfig mit Löwen- oder Katzenkopf auf dem Brustschild, an der Rechten ein Korb, in der Linken das Sistrum (Rassel). Heiliges Tier: Katze.

Bes

Um 1500 v. Chr. aus dem Lande Punt (Küste Somalias) eingeführter Volksgott, Beschützer des Ehegemachs und der Gebärenden, Vertreiber böser Geister und giftiger Schlangen. Sein Bild erscheint regelmäßig in den Mammisi der großen Tempel. Darstellung: grotesker hockender Zwerg, manchmal mit Federkrone, Katzenfell und herausgestreckter Zunge, bisweilen fratzenhaft lachend.

Chepre

»Der Entstehende«: der Skarabäus (Pillendreher) als Verkörperung des Re in seiner Erscheinungsform als Morgensonne. Seit dem Mittleren Reich fanden Skarabäen aus Stein oder Keramik, mit dem Namenszug auf der Unterseite, überall Verwendung als Siegel oder Glück bringendes Amulett. Darstellung: Skarabäus.

Chnum

Uralter **Schöpfergott**, Beschützer des Gebiets um den Ersten Katarakt, wo man in der Frühzeit die Nilquelle wähnte. Als Erzeuger der Leben spendenden Nilfluten hatte er sein Hauptheiligtum auf der Insel Elephantine. Als Schöpfergott formte er die Menschen auf einer Töpferscheibe. Darstellung: widderköpfig mit doppelt gedrehten Hörnern oder als Töpfer an der Töpferscheibe. Heiliges Tier: Widder.

Chons

»Der Wanderer«: Mond- und Zeitgott, gemeinsam mit seinen Göttereltern Amun und Mut zur Triade von Theben gehörend, im Volk als großer Ratgeber und Helfer bei Krankheiten verehrt. Die Griechen setzten ihn dem Herakles gleich. Sein Haupttempel befand sich in Karnak. Darstellung: falkenköpfig, oft mit Mondsichel und Mond-

Bastet Bes Chepre Chnum

scheibe auf dem Haupt; gelegentlich auch als Kind mit Seitenlocke und in Mumiengestalt. Heiliges Tier: Falke.

Epet (Opet) »Der Harem«: volkstümliche Geburtsgöttin und als Mutter des Osiris besonders in Theben verehrt. Darstellung: ein mit Pflanzen und Blumen bemaltes Flusspferd.

Hapi Nilgott und Erscheinungsform des Nils.

Harachte »Horus vom Horizont«: Erscheinungsform des Sonnengottes Re in Vereinigung mit Horus, deren Zeichen er trägt. Als Re-Harachte war er **Staatsgott im Neuen Reich**. Außer in Heliopolis wurde er, auch in Verbindung mit anderen Gottheiten (z. B. Re-Harachte-Atum, Re-Harachte-Amun u. a.) an vielen anderen Orten hochverehrt. Darstellung: falkenköpfig, mit der Sonnenscheibe auf dem Haupt. Heiliges Tier: Falke.

Haroëris Der ältere Horus. Die Hauptkultstätte liegt in Kom Ombo. Darstellung: falkenköpfig.

Hathor **Himmelsgöttin**, Göttin der Freude, des Tanzes und der Liebe, später mit Isis und der griechischen Aphrodite gleichgesetzt. In Theben dem Osiris an die Seite gestellt, Schützerin der Totenstadt. Haupttempel in Dendera; große Hathorheiligtümer in Abu Simbel, Sarabit el-Chadem (Sinai), Aphroditopolis u. a. Darstellung: als Kuh, auch in Menschengestalt mit Kuhhörnern, Kuhohren oder Kuhkopf, später auch mit der Sonnenscheibe zwischen den Hörnern. Als Symbole sind ihr Sistrum und Menit (Perlenstrang) beigegeben.

Horus Allgemein als Sonnengott verehrt und **früheste Staatsgottheit**, gehörte zur heliopolitanischen Neunheit. Er galt meist als Sohn des Osiris und der Isis. Der Pharao verstand sich als fleischgewordener Horus und war daher legitimer Nachfolger des Osiris. Als Kind trug

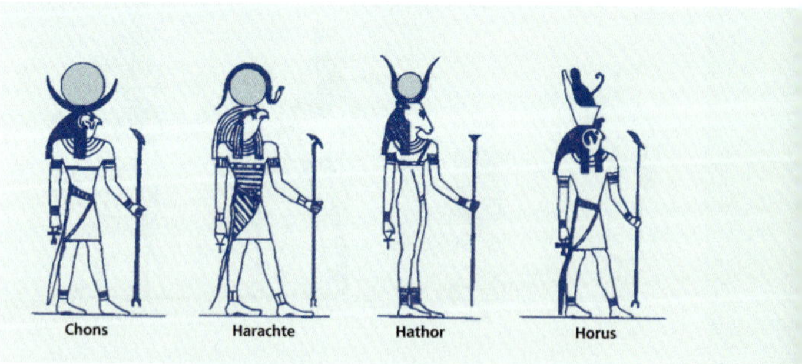

Horus den Namen Harsiësis oder Harpokrates, als Älterer den Namen Haroëris. Seine vier Kinder (Amset, Duemutef, Hapi, Kebehsenuef), Sinnbilder der vier Himmelsrichtungen, galten als Beschützer der Eingeweide der Toten. Darstellung: in der Frühzeit als Falke, später falkenköpfig, z. T. mit Doppelkrone, in Edfu als geflügelte Sonne. Heiliges Tier: Falke.

Imhotep

»Der große Weise«, Hohepriester von Heliopolis, Ratgeber des Königs Djoser, Erbauer von dessen Grabanlage in Sakkara und Schutzherr der Baumeister **hat tatsächlich gelebt**, wie zwei Inschriften belegen. In der Spätzeit als Arzt und Wunderheiler verehrt, von den Griechen dem Asklepios gleichgesetzt.

Isis

Sinnbild der **Muttergottheit**, Schwestergemahlin des Osiris und Mutter des Horus, seit der Spätzeit sehr volkstümliche und den antiken Göttinnen Demeter, Inno und Hekate gleichgestellte Göttin, auch von den Griechen und Römern hochverehrt. An den Sargwänden dargestellt, gab sie den Toten Schutz und Lebenskraft. Ihren größten Tempel besaß sie in Philae, wo sie noch bis weit in die christliche Zeit hinein verehrt wurde. Darstellung: stehend mit Kuhhörnern und Sonnenscheibe auf dem Haupt oder sitzend, das Horuskind (Harsiësis bzw. Harpokrates) stillend.

Maat

Tochter des Re, d. h. der göttlichen Weltordnung, Göttin der Wahrheit und Gerechtigkeit. Beim Totengericht wird das Herz des Verstorbenen gegen die Feder der Maat aufgewogen. Darstellung: sitzend, mit Straußenfeder auf dem Haupt.

Mut

Schon früh als Geiergöttin verehrt, gehörte als Gattin des Amun von Theben und Mutter des Chons zur Triade von Theben. Ihre Inkarnation war die Königin, die darum auch gelegentlich eine Geierhaube trug. Ihr Hauptheiligtum war in Karnak. Darstellung: mit Geierhaube, weißer Krone oder Doppelkrone, auh löwenköpfig.

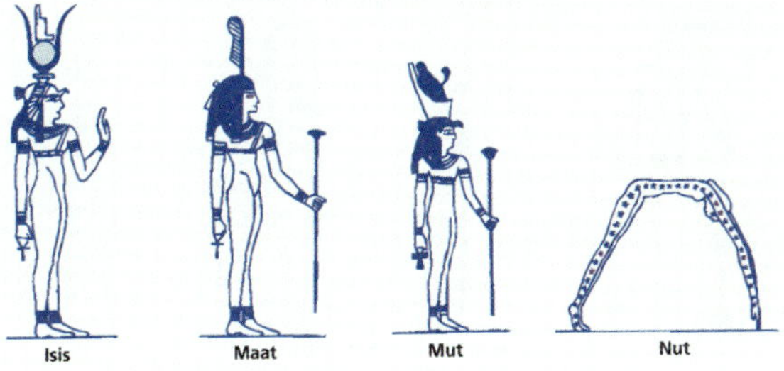

Nefertem »Das vollkommen Schöne«: Als Sohn des Ptah von Memphis und der Sechmet zur memphitischen Triade gehörend. Sonnenkind und Spender der Wohlgerüche. Darstellung: Lotosblüte auf dem Haupt; z. T. mit zwei Federn oder als Kind auf einer Lotosblüte sitzend.

Nut **Himmelsgöttin**, Gemahlin des Geb und Mutter von Osiris, Isis, Nephthys und Seth, nach anderer Auffassung Mutter des Sonnengottes Re. Im Totenkult war sie mit dem Mythos der Auferstehung eng verbunden. Darstellung: lang gestreckte Frauengestalt, von dem Gott Schu getragen, damit sie nicht auf Geb fällt; verschlingt abends die Sonne und gebiert sie am nächsten Morgen neu.

Osiris Sohn des Erdengottes Geb und der Himmelsgöttin Nut, Bruder von Isis, Nephthys und Seth. Ursprünglich ein Vegetationsgott, der in Busiris (Nildelta) mit dem dort verehrten Gott Anedjti identifiziert wurde. Schon früh wurde Osiris im Mythos als **Überwinder des Todes** verehrt und dem Totengott von Abydos, dem »Herrn der Westlichen«, gleichgesetzt. Grab in Abydos. Darstellung: mumiengestaltig, in den Händen Geißel und Zepter, auf dem Haupt die weiße Krone Oberägyptens mit Doppelfeder, Djed-Pfeiler als Beigabe.

Ptah Mit Sechmet und Nefertem die memphitische Triade bildender **Reichsgott**, Schutzherr der Künstler und Handwerker. Ursprünglich ein Schöpfergott, verschmolz er bald schon mit den Nekropolengöttern Soker und Osiris zu Ptah-Soker-Osiris, der mit dem Apis-Stier verbunden war. Heiligtümer u. a. in Theben, Abydos und Nubien. Darstellung: mumiengestaltig mit enger Kappe, Bart und Zepter.

Re **Urgott und Sonnengott**, als Atum an der Spitze der heliopolitanischen Neunheit. Schon früh mit Harachte zu Re-Harachte verschmolzen. Nach altägyptischer Vorstellung fährt er in seiner Barke über den Himmel, auf dem er morgens als frischer Jüngling Chepre erscheint, sich mittags als reifer Mann Re zeigt und abends als greiser

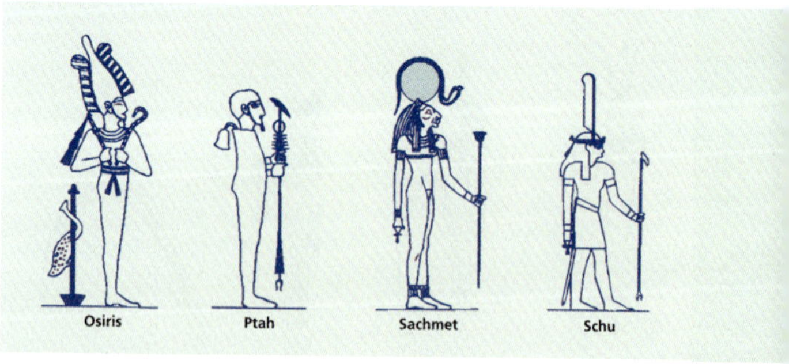

Atum verschwindet. Nachts durchfährt er in Widdergestalt die Unterwelt. In der Sonnenbarke des Re erhoffen sich die Toten neues Leben. In Verbindung mit Re haben viele andere Lokalgötter eine Aufwertung gesucht und teilweise auch erfahren (z. B. Amun-Re, Sobek-Re, Chnum-Re). Re als Urgott dürfte auch Ausgangspunkt für die monotheistische Aton-Lehre gewesen sein. Im Zentrum des Re-Kults standen Sonnenheiligtümer und Obelisken. Auf ihren mit Elektron, einer glänzenden Gold-Silber-Legierung verkleideten Spitze konnte sich die aufgehende Sonne mit ihren ersten Strahlen niederlassen.

Sachmet

Sachmet ist die Gemahlin des Ptah und die Mutter des Nefertem, sie gehört zur memphitischen Triade. Sie wird als Kriegsgöttin und als zorniges Auge des Sonnengottes Re verehrt, den sie mit todbringendem Eifer verteidigt. Sie bringt Hungersnöte und Seuchen über die Feinde des Re. Darstellung: löwenköpfig.

Satet (Satis)

Schutzgöttin der Kataraktgebiete, in Esna, Philae, Elephantine und auf der Insel Sehel verehrt. Darstellung: mit Federkrone.

Schu

Luftgott, Herrscher über die vier Winde sowie Himmelsträger. Darstellung: Löwe.

Serapis

Unter den Ptolemäern eingeführte Gottheit, gleichgesetzt mit dem altägyptischen Osiris-Apis, dem gestorbenen Apis-Stier.

Seth

Gott von Ombos (Kom Ombo), in vorgeschichtlicher Zeit Schutzgott von Oberägypten, Kultstätten auch in Tanis und Auarise. Als Sohn des Geb und der Nut gehörte er zur heliopolitanischen Neunheit. Er war der Gemahl seiner Schwester Nephthys. Der Mythos machte ihn zum **Bösewicht**, der seinen Bruder Osiris ermordete. Nach anderer Auffassung war er Bruder und Gegner des Horus. Seit der 22. Dynastie war er aus dem ägyptischen Pantheon verstoßen und galt als Gott

des Unreinen, des Chaos, des Sturms und des Kriegs. Darstellung: mit dem Kopf eines Tieres, dessen Schnauze rüsselartig vorgeschoben ist (in der Forschung meist als Erdferkel angesehen).

Sobek — Krokodilgott. Sobek wurde u. a. in Faijum, in Kom Ombo (Ombos) und Esna verehrt. Seit dem Mittleren Reich oft mit Horus oder Re verbunden. Darstellung: krokodilköpfig oder als Krokodil. Heiliges Tier: Krokodil.

Sothis — Der als göttlich verehrte Stern Sirius, Göttin des Wassers und Reinigerin der Toten. Sein Wiedererscheinen am Himmel (Sirius ist in Ägypten nicht das ganze Jahr über zu sehen) zeigte den alten Ägyptern den Beginn der Nilschwelle an, ein überaus wichtiger Zeitpunkt für die Landwirtschaft.

Thot — **Mondgott**, Stadtgott von Hermopolis Parva und Hermopolis Magna. Gott der Zeit, des Maßes, später auch der Mathematik, der Schriftgelehrtheit und der Wissenschaften, Erfinder der Schrift. Den Sonnengott Re begleitet er auf seiner Tagesfahrt, er ist ein Beschützer des Osiris und notiert beim Totengericht alle Taten des Verstorbenen. Darstellung: als Ibis oder Pavian, mit Ibiskopf und Mondsichel sowie Mondscheibe als Kopfschmuck, in den Händen das Schreibzeug. Heilige Tiere: Pavian und Ibis.

Toëris (Taweret) — »Die Große«: Flusspferdgöttin, Beschützerin der Schwangeren, Gebärenden und Wöchnerinnen. Darstellung: trächtiges Flusspferd mit menschlichen Brüsten und Armen sowie Sa-Schleife.

Upuauet — »Der Öffner der Wege«: Stadtgott von Assijut, begleitet Re auf seiner Fahrt durch die Unterwelt. Er wurde auch als Totengott verehrt und entsprach dem memphitischen Anubis. Darstellung: stehender Wolf oder liegender Hund.

Vorstellungen vom Weltall

Erde und Himmel — Die Vorstellungen vom Weltall, insbesondere vom Himmel und den Gestirnen, sind in viele Mythen gekleidet. Dabei war das Weltbild bestimmt von den geografischen Kenntnissen jener Zeit. Die **Erde** stellte man sich als **langgestreckte ovale Fläche** vor, die vom Ozean umgeben war. In ihrer ganzen Länge wurde sie von einem breiten Strom, dem Nil, durchquert, der im Süden aus dem Ozean strömte oder bei den Katarakten von Assuan zwei Quelllöchern entsprang. Ringsherum erhoben sich hohe Gebirge; auf vier Bergen ruhte der **Himmel**, den man sich als eine **ebene Platte** dachte, von der die Sterne wie Lampen herabhingen. Eine andere Vorstellung war, dass der Himmel wie die Erde gestaltet war, von einem Fluss durchströmt und von zahlreichen Kanälen durchschnitten. Unter der Erde lag ein **Gegenhimmel**, die Duat (Dat), der genau wie der Himmel beschaffen und nach späterer Auffassung als Jenseitsland von den Verstorbenen bevölkert war. Nachdem die Kuhgöttin Hathor eine Himmelsgöttin geworden war, stellte man sich den Himmel auch als Kuh vor, zwischen deren Hörnern die Sonne saß und die Welt erleuchtete; oder die Sonne fuhr auf der Kuh wie auf einem Himmelsozean in einer Barke bei Tage spazieren, während die Sterne auf ihrem Leib angebracht waren; der Luftgott Schu stand unter der Himmelskuh und stützte sie mit seinen Armen.

Sonne und Mond

Überaus mannigfaltig waren die Ansichten, die man sich in den Priesterschulen über die Hauptgestirne des Himmels, Sonne und Mond, machte. Eine uralte Vorstellung war, dass Sonne und Mond die Augen des großen Gottes waren, der die Welt erschaffen hatte. Dieser große Gott war aber niemand anderes als der Sonnengott Re, woraus die widersprüchliche Ansicht entstand, dass die Verkörperung der Sonne (Re) die Sonne als Auge habe. Nachdem Horus Sonnengott geworden war, galten Sonne und Mond auch als Augen des Horus.
Überhaupt spielte das **Sonnenauge** in der Mythologie eine große Rolle. Man machte aus ihm eine selbstständige Göttin, die aus dem Sonnengott hervorgegangen war. Das Sonnenauge wurde auch als Giftschlange (Uräus-Schlange) aufgefasst, die sich an der Stirn des Sonnengottes aufbäumt und Feuer gegen seine Widersacher speit. Daher trug später der König eine solche Schlange als Diadem oder als Schmuck seiner Krone.
Eine andere Auffassung von der Sonne war die, dass der Sonnengott Re **wie ein Schiffer in einer Barke** am Tag auf dem Himmelsgewässer fährt, um am Abend mit einer anderen Barke in die Unterwelt einzugehen und dort seine Fahrt fortzusetzen. Auch als Skarabäus (Pillendreher) stellte man sich die Sonne vor; wie dieser ein kleines Kügelchen, in das er sein Ei gelegt hat, vor sich her rollt, so schiebe auch der Sonnengott in Skarabäusgestalt das Sonnengestirn vor sich her.

Politische Aspekte

Rangfolge

Im Lauf der Geschichte hat die ägyptische Religion verschiedene Wandlungen durchgemacht. Götter konnten durch den Aufstieg von Fürstengeschlechtern oder Städten, die ihnen besonders ergeben waren, oder durch theologische Spekulationen oder Sagenbildung zeitweilig eine beherrschende Stellung in der ägyptischen Götterwelt erlangen. Als sich in frühester Zeit in Ober- und Unterägypten zwei selbstständige Reiche gebildet hatten, wurden die Lokalheiligen der

Dieses Relief im Horus-Tempel in Edfu zeigt links Hathor und Horus, rechts Ptolemaios V. Eucharistos und Kleopatra I., die den Horusfalken anbeten.

beiden Hauptstädte, Seth von Ombos und Horus von Behdet, zu Schutzpatronen der Staaten. Als dann ein ägyptisches Gesamtreich, vermutlich mit der Hauptstadt Heliopolis, gegründet wurde, blieb Horus der alleinige Königsgott und galt seitdem als Schutzherr der Pharaonen und als Reichsgott.

Heliopolis

Eine wichtige Rolle spielte in der Religionsgeschichte die Stadt On (Heliopolis), seit uralter Zeit das **religiöse Zentrum Ägyptens**. In ihrem Tempel wurden die Krönungszeremonien des Herrschers vollzogen. Der eigentliche Schutzgott der Stadt war jedoch Atum. Ihn stellten die Priester von On dem Sonnengott gleich und behaupteten, dass er nur eine andere Form, ein anderer Name des Re-Harachte sei. Diese Lehre fand große Verbreitung im Land, und man fing an, auch andere lokale Götter mit Re zu identifizieren und ihnen das Abzeichen des Re zu geben, die Sonnenscheibe, an der sich die giftige Königsschlange (Uräus) windet. So wurden z. B. der Krokodilgott Sobek und Amun, der Gott von Karnak, zu Sonnengöttern. Diese Vermischung der lokalen Götter mit Re, die im Mittleren

Reich bereits im Gang war, nahm im Neuen Reich große Ausmaße an und rief in der ägyptischen Religion große Verwirrung hervor. Zwar bemühte man sich, die verschiedenen Formen des Re auseinanderzuhalten, indem man z. B. den Sonnengott Harachte als Morgensonne und den zum Sonnengott gewordenen Atum als Abendsonne auffasste, aber zu einer Systematisierung kam es nie. In ähnlicher Weise fasste man auch die weiblichen Lokalgottheiten wieder zusammen, vor allem wenn sie ähnlichen Charakter hatten. So wurde die Himmelsgöttin Hathor der Isis, die Katzengöttin Bastet den Löwengöttinnen Sechmet und Pechet gleichgestellt und Sechmet der Geiergöttin Mut.

Umwälzungen im Neuen Reich

Eine neue Phase in der Entwicklung der Religion trat ein, als sich der Mittelpunkt des Staats im Neuen Reich nach Süden verschob. Bereits die Könige der 12. Dynastie nannten sich zum Teil Amenemhet (Amun ist an der Spitze), nach dem im Alten Reich kaum bekannten Gott Amun von Karnak, der, mit dem Sonnengott identifiziert, zum **Amun-Re** geworden war. Er trat am Anfang des Neuen Reichs, als an Stelle von Memphis Theben Hauptstadt geworden war, an die Spitze des Pantheons. Amun wurde in der 18. Dynastie der **Nationalgott** und der Gegenspieler des alten Reichsgottes Horus (Re-Harachte). Die Priester von Heliopolis sahen dieser Schwächung ihres Einflusses nicht ruhig zu, sondern ergriffen die erste Gelegenheit, um Amun zu stürzen und dem Sonnengott die verlorene Stellung wiederzugeben. Doch als Amenophis IV. an die Macht kam, wurde der Sonnengott von Heliopolis (Re-Harachte) in einer besonderen Form zum Hauptgott erklärt und an seiner Stelle bald darauf das Sonnengestirn (**Aton**) selbst als alleinige Gottheit eingeführt. Offenbar wollte der König der Verwirrung ein Ende bereiten und statt der zahlreichen Götter, die in der Theorie längst mit dem Sonnengott verschmolzen waren, auch in der Praxis einen einzigen Sonnengott einsetzen. Die Bilder und Namen des Amun und seiner Mitgötter wurden überall zerstört. Bald nach dem Tod des Königs gewannen unter Tutanchamun die Amun-Anhänger wieder die Oberhand. Der alte Glaube wurde wieder hergestellt.

In späterer Zeit erstarrte der Glaube mehr und mehr. Ängstlich klammerte man sich an die alten Überlieferungen, und der **Aberglaube**, dass allein Amulette und Zaubersprüche Schutz gegen böse Einflüsse gewähren, trat in den Vordergrund. Immerhin waren einzelne Götter wie Isis, Harpokrates und der in der Ptolemäerzeit eingeführte Serapis, noch stark genug, um in das griechische und römische Pantheon einzudringen und im römischen Kaiserreich bis nach Germanien hinein eine große Zahl von Anhängern zu finden. Erst mit der Verbreitung des Christentums verschwanden die ägyptischen Glaubensvorstellungen nach und nach.

Schicksal des Menschen nach dem Tod

Weiterleben im Jenseits

Was geschieht nach dem physischen Tod? Die Ägypter hatten vom Leben nach dem Tod keine einheitliche Auffassung. Im Volk wurzelte der Glaube, dass das Leben des Menschen mit dem Tod nicht zu Ende sei, dass er vielmehr wie auf Erden weiterlebe, wenn ihm die Voraussetzungen für sein Dasein gewährt werden. Vor allem deshalb schien es nötig, den Körper sehr sorgfältig beizusetzen und ihn so vor der Zerstörung zu bewahren. Nach dem Vorbild seiner irdischen Wohnung wurde **dem Toten ein Haus** gebaut, in dem er sich aufhalten konnte und das er, wie man annahm, bei Tage beliebig verlassen durfte. Statuen, die in einem besonderen Raum aufgestellt waren, vertraten die Stelle des Hausherrn, seiner Familie und seiner Dienerschaft.

Opfergaben

Zum Unterhalt des Verstorbenen wurden Opfergaben dargebracht, und fromme Stiftungen sorgten dafür, dass er auch in Zukunft **vor Hunger und Durst bewahrt** blieb. Zudem bildete man auf den Wänden des Grabes oder Sarges allerlei Opfergaben (Nahrungsmittel, Gebrauchsgegenstände u. a.) ab in dem Glauben, dass ein Zauber den dargestellten Dingen die Kraft gebe, dem Toten statt der wirklichen Gegenstände zu dienen. Auch Schmuck, Kleidung u. a. wurden ins Grab mitgegeben oder dort abgebildet. Die Beschäftigungen, denen der Tote im Leben nachgegangen, die Lustbarkeiten, an denen er teilgenommen, und die Ehren, die er genossen hatte, erwarteten ihn auch im Jenseits. Damit er ihrer teilhaftig wurde, stellte man auch sie an den Wänden dar, sodass sie uns heute das Leben der Verstorbenen schildern. In älterer Zeit war es nur den Vornehmen vergönnt, sich eigene Grabbauten zu errichten. Die nicht dem Königshof Angehörenden mussten sich mit einfacheren Gräbern begnügen. Später errichteten sich auch die mittleren Schichten des Volks, soweit ihnen die Mittel dazu zur Verfügung standen, ihre »ewigen Häuser«.

Göttlicher Schutz

Die Toten standen unter dem Schutz ihrer heimischen Götter, die für die Bestattung und die Sicherheit im Grab sorgten. Später traten alle diese Gottheiten zugunsten des **Osiris** in den Hintergrund. Abydos wurde seine Hauptkultstätte. Der Tod, den Osiris der Sage nach erlitten hatte, wurde jedem Menschen zuteil. So wie Osiris zu neuem Leben erstanden war, so konnte auch der Mensch ein neues Leben beginnen, wenn für ihn von einem getreuen Sohn nur dieselben Formeln gesprochen würden. Er kam dann zu Osiris, ja er wurde eins mit dem getöteten Gott, er wurde selbst Osiris. Von magischen Formeln und Zaubersprüchen, die rezitiert wurden und die dem Toten vertraut sein mussten, hing der Eintritt in das Reich des Osiris ab. Außerdem war auch ein tugendhaftes Leben auf Erden erforderlich. Darum musste er sich vor Osiris einem (»Jüngsten«) Gericht unterwerfen und vor 42 Richtern bekennen, dass er von schweren Sünden frei sei.

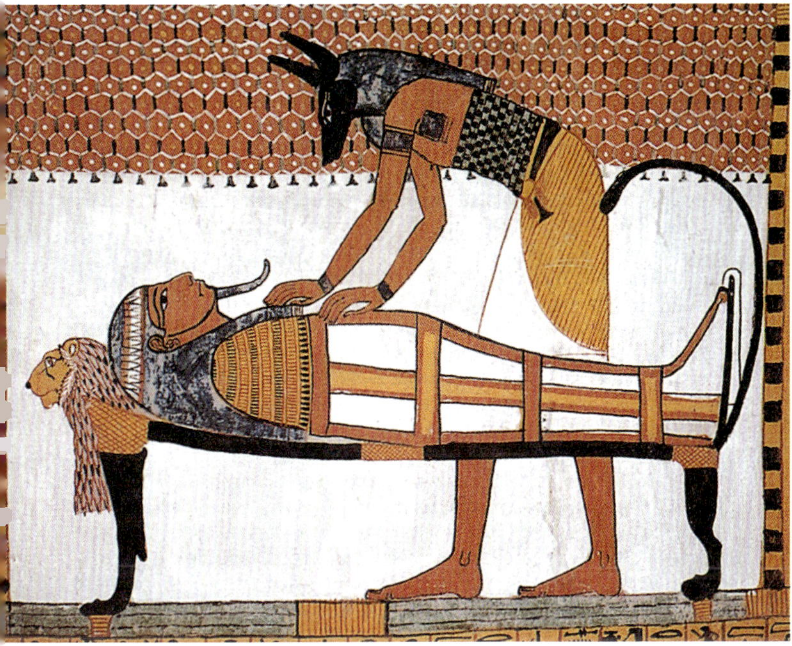

Darstellungen im Grab Sennedjems im Tal der Könige:

OBEN: Anubis, der schakalköpfige Totengott, beugt sich über die Mumie Sennedjems.
UNTEN: Nur wer von Sünden frei war, durfte ins Reich des Totengotts Osiris eintreten.

Erst wenn dies geschehen und das Herz von Thot auf der Waage der Gerechtigkeit gewogen war, durfte er in das Jenseits einziehen.

Reich der Toten

Vom Aufenthaltsort der seligen Toten gab es verschiedene Vorstellungen. Meist waren es der Westen, das Gebirge und die Wüste, wo die Sonne unterging. Oder sie lebten in den himmlischen Gefilden, einem fruchtbaren Gelände, wo sie wie auf Erden pflügten und ernteten und wo das Getreide sieben Ellen hoch wuchs. Da die Arbeit im Jenseits dem Toten vielfach zu schwer war, legte man ihm seit dem Mittleren Reich Figürchen ins Grab, sog. **Uschebti**, die ihm helfen sollten; durch eine aufgeschriebene Zauberformel wurden sie zum Leben erweckt und standen ihm bei der Feldarbeit bei.
Eine andere Lehre versuchte, die verschiedenen Anschauungen vom Jenseits zu vereinigen und verlegte die Wohnstätten der Toten in die **Unterwelt**, die Duat (Dat). Die zwölf Teile der Unterwelt entsprachen den zwölf Stunden der Nacht und waren durch große Tore voneinander getrennt. Daneben stand der Glaube, dass der Mensch außer dem Körper eine Seele (Ba) hat, die nach dem Tod weiterlebt. Man dachte sie sich ursprünglich in Vogelgestalt, in späterer Zeit war die Seele ein Vogel mit Menschenkopf.
Eine gewisse Rolle spielte im ägyptischen Glauben auch der **Schutzgeist Ka**. Er galt als Personifikation der Lebenskraft und dadurch als eine Art Schutzgeist, der zusammen mit dem Menschen geboren wurde und ihm durchs Leben folgte. Auch nach dem Tod seines Schützlings starb der Ka nicht, sondern lebte weiter, um dem Verstorbenen noch im Jenseits Lebenskraft zu spenden.

Bestattung und Mumifizierung

In ältester Zeit wurden die Toten in kauernder Stellung, mit angezogenen Knien, auf der linken Seite liegend beigesetzt. Im Alten Reich begann man unter dem Einfluss der Osiris-Lehre – zuerst bei den Königen –, sie ausgestreckt ins Grab zu betten. Zugleich suchte man die Leichen durch **Einbalsamierung** vor Verwesung zu schützen. Sie wurden mit Salzlösungen und Asphalt behandelt und in Leinenbinden und Tücher gewickelt. Noch sorgfältiger wurde die Balsamierung in späterer Zeit. Zuerst wurde das Gehirn durch die Nasenlöcher mittels eines eisernen Hakens herausgezogen, dann wurden die Bauchhöhle mit einem Steinmesser geöffnet und die Eingeweide entfernt (Herodot II, 86), die man in vier Krügen, den sog. **Kanopen**, beisetzte. Letzteren gab man später Deckel mit den Köpfen der vier Horuskinder, die die Eingeweide beschützten. Auch das Herz wurde aus dem Körper genommen und durch einen steinernen Skarabäus ersetzt, den man auf die Brust des Toten unter die Binden legte.
Laut dem Geschichtsschreiber Herodot gab es in späterer Zeit drei unterschiedlich aufwendige Arten der Balsamierung. Es gelang, die Leichen so gut zu konservieren, dass viele Mumien noch heute erkennbare Gesichtszüge besitzen.

KUNST UND KULTUR

Ägyptologie ist wie ein Krimi, dessen Recherchen Tausende Jahre zurückreichen. Wie entstanden die Hieroglyphen, und warum war ihre Entzifferung so schwierig? Wie entwickelten sich Gräber zu Pyramiden? Einfacher, aber nicht weniger interessant wird es, wenn es um Kunst und Kultur der christlichen Kopten und des islamischen Ägypten geht.

Hieroglyphen

Bildhafte Schriftzeichen

Mund, Bein, Korb, Hand, Kobra – **aneinandergereihte Bilder**: Als Hieroglyphen (griech. »heilige Einmeißelungen«) bezeichnet man die Bildzeichen insbesondere der alten Ägypter. Die ägyptischen Hieroglyphen waren vermutlich Vorbild für die hethitischen und die kretischen, auch die älteste Stufe der babylonischen Keilschrift war hieroglyphisch. Derartige Schriftsysteme gab es auch im Tal des Indus, in China (Moso-Schrift), auf der Osterinsel und in Mittelamerika (Maya-Schrift). In der Regel werden die Hieroglyphen von rechts nach links geschrieben, z. T. in senkrechten, z. T. in waagerechten Zeilen; nur ausnahmsweise schrieb man auch von links nach rechts.

Jean-François Champollion

Ab dem 16. Jh. versuchte man die Bilderschrift der alten Ägypter zu entziffern. Forscher wie der Jesuit Athanasius Kircher (1602 – 1680) und der britische Physiker Thomas Young (1773 – 1829) lieferten Mosaiksteinchen, die sie nicht der Lösung näher brachten, aber dem Franzosen **Jean-François Champollion** (▶ S. 509) den Weg ebneten, durch Vergleich von Königsnamen das altägyptische Alphabet zu erschließen und die Grundzüge des Schriftsystems zu entwirren. Champollion hat seine Entdeckung so erfolgreich ausgearbeitet, dass er als Entzifferer der ägyptischen Hieroglyphen gelten darf.

Entzifferung

Den entscheidenden Schlüssel lieferte eine 1799 von einem französischen Offizier bei Erdarbeiten am Fort St-Julien von Rosette (Rosetta, ca. 70 km östlich von Alexandria) gefundene Basalttafel, der **Stein von Rosetta** mit dreisprachiger Inschrift. Er wurde nach der Niederlage der Franzosen 1802 von den Briten nach London gebracht und befindet sich heute im Britischen Museum. Auf dem Stein sind **drei Schriftbänder** eingraviert, eines in altägyptischen Hieroglyphen (oben), eines in der späteren Volkssprache, d. h. in demotischer Schrift (Mitte), und eines in griechischer Schrift. Die beiden oberen Schriftbänder sind Übersetzungen des unten stehenden griechischen Textes, der einen Beschluss der ägyptischen Priester zu Ehren von König Ptolemaios V. Epiphanes von 196 v. Chr. verkündet. Den ersten Schritt zur Entzifferung bildete die Erkenntnis, dass die wiederholt vorkommenden **Kartuschen** – von einem Oval umschlossene Zeichengruppen – Namen von Königen darstellen. Nachdem Champollion und seine Nachfolger die Lautwerte einer großen Zahl von Hieroglyphen festgestellt hatten, wurde es durch die Kenntnis des Koptischen, der jüngsten Form der altägyptischen Sprache, möglich, die Inschriften nicht nur zu lesen, sondern sie auch zu verstehen.

Schrift ohne Vokale

Der Ägyptologe **Heinrich Karl Brugsch** (1827 – 1894) erschloss das volle Verständnis des Demotischen und wies auch als Erster darauf hin, dass die altägyptische Schrift, ähnlich den semitischen Schriften (Hebräisch, Arabisch), nur die Konsonanten festhält, während die als unwesentlich angesehenen Vokale nicht geschrieben werden. Da bei einer seit Tausenden von Jahren toten Sprache niemand wissen kann, wie sie ausgesprochen wurde, verwenden Ägyptologen ein Konstrukt – sie füllen die Vokale auf. Aus »nfr.tjytj« wurde so im Deutschen Nofretete, im Englischen Nefertiti.

Von der Bilderschrift zu Lautzeichen zu Buchstaben

Die altägyptische Bilderschrift setzte ursprünglich zur Bezeichnung eines Gegenstandes sein Bild (Ideogramm). Auch abstrakte Begriffe sowie Zeitwörter ließen sich auf diese Weise schreiben, indem man Bilder von Gegenständen wählte, die an den auszudrückenden Be-

Mit dem Stein von Rosetta konnten die Hieroglyphen entziffert werden.
Er steht heute im Britischen Museum in London.

griff erinnern. So schrieb man etwa das Verb »herrschen« mit dem Bild eines Königszepters, den Namen »Oberägypten« mit der Binse, der Wappenpflanze Oberägyptens, oder das Zeitwort »schreiben« mit der Darstellung eines Schreibgeräts.
Ein großer Fortschritt war, als man Wörter, für die man keine Zeichen besaß, durch Bilder anderer Gegenstände auszudrücken begann, die zwar eine andere Bedeutung, aber **den gleichen Lautwert** hatten. So schrieb man z. B. prj (herausgehen) mit dem Bild des Hauses, weil »Haus« pr heißt; s (Sohn) mit der Gans (s); tp (erster) mit dem Zeichen für Dolch (tp). Diese phonetische Übertragung vollzog sich umso leichter, als es sich dabei nur um das Konsonantengerüst handelte, an dem die Bedeutung des Worts haftet. Viele dieser Zeichen wurden allmählich auf so viele Wörter übertragen, dass sie ihre ursprüngliche Bedeutung einbüßten und zu reinen mehrkonsonantigen Lautzeichen wurden. Aus einlautigen Wortzeichen entstanden auf diese Weise Buchstaben. Wie die mehrkonsonantigen Zeichen sind auch die Buchstaben ausschließlich Konsonantenzeichen; erst später hat man gelegentlich einzelne Konsonanten zum Ausdruck von Vokalen benutzt.
Die phonetischen Zeichen wurden zur Schreibung ganzer Wörter zusammengestellt und zur Schreibung grammatischer Elemente (Endungen, Suffixe) benutzt, dann aber auch bei der häufigen Vieldeutigkeit der Wortzeichen gebraucht, um die Aussprache des Zeichens anzudeuten.

Deutzeichen

Neben den Wort- und Lautzeichen gibt es noch eine besondere Klasse von Hieroglyphen, die Deutzeichen (Determinative), die **hinter ein Wort** gesetzt werden, um seinen ungefähren Sinn anzudeuten. Von diesen Deutzeichen, die das Lesen der Inschriften erleichtern, macht die spätere ägyptische Schrift reichlich Gebrauch. In den älteren Schriftdenkmälern wird deutlich, dass die Entwicklung der Hieroglyphenschrift abgeschlossen ist: Lautzeichen, Wortzeichen und Deutzeichen werden nebeneinander gebraucht.

Entwickelte Schriften

Es liegt auf der Hand, dass sich die Form der Hieroglyphen ebenso wie die Orthografie der Wörter im Lauf der Jahrtausende, in denen die Schrift in Gebrauch war, beträchtlich gewandelt hat. Sie werden in Ägypten bald die einfachen großen Zeichen der Inschriften des Alten Reichs, die eleganten Zeichen der 18. Dynastie (z. B. im Tempel von Deir el-Bahari) und die kleinen, eng zusammengedrängten Hieroglyphen der ptolemäischen Inschriften unterscheiden lernen.
Schreibt man mit der Rohrfeder auf Papyrus, Steinstücke, Scherben oder Holztafeln, so nehmen die Zeichen einfachere, meist rundere Formen an. Es entsteht eine **hieroglyphische Buchschrift,** die sich meist in sakralen Schriften findet. Indem man nun diese Buchschrift beim täglichen Gebrauch noch mehr abkürzte und die einzelnen Zei-

chen beim Schnellschreiben oft miteinander verband, entwickelte sich eine Schreibschrift, die als **hieratische Schrift** bezeichnet wird. In dieser sind fast alle Arten literarischer Arbeiten überliefert.

Demotische und meroitische Schriften

In späterer Zeit bildete sich aus dem Hieratischen durch weitere Abkürzungen und Buchstabenverbindungen eine **neue Kursivschrift**, die demotische Schrift der griechisch-römischen Zeit, in der Briefe, Verträge, Rechnungen usw. abgefasst wurden. Die Griechen nannten diese Schrift auch **Briefschrift** (epistolografische Schrift).
Über die Grenzen Ägyptens hinaus gelangte die Hieroglyphenschrift v. a. nach Nubien, wo sie in den von den Pharaonen erbauten Tempeln verwendet wurde. Auch nachdem sich das nubische Reich von Ägypten unabhängig gemacht hatte, blieb die Hieroglyphenschrift in Gebrauch. Wie früher wurde sie aber zunächst nur zur Wiedergabe des Ägyptischen benutzt; erst später verwandte man sie auch zum schriftlichen Ausdruck der einheimischen Sprache. Dabei hat die Hieroglyphenschrift mannigfaltige Umgestaltungen erfahren, sodass aus ihr die **meroitische Schrift** entstand. Man kann sie zwar lesen, jedoch nicht deuten.

Architektur im alten Ägypten

Entwicklung der Baukunst

Von Bauwerken der vorgeschichtlichen Zeit und der ersten Dynastien ist sehr wenig erhalten im Vergleich zu dem, was aus dem Alten Reich bis in zur griechisch-römischen Herrschaft übrig blieb. Es sind meist Gräber, einfache und auch größere, die aus **Lehm oder ungebrannten Ziegeln** aus Nilschlamm gebaut waren. Dasselbe Material wurde auch für Häuser und Tempel verwendet. Runde **Palmenstämme** dienten als Deckenstützen, vielfach auch zur Überdachung der Räume, häufig mit Tonnengewölben. Erst am Anfang des Alten Reichs ging man bei der Anlage von Gräbern und Tempeln zur **Steinarchitektur** über, doch blieb daneben zu allen Zeiten der Ziegelbau die charakteristische Bauform. Die wesentlichen Elemente der ägyptischen Architektur, etwa die Hohlkehle und der Rundstab, haben im primitiven Hüttenbau ihren Ursprung und gingen über den Lehmbau in die Steinarchitektur über; auch die Form der runden Säule stammt von den hölzernen Stützen des Ziegelbaus. Dagegen wurde der viereckige Pfeiler erst durch die Steinarchitektur geschaffen.

Pfeiler und Säulen

Urformen

Der **viereckige Pfeiler** kommt zuerst in den Gräbern des Alten Reichs vor. Er besitzt weder Fuß- noch Deckplatte. Seine Seitenflächen sind oft mit Bildern oder Inschriften, die Vorderseite mit Orna-

ALTÄGYPTISCHE SÄULEN UND KAPITELLE

menten verziert: So finden sich vorspringende Papyri oder Liliенstängel auf Pfeilern Thutmosis' III. in Karnak, ein Sistrum (Klapperinstrument) mit dem Kopf der Hathor in Abu Simbel. Durch Abschlagen der Kanten machte man den Pfeiler acht- und sechzehneckig und höhlte dann für die Licht-und-Schatten-Wirkung die schmalen Seiten aus, er bekam senkrechte Rillen (Kannelierung). Zuoberst wurde ein Stück des vierseitigen Pfeilers als Übergang zur Decke übrig gelassen; das Ganze ruhte auf einer runden Basis.

Sechzehnkantige kannelierte Pfeiler, auch als **protodorische Säulen** bezeichnet, finden sich in Gräbern des Mittleren Reichs (Beni Hassan, Assuan) sowie in Tempeln der Zeit Thutmosis' III. (Karnak, Deir el-Bahari). Sie erinnern an die dorischen Säulen der Griechen: In beiden findet sich die straffe Kannelierung und die Verjüngung des Schafts; dagegen unterscheidet sich die protodorische durch das Fehlen des Echinus, eines wesentlichen Bestandteils des dorischen Kapitells. Der Hauptunterschied liegt darin, dass die ägyptische Säule **eine Basis** hat, die der dorischen fehlt. Häufig sind die Vorderseiten der ägyptischen Säule nicht kanneliert, sondern flach gehalten und zur Aufnahme von Inschriften bestimmt.

Grundformen

Ab Beginn der 5. Dynastie kommt die **runde Säule** vor, zuerst im Totentempel des Sahure in Abusir. Ihre einfachste Form ist die zweigliedrige Säule, die die uralten Palmenstützen nachahmt. Sie besteht aus einer runden, niedrigen Basis und einem walzenförmigen Schaft mit einem Inschriftenstreifen an der Vorderseite. Gewöhnlich ist aber die Säule dreigliedrig, d. h. von einem **Kapitell** bekrönt, das eine vierseitige Deckplatte (Abakus) trägt; auf ihr ruhen die Architravbalken und die Deckenplatten. Schon im Alten Reich hat man den Säulen mit Vorliebe die Form von Pflanzen gegeben, einer Lotosart und des Papyrus. In der Ptolemäerzeit erfahren die einfacheren Pflanzenkapitelle der älteren Zeit eine mannigfaltige Ausgestaltung und werden zu wahren Bündeln aus verschiedenen Pflanzen (meist Papyrus, Zyperngras und Lilien), die **in lebhaften Farben bemalt** wurden.

Lotossäulen

Säulen, die ein Bündel von Lotosstängeln mit meist geschlossenen Blüten darstellen, finden sich im Alten Reich (Mastaba des Ptahschepses in Abusir) und im Mittleren Reich (in einem Grab von Beni Hassan), während sie im Neuen Reich ganz verschwunden zu sein scheinen. Beispiele von Bündelsäulen mit offenem Kapitell finden sich in den Reliefs der Gräber des Alten und Mittleren Reichs.

Papyrussäulen

Weit zahlreicher sind die Papyrussäulen. Während bei den Lotossäulen der Stängel einen runden Querschnitt hat, ist er beim Papyrus dreikantig, am unteren Ende deutlich eingeschnürt und mit lanzettenförmigen Blättern eingefasst, die den Lotossäulen fehlen. Auch in den **Kapitellen** unterscheiden sich die Arten: Während bei den Nymphäen die Kelchblätter bis zum oberen Rand der Blüte reichen, sind die um die Dolde des Papyrus stehenden Blätter wesentlich kürzer. Die einfache Papyrussäule mit geschlossenem Kapitell ist nicht mehr erhalten. Häufiger ist die **Papyrusbündelsäule**, gewöhnlich aus acht Stängeln, die oben durch Bänder zusammengehalten werden; zwischen den Bändern stecken kleinere Bündel von je drei Stängeln, ebenfalls mit Bändern zusammengebunden. Gegen Ende der 18. Dynastie werden die Papyrusbündelsäulen wesentlich verändert: Um den Schaft mit Inschriften und Bildern bedecken zu können, gibt man alle Unregelmäßigkeiten auf und glättet ihn vollständig; genauso wird auch das Kapitell abgerundet und zu einem abgestumpften Kegel umgestaltet, bei dem nur noch die Ornamentierung an die Bündelform erinnert. Die Papyrussäulen mit offenem Kapitell, bei denen ein Unterschied zwischen einfachen und Bündelsäulen schwer zu erkennen ist, kommen in den meisten Tempeln des Neuen Reichs vor, meist als Träger der höheren Mittelschiffe. Sie haben einen abgerundeten Schaft, der mit Inschriften und Reliefs verziert ist.

Palmen- und andere Säulen

Bei den Palmensäulen ist der Schaft rund und trägt als Kapitell Palmzweige, die sich nach außen biegen und von Bändern zusammengehalten werden. Die ältesten und schönsten Palmensäulen finden sich im Totentempel des Sahure in Abusir. Die Basis, auf der sich die Säule erhebt, fehlt in späterer Zeit häufig.
Die sog. **Hathorsäule** oder Sistrumsäule, das Symbol der Göttin Hathor, hat einen runden Schaft mit vier Hathorköpfen (mit Kuhohren) oben, darüber sitzt noch ein tempelartiges Sistrum. Sie ist zweifellos die Nachahmung eines Sistrums mit seinem Griff und findet sich nur in Tempeln weiblicher Gottheiten, besonders häufig in der Ptolemäerzeit (z. B. in Dendera). Merkwürdig ist auch die **Zeltstangensäule**, die eine altertümliche Form der Zeltstange nachahmt. Sie findet sich im Festtempel Thutmosis' III. in Karnak, ihr Kapitell ist zu einer abwärts gekehrten Blüte umgestaltet.

Profanbauten

Frühe Häuser

Von altägyptischen Profanbauten blieb kaum etwas erhalten. Zwar ist die Zahl der Stadtruinen ziemlich groß, doch ruhen die Trümmer der älteren Häuser meist unter denen der folgenden Epochen. Nur in Ausnahmefällen sind sie uns zugänglich: beim Tal-Tempel der Mykerinos-Pyramide, in El-Lahun und besonders in Tell el-Amarna. Zusammen mit den auf Denkmälern erhaltenen Abbildungen und den Opfertafeln in Form von Häusern überliefern sie Kenntnisse vom Bau und von der Einrichtung ägyptischer Privathäuser.

Wohnbauten

Das **Haus eines Bauern oder Arbeiters** war ebenso einfach wie heute: ein offener Hof, in dem sich die Familie bei Tag und im Sommer auch nachts aufhielt, daneben ein paar halbdunkle Schlafräume und Ställe für das Vieh. Eine Treppe führte vom Hof auf das flache Dach, wo sich vielfach noch kleinere Gemächer befanden.
Auch in den **Häusern der Wohlhabenderen** des Mittleren Reichs bildete der Hof den Mittelpunkt; auf seiner Rückseite erhob sich auf einer Terrasse eine von leichten Säulen getragene, sich meist nach Norden öffnende Vorhalle, die Schutz vor der Sonne gewährte. Von

hier führte eine Tür in einen breiten Saal, dessen Decke auf Säulen ruhte. Dann folgte eine tiefe, gleichfalls von Säulen getragene Halle, die als Speisezimmer gedient haben könnte. Dahinter lagen weitere Gemächer (Schlafräume) für den Hausherrn und die erwachsenen Söhne. An die erwähnten vier Haupträume des Hauses (Hof, Vorhalle, breiter Saal, tiefe Halle) schlossen sich die Frauengemächer an, der Harem, dessen Mittelpunkt ebenfalls ein offener Hof bildete, sowie die Gemächer für die Sklaven, Vorratsräume, Küche und Ställe.
Der Aufbau des Wohnhauses ist wohl zu allen Zeiten im Wesentlichen derselbe geblieben, und auch in den **Königspalästen** (z. B. Tell el-Amarna, Medinet Habu) finden sich die Haupträume in derselben Reihenfolge wieder. Die Häuser der 18. Dynastie, die in Tell el-Amarna freigelegt wurden, zeigen einen von dem geschilderten etwas abweichenden Grundriss.

Festungen und Speicher

Festungsanlagen haben sich in großer Zahl erhalten, darunter El-Kab und die befestigte Stadt El-Lahun (Kahun), die wohl beide dem Mittleren Reich zuzuweisen sind. Im Nasser-See versunken, aber zuvor noch eingehend untersucht, sind die nubischen Burgen Kuban, Kasr Ibrim und Aniba sowie die Festungen auf sudanesischem Gebiet südlich des Wadi Halfa (Buhen, Kor u. a.), die den Landweg zwischen den Katarakten sicherten.
Da die Steuern in Naturalien erhoben und die Gehälter ebenso gezahlt wurden, waren sowohl für den Staat als auch für die Tempel große Speicheranlagen erforderlich. Reste solcher Vorratshäuser finden sich u. a. beim Ramesseum in Theben-West.

Baumaterialien

Die Mauern aller Profanbauten waren aus ungebrannten **Ziegeln aus Nilschlamm** aufgeführt; die Decken bestanden aus Holzbalken, die mit Stroh oder Binsen bedeckt und innen und außen mit Nilschlamm verputzt wurden. Die Säulen waren aus Stein oder Holz und in den Palästen mit farbigem Stein oder Glasfluss ausgelegt. Auch im Inneren spielte die Farbe eine große Rolle: Die Wände waren geweißt und mit bunten Matten oder Malereien verziert, selbst die Fußböden waren oft mit farbigem Estrich bedeckt.

Tempel

Entwicklung des Tempelbaus

Wohl in keinem anderen Land hat sich auf so kleinem Raum eine vergleichbare Anzahl von Tempeln erhalten wie in Ägypten. Allerdings gehören die meisten von ihnen dem Neuen Reich und der Ptolemäerzeit an. Im Gegensatz zu den Profanbauten wurde beim Tempelbau im Wesentlichen Stein verwendet. Von den Heiligtümern des Alten Reichs ist, abgesehen von den Kulttempeln bei den Pyramiden, nur ein Beispiel einer besonderen Gattung bewahrt: das **Sonnenheilig-**

tum von Abu Gurob, das der König Niuserre errichtete. Es bestand aus einem großen, von überdachten Gängen abgeschlossenen Hof, in dem nur wenige Gebäude standen und sich ein gewaltiger Obelisk erhob. Die Wände der Gänge und einiger anderer Räume waren mit schönen Reliefs bedeckt, die Feste, Jagden oder das Leben in der Natur darstellten. Fast noch weniger als von den Tempeln des Alten Reichs blieb von den Heiligtümern des Mittleren Reichs erhalten. Sie alle verfielen wohl in den unruhigen Zeiten der Hyksos-Herrschaft und wurden in der 18. Dynastie durch Neubauten ersetzt.

Erste Grundform

So unterschiedlich die Tempel des Neuen Reichs auf den ersten Blick erscheinen, so lassen sie sich doch auf zwei Grundformen zurückführen. Eine Form, die wohl nur zufällig dem griechischen **Peripteros** ähnelt, dem mit einem Säulengang umgebenen Tempel, erfreute sich unter Thutmosis III. und seinen Nachfolgern (18. Dyn.) besonderer Beliebtheit: Auf einem gemauerten Unterbau, zu dem vorn eine Treppe hinaufführte, erhob sich die rechteckige, an den Schmalseiten mit Türen versehene **Cella** (Allerheiligstes), in der die heilige Barke mit dem Bild des Gottes stand. Sie war auf allen vier Seiten von einem Gang umgeben, dessen Dach von viereckigen, durch Schranken verbundenen Pfeilern getragen wurde. Bisweilen schlossen sich an diesen Hauptbau hinten kleinere Nebengemächer an, die gleichfalls Kultzwecken dienten. Eine solche Peripteros-Anlage sind die kleinen Tempel von Thutmosis III. in Karnak. Merkwürdigerweise trat diese in der Folgezeit aus der Mode gekommene Form des Peripteros, wenn auch mit Abweichungen, in der Ptolemäerzeit wieder auf, und zwar in den sog. **Mammisi** (Geburtshäuser), die z. B. in Dendera, Edfu und Philae neben den großen Heiligtümern standen und der Verehrung der mütterlichen Gottheit (Isis, Hathor) und ihres Kindes geweiht waren. Auch bei ihnen waren die Kulträume von einer Säulenhalle umgeben, deren Decke von den mit Hathor-Köpfen oder Bes-Figuren bekrönten Sistrumsäulen getragen wurde.

Zweite Grundform

Die zweite Grundform des Tempels des Neuen Reichs liegt am klarsten in den kleinen Heiligtümern vor, die Ramses III. für die Götter Chons und Amun in Karnak erbaute. Den Zugang bildeten zwei große Tortürme, sog. **Pylonen**, zwischen denen das Eingangstor lag. Ihre geneigten Wände wurden von Rundstäben eingefasst und boten Platz für Reliefs. Wirkten die Türme schon durch ihre Masse, so verstärkte sich der monumentale Eindruck noch durch die (seit dem Mittleren Reich) vor ihnen aufgestellten **Obelisken,** die Kolossalstatuen und die hoch aufragenden Flaggenmasten, die in flachen Nischen der Türme mit riesigen Klammern festgehalten wurden. Durch das Pylonentor gelangte man in einen weiten, offenen Hof mit Hallen rechts und links. In seiner Mitte stand der große Opferaltar, um den sich das Volk bei den Festen versammelte. An den Hof schloss sich das eigent-

liche **Tempelhaus** an. Es stand auf einer mäßig hohen Terrasse, zu der vom Hof eine oder mehrere Freitreppen emporführten. Oben gelangte man zunächst in eine von Säulen getragene Vorhalle (**Pronaos**). Ihre vordere Säulenreihe war mit Schranken verbunden, die das Tempelhaus vom Hof abschlossen. Dahinter lag ein die ganze Breite des Baues einnehmender **Hypostylos** (Säulensaal). Ab der 19. Dynastie war er bei den größeren Tempeln, so z. B. beim Ramesseum in Theben oder beim Chons-Tempel in Karnak, als mehrschiffige Basilika angelegt, deren Mittelschiffe beträchtlich höher waren als die Seitenschiffe.
Die Decke der Mittelschiffe wurde von vier Säulenreihen getragen, von denen die beiden mittleren aus hohen Papyrussäulen mit offenem Kapitell, die beiden seitlichen aus niedrigeren mit geschlossenem Kapitell bestanden. Zum Ausgleich des Höhenunterschieds ruhten auf den niedrigen Säulen Pfeilerstellungen, zwischen denen Fenster angebracht waren. Hinter dem Säulensaal lag ein relativ schmaler, tiefer Raum, das **Allerheiligste** (Barkenkammer). In ihm bewahrte man gewöhnlich in einer **Barke** das **Götterbild** auf, das von Priestern bei Prozessionen umhergetragen wurde. Nur der König oder sein Stellvertreter, der Oberpriester, durfte das Allerheiligste betreten und »den Gott schauen«. War der Tempel wie das Heiligtum Ramses' III. in Karnak einer Dreiheit von Göttern geweiht, so lagen neben dem Allerheiligsten des Hauptgottes (Amun) noch die Kapellen der Nebengottheiten (Mut und Chons). Größere und kleinere Kammern, für Kultzwecke und für die Aufbewahrung des Tempelgeräts, umgaben das Allerheiligste. Treppen führten zu verschiedenen Räumen, die Wächtern und Tempeldienern als Wohnung dienten oder für Zeremonien benutzt wurden.

Ein Haus Gottes

Diese Grundform des ägyptischen Tempels, die sich in den meisten größeren Heiligtümern des Neuen Reichs wiederfindet und sich bis in die Ptolemäerzeit erhielt, entspricht der **Grundform des älteren Hauses oder Palasts**. Der offene Hof des Hauses, der jedem Besucher zugänglich war, findet seine Entsprechung im großen Tempelhof, dann folgte die Vorhalle. Der breiten Halle entsprach der Säulensaal des Tempels und dem tiefen Gemach, in dem sich der Hausherr aufhielt, das Allerheiligste, der Wohnsitz des Gottes. Und wie sich an diese Gemächer im Hause Kammern und Zimmer zu verschiedensten Zwecken anlehnten, schlossen sich an das Allerheiligste des Tempels kleinere Gemächer und Magazine an. Damit stellte der Tempel das dar, als was ihn die Ägypter bezeichneten – das »Haus des Gottes«. Bei vielen Tempeln wurde der Säulensaal von dem Allerheiligsten noch durch einen oder mehrere kleinere

Der große Pylon mit Kolossalstatuen und einem Obelisken markiert den Eingang ins Areal des Tempels von Luxor. Er entstand unter Ramses II.

Säle getrennt. Häufig folgten auch dem Allerheiligsten noch Säle und Kammern; nicht selten waren vor dem Säulensaal statt eines Hofs zwei Höfe mit Säulengängen angeordnet. Welchen Zwecken alle diese Räume dienten, lässt sich meist schwer bestimmen. Wenn die Tempel (z. B. der von Luxor oder der große Amun-Tempel von Karnak) häufig eine weit kompliziertere Form als die eben beschriebene zeigen, so liegt dies daran, dass sie nicht nach einem einheitlichen Plan erbaut wurden, sondern verschiedenen Bauherren ihre Entstehung verdanken.
Weitere Abweichungen von der geschilderten Tempelform ergaben sich durch die Beschaffenheit des Bodens. Im unteren Nubien rücken die Sandsteinfelsen so nah an das Nilufer heran, dass die Tempel teilweise oder ganz dem Felsen abgewonnen, die notwendigen Räume ausgehöhlt werden mussten. Der größere Tempel von **Abu Simbel** ist ein reiner Felsenbau. In Abydos wurde der Teil des Tempels, der die Nebenräume (Schlachthof u. a.) enthielt, in rechtem Winkel an den Hauptbau angefügt, sodass das Ganze die Form eines L zeigt.

Libysche Epoche und Spätzeit

Während an kleineren Tempelbauten der libyschen Epoche und der Spätzeit kein Mangel herrscht, ist von den großen Tempeln außer dem in der Perserzeit erbauten Tempel von Hibis in der Oase Kharga fast nichts erhalten. Die Könige dieser Zeiten residierten fast alle im Nildelta (Bubastis, Saïs) und bevorzugten deshalb bei der Errichtung ihrer Denkmäler den Norden. Hier wurden die Heiligtümer aus Kalksteinblöcken errichtet, die im Mittelalter und in der Neuzeit in die Kalköfen wanderten oder zum Bau neuer Gebäude benutzt wurden. Erst die Ptolemäer haben ihre Aufmerksamkeit wieder dem Süden zugewandt und den Göttern des Landes hier, meist an Stelle älterer verfallener Tempel, viele große Heiligtümer errichten lassen. Alle diese Gotteshäuser sind nach einem Schema erbaut, das nur wenig von den älteren Anlagen abweicht (vgl. Edfu und Ramesseum). Nur in zwei wesentlichen Punkten unterscheiden sich die meisten von den älteren Tempeln: Der Säulensaal ist nicht mehr basilikal (mit erhöhten Mittelschiffen) gehalten, sondern bildet eine große, einheitliche Halle; ferner wird das für die Barke bestimmte Allerheiligste auf drei Seiten von Korridoren umgeben, zu denen sich kleinere Kammern öffnen. Durch diese Neuerung, die sich zuerst im **Chons-Tempel von Karnak** nachweisen lässt, wird in dem Tempelhaus eine ringsum abgeschlossene Kapelle gebildet. Vielfach wurden ältere Tempel nach diesem Schema verändert und in die älteren Räume eine besondere Barkenkammer eingebaut (z. B. im Luxor-Tempel und im großen Tempel von Karnak). Von den Nebenräumen ist besonders ein kleiner, an der rechten Seite gelegener Opferhof und ein an ihm liegender zierlicher Kiosk (Edfu) zu erwähnen, die sich aber auch schon in älteren Tempeln nachweisen lassen.

OBEN: Die mächtige Fassade des dem Sonnengott Re geweihten Tempels von Abu Simbel wurde einst direkt aus dem Felsen geschnitten.

UNTEN: Die Reliefs in der Pfeilerhalle verherrlichen die Heldentaten des Bauherrn: Pharao Ramses II. schlägt die Hethiter bei Kadesch.

Tempelschmuck, Bilder und Inschriften

Von jeher wurden in den Tempeln alle glatten Flächen, Pylonen, Innenwände, Säulenschäfte sowie Decken mit Bildern und Inschriften geschmückt. Die Außenmauern, die Pylonen und die Wände der Höfe, also diejenigen Teile des Tempels, die den Augen des Volks preisgegeben waren, **verherrlichten die Großtaten** des Königs oder wichtige Ereignisse seiner Regierung, u. a. Kriegszüge und große Feste; hier sollten die Bilder den Betrachtern die Macht und Herrlichkeit des Pharaos stets von neuem vor Augen führen. Die übrigen Bilder des Tempels waren dagegen hauptsächlich der Darstellung der heiligen Handlungen gewidmet, die hier vollzogen wurden. Immer wieder erschien der König, der allein mit den Göttern Kontakt aufnehmen durfte, brachte ihnen seine Gaben dar und empfing von ihnen die Segnungen des irdischen Lebens. In der Spätzeit und namentlich unter den Ptolemäern wichen auch auf den Außenwänden und den Mauern des Hofs die profanen Bilder religiösen Szenen; man sah nicht mehr die Kämpfe und Triumphzüge des Herrschers, sondern Opferszenen und heilige Zeremonien. Nur auf dem Pylonen erschien noch die uralte, typische Gestalt des Pharaos, der vor dem Gott die Feinde erschlägt.

Daneben galt der Tempel, wie jedes architektonische Gebilde (Haus, Grab), als ein **Abbild der Welt im Kleinen**. Nicht selten, besonders in den Tempeln der Ptolemäerzeit, war die Decke mit astronomischen Darstellungen geschmückt; es erscheinen die Götter und Genien der Monate und Tage, die Planeten, verschiedene Sternbilder und die Himmelsgöttin selbst, auf deren Leib die Sonnenbarke einherfährt. Und wie Ägypten der alten Überlieferung nach in zwei Landeshälften (Südland und Nordland) zerfiel, so dachte man sich auch die im Tempel repräsentierte Erde in Hälften geteilt. Auf der einen erschienen die Vertreter des Nordens, auf der anderen die des Südens, und selbst in der Darstellung der religiösen Zeremonien auf den Wandflächen lässt sich diese Zweiteilung vielfach noch verfolgen.

Die Tempelanlage war von einer **mächtigen Ziegelmauer** umgeben, zu deren Portal (gewöhnlich dem Pylonen) eine Allee von **Sphingen** oder, wie in Theben, von liegenden Widdern führte. Innerhalb der Mauer lagen noch die Wohnungen für Priester, Speicher, Ställe u. a., sodass das eigentliche Tempelhaus ähnlich wie eine Moschee inmitten eines großen Häusergewirrs stand.

Von einfachen Gräbern zu Pyramiden

Platzwahl

Bei dem hohen Wert des Ackerbodens legte man von alters her die Gräber nicht im Schwemmland, sondern auf dem höher gelegenen Wüstengebiet an, das zudem vor den Überschwemmungen des Flusses sicher war. Zu allen Zeiten hatte das ägyptische Grab einen doppelten Zweck: Es sollte dem Toten eine sichere Ruhestätte und den

Hinterbliebenen einen Platz bieten, an dem sie sich versammeln und dem Toten ihre Gaben darbringen konnten. So bestand es aus zwei Teilen, dem unterirdischen Grab und dem oberirdischen Kultplatz.

Grubengräber

Die ältesten Gräber waren meist einfache Gruben, in denen man die Leichen **in Hockstellung** beisetzte; häufig wurden sie mit Ziegeln ausgemauert und mit Balken gedeckt. Größere Gruben teilte man durch Zwischenmauern in Kammern ein. Über dem Grab schüttete man einen Steinhaufen auf oder errichtete aus Nilschlammziegeln einen Hügel, an dessen Ostseite man einen Grabstein stellte; davor wurde ein kleiner Hof angelegt, der als Kultplatz diente und in dem die für den Toten bestimmten Gaben niedergelegt wurden.

Mastabas

Aus dieser ältesten Form der Grabanlage haben sich die sog. Mastabas entwickelt, wie die Gräber der Vornehmen des Alten Reichs heißen. Sie bestehen aus einem rechteckigen, aus Ziegeln oder Kalkstein aufgeführten Oberbau mit geböschten Seiten. Ein 3 – 30 m tiefer, senkrechter Schacht oder eine Treppe führte hinab zur Grabkammer, in der der Leichnam in einem Sarg aus Holz oder Stein ruhte. An der Ostseite des Oberbaus lag der Kultplatz, ein Hof mit einer flachen Nische, der sog. **Scheintür**, die zugleich die Stelle bezeichnete, an der man sich den Eingang in das Grab und das Totenreich dachte. Vor ihr legten die Hinterbliebenen Speisen, Getränke und andere Gaben für den Toten auf die Opfertafel oder sprachen ihre Gebete für den

Die Mastaba des Mereruka in Sakkara wurde in der 6. Dynastie angelegt. Der Schwiegersohn des Pharaos Teti ist dort als Statue verewigt.

Verstorbenen. Seit dem Ende der 3. Dynastie wurde vor der Nische vielfach eine Kapelle gebaut oder im Mauerwerk der Mastaba eine richtige Kultkammer angelegt, deren Westwand nun die Scheintür enthielt. Die 5. Dynastie vergrößerte die Innenräume und fügte der Kultkammer weitere Gemächer hinzu. Wie groß dadurch die Gräber wurden, zeigt am besten die **Mastaba des Mereruka in Sakkara**, die genau wie die großen Wohnhäuser eine Reihe von Kammern für den Herrn, daneben eine Abteilung für die Frau, hinten Gemächer für den Sohn sowie eine Anzahl von Vorratsräumen enthält.

Die Innenwände wurden mit **Inschriften und Reliefs** geschmückt, die den Verstorbenen bei seinen Lieblingsbeschäftigungen, auf der Jagd und beim Fischfang sowie der Arbeit auf seinen Gütern oder die Tätigkeit seiner Handwerker darstellten. Alles, was hier aus dem Leben des Verstorbenen dargestellt ist, sollte ihm auch im Jenseits weiter zuteilwerden. Die Stelle des Verstorbenen und seiner Familienmitglieder vertraten Statuen, die in einem oder mehreren besonderen Räumen, dem **Serdab** (Keller), aufgestellt waren. Er war in dem massiven Gemäuer ausgespart, z. T. auch angebaut, und enthielt nur eine kleine Luke, die Luft und Licht von außen zuführte. Aus solchen Serdabs stammen die meisten Statuen des Alten Reichs.

Wie die Straßen einer Stadt um den Palast des Fürsten, so gruppierten sich die reihenweise geordneten Mastabas um das **Grabmal des Königs**. In ältester Zeit war auch dieses eine große Mastaba aus Ziegeln, in oder unter der Gemächer zur Aufnahme der Leiche des Königs, seiner Angehörigen und der verschiedenen Beigaben angelegt waren. Später wurde die Königsmastaba vergrößert, indem man sie erhöhte und mit mehreren Mänteln umgab, die nach außen immer niedriger wurden. So entstand eine **Stufenmastaba**, wie sie in der Stufenpyramide von Sakkara und der Pyramide von Meidum erhalten ist. Erst zu Beginn der 4. Dynastie entstand aus der Stufenmastaba die Form der glatten Pyramide. Sie bestand so bis zum Anfang der 18. Dynastie.

Pyramiden

Spitz zulaufende Bauwerke auf quadratischem Grundriss wurden von der 3. bis zur 17. Dynastie sowie später von den Kuschiten (25. Dynastie) als Königsgrabmal angelegt. Die **älteste Pyramide ist die des Snofru bei Dahshur**. Unter deren Steinmasse lag nur ein schräg in den Felsen getriebener Schacht, der zu einem durch Fallsteine geschlossenen Korridor und zur Sargkammer führte. Wo sich, wie in den großen Pyramiden von Giseh oder bei der Stufenpyramide von Sakkara, mehrere Gänge und Kammern finden, verdanken diese ihre Entstehung einer Änderung des ursprünglichen Bauplans oder späteren Umbauten. Die Innenräume der Pyramiden, v. a. die Sargkammern, die nach der Beisetzung unzugänglich waren, sind in alter Zeit fast ganz schmucklos; erst ab dem Ende der 5. Dynastie begann man auf die Wände religiöse Texte zu schreiben.

Die Totenkammern in den Pyramiden der 3. und 4. Dynastie waren völlig schmucklos: Königskammer der Cheops-Pyramide.

Als **Kultraum** legte man an Stelle der Nische oder der Kammer, in der bei den Mastabas die Totenopfer dargebracht wurden, auf der Ostseite der Pyramide einen Tempel an, der aus einem öffentlichen und einem unzugänglichen Teil bestand. Im Mittelpunkt des Ersteren lag ein großer Hof mit Umgängen, an den sich fünf Kammern für die Statuen des verstorbenen Königs anschlossen, während der Hauptraum des nichtöffentlichen Bereichs das Allerheiligste mit der Scheintür war. Zu dem auf dem Wüstenplateau gelegenen Tempel gehörte schließlich ein monumentaler Torbau am Rand des Fruchtlandes, der sich auf einer Kaianlage erhob und mit jenem durch einen langen, gedeckten Aufweg verbunden war. Waren die Wände der Pyramidentempel der 3. und 4. Dynastie noch kahl, so wurden die der Tempel von Abusir vielfach **mit Reliefs bedeckt**, die z. T. dieselben Motive darstellten wie die Heiligtümer der Götter (der König als Greif über Fremdvölker triumphierend, die Beute der besiegten Völker, Kriegszüge u. a. m.).
Von den Totentempeln des Alten Reichs am besten erhalten sind der **Tempel des Djoser** bei der Stufenpyramide von Sakkara, der vermutlich unvollendete Tempel bei der Pyramide von Meidum, die Tempel des Chephren und Mykerinos bei den Pyramiden von Giseh und die des Sahure, Neferirkare und Niuserre in Abusir. Dem Mittleren Reich gehören die Totentempel bei den Pyramiden von Lischt, Dahshur, El-Lahun und Hauara an. Am besten erhalten ist der Totentempel

des Königs Mentuhotep II. (11. Dyn.) in Deir el-Bahari, der aber in seiner eigentümlichen terrassenförmigen Anlage nicht als typisch gelten kann. Eine einzigartige Anlage ist der im heiligen Bezirk des Grabdenkmals des Djoser bei der Stufenpyramide von Sakkara stehende Festtempel, der wohl der Feier des Regierungsjubiläums des Königs gewidmet war und in dessen großer Halle zum ersten Mal in der Architektur die **Form der Basilika** mit erhöhtem Mittelschiff auftaucht.

Gräber der Noblen

Schon ab dem Ende der 11. Dynastie zogen es viele Vornehme und Beamte vor, ihr Grab nicht mehr zu Füßen der Königspyramide anzulegen, sondern sich in ihrer Heimat bestatten zu lassen. Wie auf dem Königsfriedhof erbaute man sich in der Provinz auf dem Wüstenboden kleine Mastabas oder errichtete kleine Ziegelpyramiden auf einem Unterbau. Die Sargkammer wurde im Mauerwerk ausgespart oder unterirdisch angelegt; an der Außenseite stellte man einen Grabstein in Form einer Scheintür oder einer oben abgerundeten Tafel auf, vor dem die Hinterbliebenen Gebete verrichteten oder Opfer darbrachten. Oft legte man die Gräber im Abhang der Wüstenberge an. Die einfacheren bestanden nur aus einer Kammer mit Scheintürnische; mehrfach versuchte man auch, im Felsen die Innenräume der Mastabas nachzuahmen. Gewöhnlich ging man aber von dem Gedanken aus, dass das **Grab das Haus des Toten** sei, in dem die vier Haupträume des altägyptischen Wohnhauses enthalten sein mussten. Deshalb lag noch unter freiem Himmel ein meist von einer Ziegelmauer eingefasster Vorplatz, der gewöhnlich mit einer kleinen, aus dem Felsen gehauenen und von Säulen oder Pfeilern getragenen Halle abschloss. Ihm folgte ein größerer Saal mit Säulen oder Pfeilern, und hinter diesem lag eine Kammer oder Nische, in der – ebenfalls aus dem Felsen geschlagen – die Statue des Toten stand, häufig auch die seiner Gattin. Am deutlichsten zu erkennen ist diese Anlage bei den **Felsengräbern von Beni Hassan und Assuan**. Die Wände der Innenräume sind mit Inschriften und Bildern bedeckt, deren Motive vielgestaltiger sind als früher, aber ebenso dem Toten den Genuss des Dargestellten vermitteln sollten. Vom Saal führte ein Schacht zur schmucklosen Sargkammer. Die Gräber des Neuen Reichs stimmen in ihrer Anlage mit denen des späten Alten und des Mittleren Reichs überein. Auch in dieser Zeit gibt es noch, je nach Untergrund, frei stehende Grabbauten (Mastabas, Pyramidengräber) und Felsengräber. Von den Ersteren ist nur wenig erhalten geblieben.

Ende der Pyramiden

In der 18. Dynastie hörten auch die Könige auf, sich Pyramiden als letzte Ruhestätte zu errichten, und legten ihre Totengruft im Hang eines einsamen Gebirgstals am thebanischen Westufer an, dem berühmten **Tal der Könige**. Diese Königsgräber des Neuen Reichs bestanden aus langen Korridoren und Sälen, die mit religiösen Bildern

und Texten ausgeschmückt waren. Wie die Gänge der Pyramiden waren sie lediglich zur Aufnahme des Sargs bestimmt, während der Felsen die Stelle des Mauerwerks vertrat, das sich über der Gruft erhob. Da für Grabtempel im Gebirge kein Raum war, erbaute man sie, meist in großem Maßstab, in der Ebene, in der sich ihre Trümmer bis heute erhalten haben.
Wie die Vornehmen des Mittleren Reichs die Pyramiden der Könige vielfach für ihre Grabbauten nachahmten, so nahmen sich die Großen der **Spätzeit**, wenigstens in Theben, die Gruften der Pharaonen des Neuen Reichs zum Muster. Als ein Gewirr von Gängen und Sälen, deren Wände nur religiöse Texte und Darstellungen schmücken, zeigen sie sich im thebanischen Asasif.
Von den Königsgräbern der letzten einheimischen Dynastien wurde wenig entdeckt. Von den **Gräbern der niederen Stände**, die natürlich weit zahlreicher waren als die der Vornehmen, findet sich außer den Gruben für die Leichen und den Grabsteinen nichts mehr. Sie hatten, wie Abbildungen zeigen, im Neuen Reich vielfach die Form kleiner Ziegelpyramiden und haben der Zeit meist nicht widerstanden. Vielfach ließen sich die ärmeren Bewohner in **Massengräbern** bestatten, die von Unternehmern angelegt und in verfallene Tempel eingebaut waren oder sich in langen unterirdischen Gängen hinzogen. In ihnen wurden die Leichen in einfachen Särgen, oft auch nur auf einem Brett oder einer Matte aus Palmenrippen beigesetzt. Doch wurden auch diese Massengräber meist vom Wüstensand verweht, ihre Spur ist wohl für immer verloren.

Malerei und Relief

Darstellungsweise

Da erst die Griechen um 500 v. Chr. den Übergang von der »vorstelligen« zur perspektivischen Kunst vollzogen, weicht die ägyptische Kunst von unseren Sehgewohnheiten ab. Nichts wird so dargestellt, wie man es von einem Punkt aus sieht, sondern das Bild wird aus den einzelnen, unverkürzten Teilen aufgebaut. Gegenstände, Personen und Tiere, die sich in der Blickrichtung des Betrachters hintereinander befinden, werden gern in Reihen neben- oder übereinander angeordnet; Gegenstände, die auf einem Tisch liegen, werden wie auf ihm stehend gezeichnet. Meist erscheinen die Körper ohne Überschneidung nebeneinander. Die Hauptperson einer Handlung stellt man größer dar als die anderen Figuren; so erscheint z. B. in den Schlachtenbildern der auf seinem Wagen dahinstürmende König wesentlich größer als die übrigen Personen.

Körperwelten

Im Mittelpunkt der Zeichenkunst steht **die menschliche Figur**, die sich aus verschiedenen Ansichten des Körpers zusammensetzt. Der Kopf erscheint von der Seite, das Auge dagegen von vorn. Die Schultern werden unverkürzt in ganzer Breite von vorn, Brust, Leib, Beine und Füße wieder von der Seite gezeigt. Neben dieser Grundform bildet sich allmählich auch die reine Profildarstellung heraus, die gelegentlich schon in der 5. Dynastie, ganz sicher aber erst in der zweiten Hälfte der 18. Dynastie gehandhabt wird. Zu dieser Zeit hat die ägyptische Zeichenkunst ihren Höhepunkt erreicht. In Schech Abd el-Qurna und in Tell el-Amarna findet man die beste Gelegenheit, die Werke dieser Blütezeit zu bewundern.

Motive

Von jeher besaß die Zeichenkunst eine Menge von Vorlagen, die man immer wiederholte. So lieferte etwa das Alte Reich viele **Szenen aus dem Leben auf den großen Landgütern**, die oft eine feine Naturbeobachtung zeigen. In der 5. Dynastie treten auf den Reliefs der Totentempel **Bilder kriegerischer Ereignisse** in den Kreis der Sujets ein, im Mittleren Reich **Szenen des Lebens am Hof** der Gaufürsten und verschiedene neue Begräbnisbilder. Besonders aber wuchs dieser Vorrat ab der 18. Dynastie, als durch die politischen Beziehungen zu Vorderasien Ägypten zur Weltmacht geworden war und sich der Gesichtskreis der Künstler mehr und mehr erweiterte. Unter Amenophis IV. wurde sogar **das private Leben der königlichen Familie** und des Hofs, dessen Wiedergabe früher niemand gewagt hätte, vorübergehend in den Bereich der Kunst einbezogen.

Ägyptischer Alltag auf einer Wandmalerei im Grab des Ackervorstehers und Feldvermessers Menna in Schech Abd el-Qurna in Theben-West

Unter der 19. Dynastie und unter Ramses III. erwuchsen den Künstlern neue Aufgaben, als es galt, die kriegerischen Taten der Könige zu verherrlichen und **gewaltige Schlachtdarstellungen** zu entwerfen, zu denen sich Ansätze schon in der 18. Dynastie (z. B. in den Reliefs am Wagen Thutmosis' IV.) finden. In Szenen wie diesen konnte sich die Erfindungskraft der Künstler frei entfalten. Dagegen hielt man mit einer gewissen Starrheit an den alten Vorlagen fest, wenn zeremonielle Szenen wiedergegeben wurden, z. B. der Verkehr des Königs mit den Göttern (Gebet, Opfer), gewisse Feste, das Opferwesen mit dem Schlachten der Opfertiere etc. Am Ende des Neuen Reichs schrumpfte der Vorrat an Motiven wieder zusammen.

Flachrelief und versenktes Relief

Die Ägypter kannten das Flachrelief, die älteste und zu allen Zeiten gebräuchlichste Form, die sie zu besonderer Feinheit ausbildeten, und das versenkte Relief, bei dem die die Figuren umgebende Fläche stehenbleibt. Diese für Ägypten eigentümliche Form tritt bereits in der 4. Dynastie auf und gilt stets als ein billiger Ersatz für das Flachrelief. Doch haben die Künstler des Neuen Reichs oft gerade unter Benutzung seiner Eigentümlichkeiten besondere Wirkungen erzielt.
Die **Blütezeit** des ägyptischen Reliefs fällt in die 5. Dynastie; die großartigen technischen und künstlerischen Leistungen dieser Zeit zeigen am besten die Mastabas des Ti und des Ptahhotep in Sakkara sowie die Reliefs aus den Totentempeln der Könige der 5. Dynastie.
In der 6. Dynastie und im Mittleren Reich steht die Ausführung der Reliefs nicht mehr auf der alten Höhe, der erst die Werke der 18. Dynastie (z. B. in den Tempeln von Luxor und Deir el-Bahari sowie in einigen Gräbern von Schech Abd el-Qurna) wieder nahekommen. Dann setzt ein Verfall ein, wenn auch unter Sethos I. noch in der weichen, anmutigen Gestaltung vortreffliche Reliefs (z. B. in den Tempeln von Kurna und in Abydos) entstanden. Die allzu große Anspannung, die zur Ausschmückung der vielen Tempel nicht ausreichte, verführte unter Ramses II. meist zu roher, flüchtiger Arbeit.
Alle Reliefs waren **bemalt**, doch ist bei vielen die Farbe verloren gegangen. Wo wegen der Kosten oder des schlechten Steinmaterials die Malerei an die Stelle des Reliefs tritt (z. B. in den Wandbildern der Gräber der 18. Dynastie in Schech Abd el-Qurna), ist sie denselben stilistischen Gesetzen unterworfen wie das Relief.

Bildhauerkunst

Darstellungsweise

Die vorgriechische Art der Naturwiedergabe, die vom Seheindruck stark abweicht, bestimmt auch die Rundbildnerei, v. a. die Statuen und Figuren von Menschen und Tieren. Im Gegensatz zu den griechischen »richtungsfreien« Statuen sind die ägyptischen **»richtungsgerade«**. Sie stellen dem Betrachter einen unverdrehten Rumpf ent-

gegen, bei dem keine Schulter nach vorn genommen ist, und lassen seitliche Wendungen des Kopfes nur im rechten Winkel zu. Dabei fügen sich die Glieder des Körpers in Ebenen, die zum Rumpf im rechten Winkel stehen. Nur selten kommen bei Rundbildern richtungsfreie Figuren vor.
Personen, bei denen eine gewisse Würde zum Ausdruck gebracht werden soll, werden in ruhiger Haltung stehend, auf einem Sessel sitzend oder mit untergeschlagenen Beinen auf dem Boden hockend dargestellt und oft zu Familiengruppen vereinigt. Dagegen werden Diener, deren Statuen man dem Toten ins Grab mitgab, in ihren Tätigkeiten innerhalb gewisser Grenzen bewegt wiedergegeben.

Primitive Figuren

Bereits in der ältesten Zeit gibt es Figuren von Menschen und Tieren, meist aus Knochen oder Elfenbein geschnitzt, von denen namentlich die Tierfiguren einen hohen Grad an Vollendung zeigen. Die Statuen vom Ende der 2. Dynastie und vom Anfang des Alten Reichs zeigen bereits alle Vorzüge der ägyptischen Bildhauerkunst, wenn auch noch mit einer gewissen Unbeholfenheit, die sich oft aus der schwierigen Bearbeitung des Materials erklärt (Granit, metamorpher Schiefer, gelegentlich auch Kalkstein). Es sind **meist Sitzbilder** von mäßiger Größe und gedrungenem Gliederbau; die rechte Hand ruht auf der Brust, die linke auf dem Oberschenkel. In der 4. und 5. Dynastie erreicht die Bildhauerkunst einen Höhepunkt. Die Werke dieser Zeit wurden meist aus Kalkstein oder Holz gearbeitet. Das Hauptgewicht lag auf der genauen Wiedergabe des Gesichts, während der übrige Körper, v. a. Hände und Füße, konventionell gestaltet waren. Große Wirkung verliehen die Künstler ihren Statuen oft dadurch, dass sie Augen aus schwarzem und weißem Quarz einsetzten und darin die Pupille durch einen hölzernen oder kupfernen Nagel wiedergaben.

Mittleres und Neues Reich

Nach einer Zeit des Verfalls erreichte die Bildhauerkunst im Mittleren Reich eine neue Blüte. Was sie an Meisterwerken geschaffen hat, zeigen z. B. die schöne **Statue Amenemhets III.** und die Statuen und Sphingen, die ebenfalls König Amenemhet III. oder andere Herrscher vom Ende der 12. Dynastie darstellen. Sie zeichnen sich durch eine bemerkenswerte Tiefe des Ausdrucks aus und sind von einem ergreifenden Ernst erfüllt.
Die Statuen des Neuen Reichs, die in verhältnismäßig großer Zahl erhalten blieben, stehen in auffallendem Gegensatz zu denen des Mittleren Reichs. An die Stelle des melancholischen Ernstes, den jene zeigen, ist meist eine stille, anmutige Heiterkeit getreten. Zu Werken von unvergleichlicher Lebenswahrheit, die sich den besten der älteren Zeit anschließen, gehören die Statue Thutmosis‘ III., die Bildnisköpfe der Königin **Nofretete**, der Königskopf des Haremhab, die Statue des Gottes Chons und der Kopf der Göttin Mut. Häufig haben die Künstler zugunsten einer allgemeinen Schönheit auf genaue

Durcharbeitung des Porträts verzichtet und viel Mühe auf die Wiedergabe der modischen weiten Gewänder, der Haartracht und des Schmucks verwendet. Auch neue Motive wurden in dieser Zeit geschaffen, u. a. die Figur eines in ein weites Gewand gehüllten, auf dem Boden hockenden Mannes. Ab der 20. Dynastie verfiel die Kunst, bis sie unter kuschitischer Herrschaft durch Anlehnung an Vorbilder des Alten und Mittleren, gelegentlich auch des Neuen Reichs wieder belebt wurde. So kam sie zu einer Nachblüte, die man auch als »ägyptische Renaissance« bezeichnet.

Kuschitische Schule

Überraschenderweise kommt in der Kuschitenherrschaft (25. Dynastie, 728 – 656 v. Chr.) eine Richtung auf, die über die bloße Nachahmung hinaus im gewissenhaften Studium des Bildnisses Meisterwerke schafft, wie den Kopf eines alternden Mannes und die Statue des oberägyptischen Statthalters Mentemhet. Derselben Schule entstammen die wohl um mehrere Jahrhunderte jüngeren kahlen Priesterköpfe, in denen das Charakteristische selbst im Bau des Schädels meisterhaft wiedergegeben wurde.

Griechisch-ägyptische Mischkunst

Lassen sich in den Werken dieser nach naturgetreuer Wiedergabe strebenden und doch streng stilisierenden Kunst keinerlei griechische Einflüsse erkennen, so nehmen Einwirkungen der griechischen Kunst in der Bildnerei seit der Ptolemäerherrschaft mehr und mehr zu. Neben rein griechischen Schöpfungen (besonders in Alexandria) und ägyptischen Skulpturen im alten Stil treten eigentümliche Werke in einem Mischstil, in denen die griechisch gestaltete Figur mit ägyptischer Kleidung, Frisur und Schmuck versehen ist.

Kunsthandwerk

Vollendete Leistungen brachte das altägyptische Kunsthandwerk hervor, sei es nun in der Tischlerei, der Glastechnik oder in der Herstellung farbiger Fayencen. Auch die **Goldschmiede und Metallbearbeiter** übten ihr Handwerk auf hohem Niveau aus. Virtuos beherrschten sie verschiedene Techniken, so das Tauschieren, das Verzieren mit Buntmetall und das Emaillieren. Gesteigert wurde die Ausdruckskraft noch durch eingelegte farbige Steine oder Fayencen.

Islamische Architektur

Ursprung und Entfaltung

In Ägypten beginnt die islamische Baukunst erst im 8./9. Jh. mit dem Nilmesser und der Ibn-Tulun-Moschee in Kairo. Ägypten war in der Baukunst weit zurückgeblieben, da es als eroberte Provinz über Jahrhunderte durch habsüchtige Gouverneure ausgebeutet worden war. Das wurde erst Mitte des 9. Jh.s anders, als **Ahmed Ibn Tulun**, der aus Samarra kam und baukünstlerische Traditionen von dort mitbrachte, sich zum unabhängigen Herrscher über Ägypten machte.

Seine Moschee in Kairo ist eine fremde, mesopotamische Schöpfung. Die Legende, dass sie von einem christlichen Baumeister erbaut worden sei, wurde zweifellos nur deshalb erfunden, um die in Ägypten neue Verwendung von Pfeilern anstelle von Säulen zu erklären. Alle Grundformen der in Samarra gefundenen Ornamente finden sich hier wieder, gemeinsam mit den frühesten Beispielen geometrischer Ornamente in der islamischen Kunst (die unteren Bogenflächen an der Südwestseite des Hofs). Der ganze Bau ist aus Backsteinen errichtet, durchweg wird der leicht gestelzte Spitzbogen verwendet.

Fatimiden (969 – 1171)

Die Zeit der Fatimiden begann 969 mit der Eroberung Ägyptens durch Gohar, den Feldherrn des fatimidischen Kalifen El-Muizz. Aus diesem Jahr datiert die **Gründung von Kairo** (Al-Qahira) im Norden des alten Fustat und von El-Katai, der Stadt des Ibn Tulun. Kairo war zunächst ein befestigter, 1100 m² großer Bezirk mit zwei Palästen für den Kalifen, Regierungsgebäuden, Quartieren für die Besatzung, einem Schatzhaus, einer Münze, Bibliothek, Mausoleum, Arsenal etc.. Bis zum Sturz der Fatimiden (1171) durfte außer Besatzungssoldaten und höchsten Staatsbeamten niemand die Stadt betreten.
Gohar ließ 970 – 971 die **El-Ashar-Moschee** errichten, in der statt Pfeilern Säulen verwendet wurden. Trotz starker Veränderungen ist noch erkennen, dass die ursprüngliche Gebetshalle fünf, die Seitenhallen drei Schiffe hatten. Auffallend ist eine Art Mittelschiff, das vom Haupthof (Sahn) zur Gebetsnische (Mihrâb) läuft und die Arkaden unterbricht. Diese eigentümliche Form der Anlage scheint von dem letzten Omaijaden Abd el-Rahman nach Westen gebracht worden zu sein (Mezquita im spanischen Córdoba) und findet sich in der Großen Moschee von Kairouan (Tunesien), der Hauptstadt der Fatimiden. Dann kam sie wohl wieder ostwärts nach Ägypten.
In der El-Ashar-Moschee waren wahrscheinlich auch die beiden Ecken an der Rückseite des Sanktuariums mit Kuppeln gedeckt, genau wie in der 990 – 1012 erbauten **El-Hakim-Moschee**. Diese lässt besonders gut die fremden Einflüsse erkennen. Ihr fast quadratischer Grundriss, ihre vielen Türen, die fünf Schiffe des Sanktuariums, die Pfeiler und kleinen Entlastungsbögen über ihnen sind mesopotamische Eigentümlichkeiten; das Querschiff und die (jetzt zugemauerten) Eingänge in der Mitte der Nordost- und Südostseite stammen aus Syrien. Das festungsähnliche Aussehen, das die zwei großen Vorsprünge mit den Minaretten hervorrufen, ist eine mesopotamische Besonderheit, charakteristisch für die Moscheen von Bagdad und Samarra sowie für die Große Moschee von Bostam im Iran.
Da Kairo im Lauf eines Jahrhunderts über die ursprüngliche Umwallung von Gohar hinausgewachsen war, wurde die Stadt um 1090 von Badr el-Gamali neu befestigt. Von dieser neuen Anlage sind noch drei

In der El-Ashar-Moschee wurden Säulen statt Pfeilern verwendet. ►

Tore (**Bab el-Nasir, Bab el-Futuh, Bab Suweila**) und etwa 300 m Stadtmauer vorhanden. Jedes dieser Tore hat ein besonderes Gepräge; ausgeführt wurden sie von drei armenischen Baumeistern, Flüchtlingen aus Edessa (Urfa), das 1086 in die Hände der seldschukischen Türken gefallen war. Diese Bauten zählen zu den wenigen noch vorhandenen Beispielen islamischer Festungsbaukunst aus der Zeit vor den Kreuzzügen. Das Bab el-Nasir wird durch zwei vorspringende Pecherker (Maschikulis) verteidigt, wie sie sich in Europa erst Ende des 12. Jh.s finden. Den Durchgang des Bab el-Futuh und des Bab Suweila bedckt eine flache Kuppel, die auf sphärischen Gewölbezwickeln (Pendentifs) ruht, das früheste Beispiel dieser Form in Ägypten. Jedes Detail in der Bauweise dieser von Byzanz beeinflusst Befestigungen lässt sich auch in Nordsyrien nachweisen.
Charakteristisch für die Baukunst der Fatimiden ist die **Verwendung mannigfaltiger Ornamente**. Sie bestehen aus Schmuckschrift und Arabesken von hoher Vollendung, zuweilen in geometrischem Rahmenwerk. Rein geometrische Ornamente spielen eine ganz untergeordnete Rolle, und auch das berühmte verschlungene Sternmuster findet sich nur in seiner einfachsten Form, dem achtspitzigen Stern. Im Gegensatz zur Tulunidenzeit, in der mesopotamische Einflüsse vorherrschen, zeigen sich in der Kunst der Fatimiden syrische Einwirkungen, die später unter den Aijubiden und frühen Mamelucken noch stärker hervortreten. In der Schmuckschrift dagegen erscheinen persische und nordmesopotamische Einflüsse.

Aijubiden (1171 – 1250)

Die Zeit der Aijubiden beginnt mit den militärischen Anlagen **Saladins**, der einen großen Teil der heutigen Mauern Kairos und die Zitadelle errichtete. Keines seiner sakralen Bauwerke ist in Ägypten erhalten geblieben. Abweichend von den Fatimiden, die viereckige Türme bevorzugten, verwendete Saladin stets halbrunde, etwa 6,5 m breite Türme, mit je drei Schießscharten nach vorn und nach den Seiten. Seine Mauern an der Zitadelle haben innen einen durchlaufenden Wehrgang, der den Stadtmauern fehlt.
Die bemerkenswerteste Neuerung, die Saladin im Festungsbau einführte, war der **im rechten Winkel abbiegende Torweg**, der die Stoßkraft anstürmender Soldaten aufhalten sollte. Derartiges war schon im alten Ägypten bekannt. Das Bab el-Mudarrag in der Zitadelle ist das älteste datierte Beispiel im Orient (1184); ein anderes Beispiel ist das 1923 ausgegrabene Bab el-Karafa. Saladins Bruder El-Adil verstärkte die Zitadelle durch große viereckige Türme bzw. den Ausbau halbrunder Türme zu runden und die Verdreifachung ihres Durchmessers; Beispiele sind die zwei großen in Richtung der Abbasija liegenden Türme. Neben diesen Bauleistungen hat die Aijubidenzeit auch noch ihre Bedeutung durch die zunehmende Verwendung von Haustein, die Einführung von Marmorbelag für die Gebetsnischen (z. B. in der Moschee des Sultans El-Salih Aijub), durch fast

übertrieben zierliche Stuckornamente und u. a. durch die erste Verwendung von Glas in Verbindung mit Gitterwerk aus Stuck.

Bahritische Mamelucken (1250–1382)

Die Zeit der bahritischen Mamelucken sah einen bedeutsamen Fortschritt im **Moscheenbau**: Die kleine Kuppel, die z. B. in der Kairoer El-Hakim-Moschee den Raum vor der Gebetsnische bedeckt, wurde durch eine große Holzkuppel ersetzt, die 3 × 3 Joche überspannt, u. a. in den Moscheen Baibars' I. (in der Abbasija; 1269) und Mohammed el-Nasirs (auf der Zitadelle; 1318–1335). Auch die Dreizahl und die Anordnung der Türen wurde aus Syrien übernommen. Ebenso führte Baibars I. aus Syrien das mit Stalaktiten geschmückte Portal ein, ein besonderes Kennzeichen für die Baukunst Ägyptens wurde.
Das größte Werk jenerr Zeit ist die riesige Kairoer **Sultan-Hassan-Moschee** (1363): 150 m lang und 68 m breit. Unter der folgenden Dynastie errichtete man in Ägypten reichere und zierlichere Bauten, doch als Ausdruck von Macht und Majestät findet diese Moschee kaum ihresgleichen.
Zu den bemerkenswertesten Neuerungen dieser Periode gehört auch die Verwendung des **kreuzförmigen Grundrisses** für die **Medresen** (Lehranstalten). Zum Schmuck der Fassaden wird gestreiftes Mauerwerk (Ablak) eingeführt; die Stuckornamente erreichen ihre letzte Entwicklung, um dann allmählich zu verschwinden, während die prächtige Verkleidung der unteren Wandflächen mit vielfarbigem Marmor aufkommt.

Tscherkessische Mamelucken (1391 – 1517)

Unter den tscherkessischen Mamelucken wurde die reiche Stuckdekoration, die gegen Ende der vorangegangenen Periode verschwunden war, nicht sofort ersetzt. Zunächst blieb die Steinfläche glatt, und man begnügte sich mit Marmorverkleidung als wichtigster Verzierung. Erst als man um 1440 eine größere plastische Fertigkeit mit dem neuen Steinmaterial erworben hatte, wurde die kunstvoll geschnittene oder gemeißelte Ausschmückung der Oberflächen in Stein wieder ein häufig vorkommendes Element.
Diese Periode führte auch die sog. **Stalaktitenpendentifs** zur letzten Entwicklung. Die Nischen wurden nach syrischer Art in einen dreieckigen Rahmen gesetzt, jedoch war im Gegensatz zu den syrischen Pendentifs jede Reihe gekrümmt angelegt, anstatt die Ecke in einer geraden Linie abzuschneiden. Die Zahl der Reihen hatte sich zudem auf sieben bis neun vermehrt, sogar dreizehn kommen vor.
Der **Kuppelbau** erreichte seinen Höhepunkt; die Kuppeln waren stets aus Stein und unerreicht an Leichtigkeit, Schönheit des Umrisses und Reichtum der Ausschmückung. Ein glänzendes Beispiel bietet die Barkuk-Moschee auf dem Friedhof der sog. Kalifengräber. Gegen Ende dieser Periode wurde auch die Anlage der Moscheen umgestaltet und durch Bauten ersetzt, die bisher nur für Medresen verwendet worden waren.

Türkische Herrschaft Die türkische Eroberung (1517) brachte für Kairo zunächst einen starken Rückgang aller gewerblichen Tätigkeit: Viele Handwerker wurden nach Konstantinopel geschickt, manche Gewerbe sollen ganz eingegangen sein. Nicht ganz zu Recht hat man die türkische Periode geringschätzig beurteilt. Denn es ist wohl weniger ein Rückgang in der künstlerischen Leistung zu verzeichnen als vielmehr ein **verminderter Aufwand** für großartige Bauten, wiie die kleinen Moscheen Sidi Sarija in der Zitadelle, Sinan Pascha in Bulak und Malika Safija belegen. Erst der zunehmende europäische Einfluss hat dem freien Ausdruck der islamischen Baukunst den letzten Schlag versetzt, aber in Ägypten glücklicherweise später als anderswo. Diese verhängnisvolle Einwirkung, deren Eintreten z. B. in Istanbul die um 1753 vollendete Nuru-Osmanije-Moschee bezeugt, scheint Ägypten erst nach 1820 erreicht zu haben.

Medresen Die religiösen, rituellen, sozialen und moralischen Vorschriften des Islam haben sich in vier Hauptriten ausgebildet, die von den Imamen Abu Hanifa, Malik Ibn Anas, El-Schafii und Ahmed Ibn Hanbal begründet wurden. Für den Unterricht, zugleich auch für die Ausbildung der Beamten der Verwaltung, richteten die Seldschukensultane im 9. Jh. die Medresen ein, eine Art **höhere theologische Lehranstalten**. Zwischen den Riten bestand keine Feindschaft, bisweilen brachte man mehr als einen Ritus im selben Gebäude unter. Dies führte Nur el-Din zunächst in Syrien ein, nach dem Sturz der Fatimiden übertrug sie Saladin nach Ägypten, um durch orthodoxe Lehranstalten die schiitische Ketzerei der Fatimiden zu bekämpfen.

Ägyptens Medresen hatten nach der Mitte des 13. Jh.s folgende Form: Ein viereckiger Mittelhof wird an den Seiten von vier offenen Hallen (Liwan) begrenzt, die die Arme eines Kreuzes bilden. Das Ganze liegt in einem Rechteck, dessen Ecken Nebenbauten einnehmen.

Moscheen Die **wichtigsten islamischen Bauwerke** sind die Moscheen. Zwei Grundformen sind zu unterscheiden: Dschami, die Moschee für das Freitagsgebet, und Masdschid, der Gebetsplatz; dazu kommt noch die Sawija, die kleine Kapelle.

Die älteste Form der Gemeindemoschee in Ägypten ist mesopotamischen Ursprungs (z. B. Ibn Tulun). Um einen fast quadratischen Hof (Sahn) liegen vier flach gedeckte Säulenhallen (Riwak). Der Hauptriwak, in Richtung Mekka, hat gewöhnlich fünf (Ibn Tulun, El-Ashar, El-Hakim) oder sechs Schiffe (Baibars I.), die anderen Hallen nur zwei (Ibn Tulun) oder drei (El-Ashar, El-Hakim). Der Nachteil der Moscheen mit Arkadenhallen im Innern: Der Prediger sah recht wenig von der Gemeinde wegen der Arkadenpfeiler. Dagegen wurde in der Medrese der Blick auf die Versammelten nicht versperrt, weshalb der Grundriss der Medrese allmählich den älteren Bauplan der Moschee verdrängte und bisweilen schon im 14. Jh., häufig im 15. Jh. ver-

wendet wurde. Nach der türkischen Eroberung 1517 entstand durch den Einfluss des byzantinisch-osmanischen Stils ein Sanktuarium, das von einer Kuppel überwölbt war; davor befand sich ein Hof, den mit kleinen Kuppeln bedeckte Arkaden umgaben (z. B. El-Malika Safija).
Das Äußere der Moscheen war anfangs schlicht, die **Umfassungsmauern** von vielen einfachen Türöffnungen durchbrochen und mit Zinnen versehen. Später wurde durch den Einfluss Syriens (z. B. Große Moschee in Damaskus) die Zahl der Türen auf drei (z. B. Baibars I., 1269; El-Nasir Mohammed, 1318–1335; El-Mardani, 1340) beschränkt. Die Wände teilte man nun in schmale Felder auf, in denen die Fenster, meist ganz klein, angebracht wurden.
Besonders betont waren die **Eingänge**. Sie bestanden gewöhnlich aus einer tiefen, mit Stalaktiten überwölbten Nische und dem eigentlichen Türeingang dahinter. Die Schwelle war nicht selten ein altägyptischen Monumenten entnommener Granitblock, häufig mit noch sichtbaren Hieroglyphen.
Im **Hof (Sahn)** stand meist ein Brunnen (Fisuja) oder Wasserbecken für die rituelle Waschung vor dem Gebet. Bei älteren Anlagen, wie der Ibn-Tulun-Moschee, gab es dafür einen Bereich außerhalb.
Im Sanktuarium liegen im Hintergrund die **Gebetsnische** (Mihrâb), die **Kanzel** (Minbar), die Dikka, eine säulengetragene Plattform, auf der die Gehilfen des Imam die rituellen Bwegungen beim Gebet für die Gemeinde sichtbar wiederholen sowie die von der Decke herabhängenden Lampen und Laternen, v. a. der Tannur, der große Kronleuchter.
Minarette fehlten den ältesten Moscheen noch, der Ruf zum Gebet erfolgte vom Dach. Das erste Minarett der Ibn-Tulun-Moschee war wohl spiralförmig und dem der Großen Moschee in Samarra nachgebildet. Im 11. Jh. erscheint ein schlanker, quadratischer Schaft, der von einem kleinen, kuppelbekrönten Kiosk überragt wird. Dieser Ki-

MINARETTFORMEN

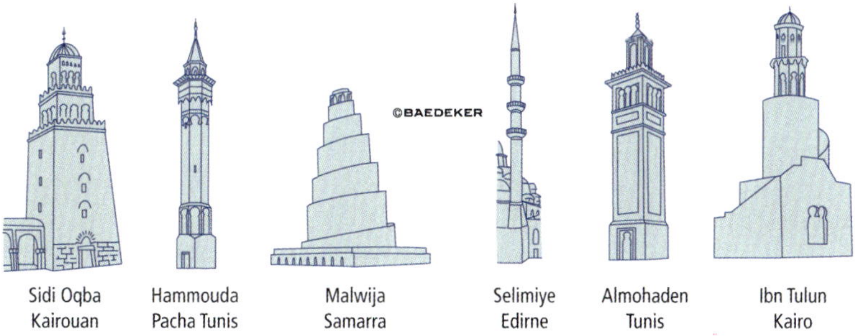

Mihrab und Kanzel in der Sultan-Hassan-Moschee in Kairo

osk wird mit der Zeit immer kunstvoller ausgestaltet, seine Haube wird kanneliert und sein unterer Teil so in die Länge gezogen, dass das Minarett schließlich drei Stockwerke hat, das unterste viereckig, das mittlere achteckig und das oberste rund. In der Zeit nach 1340 setzte sich die vorherrschende Form aus einem achteckigen Schaft und einem kleinen, kuppelbekrönten Kiosk zusammen.

Mausoleen Die Mausoleen der Sultane und Emire wurden in den meisten Fällen den von ihnen gegründeten Moscheen oder Medresen angegliedert. Der eigentliche unterirdische Grabraum war schmucklos. Das Gesicht des in weißes Baumwollzeug eingewickelten Toten wurde nach Mekka gerichtet. Im Raum über der Gruft stand ein Kenotaph (Tarkiba aus Stein, Tibut aus Holz).

Kuppelbau Die frühesten islamischen Kuppeln in Ägypten (El-Hakim-Moschee, El-Gijuschi-Moschee) ruhen auf von Halbkuppeln gebildeten Nischen, (sphärische Nischen), die in den Ecken des Quadrats angebracht sind. So erhielt man ein Achteck, auf das man eine Kuppel setzen kontte. Davon wich man zuerst dadurch ab, indem man das

Achteck nicht durch eine Halbkuppelnische bildete, sondern durch drei Nischen mit einer vierten darüber (Mausoleum des Gafari und der Saijida Atika, um 1125). Im nächsten füllte man den freien Raum zu beiden Seiten der oberen Nische mit einer Nische aus und schuf so ein Pendentif von zwei Querreihen zu je drei Nischen (Grabbau der abbasidischen Kalifen, 1242 – 1243). Im **Mausoleum des Sultans El-Salih Aijub** (1250), das eine verhältnismäßig große Kuppel hat, ahnte man wohl, dass ein allmählicher Übergang notwendig war. Das frühere Verfahren wurde wiederholt; ebenso wie man die sphärische Nische nach der Ecke niedriger und schmaler werden ließ, so läuft hier ein Pendentif sich verjüngend in die Ecke aus, und darüber wird eine Reihe von vier Nischen angebracht. Der nächste Schritt brachte dann die Ausführung des Pendentifs in vier Nischenreihen (z. B. Mausoleum des Baibars el-Gaschenkir, 1306 –1309). Fünf Reihen erscheinen erst 1356 im Mausoleum des Emirs Sarghatmisch.

Paläste und Wohnhäuser

Von den alten Palästen sind nur einige aus der Zeit nach Mitte des 14. Jh.s. erhalten. Das Erdgeschoss bestand aus massivem Mauerwerk und war überwölbt; die Decken im Obergeschoss waren fast stets aus bemaltem und vergoldetem Holz, zuweilen in Kassettierung wie in dem Palast des Emirs Beschtak (1341). Vorspringende Erker waren charakteristisch. Wohnhäuser hatten selten mehr als zwei Stockwerke. Im Erdgeschoss liegen die Räume für die Männer, der **Salamlik**, im Obergeschoss die Zimmer für die Frauen und die Familie, der **Harim** (Harem). Leider sind seit dem Ende des 19. Jh.s in Kairo fast alle derartigen Wohnhäuser verschwunden. Im Allgemeinen liegen die Haupträume nach Norden (Richtung des vorherrschenden Windes) und sind dem Hof zugewandt. Zur Straße hinaus gehen nur wenige, hoch angebrachte Fenster. Der Eingang von der Straße in den Hof ist im rechten Winkel gebrochen, um Einblicke zu verhindern. Der Eingang zum Harem liegt in einem zweiten Hof oder auf der abgelegenen Seite des ersten Hofs. Die Empfangsräume des Hausherrn, die Kammern für die Diener, die Küche u. a. liegen am ersten Hof.
Die Haupträume im Salamlik, gewöhnlich die einzigen mit Ausschmückung, sind: die **Mandara**, der Empfangsraum für männliche Besucher, mit der Chasna (Privatgemach), der eine oder zwei Stufen über dem Hofniveau liegende Tachtabosch und der Makad, eine Veranda in einem Halbgeschoss. Im oberen Stock liegt die **Kaa**, der Gesellschaftsraum der Familie, ein langer schmaler Raum aus drei Teilen, die in Form und Höhe der Decken unterschiedlich sind.
Der Fußboden der **Durkaa,** des quadratischen mittleren Teils, liegt eine Stufe tiefer als die Liwane (Hallen) auf beiden Seiten. Sind diese nicht immer gleich breit, gilt der breitere als Ehrenseite. Die Decke der Durkaa, eine Holzkuppel oder Laterne, ist mit bunten Fenstern, den **Kamarijen** versehen. Sie bestehen aus Gipsplatten und stellen in ihren durchbrochenen, an der Außenseite mit buntem Glas geschlos-

BOGENFORMEN

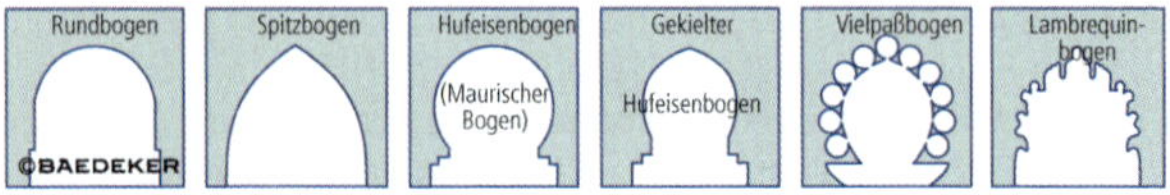

senen Mustern Blumenvasen, geometrische Figuren u. ä. dar. Der Boden der Durkaa ist meist mit Marmor ausgelegt, häufig befindet sich in der Mitte ein Becken mit Springbrunnen. Auf der einen Seite verläuft über einer zierlichen offenen Arkade die **Suffa**, ein marmorner Sims zum Abstellen von Kaffeetassen. Die Wände der **Liwane** sind zwei bis drei Meter hoch mit Marmor verkleidet. Darüber befindet sich bisweilen ein Sims für Metallgefäße, Porzellan, Vasen o. ä.. Die bemalten und vergoldeten Holzdecken der Liwane ruhen auf einer tiefen Hohlkehle mit gleichem Schmuck. Licht und Luft strömen von einer der Schmalseiten ein.

Bäder und Wikalas

Das öffentliche Bad, der **Hammam**, ist äußerlich meist ganz einfach. Ein schönes kleines Portal hat das Bad des Emirs Beschtak in der Kairoer Scharia Suk el-Silah. Die Wikalas (**Karawansereien**) sind häufig sehr große, mehrstöckige Gebäude, die um einen Hof gruppiert sind. Das Erdgeschoss enthält an der Außenseite nach der Straße hin offene Läden. Darüber liegen Zimmer für durchreisende Kaufleute oder ständige Mieter. Ein monumentaler Torweg in der Mitte der Fassade führt in den Hof, den Lagerräume für Waren umgeben. Die Wohnungen darüber sind häufig von den umlaufenden Galerien oder Balkonen zugänglich. Wikalas wurden auch als Geldanlage benutzt: Wohltäter, die einer Moschee oder Medrese eine Stiftung zukommen lassen wollten, bauten häufig solche Gebäude als Kombination von Lager- und Mietshaus, deren Einkünfte von Kuratoren verwaltet wurden. Eine derartige Einrichtung hieß Wakf.

Koptische Kunst

Die Geschichte der christlichen Kunst in Ägypten lässt sich in **zwei Abschnitte** mit gänzlich verschiedenen Merkmalen unterteilen: vom frühen 4. Jh. bis zur arabisch-islamischen Eroberung (640 – 642) und von dann bis in die frühe Neuzeit.

Vom 4. Jh. bis zur arabisch-islamischen Eroberung

Während der ersten Epoche war Ägypten auch in künstlerischer Hinsicht eine Provinz des Byzantinischen Reichs. Alexandria hatte sich damals zu einer der wichtigsten Städte im östlichen Mittelmeergebiet entwickelt, in der Handel und kulturelles Leben blühten und wurde zum Tor für Einflüsse asiatischer Kunst und Kultur. Die Oberschicht war hellenisiert, während die Bevölkerung an Traditionen festhielt. Durch die Wechselwirkung zwischen heimischen und von außen kommenden Stilen entstand eine bedeutende lokale Kunst.

Die ältesten bekannten Zeugnisse christlicher Kunst sind Gräber, so die Katakomben von Alexandria (in der Nähe der Pompejussäule) und die Mausoleen der Nekropole von Kharga. Die Gräber des Friedhofs von Oxyrhynchos (El-Bahnasa) zeigen den vollendeten Typus kleiner **Grabbasiliken**. Über dem **Grab des hl. Menas** im Mareotis-Bezirk errichtete Kaiser Arkadios (345 – 408) eine große Basilika mit Querhaus, die als **erstes datierbares christliches Baudenkmal in Ägypten** gilt.

Um 430 ließ der byzantinische Fürst Kaisarios die große Basilika des Klosters **Deir el-Abjad** erbauen. Ihr Charakteristikum ist der aus drei Apsiden in Kreuzform gebildete Altarraum, wie er auch in Deir el-Achmar und in der Basilika beim Tempel von Dendera nachgeahmt wurde. Diese großen Säulenbasiliken mit ihren verzierten Nischen und ursprünglich die gesamten Wandflächen bedeckenden Fresken sind die bedeutendsten Zeugnisse der ersten Periode christlicher Architektur in Ägypten.

Die Kirchen im **Jeremiaskloster in Sakkara** und im **Apollonius-klosters in Bauit** sind kleiner und wurden etwas später errichtet. Sie waren reich an dekorativen Skulpturen, deren beste sich im Ägyptischen Museum von Kairo befinden. Dieser Kirchentypus verrät eine größere Nähe zu den Basiliken Syriens.

In Oberägypten entdeckten Wissenschaftler, die an der Expedition Napoleons teilnahmen, bei Armant eine große Basilika mit je einer Apsis an beiden Enden. Zwar ist sie inzwischen verschwunden, aber die **»Basilika der Bäder«** (Nordbasilika) in Abu Menas und eine Kirchenruine in Marsa Matruh sind vom gleichen Typus. Die interessantesten Beispiele für diese Art der Veränderung der frühen Kirchen durch die Eremiten finden sich u. a. in einigen Gräbern von Beni Hassan, im Grab des Penehse in Tell el-Amarna und in den Gräbern von Schech Abd el-Qurna (Nr. 84, 95, 97) in Theben-West. Mehrere enthalten aufschlussreiche christliche Inschriften und Fresken. Um die Einsiedeleien entwickelten sich allmählich kleine Klöster, denen die Felsengräber als Kirchen dienten. Die älteste dieser Anlagen ist das **Pauluskloster im Wadi Deir**; eines der besten Beispiele das Epiphaniaskloster in Schech Abd el-Qurna.

Als den Christen die Gräber der Pharaonenzeit nicht mehr genügten, richtete man **Vorhallen alter Tempel** zu Kirchen her, so in Dendera, Edfu, Esna und Philae. An anderen Orten wählte man einen Tempelinnenraum als Andachtsstätte, etwa in Karnak, wo die Kirche den gesamten großen Festtempel Thutmosis' III. einnahm; an seinen Säulen finden sich noch die Spuren von Fresken kopti-

OBEN: Dem Wüstenklima angepasst: das Kloster des hl. Bschoi im Wadi Natrun
UNTEN: Deckenmalerei im Pauluskloster, dem am längsten bewohnten koptischen Kloster in Ägypten

scher Heilige darstellten. In Oberägypten zerstörten die Christen nur selten die alten Tempel. Nur die Reliefs wurden gelegentlich beschädigt, meist aber einfach mit einer dicken Kalkputzschicht zugedeckt.

Die Bauwerke der ersten Epoche christlicher Kunst besaßen fein bearbeitete **Säulen aus Assuan-Granit** mit Reliefs mit Kreuzen und anderen Symbolen, auch Inschriften der Stifter. Die Wände bestanden aus Stein, die Dächer aus Holz, die Apsiden waren mit Halbkuppeln überwölbt. Groß war der **Reichtum an dekorativen Bildhauerarbeiten** mit Blattwerk, Blumen, Flechtmustern, manchmal mit geometrischem Dekor. Die mittelägyptische Bildhauerschule mit dem vermutlichen Zentrum in Achnas (Ichnasija el-Madina) brachte große Kompositionen hervor, die sich um menschliche Figuren gruppierten und als Hochrelief ausgeführt waren. Obwohl die Grundelemente Kapitell, Architrav und Pilaster dem syrischen oder byzantinischen Kulturraum entstammen, zeigt ihr Dekor eigenständigen Charakter.

Malereien und Fresken bedeckten Wände, Säulenschäfte und Kapitelle. Leider ist nur ein ganz geringer Teil erhalten geblieben, aber auch die Reste gestatten es, das Höchstmaß an Realistik der Darstellung zu erkennen. Die sog. **Faijum-Porträts** sind glänzende Beispiele der alexandrinischen Tradition, die auch auf das Kunstschaffen der Christen überging, wo sie sich in den Fresken von Sakkara und Bauit manifestierte, deutlich durchmischt mit orientalischen Einflüssen.

Im **Hellenismus** finden sich Malereien auf Sockelplatten, die Marmorinkrustationen nachahmen, Friese mit Kreisen und Rhomben, in denen Blumen, Früchte, Körbe und Vögel, Porträts, Genreszenen und Symbolfiguren dargestellt sind. Über den Sockelplatten ziehen sich breite Friese mit Propheten und Heiligen, Mönchen, Engeln und der Heiligen Jungfrau hin. In den die Apsiden überwölbenden Konchen erscheint häufig Christus auf einem Wagen mit den apokalyptischen Tieren. Den gleichen Stil findet man bei den berühmten Miniaturen der **»Christlichen Topografie«** (um 547 – 549 von Kosmas Indikopleustes von Alexandria).

Vom 7. Jh. bis zur frühen Neuzeit

Nach der Eroberung Ägyptens durch die Araber war das Christentum nicht mehr Staatsreligion und die Kirche verarmte. Größere Bauvorhaben konnten nicht mehr verwirklicht werden. Die Bautechniken änderten sich: Tragende Konstruktionen wurden aus Backstein oder ungebrannten Ziegeln anstelle von Hausteinen erbaut; der Mangel an Material für Holzdächer ließ Gewölbe an ihre Stelle treten. All dies brachte Änderungen im Grundriss der Kirchen mit sich; der basilikale Typus wurde (außer in Alt-Kairo) praktisch gänzlich aufgegeben. Die bedeutendsten Zeugnisse im Norden Ägyptens sind die **Klöster im Wadi Natrun**. Besonders interessant ist das zu Beginn des 9. Jh.s wie-

der aufgebaute Syrerkloster **Deir el-Surijan**. Seine große Kirche ist eine mehrschiffige Säulenbasilika mit Tonnengewölbe; der Chor steht wie ein Querschiff, und das Sanktuarium wird von drei quadratischen Räumen gebildet. Die hervorragenden Stuckaturen mesopotamischen Stils im mittleren Raum wurden vermutlich zur Zeit des Abtes Moses von Nisibis (Nisibin, 10. Jh.) ausgeführt. Bedeutend sind zwei Holztüren mit Elfenbeinintarsien (914 bzw. 927). Die Gebäude der Klöster Deir Amba Bschoi und Deir Abu Makar sind älter als Deir el-Surijan, während Deir Amba Baramus im 14. Jh. fast zur Gänze neu errichtet wurde.
In Oberägypten zeigt eine andere Gruppe von Gebäuden den mesopotamischen Einfluss noch deutlicher. Die Kirche im **Kloster des hl. Simeon** bei Assuan besaß ein Schiff, das von zwei auf Kreuzrippen ruhenden Kuppeln gedeckt war, und weitere von Tonnengewölben überdachte Schiffe – zwei Elemente von einwandfrei asiatischem Ursprung. Das Simeonskloster ist das besterhaltene Beispiel einer derartigen Anlage in Ägypten. Ähnlich ist die Kirche des Märtyrerklosters Deir el-Schuhada bei Esna gestaltet.
Im 12. Jh. entwickelte sich dann ein neuer Kirchentypus. Der Grundriss war rechteckig; innen grenzten Säulen oder Pfeiler quadratische, von jeweils einer Kuppel überwölbte Raumteile ab, die sehr zahlreich sein können; so besitzt z. B. die Kirche von Amba Pachom bei El-Medamut 29 Kuppeln. Besonders wichtig unter den Kirchen dieses Typs ist diejenige von **Deir el-Maharrak**, wo sich nach der koptischen Legende die Heilige Familie auf der Flucht nach Ägypten aufgehalten haben soll.
Die Kirchen von **Alt-Kairo** sind mittelalterliche Neubauten von Kirchen der vorarabischen Zeit, aus der Grundriss ebenso übernommen wurde wie einige Bauelementen z. B. Säulen, Basen, Kapitelle und die hölzerne Dachkonstruktion. Die Holzarbeiten zeigen deutlich westlichen Einfluss, der durch die Kreuzzüge und auf den Handelswegen zwischen Ägypten und den italienischen Seerepubliken gekommen war.
Die **bildenden Künste** erlebten in dieser zweiten Epoche einen völligen **Niedergang**. Steinskulpturen verschwanden nach dem 8. Jh. fast gänzlich; mit dem 11. Jh. erlosch die Steinmetzkunst. Die Malerei hat in den Klöstern Deir el-Surijan und Deir Abu Makar einige Beispiele hinterlassen, ferner im Weißen Kloster von Sohag und im Simeonskloster bei Assuan. Sie zeigen erhebliche Fremdeinflüsse, namentlich aus Armenien. Beachtliches brachten nur die **Holzschnitzerei** und **Intarsien** hervor wie die Ikonostase der Kirche Abu Sarga in Alt-Kairo. Ihre sechs geschnitzte Paneele aus dem 11. Jh. sind zusammen mit denen der Kirche von El-Moallaka (heute im Britischen Museum) die besten ihrer Art. Im Übrigen brillierten die koptischen Kunsthandwerker mit geometrisch-polygonalen Arbeiten, in denen sich deutlich arabischer Einfluss zeigt. Im 14. Jh. verschwand die eigenständige koptische Kunst.

INTERESSANTE MENSCHEN

Feldherr und König: Alexander der Große

356 – 323 v. Chr. Begründer der Ptolemäer-Dynastie

Alexandria, die zweitgrößte Stadt Ägyptens, erinnert mit ihrem Namen an den Feldherrn, der als Sohn des makedonischen Königs Philipp II. **im heute griechischen Pella geboren** wurde. Nach der Ermordung seines Vaters 338 v. Chr. sicherte er sich den Thron und begann wenige Jahre später als oberster Feldherr der Griechen den »panhellenischen Rachefeldzug« gegen die Perser. Durch seinen Sieg über den Großkönig Dareios III. bei **Issos 333 v. Chr.** war der Weg frei nach Ägypten, wo Alexander 331 v. Chr. Alexandria gründete. Im gleichen Jahr zog er zum Orakel des Zeus Amun in der Oase Siwa und ließ sich dort von den Priestern seine göttliche Abstammung und den Anspruch auf Ägypten bestätigen – der Grundstein für die Herrscherdynastie der Ptolemäer. Doch das war dem rastlosen Feldherrn noch nicht genug, er zog mit seinem Heer weiter nach Babylonien, Persien und Indien, wo ihn das erschöpfte Heer zur Umkehr zwang. Der Rückweg führte ihn auch nach Babylon, wo er bei den Vorbereitungen eines Feldzugs gegen Arabien an Malaria starb.

Entzifferer der Hieroglyphen: Jean-François Champollion

1790 – 1832 Ägyptologe

Seit dem 16. Jh. hatten Forscher das Rätsel der Hieroglyphen zu lösen versucht, aber es war dem in Figeac in Südwestfrankreich geborenen Jean-François Champollion vorbehalten, es gänzlich zu knacken. Schon mit dreizehn Jahren hatte er von einem 1799 in Ägypten gefundenen Stein mit unlesbaren Schriftzeichen erfahren. Fasziniert begann Champollion die Sprachen des Orients zu lernen, beschäftigte sich jahrelang, inzwischen Professor in Grenoble, mit dem »Stein von Rosetta« (▶ Abb. S. 474), einer Gesetzestafel in griechischer, demotischer und altägyptischer Schrift. 1822 gelang ihm die Entzifferung des Dreisprachensteins. Dadurch wurden genaue Einblicke in die altägyptische Kultur möglich. Champollions Schriftsystem **»Précis du système hiéroglyphique«** von 1824 ist heute im Wesentlichen bestätigt. 1831 wurde für ihn am Collège de France in Paris der erste Lehrstuhl für Ägyptologie eingerichtet. Champollion starb 1832 in Paris.

GESCHICHTEN VOM NIL

Mit der Verleihung des Literatur-Nobelpreises an Nagib Machfus 1988 nahm das Interesse an der ägyptischen Gegenwartsliteratur auch im deutschsprachigen Raum zu. Mit ihm erhielt der erste Schriftsteller arabischer Sprache diese Auszeichnung. Lesen Sie etwas von ihm vor der Reise – Sie werden vor allem in Kairos Altstadt viele Figuren »erkennen«.

Man hat ihn den »Balzac Ägyptens« genannt, mit Dickens, Proust, Dostojewski, Tolstoi und Thomas Mann verglichen und als den **»Vater des ägyptischen Romans«** bezeichnet. Nagib Machfus selbst sah sich in der Tradition sowohl der Kultur der Pharaonenzeit als auch der islamischen Kultur: *»Es war mir bestimmt, dass ich im Schoß dieser beiden Zivilisationen geboren wurde, dass ich von beiden Seiten die Muttermilch einsog und mich an den Schätzen ihrer Literaturen und Künste nährte. Aber auch vom Zaubertrank ihrer reichen Kultur habe ich getrunken.«*
Auch wenn Machfus vor allem als typisch arabischer, tief in Kultur und Geschichte seines Landes verwurzelter Erzähler gilt, gehört sein über 30 Romane sowie viele Kurzgeschichten und Novellen umfassendes Werk zur Weltliteratur. Nagib Machfus wurde am 11. Dezember 1911 in **Gamalija**, einem der ältesten Viertel Kairos, als jüngstes von sieben Kindern geboren. Nach dem Philosophie-Studium an der Universität Kairo entschied er sich gegen eine Karriere im Wissenschaftsbetrieb: Von 1934 bis zur Pensionierung 1971 arbeitete er als Beamter, was ihm Zeit zum Schreiben ließ.

Kairos Gassen

Die Welt seiner Romane sind vor allem die Gassen der Kairoer Altstadt, wo er aufgewachsen ist:

»
Die Gasse –
das ist meine eigene Geschichte.
«

Durch seine einfache, präzise und lebendige Sprache hat er wie kein anderer die Entwicklung der ägyptischen Gesellschaft im 20. Jh. beschrieben. Sein Hauptwerk ist die **Kairoer Trilogie** aus den Jahren 1957/1958, das epische Gemälde einer Kaufmannsfamilie zwischen den Weltkriegen. Darin entwickelt er auf fast 1800 Seiten nicht nur ein dichtes Geflecht familiärer und personeller Beziehungen, sondern beschreibt auch den Prozess der Modernisierung einer Gesellschaft, »die offenbar selbst nicht begreift, was sich, hinter dem Rücken der Individuen (und über ihre Köpfe hinweg), vollzieht«.

»Die Kinder unseres Viertels«

Nagib Machfus war aber nicht nur der literarische Chronist der Nilmetropole. Durch Wahl und Ausarbeitung seiner Themen konnte er zeigen, »dass die Bedürfnisse, Konflikte, Sehnsüchte der Menschen in Kairo die aller Menschen« sind. Nirgends wird das deutlicher als in »Die Kinder unseres Viertels«, der 1959 als Fortsetzungsroman in der Tageszeitung Al-Ahram erschienen. Dieser Aktionsroman voll Mord und Totschlag beschreibt die Geschichte von Judentum, Christentum und Islam als ge-

Nagib Machfus, der große Mann der ägyptischen Literatur, war im Alter fast blind.

scheiterte Versuche, Elend und Ungerechtigkeit in der Welt zu überwinden. Hoffnung erwächst jedoch aus einer Wissenschaft, die ihre Unabhängigkeit bewahrt und die göttlichen Normen respektiert. Diese Geschichte der Menschheit seit der Vertreibung aus dem Paradies erregte die Kritik fundamentalistischer Kreise.

Toleranz als Credo

Machfus setzte sich zeitlebens für humanistische Grundwerte, Aufklärung, Toleranz und Demokratie sowie eine friedliche Lösung des Nahostkonflikts ein. Nach **Mordaufrufen militanter Islamisten** wurde er 1994 vor seiner Haustür niedergestochen, an den Folgen litt er bis zu seinem Tod im Jahr 2006. Dennoch ließ er sich in seinem immer besonnenen Kampf fürFreiheit, Demokratie und Gerechtigkeit nicht abbringen.

Neuere Autoren

Nagib Machfus gehört mit dem Aufklärer Taha Hussein, dem Dramatiker Taufik al-Hakki und dem Novellisten Yahya Hakki zu den Großen der ägyptischen Literatur. Doch spätestens seit den 1970ern treten andere Autorinnen und Autoren mit hervor.
Die Erzählungen von **Alifa Rifaat** (1930 –1996) kreisen v. a. um die Themen Sexualität und Tod. Das erfolgreichste Werk der jüngeren Zeit ist »Der Jakubijân-Bau« von **Alaa al-Aswani** (geb. 1957). Der 2002 erschienene Roman schildert das Leben der Bewohner eines Kairoer Stadthauses – Intellektuelle und Pseudo-Aristokraten in den Etagenwohnungen, Habenichtse und Tagelöhner in Verschlägen auf dem Dach: eine Lektüre für Reisende, die wissen wollen, wie es um die ägyptische Gesellschaft bestellt ist.
Dazu passt auch »Im Taxi. Unterwegs in Kairo« von **Khalid al-Khamissi**: 58 Episoden zum Irrsinn des ägyptischen Alltags. ▶ Lesetipps S. 556.

König und Playboy: Faruk I.

1920–1965
König von
Ägypten

Faruk I., zehnter Herrscher aus dem Geschlecht Mohamed Ali Paschas, am 11. Februar 1920 in Kairo geboren, folgte 1936 seinem Vater, König Fuad, auf den Thron. 1951 nahm er den Titel »König Ägyptens und des Sudans« an. Sein von **Korruption und Skandalen** begleiteter Führungsstil und seine probritische Haltung riefen eine rasch wachsende Opposition hervor. 1952 wurde Faruk vom »Komitee der Freien Offiziere« zur Abdankung gezwungen. Er ging ins Exil nach Monaco, später nach Italien; am 18. März 1965 starb er in Rom.

Vater der Geschichtsschreibung: Herodot

ca. 490 bis
ca. 425 v. Chr.
Geograf und
Völker-
kundler

Seine Reiseberichte über Ägypten sind noch heute eine spannende und vergnügliche Lektüre, Cicero (106–43 v. Chr.) bezeichnete ihn als »Vater der Geschichtsschreibung«. Gemeint ist Herodot, geboren in Halikarnassos, dem heutigen Bodrum (Türkei). Seine Heimat musste er wegen der Beteiligung am Aufruhr gegen den Tyrannen Lygdamis verlassen. Reisen führten ihn u. a. nach Ägypten und Afrika, nach Mesopotamien, an die Schwarzmeerküste und nach Italien. Später lebte er hoch angesehen in Athen, 444 v. Chr. siedelte er in die neue athenische Kolonie Thurioi in Unteritalien über. Herodots geografisches Werk – seine Zuverlässigkeit ist vielfach belegt – ist sowohl eine **kritische Betrachtung** der von ihm bereisten Länder als auch eine **politische Berichterstattung**. Er entwarf ein eindrucksvolles Bild von Kleinasien und Griechenland, zudem lieferte er wertvolle ethnologische und geografische Informationen über Vorderasien und Afrika.

Streitbarer Humanist: Taha Hussein

1889–1973
Schriftsteller

Der in frühester Kindheit erblindete Schriftsteller wird in der ganzen arabischsprachigen Welt als »Doyen der arabischen Literatur« und liberaler Vordenker verehrt. Hussein wurde in einem Dorf in Oberägypten als siebtes von 13 Kindern geboren. Seine Studien begann er an der islamischen El-Ashar-Universität, von 1908 an studierte er Geschichte und Literatur an der neu gegründeten Universität Kairo. Dort legte 1914 mit einer Schrift über den blinden mittelalterlichen Dichter al-Maari die **erste Doktorarbeit des Landes** vor. Ab 1914 studierte Hussein in Paris, kehrte 1919 mit einem Doktortitel der Sorbonne zurück und lehrte Literaturwissenschaft an der Universität Kairo. Der streitbare Humanist engagierte sich als Journalist, Schriftsteller und Bildungspolitiker. Als **Bildungsminister** (1950 – 1952) setzte er die allgemeine und kostenlose Schulpflicht durch. 1962 wurde er Präsident der Akademie für Arabische Sprache.

Die letzte Pharaonin: Kleopatra VII.

Sie badete in Stutenmilch, ließ die Segel ihres Schiffs parfümieren und die kostbarsten Perlen in Essig auflösen, wenn es galt, eine Wette um das teuerste Essen zu gewinnen. Derlei Anekdoten nähren einen unvergleichlichen Mythos; kaum eine Frauengestalt wurde öfter abgebildet und literarisch verarbeitet: Zwischen 1540 und 1905 thematisierten 45 Opern, 77 Dramen und fünf Ballette ihre Person, weder Film noch Comic wollten auf sie verzichten. Über ihr Äußeres weiß man eigentlich nichts, doch war sie wohl eine Frau voll **Anmut und Esprit**; sie sprach mehrere Sprachen – aber kein Wort Latein.

69 – 30 v. Chr.

51 v. Chr., mit 18 Jahren, gelangte sie mit ihrem Brudergemahl Ptolemaios XIII. an die Macht. Zwei Jahre später wurde sie vom Thron vertrieben, doch konnte sie **mit Hilfe Julius Caesars** den Bruder ausschalten. Ob der Affäre ihr Sohn Caesarion entspross, ist ungewiss, jedenfalls folgte sie 46 v. Chr. Caesar nach Rom. Als **Marcus Antonius** Regent des östlichen Reichs geworden war, gelang es Kleopatra zum zweiten Mal, einen römischen Potentaten zu umgarnen. Antonius war rasch von ihren Qualitäten überzeugt und verlegte seine Residenz nach Alexandria. Als sein Rivale Octavian, später Kaiser Augustus, 31 v. Chr. in der Seeschlacht von Actium beider Flotte schlug, stürzte sich Marcus Antonius in sein Schwert, Kleopatra hat sich wohl vergiftet; der berühmte Schlangenbiss ist jedoch nur eine der vielen Legenden, die sofort nach ihrem Tod entstanden.

In der arabischen Welt galt sie als **Bewahrerin ägyptischer Kultur** und als letzte Repräsentantin der griechischen Geistesgeschichte. Dazuhin symbolisierte sie den Orient in der Auseinandersetzung mit dem von Rom regierten Okzident. Antonius repräsentierte die Weltmacht, Kleopatra fügte ihre gottgleiche Stellung hinzu. Demnach wäre ihr unvergleichlicher Luxus vor allem als **Inszenierung göttlicher Macht** zu verstehen. Auch die feministische Seite lobt sie, denn schließlich war sie die erste Frau in der Geschichte, die zwei Jahrzehnte **gegen Männerherrschaft** erfolgreich Politik betrieb. Mit Marcus Antonius regierte sie über ein Großreich, das von Kreta bis Tarsus in Kleinasien und von Kyrene im Westen bis zum Euphrat im Osten reichte.

» Sie gewann die beiden größten Römer ihrer Zeit für sich, und wegen des dritten nahm sie sich das Leben. «

Cassius Dio, römischer Geschichtsschreiber (um 163, † nach 229)*

Umm Kulthum

▶ Das ist Ägypten, S. 16

Niemand weiß, wie Kleopatra ausgesehen hat. Vielleicht kommt ihr Elizabeth Taylor nahe (oben, mit Rex Harrison als Caesar), vielleicht das Relief aus dem 1. Jh. v. Chr.

Begründer des modernen Ägypten: Mohamed Ali

1769–1849
Osmanischer Statthalter

Mohamed Ali kam 1798 als Hauptmann eines Albanerkorps nach Ägypten. Von der Hohen Pforte 1805 zum Pascha (Statthalter) ernannt, schwang er sich zum Herrscher über Ägypten auf; dafür ließ er u. a. 1811 bei einem »Versöhnungs«-Fest **über 400 Mameluckenführer ermorden**. 1831 überwarf er sich mit der Pforte und besetzte Syrien. Die Großmächte zwangen ihn schließlich 1841, sich mit der erblichen Herrschaft über Ägypten unter osmanischer Oberhoheit zu begnügen. Innenpolitisch initiierte Mohamed Ali **Reformen**. Hohe Steuern, Monopole und die Enteignung der Grundbesitzer verschafften ihm die Mittel für großzügige, von französischen Fachleuten unterstützte Straßen- und Kanalbaumaßnahmen sowie für den Aufbau einer modernen Industrie. Zudem schuf er ein schlagkräftiges Heer. Mohamed Ali starb geistig verwirrt 1849 in Alexandria.

Ägyptischer Superstar: Mohamed Mounir

geb. 1954
Musiker und Liederschreiber

Der in Assuan geborene Mounir wollte Filmemacher werden, aber beim Studium in Kairo kam es ganz anders. Musik, seine Leidenschaft, sollte die Zukunft bestimmen; als ägyptischer Superstar gastiert er heute regelmäßig in Europa. Dazuhin entdeckte ihn Youssef Chahine, einer der großen ägyptischen Filmregisseure. Mounirs Musik verbindet die eingängigen, oft von der Oud geprägten Elemente seiner nubischen Heimat mit Sufimusik und Rock, Pop und Funk. In seinen Texten geht es selten um das übliche Schlager-Liebesgedudel, er thematisiert lieber gesellschaftsrelevante Themen und reimt Protestverse; nach 9/11 setzte er sich auch mit dem Bild des Islam auseinander. Rockig fiel sein Song »Ezzay« zur Revolution 2011 aus. Als **Weltmusiker** experimentiert Mounir gerne, auf Vermittlung des Goethe-Instituts ging er mit Hubert von Goisern auf Tournee. In Alexandria trat er mit der Kölner »Schäl Sick Brass Band« auf, die auf Kölsch algerischen Rai sang. Sehr erfolgreich war im deutschen Sprachraum der Song »Eine Welt, eine Heimat« (2017) mit Adel Tawil und Youssou N'Dour. Mounir lebt in Kairo.

Kampf für die Republik: Gamal Abd el-Nasser

1918–1970
Politiker

Der Politiker und Staatsmann Gamal Abd el-Nasser (Nasir), 1918 in Beni Mor geboren, war als Gründungsmitglied des »Komitees der Freien Offiziere« 1952 maßgeblich am Sturz von König Faruk beteiligt. Nachdem er bereits 1954 vom Rat der Revolution zum Staatspräsidenten gewählt worden war, ließ er sich 1956 vom Volk im Amt bestätigen. Durch die **Verstaatlichung des Sueskanals** 1956 gewann er großen Einfluss in der arabischen Welt, insbesondere im Kampf gegen Israel. Mit dem Zusammenschluss von Ägypten und Syrien schuf er 1958 die Vereinigte Arabische Republik (VAR), deren Präsident er wurde. Mit der Sperrung des Golfs von Aqaba für israelische Schiffe löste er 1967 den Sechs-Tage-Krieg aus. Nasser suchte die wirtschaftliche und soziale Situation seines Landes durch einen **»arabischen Sozialismus«** zu verbessern. Für seine ehrgeizigen Projekte, z. B. den Bau des Assuan-Hochdamms, gewann er internationale Unterstützung. Für viele Ägypter verkörpert er bis heute die gute alte Zeit, als Ägypten ein wirklich wohlhabendes Land war.

Streitbare Feministin: Nawal Saadawi

1931–2021
Ärztin

Saadawi, 1931 in einem Dorf im Nildelta geboren, arbeitete nach dem Medizin- und Psychologiestudium im Gesundheitsministerium. In Artikeln, Büchern und mit der von ihr begründeten »Vereinigung Arabischer Frauen« thematisiert sie in beispielloser Offenheit Psyche und Sexualität ägyptischer Frauen. Mit ihrer **Kritik an den herrschenden Geschlechterverhältnissen** geht sie weiter als ihre Vorgängerinnen und verbindet Feminismus mit Kritik an den politischen, sozialen und wirtschaftlichen Verhältnissen. 1972 wurde sie entlassen und erhielt Berufsverbot, in den 1970er-/80er-Jahren wurde sie wiederholt wegen ihrer als unmoralisch geltenden Romane eingesperrt, 2007 sollte sie wegen Abfalls vom Islam angeklagt werden. Die Bücher Saadawis waren lange verboten und mussten im Ausland verlegt werden. Wie so oft bewirkten Zensur und Repressalien das Gegenteil von dem, was sie bezwecken sollten: Sie machten Saadawi im In- und Ausland berühmt und zu einer der meistgelesenen ägyptischen Autorinnen.

»Türöffner«: Mohammed Anwar el-Sadat

1918–1981
Politiker

Wie Gamal Abd el-Nasser begann Sadat seine politische Karriere als Gründungsmitglied des »Komitee der Freien Offiziere«, das 1952 König Faruk zur Abdankung zwang. 1970, nach dem Tod von Nasser, wurde er zum Präsidenten gewählt. Sadat versuchte, die wirtschaftlichen Schwierigkeiten seines Landes durch eine Annäherung an den Westen zu überwinden. Die im Jom-Kippur-Krieg 1973 gegen Israel erzielten militärischen Vorteile nutzte er zu Friedensverhandlungen, zusammen mit Menachem Begin erhielt er 1978 den **Friedensnobelpreis**. Die Verhandlungen mündeten 1978 in die Vereinbarungen von Camp David, in denen die Rückgabe der im Sechs-Tage-Krieg (1967) von Israel besetzten ägyptischen Gebiete beschlossen wurde. Am 6. Oktober 1981 fiel Anwar el-Sadat während einer Militärparade in Kairo einem bis heute nicht restlos geklärten Mordanschlag zum Opfer.

Pionierin der Frauenbewegung: Hoda Shaarawi

1879–1947
Frauenrechtlerin

Als Hoda Shaarawi in Alexandria 1923, nach ihrer Rückkehr von einer internationalen Frauenkonferenz in Rom, demonstrativ ihren Schleier ablegte, schockierte sie die ägyptische Öffentlichkeit. Shaarawi, die einer wohlhabenden und einflussreichen Familie entstammte, wuchs im Harem ihres früh verstorbenen Vaters auf und wurde im Alter von 13 Jahren mit ihrem 30 Jahre älteren Cousin verheiratet. Als Dame der Oberschicht engagierte sie sich zunächst im karitativen Bereich und in der Frauenbildung. 1919 führte sie die Frauendemonstrationen gegen die britische Besatzung an. 1923, nach dem Tod ihres Mannes, begründete sie die erste ägyptische Frauenvereinigung, die **Ägyptische Feministische Union** (EFU), die sie bis zu ihrem Tod 1947 führte.

Ein unwiderstehlicher Blick: Omar Sharif

1932–2015
Schauspieler und Bridgeprofi

Eigentlich sollte Omar Sharif, bürgerlich Maechel Chalhoub, das florierende väterliche Holzhandelsunternehmen in Kairo fortführen. Doch der Sohn interessierte sich weit mehr für die Schauspielerei, und so ließ ihn der Vater die Royal Academy of Dramatic Art in London besuchen. Seinen ersten Film (»The Blazing Sun«) drehte er mit 21 Jahren. Der internationale Durchbruch kam 1962 mit David Leans Monumentalstreifen **»Lawrence von Arabien«**. Für seine Rolle als

Sein turbulentes Leben hat Spuren im Gesicht Omar Sharifs hinterlassen.

Scheich Sherif Ali erntete der gut aussehende Ägypter einen Oscar – und hatte von da an nicht nur in seiner Heimat unzählige weibliche Fans. Weltberühmt wurde er mit der amerikanischen Romanverfilmung **»Doktor Schiwago«**, in der er den Titelhelden verkörperte. Nach der gescheiterten Ehe mit Fatin Hamama, einer der größten Schauspielerinnen Arabiens – seiner einzigen großen Liebe, wie er später immer beteuerte – verlor Sharif die Bodenhaftung, suchte Trost im Whisky und beim Bridge (er gehört zu den besten Spielern der Welt), verspielte ein Vermögen in Casinos. Während er in Ägypten immer zur ersten Schauspielergarde zählte, schaffte er sein internationales Comeback erst 2003 mit der Bestseller-Verfilmung **»Monsieur Ibrahim und die Blumen des Koran«**. An Alzheimer erkrankt, starb er am 10. Juli 2015 in Kairo an einem Herzinfarkt.

Zeuge des Aufstands 2011: Bassem Youssef

geb. 1974
Herzchirurg und Politsatiriker

Mit seinem erlernten Beruf hat der Ruhm, den er seit der Revolution erlangt hat, nichts zu tun. Im Januar 2011 schloss sich Youssef den Demonstranten auf dem Kairoer Tahrir-Platz an. Zu Hause hörte Youssef dann im Fernsehen und im Radio, wie die staatlichen Medien die Wahrheit verdrehten: Die Demonstranten würden nur kiffen, trommeln, Mädchen und Jungen hätten offen Sex, alle seien Islamisten. Wütend schnitt Youssef sein erstes Video mit Bildern vom Tahrir, von Islamisten, vom Karneval in Rio und textete:

»

Über die Geschichte der Revolution werden wir später lesen: Es gab Musik, Sex, Drogen und Muslimbrüder. Die machten Karneval, aßen Snacks, und dann brach das System zusammen.

«

Auf **Youtube** wurde das Video Millionen Mal geklickt. Es folgten weitere, ähnlich erfolgreiche. Auf dem privaten Sender On TV bekam Youssef eine Show, »El-Bernameg« (»Das Programm«), sie wurde Kult und Youssef ein ägyptischer Harald Schmidt, aber viel populärer, denn eine politisch-satirische Sendung hatte es in Ägypten vorher nie gegeben. Weder das Militär noch Muslimbrüderpräsident Mursi oder dessen Nachfolger As-Sisi fanden Youssef witzig, wenn sein beißender Spott sie traf, er sich über Militärputsch und gefälschte Wahlen lustig machte. Es gab Anklagen und Drohungen. Youssef wusste, irgendwann würde er im Gefängnis verschwinden wie so viele. 2013 ging er deshalb ins **Exil nach Kalifornien**. Heute tritt er als Comedian im TV und bei viel beachteten Tourneen auf und postet erfolgreich Videos im Netz. Die arabischen Regimes hören ganz viel von ihm.

Der Erfinder des Reiseführers: Karl Baedeker

1801 – 1859
Verleger

Als Buchhändler kam Karl Baedeker viel herum, und überall ärgerte er sich über die »Lohnbedienten«, die die Neuankömmlinge gegen Trinkgeld in den erstbesten Gasthof schleppten. Nur: Wie sollte man wissen, wo man übernachten könnte und was es anzuschauen gäbe? In seiner Buchhandlung hatte er zwar Fahrpläne, Reiseberichte und gelehrte Abhandlungen über Kunstsammlungen. Aber wollte man das mit sich herumschleppen? Wie wäre es denn, wenn man all das zusammenfasste? Gedacht, getan. Zwar schrieb er sein erstes Reisebuch, die 1832 erschienene »Rheinreise«, nicht selbst. Aber er entwickelte es von Auflage zu Auflage weiter. Mit der Einteilung in »Allgemein Wissenswertes«, »Praktisches« und »Beschreibung der Merk-(Sehens-)würdigkeiten« fand er die klassische Gliederung des Reiseführers, die bis heute ihre Gültigkeit hat. Bald waren immer mehr Menschen unterwegs mit seinen »**Handbüchlein für Reisende, die sich selbst leicht und schnell zurechtfinden wollen**«. Die Reisenden hatten sich befreit, und sie verdanken es bis heute Karl Baedeker. Ägypten beschrieb er erstmals im 1877 erschienenen Band »Unter-Aegpyten«.

»

Der gewöhnliche Aufgang ist an der NO.-Ecke. Man nimmt zwei Beduinen und begiebt sich dorthin. Mit den beiden Führern, denen man die Hände reicht, zur Seite, nötigenfalls noch mit einem dritten hinten, geht es dann über die meist 1 m hohen Stufen aufwärts. Die gewandten und kräftigen Leute ziehen, stützen und schieben den Reisenden am liebsten ohne Aufenthalt bis hinauf. Man nehme ihre Hilfe ganz ordentlich in Anspruch, lasse sich aber durch ihr Geschrei nicht irre machen (›Iskut wallâ mâfîsch bakschîsch‹ heißt ›schweig oder du erhältst kein Trinkgeld‹), sondern setze den Ehrgeiz rasch hinaufzukommen bei Seite und ruhe sich nach Belieben aus, wäre es auch noch auf der letzten Stufe. Denn das ungewohnte Klettern greift die Muskeln in hohem Grade an und treibt das Blut in den Kopf. Bitten um Bakschîsch weise man ab und sehe unterwegs auch zu, daß man nichts aus den Taschen verliere. – Die Besteigung läßt sich in 10–15 Min. wohl ausführen. Die Verwendung der doppelten Zeit wird aber niemand bereuen, es ist höchst unangenehm, in erhitztem Zustand oben anzulangen.

«

Über die Besteigung der Cheops-Pyramide in »Baedekers Ägypten«, 4. Auflage 1897

E

ERLEBEN & GENIESSEN

Überraschend, stimulierend, bereichernd

Mit unseren Ideen erleben und genießen Sie Ägypten.

Klassisches Gedeck im Kaffeehaus: Minztee und eine Shisha ►

BEWEGEN UND ENTSPANNEN

Mit rund 360 Sonnentagen ist Ägypten definitiv ein Outdoor-Land – allerdings mit Einschränkungen. In weiten Teilen des Landes und zu Sommerzeiten ist es einfach zu heiß, um anderen Aktivitäten zu frönen als solchen in Meer- oder Poolnähe.

Badeurlaub

Rotes Meer

Die langen, feinsandigen Strände **am Sinai und an der Westküste** des Roten Meers gehören zu den bekanntesten Urlaubszielen weltweit. Einsamkeit ist allenfalls noch an der Westküste des Sinai und südlich von Hurghada zu finden. Doch auch diese Regionen zwischen Safaga, Qosseir und Marsa Alam werden mehr und mehr erschlossen. Die meisten Hotels und Ferienanlagen liegen direkt am Meer oder nur wenig von ihm entfernt. Sie unterhalten **gepflegte Strände** mit Liegestühlen, Handtuchverleih und Sonnenschirmen. Schatten ist an den meisten Stränden Mangelware, denn es gibt nur selten Palmen oder Tamarisken. Ob man es mag oder nicht, oft »belebt« lautstarke Animation die Hotelstrände. Frauen, die sich »oben ohne« sonnen, sieht man zwar hin und wieder, allerdings entspricht das in keiner Weise den Gepflogenheiten in einem islamischen Land. Vermehrt lassen sich zum Überwintern im Warmen Langzeiturlauber hier nieder.

Mittelmeer

Alexandrias schönste, ruhigste und sauberste Strände liegen am Stadtrand, im Osten Montazah und Maamura, im Westen Agami. An der rund 300 km langen Küste **westlich von Alexandria bis Marsa Matruh** entstanden zahlreiche Feriensiedlungen, von Mauern und Sicherheitskontrollen abgeschirmte »Compounds«, die zum Teil auch für Besucher zugänglich sind. Wo man früher unberührte Strände fand, trifft man heute im Sommer auf die ägyptische Mittel- und Oberschicht, die ausgelassen den Sommer feiert. Der Bikini ist an vielen Stränden gang und gäbe. Die Küste bei Marsa Matruh wird auch »Riviera Ägyptens« genannt. Je weiter man nach Westen Richtung libysche Grenze fährt, desto mehr unberührte, einsame Buchten mit Sandstrand und weißen Kalkfelsen sind noch zu finden. Allerdings sind oft die schönsten Abschnitte vom Militär kontrolliert und deshalb nicht zugänglich. Bekannt, aber nicht mehr populär – und aus Sicherheitsgründen derzeit nicht zugänglich – sind die Strände von El-Arish (► S. 328, 561), wo Dattelpalmenhaine bis an den Strand reichen und willkommenen Schatten spenden.

Wasserqualität

Das Rote Meer ist an den Küstenabschnitten, an denen sich Hotels angesiedelt haben, in der Regel sehr sauber. Angenehm ist auch die **Wassertemperatur**, die z. B. im Raum Hurghada im Sommer bis auf 28 °C steigen kann und im Winter nicht unter 21 °C sinkt – wichtige Voraussetzung für die herrliche Unterwasserwelt, für die das Rote Meer berühmt ist. Das Mittelmeer ist dagegen ein reines Sommerziel (Mai–Sept.), mit stürmischen Wintern und dann sehr kühlen Wassertemperaturen. Die Wasserqualität gilt als sehr gut.

Vorsichtsmaßnahmen

Um Verletzungen vorzubeugen, sollte man beim Baden im Meer, sofern es sich nicht um reinen Sandstrand handelt, unbedingt **Badeschuhe** tragen. Viele Hotelanlagen verfügen über beheizbare Swimmingpools oder Badelandschaften, deren Wasser normalerweise sauber, aber auch (stark) gechlort ist. Vom **Baden in Binnengewässern** (Flüsse, Quellteiche, Stauseen usw.) wird wegen der Gefahr einer Bilharziose strikt abgeraten. Das gilt insbesondere für den Nil, zumindest von Assuan abwärts, sowie seine Seitenkanäle und Stauseen. Ausnahme: An Assuans Anakato Beach (▶S. 100) nahe dem ersten Katarakt können Sie im sauberen Nil schwimmen.

Tauchen & Schnorcheln

▶ Baedeker Wissen, S. 296

Die ganz eigene Welt im Meer fasziniert schon beim Schnorcheln. Noch intensiver ist das Erlebnis für Taucher, die eines der schönsten Paradiese der Erde erleben können: bunte **Korallenriffe und Fischschwärme**, die sich furchtlos zum Greifen nah tummeln. Während am Golf von Aqaba (Sinai-Ostküste) viele Riffe in Ufernähe liegen, muss man auf der Hurghada-Seite des Roten Meers mit Booten hinausfahren. Die besten Tauchgründe von **Sharm el-Sheikh** liegen um Ras Mohammed. Die schönen Riffe in der Shark's Bay nördlich von Sharm el-Sheikh eignen sich für erfahrene Taucher ebenso wie für Schnorchler. Weiter nördlich bietet **Dahab** mit dem Blue Hole und The Canyon attraktive Spots. Von **Hurghada** führen Touren zu den nahe gelegenen Riffen. Vor der Küste von **Safaga** sind die Riffe an der Tobia Island populär. Südlich von **Qosseir bis Marsa Alam** findet man nach Meinung von Experten die schönsten Riffe, allerdings liegen die meisten weit draußen. Noch größer wird das Vergnügen mit einem Bestimmungsbuch, etwa Ewald Lieske und Robert Myer: Korallenriff-Führer Rotes Meer (Franckh-Kosmos, Stuttgart).

Schnorcheln

Man muss nicht gleich in große Tiefen hinabtauchen, zumal viele Hotels ansehnliche **»Hausriffe«** vor dem eigenen Strand haben. Die sog. ABC-Ausrüstung – Schnorchel, Maske, Flossen – sollte man deshalb in jedem Fall mitnehmen. Auch bei Bootsausflügen bieten sich in allen Badeorten herrliche Schnorchelmöglichkeiten.

Gute Bedingungen für Schnorchler in Marsa Alam

Tauchausflüge

Routinierte Taucher buchen **Bootsafaris**, die auch weiter entfernte Tauchplätze anfahren, oder Tagestouren bei den Tauchbasen. Wer das Abgleiten in die Tiefe lernen will, findet ideale Bedingungen, da fast alle Basen Tauchkurse anbieten (z. B. Padi oder CMAS für ca. 400 € pro Woche). Ausrüstung wie Pressluftflasche, Lungenautomat, Tauchcomputer, Tarierweste, Neoprenanzug (mindestens 3 mm), Bleigürtel etc. verleihen die Tauchbasen.

Apnoetauchen

Ganz Geübte können in Marsa Alam apnoetauchen (Freediving). Bei Coraya Divers geht es von der Plattform 90 m in die Tiefe.
Coraya Divers: Tel. 0100 767 08 08 www.coraya-divers.com

Gefahren und Verhalten

Die größte Gefahr ist die Selbstüberschätzung, häufigste Unfallursache zu tiefes und zu langes Tauchen. Wer die Regeln beachtet, kann die Gefahren gering halten.
Rifffische sind meist recht neugierig, teils sogar zutraulich. Man sollte sich aber hüten, sie anzufassen oder zu füttern (auch wenn man Letzteres häufiger sieht). Einige – z. B. Muränen – können heftig zuschnappen. Um sich, das Riff und die Tiere zu schützen, sollte man absolut nichts berühren, keine Muscheln oder Korallenstücke sammeln und nicht über das Riff gehen: »Take only pictures, leave only bubbles« – »Mach nur Fotos, hinterlasse nichts als Luftblasen«.

Tauchgründe im Roten Meer

Hurghada: Giftun Island: Anfahrt 1 Std., Ostseite der Insel gut für Strömungstauchen. Careless Reef: Bei Fotografen sehr beliebt, reicher, farbenprächtiger Korallenwuchs, kein Schutz vor Wind und Strömung. Shedwan Island: Hier gibt es u. a. das als Schiffsfriedhof berühmte Riff Abu Nuhas mit Wracks wie der im Zweiten Weltkrieg von deutschen Fliegern versenkten »HMS Thistlegorm«.
Safaga: Abu Soma Reef: Anfahrt knapp 1 Std., wegen häufig starker Strömungen kein Tauchrevier für Anfänger, 32 m tief, herrlicher Korallenwuchs. Tobia Island: Bis auf 23 m fällt das vor der Insel liegende, sehr schöne Riff ab. Abu Kafan Reef: das Juwel unter Safagas Riffen, Steilabfälle bis zu 80 m, reich an Fischen und schönen Korallen, mitunter schwierige Strömungen.
Marsa Alam: Elphinstone Reef/Sha'ab Abu Hamra: 700 m langes Riff, fällt an der Ost- und Westseite erst 40 m, dann über 100 m ab, fischreiche Südseite. Sha'ab Sharm: 200 m langes, ca. 50 m breites Riff, 30 – 100 m Abfall, starke Strömungen, Delfine, Hammerhaie, Barrakudas und Schildkröten. Abu Dabba'ab Nord/Mitte: lang gestreckte Riff-Formation für einfache Tauchgänge, 10 – 12 m tief, reich an Schwalbenschwanz-, Soldaten-, Maskenfalter- und Wimpelfischen.

Tauchen am Sinai

Sharm el-Sheikh: Jackson Reef: 1 km von der Tiran-Insel entfernt, durchschnittliche Tiefe 25 m, wegen des farbenprächtigen Korallenwuchses ideal für Fotografen. Shark Bay: vom Strand erreichbar, steil abfallendes Riff, 45 m tief, ab und zu werden Haie und Mantas gesichtet. The Gardens: ältestes Tauchgebiet, bis 45 m tief, sehr schöne Korallen, ein Paradies für Fotografen.
Ras Mohamed: Shark Observatory Bay: das Juwel am Ras Mohammed, zugänglich von Land und vom Boot, Steilabfall bis 70 m, Haie sind gelegentlich zu sehen. Shark Reef/Yolanda Reef: Aus dem sandigen Meeresboden wachsen Riffe bis zu 30 m in die Höhe. Frequentiert.
Dahab: Blue Hole: der bekannteste und auch gefährlichste Tauchspot des Sinai, ein Krater im Riff, der lotrecht bis auf 80 m abfällt, Ausgang in 60 m durch eine bogenähnliche Passage. The Lighthouse: südlich und nordöstlich des Dahab-Leuchtfeuers an der Bucht, leichter Einstieg, steile Korallenwände bis 30 m

Sportliche Aktivitäten

Erweitertes Angebot

Bis in die jüngere Zeit galt Ägypten ausschließlich als Kulturreiseland par excellence – fast ohne jedes Angebot für den sportlich aktiven Urlauber. Das hat sich grundlegend geändert. An erster Stelle steht natürlich der Wassersport am Roten Meer und am Mittelmeer. Tauchschulen gibt's am Strand wie Sand am Meer. Fast alle Hotelanlagen verfügen über einen Surfbrettverleih, Tennisplätze und ein Fitnesscenter. An etlichen Orten kann man Golf spielen. Beim Trekking,

Klettern, Canyoning oder Mountainbiken sind die Angebote für Individualreisende eher begrenzt, auch wenn v. a. die Gebirgslandschaft des Sinai für einige dieser Sportarten hervorragende Bedingungen bietet.

Golf Golfen ist in Ägypten groß in Mode. 21 Golfplätze gibt es, u. a. in Kairo (Gezira Sporting Club, Katameya Heights, New Giza), Luxor (Royal Valley Golf Course), El-Gouna (Ancient Sands Golf, El Gouna Golf), Hurghada (The Cascades, Soma Bay) und in Sharm el-Sheikh (Golf Heights, Maritime Jolie Ville Golf). Die meisten Plätze gehören zu Luxushotels; Tee-Times kann man so gut wie immer kurzfristig buchen.

Reiten Wer möchte nicht einmal an den Pyramiden von Giseh auf einem Pferd in die Wüste reiten? Aber fallen sie nicht auf die Schlepper an den Pyramiden herein. Wenden Sie sich an **seriöse Ställe**, z. B. AA oder FB Stables, beide in Pyramidennähe. Am Roten Meer und auf dem Sinai organisieren Beduinen Reittouren. El-Gouna hat mit Yalla Horse eine Reitschule, die Ausritte in die Wüste und am Strand anbietet – auch auf Kamel und Esel.

Reittouren: FB Stables, Sh. Gamal Abdel Nasser, Tel. 0106 507 0288, www.fbstablesgiza.co.uk
Yalla Horse, Tel. 010 1585 5099, www.yallahorse-elgouna.com

Kameltrekking im Sinai: auf dem Weg zur Oase Ain Khudra

Wandern & Trekking

Für Wanderungen und Kamel- oder Geländewagentouren durch die Berge ist der Sinai prädestiniert. An allen Badeorten finden Sie Angebote von Veranstaltern im Überfluss. In Dahab organisiert z. B. Sub Sinai eintägige Touren u. a. zum Katharinenkloster, zum Mosesberg und zum Nationalpark Ras Abu Ghalum. Etwas Besonderes bieten der Beduine Sliman Abu Hamed und die Ethnologin Katrina Biallas an: In der Bergwelt des Sinai lauschen Sie bei mehrtägigen **»Klangreisen«** der Stille der Wüste, den Geräuschen der Natur.

Dahab Safari: www.dahabsafari.info, Tel. 012 82 16 29 89
Sinai-bedouin.com, Katrin Biallas, Tel. Deutschland 07451 90 79 266

Surfen & Kiten

An den meisten Abschnitten des Roten Meers, vor allem an den Hotelstränden, kann man Surfbretter mieten. Sehr beliebt bei Kitern ist – neben der Sinai-Ostküste und El Gouna – Hurghada, obwohl die zunehmende Uferbebauung die ablandigen Winde bremst. Populär ist die Bucht vor dem Magawish Village & Resort. Bretter kann man überall mieten.

Wasserski & Paragliding

Private Anbieter findet man am Sinai in Sharm el-Sheikh und in Ras Sudr sowie an der Westküste des Roten Meeres in Hurghada und El-Gouna. Südlich von Qosseir sind diese Aktivitäten zum Schutz der Unterwasserwelt untersagt.

ESSEN UND TRINKEN

Nicht kleckern, sondern klotzen, das ist das Motto der ägyptischen Küche, ganz besonders, was die Kalorien angeht. Das beginnt bei den herrlichen Vorspeisen, den Mezze, in die man das Fladenbrot tunkt, und endet bei den honigsüßen Nachspeisen. Und vieles von dem, was dazwischen aufgetischt wird, steht bei Gewichtsbewussten auch auf der schwarzen Liste.

Spätes Abendessen

Die Ägypter essen meist erst spät am Abend, dafür aber auch ausgiebig. Es ist keine Seltenheit, um 22 Uhr auszugehen und das Mahl bis nach Mitternacht auszudehnen. Neben den oft sehr guten Spezialitätenrestaurants der internationalen Hotels gibt es v. a. in den großen Städten eine Vielzahl von Restaurants, die heimische und internationale Gerichte servieren. Fisch- und Meeresfrüchte-Liebhaber werden besonders in Alexandria und am Roten Meer auf ihre Kosten kommen. Bei beliebten Restaurants ist für den **Donnerstagabend und den Abend vor einem Feiertag** eine Reservierung unumgänglich, da die Ägypter an diesen Tagen gerne zum Essen ausgehen.

All inclusive In den Ferienorten am Roten Meer buchen die meisten Gäste »all inclusive« und essen im Hotel. Die Restaurants dort bieten abends – auch für Gäste, die nicht im Hotel logieren – in der Regel Büfetts mit unterschiedlichen Themen an (orientalisch, Fisch, italienisch etc.). In den meisten großen Hotels werden internationale Speisen geboten, auf den Büfetts finden sich immer auch ägyptische Vorspeisen und vor allem eine reiche Auswahl an Nachspeisen.

Landesküche Die ägyptische Küche ist eine **Mischung türkischer und arabischer Elemente** mit lokalen Eigenheiten und entgegen den Erwartungen nie scharf. Sie hat nicht die Raffinesse der libanesischen Küche, ist aber schmackhaft und vielfältig. Auf dem Speisezettel der meisten Ägypter stehen Fleischgerichte aus finanziellen Gründen nur an Feiertagen, wenn überhaupt. Hauptnahrungsmittel sind Brot und Gemüse. Das **Nationalgericht ist Ful**, ein Brei aus gekochten weißen Bohnen, der mit Zitrone, Öl, Knoblauch und Gewürzen verfeinert wird. Auf den Straßen fallen die großen bauchigen Messinggefäße auf, in denen dieses »Brot der Armen« zubereitet wird. Ful bekommt man in unzähligen Variationen, und es wird zu jeder Tageszeit gegessen – als sättigendes Frühstück ebenso wie als Imbiss zwischendurch oder als Hauptmahlzeit, mit Ei und/oder Tameya, den würzigen Bällchen aus Bohnen, Lauch und Kräutern.

Vorspeisen Ob Mittag- oder Abendessen, jede Mahlzeit beginnt mit einer Vielzahl an Vorspeisen, den **Mezze**, die in Schälchen serviert werden. Fladenbrot (Aisch baladi) oder Tameya tunkt man in Baba ghannoug (Auberginenpüree), Tahina (Sesamcreme mit Knoblauch) und Hommus (Kichererbsenmus mit Sesam) und kostet nebenbei mit würzigem Reis gefüllte Gemüse wie Zucchini, Auberginen (Machschi) und Weinblätter (Wara ainab), die sowohl warm als auch kalt serviert werden. Mit Tabbulah, einer erfrischenden Mixtur aus Bulgur, Tomaten, Zwiebeln, Zitronensaft, Öl und Petersilie, füllt man den Vitaminhaushalt auf. Schafskäse mit Tomaten (Gibna-bejda), marinierte Karotten, Rettich, Zwiebeln und Oliven gehören ebenfalls zu der reichhaltigen Palette der Vorspeisen, die eine ganze Mahlzeit ersetzen können. Zwischen Vorspeise und Hauptgericht passt gerne noch eine Suppe: Ein Klassiker ist die unwiderstehliche ägyptische **Linsensuppe** (Shorbet ads), die mit Kreuzkümmel, Koriander und Zitrone gewürzt wird.

Hauptgerichte Die Hauptgerichte basieren auf Fleisch oder Fisch. Besonders gerne werden Kofta (am Spieß gegrilltes Hammelhackfleisch) und Shish kebab (gegrillte Stückchen von Hammel, Rind, Huhn oder Leber, mit Zwiebeln und Tomaten) gegessen. Bei keinem Festessen fehlen Täubchen (Hamam machshi) mit würziger Füllung. Als Delikatesse gilt auch eine optisch nicht sehr ansprechende Spezialität: Molokheya, ein spinatähnliches Gemüse.

Jede Mahlzeit beginnt mit möglichst vielen Vorspeisen, den Mezze.

Nachspeisen

Zum Abschluss einer Mahlzeit dürfen Süßspeisen nicht fehlen. Verführerisch duftend lässt »Alis Mutter« (Umm Ali) das Kalorienzählen vergessen. Auch das »Brot des Palasts« (Aisch es-seraia), in Zuckersirup getränkte Honigfladen mit Sahne, trägt seinen Namen zu Recht. Unwiderstehlich sind knusprige Zuckernudeln (Konafa), Basbusa (saftiger Zuckerkuchen), Baklawa (Gebäck mit Nüssen, Honig und Sirup) und feiner Milchreis mit Rosenöl und Nüssen (Mahalabeia). Je nach Jahreszeit stehen auch Datteln, Feigen, Bananen, Mangos, Guaven, Melonen oder Trauben als leichte und weniger süße Nachspeisen zur Auswahl.

Getränke

Zum Essen wird meist Tafelwasser bzw. Mineralwasser gereicht, Hotels und viele Restaurants bieten auch Bier und Wein an. Gönnen Sie sich zur Verdauung ein Glas Tee (**Shai**), vielleicht mit frischer Minze (Bi nana), oder ein Tässchen Mokka (**Qahwa**), der in kleinen Kännchen mit einer Prise Kardamom aufgekocht wird. Probieren sollte man auch Karkadeh (Malvenblütentee), der sowohl als kaltes Erfrischungsgetränk als auch warm köstlich schmeckt. Der an Straßenständen häufig angebotene gesüßte Tamarindensaft (Tamarhindi), eine bräunlich-schwarze Flüssigkeit, ist gewöhnungsbedürftig. Wesentlich besser schmeckt der mit Walzen aus Zuckerrohr gepresste Saft, der nicht so süß ist, wie man vielleicht annehmen mag.

TYPISCHE GERICHTE

Fleischgerichte gibt es natürlich auch, aber die typisch ägyptische Küche lebt von Kichererbsen, Bohnen, Linsen und Sesam ... veganer geht es kaum.

Tahina: Diese beliebte Paste – Sesampaste, gewürzt mit Öl, Pfeffer, Salz, Zitrone und Knoblauch – wird zu fast allem gereicht: als Vorspeise mit Fladenbrot, als Aufstrich für Shawerma-Sandwiches, zu Fisch und Fleisch. Tahina kann man inzwischen auch zu Hause genießen – es gibt sie in fast jedem Supermarkt.

Tameya: Pürierte Bohnen oder Kichererbsen, gewürzt mit Kümmel, Knoblauch, Petersilie, in Öl frittiert – fertig sind die Bällchen, die nur frisch wirklich gut schmecken. Außerhalb Ägyptens unter dem Namen **Falafel** bekannt, werden Tameya mit Salat, gewürfelten Tomaten und im Fladenbrot aus der Hand gegessen. Das klassische Streetfood ist eine Hauptmahlzeit der Armen und dient Kopten während ihrer langen Fastenzeiten als fleischlose Speise.

Molokheya: ein spinatähnliches grünes Gemüse mit speziellem Geschmack, das mit Brühe, Knoblauch und anderen Gewürzen zu Brei oder Suppe gekocht wird; beim Auftunken zieht es klebrige Fäden, was manche nicht mögen. Es gibt sie in vielen regionalen Varianten, mit Fleisch, am Meer auch mit Shrimps, als Beilage immer Reis. Auch wenn die Molokheya nicht auf der Karte steht, es gibt sie in fast allen Restaurants. Fragen Sie danach.

Kofta: Hackfleischspieße, eines der populärsten Gerichte Ägyptens, gibt es in allerlei Varianten, jede(r) hat da sein Geheimrezept. Rinder- oder Hammelhack werden mit Zwiebeln, Pfeffer, Koriander und Knoblauch gewürzt und gegrillt oder, was aber weniger beliebt ist, in der Pfanne gebraten. Oft werden Koftabällchen in einer kräftigen Tomatensoße serviert, im Sandwich gibt es sie an jeder Straßenecke. Kleiner Trick fürs Nachkochen: In der Pfanne bekommen die Kofta das nötige Grillaroma durch ein Stück glühende Holzkohle, die dazugelegt wird.

Koshari: Sehr schmackhaft und äußerst beliebt ist das »Durcheinander« – das bedeutet »Koshari« – aus Reis, Nudeln, Linsen und Kichererbsen, das mit einer mehr oder weniger scharfen Tomatensoße und Röstzwiebeln bekrönt wird. Seien Sie gewarnt: Koshari macht pappsatt – und müde.

Umm Ali: Wer's nicht bis zum Dessert schafft, dem entgeht möglicherweise die »Mutter Alis«, die ägyptische Variante der Armen Ritter. Der Auflauf wird aus altbackenem Brot (oder Blätterteig), Milch und Sahne, Zucker und Nüssen – in der teureren Ausführung mit Pistazien – zubereitet und im Ofen goldbraun gebacken.

DAS ÖFFENTLICHE WOHNZIMMER

Das Kaffeehaus ist eine Institution in Ägypten, ein fester Bestandteil des Alltags. Hier trifft man sich mit Freunden und Bekannten, trinkt Tee oder Kaffee, raucht Wasserpfeife, nimmt Anteil am Leben anderer, debattiert und tauscht sich aus oder spielt – kurzum, es ist das Wohnzimmer außerhalb der eigenen vier Wände. Frauen sieht man hier eher selten. Bei Ausländerinnen drücken die Herren aber gerne beide Augen zu.

Leise blubbern die Wasserpfeifen, die Teegläser klappern, gedämpfte Gespräche dringen an die Ohren der Vorbeieilenden. Hier im Kaffeehaus geht es gemächlich zu. Entspannt sitzen die in der Mehrzahl männlichen Gäste bereits seit dem Vormittag bei ihren Wasserpfeifen, nippen an ihrem Tee oder Mokka, studieren die Zeitungen, tauschen mit Freunden die Neuigkeiten aus oder spielen ein Brettspiel. Frauen sieht man in den meisten Kaffeehäusern selten, bis auf wenige Ausnahmen, z. B. im traditionsreichen **Literatencafé Fishawi in Kairo**.

Das Café als Institution

Das Café ist im Stadtviertel verwurzelt, es hat meist seinen Kreis an Stammkunden. In manchen treffen sich nur bestimmte Bevölkerungs- oder Berufsgruppen: Das kann von der Herkunft aus einer bestimmten Provinz des Landes über politische Gruppierungen bis zu kriminellen Vereinigungen gehen. Die Ausstattung ist in der Regel eher **spartanisch**. Man sitzt an kleinen Tischen in einem meist mit Kacheln, Messing, Holz und Spiegeln ausgestatteten Raum mit Terrasse oder einem Innenhof, wo man auch große Hitze gut aushalten kann. An der Theke mit der **Sarabantina**, einer Art Samowar, werden Wasserpfeifen, Zeitungen und Brettspiele bereitgehalten.

Schwarzes Gold

Das arabische Wort **»qahwa«** bezeichnet sowohl das Getränk Kaffee als auch den Ort, an dem man ihn genießt, das Café. Die Zubereitung des Kaffees, wie sie heute in vielen arabischen Ländern praktiziert wird, stammt aus der Türkei. Die gemahlenen Bohnen werden mit Zucker – oft auch einer Prise Kardamom oder Zimt – und Wasser aufgekocht und mit dem Satz serviert.

Das Café Fishawi in Kairo ist keine Männerdomäne mehr.

Im 16. Jh., als die osmanischen Sultane über Ägypten herrschten, gelangte der **Kaffee türkischer Machart** in das Land am Nil und wurde bald als Aufputschmittel - auch bei den langen und anstrengenden religiösen Handlungen - immer beliebter. Kairo wurde zu einem Hauptumschlagplatz für Kaffee in der arabischen Welt.

Die Legende weiß übrigens, dass dem todkranken Propheten Mohammed der Engel Gabriel mit einer Schale dampfender, dunkler Flüssigkeit erschienen sei, durch die der Prophet rasch gesundete und den Aufbau des islamischen Reichs beginnen konnte.

Süß und belebend

Noch häufiger als Kaffee wird jedoch in den Cafés Tee - **»shai«** - getrunken. Obwohl er erst im 19. Jh. in Ägypten eingeführt wurde, verdrängte er schnell den Kaffee. Da er ähnlich anregend wirken soll, trinkt man ihn besonders stark. Um ihm zusätzlich Geschmack zu verleihen, wird der Tee immer **extrem gesüßt**. Hervorragend erfrischend ist Schwarztee mit Minze.

Qualmen und quasseln

Der Genuss der Wasserpfeife, der **Shisha**, gehört ebenso zum ägyptischen Café wie das Gespräch. Eine ansehnliche Kollektion von Pfeifen wird meist hinter der Theke aufbewahrt, der Stammgast hat oft seine privaten Mundstücke. Das Wasserpfeife-Rauchen hat im Unterschied zu den ebenfalls berühmten ägyptischen Zigaretten eine meditativ-entspannende Dimension. Den heißen Rauch des Tabaks, der im Kopf der Wasserpfeife entzündet wird, zieht man durch den mit Wasser gefüllten Pfeifenbauch in den Mund, wobei er auf eine angenehme Temperatur abkühlt und sehr mild schmeckt. Das Wasser filtert den größten Teil der ungesunden Stoffe aus dem Rauch und blubbert beruhigend. Geraucht wird meist eine mit Melasse vergorene, klebrige Tabakmischung (ma'assil) oder ein trockener loser Tabak (tumbak); mittlerweile gibt es auch unzählige aromatisierte Tabake.

Nachrichtenbörse

Bis heute ist das Café Umschlagplatz für Nachrichten, politische Kommentare und Tratsch. Besondere Bedeutung hatten einst die **Geschichtenerzähler**, die Epen oder orientalische Geschichten rezitierten. Heute haben meist Fernsehgeräte Einzug gehalten. Geschaut wird jedoch nur bei Fußballübertragungen. Sonst läuft der Fernseher als Hintergrundberieselung zum Gespräch - oft leider etwas zu laut ...

Mineral- und Leitungswasser Leitungswasser eignet sich kaum je als Trinkwasser, denn oft ist es stark mit Chlor versetzt. Weniger bedenklich ist Mineralwasser. Man achte aber darauf, dass der Verschluss unbeschädigt ist. Im Restaurant sollte man die etikettierte Flasche erst am Tisch öffnen lassen.

Fruchtsäfte Gute Durstlöscher sind Fruchtsäfte (aus Orangen, Limonen, Guaven), die man je nach Saison frisch gepresst oder das ganze Jahr über konserviert bekommt. Kräftig duftend wie süßliches Parfüm und sirupähnlich ist frischer Mangosaft, einer der beliebtesten Säfte.

Alkoholisches Obwohl der Koran vom Genuss von Alkohol abrät (das ist eine nicht allgemein geteilte Interpretation), werden alkoholische Getränke hergestellt und angeboten. Die Ladenkette »Drinkies« verkauft landesweit Alkoholika jeder Prozentstärke.

Bierbrauen und Weinanbau haben in Ägypten eine über 4500 Jahre alte Tradition. Das heimische **Bier** (»Sakara Gold«, »Stella Local«, »Meister« u. a.) ist leicht und schmeckt recht gut, eine echte Alternative zu den sehr teuren Importbieren. Ägyptische **Weine** sind meist einfache Tafelweine von schwankender Qualität und verhältnismäßig teuer. Die bekanntesten Weißweine, der trockene »Gianaclis« und der halbtrockene »Cru des Ptolemées«, konkurrieren mit »Rubis d'Égypte«, einem trockenen Rosé. Als sehr angenehm entpuppen sich die Rotweine Ayam und Jardin du Nile sowie der weiße Cape Bay.

FEIERN

»Festversammlungen, Prozessionen und Festzüge mit Darbietungen haben in der Welt zuerst die Ägypter veranstaltet«, berichtete schon der griechische Geschichtsschreiber Herodot. Und: »Die Ägypter machen Festversammlungen nicht nur einmal im Jahr, sondern oft, hier und da.«

Daran hat sich nichts geändert: Ägypten ist ein Feierparadies. Vor allem islamische Feste prägen den Feiertagskalender. Gesetzlicher Ruhetag ist der Freitag, der Tag des wichtigsten Gebets; Büros, Ämter, Banken und die meisten Geschäfte haben dann geschlossen, einige sind nur während des Freitagsgebets von 11 bis ca. 14 Uhr zu. Die Behörden haben auch am Samstag geschlossen. Viele internationale Firmen und natürlich koptische Geschäfte schließen hingegen Fr. und Sa. oder So., dem christlichen Ruhetag. Man ist flexibel.

Islamische Feiertage Die religiösen Feiertage im Islam richten sich nach dem **Mondkalender** (12 Monate, 354/355 Tage), weshalb ihnen kein festes Datum nach gregorianischem Kalender entspricht. Sie verschieben sich daher gegenüber unserem Kalender jedes Jahr um elf bis zwölf Tage nach vorne. Ausgelassen gefeiert wird das islamische Neujahrsfest **Awil Sanaa Hijreya**. Im Monat der Pilgerfahrt nach Mekka begeht man das fünftägige Opferfest **Eid al-Adha** (»Hammelfest«). **Mulid el-Nab,** der Geburtstag des Propheten, wird mancherorts mit einem Heiligenfest begangen (s. u. Mulids).

Ramadan

Der **Fastenmonat** Ramadan (9. Monat des islamischen Kalenders) beginnt mit der Sichtung des Neumonds zum Ende des 8. Monats Shaban. Ob er tatsächlich gesichtet wurde oder nicht, darüber streiten sich immer wieder die Gelehrten. Im Ramadan muss jeder gute Muslim von Sonnenaufgang bis Sonnenuntergang fasten. Tagsüber ist das öffentliche Leben daher stark eingeschränkt. Ämter, Geschäfte und Museen haben verkürzte Öffnungszeiten, Restaurants öffnen oft erst abends. Höhepunkt ist das **Laylat el-Qad**r, die 26. Nacht, die an die erste Nacht erinnert, in der der Engel Gabriel dem Propheten Mohammed den Koran offenbarte. Das Ende des Ramadan wird mit dem dreitägigen Fest **Eid al-Fitr**, dem Fastenbrechen, begangen.

Mulids

Beliebte (Volks-)Feste und strengen Sheikhs ein Dorn im Auge sind die Mulids, die am Geburts- oder Todestag eines verehrten Heiligen begangen werden. Dabei wird beileibe nicht nur gebetet, sondern ausgelassen gefeiert. Solche Feste kennen sowohl Kopten als auch Muslime. Manchmal finden sich Gläubige beider Religionen auf einem Fest zusammen, wenn der Heilige von allen verehrt wird. Berühmte Mulids sind: **Mulid el-Nabi:** Am 12. des Monats Rabi el-Awal wird der Geburtstag des Propheten begangen. An diesem Tag gibt es überall die für diesen Termin hergestellten Süßigkeiten. **Mulid Hussein in Kairo:** Wenige Wochen später herrscht rund um die Moscheen Hussein und Sayidna Zeinab festlicher Betrieb. Höhepunkte sind Umzüge und atemberaubende Vorführungen tanzender Derwische. **Mulid Ahmed Badawi in Tanta**: Anfang Oktober wird in der Stadt im Nildelta ein Mulid zu Ehren des Mystikers Ahmed Badawi gefeiert. **Mulid Abul Haggag in Luxor:** Am 14. des Monats Shabaan wird am oberen Nil ein großes Fest im Stil der Pharaonenzeit begangen. Bei einer Prozession wird ein Boot durch die Straßen getragen.

FESTKALENDER

WELTLICHE FEIERTAGE

Da es kein Ladenschlussgesetz gibt, haben an den meisten weltlichen Feiertagen allenfalls Behörden und Banken geschlossen, viele Geschäfte aber geöffnet.

1. Januar: Neujahr (viele Geschäfte haben geöffnet)

Umzug der Männer beim Vollmondfest in der Oase Siwa

25. Januar: Jahrestag der Revolution von 2011 (Proteste gegen Mubarak) und Feiertag der Polizei
Ostermontag (koptisch): Fest Sham el-Nessim (»Hauch des Frühlings«), markiert den Frühlingsbeginn, mit Ursprüngen in pharaonischen Zeiten
25. April: Befreiung des Sinai
1. Mai: Tag der Arbeit
30. Juni: Jahrestag der Revolution von 2013 (Proteste gegen Mursi)
23. Juli: Jahrestag der Revolution von 1952 (Sturz des Königs Faruk)
6. Oktober: Tag der Streitkräfte (Oktoberkrieg 1973)

ISLAMISCHE FESTE

Ramadan: 30 Tage; ab 18. Feb. 2026, 7. Feb. 2027, 27. Jan. 2028
Eid al-Fitr: Fest zum Ende des Ramadan, 3 Tage frei; ab 19. März 2026, 10. März 2027, 28. Feb. 2028
Eid al-Adha: Opferfest, 4–5 Tage frei; ab 26. Mai 2026, 17. Mai 2027, 6. Mai 2028
Ras al-Sanaa : Neujahrsfest; 17. Juni 2026, 6. Juni 2027, 26. Mai 2028
Mulid al-Nabi: Geburtstag des Propheten Mohammed; 26. Aug. 2026, 15. Aug. 2027, 4. Aug. 2028

KOPTISCHE FEIERTAGE

7. Januar: Weihnachten (nach dem Julianischen Kalender)
Ostern wird nach dem 5. April, dem Frühlingsanfang der Ostkirche, gefeiert, meist ca. eine Woche später als im westlichen Festkalender.

FESTKALENDER

JANUAR/FEBRUAR

Kairo: Buchmesse International Book Fair

FEBRUAR/MÄRZ

Dendera: Dendera Festival for Music and Singing (6 Tage; Folklore, Pop, arabische Klassik)

MÄRZ/APRIL
El Gouna: Women by the Sea Arts Festival, in geraden Jahren: Ägyptische bildende Künstlerinnen und Designerinnen stellen aus, Sängerinnen präsentieren ihre neuen Songs.
www.womenbythesea.com

MAI/JUNI
El Gouna: Sandbox Festival: Performer aus aller Welt – elektronische Tanzmusik nonstop
www.sandboxfestival.com
El-Gouna: International Squash Open: Top-Spieler aus aller Welt. Außer bei Halbfinale und Finale Eintritt frei
www.elgouna.com

JULI
Kairo: Beim Crazy Nights Dance Festival dreht sich alles um Bauchtanz, mit Shows, Workshops und Besichtigungsprogramm.
www.crazynightsdancefestival.com

AUGUST / SEPTEMBER
Kairo, 2. Aug.-Hälfte: Citadel Music Festival: Musik aus der arabischen Welt unter freiem Himmel
Ismailija: Internationales Folklore-Festival: Folkloregruppen aus aller Welt führen eine Woche lang bunte Shows mit Tänzen und Liedern auf.
Kairo: Festival für experimentelles Theater: Zehn Tage gastieren Gruppen aus aller Herren Länder. Für viele ägyptische Theaterfreunde ist dieses Festival » das« Highlight.
facebook.com/cifcet

OKTOBER
Kairo: Downtown Contemporary Arts Festival (D-CAF): Musik, Film, Street-Art, aktuelle Kunst
www.d-caf.org
El-Gouna Film-Festival: Außer Filmen gibt es hier immer ein paar Top-Stars aus Hollywood zu bestaunen.
www.elgounafilmfestival.com
Siwa, Vollmond- und Friedensfest: Höhepunkt im Festkalender der Oase ist das drei Tage dauernde farbenprächtige Friedensfest, dessen Tradition ins 13. Jh. zurückreicht.

NOVEMBER/DEZEMBER
Cairo International Film Festival: Ausgewählte Kinos zeigen zwei Wochen lang neue internationale Filme mit verschiedenen Schwerpunkten. Das Festival ist äußerst beliebt, vielleicht auch deswegen, weil die meisten Filme unzensiert sind und Liebesszenen freizügiger als sonst in Ägypten üblich.
www.ciff.org.eg
El-Gouna Halbmarathon: Die Strecke führt durch exotische Gärten, Lagunenlandschaften und Wüstenareale.
www.elgounahalfmarathon.com

SHOPPEN

Die klimatisierten Shopping Malls mit Food Court, Kinderspielplatz und Filialen weltweit operierender Handelsketten, die man von zu Hause kennt – es gibt sie natürlich auch in Ägypten. Doch was Angebot und Flair angeht, dominieren noch immer die typisch orientalischen Einkaufsgelegenheiten mit gewieften Händlern – Feilschen ist unabdingbar. Fallen gibt's natürlich auch.

Basare Eine reiche Auswahl findet man auf Basaren und Märkten sowie **in den Souks**. Hier ist das Einkaufen ein Erlebnis. Angeboten werden vor allem Lederwaren, Schuhe, Teppiche, Gewürze und Parfüms. Auch die Galabijas genannten langen, leichten Baumwollgewänder, die viele Ägypter tragen, Vasen, Metallteller, Perlmuttschatullen, Figuren aus Alabaster, Papyrus oder Skarabäen kann man auf den Basaren erstehen. Der größte und interessanteste Basar Ägyptens, der **Khan El-Khalili**, liegt in der umtriebigen Altstadt von Kairo. Große Basare finden Sie auch in Luxor und einen besonders schönen in Assuan.

Feilschen Zum Einkaufen sollte man sich viel Zeit nehmen: In Ägypten gehört das Handeln nicht nur auf dem Basar, sondern auch in vielen Ladengeschäften zur sozialen Kommunikation. Wer den zunächst geforderten Preis anstandslos bezahlt, wird damit den Händler geradezu enttäuschen. Als Faustregel kann gelten, dass man dem Anfangspreis ein um etwa 50 % niedrigeres Angebot entgegensetzt. Schließlich einigt man sich etwa in der Mitte. Vor dem Kauf sollte man unbedingt bei Konkurrenten die **Preise vergleichen**. Als Tourist bekommt man von ägyptischen Händlern garantiert überhöhte Ausgangspreise genannt, es sei denn, man hat einen Einheimischen an der Seite.
Bei niedrigen Preisen sollte man das Handeln besser unterlassen, und außerhalb von Basaren und Märkten sowie in Geschäften, in denen die Waren mit Preisen ausgezeichnet sind, ist es eher unüblich. Man sollte aber nicht vergessen, dass die meisten Güter wegen der geringen Löhne in Ägypten ohnehin preiswert sind und von Reisenden aus wohlhabenden Ländern zu Recht erwartet wird, dass sie den Preis nicht aufs Äußerste zu drücken versuchen.

Rückgabe und Umtausch Hier sind Sie auf den guten Willen des Händlers angewiesen, den man häufig auch erlebt.

Achtung Falle! Viele Tourguides verdienen sich ein stattliches Zubrot: Sie lotsen ihre Gruppen und Einzelkunden auf der Besichtigungstour in bestimmte Läden. Wie hart Sie auch feilschen mögen, Sie zahlen ordentlich drauf. Denn die verlangten Preise sind von Anfang an weit überhöht, da Ihr Tourguide in der Regel rund 30 % Provision einstreicht.

Gewürze Egal, ob getrocknet, gemahlen oder im Rohzustand, an exotischen Gewürzen ist hier fast alles zu haben, was man für eine abwechslungsreiche Küche benötigt, von Kardamom über Kreuzkümmel und Pfeffer in allen Farben bis zu Ingwer und Chili. Ergänzt wird das Angebot durch unzählige Teesorten (sehr gut: Minze) und oft auch mehrere Nusssorten. In den Basaren von Luxor bekommen Sie übrigens den besten **Karkadeh**, den berühmten Malvenblütentee. Die getrockneten Blüten werden nach Gewicht verkauft.

Souvenirs

Gold und Silber

Gold- und Silberschmuck erfreuen sich als Souvenir besonderer Beliebtheit, da die ägyptischen Juweliere ihre Ware zu relativ günstigen Preisen anbieten. Es versteht sich von selbst, dass man beim Kauf teurer Stücke auf die Seriosität des Händlers achten sollte. Zu beachten ist außerdem, dass man Gold und Silber in Ägypten nach Gewicht handelt. Der Gehalt wird durch arabische Punzzeichen ausgewiesen.

Antiquitäten

Vorsicht ist bei Antiquitäten geboten, die in den meisten Fällen sowieso nur gut gemachte Fälschungen sind. Echte alte Stücke werden nur äußerst selten und natürlich sehr teuer in den Geschäften angeboten, und die für die Ausfuhr unerlässliche **amtliche Erlaubnis** ist praktisch nicht zu bekommen. Keine Probleme dagegen gibt es mit den Kopien, die in guter Qualität u. a. in vielen Museen angeboten werden.

Kunsthandwerk

Kupfer- und Messingarbeiten sind oftmals fein ziseliert oder durchbrochen. Wertvolle ältere Werkstücke zeigen nur relativ einfache Muster, während neuere Modelle oft ziemlich überladen sind. Auf fast allen Basaren werden Vasen und andere Objekte aus Alabaster angeboten, vor allem natürlich in Luxor und Umgebung, wo der Rohstoff reichlich vorhanden ist.

Traditionelle Stoffe

Bei großen Festen, im Ramadan, zu Geburten und Hochzeiten sehen Sie in den Straßen häufig nach alter Tradition festlich aufgebaute und geschmückte Zelte. Das Tuch, zu diesen Anlässen buntes Patchwork, nähen die **El-Khayamiya**, die ausschließlich männlichen Zeltmacher. Neben kalligrafischen Motiven gibt es die Stoffe, Decken und Bezüge mit Arabesken, Blumen, Tieren oder Gebetsszenen. Eine ganze Straße für dieses Handwerk finden Sie am Kairoer Bab Zuweila: die Sharia Khayamiya, den Basar der Zeltmacher (sonntags geschl.; ▶ Abb. S. 183).

Papyri

Nach alter Überlieferung hergestellte und handbemalte Papyri gibt es zwar auch in teuren Hotel-Boutiquen, doch viel preisgünstiger sind sie auf Märkten und Basaren. Echter Papyrus – aus Zyperngras hergestellt – ist sehr teuer, wesentlich billiger ist Papyrus aus Bananenblättern.

Öffnungszeiten

Es gibt für Läden aller Art **nur Anhaltswerte**: im Winter tgl. außer So. oder Fr. und feiertags 10 – 21 Uhr, im Sommer 9 – 22 Uhr. Viele Geschäfte machen 12–14/15 Uhr Mittagspause. Koptische Händler haben oft auch Fr., muslimische dafür So. geöffnet. In größeren Städen haben einige Supermärkte rund um die Uhr geöffnet.

BAEDEKER ÜBERRASCHENDES

6X

EINFACH UNBEZAHLBAR

Erlebnisse, die für Geld nicht zu bekommen sind

1. SUNDOWNER IM OLD CATARACT

Später Nachmittag auf der Terrasse des **Old Cataract Hotels in Assuan**. Auf dem Nil Feluken mit geblähten Segeln, im Westen die tiefe Sonne. Ein Ort, wo die Zeit stehen zu bleiben scheint, zumindest bei einem stilgerechten Gin Tonic. (▶ **S. 12, 101**)

2. BAD IM NIL

Das geht nirgends – fast nirgends. Die schier unglaubliche Ausnahme ist der Strand am Anakato Nubian House im Süden von **Assuan**. Rein ins saubere Wasser, und Krokodile gibt's auch nicht. (▶ **S. 100**)

3. WÜSTES WEISS

Wenn die Natur auf Kunst macht: Bizarre Skulpturen aus Kalkstein, von Wind zu Wellen und Köpfen geformt – nahe der **Oase Baharija** gleicht die Weiße Wüste einer gleißenden Mondlandschaft. (▶ **S. 152**)

4. KOLONIALES FLAIR

Das muss man ihnen lassen: Einen Sinn für schöne Bars hatten die Briten. Wie schön, das erleben Sie in **Luxor** in der **Royal Bar** des Winter Palace Hotels – eine kleine nostalgische Reise in alte Zeiten. (▶ **S. 239**)

5. OASE DER RUHE

Die Fahrt in die von Berbern geprägte **Oase Siwa** ist lang, der Lohn aber beachtlich. Genießen Sie die Abgeschiedenheit der Westlichen Wüste und baden Sie in natürlichen Pools. (▶ **S. 329**)

6. IM FALL DES WASSERFALLS

Etwas versteckt in der **Oase El-Faijum**, dem Vorgarten Kairos, liegt ein Wadi, an dem Sie zumindest unter der Woche wunderbar picknicken und entspannen: das Wadi Rayan mit seinen spektakulären Wasserfällen. (▶ **S. 146**)

ÜBERNACHTEN

Im internationalen Vergleich sind die Hotels in Ägypten sehr preiswert, vor allem in den Urlaubsorten am Roten Meer und auf dem Sinai. Dort erwarten den Gast in den gehobenen Kategorien weitläufige Hotelanlagen mit Pools und viel Grün, geräumigen Zimmern und attraktiven »All-inclusive«-Angeboten.

Hotels

Der Ausbau der touristischen Infrastruktur kannte bis zur Revolution 2011 nur eine Richtung: nach oben. Doch die unruhigen Jahre danach u. a. dem Einbruch durch die Pandemie hinterließen deutliche Dellen. Mit 1300 Hotels, etwa 220 000 Betten und rund 300 Nilschiffen (ca. 18 000 Kabinen), so die Zahlen der Egyptian Hotels Association, bewegten sich die Kapazitäten 2025 wieder deutlich nach oben. Viele Häuser und Schiffe mussten eingemottet werden und warten auf den nächsten Ägypten-Boom.
Während in den Badeorten teils sehr großzügige und günstige Hotels aller Kategorien bereit stehen, sind in Kairo die Preise deutlich höher. Die Hotels sind offiziell in **fünf Kategorien** eingeteilt (1–5 Sterne). Annährend internationalen Standard bieten die Vier- und Fünf-Sterne-Hotels (mit zwei Dritteln der Hotelzimmer); bei den Mittelklassehotels mit 3 Sternen oder weniger muss man zum Teil deutliche Abstriche bei Ausstattung und Service machen.
Die Mittelmeerküste, Hotspot für Investoren aus den Golfstaaten, bietet zwar viele gute bis sehr gute Hotels. Mangels Flugverbindungen und All-inclusive-Angeboten findet sich in Deutschland, Österreich und der Schweiz kein erwähenswerter Markt.
Egyptian Hotels Association: www.egyptianhotels.org

Buchung

Auch wer nicht pauschal verreist, tut gut daran, nicht erst an Ort und Stelle zu buchen. Über die einschlägigen Internet-Portale (booking.com, expedia.de, hrs.de, hotel.de etc.) bekommt man so gut wie immer günstigere Preise. Dabei ist allerdings zu beachten, dass die Zimmerpreise die ägyptischen Steuern und Servicegebühren, die bis zu 25 % ausmachen können, nicht immer enthalten. In den drei oberen Preiskategorien muss die Rechnung in einer harten Währung (€, CHF, US-$) oder mit Kreditkarte beglichen werden.

Ferienwohnungen

Angesichts der preisgünstigen Hotellerie hat der Fewo-Boom Ägypten noch nicht so richtig erfasst. Ausnahmen sind die Badeorte am Roten Meer und auf dem Sinai. Kairo hat für seine Größe wenig an Airbnb zu bieten.

P

PRAKTISCHE INFOS

Wichtig, hilfreich, präzise

Unsere Praktischen Informationen helfen in (fast) allen Situationen in Ägypten weiter.

Hier geht's hinab zur Metro von Kairo. ▶

مترو
M
SCI
قناة
السويس
للتامين

KURZ & BÜNDIG

ELEKTRIZITÄT
220 Volt; Ein Adapter-Set kann nötig sein, wenn man auf ein Gerät angewiesen ist. Eine Taschenlampe sollte ins Gepäck, da die Stromversorgung nicht immer gesicher ist, auch bei der Besichtigung von Gräbern, Tempeln und Pyramiden ist sie oft hilfreich.

GELD

WÄHRUNG
Ägyptisches Pfund (£E/LE für Livre Égyptienne, auch EGP) zu 100 Piaster (PT). Gebräuchlich sind Banknoten zu 1, 5, 10, 20, 50, 100 und 200 Pfund. Münzen sind im Wert von 10, 25, 50 Piaster und 1 LE im Umlauf.

GELDWECHSEL
Es ist vorteilhaft, Devisen in Ägypten umzutauschen. Der Tausch ist nur bei Banken und autorisierten Wechselstellen gestattet. Auch in größeren Hotels kann man problemlos und z. T. rund um die Uhr Geld wechseln. Die Quittungen für die umgetauschten Beträge aufbewahren, Sie brauchen sie bei einem Rücktausch vor der Ausreise. Ein Problem: Die Bankschalter in Flughäfen haben oft keine Devisen für den Rücktausch. Umtausch auf dem Schwarzmarkt ist strafbar.
Wechselkurse (Ca.-Werte):
10 LE = 0,19 € | 1 € = 52 LE
10 LE = 0,18 CHF | 1 CHF = 55 LE

BANKEN & GELDAUTOMATEN
Schalterzeiten Mo.–Do. 8.30 –15.30, So. 10–12 Uhr, geschlossen Fr., Sa. und an offiziellen Feiertagen. Geldautomaten (engl. ATM) sind landesweit vorhanden. Man kann mit den gängigen Kreditkarten (Visa, Mastercard, American Express) und der PIN Bargeld abheben. Es fallen Gebühren an. Der maximale Auszahlungsbetrag variiert. Ob die Girocard (evtl. hohe Gebühren!) einsetzbar ist, sagt Ihnen Ihre Bank.

BARGELDLOS BEZAHLEN
In den Städten und Tourismuszentren kann man meist mit Kreditkarte bezahlen. Sie werden in fast allen Hotels, vielen Restaurants und Geschäften sowie von den internationalen Mietwagenfirmen akzeptiert. Der Sperr-Notruf für verlorene und gestohlene Karten lautet: +49 116 116. Man sollte stets kleine Geldscheine dabei haben, um Trinkgeld geben zu können.

NOTRUFE

ALLGEMEINE NOTRUFE

Polizei	Tel. 122
Touristenpolizei	Tel. 126
Verkehrspolizei	Tel. 128
Feuerwehr	Tel. 180
Notarzt	Tel. 123

ACE-NOTRUFZENTRALE
Tel. +49 711 5 30 34 35 36

ADAC AMBULANZ-SERVICE
Tel. +49 89 76 76 76

DRF-LUFTRETTUNG
Tel. +49 711 70 10 70

AMBULANZFLUGZENTRALE
Tel. +49 20 27 58 86 981,
+43 1 358 00 44, +41 91 26 15 177

SCHWEIZERISCHE RETTUNGSFLUGWACHT
Tel. +41 333 333 333

TELEFONVORWAHLEN

NACH ÄGYPTEN +20

VON ÄGYPTEN

nach Deutschland	+49
nach Österreich	+43
in die Schweiz	+41

Ägypten ist in Telefonbezirke mit 2-oder 3-telligen Vorwahlnummern eingeteilt. Dann folgt eine 6- bis 8-stellige Rufnummer. Bei Anrufen aus dem Ausland entfällt die Null der Ortsvorwahl bzw. der Mobilnummer (4-stellige Vorwahlen).

ÖFFNUNGSZEITEN

Ladengeschäfte (Anhaltswerte): Im Winter tgl. außer So. bzw. Fr./Feiertage 10 - 21 Uhr, im Sommer 9 - 22 Uhr, Mittagspause meist 12-14/15 Uhr. Koptische Händler haben oft auch Fr., muslimische dafür So. geöffnet. In größeren Städten haben einige Supermärkte täglich 24 Stunden geöffnet.

Basare: Die großen Basare, darunter der Khan el-Khalili in Kairo, sind tgl. außer So. und Fr. (teilweise geöffnet) 10 - 21 Uhr geöffnet.
Tankstellen: Oft täglich rund um die Uhr geöffnet.
Banken: So.- Do. 8.30 - 14 Uhr, geschl. Fr./Sa. und Feiertage.
Büros: Sa.- Do. 8.30 - 17 Uhr, geschl. Fr. und Feiertage, z. T. Sa.
Behörden: Sa.- Do. 9 - 15 Uhr, geschl. Fr. und Feiertage.

WAS KOSTET WIE VIEL?

Einfache Mahlzeit	ab 250 LE
Falafel-Sandwich	ab 10 LE
Tee (Glas)	ab 40 LE
Bier (Flasche)	ab 80 LE
U-Bahn-Ticket in Kairo, bis 9 Stationen	8 LE
1 l Benzin	ab 12 LE

ZEIT

Vom letzten Freitag im April bis zum letzten Donnerstag im Oktober werden die Uhren um 1 Stunde vorgestellt (= MESZ +1).

ANREISE · REISEPLANUNG

Anreise

Mit dem Flugzeug

Von allen größeren Flughäfen Mitteleuropas gibt es täglich Flüge nach Ägypten. Die Flugzeit für die Strecke Frankfurt a. M. - Kairo beträgt **ca. 4 Stunden**. Linienfluggesellschaften fliegen v. a. nach Kairo. Luxor und zu den Badeorten am Roten Meer (El-Gouna, Hurghada, Marsa Alam) werden von diversen Gesellschaften mehrmals wöchentlich bedient. Sharm el Sheikh ist meist nur mit Stopover zu erreichen. Der wichtigste internationale Flughafen ist der **Cairo International Airport** (CAI), weitere internationale Flughä-

NÜTZLICHE ADRESSEN

EGYPT AIR
www.egyptair.com
Mitglied der von Lufthansa geführten Star Alliance. Bedient internationale wie nationale Routen.

IN DEUTSCHLAND
Am Hauptbahnhof 12
60329 Frankfurt a. M.
Tel. 069 27 30 03 25

Flughafen Terminal 2
Ebene 3, Raum 03.4766
85356 München
Tel. 089 97 59 14 60

Flughafen Terminal C
40474 Düsseldorf
Tel. 0211 42 16 50 70

Flughafen BER, Terminal 1
12529 Schönefeld
Tel. 030 60 91 76 907

IN ÖSTERREICH
Opernring 1/406
1010 Wien
Tel. 01 5 87 45 32

IN DER SCHWEIZ
2 Rue de Berne
1201 Genève
Tel. 227313937

IN ÄGYPTEN
National Call Center
Tel. 0900-700 00 (Festnetz)
Tel. 1717 (Mobilnetze)
Cairo International Airport
Terminal 1 und 3

CAIRO INTERNATIONAL AIRPORT
Tel. 02 26 96 63 00
www.cairo-airport.com
Transport vom und zum Flughafen mit dem **Taxi**. Uber-Buchung per App. **Busse** in die Innenstadt (u. a. zum Tahrir-Platz) und in viele Regionen Ägyptens vom Busbahnhof vor Terminal 1. Nicht mit größerem Gepäck; Frauen ist abzuraten.

LUFTHANSA, SWISS, AUSTRIAN
Tel. 02 25 803 500 (Ägypten)
www.lufthansa.com, www.swiss.com, www.austrian.com

REISEVERANSTALTER
Neben den Reise-Riesen wie TUI und DER zeichnen sich kleinere Anbieter durch guten Service aus:

STERN TOURS
Etablierter Reiseveranstalter mit breitem Angebot (Baukastensystem mit vielen Kombinationsmöglichkeiten) und sehr gutem Kundenservice
Tel. 030 70 09 41 00
www.sterntours.de

STUDIOSUS REISEN
Hochwertige Reisen mit kompetenten Reiseleitern. Große Auswahl (Studien-, Städte-, Single-Reisen), Touren zu Land oder mit dem Schiff. Auch Bade-Verlängerungen werden organisiert.
Tel. 0080 0 24 02 24 02
www.studiosus.com

fen gibt es in Alexandria, Luxor, Assuan, Sharm el-Sheikh, Marsa Alam und Berenice. Nahe den Pyramiden von Giseh wurde der **Giza Sphinx International Airport** (SPX) eröffnet, den u. a. Easy Jet ansteuert.

Ein- und Ausreisebestimmungen

Reisedokumente

Erforderlich ist ein **Reisepass**, der sechs Monate über den Aufenthalt hinaus gültig ist. Minderjährige brauchen ein eigenes Auweisdokument. Bei der Einreise mit Personalausweis müssen zwei biometrische Passbilder für eine Einreisekarte mitgebracht werden. Das Visum erhält man an den Bankschaltern vor der Passkontrolle. Es kostet ca. 25 €, gilt 30 Tage und kann problemlos verlängert werden, in Kairo bei der General Administration of Passports, Emigration and Nationality (12 Sharia al-Seka Al Beydaa, Abbasseya). Online-Kauf ist möglich, allerdings kam es öfter zu Schwierigkeiten bei der Einreise (z. B. lagen Daten nicht vor). Bei vielen Reiseveranstaltern kann man das Visum gegen teils erheblichen Aufpreis mitbuchen.
Visum online: www.visa2egypt.gov.eg

Sinai-Visum

Wer von **Israel (Eilat) oder Jordanien (Aqaba)** über Taba nach Ägypten einreist, erhält ein sog. Sinai-Visum, das 14 Tage gilt. Es berechtigt nur zum Besuch des Ostsinai, d. h. des Dreiecks Taba – Katharinenkloster – Sharm el-Sheikh. Israel erhebt eine Ausreisegebühr von ca. 25 €, Ägypten eine Einreisegebühr von 400 LE. Will man mehr vom Land sehen, benötigt man ein Visum für ganz Ägypten.

Wiedereinreise aus Israel

Wer von Ägypten aus einen **Ausflug nach Israel** plant, benötigt für die Wiedereinreise nach Ägypten ein kostenpflichtiges Re-Entry-Visum, das von den ägyptischen Behörden (▶ oben) ausgestellt wird.

Zollbestimmungen

Einreise

Mitgeführte **Devisen** sind ab 10 000 US$ oder Äquivalent in anderer Währung zu deklarieren. Die Ein- und Ausfuhr von Landeswährung war zuletzt auf 5000 LE begrenzt. Reisegepäck für den persönlichen Bedarf und persönliche Gebrauchsgegenstände dürfen zollfrei eingeführt werden. Schmuck und andere wertvolle Gegenstände (z. B. Tauchausrüstungen) können deklariert und in den Pass eingetragen werden. Achten Sie darauf, dass diese Eintragungen bei der Ausreise wieder gelöscht werden. Folgende Artikel dürfen Sie zollfrei einführen: 1 l alkoholische Getränke, 500 g Kaffee, 100 g Tee, 50 g Parfüm, 0,25 l Eau de Toilette sowie wahlweise 200 Zigaretten, 100 Zigarillos, 50 Zigarren oder 250 g Tabak. Zollfrei sind ferner Geschenke und Waren im Gesamtwert von 200 US-$. Einfuhr und Besitz von Drogen werden mit drakonischen Strafen geahndet.

Ausreise

Die Ausfuhr von **Antiquitäten** – wozu schon antik aussehende Steinfragmente zählen können - ist **generell verboten** (▶ S. 539). Nur in bestimmten Ausnahmefällen werden Genehmigungen erteilt. Ganz untersagt ist die Ausfuhr von antiken Gold- und Silberarbeiten sowie von Korallen. Wer einen Orientteppich ausführen will, muss eine Genehmigung einholen. Die Nichtbeachtung wird mit hohen Geldstrafen geahndet.

Wiedereinreise in die EU Zollfrei sind alle bereits nach Ägypten mitgenommenen persönlichen Gebrauchsgegenstände, dazu 200 Zigaretten oder 100 Zigarillos oder 50 Zigarren oder 250 g Tabak, 1 l Spirituosen mit mehr als 22 Vol.-% Alkohol oder 2 l Spirituosen unter 22 Vol.-% Alkohol oder 2 l Schaumwein, ferner 2 l Wein, 500 g Kaffee oder 200 g Kaffeeextrakt (Pulverkaffee), 100 g Tee oder 40 g Teeextrakt, 50 g Parfüm und 0,25 l Eau de Toilette. Tabakwaren und alkoholische Getränke dürfen nur von Personen über 17 Jahren, Kaffee nur von Personen über 15 Jahren eingeführt werden. Andere Waren sind bis zu einem Wert von insgesamt 430 € (Erwachsene) bzw. 175 € (Kinder bis 15 Jahren) zollfrei.

Wiedereinreise in die Schweiz Zollfrei ist die Einfuhr von 250 g Kaffee, 100 g Tee, 200 Zigaretten oder 50 Zigarren oder 250 g Tabak, 2 l Wein oder anderen Getränken mit mehr als 15 Vol.-% Alkoholgehalt sowie 1 l Spirituosen mit mehr als 15 Vol.-% Alkoholgehalt. Souvenirs dürfen bis zu einem Wert von 300 CHF zollfrei eingeführt werden.

AUSKUNFT

In allen touristisch bedeutenden Orten gibt es Informationsstellen. Das Personal ist oft sehr bemüht, meist stehen aber keine aktuellen Unterlagen wie Fahrpläne, Stadtpläne und Hotelverzeichnisse zur Verfügung. Die Öffnungszeiten werden sehr flexibel gehandhabt.

Touristenpolizei Posten der Touristenpolizei sind an allen wichtigen Orten zu finden. Sie geben Auskunft und Hilfestellung in Notfällen. Man erkennt die Beamten an der weißen Armbinde mit der Aufschrift »Tourist Police«. Etliche sprechen etwas Englisch. Im Notfall ist die Touristenpolizei landesweit unter **Tel. 126** zu erreichen.

NÜTZLICHE ADRESSEN

ÄGYPTISCHES FREMDENVERKEHRSAMT
www.egypt.travel

IN DEUTSCHLAND
Hardenbergstr. 20
10623 Berlin

Tel. 030 88 72 46 70, 887 24 67 12
info.de@egypt.travel
Zuständig auch für Österreich und die Schweiz

IN ÄGYPTEN

State Tourist Information
5 Sharia Adly, Downtown, Kairo
Tel. 02 23 91 34 54

DIPLOMATISCHE VERTRETUNGEN IN ÄGYPTEN

BOTSCHAFT DER BUNDESREPUBLIK DEUTSCHLAND

2 Sharia Berlin (Ecke Sh. Hassan Sabri), Zamalek, Kairo
Tel. 02 27 28 20 00
www.kairo.diplo.de

DEUTSCHES HONORARKONSULAT

9 Sh. El Fawatem, Bab Sharki
Alexandria
Tel. 03 4 87 01 00

BOTSCHAFT DER REPUBLIK ÖSTERREICH

3 Sh. Abu el-Feda, 15. OG,
Zamalek, Kairo
Tel. 02 35 70 29 75
www.bmeia.gv.at/oeb-kairo

BOTSCHAFT DER SCHWEIZERISCHEN EIDGENOSSENSCHAFT

10 Sh. Abd el-Khalik Sarwat
Kairo
Tel. 02 25 75 82 84
www.eda.admin.ch/cairo

ÄGYPTISCHE VERTRETUNGEN IN DEUTSCHLAND

BOTSCHAFT DER ARABISCHEN REPUBLIK ÄGYPTEN

Stauffenbergstraße 6 – 7
10785 Berlin
Tel. 030 477 54 70
www.egyptian-embassy.de
Konsularabteilung
Tel. 030 477 54 70

ÄGYPTISCHE GENERALKONSULATE

Eyssenecksr. 34, 60322 Frankfurt a. M., Tel. 069 95 51 34-0
Mittelweg 131, 20148 Hamburg
Tel. 040 413 32 60

IN ÖSTERREICH

BOTSCHAFT DER ARABISCHEN REPUBLIK ÄGYPTEN

Hohe Warte 54, 1190 Wien
Tel. 066 03 91 94 86
www.egyptembassyvienna.at

IN DER SCHWEIZ

BOTSCHAFT DER ARABISCHEN REPUBLIK ÄGYPTEN

Elfenauweg 61, 3006 Bern
Tel. 031 3 52 80 12, www.facebook.com/eg.bern.embassy

INTERNET

www.sis.gov.eg
Offizielle Website der Regierung (in Englisch)

www.egypt.travel
Offizielle Website des Tourismusministeriums (in Deutsch)

www.qantara.de
Von Goethe-Institut und Deutscher Welle getragene Website für Politik, Kultur und interkulturellen Dialog

english.ahram.org.eg
Wochenzeitung (Politik, Kultur, Lifestyle) mit guten Veranstaltungstipps

www.egypttoday.com
Das Kairoer Monatsmagazin zu Kultur, Lifestyle, Reisen, Archäologie. Hilfreich: der Adress- und Kulturkalender.

www.madamasr.com
Die unabhängige Netzzeitung berichtet kritisch über Ägyptens Politik, weshalb ihre Redakteure häufig Repressionen ausgesetzt sind.

ETIKETTE

In einem islamischen Land

Als Gast in einem islamischen Land kommt man mit einer anderen Kultur, mit anderen Sitten in Berührung – man muss die Fettnäpfchen, in die man als Urlauber treten kann, kennen, um sie zu vermeiden. Wobei vorweg gesagt sei: Die Ägypter sind sehr tolerant, schätzen aber die Beachtung ihrer alltäglichen Spielregeln.
Ägypten ist als sehr gastfreundlich bekannt. Obwohl es unter den arabischen Staaten zu den westlich orientierten gehört, prägt der Islam auch heute weitgehend das öffentliche Leben. Die meisten Ägypterinnen und Ägypter leben im Vergleich zu ihren Gästen aus Mitteleuropa nach strengeren, konservativen Regeln, die in Religion und Tradition begründet sind. Durch Anpassung an die Gepflogenheiten kann und sollte man als Gast seine Achtung vor diesen Traditionen zeigen – man wird mit größerem Respekt und offener Freundlichkeit belohnt!

Lebenseinstellung

Drei Buchstaben geben wieder, was ein Gast in Ägypten an allgemeiner Nonchalance kennenlernt: **IBM**. Das Kürzel steht für insha'allah, bukra und malesh. »Insha'allah« heißt »So Gott will«. Ein Ägypter wird kaum etwas beginnen, ohne »insha'allah« zu sagen; viele Taxifahrer tun dies sogar vor dem Abbiegen. Denn alles liegt in Allahs Hand. Leider ist »insha'allah« auch eine prophylaktische Allerweltsentschuldigung für mögliche Verspätungen, Pleiten und Pannen. »Bukra« heißt »morgen« und bedeutet im Alltag »vielleicht morgen, vielleicht auch übermorgen oder nächste Woche oder nie«. Selten bedeutet es wirklich »morgen«. »Malesh« heißt »Macht nichts, kann man nicht ändern«. Ein wenig von dieser Haltung anzunehmen erleichtert den Ägyptenaufenthalt wesentlich.
Wer auf eigene Faust unterwegs ist, wird erleben, dass einfachste Dinge ewig dauern können oder gar nicht klappen. Dabei beteuert man, Himmel und Hölle in Bewegung gesetzt zu haben. Unterstrichen wird dies mit einer beliebten Geste: mit dem Zeigefinger erst auf das rechte, dann auf das linke Auge deuten, dazu »min aneya« (»von meinen Augen«) zu sagen. Diese Geste verbindet Entschuldigung und Ergebenheitsbezeugung. Reagieren Sie gelassen. Man hat Ihnen möglicherweise etwas zugesagt, das von vornherein unrealisierbar war. Aber man wollte Sie, den Gast, nicht durch ein Nein brüskieren. Keine Sorge: Sie lernen rasch zu unterscheiden, wann ein Ja auch »ja« oder doch nur »vielleicht« oder gar »nein« bedeutet.

Kleiderordnung

Dezente Kleidung gehört ins Reisegepäck. Wer durch islamische Altstädte bummeln, in Souks und Basaren stöbern will, der tut sich – vor allem als Frau – einen Gefallen, wenn die Kleidung weder hauteng und tief ausgeschnitten noch durchsichtig und aufreizend ist. Was in den großen Badeorten an lockerer Kleidung gang und gäbe ist, kann im übrigen Ägypten zu unschöner Belästigung, auch zu offener Empörung führen. Beim Besuch von Moscheen, Kirchen und Klöstern tragen Männer keine kurzen Hosen (die in Ägypten ohnehin verpönt sind). Frauen sollten darauf achten, dass ein Rock übers Knie reicht sowie Schultern und Oberarme bedeckt sind.

An Pool & Strand

An vielen öffentlichen Stränden wie an der Corniche von Alexandria baden **Ägypterinnen komplett bekleidet**, von der Schulter bis zu den Füßen. Es wäre deplatziert, sich hier mit Badeanzug oder Bikini zu zeigen; dafür gibt es überall private Strände. In den großen Hotels der Badeorte hat sich gelegentlich die Sitte eingeschlichen, »oben ohne« zu baden. Tun Sie es nicht, auch wenn die Bademeister und Kellner den Anblick sichtlich genießen mögen. »Oben ohne« und FKK sind in Ägypten verboten. Es kompromittiert die Hotelangestellten und schürt unnötig Vorurteile über angeblich promiskuitive westliche Ausländer. Dementsprechend dürfen Sie sich nicht wundern, wenn am Pool des 5-Sterne-Hotels Frauen in Burkini im Wasser tollen.

Moscheen

Moscheen sind mehr als reine Gebetshäuser, man darf sich dort zum Ausruhen setzen, auch wenn man nicht betet. Egal wie klein eine Moschee ist, es gilt die oben beschriebene Kleiderordnung. Vor dem Betreten müssen die Schuhe ausgezogen werden. Auch wenn nicht ausdrücklich untersagt, sollte man die **Gebetszeiten meiden**. Wer dennoch bei einem Gebet dabei sein möchte, sollte Betenden nicht zu nahe treten, vor allem nicht den Raum vor ihnen durchqueren; der Kontakt der Gläubigen zu Gott würde so gestört.

Mann & Frau

Für **allein reisende Frauen** ist Ägypten ein schwieriges Land. Es kann fast überall Probleme mit einheimischen Männern geben, für die allein reisende Frauen ein Exotikum sind. Dazu lassen allerlei Klischees westliche Frauen als allzeit bereite Gespielinnen, als Freiwild erscheinen. Eine Frau kann einiges dazu beitragen, Männer in gebührendem Abstand zu halten. Dezente Kleidung oder ein Ehering hilft. Im Gespräch vermeide man langen Blickkontakt, der als herausforderndes Fixieren missdeutet werden kann. Zu vermeiden ist auch jede kumpelhafte Gestik. Der kleinste Körperkontakt wird oft falsch aufgefasst, und sei es nur ein freundschaftliches Schulterklopfen. Als Frau sollten Sie generell darauf verzichten, per Anhalter zu fahren. **Tabu ist die Benutzung öffentlicher Busse**, da Grapscher die drangvolle Enge nutzen. Gleiches gilt für größere Menschenansammlungen. Die Züge der Kairoer Metro haben Frauen vorbehaltene Abteile.

Männliche Touristen wiederum müssen wissen, dass Dates mit Ägypterinnen nicht ohne weiteres möglich sind. Die Familien achten darauf, dass der Ruf der Tochter nicht durch Treffen mit Fremden geschädigt wird. Tabu sind Zärtlichkeiten in der Öffentlichkeit.

LGBTIQ Gleichgeschlechtliche Beziehungen sind nach dem geltenden Islamverständnis verboten. Herrschte eine Zeitlang eine gewisse Toleranz, so werden Schwule inzwischen **strafrechtlich verfolgt**. Das Auswärtige Amt warnt die LGBTIQ-Szene ausdrücklich vor Ägypten.

Alkohol Alkohol, den der Islam nach gängiger Auslegung verbietet, gibt es in so gut wie allen größeren Hotels und Restaurants. Dort kann man auch ungestört trinken. **Tabu** ist es, sich in der Öffentlichkeit, z. B. auf der Straße, mit Alkohol zu zeigen oder gar zu trinken. In den Badeorten, wie Sharm el-Sheikh und Hurghada, wird sich aber, anders als etwa im Niltal, niemand daran stören, wenn auf einer Caféterrasse an der Straße Alkohol serviert wird. Alkoholika verkaufen landesweit die rund 100 Geschäfte von Drinkies (www.drinkies.net/StoreLocator).

Ramadan Im Fastenmonat Ramadan, vor allem wenn er in die heißen Sommermonate fällt, wird das Nervenkostüm vieler Ägypter sehr dünn. Es ist mit noch mehr Verzögerungen und Pannen als gewöhnlich zu rechnen. Auf der Straße zu essen, zu trinken oder zu rauchen verbietet sich aus Respekt gegenüber den Fastenden völlig. In Hotels, vielen Restaurants und Cafés können Sie wie gewohnt konsumieren.

Fotografieren Man vermeidet Ärger, wenn man fragt, ob man von Menschen, beispielsweise auf der Straße oder dem Markt, ein Foto machen darf. Meist genügt ein Fingerzeig auf die Kamera, ein fragender Blick, ein Lächeln. Beim Ablichten verschleierter Frauen sollte man besonders zurückhaltend sein. Es wird auch nicht gern gesehen, wenn Armut fotografiert wird. Ägyptische Staatsbürger dürfen seit 2022, so die offizielle Regelung, nur mit ihrer schriftlichen Erlaubnis fotografiert werden. **Verboten** ist das Fotografieren von Polizei, militärischen Anlagen, Häfen, Brücken, Bahnhöfen und Flugplätzen **sowie von Kindern**. In vielen Museen und archäologischen Sehenswürdigkeiten darf für Privatzwecke filmen und fotografieren.

Betteln Armut ist im Islam keine Schande, sondern ein gottgegebenes Schicksal. Bettler dürfen eigentlich nicht verachtet werden, im Gegenteil: Es ist die Pflicht jedes Gläubigen, Armen seinen Möglichkeiten entsprechend zu helfen. Das Almosengeben erfordert Fingerspitzengefühl, zumal man als ausländischer Gast oft nicht einschätzen kann, inwieweit die Person, die um Geld bittet, tatsächlich bedürftig ist. **In keinem Fall** sollte man Geld, Kugelschreiber, Süßigkeiten und andere Kleinigkeiten wahllos an Kinder verteilen.

Trinkgeld Trinkgeld (Bakschisch) hat wie in allen islamischen Staaten eine lange Tradition und spielt angesichts der niedrigen Löhne eine wesentliche Rolle. Zudem ist der Gläubige durch den Koran verpflichtet, Bedürftige mit der Zakat, der Wohltätigkeitsgabe, zu unterstützen.

Daher geben auch Einheimische für geleistete Dienste stets Trinkgeld. Grundsätzlich gilt, dass ein Bakschisch nur begründet gewährt wird, d. h. für Hilfeleistungen oder Dienste, dann aber in jedem Fall. Im Hotel und Restaurant gibt man 10–15 % des Rechnungsbetrags, Gepäckträger erhalten 50 LE pro Gepäckstück, der Zimmerservice im Hotel 50–100 LE pro Tag. Der »service charge« auf Restaurantrechnungen ist eine gesetzliche Steuer, kein Trinkgeld.

Begrüßung und Konversation

Der Handschlag ist zur Begrüßung üblich, zumindest unter Männern, bei Frauen mit Schleier aber eher verpönt. Unter Männern werden auch Wangenküsse und Umarmungen ausgetauscht. Die gegenseitige Begrüßung geschieht für europäische Verhältnisse außerordentlich wortreich. Das Thema, insbesondere bei einem Tischgespräch, ist frei, über Politik wird aber nicht gerne geredet. Sehr empfindlich reagiert der ägyptische Gesprächspartner, wenn man zu erklären versucht, warum im Land alles schief gehe und der Westen alles viel besser mache. Beim **Thema Religion** vermeide man, sich als Atheist zu outen. An gar keinen Gott zu glauben ist eine Haltung, die in Ägypten selten verstanden wird. Gerne spricht man über die Familie.

Einladung

Man nimmt **nur mehrmals ausgesprochene** Einladungen an. Sonst ist sie nicht ernst gemeint. Als Faustregel kann gelten: Dreimal wird angeboten, dreimal abgelehnt - beim vierten Mal gilt die Einladung. Sollten Sie die Einladung einer offensichtlich armen Familie akzeptieren, bringen Sie ein Geschenk mit, das sich wieder zu Geld machen lässt. Oder drücken Sie den Kindern der Familie Geld in die Hand. Blumen sind als Mitbringsel bei weitem nicht so beliebt wie eine Torte oder ein großer Teller mit Süßigkeiten, von dem man mehr hat als den flüchtigen Anblick. Mit der linken Hand zu essen oder zu trinken wird in Ägypten eher toleriert als in Arabien. Man sollte aber so sitzen, dass die Fußsohlen nicht zu einer anderen Person weisen.

Geschenke

In Ägypten gehört es sich nicht, wenn man sich nicht sehr gut kennt, ein Geschenk sofort und in Anwesenheit des Schenkenden auszupacken. Man erledigt das besser später, denn Enttäuschung über ein Präsent zu zeigen, wäre sehr unhöflich. Andererseits wird man Sie als Beschenkten drängen, Ihr Päckchen sofort zu öffnen. Als Gast dürfen Sie das tun - und müssen in jedem Fall große Begeisterung zeigen.

Aberglaube

Die Ägypter sind sehr abergläubisch, über alle Bildungsschichten hinweg. Am meisten wird **der böse Blick des Neides** gefürchtet. Vor ihm schützen sich viele mit einem türkisblauen Amulett oder einem Schmucksteinauge. Als Medaillon um den Hals getragen bricht es den bösen Blick und wirft ihn zurück. Unfreiwilliger Absender eines solchen Blicks können Sie schon werden, wenn Sie ein Kind oder zum Beispiel eine Wohnung überschwänglich loben, da es als Ausdruck der Missgunst verstanden werden könnte. Die Kunst des zurückhaltenden Kompliments ist gefragt, wobei man einen Tee oder ein Mahl ohne Angst über den grünen Klee loben darf. Unglück bringt es dagegen, eine kinderreiche Familie zum Scherz durchzuzählen oder ein Messer mit der Schneide nach oben abzulegen – beides ruft nach dem Volksglauben die Dschinne, die bösen Geister.

GESUNDHEIT

Vorsichtsmaßnahmen Das Risiko krank zu werden ist – abgesehen von Durchfall – in Ägypten nur wenig größer als in Mitteleuropa, wenn man sich auf touristischen Pfaden bewegt und ein paar Regeln einhält. Zwischen Mai und Oktober wird es am Roten Meer und in den Wüstengebieten sehr heiß. Unentbehrlich ist ein **Sonnenschutz** (Kopfbedeckung, Sonnenbrille, Sonnencreme mit hohem Lichtschutzfaktor). Auch beim Schnorcheln besteht Sonnenbrandgefahr! Um den Wasserverlust des Körpers auszugleichen, viel trinken. Von ungeschälten Früchten, grünem Salat sowie von Speiseeis und Lebensmitteln, die an Verkaufsständen angeboten werden, kann man sich leicht eine unangenehme Magen-Darm-Infektion holen. Die üblichen Kohlepräparate sind da meist wirkungslos; Medikamente besorgt man sich entweder vor Reiseantritt oder man vertraut auf die Erfahrung ägyptischer Apotheker.

Trinkwasser Das oft stark gechlorte Wasser eignet sich nur bedingt als Trinkwasser. Stattdessen sollte man auf Tafel-/Mineralwasser zurückgreifen. Achten Sie darauf, nur verschlossene Flaschen zu kaufen.

Bilharziose Verbreitet ist **am Nillauf** die Bilharziose (Hakenwurmkrankheit). Der Hakenwurm lebt in stehendem oder langsam fließendem Süßwasser, deshalb sollte man in solchen Gewässern nicht baden.

West-Nil-Fieber Stechmücken können das West-Nil-Virus auf Menschen übertragen und schwere Erkrankungen wie Hirnhautentzündung auslösen.

Schlangen, Skorpione Bei Wanderungen, **vor allem in der Wüste**, sollte man auf Skorpione, giftige Schlangen und andere Tiere achten, deren Bisse bzw. Stiche böse Folgen haben können. Sie sind oft unter der warmen Sandoberfläche, unter Steinen und Büschen verborgen. Festes, geschlossenes Schuhwerk sowie lange Hosen sind dringend angeraten. Ebenso ist beim Schnorcheln und Tauchen im Roten Meer größte Vorsicht geboten, da die Berührung mit giftigen Fischen erhebliche Probleme verursachen kann.

KLINIKEN (AUSWAHL)

KAIRO

As-Salam International Hospital
Corniche el-Nil, Maadi
Tel. 010 92 00 14 43

As-Salam Hospital
3, Sharia Syria, Mohandessin
Tel. 02 33 02 90 91/92/93/94/95, 02 33 03 47 80

Cleopatra Hospitals Group
39 Sh. Cleopatra, Heliopolis
Tel. 02 414 39 31
www.cleopatrahospitals.com

Saudi German Hospital
Sh. Josef Tito, Heliopolis
Tel. 162 59, www.sghcairo.net

ALEXANDRIA

As Salam Andalusia Hospital
7 Mohamed Motawea St., Shalalat
Tel. 16781, 1777
www.andalusiaegypt.com

ASSUAN

German Hospital
Corniche el-Nil
Tel. 09 245 01 66

HURGHADA

El Gouna Hospital
Tel. 06 53 58 00 11/19
www.elgounahospital.com.eg

SHARM EL-SHEIKH

International Hospital
Peace Road
Tel. 06 93 66 16 25, 012 23 33 520

Impfungen

Offiziell sind für die Einreise nach Ägypten keine Impfungen erforderlich, außer man hat sich bis zu fünf Tage vor der Einreise in Choleragebieten oder bis zu sechs Tage vorher in Gelbfiebergebieten aufgehalten. Seit 2024 ist das Land laut Weltgesundheitsorganisation (WHO) malariafrei. **Empfohlen** werden Impfungen gegen Tetanus (Wundstarrkrampf) und Polio (Kinderlähmung) sowie – bei Reisen in touristisch abgelegene Gebiete – gegen Hepatitis A (u. U. auch B) und Meningitis. Corona spielte zuletzt keine Rolle mehr. Impfungen waren nicht mehr verpflichtend; Temperaturmessungen bei der Einreise sind möglich.

Medizinische Versorgung

Die medizinische Versorgung ist in den großen Städten und Touristenzentren wie Hurghada passabel. Dort findet man auch Englisch oder Deutsch sprechende Ärzte. Bei Bedarf wendet man sich am besten an das Hotel, das einen Arzt bestellen wird. Auch die deutsche Botschaft in Kairo nennt auf ihrer Hompage (► S. 549) Adressen.

Behandlungskosten

Alle Behandlungen müssen bezahlt werden, bar oder mit Kreditkarte. Krankenhäuser erwarten auch eine Vorauszahlung oder Garantie der Zahlungsfähigkeit. Lassen Sie sich für alle Kosten **Belege** ausstellen, die Sie bei Ihrer Versicherung einreichen. Die Behandlung in staatlichen Krankenhäusen ist relativ preisgünstig. Man darf jedoch nicht mit europäischem Standard rechnen. Krankenschwestern sind Mangelware, weshalb es nicht unüblich ist, dass Familienangehörige einige

Aufgaben übernehmen. Es ist auch üblich, dem Pflegepersonal Trinkgeld zu geben – der Service wird dann aufmerksamer. Eine bessere Versorgung bieten Privatkliniken, die jedoch wesentlich teurer sind.

Krankenversicherung Da es kein Abkommen der gesetzlichen Krankenversicherungen mit Ägypten gibt, werden Krankheitskosten nicht ersetzt. Eine **Auslandskrankenversicherung** mit Krankenrücktransport ist daher unabdingbar, und zwar nicht nur für notwendige, sondern schon niederschwelliger für sinnvolle Rücktransporte. Privatversicherte können in der Regel zu Hause die Rechnungen einreichen. Klären Sie vor Reiseantritt mit Ihrer Versicherung die Konditionen.

Apotheken Ägypten besitzt ein dichtes Netz an Apotheken. Die Angestellten sind meist sehr gut ausgebildet, sodass man sich bei leichteren Beschwerden auf deren Diagnose verlassen kann. Die Präparate tragen meist eine andere Bezeichnung als in Europa und sind wesentlich günstiger; vieles ist rezeptfrei.

LESETIPPS

Sachbücher

Essad Bey: Mohamed. E-artnow, 2023. Die Biografie erschien erstmals 1932 und ist bis heute ein faszinierender Lesestoff.

Zahi Hawas und Mark Lehner: Die Pyramiden von Gizeh. Zabern, 2019. Zwei Top-Archäologen berichten über den Stand der Pyramidenforschung.

Erik Hornung: Grundzüge der ägyptischen Geschichte. Primus, 2005. Gut lesbarer Überblick über die dreitausendjährige Geschichte Altägyptens: historische Ereignisse, Religion, Kultur und Wirtschaft, Beziehungen zu benachbarten Gebieten.

R. Schulz/M. Seidel: Ägypten – Die Welt der Pharaonen. Könemann, 2004. Der umfangreiche, schön gestaltete Band beleuchtet das Leben im alten Ägypten: Alltagsleben, Schrift und Sprache, Religion und Staatswesen, Kunst und Architektur.

Jürgen Stryjak: Ägypten – ein Länderprofil. Bundeszentrale für politische Bildung 2020. Ein spannendes Land-&-Leute-Buch des langjährigen Kairo-Korrespondenten.

Karl-Theodor Zauzich: Hieroglyphen ohne Geheimnis. Zabern, 2014. Ein liebevoll gestaltetes Buch, das dem Laien Einblick in das altägyptische Schriftsystem gibt.

Romane und Erzählungen ägyptischer Autoren

Alaa al-Aswani: Der Jakubijân-Bau. Fischer, 2021. Ein Sittengemälde der ägyptischen Gesellschaft am Beispiel der Bewohner eines Kai-

roer Hauses. Arm und Reich wohnen zusammen, die einen auf engstem Raum, die anderen in verschwenderischer Größe. Doch hinter der bürgerlichen Fassade bröckelt die Moral, wohin man nur blickt.
Alaa al-Aswani: Der Automobilclub von Kairo. Fischer, 2017. In dieser fast zeitlosen Gesellschaftskritik geht es nicht um Autos, sondern um das Salonleben in den noblen Clubs der 1940er-Jahre. Reiche, auch der König, suchen sich hier Frauen für eine Nacht. Dann aber wehrt sich das gedemütigte Personal.
Salwa Bakr: Der goldene Wagen fährt nicht zum Himmel. Lenos, 1997. Der erste ins Deutsche übersetzte Roman der engagierten Autorin. Mit viel Wärme und Humor schildert sie das Leben von Frauen aus unterschiedlichenn sozialen Schichten, die sich im Gefängnis begegnen .
Waguih Ghali: Snooker in Kairo. C. H. Beck, 2018. Erst 54 Jahre nach Erscheinen lag dieser großartige Roman auf Deutsch vor. Kairo in den 1950ern: Da ist Ram aus der Oberschicht, der eine Jüdin liebt und die Unterdrückung und den Nationalismus unter Nasser verachtet. Spannend, komisch, tragisch und aktuell zugleich.
Khalid al-Khamissi: Im Taxi. Unterwegs in Kairo. Lenos, 2011. Im bitterbösen bis witzigen Plausch mit Kairoer Taxifahrern porträtiert al-Khamissi in 58 Episoden den Irrsinn des ägyptischen Alltags.
Nagib Machfus: Die Midaq-Gasse. Unionsverlag, 2020. Eines der bekanntesten Bücher des Nobelpreisträgers schildert mit viel Liebe zum Detail das Leben in einer Gasse der Altstadt Kairos.
Nawal Saadawi: Gott stirbt am Nil. dtv, 1994. In einem kleinen Dorf am Nil muss die einfache Bäuerin Zakeya erleben, wie ihre Familie durch Unterdrückung und brutalen Machtmissbrauch mutwillig zerstört wird. Sie verliert den Glauben an Gott und nimmt Rache.
Jehan Sadat: Ich bin eine Frau aus Ägypten. Heyne, 1996. Die spannende Autobiografie der Gattin des ermordeten Präsidenten erzählt von ihrem Leben als Ehefrau, Mutter, gläubige Patriotin und – sicherlich privilegierte – Kämpferin für die Rechte der Frauen.
Youssef Ziedan: Azazel. Luchterhand, 2011. Ägyptens koptische Kirche setzte das ausgezeichnete Buch auf den Index – und machte es damit zum Bestseller. In dem episch-abenteuerlichen Roman erzählt Hypa, ein fruhchristlicher Monch, vom Glaubensstreit im 5. Jh., der Gewalt in Gottes Namen und explizit von den weiblichen Versuchungen, denen er erliegt, weil Azazel, einer der Prinzen der Hölle, oft stärker ist als Hypas Wille.

Romane und Erzählungen ausländischer Autoren

Agatha Christie: Der Tod auf dem Nil. Atlantik, 2014. Der spannende Krimi ist »die« Lektüre für eine Nilkreuzfahrt in Oberägypten.
Lawrence Durrell: Das Alexandria-Quartett: Justine, Balthazar, Mountolive, Clea. Kampa, 2021. Durrells Werk, mit dem er Weltruhm erlangte, ist ein Kaleidoskop der schillernden Gesellschaft Alexandrias, die in Leidenschaften und Intrigen verstrickt ist.

Christian Jacq: Ramses. 5 Bände. Rowohlt, 2013. Der wohl berühmteste Romanzyklus über den herausragenden Pharao.
Thomas Mann: Joseph und seine Brüder – Joseph in Ägypten. Fischer, 2004. Thomas Manns Version der biblischen Josephsgeschichte – ein faszinierendes Werk der Weltliteratur.
Mika Waltari: Sinuhe der Ägypter. Lübbe, 2014. Der Klassiker der Historienromane über das alte Ägypten. Erzählt wird das bewegte Schicksal eines Mannes in einer Zeit politischer Wirren vor fast 4000 Jahren. Als Quelle diente dem Autor ein altägyptischer Papyrus.

Comic-Klassiker

Albert Uderzo/René Goscinny: Asterix und Kleopatra. Egmont, 2013. Asterix, Obelix, Idefix und Miraculix helfen ihrem Freund Numerobis beim Palastbau und erliegen dabei allesamt dem Charme von Kleopatras Näschen. Der Comic lüftet nebenbei das Geheimnis, weshalb der Sphinx keine Nase hat und spielt auch zeichnerisch mit dem ägyptischen Erbe.

MEDIEN

Rundfunk und Fernsehen

Der staatliche Sender **Radio Cairo** (Kurzwelle Kairo FM 95,4, Hurghada 94,9) bringt tägllich um 18 Uhr Nachrichten in deutscher Sprache. Der Fernsehsender **Channel 2** strahlt täglich von 11 bis 2 Uhr früh viele fremdsprachige Produktionen aus. In vielen Hotels kann man deutschsprachige TV-Programme empfangen. Viele ägyptische Radiosender sind im Internet über www.radio.de und www.tunein.com zu streamen, u. a. Radio El Gouna. TV-Sender streamt www.elahmad.com.

Zeitungen und Zeitschriften

Die bekannteste und älteste Tageszeitung ist **»Al-Ahram«**, die wie »Al-Gomhuria« konservativ und regierungskonform berichtet. Kritischer erscheinen die Blätter der Gruppe **»Akhbar al-Yom«** und die ägyptische Ausgabe der in London erscheinenden **»Al-Hayat«**. Täglich erscheinen auch die regierungstreue englischsprachige **»Egyptian Gazette«** (facebook.com/gazette.egypt) und ihr französisches Pendant **»Le Progrès égyptien«**. Informationen und Analysen, dazu einen guten Überblick über kulturelle Veranstaltungen bietet die Wochenzeitung **»Al-Ahram Weekly«** (english.ahram.org.eg). Dem kritischen Journalismus verschrieben hat sich **www.madamasr.com**. Monatlich informiert das Magazin **»Egypt Today«** (egypttoday.com) über Kunst, Kultur und Veranstaltungen, dazu gibt es Tipps zu Restaurants und Bars/Cafés. **Internationale Zeitschriften und Zeitungen** erhält man meist in den großen Hotels, aber auch Zeitschriftenhändler auf der Straße.

REISEZEIT

Wüsten

Trockenes Wüstenklima bestimmt das Wetter in großen Teilen Ägyptens. Kennzeichnend sind milde Winter und sehr heiße Sommer. Das Nildelta und die Mittelmeerküste gehören noch zur mediterranen Klimazone mit reichlich Winterregen. Südlich von Kairo fällt nahezu kein Niederschlag, wobei in den letzten Jahren auch hier das Wetter oft Kapriolen schlug: Überschwemmungen in Luxor und starke Regenfälle in Assuan, im Januar. 2020 ein Schneesturm über Kairo.

Mittelmeerküste, Nildelta

Das Klimadiagramm von **Alexandria** steht für den schmalen steppenhaften Wüstenstreifen, der am Übergang vom mediterranen zum Wüstenklima häufiger als früher Winterregen empfängt. Die durchschnittlich 190 mm Niederschlag fallen zwischen Oktober und April und konzentrieren sich auf wenige Tage. Die Luftfeuchtigkeit ist mit 60 – 70 % recht hoch. Der Wind kommt vom Mittelmeer. Eine Besonderheit des Frühjahrs ist der **Chamsin**, ein heißer, trockener Wüstenwind aus südlichen Richtungen. Die mitgeführten Staubmassen können sich zu dicken gelben Wolken verdichten. Die Temperaturunterschiede Winter/Sommer von 12 °C bzw. 14 °C sind, bedingt durch die Lage am Meer, gering. Allerdings kam es zuletzt häufiger zu Schneefall in Alexandria.

Nördliches Wüstengebiet

Kairo steht für das Wüstenklima im nördlichen Ägypten. Hier regnet es nur noch durchschnittlich 24 mm im Jahr. Die meisten Schauer gibt es zwischen Dezember und Februar. Die Luftfeuchtigkeit liegt nur noch bei 50 %, von April bis Juni sogar deutlich unter 40 %. Entsprechend hoch ist die monatliche Sonnenscheindauer: 236 Stunden im Winter und 390 Stunden im Sommer. Im Winter sinken die Temperaturen nachts bis auf 10 °C, die mittäglichen Höchstwerte liegen bei 20 °C. Im Sommer steigt das Thermometer am Tag im Durchschnitt auf 35 °C, während es nachts auf 22 °C abkühlt.

Südliches Wüstengebiet

Die Klimastation **Assuan** ist repräsentativ für das extreme Wüstenklima im mittleren und südlichen Landesteil. Im Durchschnitt regnet es hier 1 mm pro Jahr, in manchen Jahren auch 2–3, selten bis 6 mm. In vielen Jahren fällt kein einziger messbarer Tropfen. Die Luftfeuchtigkeit bleibt stets unter 60 %; in den Frühjahrsmonaten liegt sie bei 30 % und darunter. Durch die Entfernung von der Küste sind die Temperaturschwankungen größer als weiter im Norden. Besonders extrem sind sie an der Bodenoberfläche, wo bei mittäglicher Einstrahlung ohne weiteres Temperaturen von über 60 °C erreicht werden. Während es im Sommer bis zu 50 °C warm werden kann, fällt im Winter das Thermometer gelegentlich unter den Gefrierpunkt.

REGIONALTYPISCHE KLIMASTATIONEN

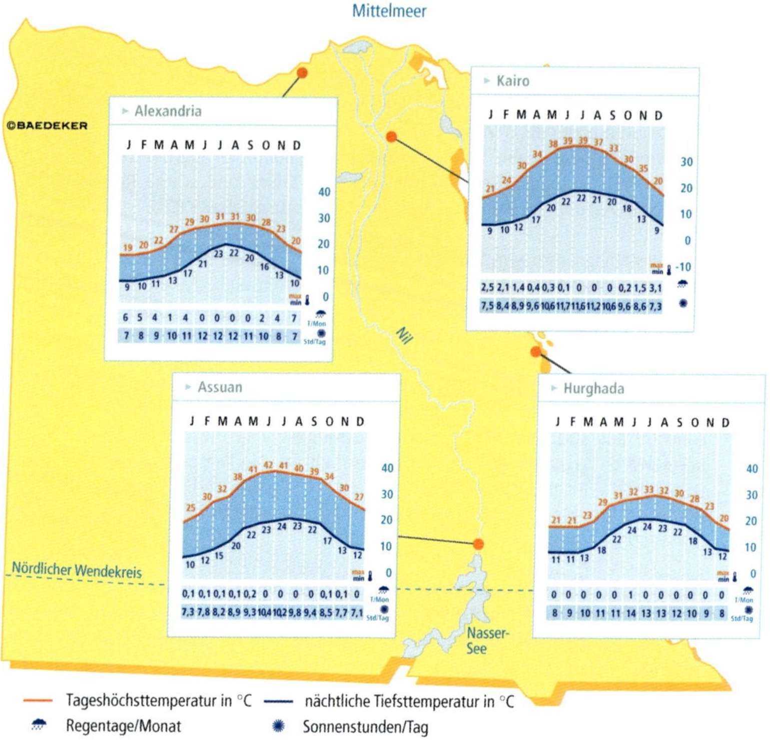

Küste des Roten Meeres

Ein extrem trockenes, sehr warmes bis heißes Wüstenklima herrscht auch am Roten Meer, wie die Daten der Klimastation **Hurghada** zeigen. Elf Monate sind praktisch niederschlagsfrei. Nur im Juni ist mit ein paar Tropfen zu rechnen. Trotzdem ist der Juni auch der Monat mit den meisten Sonnenstunden (14 pro Tag). Das Meer sorgt jedoch dafür, dass die Temperaturunterschiede nicht so krass ausfallen wie in den Wüsten des Binnenlandes. Die durchschnittlichen Nachttemperaturen sinken im Winter nicht unter 10 °C und im Sommer kaum unter 23 °C. Die durchschnittlichen Tagestemperaturen liegen das ganze Jahr über bei 21 °C. Heiß und gelegentlich auch schwül ist es von Juni bis September, wenn die durchschnittlichen Tagestemperaturen über 25 °C ansteigen. Sehr heiß und drückend schwül ist es im August bei einer Tagesdurchschnittstemperatur von 33 °C.

Reisezeit

Für Besichtigungen liegt die angenehmste Reisezeit zwischen September und April. Die Temperaturen bewegen sich dann zwischen 20 und 35 °C. Aufgrund der geringen Luftfeuchtigkeit sind hohe Temperaturen recht gut zu ertragen. Im Dezember und Januar können die Temperaturen nachts unter 10 °C fallen, im Sinai sogar noch tiefer. Außerdem fällt dort oben nicht selten Schnee.
Mit Temperaturen von über 40 °C sind die Sommermonate nur sehr hitzebeständigen Naturen zu empfehlen. Allerdings ist dann der Andrang weitaus geringer. Dies gilt jedoch nicht für die Badeorte am Mittelmeer, allen voran Alexandria, wo nun Hochsaison ist.

Kleidung

Sommerliche Kleidung (Baumwolle, Leinen) reicht fast das ganze Jahr über aus. Im Winter sind in den Hochlagen des Sinai und nachts in der Wüste dicke Kleidung unerlässlich, Jacke und Sweater empfehlen sich auch für die Winterabende im übrigen Ägypten. Wärmendes ist oft auch in klimatisierten Räumen nötig.

SICHERHEIT

Die Gefahr, Opfer eines Diebstahls oder Raubs zu werden, ist relativ gering. Das ist erstaunlich, wenn man bedenkt, dass viele Ägypter hart um ihre Existenz kämpfen müssen. Kleinkriminalität gibt es am ehesten in den Touristenzentren. Leichtsinnige Touristen bieten dort gute Gelegenheit zur illegalen Bereicherung, etwa wenn sie teuren Schmuck und unnötig viel Bargeld mit sich herumtragen oder Wertsachen unbeaufsichtigt am Strand liegen lassen.
Seit den Angriffen islamistischer Extremisten in jüngerer Zeit wurden die Sicherheitsvorkehrungen verschärft. An allen Sehenswürdigkeiten ist Poliziei stationiert. Die Begleitung ausländischer Touristen durch Polizeikonvois ist in Oberägypten je nach Sicherheitslage möglich. Besuche im unruhigen Mittelägypten sind für Ausländer nur erschwert oder gar nicht möglich: vor der Anreise kundig machen!
Eine **No-go-Area** ist der **Nordsinai**, genauer genommen die Region an der Mittelmeerküste um El-Arish. Ableger des Islamischen Staats verüben dort immer wieder Anschläge auf Armee, Polizei und Zivilbevölkerung, besonders Kopten. Vorsicht geboten ist – aus anderem Grund – an einigen Küstenabschnitten des Roten Meers, an derMittelmeerküste westlich von El-Alamein sowie entlang der Grenzen zum Sudan und zu Libyen. Dort ist eine Gefährdung durch unzureichend gekennzeichnete Minenfelder möglich. Vor der Reise sollte man **unbedingt die aktuellen Hinweise seines Außenministeriums** abrufen.

WICHTIGE REISE-INFORMATIONEN

DEUTSCHLAND
Auswärtiges Amt, Bürgerservice
11013 Berlin, Tel. 030 18 17-0
www.auswaertiges-amt.de

ÖSTERREICH
Bundesministerium für Europäische und internationale Angelegenheiten
Minoritenplatz 8, 1014 Wien
Tel. 050 11 50-3775
www.bmeia.gv.at

SCHWEIZ
Eidgenössisches Departement für auswärtige Angelegenheiten (EDA)
Effingerstrasse 27, 3003 Bern
Tel. 0800 24 7 365
www.eda.admin.ch

SPRACHE

Offizielle Landessprache ist **Arabisch**, gesprochen wird ägyptisches Arabisch. **Englisch** ist die meistgesprochene Fremdsprache. Die nubische Bevölkerung in Oberägypten spricht teils noch Nubisch, eine in viele Dialekte gegliederte Sprache; in der Oase Siwa sind Berberdialekte gebräuchlich.
Das Arabische unterscheidet sich stark von den indoeuropäischen Sprachen. Dies gilt sowohl für die grammatikalische Struktur als auch für die Schrift, die von rechts nach links läuft und im Wesentlichen das sinngebende Konsonantengerüst der Wörter darstellt. Da sich die Dialekte des Arabischen vorwiegend im Vokalbestand unterscheiden, ist eine solche Konsonantenschrift wesentlich universeller verwendbar als eine phonetisch voll ausgebildete Lautschrift. Die 28 Lautzeichen der arabischen Schrift können je nach der Stellung als An-, In- oder Auslaut bzw. isoliert ihre Gestalt stark verändern, was das Erlernen sehr erschwert. Es gibt im Arabischen Laute ohne Entsprechung im lateinischen Alphabet, eine allgemein gültige Transkription existiert nicht, weshalb z. B. die Ortsnamen und Adressen unterschiedlich wiedergegeben werden.
Die arabischen Wörter und Redewendungen sind im Folgenden in einer vereinfachten Aussprache wiedergegeben. **Sonderzeichen** sind:

th	wie stimmloses engl. th in thing
dh	wie stimmhaftes engl. th in the
ā, ū, ī	lang gesprochen wie in Hahn, Huhn, Miete
’	stimmhafter Kehllaut, klingt wie ein gepresstes »a«
gh	ungerolltes Zäpfchen-r wie in hochdeutsch »waren«.

BASISWORTSCHATZ ÄGYPTISCHES ARABISCH

ZAHLEN

0	**sifr**	15	**chamastaschar**
1	**wahed**	16	**settaschar**
2	**etnin**	17	**sabataschar**
3	**talata**	18	**tamantaschar**
4	**arba'a**	19	**tesataschar**
5	**chamsa**	20	**eschrin**
6	**setta**	30	**talatin**
7	**saba'a**	40	**arbe'in**
8	**tamanya**	50	**chamsin**
9	**tesa'a**	60	**settin**
10	**'aschra**	70	**saba'in**
11	**hedaschar**	80	**tamanin**
12	**etnaschar**	90	**tes'in**
13	**talataschar**	100	**meyya**
14	**arbataschar**	1000	**alf**

WOCHENTAGE

Montag	**el etnen**	Freitag	**el goma'a**
Dienstag	**el talat**	Samstag	**el sabt**
Mittwoch	**el arba'a**	Sonntag	**el had**
Donnerstag	**el chamis**		

ZEITANGABEN

Jahr	**sanna**
Monat	**schahr**
Woche	**usbûah**
Tag	**yom**
Morgen	**sobh**
Mittag	**dohr**
Abend	**masa'**
Nacht	**leel**
Stunde	**sa'a**
heute	**el naharda, el yum**
gestern	**embareh, elbareha**
morgen	**bukra**
übermorgen	**baad bukra**
jetzt	**deluati**
später	**ba'deen**
sofort	**halan**

UNTERKUNFT

Haus	**beet**
Hotel	**fondok** (einfaches) / **hotel** (besseres)
Gepäck	**schonat el safar**
Zimmer	**oda**

Bad	**hammam**
Bett	**serir**

ESSEN UND TRINKEN

Restaurant	**mat'am, restoran**
Frühstück	**fetar**
Mittagessen	**ghada**
Abendessen	**ascha**
Durst	**'atasch**
Suppe	**schorba**
Ich habe Durst	**atschan(a)**
Bitte zahlen	**el hesab men fadlak (m.) / fadlik (w.)**
Brot	**aisch**
Fleisch	**lahma**
Fisch	**samak**
Salz	**malh**
Kaffee	**ahwa**
Tee	**schai**
Wasser	**maya**
Milch	**laban**
Zucker	**sokkar**

REISE UND VERKEHR

Straße	**sharia**
Platz, Kreisverkehr	**midan**
Auto	**arabeya**
Bus	**otobis**
Tankstelle	**mahatet bensin/bensina**
Werkstatt	**mikaniki**
Reifen	**agala**
Öl	**seet**
Motor	**motor**
Polizei	**bolis**

REDEWENDUNGEN

Guten Tag / Willkommen	**ahlan, marhaba**
Gruß für alle Gelegenheiten	**salam, salamu alekum**
Man antwortet mit	**alekum assalam**
Guten Morgen	**sabah el-cheir**
Guten Abend	**masa el-cheir**
Gute Nacht	**tesbah'ala cheir**
Auf Wiedersehen	**ma'a el salama**
Herr	**ostas, sayed**
Frau	**ostasa, sayeda**
Geben Sie mir ...	**edini ...**
Haben Sie ...	**andak (m.), andik (w.) ...**
Ich habe nicht ...	**ma'andisch ...**
Wie bitte?	**afandem?**

Ich heiße ... (Josef)	**ana ismi ... (Youssouf)**
Ich bin ... (Josef)	**ana ... (Youssouf)**
Deutschland	Almanya
Ich bin Deutscher / Deutsche	**ana Almani/Almania**
... Österreicher / in	**ana Nimsaui/Nimsauia**
... Schweizer / in	**ana Swissri/Swissria**
Sprechen Sie ...	**betetkalem/betetkalemi ...**
... Arabisch?	**arabi?**
... Deutsch?	**almani?**
... Französisch?	**fransaui?**
... Englisch?	**engelisi?**
Ich verstehe nicht	**mesh fahem/fahma**
Entschuldigung	**asef/asfa**
Ich möchte bitte	**aues men fadlak/fadlik**
Danke	**schukran**
Nein, danke	**la, mutaschaker gedan**
Hör zu	**esmaani**
Verzeihung	**asef / asfa**
Guten Appetit	**bel hana wel shefa**
ja	**aywa, na'am**
nein	**la**
Vorsicht, Achtung	**khalli balak/balek**
gut	**kuayes**
schön	**gamil/gamila, helu/a**
schlecht	**wehesch/wehscha**
Wie viel?	**bekam?**
viel	**ketir**
zu viel	**ketir aui**
wenig	**olayel**
genug	**kefaya**
Geld	**felus**
Lass mich in Ruhe!	**sebni fi hali!!**
Bringe / bringt	**gib / gibi, (pl.) gibu**
Nimm weg / Nehmt weg	**shil / shilo**
Wie ist deine Telefonnummer?	**rakam telefonak / telefonek kam?**
Schau her	**schuf, (pl.) schufi**
Es macht nichts	**maalesh**
Das ist egal, gleichgültig	**mesh faraah, mesh mohem**
Wie bitte?	**na'am?**
Kein, nichts	**ma fish**
(Ich habe) Kein Geld	**mafish felus**
Ich will nicht, kommt nicht in Frage!	**mesh aues, chlas!**
Wo (ist ein) Hotel, Bus (etc.) ?	**fen hena fondok, otobis (etc.) ?**
Wo kann ich ...?	**alai fen ... ?**
Das ist zu teuer	**ghali aui**
Was kostet das?	**bekam da?**
Wie geht es dir?	**esayak / esayek?**
Ich habe Durst	**ana atschan / atschana**
Ich habe Hunger	**ga'an / ga'ana**
Ich bin krank	**ana ayan / ayana**
Ich bin müde	**ana ta'ban / ta'bana**

TELEKOMMUNIKATION · POST

Telefon und Internet

Von Hoteltelefonen aus kosten Gespräche nach Europa mehrere Euro pro Minute. Teurer ist es nur noch, mit dem Mobiltelefon In- und Auslandsgespräche zu führen (Roaming). Unschlagbar günstig telefonieren Sie **mit ägyptischen Prepaid-Karten** sowohl im Inland als auch nach Europa (wenige €-Cent/Minute). Man bekommt die SIM-Karten bei den Mobilfunkgesellschaften (Orange, Vodafone, Etisalat), die im ganzen Land Filialen unterhalten oer auf dem Flughafen (in Kairo bei den Gepäckbändern und in der Ankunftshalle).

Internetcafés

Internetcafés gibt es selbst in abgelegenen Oasen. Die Gebühren liegen im niedrigen LE-Bereich. In Hotels muss man mit weitaus höheren Kosten rechnen (bis zu 45 LE/Std.). In Cafés und Restaurants ist kostenloses WLAN weit verbreitet.

Post

Briefe und Postkarten nach Europa kosten 15 LE. Die »Reise« nach Europa kann bis zu 14 Tage dauern. Briefmarken erhält man in Postämtern und Souvenirläden. Postämter (»bosta«) sind an einem runden Signet mit weißer Taube zu erkennen, sie haben So.–Do. 8.30 – 15 Uhr geöffnet. Luftpost wirft man in die roten Briefkästen.

VERKEHR

Straßenverkehr

Der Straßenverkehr ist vor allem in den größeren Städten chaotisch. Verkehrsvorschriften werden kaum beachtet. Ständige Fahrbahnwechsel und Staus machen das Fahren nicht zum Vergnügen. Da Hinweisschilder hauptsächlich arabisch beschriftet sind, ist die Orientierung z. B. per Google Maps sehr hilfreich.

Straßen

Das Straßennetz ist nur im Nildelta, zwischen der Mittelmeerküste und der Hauptstadt Kairo, verhältnismäßig dicht. Für einige Autobahnen wird Maut erhoben. Alle Badeorte sind gut zu erreichen. **Wüstenpisten**, meist festgefahrene und häufig sehr holprige Sand-/Schotterpisten, können nur mit geländegängigem Fahrzeug benutzt werden. Gelegentlich machen kurze, heftige Niederschläge Wüsten-

pisten unpassierbar. Besonders abends und nachts kann es auf den Straßen gefährlich werden. Viele Fahrzeuge sind ohne Licht oder nur schlecht beleuchtet unterwegs. Auch Kamele oder Esel mit Karren nützen gerne die Straßen.
Außerhalb von Kairo ist das **Unfallrettungswesen** noch in Aufbau. Eine verbreitete Unart ist es, dass Autofahrern Ambulanzen mit Blaulichteinsatz den Weg nicht freimachen.

Verkehrsvorschriften

In Ägypten gilt Rechtsverkehr. Höchstgeschwindigkeit für Kraftfahrzeuge ist innerhalb geschlossener Ortschaften 50 km/h, außerhalb 100 km/h. Radarkontrollen sind häufig, die Strafen hoch. Und: In puncto Alkohol gilt **null Promille**.

Treibstoff

Benzin ist außerordentlich günstig. 2025 kostete der Liter ab 12 LE. Erhältlich sind Normalbenzin (80 Oktan), Super (96 Oktan) und Diesel.

Überlandfahrten

Wer eine individuelle Überlandfahrt plant, sollte sich vorher im Hotel nach Straßenzustand und Reisebedingungen erkundigen. In manchen Gebieten können Überlandfahrten eventuell nur in einem von Sicherheitskräften begleiteten Konvoi möglich sein.
Wüstenfahrten müssen in der Regel bei den Sicherheitskräften, d. h. bei Polizei oder Militär, angemeldet werden und sollten nur nach guter Vorbereitung mit robusten und technisch einwandfreien Fahrzeugen unternommen werden. Die Mitnahme von Bordwerkzeug, zweitem Ersatzrad, genügend Treibstoff und Trinkwasser ist unerlässlich. Man sollte **grundsätzlich in Gruppen von mindestens zwei Fahrzeugen** fahren, am besten auch in Begleitung eines ortskundigen Einheimischen. Markierte Strecken auf keinen Fall verlassen! Von Nachtfahrten ist aus Sicherheitsgründen abzuraten. Oft ist es sinnvoller und sicherer, sich einer organisierten Tour anzuschließen.

Mietwagen

Wer sich zutraut, in dem Gewühl von Autos, Eselskarren, Kamelen, Fahrrädern und Bussen vorwärts zu kommen, kann sich in Kairo, Alexandria, Hurghada, Sharm el-Sheikh und anderen Touristenorten durchaus bei internationalen und einheimischen Verleihfirmen ein Auto mieten. Dazu muss man mindestens 25 Jahre alt sein und den heimischen Führerschein, einen Internationalen Führerschein und den Reisepass vorlegen. Man sollte immer eine **Vollkaskoversicherung ohne jede Selbstbeteiligung** abschließen. Die Autovermieter blockieren auf der Kreditkarte teils hohe Kautionen. Am besten fährt man, wenn man den Mietwagen schon vor der Abreise im Reisebüro oder über ein Internet-Portal bucht. Man sollte bei der Übernahme vor Ort unbedingt den Zustand von u. a. Reifen, Ersatzrad und Bremsanlage überprüfen.

Busverkehr

Niltal und Nildelta sind durch ein engmaschiges Busnetz erschlossen. Busse fahren auf allen Hauptverkehrsstraßen. Auch die großen Oasen in der Westlichen Wüste sowie die Küstenorte am Golf von Sues und am Roten Meer werden von Überlandbussen mehrerer Gesellschaften bedient. Die Busse sind jedoch nur z. T. mit Klimaanlagen ausgerüstet und oft überfüllt. Hinsichtlich Pünktlichkeit ist große Toleranz nötig.
Go Bus (www.go-bus.com) bietet Tag- und Nacht-Verbindungen von / nach Kairo, Alexandria, Marsa Matruh, Sharm el Sheikh, El Gouna, Hurghada, Marsa Alam, Luxor, Assuan und anderen Orten an. Abfahrt ist in Kairo vom Midan Tahrir.

Bahnverkehr

Das Eisenbahnnetz – das älteste Afrikas (1856 bereits war die Eröffnung der Strecke Alexandria – Kairo, 1898 kam Kairo – Luxor dazu) – untersteht den staatlichen Egyptian National Railways (ENR). Es hat eine Gesamtlänge von rund 8200 km und erstreckt sich ganz **überwiegend im Delta und im Niltal**. Der bedeutendste Eisenbahnknotenpunkt ist Kairo. Mit Ausnahme der Metro in Kairo sind noch alle Strecken dieselbetrieben, ein elektrifiziertes Hochgeschwindkeitsnetz ist in Planung.
Für die Züge von Egypt National Railways müssen Sie die Tickets rechtzeitig am Bahnhof kaufen. Eine Online-Buchung – wie für die Abela-Schlafwagenzüge – stand 2025 noch nicht zur Verfügung.

Schlafwagenzüge

Abela Trains bietet täglich komfortable Schlafwagenzüge u. a. zwischen Kairo, Luxor und Assuan. Abfahrt ist jeweils am Abend, Ankunft am nächsten Morgen. Infos: www.abelatrains.com.

Stadtverkehr

Alexandria

Mehrere Verkehrsgesellschaften bedienen in der Mittelmeer-Metropole ein relativ engmaschiges Straßenbahnnetz. Wichtigster Knotenpunkt ist die Haltestelle Raml im Stadtzentrum. Eine Stadtbahn verbindet Alexandria mit der östlichen Vorstadt Abukir. Weitere Linien sind geplant.

Kairo

Kairos Stolz ist die **Metro**, die bisher Heliopolis mit Heluan und Shobra mit Giseh/Al Mounib verbindet. Die teilweise bestehende dritte Linie wird einmal Mohandessin und Zamalek mit dem internationalen Flughafen verbinden. Die Züge fahren ab 5.00 Uhr in kurzen Abstän-

NÜTZLICHE ADRESSEN

MIETWAGEN

Avis
www.avis.com
Europcar Egypt
www.europcar.com.eg
Hertz
www.hertz.com
Sixt Egypt
www.sixt.com.eg

BUSUNTERNEHMEN

Go Bus
Tel. 19567, www.go-bus.com
Superjet
www.superjet.com.eg
Upper Egypt Bus
Ticketbüros bei den Busstationen
Tel. 02 25 76 02 61

HAUPT-BAHNSTRECKEN

Kairo – Alexandria
208 km, 2 Std.
Kairo – Ismailija
159 km, 2 – 3 Std.
Kairo – Sues
140 km, 3 Std.
Kairo – Port Said
232 km, 4 Std.
Kairo – Marsa Matruh
311 km, 8 Std.
(nur 15. Juni – 15. Sept.)
Kairo – Luxor
671 km, 9 – 11 Std.
Kairo – Assuan
880 km, ca. 12–14 Std.

BAHNGESELLSCHAFTEN

Egyptian National Railways
Tel. 02 25 74 82 79
https://enr.gov.eg
Abela
Tel. 010 33 33 45 25, 16 086
www.abelatrains.com

FÄHREN AUF DEM ROTEN MEER

Arab Bridge Maritime
Hurghada – Sharm el-Sheikh und zurück – verkehrte zuletzt nicht
Nuweiba – Aqaba/Jordanien tgl.
Info & Buchung:
www.abmaritime.com.jo

den. Die Metro-Stationen sind durch ein rotes »M« gekennzeichnet. Auf den Linien 1 und 2 kosten die ersten neun Stationen 5 LE. An der Nord-Süd-Achse liegen 30 Stationen, die wichtigsten sind Midan Tahrir sowie Midan Ramses mit Übergang zum Hauptbahnhof. Über die Station Mar Girgis erreicht man Alt-Kairo mit Zugang zum Koptischen Museum, zu einigen koptischen Kirchen sowie zu den Resten der römischen Befestigung. Ein teils noch im Bau befindliches Monorail-Netz war 2025 auf kurzen Abschnitten im Testbetrieb.
Im dichten Kairoer **Busnetz** sind Hunderte von ständig überfüllten Bussen unterwegs. Frauen ist von der Benutzung dringend abzuraten (▶ S. 551) Außerdem fahren in Kairo einige **Straßenbahnlinien** (Tram), darunter allein sechs von und nach Heliopolis.
Metro Kairo: www.cairometro.gov.eg

Taxi

Für Fahrten in Ortschaften und Städten, aber auch für Tagesausflüge bieten sich Taxis als unkompliziertes Fortbewegungsmittel an. Die

meisten verfügen zwar über ein Taxameter, doch das wird so gut wie nie eingeschaltet. Es empfiehlt sich daher, den Fahrpreis vorher auszuhandeln. Taxis, die vor dem Hotel warten, sind zwar teurer, dafür sprechen die Fahrer meist ein wenig Englisch. Bei Tagestouren ist es empfehlenswert, genau anzugeben, was man sehen und wie lange man unterwegs sein möchte.
Für die ca. 20 km lange Fahrt vom Kairoer Flughafen ins Zentrum der Stadt (Tahrir-Platz) gilt ein Preis von 270 LE aufwärts. Alternativen mit Fixpreis, bestellbar über App, sind Uber und Careem.

Sammeltaxis

In allen Städten verkehren Sammeltaxis. Sie sind eine sehr preisgünstige Möglichkeit, um von Ort zu Ort zu gelangen. Einige Arabisch-Kenntnisse sind dabei hilfreich. Wegen der rabiaten Fahrweise der Fahrer und der Enge im Auto dürften die Fahrten eher in die Kategorie **Abenteuerurlaub** fallen.

Minibusse und Tuk-tuks

Die etwas komfortableren Minibusse sind hauptsächlich in den Städten und Badeorten zu finden. Vor allem auf dem Land sind »Service Taxis« üblich, einfache Pick-ups mit zwei Sitzbänken. Eilig darf man es nicht haben, denn Mini-Busse und Service-Taxis fahren erst ab, wenn sie voll besetzt sind. Es gibt keine festgelegten Haltestellen – gestoppt wird überall, wo ein Fahrgast ein- oder aussteigen möchte. Populär sind die Tuk-tuks, die knatternden Auto-Rikschas. In Kairo wurden sie 2023 allerdings verboten.

ZEIT

Drei Kalendersysteme

In Ägypten sind drei Kalendersysteme relevant. Im alltäglichen Bereich, für Termine geschäftlicher Art, der Verwaltung und des Staats gilt der (Gregorianische) Kalender, wie wir ihn kennen. Der islamische Kalender (▶ Religion, S. 430) bestimmt den Zeitpunkt muslimischer Feiertage und Feste sowie der Familienfeste gläubiger Muslime. Der koptische Kalender basiert auf dem Julianischen und spielt nur für das religiöse Leben der koptischen Christen eine Rolle. Das koptische Jahr beginnt am 11./12. Sept., die Jahreszählung setzt mit dem Jahr 284 n. Chr. ein, dem Beginn der Regierungszeit Kaiser Diokletians, in der die grausamsten Christenverfolgungen in Ägypten stattfanden.

Sommerzeit

▶ Kurz & bündig, S. 545

GLOSSAR

Abakus: Obere Abschlussplatte eines Säulenkapitells.

Achet: Zeit der Nilschwelle; galt als erste Jahreszeit im ägyptischen Jahr.

Aha: Horus-Name des zweiten Königs der 1. Dynastie, vielleicht des sagenhaften Menes.

Amenti: Reich der Toten; im Gegensatz zu ▶ Duat der westliche Teil der Unterwelt.

Amulett: Gegenstand, der Schutz vor Bösem bzw. Glück und Erfolg bringen soll. Die im alten Ägypten am meisten gebrauchten Amulette waren ▶ Skarabäus, ▶ Anch, ▶ Horbehuted und ▶ Lotos.

Anch: Eigentlich ein Sandalenriemen. »Henkelkreuz«, »Lebensschleife« oder »Lebensschlüssel«, Symbol des Lebens, wohl auch des Weiterlebens nach dem Tod. Als aus verschiedensten Materialien gefertigtes Amulett sollte es seinem Träger Glück und ein langes Leben bescheren.

Architrav: Auf Säulen oder Mauern aufliegender steinerner Balken, Träger des Oberbaus oder der Dachkonstruktion.

Atef: ▶ Kronen

Ba: Teil der Persönlichkeit, unserer Vorstellung von »Seele« vergleichbar.

Bankgrab: ▶ Mastaba

Barke, heilige: Schiff für die Fahrt der Götterstatuen.

Basar, Souk: Handelsviertel in einer arabischen Stadt.

Blemyer, Blemmyer: Nomaden, die im Altertum die südliche Arabische Wüste durchzogen und wiederholt in Oberägypten und Nubien einfielen.

Chamsin: Heißer Wüstenwind, besonders im Frühjahr (▶ S. 559).

Dat: ▶ Duat

Demotisch: Von griechisch »demotiká grámmata«, »Schrift des Volks«: Aus dem Hieratischen weiterentwickelte Schrift. Sie entstand im 7. Jh. v. Chr. in Unterägypten und wurde in der Spätzeit und griechisch-römischen Zeit in ganz Ägypten zur Umgangsschrift; verschwand um die Mitte des 5. Jh.s n. Chr. (▶ Hieroglyphen, S. 473).

Djed: Fetisch in Pfeilerform mit unklarem Ursprung. Der Djed ist dem Osiris beigegeben und sorgt als Amulett für Beständigkeit und Ausdauer.

Duat (Dat): Unterwelt, in die die Sonne des Abends hinabsinkt, um sie bis zum Morgen zu durchreisen.

Dynastie: »Herrschergeschlecht«. Nach Manetho regierten bis zum Einmarsch Alexanders des Großen insgesamt 31 Dynastien nacheinander, bisweilen auch nebeneinander, über Ägypten.

Elektron: Legierung aus 85 % Gold und 15 % Silber, mit der die Spitze von ▶ Obelisken (▶ Pyramidion) verkleidet war und die bei Sonnenauf- und -untergang weithin strahlte.

Gau: Ägypt. »sepat«, griech. »nomos«: Verwaltungsbezirk im alten Ägypten. Gaue entwickelten sich aus selbständigen vor- und frühdynastischen Fürstentümern. Ihre Zahl und Größe variierte im Lauf der Geschichte. In Zeiten starker Zentralmacht wenig bedeutend, gewannen sie in Zeiten innerer Unruhe und Schwäche an Macht und Selbständigkeit.

Heb-sed: Sed-Fest: Königsjubiläum nach 30 Jahren Regierungszeit, danach alle drei Jahre wiederholt.

Hethiter: Ab dem 2. vorchristlichen Jahrtausend im östlichen Kleinasien (Kappadokien) lebendes indogermanisches Volk.

Hieratische Schrift: Von griech. »hieros« = »heilig«: In allen Zeiten der altägyptischen Geschichte verwendete Schrift; in der Spätzeit war sie allein religiösen Texten vorbehalten (▶ Hieroglyphen, S. 473).

Hohepriester: Oberster der lokalen Priesterschaft.

Hohlkehle: Von einer halbrunden, oft reich reliefierten Wölbung getragenes Gesims als Abschluss von Mauern, Toren, Stelen u. a. Den unteren Abschluss der Hohlkehle bildete ein Rundstab.

Horbehuted: Flügelsonne: Sonnengöttin, die den Gott Re auf seiner Himmelsreise begleitet. Horbehuted ist an Tempeltoren und Pylonen dargestellt, die sie vor dem Einsturz bewahren soll.

Horusname: Erster Name in der Titelfolge des Königs, der ihn als legitimen Nachfolger des Horus ausweist (▶ Altägyptisches Pantheon, S. 462).

Hyksos: »Fürsten der Fremdländer«: Ein von Nordosten nach Ägypten eingedrungenes churritisch-semitisches Mischvolk, das zwischen ca. 1650 und 1550 v. Chr. die Macht am Nil innehatte (▶ Geschichte, S. 439)

Hypostyl: Säulenhalle.

Ichneumon: Pharaonsratte, Mungo (*Herpestes ichneumon*): ein als Schlangenjäger geschätztes und als göttlich verehrtes Raubtier; ab der Spätantike in großer Zahl mumifiziert und in besonderen Grabanlagen beigesetzt.

Isisknoten: Amulett in Form eines Henkelkreuzes mit herabgeklappten Seitenarmen.

Ithyphallisch: Mit erhobenem Phallus als Sinnbild der Fruchtbarkeit.

Ka: Das Unsterbliche im Menschen, die Lebenskraft, die ihn als sein Schattenwesen begleitet und beschützt. Im Jenseits vereinigt sich der Verstorbene mit seinem Ka. Dargestellt als Abbild oder Statue des Lebenden, gekennzeichnet durch die Hieroglyphe »Ka« und über den Kopf erhobene Arme.

Kanopen: Gefäße, in denen die Eingeweide eines Verstorbenen beigesetzt wurden. Sie standen unter dem Schutz der vier Horus-Kinder, dargestellt als Mensch, Pavian, Hund und Falke.

Kapitell: Meist kunstvoll ausgearbeiteter oberer Säulenabschluss (▶ Kunst und Kultur, S. 478)

Kartusche: Ovales Feld mit Namen und Titel des Königs; entstanden aus der Sonnenscheibe über dem Horizont (Beispiele S. 437–439).

Katarakt: Stromschnellen des Nils zwischen Khartum (Sudan) und Assuan. Von den 7 Katarakten (1.– 6. Katarakt und Dal-Katarakt) bildeten 6 in verschiedenen Epochen der ägyptischen Geschichte die Grenzen des Landes.

Kenotaph: Leergrab oder Scheingrab als Kult- oder Gedenkstätte.

Kibla (Qibla): Im Islam die Gebetsrichtung, heute gegen Mekka gewandt. Mohammed hatte unter dem Eindruck religiöser und politischer Vorstellungen des Judentums Jerusalem als Kibla bestimmt, dies aber 624 geändert.

Kiosk: Kleiner offener Tempelbau, in dem bei Festen die Götterstatue aufgestellt wurde.

Kolonnade: Flach gedeckter Säulengang.

Konche: Von griech. »kónchē« für»Muschel«: Halbkugelkuppel der Apsis.

Kopten: Von arab. »Qubt«, aus griech. »Aigyptos«: Christliche Nachkommen der alten Ägypter. Mit etwa 10 % Anteil an der Gesamtbevölkerung gehören sie heute im Wesentlichen dem sozialen Mittelstand an (Handwerker, Kaufleute, Ärzte, Lehrer u. a.).

Kronen: Die Kopfbedeckungen von Königen und Göttern im alten Ägypten lassen sich auf drei Grundformen zurückführen: die rote Krone Unterägyptens, die weiße Krone Oberägyptens und die Doppelfederkrone der Götter Amun und Min. Durch Kombination und Veränderung dieser Grundformen entstand eine unüberschaubare Vielfalt an Kronen, deren Bedeutung noch unzureichend geklärt ist. Aus der Vereinigung von roter und weißer Krone entstand die Doppelkrone Pschent des ägyptischen Pharaonentums, Atef ist die aus der Verbindung von roter Krone und Doppelfederkrone entstandene Kopfbedeckung des Osiris. Die seit der 18. Dynastie überlieferte und irrtümlich auch als »Kriegshelm der Pharaonen« bezeichnete blaue Krone kann als Umgestaltung der Doppelkrone gedeutet werden. Hemhemet ist eine dreifache Atef-Krone auf Widderhörnern mit Uräusschlangen und Sonnenscheibe.

Krypta: Unterirdische Kammer.

Lotos: Wahrzeichen des pharaonischen Ägypten; sollte, als Amulett getragen, ewige Jugend schenken.

Mamelucken (Mamluken): Von arab. »mamlûk« = »Sklave«: Ehemalige türkische und tscherkessische Sklaven, die sich zur Herrschaft über Ägypten aufschwingen konnten (▶ Geschichte, S. 445).

Mammisi: Geburtshaus. Von J.-F. Champollion (▶ Interessante Menschen) geprägte Bezeichnung für kleine Nebengebäude spätzeitlicher Tempel, in denen das Mysterium der alljährlichen Wiedergeburt des Lokalgottes oder des Sohns der Lokalgöttin gefeiert wurde.

Mastaba: Von arab. für »Bank«: Bezeichnung für Privatgräber der frühdynastischen Zeit und des Alten Reichs. Der freistehende Oberbau mit quadratischem bis rechteckigem Grundriss bestand aus Ziegel- oder Steinmauern und war durch ein flaches Dach abgeschlossen. Durch Übereinanderfügen mehrerer Mastabas entstanden Stufenpyramiden und echte Pyramiden.

Medrese: Koranschule oder islamische theologische Lehranstalt im Rang einer Universität. Die erste Medrese entstand 1067 in Bagdad (▶ Islamische Architektur, S. 500).

Menit: Der Göttin Hathor geweihtes Kultgerät: ein Halskragen, der durch ein reich verziertes Gegengewicht eng anliegend gehalten wurde.

Minbar: Treppenkanzel in Moscheen.

Mihrâb: Gebetsnische in Moscheen, immer gen Mekka gerichtet.

Minarett: Von arab. für »Leuchtturm«: Moscheeturm, von dem der Muezzin die Gläubigen zum Gebet ruft (▶ Islamische Architektur, S. 501).

Monolith: von griech. »mónos« und »líthos«, »aus 1 Stein bestehend«.

Moschee: Islamisches Gotteshaus.

Mumie: Durch Einbalsamierung geschützter Leichnam. Herodot hat das in Ägypten angewendete Verfahren eingehend geschildert. Danach wurde dem Verstorbenen zunächst mit einem durch die Nase eingeführten Haken das Gehirn entfernt. Durch einen Seitenschnitt am Körper entnahm man die Eingeweide, die in ▶ Kanopen beigesetzt wurden. Die entstandenen Höhlungen füllte man mit Natron und allerlei Gewürzen. Den zugenähten Leichnam ließ man 70 Tage lang in einem Natronbad ruhen, was ihm alle Feuchtigkeit entzog. Der Tote wurde dann in feine, mit Duftstoffen und Ölen getränkte Binden gewickelt. Je nach Vermögen konnten die Verwandten unter verschiedenen Einbalsamierungsarten wählen. So erklärt es sich, dass die Mumien von Königen viel besser erhalten sind als die einfacher Leute.

Mundöffnung: Rituelle Handlung insbesondere an Mumien, aber auch an Statuen. Sie sollte dem Verstorbenen im Jenseits den Gebrauch seines Mundes für Essen, Trinken und Atmen sichern.

Naos: Griech. »naós«, »Tempel«. Kleine Kapelle oder Schrein für die Götterstatue.

Narthex: Vorhalle in altchristlichen und byzantinischen Basiliken.

Nekropole: Totenstadt; eine über mehrere Epochen hinweg benutzte Begräbnisstätte. Nekropolen umschließen im Allgemeinen mehrere Friedhöfe.

Neunheit, Enneade: (ägypt. pesedjet, Gemeinschaft der Neun): Vereinigung von 3 × 3 Gottheiten, die für die Urkräfte des Alls stehen. Am bekanntesten war die große Neunheit von Heliopolis, an deren Spitze der Schöpfergott Atum stand. Ihm nachgeordnet waren seine Kinder Schu (Luft) und Tefnut (Feuchtigkeit, Tau), seine Enkel Geb (Erde) und Nut (Himmel) sowie deren Kinder, die Paare Isis/Osiris und Nephthys/Seth. Wurden mehr als neun Götter verehrt, fügte man eine kleine Neunheit hinzu oder man erweiterte die Götterfamilie, ohne die Bezeichnung »Neunheit« aufzugeben.

Nilometer: Nilmesser: Wasserstandsmesser, ein tiefer Schacht, in den Treppen hinabführen. Während der Nilschwelle füllt sich der Schacht teilweise mit Wasser. Der Wasserstand kann an Markierungen der Schachtwand oder an den Stufen abgelesen werden. Die Höhe des Wasserstands bestimmte die Höhe der zu entrichtenden Steuern.

Nomos: Griech. »nómos«, »Bezirk«. ▶ Gau

Obelisk: Von griech. für »kleiner Spieß, Bratspieß«: Vierseitiger, monolithischer, sich verjüngender und in einer vergoldeten Spitze (▶ Pyramidion) auslaufender Steinpfeiler, meist aus rosa Assuan-Granit, auf allen Seiten mit Hieroglyphen bedeckt. Die ältesten Obelisken der 5. und 6. Dynastie waren kultischer Mittelpunkt der großen Sonnenheiligtümer. Ihre glänzende Spitze sollte der erste Ruhepunkt der Sonne nach ihrem Aufgang sein. Später wurden Obelisken aus großen Anlässen (Jubiläen, Siege u. a.) gestiftet und meist paarweise vor Tempeleingängen (Luxor, Karnak) aufgestellt. In römischer Zeit und im 19. Jh. gelangten mehrere altägyptische Obelisken nach

Europa (Rom, Paris, London), einer sogar nach Nordamerika (New York, Central Park).

Ostrakon: Griech. für »Tonscherbe, Tontäfelchen«, das anstelle des teureren Papyrus als billiges Schreibmaterial diente. Ostraka aus allen Epochen der ägyptischen Geschichte wurden in großer Zahl gefunden.

Papyrus: Aus den Stengeln der Papyrusstaude durch schichtweises Übereinanderlegen und Pressen gefertigter papierartiger Stoff. Die beschriebenen Rollen, Blätter und Bücher aus diesem Material heißen »Papyri«. In Ägypten ist Papyrus als Schreibmaterial seit dem 3. Jahrtausend v. Chr. bekannt.

Papyrusstab: Zepter der Göttinnen.

Pendentif: Sphärisches Dreieck als Überleitung vom Raumeck zur Kuppel.

Peristyl: Von Säulenarkaden umstandener offener Hof.

Pfeiler: ▶ Architektur im alten Ägypten, S. 476

Pilaster: Auf der Wand aufliegende pfeilerförmige Stütze; Pfeiler zur Mauerverstärkung, Raumgliederung oder als Decken- und Gewölbeträger.

Portikus: Säulengetragener Vorbau mit geschlossener Rückwand.

Pronaos: Von griech. für »Vortempel«. Dem Allerheiligsten vorgelagerter, gelegentlich von Säulen getragener Raum.

Propylon: Einem Pylonen vorgesetztes Tor.

Protodorische Säule: In der ägyptischen Architektur vielverwendeter sechzehnkantiger, kannelierter Pfeiler auf runder Basis (▶ S. 478).

Ptolemäer: Die makedonisch-griechischen Herrscher im alten Ägypten der Spätzeit, als eigene Dynastie angesehen.

Pylon: Von griech. für »Portal«: Monumentale, von zwei turmartigen und mit Flaggen geschmückten Gebäuden flankierte Eingangs- und Frontseite der altägyptischen Tempel. Die Fassade wird von einer Hohlkehle bekrönt und an den Seiten von Rundstäben begrenzt. Große Tempelanlagen besitzen mehrere Pylonen hintereinander.

Pyramide: Spitz zulaufendes Bauwerk auf quadratischem Grundriss, das von der 3. bis zur 17. Dynastie und von den Kuschiten (25. Dyn.) als Königsgrabmal angelegt wurde. Ihr Ursprung sind wohl die Grabhügel der vordynastischen Zeit, die in der Frühzeit zu Mastabas umgebaut wurden. Durch das Übereinandersetzen mehrerer Mastabas entstand die Stufenpyramide des Djoser in Sakkara; sie ist keine echte Pyramide, da sie noch den rechteckigen Grundriss der Mastaba besitzt. Durch Auffüllen der Stufen erreichte man ab der 4. Dynastie echte Pyramiden mit glatten Seitenflächen. Den Höhepunkt bilden die drei gewaltigen Grabanlagen der Könige Cheops, Chephren und Mykerinos in Giseh, alle aus der 4. Dynastie. Sie sind aus Sandsteinblöcken geschichtet und waren mit feinem Kalkstein von Tura verkleidet. Die späteren Bauten bestanden meist aus weniger haltbaren Materialien.
Alle Pyramiden lagen am Rand der Wüste hoch über dem Niltal. Vom Taltempel am Rand der Ebene führte ein gerader, in späterer Zeit überdeckter Aufweg zum Totentempel an der Ostseite der Pyramide. Fast alle Pyramiden besaßen ihren Zugang an der Nordseite. Bis zur frühen 4. Dynastie lag die Grabkammer im Fels, danach in der Pyramide. Die Zugänge waren durch Steinplatten verschlossen, der Eingang vermauert. Kleinere Nebenpyramiden wurden für die weiblichen Mitglieder des Königshauses errichtet.

Pyramidion: Mit ▶ Elektron verkleidete pyramidenförmige Spitze eines ▶ Obelisken, auch der meist aus einem besonders harten Material (Granit) bestehende Schlussstein einer Pyramide.

Relief: In einen festen Hintergrund eingeschlagene halbplastische Darstellung. Das Alte und das Mittlere Reich bevorzugte das Flachrelief, bei dem nur die Konturen herausgeschlagen oder auch die Gestalten ausmodelliert waren. Eine Sonderform der ägyptischen Kunst ist das versenkte Relief, bei dem die Figuren vertieft in die Wand eingeschlagen werden.

Rundstab: Halbrunder Wulst als Kantenabschluss bei ▶ Pylonen, ▶ Stelen und anderen Architekturteilen.

Sanktuar: Das Allerheiligste, der Altarraum, in Ägypten auch der Raum für die Aufbewahrung der Götterbarke.

Sarkophag: Steinsarg.

Säulen: ▶ Architektur im alten Ägypten, S. 476

Sebbach (Sabbach): »Abgebauter«, als Dünger verwendeter Schutt antiker Städte und Orte. Insbesondere zerkleinertes Mauerwerk aus Nilschlamm-Ziegeln liefert einen sehr fruchtbaren Boden.

Sed-Fest: ▶ Heb-sed

Sistrum: Heiliges Musikinstrument der Göttin Hathor, eine Rassel oder Klapper. Über einem Handgriff mit Hathor-Kopf befindet sich ein Metallbügel, in den Metallplättchen lose eingelegt sind.

Skarabäus: Der Pillendreher, ein in Ägypten weit verbereiteter anthrazitfarbener Käfer, galt den alten Ägyptern als heiliges Sinnbild der aufgehenden Sonne. Als Amulett aus Stein oder Keramik sollte der Skarabäus dem Träger Glück und ein langes Leben bringen. Ein Skarabäus, der auf der Unterseite mit dem 30. Kapitel aus dem »Buch der Toten« beschrieben war, wurde der Mumie an die Stelle des Herzens eingesetzt.

Sphinx: Doppelwesen mit dem Leib eines Löwen und dem Kopf eines Königs, seltener einer Königin.

Stele: Freistehende, meist mit Inschriften oder Reliefs versehene Säule.

Talatat: Eigentlich eine Maßeinheit in der islamischen Architektur. Bezeichnung für bemalte oder reliefierte Steinblöcke aus altägyptischen Bauwerken.

Totenbuch: Spruchsammlung, z. T. aus den alten Pyramiden- und Sargtexten entstanden. Seit dem Neuen Reich wurde dem Toten eine Auswahl solcher auf Papyrus geschriebener Sprüche ins Grab mitgegeben.

Trias (Triade): Götterdreiheit: Vater, Mutter, Sohn. Am berühmtesten wurden die Trias von Abydos (Osiris, Isis, Horus), die thebanische Trias (Amun, Mut, Chons), die memphitische Trias (Ptah, Sechmet, Nefertem) sowie die Trias von Edfu (Horus, Hathor, Harsomtus). ▶ Welt der Götter, S. 457

Uräus: Vom König getragene goldene Stirnschlange, das heilige Tier der Uto. Als feuriges Auge des Re verehrt.

Usat: Das heilige Auge des Gottes Horus. Als Amulett um Handgelenk oder Arm getragen, sollte es vor Übel bewahren, insbesondere vor Schlangenbissen, vor Fluch oder Krankheit.

REGISTER

A

B

L

VERZEICHNIS DER KARTEN UND GRAFIKEN

BILDNACHWEIS

Titelbild: Tempel von Karnak am frühen Morgen (laif/Martin)

awl images/Falzone 68, 232; Love 7; Pearson 521
Baedeker-Archiv 471 oben
dpa 511
DUMONT Bildarchiv/Emmler 61, 127 unten, 221 unten, 226, 238, 288, 303, 400, 407, 413 rechts, 426, 459, 471 unten, 485 oben, 506 unten
getty images/istock Carillet 530 oben; ekinturkdogan 3 oben, 82; hadynyah 416; Kalinbacak 433; slowcentury 160; Toli 531 unten; ZU09 446
Holzbachova 402
Holzbachova/Benet 349
Huber Images/Huber 456; Schmid 135
IFA 410
Janicke 221 oben
laif/Ashworth/robertharding+I96 381; Bialobrzeski 213; Cicurel/hemis 119, 487; Cristofari/contrasto 517; Elleringmann 489; Elrasam Hamada/Redux 388; Emmler 73, 424; Gomaa Xinhua/eyevine 99; Heeb 397; hemis 76/77; Jacquet/REA 431; Kirchgessner 14; Krause 8/9, 502, 536; Lanfranchi 16/17; Martin/Le Figaro Magazine 12/13; Mavropoulou/NYT/Redux 358; Santiago Garcia/Aurora 47, Schmid 2/3, 97; Sibert/REA 115, 344; Stowe/Loop Images 375; Tatlow 87; Tophoven 526; UPI 453; Wu Huiwo Xinhua/eyevine 267
mauritius images/age fotostock/Ravera 492; Alamy/Historic Collection 19; Art Directors & TRIP/Alamy 257; Axiom Photographic/Bradley 399 unten; Dafos/Alamy 532/533; Ellis/Alamy 247; Gräfenhain 22/23, 237; Hackenberg 353; Hackenberg-Photo-Cologne/Alamy 361; Harrison/Alamy 204; King/Alamy 294; Mattes 104, 399 oben; Scott 20/21; Stock Connection Blue/Alamy 368; Supp/Alamy 24/25; Travelpass Photography/Alamy 529; Travelpixs/Alamy 183; United Archives/De Agostini/Vannini 112; Wiens/Alamy 26, 214
Mielke 33, 405, 413 links, 485 unten
Nowak 43
picture-alliance/akg-images 442; akg- images/Forman 514 unten; epa-bildfunk 10; Everett Collection 514 oben
shutterstock/Aishe 40; akimov 65; Alenas 148, 249; Alexanderstock23 543; Andrii_K 321; Anton 153; Artush 163; Bakker 540; Brundle 253 oben; Cherkashin 331; CL-Medien 371; Cortyn 2 oben, 127 oben, 336; Curioso Umschlagklappe hinten; DD Coral 192; dinerstein 297; Dudarew 298; eFesenko 198; Elfiky 531 oben; Emad Omar Farouk 530 unten; Esraa Hamed 531 Mitte; Fiore 122; Fortuin 59; givaga 179; Hassanein 142; Ibnburhan 497; Ivanov 229; Jandi 206; Kemthong 29; Konuk 325; Moran 91; Mountains Hunter 253 unten; Nekrassov 168; NickolayV 274; Rangzen 177; rayints 52/53; rook76 450, Sun_Shine 150; Susemihl 423; Takashi Images 474; Tarek-Mahmoud 146; unterwegs 319; ViktoriyaFivko 530 Mitte; Walker 524; Yilmaz 281, 334
Silvestris/Stadler 482
Beate Szerelmy 468, 506 oben

3D-Illustrationen:
jangled nerves, Stuttgart
Infografiken:
Golden Section Graphics GmbH, Berlin

IMPRESSUM

Baedeker Ägypten
3., aktualisierte Auflage 2026
ISBN 978-3-575-00314-0

Text:
Michel Rauch, Dr. Bernhard Abend, Karim El-Gawhary, Wolfgang Hassenpflug, Wolfgang Liebermann, Helmut Linde, Bruno Sandkühler, Anja Schliebitz, Jürgen Stryjak

Redaktion:
Birgit Ulmer

Kartografie:
KOMPASS-Karten GmbH, A-6020 Innsbruck, MAIRDUMONT, D-73751 Ostfildern (Faltkarte)
Franz Huber, München
Klaus-Peter Lawall, Unterensingen

Gestaltung:
RUPA GbR, München

Printed in China

Lob oder Kritik? Wir freuen uns auf eine Nachricht! Trotz gründlicher Recherche schleichen sich manchmal Fehler ein. Wir bitten um Verständnis, dass der Verlag dafür keine Haftung übernehmen kann.

MIX
Papier | Fördert gute Waldnutzung
FSC® C124385
www.fsc.org

Baedeker-Redaktion · MAIRDUMONT
baedeker@mairdumont.com

ATMOSFAIR

nachdenken • klimabewusst reisen
atmosfair

Reisen verbindet Menschen und Kulturen. Doch wer reist, erzeugt auch CO_2. Der Flugverkehr trägt in erheblichem Maße zur globalen Erwärmung bei. Wer das Klima schützen will, sollte sich nach Möglichkeit für eine schonendere Reiseform entscheiden (wie z.B. die Bahn) oder zumindest mit atmosfair klimafördernde Projekte unterstützen.
atmosfair ist eine gemeinnützige Klimaschutzorganisation. Flugpassagiere spenden einen kilometerabhängigen Betrag und finanzieren damit Projekte in Entwicklungsländern, die den Ausstoß von Klimagasen verringern helfen. Auch die Mitarbeiter von Baedeker fliegen mit atmosfair. www.atmosfair.de

Meine persönlichen Notizen

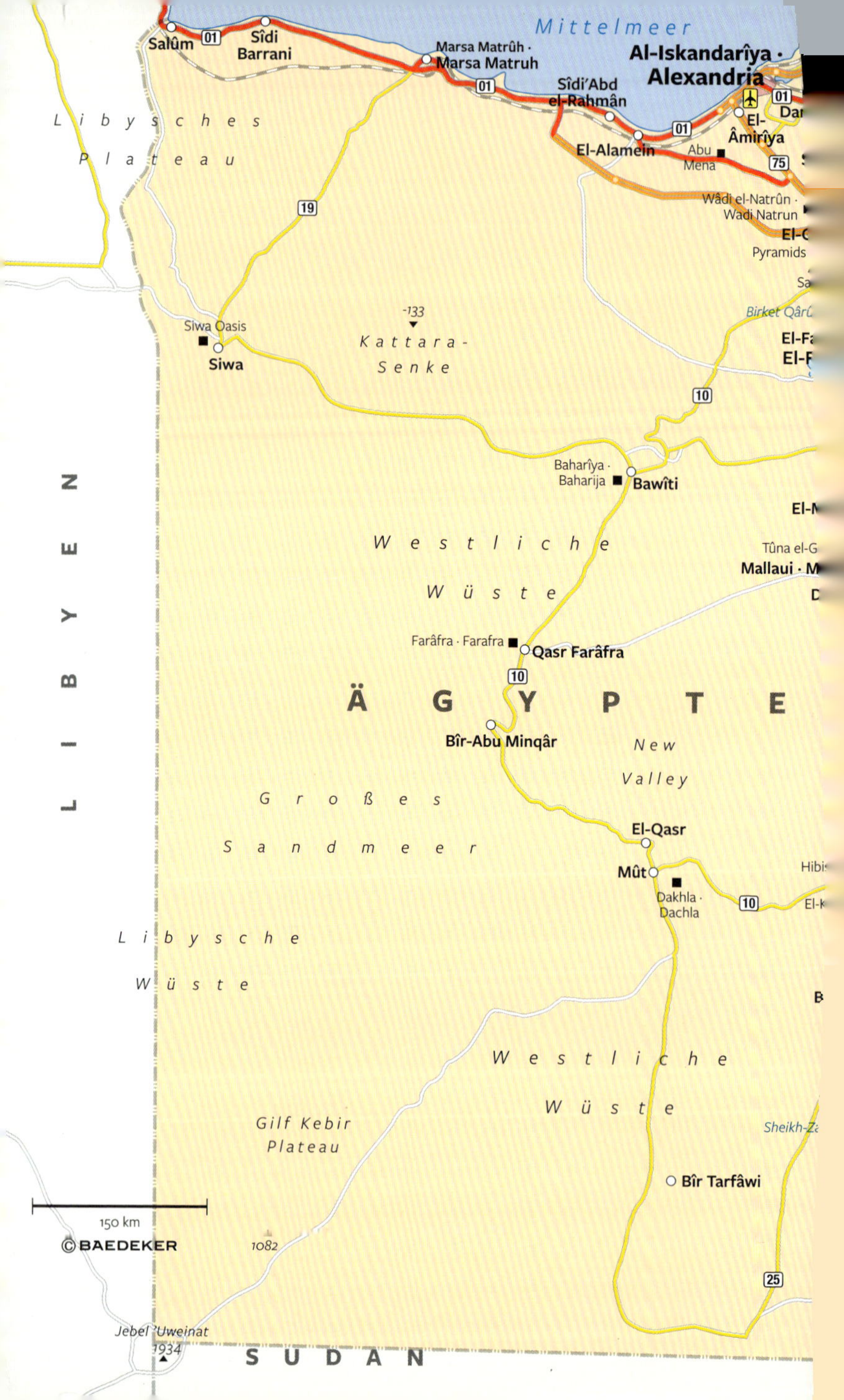

Mittelmeer
Salûm
01
Sîdi Barrani
Marsa Matrûh · Marsa Matruh
Al-Iskandarîya · Alexandria
Sîdi'Abd el-Rahmân
El-Alamein
Abu Mena
El-Âmirîya
75
Wâdi el-Natrûn · Wadi Natrun
Pyramids
Birket Qârûn
Libysches Plateau
19
Siwa Oasis
Siwa
-133
Kattara-Senke
10
Baharîya · Baharija
Bawîti
Westliche Wüste
Tûna el-G
Mallaui
Farâfra · Farafra
Qasr Farâfra
ÄGYPTE
Bîr-Abu Minqâr
New Valley
Großes Sandmeer
El-Qasr
Mût
Dakhla · Dachla
Hibis
Libysche Wüste
Westliche Wüste
Gilf Kebir Plateau
Sheikh-Za
Bîr Tarfâwi
25
150 km
© BAEDEKER
1082
Jebel 'Uweinat 1934
LIBYEN
SUDAN